SAKURA

DICCIONARIO DE CULTURA JAPONESA

SAKURA

DICCIONARIO DE CULTURA JAPONESA

Edición revisada y ampliada

japonés-español-inglés

Carlos Rubio
(coordinador)

Jesús Carlos Álvarez Crespo

James Flath

Ana María Orenga

Hiroto Ueda

Esta obra ha recibido una ayuda a la edición

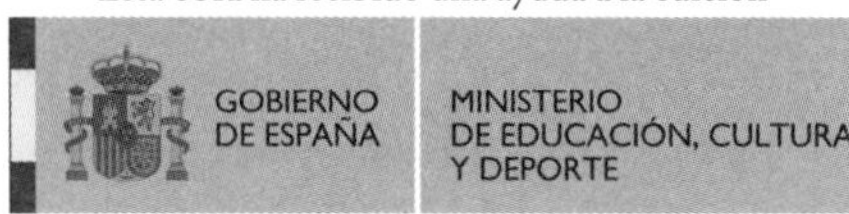

Copyright de las imágenes:

© Tibor Bognár: ainu, akachōchin, bugaku, chadō, chaya, chashitsu, engawa, fude, furisode, go, gojūnotō, hina ningyō, ikebana, Inari, kago, kakejiku, kami kazari, kamishimo, Kannon, koto, kyōgen, kyūdō, maiko, mikoshi, mokugyo, nanban, ningyō, noh, obidome, obijime, pachinko, rikisha (jinrikisha), ryū, sekitei, Setsubun, shakuhachi, shamisen, shimenawa, shiro, shishi odoshi, shodō, shōrō, sumōtori, take, tōrō, yamabushi, yumi, zen

© Swasdee / Shutterstock.com: kappa

© Manuel Fernandes / Shutterstock.com: takoyaki

© Shutterstock.com: dango, daruma, geta, hyottoko, irori, jizaikagi, kadomatsu, minka, okame, tabi, taiko, zabuton, zōri

El resto de las imágenes es propiedad de los autores.

Primera edición: marzo de 2024

© SATORI EDICIONES
Todos los derechos reservados
C/ Perú, 12, 33213, Gijón, España
www.satoriediciones.com

© Jesús Carlos Álvarez Crespo, James Flath,
María Ana Orenga, Carlos Rubio y Hiroto Ueda
Diseño de cubierta: Juan Hernaz
Maquetación: José Antonio Martín
Edición de imágenes: Miguel de Esteban

Impresión: Gráficas Summa
ISBN: 978-84-19035-72-1
Depósito legal: AS 00327-2024

Impreso en España – Printed in Spain

Índice

Nota a la segunda edición

Esta obra fue pionera en el ámbito de la etnografía lingüística de la cultura japonesa en lengua española. A pesar de ello, los autores y la editorial nos sorprendimos gratamente de la celeridad con que se agotó la primera edición publicada en 2016. SAKURA, como hace la flor del cerezo todas las primaveras, vuelve a florecer ocho años después.

Esta vez lo hace en cuatro aspectos novedosos. Primero, en la incorporación al equipo de trabajo de Jesús Carlos Álvarez Crespo, profesor español de larga residencia en Japón y prestigioso traductor de literatura clásica y moderna de Japón.

Segundo, en la inclusión de unos 1200 nuevos «pétalos», los cuales, sumados a los 3400 de la edición antigua, elevan a aproximadamente 4600 el total de entradas léxicas y a cerca de 5000 el número de acepciones. Entre las nuevas incorporaciones se cuentan los nombres de los más relevantes sucesos de la historia japonesa, de las escuelas budistas y sintoístas más destacadas y de las fiestas nacionales de Japón.

El tercer aspecto que destacar en el nuevo SAKURA es la corrección de los notorios errores que contenía la primera edición. Por esta enmienda estamos en deuda con las reseñas críticas publicadas en los últimos años, como la del profesor Alberto Millán, que han contribuido a que podamos realizar una mejor obra. Por lo tanto, nuestro sincero agradecimiento, el de los cinco autores, el de la editorial y el de los futuros usuarios, a tales críticas. Esta gratitud se extiende a cuantas personas que con mensajes de apoyo o reconocimiento nos animaron a dar continuidad a esta tarea en la presente forma de la nueva edición.

Una cuarta innovación de esta edición es la inclusión de los 59 japonesismos admitidos en el *Diccionario de la lengua española* (DLE), cuyo tratamiento léxico se detalla en el segundo apartado «Criterios de presentación y advertencias de uso».

Aunque SAKURA es el resultado de un trabajo en equipo con funciones a veces indiferenciadas, la distribución general de estas se puede desglosar del siguiente modo enunciado por el orden alfabético de los apellidos de los coautores: Jesús Carlos Álvarez Crespo, que en la primera edición había colaborado como informante, en la presente ha asumido una labor fundamental identificando la escritura japonesa, en *kanji* y *hiragana*, de numerosas entradas léxicas, aportando nuevas fuentes y asesorando sobre la inclusión o exclusión de otras; James Flath ha sido responsable de la versión en lengua inglesa de las definiciones lexicográficas; Ana María Orenga se ha ocupado de la ortotipografía del texto, de la revisión del estilo de las definiciones, de las adscripciones gramaticales de género de los artículos léxicos y de la catalogación del índice léxico al final de la obra; por su parte, Carlos Rubio ha asumido la búsqueda de fuentes, la selección de entradas y la redacción de la mayoría de las definiciones y frases de apoyo, así como la coordinación general del proyecto y la comunicación con los informantes; finalmente, pero de no menor importancia, Hiroto Ueda se ha encargado de la transcripción en escritura japonesa (*hiragana, katakana* y *kanji*) de la inmensa mayoría de las entradas y del asesoramiento sobre la inclusión o exclusión de estas.

La segunda edición de *Sakura. Diccionario de cultura japonesa* es un proyecto sometido a progresivas mejoras. Gracias anticipadas a cuantos, como futuros usuarios y críticos, contribuyan a ellas.

Los autores

Prólogo del embajador de Japón en España

Me siento muy honrado de presentarles este *Sakura. Diccionario de cultura japonesa*, obra del profesor Carlos Rubio, entre otros autores, al que quiero agradecer sinceramente su amabilidad al querer contar con mi pequeña aportación.

Desde mi llegada a España como embajador de Japón, no ha dejado de sorprenderme el creciente interés de los españoles por la cultura japonesa. Obviamente, este interés está dando sus frutos en sectores como el turismo, la gastronomía o la denominada *pop culture*. Por supuesto, el mercado editorial español no ha permanecido ajeno a todo lo relacionado con Japón.

En este contexto tan favorable, me parece muy oportuna la publicación de este *Diccionario*, primero en su género, con el rigor científico que le confiere el esfuerzo conjunto de más de doscientos especialistas de Japón, España y América Latina, y con voluntad universal, ya que se publica también en inglés.

Históricamente, la cultura japonesa ha sido una fuente de sugerencias e inspiración para las artes e incluso para el estilo de vida en Occidente. Siguiendo esta tradición, los autores brindan a los lectores, especialistas o simplemente interesados, un extraordinario libro de divulgación cultural cuyo objetivo, como en el mismo se afirma, es ser puente de comprensión y entendimiento entre los pueblos hispanohablantes y japonés.

La publicación de este *Sakura. Diccionario de cultura japonesa* se presenta, pues, como un impagable esfuerzo por hacer más presente la cultura japonesa en España y a la vez un instrumento de trabajo para todas las personas interesadas en el conocimiento y comprensión de Japón.

E. S. D. Masashi Mizukami
Embajador de Japón en España[1]

[1] En el año 2016, cuando se publicó la primera edición de SAKURA.

Prólogo del embajador de España en Japón

El interés de los españoles por la cultura japonesa ha ido creciendo en los últimos años de manera vertiginosa. En pocos años, la población española ha incorporado como prácticas habituales en su forma de vida la comida japonesa, el manga o las películas de *anime*. Los personajes de animación japonesa son referencias cotidianas para muchos españoles. Se utilizan aparatos electrónicos japoneses, se compran sus coches, se juega a sus videojuegos. Cada vez se publica más literatura japonesa y se están recuperando autores muy importantes a lo largo del siglo XX que antes nos eran prácticamente desconocidos, al tiempo que se edita de manera habitual a muchos de los más relevantes de hoy en día. Esas ediciones se venden, se leen, y es cada vez más frecuente ver a aficionados a la literatura recomendarse novelas japonesas. Como lo es también entre amantes del cine ver y recomendarse películas niponas. Hoy en día, Tanizaki, Murakami o Koreeda son creadores populares entre el público español, del mismo modo que hemos incorporado a nuestro lenguaje habitual palabras como *sushi*, *maki*, manga, *anime*, tsunami o pokemon.

En la mayoría de los casos, quienes frecuentan restaurantes japoneses, leen literatura del país y cuadernos de manga, o son fans de Pokémon o Doraemon, son personas que nunca han ido a Japón ni tienen más referente que este nuevo imaginario japonés que se está construyendo en la cultura española, muy similar posiblemente al de otros países de Occidente.

Hacía falta, por ello, esta aportación que hace Satori Ediciones. La relevancia que la cultura japonesa tiene entre nosotros necesitaba de un diccionario de seriedad académica y conocimiento amplio y profundo de la realidad japonesa de hoy que nos ayude a los españoles a entender mejor un país y una cultura que cada día nos atraen y nos influyen más.

Bienvenido sea, por tanto, este *Sakura. Diccionario de cultura japonesa,* al que deseo el mayor de los éxitos.

E. S. D. Gonzalo de Benito
Embajador de España en Japón[2]

[2] En el año 2016, cuando se publicó la primera edición de SAKURA.

Introducción

Biombo, geisha, samurái y *soja* son términos procedentes del japonés de larga permanencia entre nosotros. Menos larga es la de *bonsái, judo, harakiri* (*haraquiri*) y *tsunami*. De uso más reciente todavía, aunque en veloz difusión, son *sushi, futón, tofu, manga* y *hikikomori*. Y pronto vendrán más. Todos ellos forman parte del corpus léxico del *Diccionario de la lengua española* (DLE). Pero no ha sido este hecho el que ha alentado el esfuerzo de compilación del presente diccionario SAKURA de la cultura japonesa.

Le han infundido aliento, más bien, la madurez de los estudios japoneses en lengua española y la popularidad sostenida, y no ya pasajera moda, de la cultura japonesa en Occidente, una popularidad especialmente vigorosa en sectores dinámicos de nuestra sociedad. Asimismo, nos ha llevado a la realización de esta empresa el deseo de poner en manos del traductor del japonés al español o al inglés, o simplemente del estudioso de la cultura japonesa, una obra de fácil manejo y consulta fiable donde figuren, en ordenación alfabética, las voces japonesas, o excepcionalmente no japonesas, de frecuente aparición en textos pertenecientes a ámbitos muy diversos de la cultura nipona. Esta fiabilidad está basada en un principio rector de SAKURA: una presentación rigurosa, y lo más cercana posible a la pronunciación japonesa, de la ortotipografía de los japonesismos aquí incluidos y también, aunque en un porcentaje minúsculo, de términos procedentes de otras lenguas, como el sánscrito y, modernamente, el inglés; repárese, a modo de ejemplo, en *bodisatva, sutra, karma, sararī man* (de *salary man*), *matahara* (de *mother harassment*) o *mai hōmu taipu* (de *my home type*), por citar términos de estas dos lenguas, pero de presencia consolidada en escritos representativos de la cultura nipona. Otras directrices de SAKURA han sido la búsqueda de definiciones precisas y didácticas de todas las entradas léxicas, tanto en español como en inglés; y también la aportación de una respuesta al problema de la separación de vocablos japoneses —¿*ukiyoe*, *ukiyo-e*, o bien *ukiyo e*?—. Todo ello con la mayor coherencia, lógica y comodidad para el lector que han sido posibles.

En conformidad con los tres propósitos que nos han movido y basando nuestro trabajo en los tres principios enunciados, el presente diccionario se dirige a dos destinatarios principales: la persona con interés general o específico en la cultura japonesa y el profesional de la divulgación o del estudio de esta. La difícil meta de satisfacer a ambos ha determinado tanto la selección como la naturaleza de las definiciones de las 4600 entradas léxicas de que aproximadamente consta el presente diccionario en esta segunda edición.

Queremos expresar nuestro agradecimiento a las personas, principalmente profesores y traductores, que colaboraron o bien como informantes respondiendo a preguntas puntuales sobre las numerosas dudas surgidas a lo largo de los tres años de trabajo en esta obra, o bien como encuestados que nos suministraron un valioso material lingüístico y también gráfico. Aunque el primer grupo, entre 180 y 200 informantes, es demasiado numeroso para incluir sus nombres, sí que nos gustaría reseñar los de las treinta personas que componen el segundo grupo: David Almazán, Jesús Carlos Álvarez Crespo —incorporado como coautor en la segunda edición—, el especialista en jurisprudencia japonesa —un ámbito léxico novedoso en la segunda edición— Francisco Barberán, Elena Barlés, Marc Bernabé, Raquel Bouso, Juan Carlos Boutellier, Ricard Bru, Verònica Calafell, Ovidi Carbonell, Alfonso Falero, Akiko Imoto, Sayaka Kato, Yayoi Kawamura, Federico Lanzaco, Agustín Letelier, Bernat Martí-Oroval, Virginia Meza, Haruko Miyake, Silvia Novelo, Pedro Pablo Ontoria, José Pazó, Belén Pérez, Marta Quevedo, Aythami Ramos, Naoaki Shimada, Norio Shimizu, Akira Sugiyama, Kayoko Takagi, Michiko Tanaka, Javier Vives y Akihiro Yano. Las gracias se extienden a Shoko Wakabayashi, del Museo Edo-Tokio de Arquitectura y Etnografía al Aire Libre en Koganei-shi; a Naoko Maruyama y Chizuko Tomono, del Museo Metropolitano Edo-Tokio, por la bondadosa autorización para tomar fotografías en ambos recintos; y a Hiroyuki Ueno, antiguo director de Fundación Japón en Madrid, por su diligencia en gestionar dichas visitas a Tokio en el año 2015. Nuestra gratitud también a Tibor Bognár por la desinteresada utilización de su magnífico archivo fotográfico, a María Teresa Pérez por su generosa mediación y revisión del texto y a Alfonso García y Marián Bango, de Satori Ediciones, por su confianza en nosotros. Asimismo, los autores y la editorial expresamos nuestro agradecimiento al Excmo. Sr. embajador de Japón en España, Masashi Mizukami, y al Excmo. Sr. embajador de España en Japón, Gonzalo de Benito —ambos embajadores en ejercicio cuando se publicó la primera edición—, por su gentileza en escribir tan amables y auspiciosas palabras en la «Presentación» que encabeza este libro. Sin la colaboración y apoyo de todos ellos, el presente diccionario no habría visto la luz.

Ojalá que el esfuerzo de compilación realizado por tantas personas florezca en el cumplimiento de los objetivos de esta obra. SAKURA, nombre adoptado del icono más emblemático de la cultura nipona, la flor del cerezo, tiene una meta más allá de los objetivos reseñados. Es la de favorecer la comprensión mutua entre las culturas hispanohablantes y la deslumbrante cultura japonesa y, por ende, de sus pueblos respectivos. La meta de tender un hermoso puente entre dos universos culturales tan llamativamente diversos entre sí, un puente tanto más necesario cuanto más nos adentramos en la era de la globalización y más se intensifican los intercambios internacionales.

Criterios de selección

A la hora de determinar qué término incluir y de cuál prescindir nos hemos guiado por tres criterios fundamentales. En primer lugar, la representatividad de lo que es considerado singularmente japonés a juicio del extranjero perceptor de la realidad cultural de Japón; del extranjero, no del japonés, pues extranjero y no japonés creemos que es el usuario principal de este diccionario. Por ejemplo, para un japonés, los rascacielos antisísmicos construidos durante la década de 1990 en el barrio tokiota de Shinjuku bien pudieran pasar por representativos del nuevo Japón. De hecho, fueron varios los japoneses que amablemente nos suministraron fotografías de estos para su inclusión en SAKURA. Sin embargo, no juzgamos como representativo de la singularidad urbanística japonesa el concepto de *rascacielos* (*chōkōsō biru*, en japonés), pues entendemos que la noción de lo que es representativo conlleva la de cierta exclusividad; y es evidente que, al menos para un no japonés, la presencia de un rascacielos puede asociarse tan legítimamente a Tokio como a otras ciudades del planeta: Nueva York, Singapur, Chicago, Shanghái, etc. No es el caso, por poner otro ejemplo de topografía urbana sin salirnos de Tokio, de *sukuranboru kōsaten* —intersección peatonal múltiple—, un vocablo aquí incluido e ilustrado; ni tampoco, aunque con ciertas reservas, el de *Shinkansen*, más reseñable léxica que culturalmente. Términos que para un japonés de cultura media o alta pueden ser meramente lingüísticos para un extranjero leído en cultura japonesa pueden poseer una clara marcación cultural. Por ejemplo, el vocablo *musume*, que posee el significado de «hija», en la literatura de los viajeros occidentales de la Era Meiji (1868-1912), a menudo transcrito como *musmé*, significaba más bien «una joven japonesa, una doncella». Pues bien, esta acepción ha sido recogida en SAKURA.

La respuesta a la pregunta de qué es peculiar de la realidad japonesa suele estar marcada, cuando la contesta un extranjero, por un fuerte acento de cultura tradicional. Las causas son comprensibles. Es un hecho que la mayoría de los extranjeros perceptores de la realidad cultural japonesa no viven en Japón, a veces ni siquiera han puesto los pies en el país o, a menudo, si lo han visitado, fue en estancias breves y relativamente superficiales. Esta lejanía de la realidad palpitante y contemporánea de Japón, la dependencia de fuentes escritas a menudo años atrás, el impulso de marcar la diferencia con la cultura propia —a veces en menoscabo de una percepción analítica y actual—, así como el exotismo y la consiguiente idealización, son algunas causas de los tonos que colorean la pupila del extranjero con matices de cultura tradicional. Una coloración que difícilmente puede afectar al japonés, para quien un buen número de los términos incluidos en SAKURA acaso no sean representativos de la cultura nipona, o al menos de la imagen de contemporaneidad que tal japonés quisiera proyectar al mundo. Una cuestión cuyo análisis se saldría del propósito de estas páginas sería el deslindar los límites entre cultura actual y cultura tradicional. Por poner un ejemplo, *butsudan* (el altar budista doméstico) es una palabra que aparece en nuestro elenco, a pesar de que cada vez es menos frecuente en los hogares japoneses. Otros numerosos términos expresan realidades caídas en desuso. ¿Han perdido por eso validez cultural? Creemos que no, teniendo en cuenta que son testimonios de una cultura, no por tradicional, muerta; antes bien, viva en un pasado, sea reciente o remoto, que se recrea constantemente en la literatura, en la historia, en el imaginario de muchos extranjeros e incluso, con ejemplar obstinación dentro de un mundo crecientemente globalizado, en el vivir diario de un buen número de japoneses de hoy día. Tal recreación vuelve vivos estos términos. Precisamente, un rasgo distintivo de la cultura nipona, del cual, por otro lado, no pocos japoneses se sienten orgullosos, es su porfiado apego a la tradición. Desde este punto de vista, SAKURA es la crónica de tan admirable terquedad.

El segundo criterio de selección lexicográfica ha sido el equilibrio entre frecuencia y dispersión léxicas en una variedad de ámbitos temáticos. Por un lado, la frecuencia de uso. La aplicación de este concepto fue resuelta, como se ha apuntado, gracias a la aportación de más de treinta conocedores o especialistas en estudios japoneses, residentes en Japón y países hispanohablantes, que tuvieron la generosidad de responder a nuestras encuestas; gracias también al rastreo realizado por los editores en las plataformas digitales dedicadas a temas japoneses y a nuestra larga, aunque nunca suficiente, experiencia con textos de muy variada índole sobre asuntos de Japón. Justamente, la expresión «uso relativamente consolidado», que emplearemos a menudo en el siguiente epígrafe, «Criterios de presentación y advertencias de uso», y que resume uno de los cuatro criterios fundamentales a la hora de optar por la inclusión de un artículo léxico, o de inclinarse por una u otra ortografía, ha sido el resultado de esas valiosas aportaciones.

Por otro lado, la dispersión. Es decir, la presencia repartida en los más de cuarenta ámbitos léxicos identificados como constitutivos de la compleja y cambiante realidad cultural japonesa, y de los que se ofrece una lista en el apartado «Abreviaturas» al final de estas páginas introductorias. Tal dispersión la hemos aplicado determinando, primero, en qué ámbitos temáticos (sociología, arte, gastronomía, cine, etc.) se observa una popularidad creciente. Segundo, en qué ámbitos la «culturalidad» del término es más marcada. Por este concepto entendemos esa intraducibilidad léxica que incapacita que un vocablo pueda definirse en una o dos palabras y exige una definición solvente de varios términos, generalmente de más de cuatro o cinco. Por ejemplo, el artículo léxico *shōji* posee una «culturalidad» relativamente alta, pues no se puede definir aptamente como «puerta de papel», ni siquiera como «puerta deslizante japonesa», sino con más rigor como «puerta corredera, generalmente al exterior, de papel blanco y traslúcido pegado a una rejilla de madera». En cambio, el término *uma* o el mencionado *chōkōsō biru* son de una culturalidad muy baja o nula, pues desde el punto de vista lexicográfico se pueden despachar con solvencia como «caballo» o «rascacielos», respectivamente. Ninguno de los dos, por lo tanto, acredita su inclusión en este diccionario. Pues bien, uno de los ámbitos más impregnados de «culturalidad» es la gastronomía: lo extraño de la naturaleza de los ingredientes y de la preparación, así como la creciente aceptación de la cocina japonesa en Occidente, justifican la presencia de un elevado número de términos culinarios en este diccionario. Junto con este ámbito (comidas y bebidas), el arte, la etnografía, la historia, la sociología y las artes marciales acaparan más del 70 % del total de los artículos de SAKURA. Al lector interesado en conocer con más extensión el léxico culinario japonés podemos remitirlo a *Oishii. Diccionario ilustrado de gastronomía japonesa,* de Roger Ortuño Flamerich, con más de 2000 definiciones y generosamente dotado de un aparato fotográfico, publicado por esta misma casa editorial. La etnografía en particular ha servido como una especie de cajón de sastre para SAKURA. De hecho, en cierta forma, esta obra podría haberse titulado «Diccionario etnográfico japonés». Sin embargo, nos ha parecido más didáctico parcelar esta disciplina en ámbitos léxicos más específicos (folclore, calendario, juegos, etc.). Aun así, los vocablos relativos a la comunicación, costumbres y ciertas celebraciones son acogidos bajo el generoso paraguas de la denominación «etnografía».

El tercer criterio responsable de la elección de los artículos léxicos, y sin duda el más ingrato, ha sido la extensión limitada de esta obra. Inicialmente planeada para incluir más de 6000 artículos, entre ellos topónimos, homónimos y hasta refranes, hubo que reducir tan considerable corpus por razones económicas y funcionales. Permanece, no obstante, intacto para un futuro el proyecto, cuya viabilidad estará condicionada por la acogida que pueda merecer esta segunda edición. Del recorte de 6000 artículos a los poco menos de 4600 de esta segunda edición se salvaron tres categorías léxicas: eslóganes o lemas fuertemente lexicalizados y de considerable difusión, sobre todo en los años de la Era Meiji (1868-1912), nombres de advocaciones religiosas principales (como *Amaterasu*) y un puñado de las obras literarias más significativas (como el *Genji monogatari*). Por desgracia, de tan drástica reducción no se salvaron muchos términos de determinadas esferas del saber que, especialmente a juicio de los especialistas en estas, parecerán omisiones imperdonables. Que el experto o conocedor de la terminología de, por ejemplo, la laca japonesa eche en falta un buen número de vocablos sobre esta rama del arte es tan probable como que el conocedor del, digamos, kárate o el budismo japonés se halle con la misma desoladora sensación. Un diccionario de 6000 u 8000 artículos posiblemente haría justicia a uno y otro. Al igual que la labor del autor de una antología, la del lexicógrafo tiene como molesta función la de prescindir de valiosas partes en aras de las dimensiones de un todo limitadas por imperativos prácticos y económicos. Confiamos en la indulgencia del especialista por tales omisiones, en la amable aportación crítica del lector con vistas a futuras reediciones de este diccionario, como esta segunda, y en su bondadosa valoración del esfuerzo global y ampliamente consensuado que ha representado la compilación de SAKURA.

Criterios de presentación y advertencias de uso

Hemos juzgado que el punto de partida de la metodología de presentación de los aproximadamente 4600 artículos léxicos de este diccionario era la identificación del usuario principal de este: el lector hispanohablante. Así pues, se ha optado por resolver la mayoría de las cuestiones en torno a la presentación y ortotipografía dando trato preferente a tal lector ideal en la pronunciación de esos artículos, pero, eso sí, sin nunca perder de vista ni la pronunciación japonesa del artículo en cuestión ni su morfología gramatical. Este respeto a la lengua de origen —el japonés—, la relativa universalización del uso de determinada grafía, la coherencia gráfica dentro del conjunto de los artículos léxicos y, por último, cierta dosis de sentido común basado en el propósito de facilitarle al usuario el manejo de la obra son los cuatro criterios que, a pesar de haber puntuales e inevitables contradicciones entre ellos, han trazado las líneas generales de la ortotipografía de las entradas de SAKURA. Veámoslas, línea por línea.

I. Romanización

El punto de partida metodológico que hemos mencionado ha dictado la elección del sistema de transcripción en nuestro alfabeto latino del japonesismo (de la lengua japonesa o japonés derivamos «japonesismo», como del italiano se deriva «italianismo» [DLE] y no «italismo») que constituye el núcleo de cada artículo léxico de SAKURA. Es la llamada romanización o alfabetización: lo que en japonés se denomina *rōmaji*.

En su forma escrita más habitual, la lengua japonesa es una mezcla de sinogramas (*kanji*) de valor frecuentemente ideogramático y de dos silabarios de valor fonético, autóctonos aunque derivados de dichos sinogramas, llamados *hiragana* y *katakana*. Desde la utilización del *rōmaji* en el siglo XVI, basado en la fonética del portugués, o en el siglo XVIII, basado en la del holandés, se han ideado varios sistemas de alfabetización, siendo el más común el Hepburn, más conocido en Japón como Hebon o sistema Hyōjun o estándar, creado a finales del siglo XIX por el estadounidense James Hepburn en colaboración con lingüistas de varios países y ligeramente reformado desde entonces. Otro sistema ampliamente usado sobre todo en Japón es el llamado Kunrei. El primero será el sistema adoptado en este diccionario. Por dos razones. Primero, porque es sin discusión el usado más regularmente en las publicaciones del Ministerio de Asuntos Exteriores de Japón, en las informaciones emitidas por las compañías ferroviarias y aéreas japonesas, en mapas, libros de texto sobre lenguas occidentales, redes sociales, publicidad, en la mayoría de los diccionarios bilingües publicados en Japón y, casi exclusivamente, en los escritos sobre Japón editados en el extranjero. En principio, este sistema Hepburn se basa en la fonética de consonantes inglesas y de vocales próximas a las españolas, por lo que resulta bastante ventajoso para el uso de un hispanohablante. He ahí la segunda razón de haberlo elegido en la romanización de nuestros artículos. Tal razón y la relativa facilidad con que un hispanohablante sin conocimientos de la lengua japonesa es capaz de reproducir más o menos fielmente los fonemas del japonés han sido juzgadas como argumentos suficientes para que en las entradas léxicas de SAKURA no mostremos su transcripción fonética.

En algunas publicaciones que nos han servido de fuente, como *Kodansha Encyclopedia of Japan*, se mantiene la transcripción más antigua del fonema nasal *n* (ん en la escritura *hiragana*) como *m* y no como *n* delante de las consonantes bilabiales *m*, *b* o *p*. En nuestro diccionario, sin embargo, hemos optado por la transcripción como *n* delante de dichas consonantes bilabiales, como se hace en el *Diccionario básico japónes-español* de Fundación Japón, otra de nuestras fuentes, por juzgarla más próxima a la pronunciación del correspondiente fonema japonés. Así se sigue haciendo mayoritariamente en Japón, especialmente en los topónimos (como *Shinbashi* y no *Shimbashi*). Por eso, favoreceremos la transcripción de *tenpura* y no de *tempura* (DLE), aunque también esta será consignada por detrás de la primera, pues se utiliza ampliamente.

El lector debe tener presente que hay sonidos consonánticos expresados en letras del sistema Hepburn que no se pronuncian como en español. Estas letras o grafías son las siguientes:

1. La *j*, por ejemplo, en *Jizō*, que se pronuncia como la *j* del inglés *John* (no exactamente como la *j* del catalán *Jordi* o del francés *Jacques*, porque es fricativa, mientras que la *j* del japonés y del inglés es africada).
2. La *g*, por ejemplo, en *geisha* o *geta*, que se pronuncia como la del español en *ganar* y no como la de *gente*.
3. La *h*, por ejemplo, en *harakiri* o *hakama*, que en este sistema Hepburn no es muda, sino aspirada, como se hace en inglés cuando se pronuncia la palabra *happy*. Sin embargo, hoy día el término *harakiri* (o *haraquiri*) se oye frecuentemente en español sin la aspiración de la *h*, en contra, por tanto, de como se articula en japonés.
4. La *z*, por ejemplo, en *zōri* o *zen*, que es una consonante sonora, como la *s* española delante de *m* en la palabra *mismo* o como pronuncia la *s* intervocálica un italiano o un catalán en la palabra *cosa*.
5. La *f*, como en *furo*, que se pronuncia con menos fuerza que la *f* española, más próxima a la *v* del inglés.
6. La *w*, como en *waka*, que se pronuncia como la *u* española de *huerta*.
7. La *y*, que en el sistema Hepburn aparecerá o bien precedida de consonante, como en *kyūsu* o en *gyōza*, o bien al comienzo de sílaba, como en *yakisoba* o *yuzu*, y que debe pronunciarse al igual que la *y* española cuando forma diptongo como en *hoy*.
8. El dígrafo *sh*, como en *shamisen* o *tobi ishi*, que se pronuncia como en inglés *she* o en francés la primera sílaba de *chemise*.

El resto de las consonantes se articulan más o menos como en español.

En cuanto a las vocales, el sistema Hepburn utiliza la rayita o macrón, según se dice en el ámbito de la lingüística, sobre ciertas vocales, como en *zōri* o *yūgen*, para significar que la vocal afectada es larga y se debe pronunciar igual que si hubiera dos vocales seguidas. En estos dos ejemplos, sonaría como *zoori* y *yuugen*. En SAKURA, esta rayita sobre la vocal no se suprimirá, pues aporta información valiosa sobre la pronunciación japonesa de la palabra en cuestión. Para estas vocales largas utilizamos, por ejemplo, la *ō* para el fonema /ou/, pero mantenemos el diptongo /ei/ sin recurrir a la grafía *ē*, en conformidad con el mencionado sistema de transcripción Hepburn.

Por otro lado, la vocal *u*, por ejemplo, en *yuzu*, se pronuncia con un punto de articulación más centrado que en español, con los labios no redondeados y, cuando es final de palabra, por ejemplo, en *itadakimasu*, con escasa tensión articulatoria.

El resto de las vocales tiene una pronunciación bastante aproximada a la del español.

En muchas publicaciones no académicas sobre temas japoneses, lo más común es suprimir la rayita o macrón cuando tal omisión no afecta para nada a su significado. Asimismo, a diferencia de la práctica habitual en la ordenación léxica de los diccionarios japoneses y con objeto de facilitar la búsqueda al lector hispanohablante, la vocal con rayita no se considerará distinta a la misma vocal sin rayita. Así pues, el vocablo *ōban* aparecerá antes que *obi* y el de *tōrō* antes que el de *tororo*. La vocal sin rayita antecederá naturalmente a la misma vocal con rayita. Así, *to* irá delante de *tō*.

II. Tratamiento de los japonesismos incluidos en el *Diccionario de la lengua española* (DLE)

Los términos japoneses —en total 52, más 10 variantes ortográficas, es decir, un total de 62— aceptados en la Edición del Tricentenario del DLE (con actualización de 2021) son los siguientes:

> aikido, biombo, bonsái, bonzo, *bushido*, catana, daimio, dan, emoji, futón, *geisha*, *ginkgo*, haikai (hai-kai), haiku (haikú) harakiri (haraquiri), ikebana, *ji-jitsu*, judo (yudo), kabuki, kaki (caqui), kamikaze, karate (kárate), karateca, karaoke, kendo, kimono (quimono), manga, mikado (micado), moxa, *ninja*, nipón (nipona), origami, sake, samurái (samuray), sen, sintoísmo, sintoísta, sogún, soja, sudoku, sumo, surimi, *sushi*, tanka, tatami, tempura, tofu, tokiota, tsunami, yen, yudoca, zen[1].

[1] Algunos son de viejo cuño, como «biombo», «soja» y «catana», probablemente introducidos en el español desde el portugués. La mayoría, sin embargo, han entrado en el uso del español en los últimos cincuenta años. Más información al respecto en el artículo de María Bauzá, que incluye bibliografía reciente, bajo la siguiente dirección: https://lenguajaponesa.com/2017/09/07/japonesismos-palabras-japonesas-incorporadas-al-espanol/comment-page-1/.

Atendiendo al respeto por la ortotipografía de estos términos, en donde, como se ve repasando superficialmente la lista, el DLE escribe algunos en cursiva, otros en redonda y otros con variantes, y al principio rector de SAKURA enunciado en la introducción —el de ofrecer una transcripción lo más cercana posible a la pronunciación japonesa—, podemos agrupar estas 62 entradas en cinco categorías.

1. Japonesismos de ortografía y fonética españolas, como «kimono», «kabuki», «zen» y otros muchos de la lista, los cuales en SAKURA se escribirán en letra redonda tal como es prescriptivo en español con las voces aceptadas por el DLE.
2. Japonesismos escritos en el DLE en cursiva por haber sido adoptados con alguna letra o dígrafo de fonema no español. Son los casos notorios de «geisha», «sushi» y «ninja», escritos en el DLE como *geisha, sushi* y *ninja,* pero sometidos a la sufijación española para el plural por ser términos admitidos en el DLE. Por eso, en SAKURA escribiremos «*geishas*» y «*ninjas*», igual que haremos con «tatamis» y «kimonos».

   En consecuencia con la distinción de estos dos grupos, al lector no lo debe sorprender el hallar en SAKURA frases como esta: «El *obi* es parte del kimono que usan las *geishas*».

   Es decir, *obi* está en cursiva por ser un japonesismo no aceptado por el DLE, mientras que kimono y *geisha,* aunque ambos están aceptados, presentan una ortotipografía diferenciada por razones fonéticas: el primero se escribe en redonda por conformarse a la fonética del español, pero el segundo va en cursiva por tener un dígrafo como *sh* que representa un fonema no español.
3. Japonesismos que al ser aceptados por el DLE han experimentado la modificación ortotipográfica de alguna de sus letras normalizada por el sistema Hepburn. Son los casos, por ejemplo, de *shōgun, daimyō* o *katana,* incluidos en el DLE como «sogún», «daimio» y «catana».

   Con el doble objetivo de aportar en la misma grafía información fiel sobre la pronunciación de la palabra japonesa y, al mismo tiempo, de dar al usuario la referencia ortográfica estandarizada por el DLE, los japonesismos del tercer grupo aparecerán enlistados en SAKURA con las formas de *shōgun, daimyō, katana* y *harakiri* en los ejemplos indicados, pero seguidas entre paréntesis de las formas normalizadas por el uso en el DLE: «sogún», pl. «sogunes»; «daimio», pl. «daimios»; «catana»; «haraquiri».

En lo que respecta a la voz «sogún», SAKURA incluirá las derivaciones «sogunato» y «sogunal», es decir, utilizará los sufijos españoles por analogía a otros derivados, como «califato» y «califal» de «califa». Probablemente, el mismo criterio derivativo determinó que el DLE haya incluido en sus páginas el gentilicio «tokiota», que también SAKURA incorpora en esta nueva edición.

En este tercer grupo se puede incluir también el término «sintoísta» o «sintoísmo», españolización de este último aceptada por el DLE a partir de *shintō*. SAKURA enlistará y definirá este concepto bajo *shintō*, todavía habitual en publicaciones y foros académicos, pero no omitirá el registro de los dos primeros en creciente uso.

No se ofrece transcripción japonesa de los japonesismos de esta tercera categoría.

4. Japonesismos que al ser aceptados por el DLE se han visto sometidos a la leve modificación ortotipográfica de escribirse con tilde. Son los casos de «bonsái», de «futón» (pl. «futones») y del frecuente «samurái». Esta suerte de «bautismo español» en forma de tilde siempre será igualmente indicado entre paréntesis, aunque SAKURA dará preferencia a la forma Hepburn sin tilde.
5. A la inversa del grupo anterior, hay también japonesismos que, al ser españolizados por el DLE, han perdido la rayita o macrón sobre alguna de sus vocales largas. Son los casos de «kendo», «sumo», «judo», «tofu» y otros. Este macrón no se eliminará en SAKURA dada nuestra voluntad de aportar al usuario una información comparativa útil para pronunciar correctamente dicho japonesismo. De manera que aparecerán, en los ejemplos indicados y también en la definición inglesa, como *kendō, sumō, jūdō* y *tōfu*, respectivamente. Sin embargo, a su lado y entre paréntesis se mostrará la forma ortográfica aceptada en el DLE. Por ejemplo:

maku uchi まくうち ∿ 幕内 ▸ (de) /la/ Primera división o categoría de ***sumō*** (**sumo**, DLE) compuesta de 42 luchadores o ***rikishi***. | First division or category in sumō made up of 42 wrestlers or rikishi.

Finalmente, en esta edición, a diferencia de la primera, se incluyen los japonesismos «moxa», «soja», «sudoku» y otros incluidos en el DLE.

III. Separación de palabras

La separación o no separación del artículo léxico en dos o más palabras ha sido la cuestión tal vez más primaria de las planteadas en torno a la presentación gráfica de cada uno de los artículos de este diccionario. Se trataba de una decisión arriesgada, pues en japonés escrito las palabras no se separan, siendo tan solo la puntuación —una importación relativamente reciente en japonés tomada de las lenguas occidentales— la única ocasión para dejar espacios en blanco en un texto. En coherencia con las directrices metodológicas ya formuladas, hemos resuelto esta cuestión concediendo prioridad a la facilidad de lectura y de pronunciación para nuestro usuario principal. Según tal criterio, entendemos que una palabra extranjera como unidad gráfica de, digamos, menos de cinco sílabas no suele representar mucha dificultad de lectura para un hispanohablante. Por esta razón, como norma hemos transcrito en una sola palabra el artículo léxico cuando este consta de cuatro o menos sílabas percibidas como tales por un hispanohablante que no sepa japonés. Así, aparecerá escrito *sugoroku* (すごろく、双六) y no *sugo roku*. Esta regla se aplica aunque el término posea más de cuatro sílabas conforme a la pronunciación japonesa. Por eso, palabras como *mottainai* (もったいない、勿体ない) y *moyashikkō* (もやしっこ、もやしっ子), que fonéticamente en japonés constan de más de cuatro sílabas, no se han separado. No obstante, esta regla de segmentar los japonesismos de cinco o más sílabas no se ha seguido en los siguientes casos:

- Cuando el japonesismo representa una forma verbal, como, por ejemplo, *itadakimasu*.
- Cuando el japonesismo constituye un término relativamente consolidado en su forma de una sola palabra. Así, *monogatari*.
- Cuando es un nombre propio. Así, Amaterasu.

En consecuencia con la regla anterior y con la salvedad de las tres excepciones que acaban de señalarse, hemos escindido en dos términos los artículos léxicos de cinco o más sílabas. El objetivo ha sido en todo caso facilitar la pronunciación. Así, aparecerá *odamaki mushi* y no *odamakimushi* (おだまき むし、小田巻き蒸し). Pero también hemos aplicado excepciones a esta regla, dictadas por el propósito de no falsear en lo posible la lectura japonesa y por respeto a la morfología del japonés. Así, en ciertos casos se ha escindido el artículo léxico, aunque no constara de cinco o más sílabas. Han sido los siguientes nueve casos principales:

- Cuando el primer término del artículo léxico es nombre propio completo de lugar o de persona. Así, Tosa inu y no Tosainu («perro Tosa»). Sin embargo, se ha optado por *kyōmai* (きょうまい、京舞) que significa «danza tradicional de Kioto».
- Cuando el primer término acaba en la misma vocal que el segundo. Así *ki ippon* (き いっぽん、生一本, «**sake** puro, sin diluir») u *obi ita* (おび いた、帯板, «placa de material duro que se inserta entre los pliegues del ***obi*** femenino para dotarlo de rigidez»), y no *kiippon* ni *obiita*.
- Cuando el primer término acaba en vocal y el segundo en otra vocal distinta pero proclive a diptongar con la primera conforme a la tendencia del español. Por ejemplo, *mitome in* (みとめ いん、認め印, «sello no oficial [no registrado]»), y no *mitomein*. De esta manera, al favorecerse la no diptongación separando las palabras, se pretende que la pronunciación realizada por un hispanohablante se aproxime lo más posible a la del japonés.
- Cuando el primer término es un extranjerismo, como en *dansu geisha* (だんす げいしゃ、ダンス芸者, «en los años veinte del siglo XX, ***geisha*** que bailaba al estilo de los bailes de salón occidentales»), y no *dansugeisha*.
- Cuando ambos términos están unidos por una preposición. Es el caso de Keirō no hi (けいろう の ひ、敬老の日, «Día del Respeto a los Mayores»), y no Keirōnohi; o de *mago no te* (まご の て、孫の手, «rascador de la espalda»), y no *magonote*. En todos los artículos en que aparece la preposición *no* (の), que en japonés marca la posesión o relación, se han separado las palabras para reproducir la morfología del sintagma japonés. Así, *kin no tamago* y no *kinnotamago*.

- Cuando el segundo término del artículo es una palabra de uso relativamente consolidado en español. Es el caso de *takigi noh* (たきぎのう、薪能, «***noh*** a las antorchas; obra de *noh* representada en un escenario al aire libre iluminado con antorchas»).
- Cuando ambos términos registran un uso relativamente consolidado como tales unidades separadas. Es el caso de *sono mama* (その まま, «noción de las cosas tal como son; en el pensamiento **zen**, la realidad definitiva»).
- Cuando el artículo léxico, o bien en una forma compuesta, o bien separado en dos unidades por un guion corto, posee un uso relativamente consolidado en español. Por ejemplo, *ukiyo-e* (うきよえ、浮世絵, «"escena del mundo flotante": estampación xilográfica especialmente popular entre las clases urbanas de la Era Edo [1600-1868]»).
- Cuando por derivación de un uso consolidado, como el ejemplo que acaba de indicarse a propósito de *ukiyo-e*, aparece el japonesismo *e* (え、絵, «dibujo, pintura, cuadro») en aposición a un nombre. Son los casos, por ejemplo, de *musha-e* (むしゃえ、武者絵, «pintura que representa a un guerrero o samurái»), y no *mushae* ni *musha e*.

Sin embargo, cuando los resultados de nuestras encuestas nos han indicado que también se halla extendida otra ortografía, y, por supuesto, cuando en el DLE se recoge otra transcripción, aunque no sea apenas usada como son los casos de «samuray» o «catana», esta se ha indicado a continuación de la recomendada en primer lugar. Por eso, incluiremos «*ukiyoe*» y «*mushae*» (así se usa en las publicaciones en español del Ministerio de Asuntos Exteriores japonés) detrás de, respectivamente, *ukiyo-e* y *musha-e*; y «samuray» y «catana», detrás y entre paréntesis de *samurai* y *katana*. Así, encontraremos

samurai (samurái, samuray, DLE)

Asimismo, por poner otro caso controvertido, incluiremos el de «tempura» (DLE), pero escrito entre paréntesis detrás de *tenpura* para marcar que esta última es la grafía favorecida en SAKURA por las razones fonéticas ya aducidas.

IV. Mayúsculas

No hay concepto de mayúsculas en el japonés escrito. El uso de letras mayúsculas en los artículos léxicos de este diccionario seguirá la norma del español. Así, se escribirán en mayúsculas los nombres propios, sean de lugar, persona o divinidades, incluyendo también los de las festividades, escuelas religiosas y sucesos históricos. Por ejemplo, Azuma uta (あずま うた、東歌, «“poema del este”: una categoría de las poesías de antologías poéticas»), pero *azumaya*; y Kinrōkansha no hi (きんろうかんしゃ の ひ、勤労感謝の日, «Día de Gracias por el Trabajo [23 de noviembre]») o Shinshū-kyō (しんしゅうきょう、神習教, «Escuela del ***shintō*** (**sintoísmo**, DLE) fundada por Masamochi Yoshimura que se independizó en mayo de 1882»).

V. Letras en cursiva y en negrita

El uso de la letra en cursiva en la escritura de los artículos seguirá el uso normativo del español. Por lo tanto, se escribirán en cursiva los nombres de las, aproximadamente, ocho o diez obras literarias, como *Kokinshū* y *Heike monogatari*, estimadas como más representativas de la literatura clásica; asimismo, y entre paréntesis, los nombres científicos de especies vegetales y animales, y, por supuesto, las voces extranjeras como *my home type* en el siguiente ejemplo:

> **mai hōmu taipu** <ing. *my home type*> マイホームタイプ ▸ (so) /el, la/ Persona que antepone la familia al trabajo. | Person who places family before work.

Además de este uso normativo, se emplea la cursiva en abreviaturas de términos de ayuda como *pron.* = pronunciación. También se empleará en indicaciones de referencias cruzadas enmarcadas entre llaves como «en oposición a» de {*en oposición a* ***shōtō***} (véase más abajo, en el epígrafe «VI. 3. Llaves»).

En negrita se escribirán todos los términos que en las definiciones o en las referencias cruzadas aparecen en SAKURA. Véase la siguiente entrada:

> **abekawa mochi** あべかわ ∿ もち 安倍川餅 ▸ (co) /el/ Cuadradito de pastel de arroz [***mochi***] a la plancha, espolvoreado con azúcar o jarabe y

harina de soja [***kinako***]. | Grilled cut rice cakes [mochi] topped either with sugar or syrup and soy bean flour [kinako].

Mochi y *kinako* aparecen como entradas léxicas independientes en SAKURA. Obsérvese, a través de la lectura de este ejemplo, que no se escribe en negrita el término entre corchetes de la definición en lengua inglesa, pero sí en la definición en español. Esto se hace para evitar sobrecargar las entradas léxicas con negritas.

VI. Estructura de una entrada léxica

EJEMPLO:

a. **jōruri**
b. じょうるり
c. 浄瑠璃
d. (mu / te) /el/ Modalidad de canto narrativo dramático acompañado de instrumento musical {*ver* ***shamisen***} y asociada con el teatro de títeres ***bunraku***. | A form of dramatic narrative chant accompanied by a musical instrument {*see* shamisen} and commonly associated with the bunraku puppet theater.
e. // El *jōruri*, llamado modernamente *bunraku*, floreció a finales del s. XVIII.

a. Artículo léxico, o en este caso japonesismo, escrito en *rōmaji*. En algunos casos se ofrece separado por una coma un segundo artículo alternativo (por ejemplo, Daikokuten, Daikoku), en cuyo caso solo se proporciona la lectura en *hiragana* y *kanji* del primero.
b. Escritura en *hiragana*. Los caracteres estarán separados unos de otros cuando en el artículo romanizado haya separación de palabras. Es el caso, por ejemplo, de *obi iwai* (おび いわい). Esta separación, contraria al uso habitual del japonés escrito, se realiza con fines didácticos para facilitar su lectura al usuario capaz de leer *hiragana*. En los casos excepcionales en que no proceda el *hiragana*, la escritura será en *katakana* (por ejemplo, en *sararī man*).

c. Escritura en sinogramas o *kanji*. En casos excepcionales, puede no haber escritura en *kanji* (por ejemplo, en el término *yakuza* o en *sayonara*).
d. En esta parte hay cuatro cuerpos de información:
   1. Entre paréntesis, la abreviatura del ámbito léxico al que pertenece el artículo (en este ejemplo, «mu» de «ámbito musical» y también «te» de «ámbito teatral», puesto que el término es compartido por ambos ámbitos). Las equivalencias de estas abreviaturas se ofrecen más adelante.
   2. Entre barras, la sugerencia de adscripción al género gramatical al que pertenece el artículo léxico (por ejemplo, aquí «el» porque le reconocemos género masculino). Esta adscripción de género se ha realizado basándonos en tres criterios: por analogía con las desinencias de género del español en que la mayoría de las palabras terminadas en *-a* pertenecen al género femenino y las terminadas en *-o* al masculino (así, la *hakama* y el *kendō*); en segundo lugar, por el uso consolidado del término en cuestión (así, el *obi* y el haiku) basado en nuestras encuestas; y, en tercer lugar, por el género —masculino o femenino— al que corresponda el equivalente en español más común (así, «el» *waka* y «el» *shamisen*, asociados, respectivamente, a «un género de poesía» o a «un poema» y a «un instrumento musical»; o «la» *tamagushi*, asociado a «una ramita de ***sakaki***»). En algunos casos dudosos en los que hemos recibido respuestas contradictorias de nuestros informantes, ofrecemos ambas opciones: «el» y «la». Han sido, por ejemplo, los casos de «el/la» *ukiyo-e*, «el/la» *sui* y «el/la» tanka. No se ofrece esta información sobre el género recomendado cuando la entrada léxica es un nombre propio o suceso histórico, o bien una frase hecha o eslogan, pero sí cuando la entrada se refiere a formas adjetivales, a eras o periodos históricos, y a escuelas o tradiciones religiosas o artísticas. En el caso de varias acepciones (separadas por ;) en las que no se indique la adscripción de género, será aplicable la recomendada en la primera acepción si es coincidente.
   3. Definición léxica del artículo en español, a veces con información complementaria o referencias cruzadas entre paréntesis, corchetes y llaves, ( ), [ ], { }, cuyos usos se explicarán en el apartado siguiente.
   4. Definición léxica del artículo en lengua inglesa.

e. En algunas entradas y precedida de doble barra, frase modular o de uso relativa al artículo presentado.

Debido a la frecuente homografía de la lengua japonesa cuando se escribe en *rōmaji* (o en *hiragana*), hay casos en los que un mismo artículo léxico tiene diferente escritura en sinograma (*kanji*) y, por tanto, diferente significado y ámbito léxico. En tales casos, la estructura adoptará el siguiente formato:

en えん ∿ 縁 ▸ (so / re) /el/ Relación, vínculo; karma. | A relation, link; karma, destiny.
艶 ▸ (es) /el, la/ Encanto; belleza. | Charm; beauty.

VII. Signos ortotipográficos de uso específico

Los signos ortotipográficos utilizados con uso específico en este diccionario son los siguientes:

1. Paréntesis. Se escriben entre paréntesis la abreviatura de los ámbitos léxicos, la sigla DLE detrás de aquellos japonesismos aceptados en el *Diccionario de la lengua española* (aunque no sean las formas recomendadas en SAKURA), los nombres de especies de flora y fauna y, en tercer lugar, cualquier información, como fechas y lugares, que complemente a la palabra o concepto que precede inmediatamente al paréntesis. Véanse estos cuatro ejemplos:

   haibun はいぶん ∿ 俳文 ▸ (li) /el/ Fragmento de prosa poética compuesto por un poeta de **haiku**; breve ensayo ligero de tono y sobre temas comunes que floreció en la Era Edo (1600-1868).

   Hamaori sai はまおりさい ∿ 浜降祭 ▸ (re / ca) /el/ Festival **sintoísta** celebrado el 15 de julio en el santuario de Samukawa (Kanagawa). | Shintō festival held in the sanctuary at Samukawa (Kanagawa Prefecture) on July 15th.

   jūdō (judo, yudo, DLE) じゅうどう ∿ 柔道 ▸ (ar mar) /el/ «La Vía de la blandura»: un tipo de combate que hace hincapié en la agilidad mental y de movimientos más que en la simple fuerza física. | «The way of softness»: a form of combat that stresses mental and physical agility rather than sheer physical strength.

maitake (*Grifola frondosa*) まいたけ ␣ 舞茸 ▸ (bo) /el/ Hongo de otoño, aromático, apreciado y ampliamente cultivado. | A fragrant, wild mushroom found in autumn, highly appreciated and extensively cultivated.

2. Corchetes. Se escribe entre corchetes la información que puede sustituir o equivaler a la palabra o concepto que precede inmediatamente al corchete de apertura. Frecuentemente, la palabra entre corchetes será un japonesismo que, cuando aparece en negrita, figura también en el diccionario con su correspondiente entrada léxica. Véanse estos dos ejemplos:

machi yakunin まち やくにん ␣ 町役人 ▸ (hi) /el/ Funcionario municipal de estatus plebeyo [***chōnin***] durante la Era Edo (1600-1868). | City and town officials of commoner status [chōnin] during the Edo period.

abekawa mochi あべかわ もち ␣ 安倍川餅 ▸ (co) /el/ Cuadradito de pastel de arroz [***mochi***] a la plancha, espolvoreado con azúcar o jarabe y harina de soja [***kinako***]. | Grilled cut rice cakes [mochi] topped either with sugar or syrup and soy bean flour [kinako].

3. Llaves. Se emplean en referencias cruzadas para ofrecer información comparativa, contrastiva o relacionada. También para indicar la localización de una ilustración cuando, por motivos técnicos, ha sido necesario incluirla en una página anterior o posterior al lugar de la entrada léxica correspondiente. Véanse los ejemplos de estas dos entradas:

daitō だいとう ␣ 大刀 ▸ (arm) /el, la/ Sable largo [***katana***] {*en oposición a* ***shōtō***}. | A long sword [katana] {*as opposed to* shōtō}.

shōtō しょうとう ␣ 小刀 ▸ (ar) /el, la/ Un sable pequeño {*opuesto a* ***daitō***}; una daga. | A small sword {*as opposed to* daitō}; a dagger.

4. Paréntesis angulares. Se emplean para ofrecer, a continuación del artículo, la etimología extranjera, total o parcial, de este. Por ejemplo:

   sararī man, sararīman <ing. *salary man*> サラリーマン ▸ (so) /el/ «Hombre asalariado»: designación amplia de empleados asalariados que realizan trabajo de oficina o administrativo, en oposición a los trabajadores autónomos, obreros y artesanos. | «Salaried man»: a broad grouping of salaried white-collar workers, in contrast to self-employed and manual workers.

5. Barras verticales. Se emplean para proporcionar la pronunciación de ciertas entradas que difieren de manera significativa, principalmente por derivar del inglés, de la forma ortográfica ofrecida en la entrada léxica. Por ejemplo:

   cyber punk (*pron.* |saibā panku|) サイバーパンク ▸ (ma) /el, la/ Historia de **manga** o ***anime*** que sucede en un mundo de cienca ficción. | Manga or anime story that takes place in a world of science fiction.

   Ya explicamos en el segundo epígrafe de esta introducción que «manga» lo escribimos en redonda por encontrarse admitido en el DLE, lo cual no ocurre con *anime*.

6. Comillas angulares. Se utilizan específicamente para ofrecer la traducción literal de algunos artículos. Encabezan la definición léxica y las palabras entrecomilladas van seguidas de dos puntos. Por ejemplo:

   sōmoku そうもく 草木 ▸ (ar / li) /el/ «Hierba y árbol»: conjunto natural de la escena de un paisaje, sea en pintura, poesía u otra concepción artística. | «Grass and tree»: the natural constituents of a landscape scene in painting, poetry or any other artistic expression.

7. Punto y coma. El empleo específico de este signo en SAKURA es para separar dos acepciones del mismo artículo léxico, ya sea en la definición española o en la inglesa. Por ejemplo, en esta entrada:

   haibun はいぶん 俳文 ▸ (li) /el/ Fragmento de prosa poética compuesto por un poeta de **haiku**; breve ensayo ligero de tono y sobre temas comunes que floreció en la Era Edo (1600-1868). | A piece of poetical prose written by a haiku poet; brief informal essays usually light in tone and commonplace in theme, which flourished during the Edo period.

VIII. Abreviaturas

Hay dos clases de abreviaturas empleadas en este diccionario:

1. Las usadas entre paréntesis angulares y de fácil identificación para significar los idiomas de los que proceden las etimologías totales o parciales de determinados artículos. Por ejemplo:

   randoseru <hol. *ransel*> ランドセル ▸ (et) /el/ Cabás o mochila escolar que llevan los niños cuando empiezan a ir a la escuela. | A knapsack used by youngsters when starting to attend school.

   ogura aisu <*aisu* = ing. *ice*> おぐら アイス ∿ 小倉アイス ▸ (co) /el/ Helado mezclado con pasta dulce de alubias. | An ice cream mixed with sweet bean paste.

2. Las empleadas entre paréntesis comunes para significar los correspondientes ámbitos léxicos de los artículos. Son las siguientes seguidas de sus equivalencias:

   (ar) Arte
   (ar mar) Artes marciales
   (arm) Armas
   (arq) Arquitectura
   (art) Artesanías
   (be) Bebidas
   (bo) Botánica
   (ca) Calendario
   (ce) Cerámica
   (ci) Cine
   (cl) Clima
   (co) Comidas
   (de) Deportes
   (em) Empresas (Economía)
   (es) Estética
   (et) Etnografía
   (fi) Filosofía
   (fo) Folclore
   (ge) Geografía
   (hi) Historia

(in) Indumentaria
(ja) Jardinería
(jr) Jurisprudencia
(ju) Juegos
(le) Lengua (Escritura)
(li) Literatura
(ma) Manga (*Anime*)
(me) Medicina
(mi) Mitología
(mo) Mobiliario
(mu) Música
(nu) Numismática
(pe) Peinado
(pe y me) Pesos y medidas
(po) Política (Administración)
(ps) Psicología
(re) Religión
(ro) Robótica
(so) Sociedad
(te) Teatro
(tex) Textiles
(tr) Transportes
(vi) Vivienda
(zo) Zoología

Fuentes utilizadas

A) Diccionarios, manuales, enciclopedias, catálogos y revistas de carácter generalista

Crown. Diccionario japonés-español, C. Rubio, H. Ueda, A. Ruiz Tinoco, A. Sugiyama (2.ª ed., Sanseido shoten, Tokio, 2009).

Daijirin (大辞林), A. Mutsumura (3.ª ed., Sanseido shoten, Tokio, 2006).

Diccionario básico japonés-español, Fundación Japón (Limusa, México, 1992).

Diccionario de la lengua española, DLE (23.ª ed., Espasa-Calpe, Madrid, 4.ª actualización de 2021).

Hanga. Imágenes del mundo flotante. Catálogo de la Exposición de Xilografías Japonesas, Museo Nacional de Artes Decorativas (Ministerio de Educación y Cultura, Secretaría de Estado de Cultura, Madrid, 1999).

Iwanami kogo jiten (岩波古語辞典, «Diccionario Iwanami de arcaísmos»), S. Ono, A. Satake, K. Maeda (Iwanami, Tokio, 1974).

Kodansha Encyclopedia of Japan, 9 vols. (Kodansha, Tokio, 1983).

Kōjien (広辞苑), I. Shinmura (editor general de 1.ª ed.) (6.ª ed., Iwanami shoten, Tokio, 2008).

Japón, el archipiélago de la cultura, VV. AA., 10 vol, (Mediatres Estudio, Barcelona, 2022).

Nihon Tateyoko (日本タテヨコ) (Gakken, Tokio, 1990).

Niponica, Ministerio de Relaciones Exteriores de Japón, http://web-japan.org/niponica/index_es.html (2014-2023).

Ortografía y ortotipografía del español actual, J. Martínez de Sousa (Trea, Gijón, 2014).

Puerta al español. Nuevo diccionario español-japonés, H. Ueda y C. Rubio (2.ª ed., Kenkyusha, Tokio, 2011).

Wa-ei Nihon bunka hyōgen jiten (和英日本文化表現辞典, *Japanese-English Bilingual Cultural Term Dictionary*) (Kenkyusha, Tokio, 2007).

B) Obras de ámbitos léxicos especializados

A Dictionary of Japanese Food, R. Hosking (Tuttle, Tokio, 2003).
A History of Japan, C. Totman (Blackwell, Oxford, 2000).
A History of Japanese Religion, K. Kazahara (Kosei, Tokio, 2003).
Arquitectura moderna de Japón, J. Vives (Satori, Gijón, 2017).
Arquitectura tradicional de Japón, J. Vives (Satori, Gijón, 2017).
Budō. The Martial Ways of Japan (Nippon Budokan, Tokio, 2009).
Dictionary of Buddhism (Soka Gakkai, Tokio, 2002).
El camino del maestro carpintero, W. Coaldrake (Satori, Gijón, 2021).
El teatro japonés y las artes plásticas, J. Vives (Satori, Gijón, 2010).
Geisha, L. Dalby (Random House Mondadori, Barcelona, 2002).
Héroes de la Gran Pacificación, P. Cabañas (Satori, Gijón, 2013).
Historia contemporánea de Japón, W. G. Beasley (Alianza, Madrid, 1998).
Historia y arte del jardín japonés, J. Vives (Satori, Gijón, 2014).
Irezumi itai. Tatuaje tradicional japonés, Y. Moriarty (2.ª ed., Satori, Gijón, 2018).
Kōdō no rekishi jiten (香道の歴史事典, «Enciclopedia histórica sobre la Vía del incienso»), H. Jinbō (Kashiwa Shobō, Tokio, 2003).
Japan: A Short Cultural History, G. Sansom (Tuttle, Tokio, 1993).
Japanese Culture, P. Varley (Tuttle, Tokio, 1984).
Japanese Culture and Behavior, T. Sugiyama (ed.), W. Lebra (University of Hawaii Press, Honolulu, 1986).
Japanese Religion and Society, W. Davis (State University of New York Press, Nueva York, 1992).
Japanese Society, C. Nakane (Tuttle, Tokio, 1973).
Japan Through the Looking Glass, A. Macfarlane (Profile Books, Londres, 2007).
La Escuela de Kioto. Una introducción, R. E. Carter (Bellaterra, Barcelona, 2015).
La filosofía japonesa en sus textos, J. Heisig, T. Kasulis, J. Maraldo, R. Bouso (Herder, Barcelona, 2016).

Shinsengumi, R. Hillsborough (Satori, Gijón, 2019).
Shiryō Nihon rekishi zuroku (資料・日本歴史図億, «Libro ilustrado sobre la historia documental de Japón»), Y. Sasama (Kashiwa Shobō, Tokio, 1992).
Sintoísmo. La vía de los kami, S. Ono (Satori, Gijón, 2014).
Sumō daijiten (相撲大事典, «Gran enciclopedia del sumo»), M. Kanazashi (Gendai Shokan, Tokio, 2002).
Sumo. From Rite to Sport, P. L. Cuyler (Weatherhill, Tokio, 1985).
Tea in Japan (Essays on the History of Chanoyu), P. Varley, I. Kumakura (eds.) (University of Hawaii Press, Honolulu, 1994).
The Art of Japanese Ceramics, T. Mikami (Heibonsha, Tokio, 1972).
The Cambridge History of Japanese Literature, H. Shirane, T. Suzuki, D. Lurie (eds.) (Cambridge University Press, Cambridge, 2016).
The Princeton Companion to Japanese Literature, E. Miner, H. Odagiri, R. Morrell (Princeton University Press, Princeton, 1985).
Una introducción a la sociedad japonesa, Y. Sugimoto (Bellaterra, Barcelona, 2016).
Yokai. Monstruos y fantasmas en Japón, A. Pérez Riobó, C. Chida (Satori, Gijón, 2012).
Zen and Japanese Culture, D. T. Suzuki (Princeton University Press, Princeton, 1972).
Zukai Nihon-tō jiten (図解日本刀事典, «Enciclopedia ilustrada de las espadas japonesas») (Gakken, Tokio, 2006).
Zuroku Nihon no katchū/bugu jiten (図録日本の甲冑武具事典, «Enciclopedia ilustrada de armaduras japonesas»), Y. Sasama (Kashiwa Shobō, Tokio, 1981).
Zusetsu Nihon kassen bugu jiten (図説日本合戦武具事典, «Enciclopedia ilustrada del armamento de guerra japonés»), Y. Sasama (Kashiwa Shobō, Tokio, 2004).

C) Páginas web consultadas

https://dle.rae.es/
https://www.bing.com/
https://www.google.co.jp/
https://www.yahoo.co.jp/

SAKURA

DICCIONARIO DE CULTURA JAPONESA

A

abekawa mochi あべかわ もち ↯ 安倍川餅 ▸ (co) /el/ Cuadradito de pastel de arroz [***mochi***] a la plancha, espolvoreado con azúcar o jarabe y harina de **soja** [***kinako***]. | Grilled cut rice cakes [mochi] topped either with sugar or syrup and soy bean flour [kinako].

abuna-e, abunae あぶなえ ↯ 危絵 ▸ (ar) /el/ Grabado xilográfico que representa a mujeres en sutiles poses eróticas {*contrastar con* ***shunga***}. | Woodcut print depicting women in mildly erotic poses {*as opposed to* shunga}. // Mi profesor de japonés es un coleccionista de *abuna-e*.

abura (a)ge あぶら（あ）げ ↯ 油揚げ ▸ (co) /el/ ***Tōfu*** (**tofu**, DLE) frito en delgadas rebanadas. | Deep-fried tōfu in thin slices.

aburatori gami あぶらとり がみ ↯ 脂取り紙 (et) /el/ «Papel para sacar la grasa»: papel absorbente para absorber el sudor, incluso estando el rostro maquillado, especialmente apreciado por ***geishas*** y actores de **kabuki** en la Era Edo (1600-1868). | «Oil removal paper»: absorbent paper used to remove sweat, even from a face covered in make-up, especially valued by geishas and kabuki actors during the Edo period (1600-1868).

adauchi mono あだうち もの ↯ 仇討ち物 ▸ (te) /el/ Obra de teatro ***bunraku*** o **kabuki** cuyo tema es la venganza. | Bunraku or kabuki play whose theme is revenge.

ado あど ↯ アド ▸ (te) /el/ Actor de apoyo al protagonista en una obra de teatro ***kyōgen***. | Actor supporting the protagonist in a kyōgen play.

aemono あえもの ↯ 和え物 ▸ (co) /el/ Verduras, pescado o marisco aderezados con pasta de **soja** [***miso***], sésamo o vinagre. | Vegetables, fish or shellfish dressed with miso, sesame or vinegar.

agari あがり ↯ 上がり ▸ (be) /el/ Té verde que se toma en un restaurante de ***sushi***. | Green tea served in a sushi shop.

agari kamachi あがり かまち ↯ 上り框 ▸ (vi) /el/ Tablón grueso a modo de escalón que conduce del vestíbulo a la sala de entrada de una casa japonesa. | Thick plank that serves as a step and leads from the vestibule to the entrance hall of a Japanese dwelling.

agata nushi あがた ぬし ↯ 県主 ▸ (hi) /el/ Jefe de una *agata* (unidad política inferior a un ***kuni*** o provincia), en vigor en la corte de Yamato entre los ss. IV y VII. | Head of an agata (a political unit smaller than a kuni or province), instituted by the Yamato Court (4th-7th century).

agebutai no ma あげぶたい の ま ↯ 揚舞台の間 ▸ (arq) /la/ Sala del interior de una residencia de estilo ***shoin*** {*ver* ***shoin tsukuri***} donde se representa algún espectáculo. | Room in the interior of a shoin style {*see* shoin tsukuri} residence where a spectacle is performed.

ageen あげえん ↯ 揚げ縁 ▸ (vi) /la/ Especie de contraventana con goznes que se puede subir y bajar. | A kind of hinged shutter that can be lowered and raised.

ageku あげく ↯ 挙句 ▸ (li) /la/ Última estrofa, con dos versos de siete sílabas cada uno, de un poema ***renga***. | The last stanza of a renga poem containing two lines of seven syllables each.

agemaki あげまき ⇅ 総角、揚巻 ▸ (pe) /el/ Antiguo peinado infantil con raya en medio y un moño a cada lado; moño alto femenino rematado en un copete sujeto con un alfiler y propio de la Era Meiji (1868-1912). | Ancient hairstyle for boys with a part in the middle and bound in loops at the sides; Meiji period (1868-1912) women's hairstyle piled in a pompadour and held in place with a pin.

agemaki musubi あげまき むすび ⇅ 揚巻結び ▸ (art) /el/ Nudo de cordón decorativo en forma de trébol. | Decorative cord knot tied in a clover shape.

agemaku あげまく ⇅ 揚幕 ▸ (te) /el/ Telón del escenario del teatro ***noh*** o **kabuki**. | Curtain at the entrance to the kabuki or noh stage.

agemochi あげもち ⇅ 揚げ餅 ▸ (co) /el/ Pastel frito de arroz. | Deep-fried rice cake.

agemono あげもの ⇅ 揚げ物 ▸ (co) /el/ Alimento frito, como la ***tenpura*** (**tempura**, DLE) {*ver* ***katsu***}. | Deep-fried food like tempura {*see* katsu}.

agepan あげパン ⇅ 揚げパン ▸ (co) /el, la/ Bola frita de masa de harina que puede ir rellena. | Deep-fried ball of dough that can be served with a filling. // Este *agepan* está relleno de pescado.

agura あぐら ⇅ 胡坐 ▸ (et) /la/ Posición de sentado con las piernas cruzadas. | Sitting cross-legged. // Estuvimos charlando animadamente sentados en *agura*.

ai あい ⇅ 藍 ▸ (tex) /el/ Color índigo; tinte de este color. | Indigo; indigo blue; indigo dye.

aiaigasa あいあいがさ ⇅ 相合傘 ▸ (mo) /el/ Paraguas que improvisadamente cubre a una pareja. | An umbrella that improvisationally covers a couple.

aidoru eiga <ing. *idol eiga*> あいどる えいが ⇅ アイドル 映画 ▸ (ci) /la/ Película para promocionar a un actor o actriz. | Film promoting an actor or actress.

aikidō (aikido, DLE) あいきどう ⇅ 合気道 ▸ (ar mar) /el/ Arte marcial que aprovecha el ataque del contrario para derribarlo o neutralizarlo. | A martial art by means of which an attacker's strength is used to throw or immobilize their opponent. // Su hermana practica *aikidō* todos los días.

aikuchi あいくち ⇅ 匕首 ▸ (arm) /la/ Daga sin guarnición. | Dagger without a guard.

aikyōgen あいきょうげん ⇅ 間狂言 ▸ (te) /la/ Explicación sencilla de los elementos temáticos de una obra de ***noh*** por parte de un actor que aparece cuando sale de escena el actor principal; entremés cómico [***kyōgen***] entre los tres actos de una obra de ***bunraku*** o de ***noh***. | Simple description of the thematic elements of a noh play spoken by a player who comes on stage when the leading actor goes off; a humorous interlude between the three acts of a bunraku or noh play.

aimai あいまい ⇅ 曖昧 ▸ (so) /la/ Ambigüedad o indefinición expresiva, especialmente cuando se emplea como recurso para evitar un enfrentamiento directo en la comunicación interpersonal. | Ambiguous or indefinite expression, especially when used as a tactic to avoid a direct confrontation in interpersonal communication.

ainame (*Hexagrammos otakii*) あいなめ ⇅ 鮎魚女 ▸ (zo) /la/ Trucha de roca. | Rock trout.

ainoko あいのこ ⇅ 合の子 ▸ (so) /el, la/ Hijo de matrimonio mixto. | Child of a mixed marriage. // La palabra *ainoko* tiene una connotación peyorativa.

ainu アイヌ ▸ (so) /el, la/ Pueblo o individuo nativo del norte del archipiélago japonés que en los documentos antiguos es referido como pueblo ***emishi*** o ***ezo***; relacionado con los ainus. | Indigenous people

ainu

or individual from the north of the Japanese archipelago referred to in ancient documents as the Emishi or Ezo people; related to the ainu people. // El joven ainu llevaba el vestido tradicional.

aisatsu あいさつ ∿ 挨拶 ▸ (so) /el/ Saludos. | Greetings.

aisatsu mawari あいさつ まわり ∿ 挨拶回り ▸ (so) /la/ Ronda de saludos en un grupo humano. | Round of greetings in a group of people.

aiuchi あいうち ∿ 相打ち ▸ (ar mar) /la/ En ***kendō*** (**kendo**, DLE), situación en la cual los dos adversarios golpean simultáneamente neutralizándose la ventaja de uno y otro. | A situation in kendō in which both competitors strike simultaneously thereby neutralizing each other's advantage.

aiyotsu あいよつ ∿ 相四つ ▸ (de) /el/ En ***sumō*** (**sumo**, DLE), cuando los dos luchadores se sujetan uno a otro con el mismo agarre derecho o izquierdo. | Moment when both wrestlers seize the other with the same right or left grip in sumō.

aizuchi あいづち ∿ 相槌 ▸ (le) /el, la/ Palabra frecuente en la conversación entre japoneses que funciona a modo de señales verbales para expresar la atención del oyente. | Common word in Japanese conversation acting as a verbal sign to express the listener's attention. // El *aizuchi* más común en la comunicación de los japoneses es *hai*, que, aunque generalmente quiere decir «sí», como expresión de *aizuchi* no expresa asentimiento, sino antes bien atención.

aji (*Trachurus japonicus*) あじ ∿ 鯵 ▸ (zo) /el/ Jurel; chicharro. | Jack mackerel; saurel; jack.

ajiro あじろ ∿ 網代 ▸ (art) /el/ Labor hecha con tiras de bambú o madera; trampa de *ajiro* para capturar peces. | Wickerwork of split bamboo or wood; trap made of ajiro to catch fish. // El jardín estaba rodeado de una valla de *ajiro*.

ajiro byōbu あじろ びょうぶ ∿ 網代屏風 ▸ (mo) /el/ Biombo de ***ajiro***. | Folding screen made of ajiro.

ajiro guruma あじろ ぐるま ∿ 網代車 ▸ (tr) /el/ Carro tirado por bueyes [***gissha***] hecho de cestería [***ajiro***]. | Ox-drawn cart [gissha] made of ajiro wickerwork.

akabon, *ver* akahon. | *See* akahon.

akabusa あかぶさ ∿ 赤房 ▸ (de) /la/ Borla roja que cuelga de la esquina sureste del techo sobre el círculo de ***sumō*** (**sumo**, DLE). | Red tassel hanging from the southeast corner of the roof over a sumō ring.

akachōchin あかちょうちん ∿ 赤提灯 ▸ (et) /la/ Taberna indicada con un farolillo rojo en la puerta; /el/ farolillo rojo. | Pop-

akachōchin

ular drinking and eating place advertised by a red lantern; red lantern. // ¿Vamos a tomar algo en una *akachōchin*?

akadama あかだま ∿ 赤玉 ▸ (ja) /la/ Arcilla roja empleada para formar bolas recubiertas de musgo [***kokedama***]. | Red clay used to make moss-covered balls.

akagai (*Anadara broughtonii*) あかがい ∿ 赤貝 ▸ (zo) /el/ Berberecho. | Cockle, cockleshell.

akahon あかほん ∿ 赤本 ▸ (li) /el/ Libro de cuentos infantiles con tapas rojas publicado aproximadamente entre 1675 y 1764; /la/ literatura popular de ficción; novela barata. | Red-covered storybook mostly for children from ca. 1675-1764; cheap [pulp] fiction; a dime novel.

akamatsu (*Pinus densiflora*) あかまつ∿赤松 ▸ (bo) /el/ «Pino rojo»: variedad de pino ampliamente usada como árbol ornamental, en especial en el jardín japonés clásico. | «Red pine»: variety of pine widely used as an ornamental tree, especially in a classic Japanese garden.

akamiso あかみそ ∿ 赤味噌 ▸ (co) /el, la/ ***Miso*** [pasta de **soja** fermentada] de tono rojizo. | Reddish miso.

akaname あかなめ ∿ 垢嘗 ▸ (fo) /el/ Ser fantástico {*ver* ***yōkai***} al que le gusta lamer la suciedad y es inofensivo para los humanos {*comparar con* ***tenjōname***}. | Fantastic being {*see* yōkai} that enjoys licking up filth and is harmless to humans {*compare with* tenjōname}.

akaoni あかおに ∿ 赤鬼 ▸ (fo) /el/ Ogro de color rojo. | Red-colored ogre. // El *akaoni* de este cuento resulta ser un personaje bastante bondadoso.

akasuri あかすり ∿ 垢擦り ▸ (tex) /el/ Paño de textura áspera para frotar la suciedad de la piel. | Rough-textured cloth to remove grime from the skin.

akatan あかたん ∿ 赤短 ▸ (ju) /los/ Los tres palos rojos correspondientes a enero, febrero y marzo de una baraja japonesa {*ver* ***hanafuda***}. | The three red suits that represent January, February and March in a deck of Japanese cards {*see* hanafuda}.

akatonbo, akatombo (*Gomphus vulgatissimus*) あかとんぼ ∿ 赤蜻蛉 ▸ (zo) /la/ Libélula roja. | Red dragonfly.

akebi (*Akebia quinata*) あけび ∿ 木通、通草 ▸ (bo) /el/ Arbusto trepador con flores rojas-lilas, perfume avainillado y fruto otoñal insípido. | Climbing plant with reddish-purple flowers, a vanilla-like odor and a tasteless autumn fruit.

akemutsu あけむつ ∿ 明六つ ▸ (ca) /la/ De las cinco a las siete de la mañana. | From five to seven in the morning.

aki basho あき ばしょ ∿ 秋場所 ▸ (de) /el/ Torneo de ***sumō*** (**sumo**, DLE) celebrado en Tokio durante el mes de septiembre. | Sumō tournament held in Tokyo during the month of September.

aki no nanakusa あき の ななくさ ∿ 秋の七草 ▸ (bo) /las/ Las siete flores de otoño. | The seven flowers of autumn.

akirame あきらめ ⌇ 諦め ▸ (ps) /la/ Resignación ante el dolor y las privaciones, tradicionalmente, un importante rasgo de la psicología japonesa. | The virtue of enduring pain and deprivation with patience, traditionally a significant trait of Japanese psychology.

Akita ken あきた けん/あきた いぬ ⌇ 秋田犬 ▸ (zo) /el/ Perro originario de la prefectura de Akita. | Native dog of the Akita Prefecture.

akutō あくとう ⌇ 悪党 ▸ (hi) /las/ «Bandas de malhechores»: revueltas sociales durante las eras Kamakura (1185-1333) y Nanbokuchō (1336-1392). | «Bands of evildoers»: social disturbances during the Kamakura (1185-1333) and Nanbokuchō (1336-1392) periods.

ama あま ⌇ 海士、海人、海女 ▸ (so) /la/ Mujer buceadora. | Woman diver. // Las *ama* de la bahía de Ago, en Mie, bucean en busca de madreperlas.

ama chazuru あま ちゃづる ⌇ 甘茶蔓, *ver* **amazura.** | *See* amazura.

ama kudari あま くだり ⌇ 天下り ▸ (em) /la/ «Caer en paracaídas»: práctica consistente en que los funcionarios bien relacionados pasan a ocupar puestos con buena retribución en el sector privado tras su jubilación. | «Parachute jumping»: the practice of well-connected government officials finding well-paid employment in the private sector after retiring.

ama no kami あま の かみ ⌇ 天の神 ▸ (re) /los, las/ Divinidades celestiales. | Celestial divinities.

Ama no uki hashi あま の うき はし ⌇ 天の浮橋 ▸ (re / li) /el/ «Puente flotante del cielo»: lugar de la geografía mítica donde los dioses progenitores Izanami e Izanagi crearon las islas japonesas [**Ō yashima guni**]; en literatura, metáfora de la irrealidad del mundo fenoménico. | «Floating Bridge in Heaven»: mythical geographic place where the founding gods Izanami and Izanagi created the Japanese islands [Ō yashima guni]; metaphor in literature to describe the unreality of the phenomenal world.

ama tsukami あま つかみ ⌇ 天つ神 ▸ (re) /los, las/ Divinidades celestiales {*en contraste con* ***kuni tsukami***}. | Heavenly divinities {*as opposed to* kuni tsukami}.

ama yakashi あま やかし ⌇ 甘やかし ▸ (ps) /el, la/ Mimado, consentido; persona afectada por ***amae***. | Pampered; person affected by amae.

amado

amado あまど ⌇ 雨戸 ▸ (vi) /el/ Postigo deslizante de madera o aluminio. | Sliding wooden or aluminium shutter.

amae あまえ ⌇ 甘え ▸ (ps) /el/ Deseo de depender del afecto, la paciencia y la tolerancia del prójimo. | Desire to depend upon the love, patience and tolerance of another.

amaebi (*Pandalus borealis*) あまえび ⌇ 甘海老 ▸ (zo) /el/ Camarón rosado. | Pink shrimp or prawn.

amagoi あまごい ⌇ 雨乞い ▸ (fo) /el, la/ En el Japón premoderno, ceremonia para impetrar lluvia. | Ceremony to plead for rain in premodern Japan.

amaguri あまぐり ⌇ 甘栗 ▸ (co) /la/ Castaña asada y dulce. | Sweet roasted chestnut.

amamiso あまみそ ⌇ 甘味噌 ▸ (co) /el, la/ Pasta dulce de alubias. | Sweet bean paste.

amanattō あまなっとう ∿ 甘納豆 ▸ (co) /el, la/ Alubia confitada. | Candied bean.

amaochi あまおち ∿ 雨落 ▸ (arq) /el/ Alero de un edificio. | Eaves on a building. // Nos refugiamos de la lluvia bajo el *amaochi*.

Amaterasu あまてらす ∿ 天照 ▸ (re) Diosa del Sol y divinidad suprema del panteón **sintoísta** considerada progenitora mítica de la estirpe imperial. | The Sun Goddess and supreme deity in Shintō mythology traditionally regarded as the progenitrix of the imperial line.

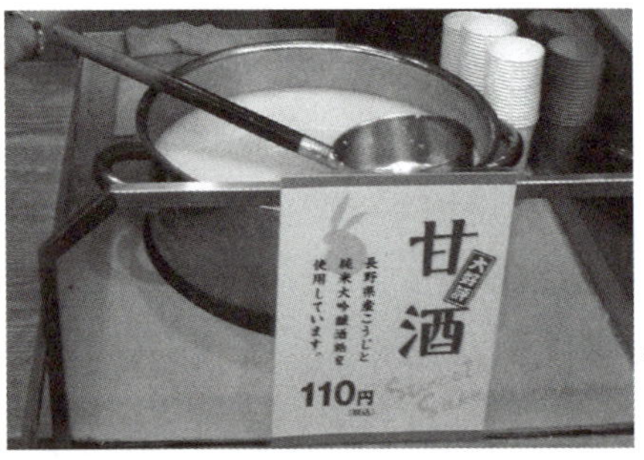

amazake

amazake あまざけ ∿ 甘酒 ▸ (be) /el/ Licor dulce elaborado con arroz fermentado o heces del **sake**. | Sweet drink made from fermented rice or sake lees. // Tomamos una copita de *amazake* después de comer.

amazura あまずら ∿ 甘葛 ▸ (co) /el/ Edulcorante elaborado espesando por cocción la planta del mismo nombre; un tipo de hiedra o enredadera (*Gynostemma pentaphyllum*) semejante a la parra virgen en español. | Thick sweetener made by boiling the plant of the same name; a type of ivy or vine similar to the Virginia creeper.

ameni あめに ∿ 飴煮 ▸ (co) /el/ Método culinario según el cual el pescado u otro alimento es cocido en una mezcla de sus jugos naturales y de jarabe dulce especiado. | Culinary method or dish in which fish or other foodstuff is simmered in a mixture of its natural juices together with a spicy sweet syrup.

ameonna あめおんな ∿ 雨女 ▸ (fo) /la/ Mujer que atrae la lluvia adondequiera que va. | A woman who brings rain wherever she goes.

ameotoko あめおとこ ∿ 雨男 ▸ (fo) /el/ Hombre que atrae la lluvia adondequiera que va. | A man who brings rain wherever he goes.

ameyu あめゆ ∿ 飴湯 ▸ (be) /la/ Bebida eficaz contra el calor del verano elaborada con jarabe de malta espeso y ralladura de canela disueltos en agua caliente. | A drink made of thick malt syrup dissolved with grated cinnamon in hot water, said to be effective against the summer heat. // En verano, un vaso de *ameyu* quita la sed.

ami (*Mysidopsis bahia*) あみ ∿ 醤蝦 ▸ (zo) /el/ Camarón mísido. | A mysid; an opossum shrimp.

Amida <sáns. Amitābha> あみだ ∿ 阿弥陀 ▸ (re) /el/ El Buda de la Tierra Pura de la Perfecta Felicidad en occidente; principal objeto de veneración de la escuela budista de la Tierra Pura [**Jōdo-shū**]. | The Buddha of the Pure Land of Perfect Bliss in the west; the main object of veneration in the school of Pure Land Buddhism [Jōdo-shū].

amidadō あみだどう ∿ 阿弥陀堂 ▸ (re / arq) /el/ En los templos adscritos a la escuela budista de la Tierra Pura {*ver* **Jōdo-shū**}, pabellón consagrado al Buda **Amida**. | Annex consecrated to the Buddha Amida in temples affiliated with the school of Pure Land Buddhism {*see* Jōdo-shū}.

amigasa あみがさ ∿ 編笠 ▸ (in) /el/ Sombrero de ala ancha, tejido con junco o paja de arroz y usado para protegerse del sol u ocultar la propia identidad. | A broad-brimmed hat woven of rushes or rice straw and worn for protection against the sun or to disguise one's identity.

Amiha, Ami ha あみは ∿ 阿弥派 ▸ (ar) /la/ Escuela de pintura que floreció en Kioto al final del s. xv. | School of painting that flourished in Kyoto at the end of the 15th century.

amma, *ver* **anma.** | *See* anma.

an あん ∿ 餡 ▸ (co) /la/ Mermelada de alubias. | Bean jam.

anagama あながま ∿ 穴窯 ▸ (ce) /el/ «Horno de foso»: horno de leña para productos cerámicos, que puede tener hasta 8 m de largo, consistente en la cámara de combustión en un extremo y la chimenea en otro {*comparar con* ***nobori gama*** *y* ***hebigama***}. | «Cave kiln»: a wood-fired kiln for making pottery, up to 26 feet long and consisting of a combustion chamber at one end and a chimney at the other {*compare to* nobori gama *and* hebigama}.

anago (*Conger conger*) あなご ∿ 穴子 ▸ (zo) /el/ Congrio. | Conger [eel].

anata, anta あなた、あんた ▸ (so) /el/ Apelativo usado por la esposa japonesa para dirigirse a su marido con un significado intermedio entre «oye, tú» y «querido». | Term used by a Japanese wife to talk to her husband with a meaning between «listen» or «hey, you» and «dear».

anazuki ganna あなづき がんな ∿ 穴突鉋 ▸ (et) /el/ Cepillo de carpintero usado para acanalar. | Carpenter's plane used for making grooves.

ando あんど ∿ 安堵 ▸ (hi) /la/ Confirmación oficial del derecho de propiedad de un vasallo que realizaba el señor en las eras Kamakura (1185-1333) y Muromachi (1333-1568). | Official confirmation of a retainer's right to property executed by a lord in the Kamakura (1185-1333) and Muromachi (1333-1568) periods.

andon あんどん ∿ 行灯 ▸ (et) /el/ Farolillo de papel sujeto con un palo. | Standing paper lantern. // La madre estaba cosiendo con la luz del *andon*.

anesama ningyō あねさま にんぎょう ∿ 姉様人形 ▸ (et) /la/ Muñeca con traje de novia hecha con pedacitos de papel y tela. | A doll in bridal costume made from paper and bits of cloth.

angura <ing. *underground*> アングラ ▸ (te) /el/ Teatro de vanguardia. | Avant-garde theater.

angya あんぎゃ ∿ 行脚 ▸ (re) /la/ Peregrinación a pie. | Pilgrimage on foot.

anime アニメ ▸ (ma) /el, la/ Película o serie de animación japonesa. | Japanese animated film or series.

ankake あんかけ ∿ 餡掛 ▸ (co) /la/ Plato con salsa de caldo espesado con almidón de arruruz {*ver* ***kuzu***}. | Dish with a sauce of broth thickened with arrowroot starch {*see* kuzu}.

ankō (*Lophiomus setigerus*) あんこう ∿ 鮟鱇 ▸ (zo) /el/ Especie de rape. | Type of angler fish.

ankoku butō あんこく ぶとう ∿ 暗黒舞踏 ▸ (te) /el, la/ «Danza de la oscuridad» {*ver* ***butō***}. | «Dance of darkness» {*see* butō}.

ankoro mochi あんころ もち ∿ 餡ころ餅 ▸ (co) /el/ Pastel de arroz o ***mochi*** tierno envuelto en mermelada de alubias. | A soft mochi wrapped in sweet bean jam.

anma あんま ∿ 按摩 ▸ (et) /el/ Masaje de origen chino; masajista. | Massage of Chinese origin; masseuse.

anman あんまん ∿ 餡饅 ▸ (co) /el/ Bollito relleno de pasta de alubias dulces y con sabor a sésamo. | Small bun filled with sweet bean paste flavored with sesame oil.

anmitsu あんみつ ∿ 餡蜜 ▸ (co) /el/ Postre de alubias dulces cocidas, cubitos de gelatina de agar y frutas, todo recubierto con sirope. | Dessert of boiled beans, cubes of agar gelatine and bits of fruit topped with a sweet syrup.

anpan あんぱん ∿ 餡パン ▸ (co) /el/ Bollo relleno de mermelada de alubias. | A bun stuffed with bean jam.

anraku ōjō あんらく おうじょう ∿ 安楽往生 ▸ (re) /el/ Renacimiento en la

Tierra Pura, una noción central en el budismo de la escuela de la Tierra Pura {*ver* **Jōdo-shū**}. | Rebirth in the Pure Land, a central concept in the school of Pure Land Buddhism {*see* Jōdo-shū}.

anta, *ver* **anata.** | *See* anata.

ao あお ⌇ 襖 ▸ (in) /el/ Antiguo **kimono** con forro de algodón. | Ancient kimono with a cotton lining.

aobusa あおぶさ ⌇ 青房 ▸ (de) /la/ Borla azul que cuelga de la esquina noreste del techo sobre el círculo de ***sumō*** (**sumo**, DLE). | Blue tassel hanging from the northeast corner of the roof over a sumō ring.

aodake fumi あおだけ　ふみ ⌇ 青竹踏み ▸ (et) /el/ Masaje en la planta de los pies hecho pisando un tronco partido de bambú u otro material como el plástico. | Massage on the sole of the foot made by treading on a trunk on the floor of split bamboo or another material like plastic. // Mi abuela ve la televisión haciendo *aodake fumi*.

aohige あおひげ ⌇ 青髭 ▸ (te) /el/ Maquillaje azul que en el **kabuki** suele llevar el personaje del villano. | Blue makeup often worn by a villain in a kabuki play.

aohon あおほん ⌇ 青本 ▸ (li) /el/ Libro de cuentos ilustrado y con cubierta verde publicado a mediados de la Era Edo (1600-1868). | Green-covered illustrated storybook published in the mid Edo period (1600-1868).

Aoi matsuri あおい　まつり ⌇ 葵祭 ▸ (fo) /el/ Festival celebrado en Kioto el 15 de mayo. | Festival held in Kyoto on May 15th.

aoi tsuba あおい　つば ⌇ 葵鍔 ▸ (ar / arm) /la/ Guarda del sable [***tsuba***] de contorno cuadrado redondeado y con una perforación en cada esquina en forma de corazón y empleada en la decoración de etiqueta de espadas. | A sword guard having a rounded square with a heart-shaped perforation on each corner, used especially on more formal sword mountings.

aojiro あおじろ ⌇ 青白 ▸ (ar) /el/ Color blanco azulado. | Bluish-white color.

aojiru あおじる ⌇ 青汁 ▸ (co) /el/ Puré de verduras de hoja verde. | Green-leafy vegetable purée.

aojiso (*Perilla frutescens crispa*) あおじそ ⌇ 青紫蘇 ▸ (bo) /la/ Planta parecida a la menta, conocida también como planta bistec. | Green perilla, also known as beefsteak plant.

aoko あおこ ⌇ 青粉 ▸ (co) /las/ Ovas verdes en polvo. | Powdered green laver.

aonori あおのり ⌇ 青海苔 ▸ (co) /las/ Ovas verdes. | Green laver.

aotagai あおたがい ⌇ 青田買い ▸ (em) /la/ «Comprar el arroz en verde»: práctica empresarial consistente en contratar a jóvenes empleados antes de la fecha de su graduación. | «Buying green rice»: business practice consisting of hiring young employees before their graduation date.

appappa あっぱっぱ ▸ (in) /la/ Especie de bata lisa y de una sola pieza para el verano. | Plain loose one-piece dress worn in summer.

aragami あらがみ ⌇ 荒神 ▸ (re) /la/ Deidad **sintoísta** poderosa y a veces impetuosa. | Powerful, sometimes impetuous Shintō deity.

aragoto あらごと ⌇ 荒事 ▸ (te) /el/ Estilo de actuación impetuosa en el **kabuki**. | Bravura style of kabuki acting.

aragotoshi あらごとし ⌇ 荒事師 ▸ (te) /el/ Actor que interpreta personajes rudos e impetuosos. | Actor who plays robust and roisterous characters.

arahito gami あらひと　がみ ⌇ 現人神 ▸ (re) /el/ Un emperador; un dios encarnado en humano. | Emperor; a god made incarnate in a human being.

araiko あらいこ ⌇ 洗い粉 ▸ (et) /el/ Antigua denominación del jabón en polvo, actualmente conocido como *kona sekken.* | Ancient name for powdered soap, now known as kona sekken.

arakan <sáns. *arhat*> あらかん ⇃ 阿羅漢 ▸ (re) /el/ Monje del budismo ***hinayana*** que ha alcanzado el nirvana. | A Hinayana Buddhist monk who has attained nirvana.

arami tama あらみ たま ⇃ 荒御魂 ▸ (re) /el, la/ Fuerza o espíritu [***tama***] violento de la divinidad {*en contraste con* ***nigimi tama***}. | Strength or violent spirit [tama] of the divinity {*contrast with* nigimi tama}.

arani あらに ⇃ 粗煮 ▸ (co) /el, la/ Partes con espinas de pescado guisadas en salsa de **soja**, **sake** dulce y azúcar. | Bony portions of fish stewed in soy sauce, sweet sake and sugar.

arashi あらし ⇃ 嵐 ▸ (cl) /el/ Viento que trae tormentas. | Wind that brings storms.

arigatō <port. *obrigado* (?)> ありがとう ⇃ 有難う、有り難う ▸ (le) Gracias. | Thank you.

Arita yaki ありた やき ⇃ 有田焼 ▸ (ce) /la/ Cerámica de Arita (Saga). | Arita ceramic ware (Saga Prefecture).

arubaito <alemán *Arbeit*> あるばいと ⇃ アルバイト ▸ (so) /el/ Trabajo temporal retribuido por horas. | Temporary job paid by the hour.

asa (*Cannabis sativa*) あさ ⇃ 麻 ▸ (bo) /el, la/ Cáñamo, con cuya fibra se fabricaban textiles e incluso papel {*ver* ***washi***}. | Hemp whose fiber was used for making textiles and even paper {*see* washi}.

asagao (*Ipomea purpurea*) あさがお ⇃ 朝顔 ▸ (bo) /el/ Dondiego de día. | Morning glory.

asagi maku あさぎ まく ⇃ 浅葱幕 ▸ (te) /la/ Cortina de color azul verdoso pálido que pende tras el telón principal en un escenario de teatro **kabuki**. | Pale greenish-blue curtain suspended behind the main curtain in the kabuki theater.

asagi no kimono あさぎ の きもの ⇃ 浅葱の着物 ▸ (in) /el/ **Kimono** de color azul verdoso pálido. | Pale greenish-blue kimono.

asaichi あさいち ⇃ 朝市 ▸ (so) /el/ Mercado matinal. | Market held during the morning. // Los viernes hago la compra en el *asaichi* cerca de mi casa.

asamushi あさむし ⇃ 浅蒸し ▸ (co) /la/ Cocción ligera al vapor. | Lightly cooked by steaming.

asari (*Tapes philippinarum*) あさり ⇃ 浅蜊 ▸ (zo) /la/ Almeja japonesa de cuello corto; almeja de Manila. | Japanese littleneck clam; a Manila clam.

asazuke あさづけ ⇃ 浅漬け ▸ (co) /el, la/ Verdura encurtida poco tiempo en pasta de arroz salada. | Vegetable pickled for a short time in salted rice-bran paste.

asebi, ashibi (*Pieris japonica*) あせび、あしび ⇃ 馬酔木 ▸ (bo) /la/ Andrómeda japonesa: arbusto de hoja perenne de la familia de las ericáceas. | Japanese andromeda: evergreen shrub of the Ericacea family.

ashibyōshi あしびょうし ⇃ 足拍子 ▸ (te) /el/ Golpe propinado con el pie por los titiriteros del teatro ***bunraku***. | A kick made by the puppeteers in a bunraku theater.

ashida あしだ ⇃ 足駄 ▸ (in) /el/ Zuecos altos para la lluvia. | High rain clogs.

ashide あしで ⇃ 葦手 ▸ (ar) /el/ «Letra de juncos»: antiguo estilo de caligrafía decorativa en el cual los caracteres en ***kana*** representan juncos u otros objetos de un escenario acuático. | «Reed script»: an ancient style of decorative calligraphy in which the shapes of the kana characters are rendered as pictures of reeds and other objects of aquatic scenery.

ashigaru あしがる ⇃ 足軽 ▸ (hi) /el/ ***Samurai*** (**samurái**, DLE) del rango más bajo. | A samurai of the lowest rank.

ashiwaza あしわざ ⇃ 足技 ▸ (ar mar) /la/ Técnica de pie o pierna usada en algunas artes marciales. | A technique using the foot or the leg in several of the martial arts.

ashizukai あしづかい ᔐ 足遣い ▸ (te) /el/ En el teatro ***bunraku***, el titiritero que manipula los pies de un muñeco. | The puppeteer who manipulates a puppet's feet in the bunraku theater.

ashura <pali *asura*> あしゅら ᔐ 阿修羅 ▸ (re) /el/ Tipo de demonio de la mitología hindú e interpretado por el budismo como beligerante y hostil a los dioses. | A type of demon in Indian mythology regarded by Buddhist scriptures as belligerent and hostile to the gods.

asobime あそびめ ᔐ 遊び女 ▸ (te) /la/ Mujer del espectáculo en el Japón antiguo. | Woman of the performing arts in ancient Japan.

ason あそん ᔐ 朝臣 ▸ (hi) /el/ Título honorífico otorgado durante la Era Nara (s. VIII) a los príncipes reducidos a la condición de plebeyos. | Honorary title conferred on princes who had been reduced to the commonalty during the Nara period (8th century).

Asuka bunka あすか ぶんか ᔐ 飛鳥文化 ▸ (hi) /la/ La cultura centrada en torno a Asuka (Nara) desde mediados del s. VI, exactamente el 552, hasta el año 710, y que representa la asimilación de la cultura china. | Culture centered around Asuka (Nara) from the mid-6th century (552 exactly), to 710, which represents the assimilation of Chinese culture.

Asuka jidai あすか じだい ᔐ 飛鳥時代 ▸ (hi) /la, el/ Era Asuka, que va del 552 al 710. | The Asuka period from 522 to 710.

atari あたり ᔐ 当り ▸ (ar mar) /el/ En ***kyūdō***, acierto de la flecha en la diana. | When the arrow hits the target in kyūdō.

ate あて ᔐ 貴 ▸ (es) /la/ Majestad; dignidad; prestancia. | Majesty; courtliness; pose.

atemi waza あてみ わざ ᔐ 当身技 ▸ (ar mar) /la/ Técnica de golpe. | A technique for striking.

ateuma あてうま ᔐ 当て馬 ▸ (po) /el/ Hombre de paja. | A straw man.

atoza あとざ ᔐ 後座 ▸ (te) /la/ Parte posterior del escenario. | The back of the stage.

atsuage あつあげ ᔐ 厚揚げ ▸ (co) /el/ ***Tōfu*** (**tofu**, DLE) [cuajada de **soja**] cortado grueso y frito poco tiempo. | Thick sliced tōfu fried briefly.

atsuita あついた ᔐ 厚板 ▸ (tex) /el/ Brocado grueso de origen chino. | Type of heavy brocade originally imported from China.

atsukan あつかん ᔐ 熱燗 ▸ (be) /el/ **Sake** caliente. | Hot sake. // Una copita de *atsukan* lo ayudó a combatir el frío de la noche.

atsuyaki あつやき ᔐ 厚焼き ▸ (co) /la/ Tortilla gruesa. | Thick omelette.

aum <sáns. *a-hūm*> アウム ▸ (re) /el/ Alfa y omega. | Alpha and omega.

awa (*Panicum miliaceum*) あわ ᔐ 粟 ▸ (bo) /el/ Mijo. | Millet.

Awa odori あわ おどり ᔐ 阿波踊 ▸ (fo) /el/ Danza folclórica de un grupo de la prefectura de Tokushima. | A group folk dance of the Tokushima Prefecture.

awabi (*Haliotis tuberculata*) あわび ᔐ 鮑 ▸ (zo) /la/ Oreja de mar, oreja marina. | An abalone, an ear shell.

awamochi あわもち ᔐ 粟餅 ▸ (co) /el/ Un pastel de mijo. | A millet cake.

awamori あわもり ᔐ 泡盛 ▸ (be) /el/ Aguardiente de 60-80° producido en Okinawa a base de mijo o de arroz. | Liquor (60-80 proof) produced in Okinawa from fermented millet or rice.

aware, *ver* **mono no aware.** | *See* mono no aware.

awase あわせ ᔐ 袷 ▸ (in) /el/ **Kimono** con forro. | A kimono with a lining.

ayaigasa あやいがさ ᔐ 綾藺笠 ▸ (in) /el/ Sombrero llevado por los miembros de la clase ***samurai*** (**samurái**, DLE) cuando iban de caza o practicaban la arquería a caballo. | Hat worn by samurais while hunting or practicing archery on horseback.

ayame あやめ ≀ 菖蒲 ▸ (bo) /el, la/ Especie de la flor iris [lirio] que crece en estado silvestre en tierras secas y presenta tonalidades púrpuras {*contrastar con* ***hanashōbu***}. | Species of the iris flower that grows on dry lands in the wild and presents tonalities of purple {*contrast with* hanashōbu}.

ayashi あやし ≀ 怪し ▸ (so) /la/ Cualidad de extraño o sospechoso atribuida a las personas no pertenecientes a la nobleza {*ver* ***yoki hito***} en el Japón de Heian (794-1185). | Quality of being strange or suspicious attributed to people who don´t belong to the nobility {*see* yoki hito} in the Heian period (794-1185).

ayatori あやとり ≀ 綾取り ▸ (fo) /el/ Cunita, juego de la cuna o del hilo. | Game of cat's cradle.

ayatsuri あやつり ≀ 操り ▸ (te) /el, la/ Manipulación de los títeres del ***bunraku***. | Manipulation of the puppets used in bunraku.

ayu (*Plecoglossus altivelis*) あゆ ≀ 鮎 ▸ (zo) /el/ Trucha japonesa que no suele pasar de 20 cm de largo. | Japanese trout usually no longer than 8 inches in length.

ayumi ashi あゆみ あし ≀ 歩み足 ▸ (ar mar) /la/ Forma habitual de caminar en el ***jūdō*** (**judo**, DLE) y otras artes marciales. | The usual way of walking in jūdō and other martial arts.

azehiki noko あぜひき のこ ≀ 畦挽鋸 ▸ (et) /la/ Sierra de cresta de corte intermedio. | A type of hacksaw with a medium ridge.

azekura zukuri あぜくら づくり ≀ 校倉造 ▸ (arq) /el/ Tipo de almacén cuya estructura triangular se realiza con maderos entrelazados. | Type of storehouse with a triangular structure made of interlocked pieces of timber.

Azuchi Momoyama jidai あづち ももやま じだい ≀ 安土桃山時代 ▸ (hi) /la/ Era Azuchi-Momoyama (1573-1603). | The Azuchi-Momoyama period (1573-1603).

azuki (*Vigna angularis*) あずき ≀ 小豆 ▸ (co) /la/ Alubia de color rojo oscuro. | A dark red bean.

Azuma otoko あずま おとこ ≀ 東男 ▸ (et) /el/ Hombre del este de Japón. | A man from eastern Japan.

Azuma uta あずま うた ≀ 東歌 ▸ (li) /el, la/ «Poema del este»: una categoría de las poesías de las antologías ***Man'yōshū*** (s. VIII) y ***Kokinshū*** (s. X). | «Poems of the east»: a classification of songs and poems in the *Man'yōshū* (8th century) and *Kokinshū* (10th century).

azumaya

azumaya あずまや ≀ 東屋 ▸ (arq) /la/ Glorieta, cenador. | Arbor, summerhouse.

B

ba ば ∿ 場 ▸ (te) /la/ El equivalente a una escena en el teatro **kabuki**. | The equivalent to a scene in kabuki theater.

bachi ばち ∿ 撥 ▸ (mu) /el/ Plectro del ***shamisen***, del ***biwa*** y de otros instrumentos de cuerda. | Pick for a shamisen, biwa and other stringed instruments.

bai (*Babylonia japonica*) ばい ∿ 貝 ▸ (zo) /el/ Buccino; caracol marino en forma de espiral. | A whelk; spiral shaped marine shell.

baikingu ryōri <ing. *viking*> ばいきんぐりょうり ∿ バイキング料理 ▸ (co) /el/ Estilo de bufet para recepciones inspirado en el *smörgåsbord* sueco. | Buffet style meal at receptions inspired by the Swedish smörgåsbord.

bainiku ばいにく ∿ 梅肉 ▸ (co) /la/ Carne de ciruela encurtida [***umeboshi***]. | Pickled umeboshi. // La acidez de la *bainiku* combina bien con el *tōfu*.

baishaku ばいしゃく ∿ 媒酌 ▸ (so) /el, la/ Intermediario en un matrimonio concertado {*ver* ***nakōdo***}. | Intermediary in an arranged marriage {*see* nakōdo}.

baishin ばいしん ∿ 陪臣 ▸ (hi) /el/ Vasallo secundario; vasallo de un vasallo. | Secondary retainer; a retainer's retainer.

baiu ばいう ∿ 梅雨, *ver* **tsuyu.** | *See* tsuyu.

bakemono ばけもの ∿ 化物 ▸ (fo) /el/ «Cosa que cambia»: ser sobrenatural con capacidad de transformación. | «Changing thing»: a supernatural being capable of transformation.

bakeneko ばけねこ ∿ 化け猫 ▸ (et / fo) /el/ «Gato monstruo»: ser sobrenatural en forma de gato que puede alcanzar gran tamaño y devorar a las personas para robarles su identidad {*contrastar con* ***gotoku neko y nekomata***}. | «Monster Cat»: supernatural being in the form of a cat that can reach a large size and devour people to steal their identity {*contrast with* gotoku neko *and* nekomata}.

baku ばく ∿ 獏 ▸ (fo) /el, la/ En el mundo de los ***yōkai***, animal quimérico con cuerpo de caballo, melena de león, ojos de rinoceronte, cabeza de elefante, cola de buey, y garras y piel de tigre. Su función es devorar las pesadillas y transformarlas en buena suerte. | In the yōkai world, chimerical creature with the body of a horse, the mane of a lion, the eyes of a rhinoceros, the head of an elephant, the tail of an ox and the claws and skin of a tiger. Its purpose is to devour nightmares and transform them into good luck.

bakufu ばくふ ∿ 幕府 ▸ (hi) /el/ El gobierno militar del ***shōgun*** (**sogún**, DLE), especialmente entre 1580 y 1868. | The military government of the shōgun, especially during the period 1580-1868. // El *bakufu* tenía su capital en Edo, la actual Tokio.

bakuhan ばくはん ∿ 幕藩 ▸ (hi) /el/ El **sogunato** y su dominio; sistema social y de gobierno entre 1580 y 1868. | The shogunate and its domain; social and governmental system from 1580-1868.

bakumatsu ばくまつ ∿ 幕末 ▸ (hi) /el/ Periodo final de la Era Edo, concretamente los años entre 1853 y 1868. | The final years of the Edo period between 1853 and 1868.

bancha ばんちゃ ∿ 番茶 ▸ (be) /el/ Té verde común. | Common green tea. // A mitad de la mañana tomamos una taza de *bancha*.

banchi ばんち ⁒ 番地 ▸ (so) /el/ Número de un terreno en una ciudad. | Plot of land in a city.

bandai ばんだい ⁒ 番台 ▸ (et) /el, la/ Empleado en un baño público {*ver* ***sentō***}. | Employee of a public bath {*see* sentō}.

banka ばんか ⁒ 挽歌 ▸ (li) /el/ Poema elegíaco de la antología ***Man'yōshū*** (s. VIII). | Elegiac poem included in the *Man'yōshū* anthology (8th century).

bankata ばんかた ⁒ 番方 ▸ (hi) /la/ En la Era Edo (1600-1868), unidad militar de los ***samurai*** (**samuráis**, DLE) {*en contraposición a* la unidad administrativa *o* ***yakukata***}. | Samurai fighting units during the Edo period (1600-1868) {*as distinct from* samurai administrative units}.

Banko yaki ばんこ やき ⁒ 万古焼 ▸ (ce) /la/ Cerámica decorada elaborada en Yokkaichi (Mie). | Decorated ceramic ware made in and around Yokkaichi (Mie).

bansō ばんそう ⁒ 伴僧 ▸ (re) /el/ Monje que asiste al oficiante principal en una ceremonia. | Monk assisting the officiant during a ceremony.

bantō ばんとう ⁒ 番頭 ▸ (hi) /el, la/ Encargado de una tienda; gerente general de una empresa comercial en el Japón premoderno. | A store manager; general director of a merchant business in premodern Japan.

banzai ばんざい ⁒ 万歳 ▸ (le) /el/ «Diez mil años»: exclamación equivalente a «¡Hurra!» que expresa entusiasmo o victoria y se proclama tres veces al unísono levantando los brazos. | «Ten thousand years»: exclamation equivalent to the English «three cheers» that expresses enthusiasm or victory and is shouted out three times in unison while raising one's arms in the air. // Los invitados a la fiesta de bienvenida lanzaron tres entusiastas *banzai*.

banzuke ばんづけ ⁒ 番付 ▸ (de) /el, la/ Clasificación de los luchadores activos de ***sumō*** (**sumo**, DLE) publicada trece días antes del comienzo de un torneo [***basho***]; (te) /el/ programa de una función de **kabuki**; (arq) sistema para marcar y etiquetar la madera empleada en la construcción de un edificio. | Classification of sumō wrestlers who are active published thirteen days before the beginning of a tournament; program of a kabuki performance; system for marking and labeling the wood used in the construction of a building.

basashi ばさし ⁒ 馬刺 ▸ (co) /el/ ***Sashimi*** de carne equina. | Horse-meat sashimi.

bashaku ばしゃく ⁒ 馬借 ▸ (so) /el/ En el Japón premoderno, arriero. | Mule driver in premodern Japan.

bashaku ikki ばしゃく いっき ⁒ 馬借一揆 ▸ (hi) /las/ Sublevaciones de arrieros, particularmente las acaecidas en el s. XV. | Mule driver uprisings, especially those that took place in the 15th century.

basho ばしょ ⁒ 場所 ▸ (de) /el/ Torneo de ***sumō*** (**sumo**, DLE), especialmente de la Asociación Japonesa de Sumō {*ver* ***honbasho***}. | Sumō tournament, especially of the Japanese Sumō Association {*see* honbasho}.

bateren <esp., port. *padre*> ばてれん ⁒ 伴天連 ▸ (hi) /el/ Misionero cristiano, particularmente jesuita, durante el «Siglo Cristiano» (1549-1650). | A Christian priest, especially a Jesuit, during the «Christian Century» (1549-1650).

Batō Kannon ばとう かんのん ⁒ 馬頭観音 ▸ (re) /la/ Imagen de **Kannon** con cuerpo humano y cabeza de caballo. | An image of Kannon with a human body and the head of a horse.

batō kanzeon, *ver* **Batō Kannon.** | *See* Batō Kannon.

batsu ばつ ⁒ 閥 ▸ (po) /el/ Tipo tradicional de camarilla o facción usado en la política. | A traditional type of coterie or faction used in politics. // Los *batsu* son jerárquicos y frecuentemente paternalistas.

battera <port. *bateira*> バッテラ ▸ (co) /el/ «En forma de barco»: ***sushi*** especialidad de Osaka presentado en una caja de madera con arroz y caballa en vinagre. | «Boat shaped»: sushi served in a wooden box with rice and vinegared mackerel, a speciality in Osaka.

battō ばっとう ∿ 抜刀 ▸ (ar mar) /el/ El acto de sacar un sable. | The act of drawing a sword.

bazoku ばぞく ∿ 馬賊 ▸ (so) /las/ «Tribus que se desplazan a caballo»: apodo de las ***geishas*** de Fukuoka. | «Horse riding tribes»: nickname for geishas from Fukuoka.

be べ ∿ 部 ▸ (hi) /el/ Grupo profesional hereditario bajo el dominio de la corte de Yamato o de las familias poderosas antes de la Reforma Taika (645). | Hereditary or occupational group under the domination of the Yamato Court or of powerful chieftain families prior to the Taika Reform of 645.

bekke, *ver* **bunke.** | *See* bunke.

benitade (*Polygonum hydropiper*) べにたで ∿ 紅蓼 ▸ (bo) /la/ Pimienta del agua, a veces servida al lado del condimento ***wasabi***. | Water pepper, often placed next to the wasabi condiment.

benizake (*Oncorhynchus nerka*) べにざけ ∿ 紅鮭 ▸ (zo) /el/ Salmón rojo. | Red salmon.

benreibun べんれいぶん ∿ 駢儷文 ▸ (li) /la/ Prosa paralelística de estilo chino. | Parallelistic prose in Chinese style.

benshi べんし ∿ 弁士 ▸ (ci) /el/ Narrador del argumento en el cine mudo. | Live narrator in silent films.

bentō べんとう ∿ 弁当 ▸ (et) /el/ Caja a modo de fiambrera que contiene una ración de comida a base de arroz y otros acompañamientos. | Boxed meal consisting of rice and any number of accompanying foodstuffs. // A las doce en punto, el pasajero a mi lado en el tren sacó su *bentō* y se puso a comer.

bentō

bentōbako べんとうばこ ∿ 弁当箱 ▸ (et) /el, la/ Caja de ***bentō***, fiambrera. | Bentō box, lunch box.

bentōya べんとうや ∿ 弁当屋 ▸ (et) /la/ Especie de tienda de comida rápida donde se compra el ***bentō***. | A kind of fast-food store where bentō can be bought.

bibungaku びぶんがく ∿ 美文学 ▸ (li) /la/ Literatura elegante (una de las ramas de la literatura en general [***bungaku***]) {*contrastar con* ***ribungaku***}. | Elegant literature, one of the branches of literature in general [bungaku] {*contrast with* ribungaku}.

bijinga, bijin-ga びじんが ∿ 美人画 ▸ (ar) /la/ Pintura de temática de mujeres

bijinga

bellas. | Painting that portrays beautiful women.

biku びく ⦚ 魚籠 ▸ (et) /la/ Nasa, cesta de pescador. | Fishing basket; a creel.

bikuni びくに ⦚ 比丘尼 ▸ (hi / li) /la/ Monja budista itinerante que explicaba imágenes religiosas o recitaba historias {*ver* ***etoki hōshi***}. | Traveling Buddhist nun who explained religious pictures or recited long narratives {*see* etoki hōshi}.

binan kazura びなん かずら ⦚ 美男鬘 ▸ (te) /el/ En el teatro ***kyōgen***, tocado blanco con dos extremos colgantes sobre los hombros usado por los personajes femeninos. | A white sash with two ends hanging down to the shoulders and used by female characters in kyōgen theater.

binbōgami びんぼうがみ ⦚ 貧乏神 ▸ (fo) /el, la/ Dios que trae la pobreza; persona siempre indigente y con mala suerte. | Deity who brings poverty; a person who is constantly indigent and unlucky.

bindome びんどめ ⦚ 鬢留 ▸ (pe) /el/ Pasador para el cabello. | A hair pin.

binzarasa びんざらさ ⦚ 拍板 ▸ (mu) /la/ Instrumento de percusión semejante a una carraca y formado al ensartar muchos badajos de madera. | A long, rattle-like percussion instrument made by stringing numerous wooden clappers together.

biombo (DLE), *ver* **byōbu.** | *See* byōbu.

bishōjo, bishōnen びしょうじょ、びしょうねん ⦚ 美少女、美少年 ▸ (ma) /el/ Subgénero de **manga** en el cual los protagonistas son chicas o chicos atractivos. | Manga subgenre whose main characters are attractive girls or boys.

bitai びたい ⦚ 媚態 ▸ (ps) /la/ Voluptuosidad; erotismo. | Seduction; erotism.

biwa びわ ⦚ 琵琶 ▸ (mu) /el, la/ Laúd tradicional japonés de mástil corto y cuatro o cinco cuerdas. | A traditional Japanese lute with a short neck and four or five strings. // La *biwa* se usaba ya en la época de Nara (710-794).

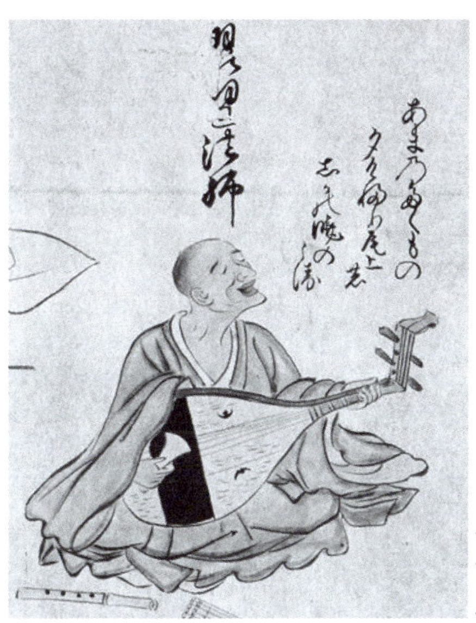

biwa hōshi

biwa hōshi びわ ほうし ⦚ 琵琶法師 ▸ (li) /el/ Músico itinerante, generalmente ciego y con hábito de monje budista, que cantaba leyendas con acompañamiento de ***biwa***. | Itinerant musician, usually blind and dressed as a Buddhist monk, who chanted legends to the accompaniment of a biwa. // El *Heike monogatari* fue difundido por todo Japón en el s. XIII gracias al arte de los *biwa hōshi*.

Bizen yaki びぜん やき ⦚ 備前焼 ▸ (ce) /la/ Cerámica sin esmaltar fabricada en Okayama, antigua provincia de Bizen. | Unglazed stoneware made in Okayama Prefecture, formerly Bizen province.

bodaiji ぼだいじ ⦚ 菩提寺 ▸ (re) /el/ Templo familiar. | A family temple.

bodisatva <sáns. *bodhisattva*>, *ver* **bosatsu.** | *See* bosatsu.

bōgu ぼうぐ ⦚ 防具 ▸ (ar mar) /el/ Equipo protector del ***kendō*** (**kendo**, DLE) y de otras artes marciales. | Protective equipment in kendō and other martial arts.

bōjutsu ぼうじゅつ ⦚ 棒術 ▸ (ar mar) /el/ Técnica de lucha con un palo. | Martial arts technique using a staff.

bokashi ぼかし ∿ 暈し ▸ (ar) /la/ Técnica de degradado de color empleada en xilografía. | Technique of gradient color used in wood-cuts.

bokuseki ぼくせき ∿ 墨跡 ▸ (ar / re) /el/ «Trazos de tinta»: pintura en rollo con caligrafía de frases **zen** para decorar la sala de té. | «Ink strokes»: picture on a scroll with Zen phrases written on it to decorate a tea room.

bokutō ぼくとう ∿ 木刀 ▸ (ar mar) /la/ Espada de madera. | A wooden sword.

Bon, bon, Obon ぼん、おぼん ∿ 盆 ▸ (ca / re) /el/ Fiesta de las Linternas o Día de Difuntos: festividades budistas celebradas generalmente del 13 al 15 de agosto en conmemoración del retorno de las almas de los difuntos, a las que se recibe y despide con hogueras; (te) /la/ plataforma giratoria en un escenario. | The Lantern Festival or Festival of the Dead: Buddhist festivals usually held from the 13th to the 15th of August, when it is believed ancestors return to their earthly dwellings and fires are lit to receive them and to send them off; the revolving platform on a stage.

Bon odori ぼん おどり ∿ 盆踊 ▸ (ca / re) /el/ Baile en la Fiesta de **Bon** [**Obon**]. | Bon [Obon] Festival dance. // Mi hermana y yo nos pusimos la *yukata* y salimos a la calle para mezclarnos con la gente en el Bon odori.

bonbon ぼんぼん ▸ (so) /el/ Niño de buena familia que crece ignorante del mundo. | A boy from a well-to-do family who knows nothing of the world.

bonbori ぼんぼり ∿ 雪洞 ▸ (et) /la/ Lámpara de soporte con pantalla de seda o papel. | A support lamp with a silk or paper shade.

bondōrō ぼんどうろう ∿ 盆燈籠 ▸ (et) /la/ Linterna de piedra de la Fiesta de **Bon**. | A Bon Festival stone lantern.

bōnenkai ぼうねんかい ∿ 忘年会 ▸ (so) /el, la/ Fiesta de fin de año. | A year-end party. // La fiesta de *bōnenkai* es para pasarlo bien olvidando el año que termina.

bonjōchin ぼんじょうちん ∿ 盆提灯 ▸ (et) /el/ Farol de papel de la Fiesta de **Bon**. | A Bon Festival paper lantern.

bonkei ぼんけい ∿ 盆景 ▸ (ja) /el/ Paisaje en miniatura con hierba, árboles, musgo y piezas de cerámica. | Miniature landscape with grass, trees, moss and ceramic ware.

bonnō ぼんのう ∿ 煩悩 ▸ (re) /los/ Los 108 pecados budistas simbolizados por las campanadas de Nochevieja {*ver* ***Joya no kane***}. | The 108 Buddhist sins symbolized by the bells of New Year's Eve {*see* Joya no kane}.

bonsai (bonsái, DLE) ぼんさい ∿ 盆栽 ▸ (ja) /el/ Árbol en miniatura en maceta. | A potted dwarf tree.

bonseki ぼんせき ∿ 盆石 ▸ (ja) /el/ Paisaje en miniatura compuesto por arena y piedras sobre una bandeja. | A miniature landscape of sand and stones laid out on a tray.

bonshō ぼんしょう ∿ 梵鐘 ▸ (re / et) /la/ Campana de los templos o monasterios budistas. | Bell in a Buddhist temple or monastery.

bontan (*Citrus grandis*) ボンタン ∿ 文旦 ▸ (bo) /el/ Pomelo japonés. | Japanese grapefruit.

Bonten ぼんてん ∿ 梵天 ▸ (re) /el/ El rey celestial Brahma, uno de los dos dioses principales tutelares del budismo. | The heavenly king Brahma, one of the two major tutelary gods of Buddhism. // Aparte de Bonten, el otro gran dios tutelar del budismo es Shakra, también conocido como Indra.

bonzo (bonzo, DLE) ぼうず ∿ 坊主 ▸ (re) /el/ Monje budista | A Buddhist monk.

bora (*Mugil cephalus*) ぼら ∿ 鯔 ▸ (zo) /el/ Mújol rayado o gris | Striped mullet; grey mullet.

Bōsai no hi ぼうさい の ひ ∿ 防災の日 ▸ (ca) /el/ Día de la Prevención de

Catástrofes celebrado el 1 de septiembre. | Day of the Prevention of Catastrophes held on September 1st. // El Bōsai no hi conmemora el Gran Terremoto de Kantō del año 1923.

bosatsu <sáns. *bodhisattva, bodhisatta*> ぼさつ ⁂ 菩薩 ▸ (re) /el/ En el budismo japonés, ser que pospone su entrada en el nirvana para ayudar a los demás a conseguir la iluminación. | In Japanese Buddhism, one who postpones his/her entry into nirvana in order to lead others to that goal. // En el budismo sincrético japonés, el *bosatsu* o *bodisatva* estaba identificado frecuentemente con las deidades sintoístas nativas.

boseki ぼせき ⁂ 墓石 ▸ (re) /la/ Lápida funeraria. | A gravestone.

Boshin sensō ぼしん せんそう ⁂ 戊辰戦争 ▸ (hi) /la/ Serie de batallas que entre enero de 1868 y junio de 1869 llevaron al derrocamiento del **sogunato Tokugawa** y a la restauración imperial de Meiji. | Series of battles between January of 1868 and June of 1869 that led to the defeat of the Tokugawa shogunate and the imperial restoration of the Meiji.

botamochi ぼたもち ⁂ 牡丹餅 ▸ (co) /el/ Pastel de arroz en forma de bola y recubierto con mermelada de alubias. | A rice cake dumpling covered with bean jam.

botan (*Paeonia lactiflora*) ぼたん ⁂ 牡丹 ▸ (bo) /la/ Peonía. | A (tree) peony.

botan dōrō ぼたん どうろう ⁂ 牡丹燈籠 ▸ (et) /el/ Farol hecho de crepé de seda con un motivo floral de ***botan***. | A lantern made of silk crepe with a botan floral motif.

bu ぶ ⁂ 分 ▸ (nu) /el/ Antigua unidad monetaria sustituida por el **yen** en 1870; (pe y me) unidad de longitud equivalente a 3,03 mm; (pe y me) unidad de peso equivalente a 0,375 g. | Monetary unit replaced by the yen in 1870; length unit equivalent to 0.119 in.; weight unit equivalent to 0.2 oz.

buchō ぶちょう ⁂ 部長 ▸ (em) /el, la/ Jefe de división o de departamento {*comparar con **kachō***} en una empresa. | Director of a division or a department at a business {*compare with* kachō}.

buchō dairi ぶちょう だいり ⁂ 部長代理 ▸ (em) /el, la/ Subdirector de división o de departamento. | Subdirector of a division or department.

Buda, *ver* **Butsu.** | *See* Butsu.

budō, bugei, bujutsu ぶどう、ぶげい、ぶじゅつ ⁂ 武道、武芸、武術 ▸ (ar mar) /el/ La Vía marcial o del guerrero; las artes marciales. | The way of the military or warrior; the martial arts.

buga ぶが ⁂ 舞歌 ▸ (te) /la/ Mezcla de danza y canto en el teatro ***noh***. | Mixture of dance and song for noh theater.

bugaku ぶがく ⁂ 舞楽 ▸ (mu) /la/ Antigua danza cortesana de máscaras con música. | An ancient masked court dance performed to the accompaniment of musical instruments.

bugaku

bugei, *ver* **budō.** | *See* budō.

bugyō ぶぎょう ∿ 奉行 ▸ (hi) /el/ Funcionario de la administración del Japón premoderno. | Administrative official in premodern Japan.

bukatsu ぶかつ ∿ 部活 ▸ (so) /la/ Actividad extracurricular. | Extracurricular activity.

buke ぶけ ∿ 武家 ▸ (hi) /la/ Clase social de los guerreros o ***samurai*** (**samuráis**, DLE). | Social class of warriors.

bukemono ぶけもの ∿ 武家物 ▸ (li) /el, la/ Libro o historia sobre guerreros. | Book or story about warriors.

bukkaeri ぶっかえり ∿ 打っ返り ▸ (te) /el/ Cambio de la parte superior del **kimono** de un actor de **kabuki** realizado a la vista del público. | Changing of the upper part of a kimono by a kabuki actor in plain view of the audience.

bun ぶん ∿ 分 ▸ (so) /el/ Posición social y conjunto de obligaciones asignados a cada miembro de la sociedad en relación con los otros miembros de esta; función individual en la sociedad. | A position and set of duties assigned to each member of society in relation to other members thereof; individual role in society.

bundan ぶんだん ∿ 文壇 ▸ (li) /el, la/ En la literatura japonesa moderna, la élite literaria. | The literary elite in modern Japanese literature.

bungaku ぶんがく ∿ 文学 ▸ (li) /la/ Literatura en general; para los académicos de la Era Meiji (1868-1912), una de las ramas, al lado de la ciencia [*kagaku*], del estudio [*gakumon*]. | Literature in general; one of the branches of study [gakumon] along with science [kagaku] for academics during the Meiji period (1868-1912).

bungo ぶんご ∿ 文語 ▸ (li) /la/ Lengua literaria o escrita {*contrastar con* ***kōgo***}. | Literary or written language {*contrast with* kōgo}.

bunjin ぶんじん ∿ 文人 ▸ (li / so) /el/ Hombre de letras o artista de la época de Edo (1600-1868) inspirado en los modelos literarios chinos. | Man of letters or an artist living in the Edo period (1600-1868) and inspired by Chinese literary models.

bunjinga, bunjin-ga ぶんじんが ∿ 文人画 ▸ (ar / li) /el, la/ Pintura de literatos, especialmente popular en el s. XVIII. | Literati painting especially popular in the 18th century. // El poeta Yosa Buson cultivó el arte del *bunjinga*.

Bunka no hi ぶんか の ひ ∿ 文化の日 ▸ (ca) /el/ [Fiesta] de la Cultura (3 de noviembre). | Culture Day (Festival) (November 3rd).

bunke, bekke ぶんけ、べっけ ∿ 分家 ▸ (so) /la/ Con respecto a la familia principal [***honke***], rama subordinada dentro del sistema tradicional de la familia japonesa. | With respect to the principal family [honke], a subordinate branch in the system of the traditional Japanese family.

bunkin taka shimada ぶんきん たか しまだ ∿ 文金高島田 ▸ (pe) /el/ Recogido de moda de mediados del s. XVIII. | An upswept hairstyle originating in the mid-eighteenth century.

bunkō, *ver* **monkō.** | *See* monkō.

bunko bon ぶんこ ぼん ∿ 文庫本 ▸ (li) /el/ Popular tamaño de libro en rústica de 105 × 148 mm. | Popular paperback book size, 4.1 by 5.8 in.

bunmei kaika ぶんめい かいか ∿ 文明開化 ▸ (hi) /el/ «Civilización e Ilustración»: ideal de emulación de la cultura de Occidente tal como era percibida y propuesta por los intelectuales y líderes gubernamentales del Japón de la Era Meiji (1868-1912). | «Civilization and Enlightenment»: the ideal of emulating Western culture as perceived and proposed by intellectuals and government leaders during the Meiji period (1868-1912) in Japan.

bunraku ぶんらく ∿ 文楽 ▸ (te) /el/ Nombre moderno de una clase del tradicional teatro musical de títeres o ***jōruri***, adoptado por el teatro Bunrakuza de Osaka. | The modern name for a kind of traditional musical or puppet theater [jōruri] adopted after the Bunrakuza was established in Osaka. // Los títeres del *bunraku*, a diferencia de las marionetas de Europa, no se accionan con hilos, sino con los brazos y manos de los titiriteros.

bunshichi ぶんしち ∿ 文七 ▸ (te) /el/ En el ***bunraku***, cabeza de títere que representa a un ***samurai*** (**samurái**, DLE) {*comparar con* ***fuke oyama*** *y* ***musume***}. | The head of a puppet that represents a samurai in bunraku {*compare with* fuke oyama *and* musume}.

bunshoka ぶんしょか ∿ 文書課 ▸ (em) /la/ Oficina de la secretaría general de una empresa. | Office of the secretary general at a business or company.

burai-ha, buraiha ぶらいは ∿ 無頼派 ▸ (li) /el/ «Grupo de los disolutos»: designación de un grupo de escritores de la posguerra (1945-1954). | «The Dissolutes»: a designation bestowed upon a group of writers in the period following World War II (1945-1954).

buraku ぶらく ∿ 部落 ▸ (so) /la/ Aldea. | Village.

burakumin ぶらくみん ∿ 部落民 ▸ (so) /el/ Miembro de la minoría étnicamente japonesa más numerosa de Japón y tradicionalmente marginada. | Member of Japan's largest ethnically Japanese minority group and historically marginalized. // La novela *El precepto roto* de Shimazaki Tōson describe la difícil vida de un *burakumin* en el Japón moderno.

buri (*Seriola quinqueradiata*) ぶり ∿ 鰤 ▸ (zo) /el/ Especie de trucha de cola amarilla muy apreciada como ***sashimi***. | A yellow tailed trout, highly regarded as sashimi.

burusera ブルセラ ▸ (so) /la/ Venta de ropa interior usada. | Sale of used underwear.

bushi ぶし ∿ 武士 ▸ (hi) /el/ Guerrero desde la perspectiva del ***bushidō*** (***bushido***, DLE). | Warrior from the perspective of bushidō.

bushidan ぶしだん ∿ 武士団 ▸ (hi) /los, las/ Entre los ss. x y xvi, bandas o ligas independientes de guerreros. | Independent warrior bands from around the 10th to the 16th centuries.

bushidō (*bushido*, DLE) ぶしどう ∿ 武士道 ▸ (so) /el/ «La Vía [El Camino] del guerrero»: código ético del ***samurai*** (**samurái**, DLE), especialmente en vigor durante la Era Edo (1600-1868). | «The way of the warrior»: ethical code of the samurai, especially used in the Edo period (1600-1868). // El *bushidō* no solo requería destreza con las armas, sino también lealtad al señor, escrupuloso cumplimiento del deber, desapego de la propia vida y profundo sentido del honor.

busshin ぶっしん ∿ 仏心 ▸ (re) /el, la/ Mente búdica, naturaleza original; en el budismo **zen**, el estado de despertar. | Buddhic mind, original nature; the state of awakening in Zen Buddhism.

busshō ぶっしょう ∿ 仏性 ▸ (re) /la/ Naturaleza búdica, potencial para alcanzar la budeidad. | Buddhic nature, the potential to reach Buddhahood.

bussoku seki ぶっそく せき ∿ 仏足石 ▸ (re) /la/ Representación de las huellas de Buda talladas en piedra. | Representation of the Buddha's footprints carved in stone.

butadon ぶたどん ∿ 豚丼 ▸ (co) /el/ Cuenco de arroz al vapor recubierto con lonchas finas de carne de cerdo. | A bowl of steamed rice topped with thinly sliced stewed pork.

butai ぶたい ∿ 舞台 ▸ (te) /la/ Parte principal del escenario {*comparar con* ***ato-***

za}. | Main part of the stage {*compare with* atoza}.

butō (ankoku butō) ブトー（あんこくぶとう）⌇ 舞踏（暗黒舞踏）▸ (ar) /el/ Danza moderna interpretada comúnmente con el cuerpo desnudo pintado de blanco y realizando movimientos exageradamente lentos. | A modern dance traditionally performed in white body makeup with exaggeratedly slow hyper-controlled motions.

Butsu, butsu ぶつ ⌇ 仏 ▸ (re) /el/ Buda, Buddha, el iluminado a la verdad eterna y que ayuda a los seres a alcanzar la misma iluminación {*ver* ***hotoke***}; un buda. | Buddha, the one enlightened to the eternal truth and who leads others to attain the same enlightenment {*see* hotoke}; a buddha.

butsudan ぶつだん ⌇ 仏壇 ▸ (re) /el/ Pequeño altar doméstico con una imagen de Buda y tablillas mortuorias de los difuntos de la familia. | A small household cabinet or niche containing an image of Buddha flanked by the family ancestral mortuary tablets. // Ante el *butsudan* había ofrendas de flores y alimentos.

butsuden, butsudō ぶつでん、ぶつどう ⌇ 仏殿、仏堂 ▸ (re / arq) /el/ Pabellón principal de un templo de la escuela **Zen** donde se custodia una estatua de Buda o de algún ***bosatsu***. | The main annex of a Zen school which houses a statue of Buddha or a bosatsu.

butsumetsu ぶつめつ ⌇ 仏滅 ▸ (ca) /el/ El día más infausto en el ciclo de seis días [***rokuyō***] del calendario lunisolar; día de mala suerte. | The most inauspicious day in a recurring six-day calender cycle [rokuyō]; a very unlucky day. // Las parejas no suelen celebrar el matrimonio en un *butsumetsu*, por eso los salones de bodas ofrecen precios muy bajos para alquilar sus instalaciones ese día.

buyaku ぶやく ⌇ 夫役 ▸ (hi / so) /el/ En la Era Heian (794-1185) y hasta el s. XVII, trabajo forzado. | Forced labor during the Heian period (794-1185) and until the 17th century.

buyō ぶよう ⌇ 舞踊 ▸ (et) /el/ Conjunto de danzas tradicionales. | Traditional dance forms.

byakko びゃっこ ⌇ 白虎 ▸ (fo) /el/ Criatura fantástica en forma de tigre blanco solo visible cuando hay paz en el mundo o el emperador reina con perfecta virtud. | Fantastic creature in the form of a white tiger and only visible when there is peace on earth or the emperor rules with perfect virtue.

byakudan (*Santalum album*) びゃくだん ⌇ 白檀 ▸ (ar) /el/ Sándalo blanco, a veces utilizado en la ceremonia de té; palo de sándalo. | White sandalwood sometimes used in the tea ceremony; sandalwood stick.

byōbu びょうぶ ⌇ 屏風 ▸ (mo / ar) /el/ Biombo. | Folding screen.

byōbu-e びょうぶえ ⌇ 屏風絵 ▸ (ar) /la/ Representación pictórica en la superficie de un biombo [***byōbu***]. | Pictorical representation on the surface of a folding screen [byōbu].

byōbuga びょうぶが ⌇ 屏風画 ▸ (ar) /el, la/ Pintura o arte pictórico ejecutado en un biombo. | Pictorial art or painting on a folding screen.

byōbu uta びょうぶ うた ⌇ 屏風歌 ▸ (ar / li) /el/ Poema escrito en un biombo [***byōbu***]. | Poem written on a folding screen [byōbu].

C

caqui (DLE), *ver* **kaki.** | *See* kaki.
catana (DLE), *ver* **katana.** | *See* katana.
cha (*Camellia sinensis, Thea sinensis*) ちゃ ∿ 茶 ▸ (be) /el/ Té. | Tea.
cha no yu, *ver* **chadō.** | *See* chadō.
chabashira ちゃばしら ∿ 茶柱 ▸ (fo) /el/ Pequeño tallo de té que flota verticalmente en una taza considerado augurio de buena suerte. | A stalk of tea floating vertically in a cup of tea considered to be a sign of good luck.

chabudai

chabudai ちゃぶだい ∿ 卓袱台 ▸ (mo) /la/ Mesita baja usada sin sillas donde se sirve comida y bebida en una sala de estilo japonés. | Low table used without chairs for serving food and drinks in a Japanese style room. // Nos sentamos a comer en torno a la *chabudai* del salón.
chadō, cha no yu, chanoyu ちゃどう、ちゃのゆ ∿ 茶道、茶の湯 ▸ (ar) /el/ «La Vía del té»: ceremonia de té. | «The way of tea»: tea ceremony. // El espíritu de *wabicha* es un elemento central en el *chadō*.

chadō

chagake ちゃがけ ∿ 茶掛 ▸ (ar) /el/ Rollo colgante en una sala de ceremonia de té. | A hanging scroll in a tea ceremony room.
chagashi ちゃがし ∿ 茶菓子 ▸ (co) /el/ Pastel para el té. | Cake served with tea.
chāhan チャーハン ∿ 炒飯 ▸ (co) /el/ Revuelto de arroz con trozos muy finos de verdura y de carne, pasado todo por la sartén. | Rice and finely-sliced vegetables and meat mixed together and pan fried.
chaire ちゃいれ ∿ 茶入 ▸ (be) /el/ Vasija para contener el té. | Pot for storing tea.
chaji ちゃじ ∿ 茶事 ▸ (et) /la/ Reunión formal para participar en la ceremonia de té y que por lo general suele ir seguida de una comida especial o ***kaiseki*** {*contrastar con* ***chakai***}. | Formal gathering to take part in a tea ceremony, which is generally followed a special meal or kaiseki {*contrast with* chakai}.
chajin ちゃじん ∿ 茶人 ▸ (so) /el/ «Hombre del té»: aficionado al culto y a la ceremonia de té. | «Tea man»: someone devoted to the cult and ceremony of tea.
chakai ちゃかい ∿ 茶会 ▸ (et) /la/ Reunión informal para participar en la ceremonia de té {*contrastar con* ***chaji***}. | Informal gathering to take part in a tea ceremony {*contrast with* chaji}.
chakaiseki ちゃかいせき ∿ 茶懐石 ▸ (co) /la/ Comida sencilla pero refinada, servida antes de la ceremonia de té. | A simple, refined meal served before a tea ceremony.
chakin ちゃきん ∿ 茶巾 ▸ (be) /la/ Servilleta o paño para limpiar el cuenco del té. | Napkin or cloth for cleaning the tea bowl.

-chan ちゃん ▸ (le) /el/ Sufijo diminutivo pospuesto a los nombres personales que denota afecto y familiaridad. | Suffix added to personal names to denote affection and familiarity. // Nami-*chan* cumplió dos años ayer.

chanbara <onomatopeya *chan-chan-bara-bara*> ちゃんばら ∿ チャンバラ ▸ (ci / te) /la/ Lucha de espadas entre miembros de la clase ***samurai*** (**samurái**, DLE), especialmente en el teatro y el cine; pelea. | A sword battle between samurais, especially in films and plays; a fight.

chanbara eiga ちゃんばら えいが ∿ チャンバラ映画 ▸ (ci) /la/ Película de ***samurai*** (**samuráis**, DLE). | Film or movie about samurais.

chanchanko ちゃんちゃんこ ▸ (in) /la/ Chaqueta de **kimono** acolchada y sin mangas. | A padded sleeveless kimono jacket.

chanko nabe, *ver* **chanko ryōri.** | *See* chanko ryōri.

chanko ryōri ちゃんこ りょうり ∿ ちゃんこ料理 ▸ (co) /el/ Guiso de pescado, carne y verduras consumido especialmente por los luchadores de ***sumō*** (**sumo**, DLE). | A stew made from fish, meat and vegetables specially prepared for sumō wrestlers.

chanomi tomodachi ちゃのみ ともだち ∿ 茶飲み友達 ▸ (so) /el/ Persona con la que se comparte el té; /la/ pareja con quien se elige vivir a una edad madura. | A tea-drinking companion; a late-life marriage partner.

chanoyu, *ver* **chadō.** | *See* chadō.

chanpon ちゃんぽん ∿ チャンポン ▸ (co) /el/ Potaje originario de Nagasaki a base de carne, pescado, marisco y verduras sobre fideos chinos; (be) /la/ mezcla de bebidas japonesas y occidentales en la misma fiesta. | A stew originating in Nagasaki consisting of meat, seafood, fish and vegetables served on top of Chinese noodles; the practice of mixing Japanese and Western drinks during the same drinking session.

chapatsu ちゃぱつ ∿ 茶髪 ▸ (pe) /el/ Pelo teñido de castaño. | Hair dyed brown.

chari ちゃり ∿ 茶利 ▸ (te) /el/ En el teatro ***bunraku***, cabeza de títere que representa al personaje del bufón. | The head of a puppet that represents the buffoon in bunraku theater.

chariba ちゃりば ∿ 茶利場 ▸ (te) /la/ Escena cómica en el ***bunraku*** o en el **kabuki**. | A comic scene in bunraku or kabuki.

chasen ちゃせん ∿ 茶筅 ▸ (et) /el/ Batidor de bambú para elaborar ***matcha*** o té verde en polvo. | A tea whisk made of bamboo for making matcha or powdered green tea.

chasengami ちゃせんがみ ∿ 茶筅髪 ▸ (pe) /el/ Peinado característico de los miembros de la clase ***samurai*** (**samurái**, DLE) durante el periodo Edo (1600-1868) y que consiste en el pelo recogido en una coleta que se envuelve en un cordón excepto la punta, recordando el aspecto de un ***chasen***. | Hairstyle characteristic of the samurai during the Edo period (1600-1868) with the hair in a ponytail and wrapped up in a cord except for the end, making it look like a chasen, which it is named after.

chashaku ちゃしゃく ∿ 茶杓 ▸ (et) /el, la/ Utensilio de bambú usado para dosificar el té en la ceremonia de té [***chadō***]. | Bamboo utensil used for measuring the amount of tea in the tea ceremony [chadō].

chashitsu ちゃしつ ∿ 茶室 ▸ (arq) /la/ Casa, sala o pabellón para la ceremonia de

chashitsu

té. | A house, room or annex for the tea ceremony; a tea room.

chasoba ちゃそば ⌇ 茶蕎麦 ▸ (co) /la/ ***Soba*** (fideos de alforfón) dentro del té. | Buckwheat noodles containing tea.

chatate onna ちゃたて おんな ⌇ 茶立て女 ▸ (so) /la/ «Mujer que prepara el té»: camarera de principios del s. xviii. | «Woman who makes the tea»: waitress at the beginning of the 18th century.

chatei ちゃてい ⌇ 茶亭 ▸ (ja) /el/ Espacio ajardinado donde se levanta una construcción [***chashitsu***] en la cual se lleva a cabo la ceremonia de té o ***chadō*** {*ver* ***roji***}. | A space in the garden where a structure [chashitsu] is raised for the tea ceremony [chadō] {*see* roji} to be carried out.

chawan ちゃわん ⌇ 茶碗 ▸ (ce) /el/ Cuenco de cerámica para servir arroz y el té ***matcha***. | Ceramic bowl for serving rice and matcha tea.

chawanmushi ちゃわんむし ⌇ 茶碗蒸し ▸ (co) /el/ Natillas de huevo al vapor en un cuenco. | Egg custard steamed in a bowl.

chaya

chaya ちゃや ⌇ 茶屋 ▸ (et) /la/ «Casa de té»: establecimiento comercial donde, especialmente en la Era Edo (1600-1868), se alquilan salones para banquetes y encuentros. | «Tea house»: commercial establishment that rents rooms for banquets and meetings, especially during the Edo period (1600-1868).

chazuke ちゃづけ ⌇ 茶漬 ▸ (co) /el/ Arroz hervido con té. | Boiled rice soaked with tea.

chi ち ⌇ 知 ▸ (fi) /la/ Sabiduría, una de las virtudes constantes del confucianismo {*ver* ***gi, jin, makoto*** *y* ***rei***}. | Wisdom, one of the cardinal social virtues in Confucianism {*see* gi, jin, makoto *and* rei}.

chidori ちどり ⌇ 千鳥 ▸ (ma) /la/ Técnica ***ninja*** ficticia del **manga** y ***anime*** Naruto. | Fictional ninja technique in Naruto manga and anime.

chigaidana ちがいだな ⌇ 違い棚 ▸ (arq / vi) /la/ Estantería escalonada. | A split-level shelf.

chigi ちぎ ⌇ 千木 ▸ (arq) /el, la/ Elemento decorativo en forma de V situado en los extremos de la cumbrera de la cubierta de los santuarios **sintoístas** de ciertos estilos arquitectónicos. | V-shaped decorative element located on the gables of the roof ridge in Shintō shrines of certain architectural styles.

chigo ちご ⌇ 稚児 ▸ (hi / so) /el/ Paje o niño que participa en la procesión de un festival tradicional; criado adolescente al servicio en templos y casas de nobles; en el Japón premoderno, adolescente usado como compañero sexual «femenino» de un monje. | A page or boy in a traditional festival procession; child attendant in temples and noble households; in premodern Japan, a boy acting as a «feminine» sexual partner for monks.

chigyō ちぎょう ⌇ 知行 ▸ (hi) /el/ «Usufructo, propiedad»: ejercicio de ciertos derechos sobre una tierra. | «Usufruct, proprietorship»: the exercise or enjoyment of certain rights to land.

chigyō koku ちぎょう こく ⌇ 知行国 ▸ (hi) /la/ Provincia cuyo usufructo era asignado a un particular o a un templo. | A province whose usufruct was assigned to an individual or a temple.

chijimi ちぢみ ≀ 縮み ▸ (tex) /el/ Tejido de crepé. | Crepe fabric.

chijimi shikō ちじみ しこう ≀ 縮み志向 ▸ (ps) /la/ Tendencia a miniaturizar como rasgo distintivo de la idiosincrasia del pueblo japonés. | Tendency to miniaturize as a distinctive trait of the idiosyncrasy of Japanese people.

chikan ちかん ≀ 痴漢 ▸ (so) /el/ Acosador sexual, especialmente en trenes abarrotados. | Sexual harrasser, especially inside crowded trains. // El cobarde *chikan* fue avergonzado en público.

chikara gami ちから がみ ≀ 力紙 ▸ (de) /el/ «Papel de la fuerza»: papel blanco y cuadrado con el que el luchador de ***sumō*** (**sumo**, DLE) se seca el cuerpo antes de entrar en combate. | «Strength paper»: square white paper used by sumō wrestlers to dry off their bodies before a bout.

chikara mizu ちから みず ≀ 力水 ▸ (de) /la/ Agua purificadora con la que el luchador de ***sumō*** (**sumo**, DLE) se enjuaga la boca antes de un combate. | Purifying water with which a sumō wrestler rinses his mouth before a bout.

chikara udon ちから うどん ≀ 力饂飩 ▸ (co) /el/ Plato de fideos gruesos y blancos con un ***mochi*** o pastel de arroz. | A bowl of thick white noodles with a rice cake in it.

chimaki ちまき ≀ 粽 ▸ (co) /la/ Bola de arroz al vapor envuelta en hojas de bambú y que se come el Día de los Niños (5 de mayo). | A steamed rice-dumpling wrapped in bamboo leaves and eaten on Boys' Day (5th May).

chimidoro-e ちみどろえ ≀ 血みどろ絵 ▸ (ar) /la/ Pintura en la cual la sangre es un motivo principal. | Painting in which blood is a main motive.

chindonya ちんどんや ≀ チンドン屋 ▸ (mu) /la/ Charanga o grupo de músicos vestidos excéntricamente que desfilan por las calles anunciando una celebración. | A group of eccentrically dressed musicians who parade through the streets announcing events.

chinkon ちんこん ≀ 鎮魂 ▸ (li / re) /la/ Pacificación del espíritu, en especial de los guerreros caídos en los combates narrados en los relatos bélicos [***gunki monogatari***]. | Pacification of the spirit, especially of the warriors fallen in combat that are narrated in tales of war [gunki monogatari].

Chintaku (**chintaku**, *en 2.ª acepción*) **reifu** ちんたく れいふ ≀ 鎮宅霊符 ▸ (re) /el, la/ Deidad **sintoísta** que protege a los constructores o carpinteros [***daiku***] y su trabajo; amuleto para preservar la seguridad del hogar. | Shintōist deity who protects builders and carpenters [daiku] and their work; amulet to preserve the security of the home.

chirashi zushi ちらし ずし ≀ 散らし鮨 ▸ (co) /el/ Arroz aderezado con vinagre y recubierto de huevo y marisco. | Rice dressed with vinegar and topped with egg and seafood.

chirichōzu ちりちょうず ≀ 塵手水 ▸ (de) /el/ Ritual de respeto observado antes del comienzo de un combate de ***sumō*** (**sumo**, DLE). | The ritual of respect conducted before a sumō bout.

chirigami kōkan ちりがみ こうかん ≀ 塵紙交換 ▸ (et) /el/ Servicio de recogida de papel usado o de periódicos viejos a cambio generalmente de papel higiénico o clínex. | Service that picks up second hand paper or old newspapers in exchange for tissue paper or toilet paper.

chirimen ちりめん ≀ 縮緬 ▸ (tex) /el/ Crepé de seda. | Silk crepe.

chirimen jako ちりめん じゃこ ≀ 縮緬雑魚 ▸ (co) /los, las/ Alevines de sardina u otros pescados secos y sazonados. | Dried and seasoned baby sardines or other fish.

chirimenbon ちりめんぼん ≀ 縮緬本 ▸ (tex) /el/ Libros de historias infantiles cuyo papel imitaba al crepé de seda e impresos en varios idiomas desde 1885 hasta la Era Taishō (1912-1926). | Children's storybooks of imitation silk crepe and printed in several languages from 1885 to the Taishō period (1912-1926).

chishi ちし ∿ 地誌 ▸ (ge) /la/ Guía geográfica regional de lugares famosos. | Regional geographic guide to famous places.

chitose ame ちとせ あめ ∿ 千歳飴 ▸ (fo) /el, la/ Cuerda larga de color rosa y blanco con dulces que se regala a los niños al cumplir tres, cinco y siete años. | A long rope of pink and white candy given to children celebrating their third, fifth or seventh birthday.

chiyogami ちよがみ ∿ 千代紙 ▸ (ar) /el/ Tipo de papel decorado con diseños de colores brillantes impresos en bloques de madera. | A type of paper decorated with brightly colored, wood-block printed patterns.

chō ちょう ∿ 町 ▸ (pe y me) /el/ Medida de longitud equivalente a 109,09 m; medida de superficie equivalente a 0,992 ha. | Length unit equivalent to 119.30 yd; area unit equivalent to 2.451 ac.

chōchin

chōchin ちょうちん ∿ 提灯 ▸ (et) /el, la/ Farol [linterna] de papel. | A paper lantern.

chōchinmochi ちょうちんもち ∿ 提灯持ち ▸ (et) /el/ Portador del ***chōchin***; (so) adulador. | A chōchin lantern bearer; a sweet-talker.

chōji ちょうじ ∿ 弔辞 ▸ (le) /el/ Mensaje de condolencia; palabras de pésame. | A message of condolence; words of condolence. // Como no pudo ir al funeral, escribió un *email* con el *chōji*.

chōka ちょうか ∿ 長歌 ▸ (li) /el, la/ «Poema largo»: poesía de extensión variable compuesta de versos alternos de cinco y siete sílabas cada uno y acabada con un verso de siete. También llamado ***nagauta*** y opuesto al **tanka**. | «Long poem»: a poem of indeterminate length comprising alternating lines of five and seven syllables ending with a seven-syllable line. Also called nagauta and opposed to tanka.

choko ちょこ ∿ 猪口 ▸ (be) /la/ Copa de **sake**. | Sake cup.

chōkokka shugi ちょうこっか しゅぎ ∿ 超国家主義 ▸ (po) /el/ Ultranacionalismo, especialmente en la década anterior a la Segunda Guerra Mundial y durante los años de esta. | Ultranationalism, especially during the decade prior to World War II and throughout the war.

chōkōrei ちょうこうれい ∿ 超高齢 ▸ (so) /los, las/ Ancianos necesitados de cuidados especiales; ancianos mayores de noventa años. | Elderly people in need of special care; the elderly over ninety years old.

chokusenshū ちょくせんしゅう ∿ 勅撰集 ▸ (li) /la/ Antología compilada por orden de un soberano {*en oposición a* ***shikashū***}. | A poetry collection compiled by order of a sovereign {*as opposed to* shikashū}.

chōme ちょうめ ∿ 丁目 ▸ (po) /el/ División administrativa de un distrito. | Administrative division of a district. // La carta fue devuelta porque faltaba indicar el *chōme*.

chōna ちょうな ∿ 手斧 ▸ (et) /la/ Azuela de mango curvo. | Adze with a curved handle.

chōnaikai ちょうないかい ∿ 町内会 ▸ (so) /la/ Asociación de vecinos. | Neighborhood association.

chōnin ちょうにん ∿ 町人 ▸ (hi) /el/ «Habitantes de una ciudad»: habitantes (excepto nobles, samuráis y religiosos) de los distritos urbanos en la época premoderna, especialmente en la Era Edo (1600-1868). | «Townspeople»: the inhabitants —other than nobles, samurais and monks— of urban districts in premodern times, especially in the Edo period (1600-1868). // Hubo escritores de origen samurái, como Chikamatsu Monzaemon, que escribían sus obras para los *chōnin*.

chōnindō ちょうにんどう ∿ 町人道 ▸ (hi) /el/ «La Vía de los ***chōnin*** o habitantes de las urbes»: en contraste con ***bushidō*** (***bushido***, DLE), noción divulgada por el Gobierno de la Era Meiji (1868-1912) para fomentar las virtudes tradicionales de la población urbana o clase comerciante, como el trabajo, la frugalidad y el respeto a la propiedad. | «The way of the chōnin, or urban dwellers»: a notion spread by the government of the Meiji period (1868-1912) in contrast to the bushidō, whose purpose was to promote the traditional virtues of the urban population or the commercial class like work, frugality and respect for property.

chonmage ちょんまげ ∿ 丁髷 ▸ (pe) /el, la/ Coleta recogida a la japonesa, moño masculino; estilo de peinado masculino con la parte superior del cráneo rapada y el resto del cabello atado en un moño. | A Japanese topknot; a men's hairstyle of the Edo period, with the forehead shaved and the remaining hair tied back in a knot.

chonmage

chōrei ちょうれい ∿ 朝礼 ▸ (em) /la/ «Saludo matinal»: reunión de los empleados al inicio de la jornada laboral por la mañana. | «Morning greeting»: morning assembly of employees before they start their working day.

chōsan ちょうさん ∿ 逃散 ▸ (hi) /el, la/ «Huida»: abandono de la tierra por los arrendatarios para evitar pagar tributos anuales y realizar trabajos obligatorios. | «Flight»: abandonment of land by tenant farmers in order to avoid payment of annual taxes and compulsory labor service.

chōshi ちょうし ∿ 銚子 ▸ (be) /el/ Recipiente de barro; botella de **sake.** | An earthenware serving vessel; a sake bottle. 調子 ▸ (ar mar) /el/ Estado físico y mental del practicante de artes marciales. | The physical and mental condition of a martial arts practitioner.

chōshūburo ちょうしゅうぶろ ∿ 長州風呂 ▸ (et) /el/ Baño que se toma en una bañera de hierro fundido calentada directamente con fuego. | Bath consisting of a cast-iron tub heated directly by a fire.

chotto ちょっと ∿ 一寸 ▸ (le) /el/ «Un poco»; «no sé»; «ya veremos»; término usado frecuentemente como expresión ambigua para contemporizar o para evitar dar una respuesta negativa. | «A little»; «I don't know»; «we'll see»; a word frequently used as an ambiguous expression to go with the flow or to avoid giving a negative answer.

chōzu ちょうず ⥊ 手水 ▸ (re) /el, la/ Agua para las abluciones. | Water for ablutions.

chōzuya

chōzuya ちょうずや ⥊ 手水舎 ▸ (re) /el, la/ Lugar donde se realizan las abluciones en un santuario **sintoísta**. | Place where purification rites are performed at a Shintō shrine.

chū ちゅう ⥊ 忠 ▸ (so) /la/ Fidelidad, lealtad, una de las virtudes centrales del ***samurai*** (**samurái**, DLE) y de la Vía del guerrero o ***bushidō*** (**bushido**, DLE) {*ver* ***makoto** y **yū***}. | Fidelity, loyalty, one of the main virtues of the samurai and the way of the warrior or bushidō {*see* makoto *and* yū}.

chūban ちゅうばん ⥊ 中判 ▸ (ar) /el/ Formato de grabado de gran tamaño. | Form of a drawing of great size.

chūdan ちゅうだん ⥊ 中段 ▸ (ar mar) /el, la/ Posición de la práctica del ***kendō*** (**kendo**, DLE) en la cual la punta del sable [***katana***] está por encima de la cintura y por debajo de los ojos {*comparar con* ***gedan** y **jōdan***}. | Position used in the practice of kendō, in which the point of the katana blade is poised above the waist but below the eyes {*compare with* gedan *and* jōdan}.

chūdōji ちゅうどうじ ⥊ 中童子 ▸ (hi) /el/ Muchacho de doce o trece años que se encargaba de servir la comida en los monasterios budistas y de acompañar a los monjes en sus salidas {*ver* ***chigo***}. | A twelve or thirteen-year-old boy responsible for serving food at Buddhist monasteries and for accompanying monks when they went out {*see* chigo}.

chūgen ちゅうげん ⥊ 中間 ▸ (hi) /el/ Vasallo de nivel bajo al servicio de un ***samurai*** (**samurái**, DLE). | Low-ranking retainer in the service of a samurai.

中元 ▸ (so / et) /el, la/ Obsequio que se entrega al comienzo del verano como muestra de agradecimiento. | Gift given at the beginning of summer as a show of gratitude.

chūgū ちゅうぐう ⥊ 中宮 ▸ (hi) /la/ En la Era Heian (794-1185), título de la esposa principal del emperador {*comparar con* ***kōgō***}. | In the Heian period (794-1185), the emperor's principal wife {*compare with* kōgō}.

chūhai ちゅうはい ⥊ 酎ハイ ▸ (be) /el, la/ Mezcla de aguardiente ***shōchū*** con soda o gaseosa. | An alcoholic drink of shōchū mixed with soda water or soda pop.

chūka ryōri ちゅうかりょうり ⥊ 中華料理 ▸ (co) /la/ Comida china. | Chinese cuisine; a Chinese meal.

chūkaisha ちゅうかいしゃ ⥊ 仲介者 ▸ (so / em) /el, la/ Intermediario, mediador. | Intermediary, mediator.

chūkan shōsetsu ちゅうかん しょうせつ ⥊ 中間小説 ▸ (li) /la/ Novela o relato entre la literatura seria y la popular. | A novel or short story half-way between serious and popular literature.

chūkei ちゅうけい ⥊ 中啓 ▸ (te) /el/ Abanico empleado por los actores del teatro ***noh***. | Fan used by actors in the noh theater.

chūmon ちゅうもん ∿ 中門 ▸ (ja) /la/ Cancela que separa la zona exterior de la interior en el espacio ajardinado [***roji***] que rodea una casa de té {ver ***ichijū, roji y nijū***}. | Gate separating the outdoor and indoor area of the garden surrounding a tea house {*see* ichijū, roji *and* nijū}.

chūmonrō ちゅうもんろう ∿ 中門廊 ▸ (arq) /el/ En una villa de estilo ***shinden***, corredor cubierto en el que se encuentra una puerta o ***mon***. | Covered hallway where a door or mon is found in a shinden style villa.

chūnori ちゅうのり ∿ 宙乗り ▸ (te) /la/ Acrobacia [proeza] física en el teatro **kabuki**. | A midair stunt [performance] in kabuki.

chūsai ちゅうさい ∿ 仲裁 ▸ (so) /el, la/ Arbitraje, mediación. | Arbitration, mediation.

chūshōsho ちゅうしょうしょ ∿ 抽象書 ▸ (ar) /la/ Estilo caligráfico abstracto. | Abstract calligraphic style.

chūzaisho ちゅうざいしょ ∿ 駐在所 ▸ (so) /el/ Cubículo de policía residente. | Live-in police box.

cosplay <ing. *costume* = «vestido» + *play* = «juego»> コスプレイ ▸ (ma) /el, la/ Moda basada en disfrazarse de personajes de ***anime***, **manga** o videojuegos. | Fashion of dressing up like characters in anime, manga or video games. // A mi hermana le encanta el *cosplay* y no falta a ningún Salón del Manga de Barcelona.

cosplayer コスプレイヤー ▸ (ma) /el, la/ Persona que practica el ***cosplay***. | Person who practices cosplay.

cyber punk (*pron.* |saibā panku|) サイバーパンク ▸ (ma) /el, la/ Historia de **manga** o ***anime*** que sucede en un mundo de ciencia ficción. | Manga or anime story that takes place in a world of science fiction.

D

dai だい ∿ 題 ▸ (li) /el/ Tema literario. | A literary trope. // En la poesía clásica japonesa el principal *dai* es la naturaleza.

dai ginjōshu だい ぎんじょうしゅ ∿ 大吟醸酒 ▸ (be) /el/ **Sake** de máxima calidad fermentado a bajas temperaturas. | A high-quality sake brewed at low temperatures.

Daibutsu

Daibutsu だいぶつ ∿ 大仏 ▸ (ar / re) /el/ Estatua gigante de Buda. | A giant statue of Buddha. // Por la mañana visitamos el famoso Daibutsu de Kamakura.

daidōgei だいどうげい ∿ 大道芸 ▸ (te) /la/ Representación [actuación] callejera. | A street performance.

daidōrō だいどうろう ∿ 大灯炉 ▸ (arq) /el, la/ Farol o linterna, por lo general de piedra, apoyado directamente en el terreno. | Lantern generally made of stone and standing directly in the ground.

daiei だいえい ∿ 題詠 ▸ (li) /el/ Tema fijo sobre el que se compone un poema. | Fixed subject about which a poem is written.

daifuku mochi だいふく もち ∿ 大福餅 ▸ (co) /el/ Pastel esponjoso de arroz [***mochi***] relleno de mermelada de alubias. | A soft rice cake [mochi] filled with sweet bean jam.

daigiri だいぎり ∿ 大切り ▸ (et) /la/ Sierra de cortar a contrahílo para preparar maderos. | Saw for cutting against the grain to make lumber.

daigūji だいぐうじ ∿ 大宮司 ▸ (re) /el/ Sacerdote principal de los grandes santuarios **sintoístas**. | Chief priest of a major Shintō shrine.

daihon だいほん ∿ 台本 ▸ (te) /el/ Guion del teatro **kabuki** o ***bunraku***. | A script for kabuki or bunraku theater.

daijingū だいじんぐう ∿ 大神宮 ▸ (re) /el/ Santuario **sintoísta** principal. | Major Shintō shrine.

Daijōkan だいじょうかん ∿ 太政官 ▸ (hi) /el/ «Gran Consejo de Estado»: en el Japón antiguo, el órgano administrativo central del Gobierno. | «Great Council of State»: the central administrative organ of the government in ancient Japan.

daikagura だいかぐら ∿ 太神楽 ▸ (te) /la/ Actuación callejera con la figura de un león danzante y juegos malabares. | A street performance including a dancing lion figure and juggling acts.

daikan だいかん ∿ 代官 ▸ (hi) /el/ Administrador local o intendente en el Japón premoderno. | A local administrator [intendent] of premodern Japan.

daikoku bashira だいこく ばしら ∿ 大黒柱 ▸ (so / arq) /el/ El sostén de una familia o de una institución; pilar principal, la columna central. | A chief support, a breadwinner; the principal post, the central pillar.

Daikokuten, Daikoku だいこくてん、だいこく ∿ 大黒天、大黒 ▸ (re) /el/ El dios de la salud. | The god of health. // Daikokuten suele ser representado con un sombrero negro y un saco sobre el hombro izquierdo.

daikon (*Raphanus sativus*) だいこん ∿ 大根 ▸ (bo) /el/ Rábano gigante blanco. | A giant white radish.

daiku だいく ∿ 大工 ▸ (so) /el/ «Gran artesano, constructor jefe»: carpintero, constructor; maestro de un grupo de artesanos de una determinada especialidad. | «Great artisan, chief builder»: carpenter, builder; master of a group of artisans of a certain speciality.

daimio (DLE), *ver* **daimyō.** | *See* daimyō.

daimoku だいもく ∿ 題目 ▸ (re / le) /el/ Oración de la escuela budista Nichiren [**Nichiren-shū**] que contiene el título del *Sutra del loto*; el título de un texto. | A prayer of the school of Nichiren Buddhism that contains the title of the *Lotus Sutra*; the title of a text.

daimon

daimon だいもん ∿ 大門 ▸ (arq) /la/ Puerta principal exterior de un templo budista. | Main outer gate of a Buddhist temple.

daimyō (daimio, DLE) だいみょう ∿ 大名 ▸ (hi) /el/ Señor feudal en el Japón premoderno. | A feudal lord in premodern Japan. // En la Era Edo (1600-1868), todos los *daimyō* eran vasallos del *shōgun* (sogún, DLE).

Dainichi, Dainichi Nyorai だいにち、にょらい ∿ 大日、大日如来 ▸ (re) /el/ «Gran Sol»: Buda cósmico; el centro de la devoción en el budismo esotérico. | «Great Sun»: cosmic Buddha; the focus of devotion in esoteric Buddhism.

Dairi だいり ∿ 内裏 ▸ (arq) /la/ Zona de los palacios imperiales de las antiguas capitales de Nara y Kioto; /el/ Palacio Imperial. | Area of the imperial palaces in the ancient capitals of Nara and Kyoto; Imperial Palace.

代理 ▸ (so) /el/ Sistema por el que una persona realiza actos jurídicos en nombre de otra. | A system whereby one person performs legal acts in the name of another person.

daishō だいしょう ∿ 大小 ▸ (arm) /el/ Conjunto de ***katana*** y ***wakizashi***. | Set of katana and wakizashi.

daisōjō だいそうじょう ∿ 大僧正 ▸ (re) /el/ Una de las máximas dignidades en la jerarquía budista por encima de la de ***sōjō***. | One of the highest dignitaries in Buddhist hierarchy and above that of sōjō.

daisu だいす ∿ 台子 ▸ (mo) /el/ Expositor para los utensilios de la ceremonia de té. | A display stand for tea ceremony utensils.

daitō だいとう ∿ 大刀 ▸ (arm) /el, la/ Sable largo [***katana***] {*en oposición a* ***shōtō***}. | A long sword [katana] {*as opposed to* shōtō}.

daizu (*Glycine max*) だいず ∿ 大豆 ▸ (bo) /la/ **Soja**. | Soy.

dan (dan, DLE) だん ∿ 段 ▸ (te) /el/ En el **kabuki** y ***bunraku***, equivalente a un acto o división principal de una pieza; (ar mar) nivel, grado; (pe y me) antigua medida de longitud equivalente a unos 11 m. | In kabuki and bunraku, the equivalent to an act or main division of a play; a grade, a level; ancient measure of length equal to about

12 yards. // Mi hermano tiene el tercer dan de *aikidō* (aikido, DLE).

danchi だんち ∿ 団地 ▸ (arq) /el/ Bloque de viviendas. | A block of flats.

dangibon だんぎぼん ∿ 談義本 ▸ (li) /la/ Enseñanza satírica. | Satirical teaching.

dango

dango だんご ∿ 団子 ▸ (co) /el/ Albóndiga; bola de harina de arroz u otro cereal hervida o al vapor. | A dumpling; a ball of rice or other grain boiled or steamed. // Matamos el hambre con un *dango* que compramos en un puesto de la calle.

dangobana だんごばな ∿ 団子鼻 ▸ (et) /la/ Nariz redonda. | A round [rounded] nose; a flat nose.

danjiri だんじり ∿ 山車 ▸ (tr) /la/ Carroza empleada en el festival [***matsuri***] de Kishiwada, en Osaka, de cuatro toneladas y tirada con cuerdas. | Four-ton rope drawn cart or float used during the festival [matsuri] in Kishiwada.

danka だんか ∿ 檀家 ▸ (re) /el/ Benefactor de un templo budista. | Supporter of a Buddhist temple.

danmari だんまり ∿ 黙り ▸ (te) /la/ Parte silenciosa o de mímica de un actor de **kabuki**. | Silent, miming action by actors in kabuki.

danna だんな ∿ 旦那 ▸ (so) /el/ Amo [dueño], patrón; marido; protector de una ***geisha***. | A master [owner], employer; husband; a protector [patron] of a geisha. // El *danna*, que era muy rico, rescató a la *geisha* y, al quedar viudo, se casó con ella.

danpatsu shiki だんぱつしき ∿ 断髪式 ▸ (de) /la/ Ceremonia del retiro profesional de un luchador de ***sumō*** (**sumo**, DLE) [***sumōtori***]. | Retirement ceremony of a sumō wrestler [sumōtori].

danpatsurei だんぱつれい ∿ 断髪令 (hi) /la/ La orden a todos los varones adultos de cortarse el moño [***chonmage***] emitida por el Gobierno en 1871. | Order issued by the government in 1871 to all adult males requiring them to cut off their hair bun [chonmage].

dansu geisha だんすげいしゃ ∿ ダンス芸者 ▸ (so) /la/ En los años veinte del s. XX, ***geisha*** que bailaba al estilo de los bailes de salón occidentales. | During the decade of the 1920s, a geisha who danced in the style of Western ballrooms.

darani <sáns. *dhāranī*> だらに ∿ 陀羅尼 ▸ (re) /el/ En el budismo esotérico, fórmula o **mantra** capaz de proteger a quien lo recita. | In esoteric Buddhism, a formula or mantra said to protect those who recite it.

darari だらり ▸ (in) /el/ Forma en que las aprendizas de ***geisha*** se ataban el ***obi***. | A form in which apprentice geishas tied their obi.

daruma

daruma だるま ∿ 達磨 ▸ (fo) /el/ Muñeco de la buena suerte, de forma redondeada, rojo y, frecuentemente, con un ojo vacío para pintarlo cuando se ha concedido un deseo. | A round, red-painted good-luck doll, frequently with an empty eye to be painted in when a person's wish is granted.

daruma ichi だるま いち ∿ 達磨市 ▸ (et) /la/ Feria en la que se venden ***daruma*** y otros amuletos de la buena suerte. | A fair at which daruma and other good-luck charms are sold.

dashi だし ∿ 出汁 ▸ (co) /el/ Caldo tradicionalmente elaborado a partir del alga ***konbu*** o de raspaduras de bonito {*ver* ***katsuobushi***}. | A Japanese bouillon traditionally made with konbu seaweed or tuna chips {*see* katsuobushi}.
山車 ▸ (et) /la/ Carroza ricamente decorada y transportada por los feligreses durante las celebraciones religiosas. | A tall, elaborately decorated cart or float towed by parishioners at religious festivals.

datemaki だてまき ∿ 伊達巻 ▸ (co) /la/ Tortilla de pescado enrollada que se suele servir en Año Nuevo; (in) /el/ cinturón ancho para ceñir el ***kimono*** interior [***nagajuban***]. | A rolled fish omelette traditionally served at New Year's; wide belt used to fasten an inner kimono [nagajuban].

datsusara だつさら ∿ 脱サラ ▸ (so) /el, la/ Abandono de la vida de empleado, especialmente de un ***sararī man***, para comenzar un estilo de vida más autónomo. | When a salaried worker, especially a sararī man, gives up his working life to take up a more freelance or autonomous lifestyle. // En los años noventa aumentaron los *datsusara* entre los *sararī man* japoneses.

debakame でばかめ ∿ 出歯亀 ▸ (so) /el/ Mirón; voyerista. | A voyeur.

degatari でがたり ∿ 出語り ▸ (te) /los/ Los dos grupos de músicos que acompañan en el escenario una obra de **kabuki**. | The two groups of on-stage musicians who provide the main accompaniment in a kabuki play.

deha では ∿ 出端 ▸ (te) /el/ En el teatro ***noh***, acompañamiento musical con flauta y todos los tambores al aparecer el ***nochijite*** o el *nochitsure*. | Musical accompaniment with flute and drums when the nochijite or nochitsure appears in noh theater.

dekasegi でかせぎ ∿ 出稼ぎ ▸ (so) /el, la/ Trabajador que abandona temporalmente su zona habitual de trabajo en busca de empleo en otra región. | A laborer who temporarily leaves his primary area of employment to find work in another region.

demae でまえ ∿ 出前 ▸ (so) /el/ Servicio de comidas a domicilio de un restaurante. | A restaurant meal delivery service.

denbō でんぼう ∿ 伝法 ▸ (so) /el/ Código de honor. | Code of honor.

denden taiko でんでん たいこ ∿ でんでん太鼓 ▸ (et) /el/ Juguete infantil en forma de pequeño tambor unido a un mango con cascabeles colgantes de una cuerda a cada lado. | A children's toy consisting of a small drum attached to a handle with bells hanging from strings on both sides.

dengaku でんがく ∿ 田楽 ▸ (et) /la/ «Danza del arrozal»: danza y música rituales asociadas a la plantación de arroz; (co) brocheta asada de ***tōfu*** (**tofu**, DLE) y recubierta de pasta de **soja** [***miso***]. | «Rice-field dances»: ritual music and dance performed in association with rice planting; a bean curd skewered, roasted over coals and coated with soy paste [miso].

denju でんじゅ ∿ 伝授 ▸ (li / ar) /la/ Transmisión secreta. | Secret transmission.

denki gotatsu でんき ごたつ ∿ 電気炬燵 ▸ (mo) /el/ Mesa camilla baja {*ver* ***kotatsu***} calentada con electricidad. | A brazier table {*see* kotatsu} whose source of heat is electricity.

denki katoriki でんき かとりき ∿ 電気蚊取り器 ▸ (mo) /el/ Aparato eléctrico antimosquitos. | An electric mosquito zapper.

denki monogatari でんき ものがたり ∿ 伝奇物語 ▸ (li) /el/ «Cuentos tradicionales»: relatos maravillosos o sobrenaturales. | «Traditional tales»: marvelous or supernatural stories. // Un escritor que representa el género *denki monogatari* es Ueda Akinari.

-dera (-tera) でら ∿ 寺 ▸ (le) /el/ Sufijo aplicado a los nombres de templos budistas. Sinónimo general de ***–ji***. | Suffix added to the names of Buddhist temples; general synonym of –ji.

deshi でし ∿ 弟子 ▸ (so) /el, la/ Discípulo, alumno. | A disciple, a pupil.

dō どう ∿ 胴 ▸ (ar mar) /el/ En el ***kendō*** (**kendo**, DLE), peto. | In kendō, a breastplate.

道 ▸ (re / ar) /el, la/ Vía, camino. | Road, way.

dobin どびん ∿ 土瓶 ▸ (ce / mo) /la/ Tetera de porcelana y con un asa de bambú en la parte superior. | A teapot made of porcelain or china with a semi-circular bamboo handle over the top.

dōchūki どうちゅうき ∿ 道中記 ▸ (so / li) /la/ Guía de viaje. | Travel guide.

dodoitsu どどいつ ∿ 都々逸 ▸ (mu) /la/ Canción popular de amor de la Era Edo (1600-1868) y cuyos versos son de 7-7-7-5 sílabas. | A popular love song of the Edo period (1660-1868) in a 7-7-7-5 syllable pattern.

dogeza どげざ ∿ 土下座 ▸ (et) /la/ Postración tocando el suelo con las manos y las rodillas con la que por lo general se expresa un intenso arrepentimiento o se piden disculpas enfáticamente. | Getting down on one's hands and knees generally for expressing an intense regret or emphatically apologizing; kowtowing.

dogū どぐう ∿ 土偶 ▸ (hi) /la/ Estatuilla de terracota del periodo Jōmon (10 000 a. C.–300 a. C.). | An earthen figurine from the Jōmon period (10,000 BCE-300 BCE).

dohyō どひょう ∿ 土俵 ▸ (de) /el/ Círculo donde se lucha en el ***sumō*** (**sumo**, DLE) de 4,55 m de diámetro; (so) /el, la/ igual [compañero] en la jerarquía social japonesa. | A sumō wrestling ring of some 15 ft in diameter; an equal in Japanese social hierarchy.

dogū

dohyō iri どひょういり ∿ 土俵入り ▸ (de) /la/ Ceremonia de ingreso en el círculo de ***sumō*** (**sumo**, DLE). | The ceremony of entering the sumō ring.

dohyō matsuri どひょうまつり ∿ 土俵祭 ▸ (de / re) /la/ Ceremonia **sintoísta** para impetrar la seguridad del torneo de ***sumō*** (**sumo**, DLE) celebrada un día antes de la primera jornada en un nuevo círculo [***dohyō***] de *sumō*. | Shintō ceremony to plead for the safety of the sumō tournament held the day prior to the first day in a new sumō cycle [dohyō].

dojin どじん ∿ 土人 ▸ (et) /los/ «Los nativos»: denominación del pueblo **ainu** antes de la Era Meiji (1868-1912). | «Natives»: a term applied to the Ainu people before the Meiji era (1868-1912).

dōjinshi どうじんし ∿ 同人誌 ▸ (ma) /la/ Fanzine de **manga**. | A manga fanzine.

dōjō どうじょう ∿ 道場 ▸ (re) /el/ Lugar de meditación en el budismo **zen**; (ar mar) lugar de práctica [gimnasio] de artes marciales. | A Zen Buddhism meditation hall; a practice hall [gymnasium] for martial arts.

dōki どうき ∿ 同期 ▸ (em / so) /el, la/ Compañero; igual en una empresa o grupo humano. | Mate or fellow at work or with another group of people.

dokko, *ver* **toko.** | *See* toko.

dokkoisho どっこいしょ ▸ (le) /el, la/ Interjección pronunciada cuando se realiza o completa un esfuerzo. | An interjection uttered on completing an action that requires strength. // La anciana subía las escaleras a ritmo de *dokkoisho*.

dokugin どくぎん ∿ 独吟 ▸ (li) /la/ Composición poética de ***renga*** o **haikai** escrita por una sola persona. | Renga or haikai poetic composition written by a single person.

dokuritsu tenshu どくりつ てんしゅ ∿ 独立天主 ▸ (arq) /el/ Torreón de un castillo cuando se levanta aislado de otros torreones o de las murallas. | Tower-like structure in a castle that stands in isolation from other towers or walls.

doma どま ∿ 土間 ▸ (vi) /el/ Zaguán con suelo de tierra en las casas rurales tradicionales donde se guardaban herramientas y aperos agrícolas y se cocinaba, y que solía ocupar aproximadamente una tercera parte de la superficie total de la vivienda {*ver* ***tatakido***}. | An entrance hall with an earthen floor in traditional rural homes where household tools and farming implements were kept and cooking was done. It usually occupied approximately one third of the total surface of the home {*see* tatakido}.

dōmino どうみの ∿ 胴蓑 ▸ (in) /el, la/ Parte de la indumentaria hecha de paja para protegerse de la lluvia consistente en una prenda que cubría las nalgas y muslos {*ver* ***mino***}. | Part of clothing made of straw for protection from rain consisting of a piece that covered the thighs and buttocks {*see* mino}.

donabe どなべ ∿ 土鍋 ▸ (ce) /la/ Cazuela grande de barro cuya tapadera suele disponer de un agujero. | An earthenware pot shaped like a large bowl with a hole in the lid.

donburi どんぶり ∿ 丼 ▸ (ce / co) /el/ Cuenco de cerámica, dos o tres veces más grande que un cuenco de arroz; comida servida en este recipiente y que consiste en arroz recubierto con varios ingredientes. | Ceramic ware or china bowl two or three times the size of a rice bowl; food served in such a bowl consisting of rice topped with various ingredients.

dondoyaki どんどやき ∿ どんど焼き ▸ (et) /la/ Hoguera al lado de un santuario en la que el 15 de enero se queman las decoraciones de Año Nuevo. | A bonfire held next to a shrine on January 15th in which New Year's decorations are burned. // En la *dondoyaki* quemamos las ramas de pino y de bambú y la paja usadas para decorar la entrada de la casa en Año Nuevo.

dontaku <hol. *Zondag* = «domingo»> どんたく ∿ ドンタク ▸ (ca) /el/ Día festivo; domingo. | A holiday; Sunday.

dorayaki どらやき ∿ どら焼き ▸ (co) /el/ Dulce de mermelada de alubias entre dos rebanadas redondas. | Bean jam sandwiched between gong-shaped pancakes. // Dicen que el *dorayaki* toma su nombre del gato cósmico Doraemon que gusta de este dulce; ¿o será al revés?

dōryō どうりょう ∿ 同僚 ▸ (so) /el, la/ Compañero o igual en un grupo humano {*contrastar con* ***kōhai y senpai***}. | Fellow or mate in any group of people {*contrast with* kōhai *and* senpai}.

dōshū どうしゅう ∿ 堂衆 ▸ (hi) /el/ En el antiguo Japón, monje budista de los niveles más bajos. | In ancient Japan, a lower ranking Buddhist monk.

dōsojin どうそじん ∿ 道祖神 ▸ (re) /el/ Deidad protectora de los viajeros. | A deity who protects travellers.

dōsōkai どうそうかい ∿ 同窓会 ▸ (so) /la/ Fiesta o reunión de antiguos compañeros de escuela o universidad. | A social gathering of former schoolmates.

dōtaku どうたく ∿ 銅鐸 ▸ (hi) /la/ Campana aborigen de bronce en la Era Yayoi (300 a. C.–300 d. C.). | A native bronze bell of the Yayoi period (300 BCE-300 CE).

dotera どてら ∿ 褞袍 ▸ (in) /el/ **Kimono** acolchado. | A padded kimono.

dōtsuki noko どうつき のこ ∿ 胴付鋸 ▸ (et) /el, la/ Sierra o serrucho de costilla. | Back saw.

dozō どぞう ∿ 土蔵 ▸ (arq) /el/ Almacén de gruesas paredes de argamasa para proteger el contenido de los incendios {*ver* ***kura***}. | Storage area made of thick walls of mortar to protect its contents from fire {*see* kura}.

E

eawase えあわせ ∿ 絵合 ▸ (hi / ar) /el/ Certamen en el cual se emparejaban pinturas para ser juzgadas. | A contest in which paintings were matched to be judged. // El *eawase* era frecuente entre la nobleza de la Era Heian (794-1185).

eba えば ∿ 絵羽 ▸ (in) /el/ ***Haori*** o chaquetón femenino con figuras que combina con un **kimono** estiloso. | A haori or woman's jacket with figures on it worn with a stylish kimono.

ebanzuke (ehon, banzuke) えばんづけ (えほん、ばんづけ) ∿ 絵番付 (絵本、番付) ▸ (te) /el, la/ Nota o apunte ilustrado del programa de una representación teatral, especialmente de **kabuki** {*comparar con* ***kanban***}. | Illustrated program or note of a theatrical performance, especially kabuki {*compare with* kanban}.

ebi えび ∿ 海老 ▸ (zo) /el, la/ Gamba; camarón; langostino; langosta. | A shrimp; prawn; lobster.

ebisenbei, ebi senbei えびせんべい ∿ 海老煎餅 ▸ (co) /la/ Galleta de arroz elaborada con gambas desecadas. | A rice cracker made with dried shrimps.

Ebisu えびす ∿ 恵比寿 ▸ (mi / re) /el/ Una de las siete deidades de la buena fortuna. | One of the seven deities of good fortune. // En algunas regiones, Ebisu es venerado como el dios de la pesca, el comercio y la agricultura.

ebizori えびぞり ∿ 海老ぞり ▸ (te) /el/ Movimiento de un personaje femenino del teatro **kabuki** en el cual el actor [***onnagata***] en posición arrodillada inclina el tronco hacia atrás. | A movement of a female character in the kabuki theater in which a kneeling actor [onnagata] inclines his trunk backwards.

eboshi えぼし ∿ 烏帽子 ▸ (in) /el/ Sombrero negro y cónico usado por los cortesanos. | A jet black hat worn by men attending the emperor at court.

ebusshi えぶっし ∿ 絵仏師 ▸ (ar) /el/ Artista especializado en pintura religiosa {*en oposición al eshi, que pintaba temas profanos*}. | An artist specialized in religious painting as distinguished from eshi or secular painters.

Echigo jishi えちご じし ∿ 越後獅子 ▸ (te) /la/ Representación callejera con artistas ambulantes que representan un acto con volteretas en el cual aparece un niño disfrazado con una cabeza de león tallada en madera. | A street performance by itinerant entertainers featuring a tumbling act in which a child performer wears a carved lion's head made of wood.

Echizen yaki えちぜん やき ∿ 越前焼 ▸ (ce) /la/ Cerámica elaborada en la provincia de Echizen (Fukui). | Ceramic ware produced in Echizen Province (Fukui).

edamame えだまめ ∿ 枝豆 ▸ (co) /la/ **Soja** verde en su vaina, generalmente consumida como aperitivo. | A pod soybean

edamame

usually eaten as an appetizer. // Antes de comer, aliviamos el calor del verano con una cerveza y un cuenco de *edamame*.

Edo えど ∿ 江戸 ▸ (hi) «Entrada de la bahía»: antiguo nombre de la ciudad de Tokio entre 1180 y 1868. | «Bay entrance»: ancient name for the city of Tokyo in use from 1180 to 1868.

Edo jidai えど じだい ∿ 江戸時代 ▸ (hi) /la/ Era [época, periodo] Edo (1600-1868). | Edo period (1600-1868).

Edo kiriko えど きりこ ∿ 江戸切子 ▸ (ar) /el/ Tipo de vidrio tallado incoloro fabricado en **Edo**. | A type of uncolored cut glass produced in Edo.

Edo sanpu えど さんぷ ∿ 江戸参府 ▸ (hi) /las/ Expediciones del supervisor de la fábrica holandesa de Nagasaki y de su séquito a **Edo** (actual Tokio), la capital del **sogunato**. | Journeys made by the overseer of the Dutch factory in Nagasaki and his entourage to the shōgun capital of Edo (now Tokyo).

edokko えどっこ ∿ 江戸っ子 ▸ (so) /el, la/ Persona nacida en Tokio; **tokiota** (DLE) castizo. | A person born in Tokyo; a true Tokyoite.

edoma えどま ∿ 江戸間 ▸ (pe y me) /la/ Medida estándar (1,76 × 0,88 m) de un **tatami** en la región de Kantō (Tokio y alrededores). | A standard size for tatami (5.8 by 2.9 ft) in the Kantō region (Tokyo and surrounding area).

eejanaika ええじゃないか ▸ (hi) /la/ «¿No es estupendo?»: celebración estridente; expresión asociada a los disturbios callejeros ocurridos a finales de la Era Edo (1600-1868). | «Ain't it grand?»: a raucous celebration; an expression associated with some late-Edo period (1600-1868) public disturbances.

ehō えほう ∿ 恵方 ▸ (et / fo) /el/ Rumbo [dirección] de buena suerte, en especial para salir de viaje. | Route [direction] deemed to be lucky especially for setting off on a journey.

ehōmaki えほうまき ∿ 恵方巻 ▸ (co / fo) /el/ Rollo de ***sushi*** que se toma la noche de **Setsubun** mirando en la dirección de la buena suerte del año y pensando en un deseo. | A sushi roll eaten on the night of Setsubun while facing the year's direction of good fortune and making a wish.

ehon えほん ∿ 絵本 ▸ (ar / li) /el/ Libro ilustrado {*en contraste con **yomihon***}. | An illustrated book {*as opposed to* yomihon}.

ei えい ∿ 纓 ▸ (in) /la/ En la Era Heian (794-1185), apéndice largo y estrecho del gorro ceremonial [***kanmuri***] de un cortesano que se enrollaba en señal de luto. | Long narrow extension on a courtesan's ceremonial hat [kanmuri] during the Heian period (794-1185) that was rolled up as a sign of mourning.

eiga manga えいが まんが ∿ 映画漫画 ▸ (ma) /el/ **Manga** o ***anime*** basado en una película. | Manga or anime based on a film or movie.

eikosaku えいこさく ∿ 永小作 ▸ (hi) /la/ Forma de tenencia de la tierra en la Era Edo (1600-1868), según la cual los arrendatarios disfrutaban de un derecho a largo plazo para cultivar la tierra con la posibilidad de cederlo. | A form of land tenancy of the Edo period (1600-1868) whereby tenants were given long-term rights to cultivate the land and the possibility of transferring their rights.

eikyoku えいきょく ∿ 郢曲 ▸ (mu) /la/ Canción popular en los ss. XII y XIII. | A popular song in the 12th and 13th centuries.

eitai shakuchi ken えいたい しゃくち けん ∿ 永代借地権 ▸ (jr) /el/ Derecho a la explotación vitalicia de la tierra otorgado como contraprestación a la prohibición de ser propietario de ella. | Life-long right to exploit land granted in compensation for the prohibition of being the owner of it.

eiten えいてん ∿ 栄転 ▸ (so) /el/ Reconocimiento honorífico otorgado por la nación a quienes han hecho contribuciones meritorias a la sociedad. | A special recognition bestowed by the nation on those who have made meritorious or distinguished contributions to society.

ekiben えきべん ∿ 駅弁 ▸ (co) /el/ Caja con comida vendida en los trenes o en la estación. | A boxed meal sold on trains or at stations. // Antes de subir al tren, compré un *ekiben* y un refresco.

ekibiru えきびる ∿ 駅ビル ▸ (arq) /el/ Estación de tren que también alberga un centro comercial. | A railway station which also houses a shopping center.

ekiden えきでん ∿ 駅伝 ▸ (hi) /el/ Sistema de postas en el Japón premoderno. | Post-station system in premodern Japan.

Ekijin えきじん ∿ 疫神 ▸ (re) /el, la/ Deidad a la que se atribuía el poder de causar pestes y epidemias. También llamada **Yakubyō gami** {*ver* ***goryō***}. | Deity said to possess the power to cause plagues and epidemics. Also referred to as Yakubyō gami {*see* goryō}.

ekikon えきこん ∿ 駅コン ▸ (mu) /el/ Concierto en una estación. | A concert held at a station.

Ekikyō えききょう ∿ 易経 ▸ (fo) /la/ El libro *Yi jing* (*El libro de los cambios* [o de las mutaciones]) usado como guía de las prácticas de adivinación en templos y santuarios. Su empleo era una de las cinco prácticas adivinatorias tradicionales {*ver* ***uranai***}. | The *Yi Jing* book (*The Book of Mutations* [or Changes]) used as a guide in divination at temples and shrines. One of five used in traditional divinatory practices {*see* uranai}.

ekinaka えきなか ∿ 駅中 ▸ (arq) /el/ Interior del edificio de una estación. | The interior of a railway station.

ekisha えきしゃ ∿ 易者 ▸ (so) /el, la/ Adivino. | Fortune-teller, diviner.

ekō えこう ∿ 回向 ▸ (re) /el/ Servicio funerario budista. | A Buddhist memorial service.

ekobaggu <ing. *ecological bag*> エコバッグ ▸ (et) /la/ Bolsa ecológica de la compra. | An ecological shopping bag.

ekotoba えことば ∿ 絵詞 ▸ (ar) /la/ Explicación de una escena en una pintura. | An explanation of a scene on a picture scroll.

ema

ema, e-ma えま ∿ 絵馬 ▸ (re) /la/ Tablilla votiva de madera con un caballo dibujado y que se ofrece en oración o en acción de gracias por una plegaria correspondida. | Votive wooden tablet painted with a picture of a horse offered in prayer or in thanks for a prayer answered. // Fuimos al templo a ofrendar una *ema*.

emaki (mono), e-maki, emakimono, e-makimono えまき（もの）∿ 絵巻（物）▸ (ar) /el/ Rollo con imágenes que se despliega horizontalmente y que representa

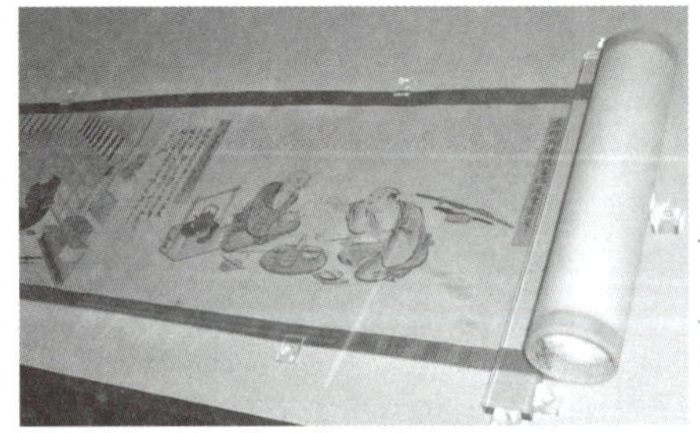

emaki (mono)

una secuencia de escenas históricas o de ficción. | A picture scroll that unrolls horizontally depicting a sequence from a historical or fictional narrative.

emishi, *ver* **ezo.** | *See* ezo.

Emma, *ver* **Enma.** | *See* Enma.

emoji (emoji, DLE) えもじ ∿ 絵文字 ▸ (so) /el/ Pequeña imagen digital, frecuentemente en forma de rostro humano, usada en comunicaciones electrónicas y que representa un estado de ánimo, idea, objeto, etc. | Small digital image, frequently in the form of a human face, and used in electronic communications to represent a state of mind, an idea, an object etc.

empon, *ver* **enpon.** | *See* enpon.

en えん ∿ 縁 ▸ (so / re) /el/ Relación, vínculo; karma. | A relation, link; karma, destiny.

艶 ▸ (es) /el, la/ Encanto; belleza. | Charm; beauty.

円 ▸ (nu) /el/ *Ver* **yen.** | *See* yen.

en no shita えんのした ∿ 縁の下 ▸ (vi) /el/ Espacio bajo el corredor o ***engawa*** de una casa. | A space under the corridor or engawa of a house.

enden えんでん ∿ 塩田 ▸ (ge) /la/ Zona costera donde se almacenaba el agua de mar para la ulterior extracción de la sal. | A seaside area in which sea water was collected and prepared for the extraction of salt.

engawa

engawa えんがわ ∿ 縁側 ▸ (vi) /el, la/ Corredor con piso de tablas y puertas correderas abierto al exterior y que discurre a lo largo de una o más fachadas de una casa tradicional. | A corridor with a plank floor, and usually with sliding doors, extending along one or more exterior sides of a traditional house; a veranda. // En las noches de verano, ¡qué placer sentarse en el *engawa* y sentir el fresco de la brisa!

engi えんぎ ∿ 縁起 ▸ (fo) /el/ Presagio; señal de buena [mala] suerte; (re) noción budista según la cual todas las cosas existen gracias a la interacción armoniosa de causas y condiciones. | An omen; a sign of good [bad] luck; Buddhist notion according to which everything exists thanks to the harmonious action of causes and conditions.

engi emaki えんぎえまき ∿ 縁起絵巻 ▸ (re / ar) /el, la/ Imagen en forma de rollo que representa la fundación de un templo o santuario. | A picture scroll representing the founding of a temple or shrine.

engimono えんぎもの ∿ 縁起物 ▸ (fo) /el/ Objeto que trae buena suerte; (li) /la/ historia sobre orígenes divinos. | Object that brings good fortune; story about divine origins.

engo えんご ∿ 縁語 ▸ (li) /la/ Asociación verbal empleada en poesía. | A verbal association used in composing poetry.

enjokōsai えんじょこうさい ∿ 援助交際 ▸ (so) /el/ Servicio sexual prestado por una colegiala a cambio de dinero. | A sexual service offered by a school girl in exchange for money.

enka えんか ∿ 演歌 ▸ (mu) /la/ Canción popular caracterizada por su sentimentalismo y pasajes de trémolo. | A popular song distinguished by its sentimentality and tremolo passages.

enkai えんかい ∿ 宴会 ▸ (so) /el/ Banquete generalmente celebrado en una sala con suelo de **tatami**; fiesta. | A banquet usually held in a tatami-floored room; party.

enkiri dera えんきり でら ∿ 縁切り寺 ▸ (re) /el/ Templo que ofrecía refugio a esposas huidas de su casa en la Era Edo (1600-1868). | A temple that gives sanctuary to runaway wives.

enkyoku えんきょく ∿ 宴曲 ▸ (li / mu) /la/ «Canciones de banquete»: forma de narrativa lírica en boga en las eras Kamakura (1185-1333) y Muromachi (1333-1568); parte del entretenimiento en banquetes de nobles y ***samurai*** (**samuráis**, DLE). | «Banquet songs»: a form of narrative lyric current in the Kamakura (1185-1333) and Muromachi (1333-1568) periods; part of the entertainment at banquets held by nobles and samurais.

Enma, Emma えんま ∿ 閻魔 ▸ (re) /el/ El quinto de los siete jueces del reino budista de la muerte y considerado el príncipe [rey] del Infierno (**Yomi**). | The fifth of the seven judges of the Buddhist realm of the dead, usually regarded as the Prince [King] of Hell.

Enmachō (**enmachō,** *en 2.ª y 3.ª acepciones*), **Emmachō** えんまちょう ∿ 閻魔帳 ▸ (re) /la/ Lista (libro, registro) de **Enma**; lista negra; lista con las calificaciones de los alumnos. | Enma's book of accounts; a black list; a list of students' grades or marks.

enmusubi えんむすび ∿ 縁結び ▸ (so) /el/ Casamiento. | Matchmaking.

ennen えんねん ∿ 延年 ▸ (li / re) /la/ «Vida larga»: representación de obras de teatro, danzas y canciones realizadas en los templos budistas durante las eras Kamakura (1185-1333) y Muromachi (1333-1568) tras la ceremonia de recitación de sutras. | «Long Life»: a performance of plays, dances and songs presented in Buddhist temples of the Kamakura (1185-1333) and Muromachi (1333-1568) periods after the ceremonial reading of the sutras.

ennichi えんにち ∿ 縁日 ▸ (re) /el/ Día considerado en relación {*ver* ***en***} especial con alguna deidad; festival en un templo o santuario {*ver* ***toshi no ichi***}. | A day considered to have a special connection {*see* en} with a certain deity; festival in a temple or shrine {*see* toshi no ichi}.

enoki take (*Flammulina velutipes*) えのきたけ ∿ エノキタケ ▸ (bo) /la/ Hongo de invierno consumido generalmente en un guiso de olla [***nabemono***] | A winter mushroom usually consumed in a stew [nabemono].

enpon えんぽん ∿ 円本 ▸ (li / hi) /el/ Libro publicado en la segunda mitad de la década de 1920 al precio de un **yen**. | A book published during the second half of the 1920s and sold for a yen.

enryo えんりょ ∿ 遠慮 ▸ (ps) /la/ La reserva o la timidez como principio cardinal de la conducta personal en Japón. | Reserve or shyness as a cardinal principle of personal conduct in Japan. // ¡Vamos, déjate de *enryo* y acepta la invitación!

ensō えんそう ∿ 円相 ▸ (re) /el/ Círculo dibujado en un solo trazo y frecuentemente usado en el budismo **zen** como símbolo de la iluminación espiritual. | A circle drawn with one stroke commonly used in Zen Buddhism as a symbol of spiritual enlightenment.

ensuikō えんすいこう ∿ 円錐香 ▸ (et) /el/ Cono de incienso mezclado con diversas sustancias aromáticas {*ver* ***senkō***}. | Cone of incense mixed with diverse aromatic substances {*see* senkō}.

entō えんとう ∿ 遠島 ▸ (hi) /el/ «Isla remota»: castigo consistente en el exilio a una isla remota y la confiscación de todas las propiedades. | «Remote island»: punishment consisting of exile to a remote island and total confiscation of property.

enza えんざ ∿ 縁坐 ▸ (hi) /la/ Responsabilidad colectiva según la cual la familia de un criminal quedaba sujeta al mismo castigo que este. | A collective responsibility in which the family of a criminal was subject to the same penalty as the criminal himself.

eri えり ⌇ 衿、襟 ▸ (in) /la/ Especie de solapa del **kimono** {contrastar con ***tomoeri***}. | Type of lapel on a kimono {*contrast with* tomoeri}.

erikae えりかえ ⌇ 襟替え ▸ (so) /el/ «Cambio de color, de rojo a blanco, del cuello de una prenda»: transición de ***maiko*** a ***geisha***. | «Change in color from red to white on the collar of a garment»: the transition from maiko to geisha.

ero guro eiga えろ ぐろ えいが ⌇ エログロ映画 ▸ (ci / ma) /el, la/ Película en la cual domina un erotismo perverso o grotesco, o el humor negro. | Film with a perverse or grotesque eroticism, or dark humor.

ero guro nansensu manga <ingl. *erotic grotesque nonsense* = «tontería erótica y grotesca»> えろ ぐろ なんせんす まんが ⌇ エログロナンセンス漫画 ▸ (ma) /el/ **Manga** o ***anime*** en el cual domina un erotismo perverso o grotesco, o el humor negro. | Manga or anime with a perverse or grotesque eroticism, or dark humor.

esugoroku えすごろく ⌇ 絵双六 ▸ (ju) /el/ Parchís que se juega sobre un tablero decorado con imágenes que cuentan una historia. | Parcheesi played on a board with pictures that tell a story.

eta えた ⌇ 穢多 ▸ (hi) /el, la/ En el Japón premoderno, descastado; perteneciente a un grupo social considerado tradicionalmente muy impuro {*ver* ***burakumin***}. | An outcast in premodern Japan; a member of a social group traditionally regarded as very impure {*see* burakumin}.

etegami えてがみ ⌇ 絵手紙 ▸ (et) /la/ Tarjeta postal sencilla e ilustrada por el remitente. | A plain postcard illustrated with a drawing by the sender.

eto えと ⌇ 干支 ▸ (ca) /el/ Ciclo sexagenario; los doce animales del Zodiaco chino combinados con los cinco elementos: madera, agua, tierra, metal y fuego. | A sixty-year cycle; the twelve animals of the Chinese zodiac combined with the five elements: wood, water, earth, metal and fire.

etoki hōshi えとき ほうし ⌇ 絵解き法師 ▸ (li / hi / re) /el/ Religioso itinerante que antiguamente explicaba o comentaba historias representadas en ilustraciones. | An itinerant monk or one dressed as a monk who explained or commented upon stories represented in pictures.

ezo えぞ ⌇ 蝦夷 ▸ (hi) /el, la/ Nombre empleado hasta finales del s. XIX para designar a los indígenas del norte de Japón y de las regiones del norte, como las islas Hokkaidō, Sajalín, Kuriles y Kamchatka. | A name used until the late 19th century for the aboriginal inhabitants of northern Japan, as well as the northern regions comprising Hokkaidō, Sakhalin, the Kuril Islands and Kamchatka.

ezōshi えぞうし ⌇ 絵草紙 ▸ (li) /el/ Libro narrativo e ilustrado publicado en la Era Edo (1600-1868). | An illustrated story book published in the Edo period (1600-1868).

F

fansabu, fansub <ing. *fan + subtitled* = «subtitulado para fans»> ファンサブ ▸ (ma) /la/ Copia de una película o programa de televisión extranjero de ***anime*** o **manga** subtitulado por admiradores y seguidores. | A copy of a foreign film or television series in anime or manga and subtitled by fans and followers.

firipin pabu <ing. *Philippine pub*> フィリピン パブ ▸ (so) /el/ Bar con camareras filipinas. | A bar with Filipino waitresses.

fu ふ ∿ 麩 ▸ (co) /el/ Gluten de trigo. | Wheat gluten.
府 ▸ (hi) /la/ Unidad urbana de gobierno establecida por la administración Meiji; ciudad. | An urban unit of government established by the Meiji administration; city.

fucha ryōri ふちゃ りょうり ∿ 普茶料理 ▸ (co) /la/ Cocina vegetariana del budismo **zen** al estilo chino. | Vegetarian cuisine of Chinese-style Zen Buddhism.

fuchi ふち ∿ 扶持 ▸ (hi) /el/ Salario para los ***samurai*** (**samuráis**, DLE) consistente en arroz o su equivalente en dinero usual en la Era Edo (1600-1868). | A type of salary for samurais paid in rice or its equivalent in money during the Edo period (1600-1868).

fudai ふだい ∿ 譜代 ▸ (hi) /el/ Siervo o vasallo hereditario; en la Era Edo (1600-1868), alguno de los, aproximadamente, 150 ***daimyō*** (**daimios**, DLE) más estrechamente asociados a la familia gobernante de los **Tokugawa** {*comparar con* ***tozama***}. | A hereditary servant or retainer; in the Edo period (1600-1868), any of the roughly 150 daimyō families most closely associated with the ruling family of the Tokugawa {*compare with* tozama}.

fudangi ふだんぎ ∿ 普段着 ▸ (in) /el/ **Kimono** de diario. | A kimono for daily use.

fudankyō ふだんきょう ∿ 不断経 ▸ (re) /la/ Lectura sostenida de sutras budistas. | Continuous reading of Buddhist sutras.

fudasho ふだしょ ∿ 札所 ▸ (re) /la/ Oficina en un templo o santuario donde se venden *fuda* [***ofuda***]. | An office in a temple or shrine where fuda [ofuda] are sold to worshippers.

fude

fude ふで ∿ 筆 ▸ (ar) /el/ Pincel para escribir. | A writing brush.

Fudō Myō'ō ふどう みょうおう ∿ 不動明王 ▸ (re) /el/ Deidad budista representada con el gesto iracundo; uno de los reyes custodios del budismo. | A Buddhist deity represented with a wrathful grimace; one of the Guardian Kings of Buddhism. {*Ver imagen en pág. sig.*}

fudoki ふどき ∿ 風土記 ▸ (hi / li) /los/ Colecciones de informes del s. VIII sobre los recursos naturales, las condiciones geofísicas y las tradiciones orales de cada una de las aproximadamente sesenta provincias japonesas. | Collections of 8th century re-

Fudō Myō'ō

ports on the natural resources, geophysical conditions and oral traditions of each of the approximately sixty Japanese provinces.

fue ふえ ∿ 笛 ▸ (mu) /la/ Flauta travesera de bambú usada en el teatro ***noh***. | A bamboo flute used in noh theater.

fūga ふうが ∿ 風雅 ▸ (es / li) /la/ Elegancia, distinción; el arte de escribir en poesía o en prosa. | Elegance, distinction; the art of writing in poetry or prose.

Fugen ふげん ∿ 普賢 ▸ (re) En la tradición budista, ***bosatsu*** que simboliza el saber universal y la compasión infinita. | In the Buddhist tradition, a bosatsu symbolizing universal knowledge and infinite compassion.

fūgetsu ふうげつ ∿ 風月 ▸ (es) /la/ Viento y luna. | The wind and the moon.

fugu (*Takifugu oblongus*) ふぐ ∿ 河豚 ▸ (zo) /el/ Pez globo. | A blowfish. // El *fugu*, si no se corta bien, puede resultar venenoso.

fuji (*Wisteria sinensis*) ふじ ∿ 藤 ▸ (bo) /la/ Glicina, glicinia. | Wisteria.

fuji bitai ふじ びたい ∿ 富士額 ▸ (pe) /la/ Línea del pelo que termina en pico en el centro de la frente; pico de viuda. | A line of hair that ends in a peak in the middle of the forehead; a widow's peak.

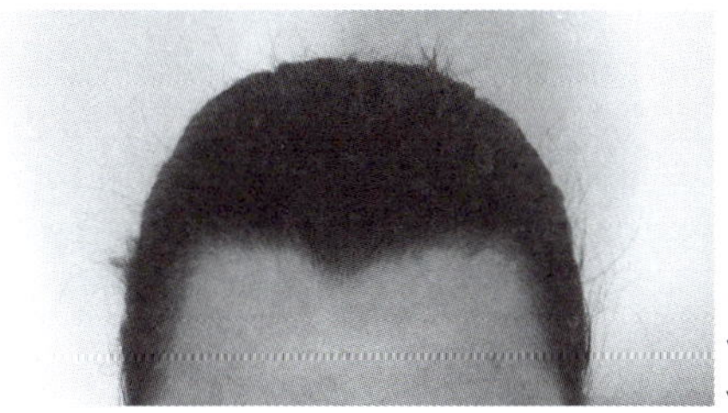
fuji bitai

Fūjin ふうじん ∿ 風神 ▸ (re) Deidad del viento en la mitología del ***shintō*** (**sintoísmo**, DLE) representada con aspecto demoniaco y cuerpo musculoso {*comparar con* **Raijin**}. | Deity of the wind in Shintō mythology represented with a demonic demeanour and muscular body {*compare with* Raijin}.

fujin zasshi ふじん ざっし ∿ 婦人雑誌 ▸ (li / so) /la/ Revista femenina. | Women's magazine.

fuka amigasa ふか あみがさ ∿ 深編笠 ▸ (in) /el/ Sombrero de paja en forma de canasto que se usa para ocultar el rostro. | A basket-like straw hat worn to hide the face.

fukashi imo ふかしいも ∿ 蒸し芋 ▸ (co) /el/ Boniato cocido al vapor. | Steamed sweet potato.

fuke oyama ふけ おやま ∿ 老女方 ▸ (te) /la/ Cabeza de títere del teatro ***bunraku*** que representa a una mujer madura {*comparar con* ***chari, bunshichi** y **musume***}. | A puppet's head in the bunraku theater that represents a mature woman {*compare with* chari, bunshichi *and* musume}.

fukigaeshi ふきがえし ∿ 吹返 ▸ (arm) /la/ Solapa lateral del casco del ***samurai*** (**samurái**, DLE). | Side wing on a samurai's helmet.

fuki nagashi ふき ながし ∿ 吹き流し ▸ (et) /la, el/ Serpentina; pendón. | A streamer; a pennon. // La *fuki nagashi* y *koinobori* alegraban el cielo del 5 de mayo, la Fiesta de los Niños.

fukinotō (*Petasites japonicus*) ふきのとう ∿ 蕗の薹 ▸ (bo / co) /el/ Tallo de la planta *Petasites* cuyos brotes se usan en la sopa ***misoshiru***. | An edible stalk of the butterbur herb used in misoshiru soup.

fukinsei ふきんせい ∿ 不均整 ▸ (re / es) /la/ Asimetría o aspereza, una de las cualidades estéticas del arte **zen**. | Asymmetry or roughness, one of the aesthetic qualities of Zen art.

fukinuki yatai

fukinuki yatai ふきぬき やたい ∿ 吹抜屋台 ▸ (arq) /la/ Técnica pictórica que reproduce el interior de los edificios en perspectiva aérea, como si no hubiera techo o pared; técnica pictórica de paredes o techos «fuera». | A traditional painting technique that depicts the interiors of buildings from an overhead perspective as if the roof or wall had been blown away; the «blown-off roof» technique.

fukko ふっこ ∿ 復古 ▸ (es) /el/ Regreso a lo antiguo. | Return to antiquity.

fukoku kyōhei ふこく きょうへい ∿ 富国強兵 ▸ (hi) /el/ «Enriquecer la nación, fortalecer al Ejército»: eslogan de origen chino utilizado por el Gobierno japonés en la Era Meiji (1868-1912) para promocionar las industrias estratégicas ante las potencias colonialistas de Occidente. | «Enrich the Country and strengthen the Army»: slogan of Chinese origin used by the Japanese government in the Meiji period (1868-1912) to promote strategic industries vis-a-vis the Western colonial powers.

fuku bukuro ふく ぶくろ ∿ 福袋 ▸ (ju) /la/ Bolsa de sorpresa. | A grab bag.

Fuku rokuju ふく ろくじゅ ∿ 福禄寿 ▸ (re) /el/ El dios de la salud y la longevidad, representado comúnmente con una larga barba blanca. | The god of health and longevity usually depicted with a long white beard.

fuku shachō ふく しゃちょう ∿ 副社長 ▸ (em) /el, la/ Subdirector general de una empresa {*comparar con* ***shachō***}; vicegerente general; vicepresidente. | General deputy director of a business {*compare with* shachō}; assistant manager; vice-president.

fukubiki ふくびき ∿ 福引 ▸ (ju) /el/ Pasatiempo popular consistente en echar a suertes para ganar un premio; rifa, tómbola. | A popular pastime involving the drawing of lots or a similar method to win prizes; raffle, lottery.

fukucha ふくちゃ ∿ 福茶 ▸ (be) /el/ «Té de la buena suerte»: té hecho de alga laminaria, **soja**, pimienta negra, ciruelas encurtidas, etc., que se toma en ocasiones festivas. | «Good luck tea»: a tea made from sea tangle, black soybeans, pepper, pickled plums, etc. and drunk on festive occasions.

fukuro obi ふくろ おび ∿ 袋帯 ▸ (in) /el/ Fajín u ***obi*** doble del **kimono**. | A double-woven obi.

fukusa ふくさ ∿ 袱紗 ▸ (tex) /el/ Paño de seda que sirve para envolver. | A silk wrapping cloth.

fukusuke ふくすけ ∿ 福助 ▸ (fo) /el/ Enano cabezón que trae buena suerte y que se representa sentado sobre los talones. | A dwarf with an oversized head who brings good luck and is represented sitting on his heels.

fukuwarai ふくわらい ∿ 福笑い ▸ (ju) /el/ Juego infantil de Año Nuevo consistente en que un jugador con los ojos vendados tiene que colocar papeles en forma de cejas, ojos, nariz y boca dentro del contorno de una cara dibujada. | A New Year's game for children in which a blindfolded player tries to place pieces of paper in the shape of eyebrows, eyes, nose and mouth within the outline of a face.

fumi ふみ ∿ 文 ▸ (et) /la/ Carta, misiva. | Letter, missive.

fumie ふみえ ∿ 踏絵 ▸ (re / hi) /la/ En la Era Edo (1600-1868), bandeja con un crucifijo o imagen cristiana que había que pisar como demostración, real o fingida, de apostasía o de que no se era católico; prueba de lealtad. | A tray with a crucifix or other Christian symbol to be trodden on in order to show apostasy or prove oneself a non-Catholic, whether done in earnest or faked, during the Edo period (1600-1868); evidence of loyalty.

fumiishi ふみいし ∿ 踏石 ▸ (ja / vi) /la/ Piedra usada para acceder a una casa de té [***chashitsu***] y en general a un edificio {*contrastar con* ***nijiri agari ishi***}. | Stone used to get into a tea house [chashitsu] and into any building in general {*contrast with* nijiri agari ishi}.

funadama ふなだま ∿ 船霊 ▸ (mi) /el, la/ «Espíritu del barco»: deidad tutelar de los barcos, marineros y pescadores que concede protección y pesca abundante. | «Boat Spirit»: tutelary deity of ships, seamen and fishermen who ensures safety and a plentiful catch.

funaishi ふないし ∿ 船石 ▸ (ja) /la/ Piedra en forma de barco que se puede distinguir en algunos jardines. | Stone in the form of a ship that can be seen in some gardens.

funayūrei ふなゆうれい ∿ 船幽霊 ▸ (fo) /el/ Fantasma de quien muere en el mar y sigue a las embarcaciones para pedir un vaso de agua. | A ghost of one who died at sea and follows ships to ask for a drink of water.

fundoshi ふんどし ∿ 褌 ▸ (in) /el/ Taparrabo; larga tira de tela que rodea la cintura, pasa por la entrepierna y se ata o recoge en la zona lumbar. | A loincloth; a long strip of cloth fastened around the waist, passed between the legs, and tucked in or tied at the back. // Los luchadores de *sumō* (sumo, DLE) llevaban *fundoshi* de brillantes colores.

furaribi ふらりび ∿ ふらり火 ▸ (fo) /el/ Ser fantástico {*ver* ***yōkai***} con apariencia de pájaro y cara de perro envuelto en llamas {*comparar con* ***rōjinbi***}. | Fantastic being {*see* yōkai} with the appearance of a bird and the face of a dog in flames {*compare with* rōjinbi}. // El *furaribi* es la versión *yōkai* de los fuegos fatuos.

furigana ふりがな ∿ 振り仮名 ▸ (le) /el, la/ Letra en alfabeto ***kana*** escrita junto a los sinogramas para facilitar su lectura. | A kana syllable written alongside Chinese characters to aid in reading.

furikake

furikake ふりかけ ∿ 振りかけ ▸ (co) /el/ Cobertura para el arroz caliente usualmente hecha a base de algas y semillas tostadas de sésamo, pescado seco y sal. | A topping sprinkled on hot rice that usually contains toasted seaweed and sesame seeds as well as ground dried fish and salt.

fūrin ふうりん ∿ 風鈴 ▸ (et) /la/ «Campanilla de viento»: campanilla de cristal, porcelana o metal que suena cuando la cinta de papel unida a su badajo es agitada por el viento. | «A wind chime»: a small glass, porcelain, or metal bell that rings when a strip of paper attached to its clapper flutters in the wind. // En verano es refrescante el tintineo de la *fūrin*.

furisode ふりそで ∿ 振袖 ▸ (in) /la, el/ Manga larga y colgante; el **kimono** de mangas largas y colgantes vestido tradicionalmente por jóvenes solteras. | Long pendulous sleeves; a kimono with long pendu-

furisode

furoshiki

lous sleeves traditionally worn by unmarried young women.

furo ふろ ∿ 風呂 ▸ (et) /el/ Baño relajante en agua muy caliente al que se accede con el cuerpo lavado previamente. | A very hot and relaxing bath usually taken after previously washing one's body.

furoba ふろば ∿ 風呂場 ▸ (vi) /el/ Cuarto de baño. | Bathroom.

furofuki ふろふき ∿ 風呂吹き ▸ (co) /el/ Plato de invierno en el cual el rábano o el nabo hervidos se aderezan con pasta de **soja** [***miso***] con sabor a ***yuzu*** o a sésamo. | A winter dish in which well-boiled white radish or turnip is served with a topping of miso flavored with yuzu or sesame.

furoshiki ふろしき ∿ 風呂敷 ▸ (et) /el/ Tela cuadrada o pañuelo grande para envolver y transportar objetos. | A square wrapping cloth used for carrying things. // Dobló tres o cuatro prendas y las envolvió en un *furoshiki* que ató con cuidado.

furukoto ふること ∿ 古言 ▸ (le) /la/ Palabra antigua, arcaísmo. | Ancient word, archaism.

furusato ふるさと ∿ 古里 ▸ (et) /el/ «Pueblo natal»; imagen romántica del Japón rural. | «Native village»; romantized image of rural Japan.

furyū ふりゅう ∿ 風流 ▸ (ar) /el, la/ Conjunto de artes interpretativas tradicionales que tienen en común el uso de llamativos decorados, de la música y de la danza, así como la cualidad estética de ***fūryū***. | Group of traditional performing arts that have in common the use of striking sets, music and dance, as well as the aesthetic quality of fūryū.

fūryū ふうりゅう ∿ 風流 ▸ (es) /el/ Refinamiento; elegancia; gusto sofisticado; estilo o comportamiento de una clase artística y admirada. | Refinement; stylishness; a sophisticated taste; a style or conduct of an admired and artistic kind.

furyū monji ふりゅう もんじ ∿ 不立文字 ▸ (re) /el/ «No apoyarse en palabras ni letras»: expresión del budismo **zen** para guardarse de depender de las palabras. | «No standing on words or letters»: Zen Buddhist expression warning against relying on words.

fushi ふし 〻 節 ▸ (te) /la/ Parte cantada de una obra de ***bunraku***. | The part in a bunraku script that is sung.

Fusō-kyō ふそうきょう 〻 扶桑経 ▸ (re) /la/ Escuela **sintoísta** fundada por Shishino Nakaba que se hizo independiente en 1882. | Shintō school founded by Shishino Nakaba that became independent in 1882.

fusuma

fusuma ふすま 〻 襖 ▸ (vi) /la/ Puerta corredera de papel japonés sobre un marco de madera. | A sliding door made of paper on a wooden frame. // Para correr la *fusuma*, la camarera del hostal, que iba vestida con un kimono, se arrodilló en el suelo.

futofude ふとふで 〻 太筆 ▸ (et / ar) /el/ Pincel grueso usado en caligrafía. | A thick brush used in calligraphy.

futomaki sushi ふとまきすし 〻 太巻き寿司 ▸ (co) /el/ Rollo grueso de ***sushi***. | A thick sushi roll.

futomani ふとまに 〻 太占 ▸ (fo) /la/ Antigua práctica adivinatoria consistente en la lectura de las fisuras en los omoplatos de un ciervo producidas por el calor. | Ancient practice of divination made by reading the cracks in the heated shoulder blades of a deer.

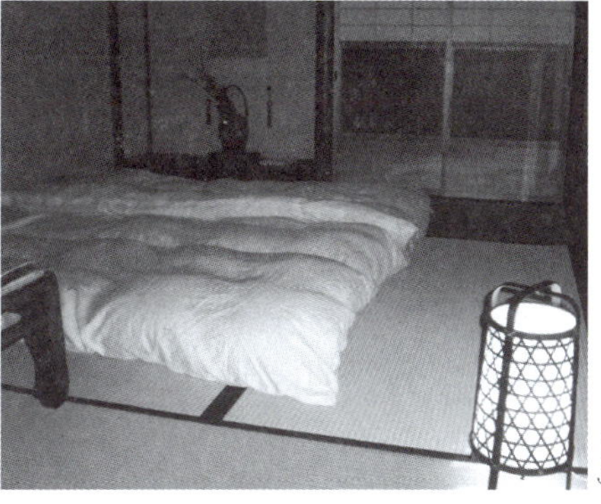

futon

futon (futón / pl. futones, DLE) ふとん 〻 布団 ▸ (mo) /el/ Colchoneta y ropa de cama que se extienden sobre el suelo para dormir. | A thin bed set on the floor; padded mattress on the floor for sleeping. // Extendimos el *futon* sobre el tatami y nos acostamos.

fuzoku mai ふぞく まい 〻 風俗舞 ▸ (hi / fo) /la/ Danza folclórica de la Era Heian (789-1185) cuyas ejecutantes llevaban vestidos multicolores [***kasane shōzoku***] y sombreros [***tori kabuto***]. | Folk dance from the Heian period (794-1185) in which the performers wore multi-colored dresses [kasane shōzoku] and hats [tori kabuto].

fūzoku shōsetsu ふうぞく しょうせつ 〻 風俗小説 ▸ (li) /la/ Ficción narrativa popular que describe los usos sociales, las costumbres y las condiciones contemporáneas. | Popular fiction depicting contemporary social manners, mores and conditions.

fūzokuga ふうぞくが 〻 風俗画 ▸ (ar) /la/ Pintura que describe las actividades y aspecto de las personas contemporáneas. | A painting describing the activities and appearance of people in contemporary society.

G

ga が ∿ 雅 ▸ (es) /el, la/ Elegante, distinguido, artístico {*opuesto a* ***zoku***}. | Elegant, distinguished, truly artistic {*as opposed to* zoku}.

ga no uta が の うた ∿ 雅の歌 ▸ (li) /el/ Poema auspicioso o de felicitación. | A congratulary poem; an auspicious poem.

gabuntai がぶんたい ∿ 雅文体 ▸ (li) /la/ Forma literaria elegante a imitación del estilo de la Era Heian (794-1185). | Elegant literary form that imitates the style of the Heian period (794-1185).

gagaku ががく ∿ 雅楽 ▸ (mu) /la/ Música tradicional de la corte imperial japonesa. | Traditional music of the Japanese imperial court.

gagari ががり ∿ 鋸賀利 ▸ (et) /la/ Sierra extrafuerte para cortar al hilo. | An extra strong ripsaw.

gaiatsu がいあつ ∿ 外圧 ▸ (ps) /la/ «Presión externa»: intervención para tomar la iniciativa en una relación interpersonal. | «External pressure»: an intervention to take the initiative in an interpersonal relationship.

gaijin がいじん ∿ 外人 ▸ (so) /el, la/ Persona extranjera en Japón; fuera de Japón y entre japoneseses expatriados, persona no japonesa. | A foreigner in Japan; a non-Japanese person outside of Japan and among Japanese expatriates.

gaitōbokin がいとうぼきん ∿ 街頭募金 ▸ (so) /la/ Recolecta en la calle. | Fundraising in the street. // Frente a la estación había una *gaitōbokin* a favor de los damnificados por el terremoto.

gairaigo がいらいご ∿ 外来語 ▸ (le) /el/ Extranjerismo. | Foreign phrase. // Los *gairaigo*, que en general no incluyen los numerosos préstamos léxicos de la lengua china, suelen aparecer escritos en *katakana*.

gaki がき ∿ 餓鬼 ▸ (re) /el, la/ Alma en pena que protege o agrede a voluntad a los humanos. Suele representarse con el cuerpo hundido y el vientre abultado, la piel momificada, el cuello largo y la boca pequeña {*ver* **Gakidō**}; ogro hambriento. | A lost soul that protects or attacks humans at will, generally portrayed with a sunken chest and swollen belly, mummified skin, a long neck and a small mouth {*see* Gakidō}; a hungry ogre.

gakidaishō がきだいしょう ∿ 餓鬼大将 ▸ (so) /el, la/ Líder de una pandilla de niños. | The leader of a gang of children.

Gakidō がきどう ∿ 餓鬼道 ▸ (re) /el/ Mundo o camino poblado por los ***gaki***, uno de los seis caminos, según la tradición del budismo japonés tradicional, por donde transitan las criaturas hambrientas. | A road or world inhabited by the gaki, one of the six roads according to traditional Japanese Buddhism where hungry creatures roam.

gaku がく ∿ 学 ▸ (fi) /el, la/ Estudio, educación, aprendizaje, escuela filosófica. | Study, education, learning, philosophical school.

gakubatsu がくばつ ∿ 学閥 ▸ (so) /el/ Grupo social de ayuda mutua integrado por los graduados de una misma universidad. | A mutual support group formed of graduates from the same university.

gakureki shakai がくれき しゃかい ∿ 学歴社会 ▸ (so) /la/ «Sociedad de historial educativo»: término usado desde la década de 1960 para referirse al énfasis otorgado a la formación académica de una persona. | «Education-conscious society»: term used since the 1960s to refer to the great emphasis the Japanese place on a person's educational background.

gakusei mono がくせい もの ⥊ 学生物 ▸ (ci / ma) /el, la/ Película, que puede ser de ***anime*** o historia de **manga**, con protagonistas que son estudiantes. | A film that might be anime or a manga story whose protagonists are students.

gakuya がくや ⥊ 楽屋 ▸ (te) /el/ Camerino de un teatro. | A theater dressing room.

gama がま ⥊ 蝦蟇 ▸ (zo) /el/ Sapo; (fo) ser fantástico {*ver* ***yōkai***} con aspecto de sapo, pero del tamaño de una gran roca. | Toad; fantastic being {*see* yōkai} that looks like a toad but is the size of a huge rock.

gama no abura がま の あぶら ⥊ 蝦蟇の油 ▸ (me) /la/ Pomada a base de secreciones de sapo y grasa de cerdo. | An ointment made from toad secretions mixed with pork fat.

gamanzuyoi がまんづよい ⥊ 我慢強い ▸ (ps) Fuerte hasta el punto de soportar lo que parece insoportable, cualidad especialmente valorada en la sociedad japonesa {*ver* ***ganbare***}. | Strong enough to bear what seems to be unbearable, a quality especially valued in Japanese society {*see* ganbare}.

gampi, *ver* **ganpi.** | *See* ganpi.

ganbare がんばれ ⥊ 頑張れ ▸ (so) /el, la/ Exhortación al trabajo duro y al esfuerzo. | Exhortation to effort and hard work.

gandō がんどう ⥊ 龕灯 ▸ (re) /la/ Lámpara o vela votiva en un altar budista. | A votive light; a light [or candle] on a Buddhist altar.

ganguro がんぐろ ⥊ がん黒 ▸ (so) /el/ Moda de maquillaje consistente en llevar el rostro muy bronceado, los ojos delineados de negro y pestañas postizas. | Cosmetic fashion of showing a deeply tanned face, black eyeliner and false eyelashes.

Ganjitsu がんじつ ⥊ 元日 ▸ (ca) /el/ Día de Año Nuevo. | New Year's Day.

gankake がんかけ ⥊ 願掛け ▸ (re) /la/ Plegaria o petición religiosa a fin de alcanzar un deseo concreto. | A prayer or religious plea to attain a particular wish.

ganmon がんもん ⥊ 願文 ▸ (li) /la/ Dedicatoria de carácter religioso ofrecida a templos budistas. | Religious dedication offered at Buddhist temples.

ganpi (*Wikstroemia sikokiana*) がんぴ ⥊ 雁皮 ▸ (bo) /el, la/ Especie vegetal arbustiva, aunque puede alcanzar los dos metros, usada tradicionalmente para fabricar papel japonés o ***washi*** {*ver* ***kōzo, mitsumata*** *y* ***asa***}. | Bush-like plant that can reach up to six feet high and traditionally used to make Japanese paper or washi {*see* kōzo, mitsumata *and* asa}.

garabō がらぼう ⥊ がら紡 ▸ (tex) /el/ Método tradicional de hilado de algodón cuya denominación deriva onomatopéyicamente del estrépito de las aspas del telar accionado por una corriente de agua. | A traditional process of spinning cotton thread, whose name is formed onomatopoetically from the sound of the spindles being moved by a stream of water. // La zona de Mikawa (Aichi) es famosa por el *garabō* de sus telares.

garan がらん ⥊ 伽藍 ▸ (arq / re) /el, la/ Conjunto de edificios que conforman un recinto budista. | Group of buildings that make up a Buddhist compound.

garan ishi, *ver* **garan seki.** | *See* garan seki.

garan seki がらん せき ⥊ 伽藍石 ▸ (arq) /la/ Piedra en forma circular sobre la que se apoya el pilar de madera de una construcción; piedra de un templo antiguo reutilizada como piedra caminera en un jardín. | Stone in a circular shape upon which stands the wooden pillar of a building;

stone from an ancient temple reused as a stepping stone in a garden.

gari がり ∿ ガリ ▸ (co) /el/ Jengibre en finas rodajas maceradas en vinagre dulce. | Thin slices of ginger pickled in sweetened vinegar.

gasshō tsukuri がっしょう つくり ∿ 合掌造り ▸ (arq) /el/ Estilo de arquitectura tradicional caracterizado por faldones de material vegetal {*ver* ***kaya***} muy inclinados para soportar la nieve. | A traditional style of architecture characterized by steeply slanted gables {*see* kaya} made of plant material to bear the weight of winter snow.

gazoku settchū tai がぞく せっちゅう たい ∿ 雅俗折衷体 ▸ (li) /la/ Fusión de estilo elegante y coloquial. | The fusion of elegant and colloquial style.

gedan げだん ∿ 下段 ▸ (ar mar) /el, la/ En la práctica del ***kendō*** (**kendo**, DLE), posición en la cual la punta del sable [***katana***, **catana** (DLE)] está por debajo de la cintura {*comparar con* ***chūdan y jōdan***}. | When the tip of the sword [katana] is poised below the waist in kendō {*compare with* chūdan *and* jōdan}.

gehin げひん ∿ 下品 ▸ (es) Cualidad de vulgar, tosco {*en contraste con* ***jōhin***}. | Vulgar, uncouth {*contrast with* jōhin}.

gei げい ∿ 芸 ▸ (es) /el/ Arte, técnica. | Art, technique.

geigi, *ver* **geisha.** | *See* geisha.

geigi gakkō げいぎ がっこう ∿ 芸妓学校 ▸ (so) /la/ Escuela de ***geishas***. | A geisha school.

geigi kumiai げいぎ くみあい ∿ 芸妓組合 ▸ (so) /la/ Asociación de ***geishas*** adscritas a una comunidad o ***hanamachi***. | An association of geishas assigned to a community or hanamachi.

geiko げいこ ∿ 芸子 ▸ (so) /la/ Denominación de ***geisha*** en Kioto. | A Kyoto geisha.

geimei げいめい ∿ 芸名 ▸ (so) /el/ Nombre de profesión de una ***geisha***. | Professional name of a geisha.

geisha (*geisha* / pl. *geishas*, DLE) げいしゃ ∿ 芸者 ▸ (so) /la/ Mujer artista profesional de tipo tradicional que en restaurantes típicos entretiene a los clientes con cantos, bailes, música, juegos, conversación y compañía. | A professional female artist of a traditional type who can provide customers with singing, dancing, conversation, games and companionship in certain restaurants.

geisha asobi げいしゃ あそび ∿ 芸者遊び ▸ (so) /el/ Entretenimiento con ***geishas***. | Entertainment with geishas.

gekiga げきが ∿ 劇画 ▸ (ma) /la/ Historieta gráfica para adultos creada especialmente en la década de 1950. | A comic-book story for adults especially during the 1950s.

gekken, gekiken げっけん、げきけん ∿ 撃剣 ▸ (ar mar) /el/ El arte del sable japonés. | Japanese art of the sword.

geko げこ ∿ 下戸 ▸ (so) /el, la/ Abstemio, persona que no puede tomar bebidas alcohólicas. | Teetotaller, a person who cannot drink alcoholic beverages.

gekokujō げこくじょう ∿ 下剋上 ▸ (po / hi) /el/ «Los de abajo derriban a los de arriba»: contexto de agitación política o social surgido cuando un gran número de personas de las clases inferiores desplaza a sus superiores; en un grupo humano, el acto de puentear a los superiores inmediatos. | «Those below overcoming those above»: a condition of political or social unrest when large numbers of people of an inferior status are seen to displace their superiors; when inferiors bypass or displace their immediate superiors in any group of people.

gekū げくう ∿ 外宮 ▸ (re) /el/ Santuario Exterior de Ise. | Outer Shrine of Ise.

genbakushō げんばくしょう ⇃ 原爆症 ▸ (me) /la/ Enfermedades relacionadas con la bomba atómica {*ver* ***hibakusha***}. | Atom bomb related diseases {*see* hibakusha}.

genbun itchi, genbun'itchi げんぶん いっち ⇃ 言文一致 ▸ (le / li) /la/ «Unificación de la lengua hablada y escrita»: proceso por el cual los estilos clásicos de lengua escrita [***bungo***] usados en la Era Meiji (1868-1912) fueron reemplazados por estilos coloquiales [***kōgo***]. | «Unification of the spoken and written language»: the process through which the classical styles of the written language [bungo] of the Meiji period (1868-1912) were replaced by colloquial styles [kōgo].

gendaigeki げんだいげき ⇃ 現代劇 ▸ (ci / te) /el, la/ Película o teatro sobre asuntos contemporáneos o posteriores a 1868 {*contrastar con* ***jidaigeki***}. | Film or play about contemporary issues and those after 1868 {*contrast with* jidaigeki}.

gendaikko げんだいっこ ⇃ 現代っ子 ▸ (so) /el, la/ Joven moderno con los pies en la tierra, joven pragmático. | A down-to-earth [practical-minded] modern young person.

gengō げんごう ⇃ 元号 ▸ (hi) /el/ Nombre de una era imperial. | The name of an imperial age.

genin げにん ⇃ 下人 ▸ (hi) /el, la/ «Persona inferior»: miembro de las clases inferiores en el Japón antiguo y premoderno. | «Inferior people»: a member of the lower classes in ancient and premodern Japan.

Genji monogatari げんじ ものがたり ⇃ 源氏物語 ▸ (li) /el/ *El relato de Genji*: obra de ficción escrita a comienzos del s. XI por la dama Murasaki Shikibu. | *The Tale of Genji*: fictional work written at the beginning of the 11th century by Murasaki Shikibu.

***Genji monogatari* emaki** げんじ ものがたり えまき ⇃ 源氏物語絵巻 ▸ (ar) /el, la/ Ilustración que representa escenas del libro *El relato de Genji*. | Illustration depicting scenes from *The Tale of Genji*.

genjikō げんじこう ⇃ 源氏香 ▸ (et) /el/ Juego asociado a la práctica de la Vía del incienso [***kōdō***] consistente en 52 diseños geométricos, que corresponden a otros tantos capítulos del ***Genji monogatari***, formados por 50 trazos verticales escritos de izquierda a derecha y unidos en su parte superior cuando los aromas son idénticos {*ver* ***kumikō*** *y* ***mukusa no takimono***}. | Game associated with the way of incense [kōdō] consisting of 52 geometric designs corresponding to the 52 chapters in *The Tale of Genji* and formed by 50 vertical strokes written from left to right and joined together at the upper part when the aromas are identical {*see* kumikō *and* mukusa no takimono}.

genkan げんかん ⇃ 玄関 ▸ (vi) /el/ La entrada principal de una casa japonesa; vestíbulo. | The main entrance to a Japanese house; a vestibule, an entry hall. // En el *genkan* hay que quitarse los zapatos.

genkōyōshi げんこうようし ⇃ 原稿用紙 ▸ (ar) /el/ Papel de escribir impreso con columnas de casillas en cada una de las cuales se inserta una letra. | A writing paper on which rows of square blocks are printed, one for each writing symbol.

genmai げんまい ⇃ 玄米 ▸ (co) /el/ Arroz integral. | Brown rice.

gennō げんのう ⇃ 玄能 ▸ (et) /el/ Martillo de acero. | Steel hammer.

Genpei げんぺい ⇃ 源平 ▸ (hi) /los/ Los clanes Genji [Minamoto] y Heike [Taira]; dos grupos rivales. | The Genji [Minamoto] and the Heike [Taira] clans; two rival factions.

genpuku げんぷく ⇃ 元服 ▸ (so) /el, la/ Ceremonia de mayoría de edad observada en el Japón premoderno en la cual el niño, entre los diez y los dieciséis años, asumía el vestido, el peinado y el nombre de adulto {*comparar con* ***mogi***}. | A coming-of-age ceremony observed in premodern Japan in which a boy between the ages of ten and sixteen assumed adult clothing, hairstyle, and name {*compare with* mogi}.

genrō げんろう ᔐ 元老 ▸ (hi) /los/ «Padres fundadores» del moderno Estado japonés en la Era Meiji (1868-1912). | «Founding Fathers» of the modern state of Japan in the Meiji period (1868-1912).

Genroku jidai げんろく じだい ᔐ 元禄時代 ▸ (hi) /el, la/ Periodo entre 1688 y 1704, especialmente brillante en términos de cultura urbana. | Period from 1688-1704 that was especially brilliant in terms of urban culture.

gesaku げさく ᔐ 戲作 ▸ (li) /el/ Todo género literario de ficción popular escrito entre mediados del s. XVII y el final de la Era Edo (1600-1868), así como la literatura escrita hasta finales del s. XIX que continuó dicha tradición. | All popular fiction written between the middle of the 17th century and the close of the Edo period (1600-1868), as well as the literature written up to the end of the 19th century that continued this tradition.

geshi げし ᔐ 夏至 ▸ (ca) /el/ Solsticio de verano. | The summer solstice.

geta

geta げた ᔐ 下駄 ▸ (in) /las/ Chanclas con suela de madera calzadas fuera de casa. | Outdoor wooden clogs. // Me puse las *geta* para bajar del *engawa* al jardín.

getabako げたばこ ᔐ 下駄箱 ▸ (mo) /el/ Zapatero, armario para calzado. | A cabinet or closet for shoes.

geza げざ ᔐ 下座 ▸ (te) /la/ Sala a ambos lados de un escenario de **kabuki** y ***bunraku*** donde generalmente se colocan los músicos tras una celosía. | Room on both sides of the stage in a kabuki or bunraku theater where the musicians generally play behind a lattice.

gi ぎ ᔐ 義 ▸ (fi) /la/ Rectitud, una de las cinco virtudes constantes del confucianismo. | Rectitude, one of the five constant virtues in the Confucian tradition. // Las otras cuatro virtudes son la benevolencia, decoro, sabiduría y buena fe.

gibun ぎぶん ᔐ 戯文 ▸ (li) /la/ Prosa en chino sobre los aspectos frívolos de la vida a comienzos del s. XIX. | Prose written in Chinese about the more frivolous aspects of life in the early 19th century.

Gidayū bushi ぎだゆう ぶし ᔐ 義太夫節 ▸ (te) /el/ Estilo de recitación empleado por Takemoto Gidayū I (1651-1714) en las narraciones dramáticas del teatro ***jōruri***. | A type of jōruri narrative chant originated by Takemoto Gidayū I (1651-1714) for a puppet theater.

Gifu jōchin ぎふ ぢょうちん ᔐ 岐阜提灯 ▸ (mo) /la/ Lámpara oval de papel fabricada en Gifu. | A Gifu lantern; an oval paper lantern made in Gifu.

gigaku ぎがく ᔐ 伎楽 ▸ (te) /el/ Teatro antiguo bailado de máscaras introducido en Japón en la Era Nara (710-794). | An ancient masked dance drama introduced into Japan in the Nara period (710-794).

giko monogatari ぎこ ものがたり ᔐ 擬古物語 ▸ (li) /el/ «Relato compilado a imitación del viejo»: relato de la Era Kamakura (1185-1333) a imitación del estilo y los temas de la ficción clásica de los siglos anteriores. | «Tale compiled after the olden»: a tale of the Kamakura period (1185-

1333) imitating the style and themes of Heian classical fiction.

ginbura ぎんぶら ∿ 銀ぶら ▸ (so) /el/ Paseo por el barrio **tokiota** de Ginza. | A stroll through the Ginza quarter in Tokyo.

ginjōshu ぎんじょうしゅ ∿ 吟醸酒 ▸ (be) /el/ **Sake** de gran calidad elaborado a baja temperatura. | A high-quality sake brewed at a low temperature.

ginkgo (*ginkgo*, DLE), *ver* **ichō.** | *See* ichō.

ginnan ぎんなん ∿ 銀杏 ▸ (bo / co) /la/ Nuez del árbol ***ginkgo*** {*ver* ***ichō***}; espetada y tostada, es un ingrediente de las natillas ***chawanmushi***. | A ginkgo nut {*see* ichō}; skewered and grilled, it is a regular ingredient of chawanmushi custard.

ginōshō ぎのうしょう ∿ 技能賞 ▸ (de) /el/ Galardón técnico que se da a un luchador de ***sumō*** (**sumo**, DLE) por debajo de la categoría de ***ōzeki***. | Technical award given to a sumō wrestler below the category of ōzeki.

ginpura ぎんぷら ∿ 銀麩羅 ▸ (co) /la/ ***Tenpura*** (**tempura**, DLE) rebozada de un batido de harina de trigo y clara de huevo. | Tempura in a batter made from wheat flour and egg white.

ginran ぎんらん ∿ 銀襴 ▸ (tex) /el/ Brocado de plata {*ver* ***kinran***}. | Silver brocade {*see* kinran}.

gin'yō ぎんよう ∿ 銀葉 ▸ (ar) /la/ En la ceremonia del incienso {*ver* ***kōdō***}, lámina cuadrada u octogonal de mica para calentar maderas olorosas. | The mica plate used for heating aromatic wood chips in the incense ceremony {*see* kōdō}.

ginza, Ginza ぎんざ ∿ 銀座 ▸ (hi) /la/ Ceca de la plata en el **sogunato Tokugawa** {*comparar con* ***kinza***}; (ge) Zona comercial muy concurrida de Tokio. | A silver mint of the Tokugawa shogunate {*compare with* kinza}; a busy shopping area in Tokyo.

Gion matsuri ぎおん まつり ∿ 祇園祭 ▸ (et) /el/ Festival de Gion, especialmente el celebrado en Kioto a mediados de julio. | Gion Festival, especially the one held in Kyoto in mid-July.

giri ぎり ∿ 義理 ▸ (ps) /el/ Deber moral o social, generalmente opuesto al sentimiento individual o ***ninjō***. | Moral or social obligation often opposed to ninjō or individual feeling. // Aunque no le gustaba, aceptó el trabajo por *giri*.

girichoko ぎりちょこ ∿ 義理チョコ ▸ (so) /el/ Chocolate que las mujeres regalan a sus compañeros de trabajo o a sus jefes como cortesía social el Día de San Valentín (14 de febrero). | A chocolate that is given as a social courtesy by women to their bosses or co-workers on Valentine's Day (February 14th).

girininjō ぎりにんじょう ∿ 義理人情 ▸ (ps) /el/ Deber y sentimiento, con frecuencia en forma de conflicto entre ambos. | The clash between obligation and feelings.

gissha ぎっしゃ ∿ 牛車 ▸ (tr) /el/ Carro cerrado de dos ruedas con carruaje tirado por un solo buey y usado por la nobleza en la Era Heian (794-1185). | An enclosed, two-wheeled, single-ox-drawn carriage used by the nobility in the Heian period (794-1185).

giyōfū ぎようふう ∿ 擬洋風 ▸ (arq) /el/ Estilo occidentalizante de ciertos edificios de la Era Meiji (1868-1912), aunque construidos en madera. | Westernized style of certain buildings during the Meiji period (1868-1912), even those made of wood.

go (go, DLE) ご ∿ 碁 ▸ (ju) /el/ Juego para dos personas en el cual unas fichas blancas y negras se colocan alternativamente en las intersecciones de las líneas de un tablero con el fin de capturar las fichas contrarias y de conseguir el control de los espacios abiertos del tablero. | A game for two players in which black and white stones are alternately placed at the intersections of lines on a board with the object of capturing the

go

opponent's stones and securing control over the open spaces on the board. // Mi abuelo se pasa la tarde jugando al go.

gō ごう ∿ 合 ▸ (hi / pe y me) /el/ Unidad de administración local desde la Era Nara (s. VIII) hasta la Muromachi (ss. XIV-XVI); medida de capacidad equivalente a 0,18 l o 180,39 ml. | A unit of local administration from the Nara (8th century) through the Muromachi (14th-16th centuries) periods; a unit of capacity equivalent to 0.38 pt or 6.08 fl oz.
業 ▸ (re) /el/ Noción del budismo con el significado de karma, acción, energía generada por actos mentales, verbales y físicos. | A Buddhist notion meaning karma, action and energy generated by mental, verbal and physical acts.

go'on, go on ごおん ∿ 呉音 ▸ (le) /la/ Una de las varias lecturas de tipo *on* {*ver* ***on yomi***} que existen de los sinogramas [***kanji***] {*comparar con* ***kan'on***}. | One of several readings of the on type {*see* on yomi} that exist of Chinese characters [kanji] {*compare with* kan'on}.

gobanme mono ごばんめ もの ∿ 五番目物 ▸ (te) /las/ Las cinco clases tradicionales de teatro ***noh***. | The five traditional classes of noh theater.

gobō (*Arctium lappa*) ごぼう ∿ 牛蒡 ▸ (bo) /el/ Bardana cuya larga raíz, que puede medir hasta un metro de largo, es comestible. | Great burdock with an edible root that can reach up to three feet in length. // El *gobō* se combina con la zanahoria para elaborar un plato popular llamado *kinpira gobō*.

gochisō sama ごちそう さま ∿ ご馳走様 ▸ (et / le) /el/ «Gracias por la deliciosa comida»: cumplido por el que se aprecia una comida. | «Thank you for the delicious meal»: compliment showing appreciation for a meal.

Goemon buro ごえもん ぶろ ∿ 五右衛門風呂 ▸ (et) /el/ Baño calentado directamente sobre el fuego. | A bath heated directly over a fire. // El baño *Goemon buro* recibe el nombre del famoso forajido Ishikawa Goemon, que fue escaldado en un baño hasta la muerte.

gofu ごふ ∿ 護符 ▸ (fo) /el/ Amuleto protector, más frecuentemente llamado ***ofuda*** u ***omamori***, que se compra en santuarios **sintoístas** y templos budistas. | A protective amulet more commonly named ofuda or omamori, bought at Shintō shrines or Buddhist temples.

gōgaku ごうがく ∿ 郷学 ▸ (hi) /la/ «Escuela rural»: institución educativa en vigor durante la Era Edo (1600-1868). | «Rural school»: an educational institution set up during the Edo period (1600-1868).

gogatsu ningyō ごがつ にんぎょう ∿ 五月人形 ▸ (et) /el/ Muñeco exhibido el 5 de mayo, Día de los Niños, consistente en un ***samurai*** (**samurái**, DLE) con armadura o, simplemente, el yelmo. | A doll shown on May 5th (Boys' Day) depicting a samurai in armor or simply a helmet.

gogatsubyō ごがつびょう ∿ 五月病 ▸ (me) /el/ Síndrome depresivo de mayo; abatimiento experimentado por los recién admitidos a un colegio, universidad o empleo en mayo, un mes después de su incorporación. | A May depression syndrome; the depression which newcomers experience in May, a month after their admission to college or employment.

gohan ごはん ∿ ご飯 ▸ (co) /el/ Arroz cocido; comida en general. | Cooked rice; a meal.

goheimochi ごへいもち ∿ 五平餅 ▸ (co) /el/ Pastel de arroz en un pincho aderezado con semillas de sésamo, ***miso*** o salsa de **soja**. | A skewered rice-cake seasoned with sesame, miso or soy sauce.

gohonzon, Gohonzon ごほんぞん ∿ 御本尊 ▸ (re) /el/ En el budismo, un objeto de devoción; en algunas escuelas budistas, representación física del ideal de budeidad. | A Buddhist object of devotion; physical representation of the ideal of Buddhism in several Buddhist schools.

gojira ごじら ∿ ゴジラ ▸ (ci) «Godzilla»: monstruo de una película; un mutante de la bomba atómica. | «Godzilla»: a movie monster; an A-bomb mutant.

gojō no toku ごじょう の とく ∿ 五条の徳 ▸ (so / fi) /las/ Las cinco virtudes constantes conforme la tradición confuciana. | The five constant virtues of Confucianism (benevolence, rectitude, decorum or property, wisdom and sincerity). // Las *gojō no toku* son la benevolencia, la rectitud, el decoro o propiedad, la sabiduría y la sinceridad o buena fe.

gojūnotō ごじゅうのとう ∿ 五重塔 ▸ (arq) /la/ «Torre de cinco láminas»: pagoda de cinco pisos. | «A five-layer tower»: a five-story pagoda.

gojūonzu ごじゅうおんず ∿ 五十音図 ▸ (le) /el, la/ «Cuadro de los 50 sonidos»: tabla con las 48 sílabas del sistema gráfico japonés en la cual se cruzan las columnas verticales y las filas horizontales. | «Table of 50 sounds»: a table of the 48 syllables in the Japanese phonetic writing system arranged in intersecting vertical columns and horizontal rows.

Gokai ごかい ∿ 五戒 ▸ (re) /los/ En la tradición budista, los Cinco Preceptos (no matar, no robar, no cometer adulterio, no mentir y no embriagarse). | The Five Precepts in the Buddhist tradition: do not kill, steal, commit adultery, lie or get intoxicated.

gojūnotō

gōkan ごうかん ∿ 合巻 ▸ (li) /el/ Formato de libro ilustrado popular en el s. XIX con argumentos intrincados e históricos. | A format for illustrated fiction with intricate historical plots that was popular in the 19th century.

gokenin ごけにん ∿ 御家人 ▸ (hi) /el/ Vasallo inmediato del ***shōgun*** (**sogún**, DLE) en las eras Kamakura y Muromachi (1186-1568); vasallo de nivel bajo del sogún en la Era Edo (1600-1868). | The immediate retainer of the shōgun in the Kamakura and Muromachi periods (1186-1568); low-level retainer of the Tokugawa shōgun in the Edo period (1600-1868).

gōkon ごうこん ∿ 合コン ▸ (so) /el/ Encuentro con fines matrimoniales o para buscar pareja. | A meeting in search of a spouse or partner.

gokurō sama ごくろう さま ∿ 御苦労様 ▸ (et / le) Expresión de gratitud y aprecio dicha a alguien que ha realizado un trabajo o servicio. | Expression of gratitude and appreciation to someone in return for a job or service.

Golden week, *ver* **Gōruden wīku.** | *See* Gōruden wīku.

goma ごま ∿ 胡麻 ▸ (co) /el/ Sésamo. | Sesame.

goma ae ごま あえ ∿ 胡麻和え ▸ (co) /el/ Plato de verduras, como espinacas hervidas, sazonadas con sésamo, azúcar y salsa de **soja.** | A dish consisting of vegetables, such as boiled spinach, in a dressing of sesame paste, sugar and soy sauce.

gomadōfu ごまどうふ ∿ 胡麻豆腐 ▸ (co) /el/ ***Tōfu*** (**tofu**, DLE) con sésamo. | Sesame tōfu.

gomasuri ごますり ∿ 胡麻擂り ▸ (ps) /el/ Adulación; halagos. | Flattery; fawning.

gomi ごみ ∿ 五味 ▸ (et) /los/ En la Vía del incienso [***kōdō***], los cinco sabores asociados evocadoramente a la percepción olfativa de dicha práctica: amargo, salado, dulce, picante y agrio. | In the way of incense [kōdō], the five flavors evoked by the process of smell: sour, salty, sweet, spicy and bitter.

gomoku ごもく ∿ 五目 ▸ (co) /el/ Arroz avinagrado con verduras, pescado y otros ingredientes. | Vinegary rice mixed with vegetables, fish and other ingredients.

gomoku meshi ごもく めし ∿ 五目飯 ▸ (co) /el/ Plato de arroz en el cual trocitos de carne de pollo, ***tōfu*** (**tofu**, DLE) y verduras del tiempo están condimentados con salsa de **soja** y cocinados con el arroz. | A rice dish in which small pieces of chicken, tōfu, and various vegetables in season are flavored with soy sauce and cooked with the rice.

gonaisho ごないしょ ∿ 御内書 ▸ (so / hi) /la/ Carta personal escrita por el ***shōgun*** (**sogún**, DLE). | Personal letter written by the shōgun.

gonge ごんげ ∿ 権化 ▸ (re) /el, la/ La forma asumida por un ser sobrenatural a fin de manifestarse en el mundo fenoménico; manifestación de una deidad budista en forma de divinidad **sintoísta** {*ver* ***honji suijaku y keshin***}. | Form taken by a supernatural being with the aim of manifesting itself in the phenomenological world; manifestation of a Buddhist deity in the form of a Shintō divinity {*see* honji suijaku *and* keshin}.

gonin bayashi ごにん ばやし ∿ 五人囃子 ▸ (et) /los/ Muñecos que representan a cinco músicos y que se exhiben el Día de las Niñas (5 de marzo). | Dolls representing five musicians displayed at the Girls' Festival (March 5th).

goningumi ごにんぐみ ∿ 五人組 ▸ (hi) /el/ «Grupos de cinco personas»: unidades de responsabilidad mutua que formaban parte de la organización política local en la Era Edo (1600-1868). | «Five-person groups»: mutual-responsibility units that made up part of local political organization during the Edo period (1600-1868).

gonjō ごんじょう ∿ 言上 ▸ (re) /el, la/ El acto de recitar sutras budistas ante un objeto de devoción. | The practice of reciting Buddhist sutras in front of an object of devotion.

gonnegi ごんねぎ ∿ 権禰宜 ▸ (re) /el/ En un santuario **sintoísta**, el sacerdote por debajo en jerarquía del ***gūji*** y del ***negi***. | Priest below gūji and negi in the hierarchy at a Shintō shrine.

gōnō ごうのう ∿ 豪農 ▸ (hi) /los/ «Campesinos ricos»: agricultores propietarios de vastas extensiones de tierra o comerciantes ricos de finales de la Era Edo (1600-1868) y comienzos de Meiji (1868-1912). | «Wealthy peasants»: farmers who had extensive landholdings or wealthy merchants at the end of Edo period (1600-1868) and early part of the Meiji period (1868-1912).

gorin ごりん ∿ 五倫 ▸ (fi / so) /las/ Las cinco relaciones cardinales mediante las cuales, conforme a la tradición confuciana, se debe preservar la armonía: gobernante y ministro, padre e hijo, esposo y esposa, hermano mayor y hermano menor, y entre amigos. | The five constant relationships of Confucianism according to which harmony must be preserved: ruler and subject, father and son, husband and wife, older brother and younger brother and among friends.

gorintō ごりんとう ∿ 五輪塔 ▸ (re) /el, la/ Conjunto o estructura de cinco cuerpos, frecuentemente de piedra, erigido a modo de cenotafio en cementerios y templos budistas y que representa los Cinco Elementos o Anillos del budismo primigenio (Tierra, Agua, Fuego, Aire y Vacío). | Five-bodied complex or structure, frequently made of stone and erected as a type of cenotaph in Buddhist cemeteries and temples. It represents The Five Rings of early Buddhism (Earth, Water, Fire, Air and Void).

goroku ごろく ∿ 語録 ▸ (re) /los/ Registros de las enseñanzas orales de los maestros del budismo ***zen***. | Records of the oral teachings of the masters of Zen Buddhism.

Gōruden wīku <ing. *Golden Week*> ∿ ゴールデン ウィーク ▸ (ca) /la/ «Semana Dorada»: vacaciones del 29 de abril al 5 de mayo. | «Golden Week»: vacation period from April 29th to May 5th.

goryō ごりょう ∿ 御霊 ▸ (fo) /el/ Espíritu malévolo de alguien fallecido de forma no natural o en estado de ira o de rencor {*ver* ***onryō***}. | A malevolent spirit of a person who died unnaturally or in a state of wrath or resentment {*see* onryō}. // Dos *goryō* famosos fueron los hermanos Soga, inmortilizados en la *Historia de los hermanos Soga* (*Soga monogatari*).

goryōe ごりょうえ ∿ 御霊会 ▸ (re) /el, la/ Rezo o ceremonia destinado a apaciguar los ***goryō***, a quienes se consideraba responsables de enfermedades y otras desgracias {*ver* **Yakubyō gami** *y* **Ekijin**}. | Prayer or ceremony intended to appease the goryō who were considered to be responsible for diseases and other misfortunes {*see* Yakubyō gami *and* Ekijin}.

gosan, *ver* **gozan.** | *See* gozan.

gosan no kiri ごさん の きり ∿ 五三の桐 ▸ (et) /el/ Blasón familiar con flores de paulonia sobre tres hojas de la misma planta. | A family crest consisting of paulownia flowers superimposed on three paulownia leaves.

gosanke ごさんけ ∿ 御三家 ▸ (hi) /las/ Las tres familias colaterales del clan **Tokugawa**. | The three branch families of the Tokugawa House.

Gosechi ごせち ∿ 五節 ▸ (ca) /el, la/ Importante festividad, especialmente en la corte imperial, celebrada a comienzos del antiguo mes undécimo del calendario lunisolar y asociada a la nueva cosecha de arroz. | Important festival, especially at the imperial court, held at the beginning of the ancient 11th month of the lunisolar calendar and coinciding with the new rice harvest.

Gosechi no mai ごせち の まい ∿ 五節の舞 ▸ (ar) /la/ Danza femenina de la corte de larga tradición desde la Era Heian (794-1185). | Women's dance with a long tradition starting during the Heian period (794-1185).

gōshi ごうし ∿ 郷士 ▸ (hi) /el/ ***Samurai*** (**samurái**, DLE) rural; ***samurai*** de bajo estatus. | A rural samurai; low-ranking samurai.

goshintai ごしんたい ∿ 御神体 ▸ (re) /el/ «Cuerpo de lo divino»: objeto sagrado del ***shintō*** (**sintoísmo**, DLE) considerado la encarnación de la divinidad y prueba de su presencia. | «Body of the divine»: a sacred object of Shintoism regarded as the incarnation of the divine and evidence of its presence.

gosho ごしょ ␥ 御所 ▸ (fo) /el/ Muñeco en forma de niño mofletudo de piel blanca y cabeza gorda, popular entre la corte y la nobleza de la Era Edo (1600-1868); (arq) Palacio Imperial en el Kioto de hoy. | A doll in the shape of chubby cheeked baby boy with white skin and an oversized head popular with the court and nobility of the Edo period (1600-1868); Imperial Palace in present-day Kyoto.

gosho guruma ごしょ ぐるま ␥ 御所車 ▸ (hi / tr) /el/ Carro de gala tirado por un buey usado por los cortesanos de la Era Heian (794-1185). | An elegant ox-drawn court carriage used by the nobility of the Heian period (794-1185).

goshūgi ごしゅうぎ ␥ 御祝儀 ▸ (so) /el/ Dinero que se regala en una boda, en billetes nuevos y sin doblar y que va dentro de un sobre [***shūgi bukuro***]. | Money given as a gift at a wedding in new unfolded bills and inside an envelope [shūgi bukuro].

gotoku neko ごとく ねこ ␥ 五徳猫 ▸ (fo) /el, la/ Ser fantástico {*ver* ***yōkai***} representado como un gato de dos colas, de vida longeva y afición al fuego {*contrastar con* ***bakeneko y nekomata***}. | Fantastic being {*see* yōkai} represented as a cat with two tails, a long life and a penchant for fire {*contrast with* bakeneko *and* nekomata}.

goyō osame ごよう おさめ ␥ 御用納め ▸ (ca) /el/ Último día laboral del año en las administraciones públicas que suele caer en el 28 de diciembre {*comparar con* ***shigoto osame***}. | Last day of the working year for the public administration that generally falls on December 28th {*compare with* shigoto osame}.

gozan, Gozan ござん ␥ 五山 ▸ (re / hi) /los/ «Cinco montañas»: complejo jerárquico de monasterios del budismo **zen**, variedad *rinzai*, organizados en los ss. XIV y XV tanto en Kamakura como en Kioto. | «Five mountains»: a ranking system of officially sponsored Rinzai Zen Buddhist monasteries organized in the 14th and 15th centuries both in Kamakura and Kyoto.

gozan bungaku ござん ぶんがく ␥ 五山文学 ▸ (li) /la/ Literatura producida en los ***gozan*** o cinco monasterios. | Literature produced in the gozan or the five monasteries.

goze ごぜ ␥ 瞽女 ▸ (hi / mu) /las/ Mujeres, frecuentemente ciegas, que vagaban por el Japón premoderno recitando historias y tocando algún instrumento musical. | Women, frequently blind, who roamed around premodern Japan reciting tales and playing a musical instrument.

gozen jiruko ごぜん じるこ ␥ 御膳汁粉 ▸ (co) /la/ Sopa dulce de alubias escurridas con pastel de arroz [***mochi***]. | A sweet soup of strained beans with mochi in it.

Gozu ごず ␥ 牛頭 ▸ (re) Representado con cabeza de buey y cuerpo humano, uno de los dos acólitos de **Enma** (**Emma**), el rey del Infierno {*ver* **Mezu**}. | One of the acolytes of Enma, the King of Hell {*see* Mezu}, represented with the head of an ox and the body of a human.

-gū ぐう ␥ 宮 (re) ▸ Sufijo de los santuarios **sintoístas** adscritos a la casa imperial. | Suffix for Shintō shrines affiliated to the Imperial House.

guinomi ぐいのみ ␥ ぐい飲み ▸ (be) /la/ Copa grande de **sake**. | A large sake cup.

gūji ぐうじ ␥ 宮司 ▸ (re) /el/ Sacerdote principal de un santuario **sintoísta**. | The chief priest of a Shintō shrine. {*Ver imagen en pág. sig.*}

gunbai ぐんばい ␥ 軍配 ▸ (et / de) /el/ Abanico del árbitro de un combate de ***sumō***

gūji

(**sumo**, DLE). | A referee's fan in sumō wrestling.

gunbai uchiwa ぐんばいうちわ ≀ 軍配団扇 ▸ (et) /el/ Abanico de un jefe militar. | A military leader's fan.

gunbatsu ぐんばつ ≀ 軍閥 ▸ (hi) /la/ Facción militar. | A military faction.

gundan ぐんだん ≀ 軍談 ▸ (li) /los/ Relatos de hechos marciales que circulaban en forma escrita u oral en la Era Edo (1600-1868). | War tales that circulated both as handwritten books and as oral narratives during the Edo period (1600-1868).

gunka ぐんか ≀ 軍歌 ▸ (mu) /la/ Canción sobre hechos marciales con música de tipo occidental. | A military song with Westernized music.

gunkan maki ぐんかん まき ≀ 軍艦巻き ▸ (co) /el/ «Rollito de barquito de guerra»: ***sushi*** de huevas; envoltorio de «barquito de guerra». | «Battleship Roll»: a fish egg sushi; a «battleship roll» wrapping.

gunki monogatari ぐんき ものがたり ≀ 軍記物語 ▸ (li) /los/ Relatos de hechos marciales desarrollados en las eras Kamakura y Muromachi (ss. XII-XVI). | War tales developed in the Kamakura and Muromachi periods (12th-16th centuries). // El *Heike monogatari* sobre las guerras Genpei (1180-1185) es el principal representante de los *gunki monogatari*.

gunsen ぐんせん ≀ 軍扇 ▸ (et) /el/ Abanico de un jefe militar usado a modo de bastón de mando. También llamado *tessen*. | A military commander's fan used as a kind of baton. Also called tessen.

gusokuni ぐそくに ≀ 具足煮 ▸ (co) /el/ Plato de cangrejos [langostas] hervidos enteros. | A dish of crabs [lobsters] boiled in their shells.

gyaku hāremu ぎゃく はーれむ ≀ 逆ハーレム ▸ (ma) /la/ Situación del **manga** en la cual a varios hombres les gusta la misma mujer {*contrastar con* ***hāremu mono***}. | A manga situation in which several men like the same woman {*contrast with* hāremu mono}.

gyakumyō ぎゃくみょう ≀ 逆名 ▸ (re) /el/ Nombre póstumo budista. | A posthumous Buddhist name.

gyoden ぎょでん ≀ 魚田 ▸ (co) /el/ Pescado a la parrilla rebozado de pasta de alubias. | A grilled fish battered with bean paste.

gyoei ぎょえい ≀ 御詠 ▸ (li) /el/ Poema imperial; poema breve compuesto por un miembro de la familia imperial. | An imperial poem; a short poem composed by a member of the imperial family.

gyōja, *ver* **yamabushi.** | *See* yamabushi.

gyōji ぎょうじ ≀ 行司 ▸ (de) /el/ Árbitro de un combate de ***sumō*** (**sumo**, DLE). | A sumō wrestling referee.

gyokugan ぎょくがん ≀ 玉眼 ▸ (art) /la/ Técnica de incrustar bolas de cristal a modo de ojos en las estatuas budistas. | The technique of inlaying crystal balls to use as the eyes of a Buddhist sculpture.

gyokuro ぎょくろ ∿ 玉露 ▸ (be) /el/ Té verde refinado de calidad superior. | A refined green tea of the highest-quality.

gyosei ぎょせい ∿ 御製 ▸ (li) /el/ Poema escrito por el emperador. | A poem written by the emperor.

gyōsho ぎょうしょ ∿ 行書 ▸ (ar) /el/ Estilo de caligrafía intermedio entre el rígido ***kaisho*** y el fluido ***sōsho***. | In calligraphy an intermediate style between the stiff kaisho and the flowing sōsho.

gyōza ぎょうざ ∿ 餃子 ▸ (co) /la/ Empanadilla al estilo chino, hervida o frita, rellena generalmente de carne de cerdo picada y verduras. | A Chinese-style dumpling usually stuffed with ground pork and vegetables, served boiled or fried.

gyōzui ぎょうずい ∿ 行水 ▸ (ar / li) /el/ «Baño de esponja»: escena de alguien bañándose en el interior de una tina en un patio. | «Sponge bath»: a scene of someone taking a sponge bath using a tub in the yard.

gyūdon ぎゅうどん ∿ 牛丼 ▸ (co) /el/ Cuenco de arroz hervido al vapor con trozos de carne de res encima. | A bowl of steamed rice topped with thinly sliced stewed beef.

gyūnabe ぎゅうなべ ∿ 牛鍋 ▸ (co) /la/ Olla caliente con trozos de carne de res. | A hot pot in which thin slices of beef are cooked.

H

habatsu はばつ ∿ 派閥 ▸ (po) /el/ Facción resultante de una lucha política por el liderazgo dentro de un grupo más grande. | A group or faction resulting from a political struggle for leadership within a larger group.

haboku はぼく ∿ 破墨 ▸ (ar) /la/ Técnica de pintura con tinta basada en vivos contrastes al aplicar espontáneamente la tinta. | A technique of ink painting based on vivid tonal contrasts of spontaneously applied ink.

habutae はぶたえ ∿ 羽二重 ▸ (tex) /la/ Seda de calidad y fácil teñido usada para la confección de **kimonos** solo permitida en el Japón premoderno a la nobleza y a la clase ***samurai*** (**samurái**, DLE). | Easily dyed quality silk for the making of kimonos only allowed for the nobility and samurai class in premodern Japan.

hachimaki はちまき ∿ 鉢巻 ▸ (in) /la/ Toalla fina o tira de tela atada alrededor de la cabeza. Es símbolo de concentración. | A thin towel or strip of cloth tied around the crown of the head as a symbol of concentration. // Los jóvenes con *hachimaki* jadeaban mientras transportaban el altar portátil por las calles de Kioto.

Hachiman (**hachiman,** *en 2.ª acepción*) はちまん ∿ 八幡 ▸ (re) /el/ Dios de la guerra, popular divinidad **sintoísta** protectora de los guerreros y del buen funcionamiento de la comunidad; (arq) estilo de arquitectura **sintoísta** cuyo pabellón principal {*ver* ***honden***} se remata con doble cubierta a dos aguas. | A popular Shintō deity who protects warriors and generally looks after the well-being of the community; style of Shintō architecture whose main annex {*see* honden} has a double gabled roof to carry off rain water. // El principal santuario de Hachiman del este de Japón se encuentra en Kamakura y data de 1191.

Hachimonjiya bon はちもんじや ぼん ∿ 八文字屋本 ▸ (li) /el/ Libros del mundo flotante {*ver* ***ukiyo zōshi***} editados por el librero de Kioto Hachimonjiya Jishō en la primera mitad del s. XVIII. | Tales of the floating world {*see* ukiyo zōshi}, books of the genre ukiyo zōshi produced in the first half of the 18th century by the Kyoto bookseller Hachimonjiya Jishō.

hadaka no tsukiai はだかのつきあい ∿ 裸の付き合い ▸ (et) /la/ «Relación al desnudo»: interacción social relajada en un baño ***onsen*** o ***rotenburo***. | «Naked relationship»: relaxed social interaction in an onsen or rotenburo bath.

hade はで ∿ 派手 ▸ (es) /el, la/ Vistoso, llamativo. | Colorful, striking.

hāfu <ing. *half* = «mitad»> ハーフ ▸ (so) /el, la/ Hijo o hija de una pareja de la que uno de cuyos miembros es étnicamente japonés y el otro no. | Child born to an ethnic Japanese parent and a non-Japanese parent.

hagi (*Lespedeza bicolor* var. *japonica*) はぎ ∿ 萩 (bo) /el/ Trébol japonés de flores alargadas de color morado rojizo. | Japanese bush clover that produces long reddish-purple flowers in long clusters. // El *hagi* es una de las llamadas «siete flores de otoño» [*aki no nanakusa*].

Hagi yaki はぎ やき ∿ 萩焼 ▸ (ce) /la/ Cerámica vidriada elaborada en Hagi y Fukawa (ciudad de Nagato, Yamaguchi). | Glazed, high-fired ceramic ware made in the castle towns of Hagi and Fukawa (Nagato City, Yamaguchi).

hagoita はごいた ∿ 羽子板 ▸ (ju) /la/ Paleta de madera con una imagen auspiciosa en un lado y usada principalmente en el juego de ***hanetsuki*** durante las vacaciones de Año Nuevo. | A wooden paddle with an auspicious picture on one side used in hanetsuki, a game played during the New Year's holidays.

hagoromo はごろも ∿ 羽衣 ▸ (mi) /el/ Chal legendario tejido con plumas y que usaban los dioses para volar. | Legendary shawl woven with feathers and used by the gods for flying.

hahamono ははもの ∿ 母物 ▸ (ci / ma) /el, la/ Película, incluido el ***anime***, en la cual una madre abnegada es la heroína. | A film, including anime, with a self-denying mother as the heroine.

haibun はいぶん ∿ 俳文 ▸ (li) /el/ Fragmento de prosa poética compuesto por un poeta de **haikus**; breve ensayo ligero de tono y sobre temas comunes que floreció en la Era Edo (1600-1868). | A piece of poetical prose written by a haiku poet; brief informal essays usually light in tone and commonplace in theme, which flourished during the Edo period (1600-1868). // Matsuo Bashō fue un gran maestro del *haibun*.

haidate はいだて ∿ 佩楯 ▸ (arm) /el/ Protector del muslo colocado debajo del faldón o ***kusazuri*** de la armadura. | Thigh protector worn beneath the coattails or kusazuri.

haiden はいでん ∿ 拝殿 ▸ (arq) /el/ Pabellón de un santuario **sintoísta** dedicado a las plegarias y abierto a los laicos. | Wing or annex of a Shintō shrine devoted to prayer and open to laypeople.

haiga はいが ∿ 俳画 ▸ (ar) /la/ Acuarela o pintura de tinta al modo simple e ingenioso de la poesía **haiku**. | A watercolor or ink painting done in a witty and simple haiku style.

haigon はいごん ∿ 俳言 ▸ (li) /el/ Término propio de la poesía **haikai**, modernamente conocida como **haiku**. | Proper name of haikai poetry, nowadays known as haiku.

haigyō はいぎょう ∿ 廃業 ▸ (de) /la/ Retirada de un luchador de ***sumō*** (**sumo**, DLE) de la competición activa. | Retirement of a sumō wrestler from active competition.

haihan chiken はいはん ちけん ∿ 廃藩置県 ▸ (hi) /la/ Abolición de los dominios señoriales y establecimiento de prefecturas llevados a cabo por el Gobierno Meiji en 1871. | Abolition of lordly dominions and the establishment of prefectures carried out by the Meiji government in 1871.

haii はいい ∿ 俳意 ▸ (li) /el/ Espíritu del **haikai**, modernamente **haiku**. | Spirit of haikai, nowadays known as haiku.

haijin はいじん ∿ 俳人 ▸ (li) /el, la/ Poeta de **haikus**; haikuista [haikista]. | A haiku poet; a haikuist.

haikai (haikai, hai-kai, DLE) はいかい ∿ 俳諧 ▸ (li) /el/ Género poético caracterizado por su estilo popular y que originalmente era informal, cómico o atrevido; antiguo término de **haiku**. | Poetic genre of a popular style originally nonstandard, comic or daring; ancient term for haiku.

haikai no renga はいかい の れんが ∿ 俳諧の連歌 ▸ (li) /el/ Estilo cómico de la poesía ***renga*** cultivado especialmente en las eras Muromachi y Sengoku (ss. XIV-XVI). | Renga poetry of a comic style cultivated during the Muromachi and Sengoku periods (14th-16th centuries).

haiku (haiku, haikú, DLE) はいく ∿ 俳句 ▸ (li) /el/ Poema de diecisiete sílabas distribuidas en tres versos de 5-7-5 sílabas con una palabra alusiva a la estación del año [***kigo***] y un corte sintáctico al final del primer o segundo verso [***kireji***]. | A seventeen-syllable poem with three metrical units of 5, 7, and 5 syllables respectively, with one word allusive to the season of the year [kigo] and a final syntactic cut [kireji] at the end of the first or second verse. // El haiku simboliza con su brevedad el valor japonés de decir mucho con poco.

haimi はいみ ∿ 俳味 ▸ (es) /el/ Gusto refinado del **haiku**. | Refined taste in haiku.

haji はじ ∿ 恥 ▸ (ps) /la/ Vergüenza; honor. | Shame; honor. // El samurái decidió lavar la mancha de su *haji* quitándose la vida.

hajiki はじき ∿ 土師器 ▸ (ce) /la/ Loza vidriada, lisa y de color rojizo fabricada del s. v al x. | Plain, unglazed, reddish earthenware manufactured from the 5th through the 10th centuries.

hakama はかま ∿ 袴 ▸ (in) /el, la/ Falda pantalón con pliegues que se lleva en ocasiones formales. | Loose-legged pleated trousers for formal wear. // La *hakama*, igual que el kimono, la llevan tanto hombres como mujeres.

hakanaki はかなき ∿ 儚き ▸ (re) /el, la/ Vano, transitorio. | Vain, transitory.

hakanasa はかなさ ∿ 儚さ ▸ (re) /la/ Caducidad, transitoriedad. | Transience, evanescence.

hakase はかせ ∿ 博士 ▸ (so) /el, la/ Profesor; doctor. | Professor; doctor.

hakkei はっけい ∿ 八景 ▸ (ge) /los/ Los ocho paisajes en torno al lago Biwa (Shiga). | The eight scenic spots around Lake Biwa (Shiga).

hakobi はこび ∿ 運び ▸ (te) /el/ Forma de caminar característica de los actores de ***noh*** y ***kyōgen***. | The way of walking characteristic of noh and kyōgen actors.

hakoniwa はこにわ ∿ 箱庭 ▸ (ja) /el/ Jardín en miniatura creado en una caja poco profunda con arena, piedras, figuras de cerámica, casas, puentes y ***bonsai*** (**bonsáis**, DLE) de plantas como la azalea, el pino o la zelkova. | A miniature garden created in shallow boxes using sand, stones, ceramic figurines, houses and bridges, as well as miniature trees or bonsai and such plants as azalea, pine and zelkova.

hakoya はこや ∿ 箱屋 ▸ (so) /la/ Contable y representante de los asuntos profesionales de una ***geisha***. | A geisha's accountant and representative.

hakozuri はこづり ∿ 箱釣 ▸ (et) /el/ «Pesca en caja»: recipiente grande de agua con peces pequeños donde practicar la pesca. | «Box fishing»: large pool-like container stocked with small varieties of fish used to practice fishing.

hakubyōga はくびょうが ∿ 白描画 ▸ (ar) /la/ Pintura monocroma de líneas de tinta que representa escenas de antiguos romances cortesanos. | A type of monochrome ink line painting used to illustrate scenes from old Japanese courtly romances.

Hakuhō bunka はくほう ぶんか ∿ 白鳳文化 ▸ (hi) /la/ La cultura de la Era Hakuhō, desde la segunda mitad del s. vii hasta el comienzo del viii. | The culture of the Hakuhō period extending from the latter half of the 7th century to the beginning of the 8th century.

hakujin はくじん ∿ 白人 ▸ (so) /la/ «La blanca»: prostituta no profesional de Kioto anterior a principios del s. xx. | «The white one»: non-professional prostitute in Kyoto before the beginning of the 20th century.

hakumai はくまい ∿ 白米 ▸ (co) /el/ Arroz blanco. | White polished or milled rice.

hakusai (*Brassica campestris*) はくさい ∿ 白菜 ▸ (bo) /la/ Col china de gran tamaño. | A large Chinese cabbage.

hamachi (*Seriola quinqueradiata*) はまち ∿ 魬 ▸ (zo) /el/ Alevín de la trucha de cola amarilla. | A young yellowtail trout.

hamaguri (*Meretrix lusoria*) はまぐり ∿ 蛤 ▸ (zo) /la/ Almeja Venus. | A Venus clam. // Las *hamaguri* se consumen especialmente al principio de la primavera.

Hamaori sai はまおり さい ◊ 浜降祭 ▸ (re / ca) /el/ Festival **sintoísta** celebrado el 15 de julio en el santuario de Samukawa (Kanagawa). | Shintō festival held in the shrine at Samukawa (Kanagawa Prefecture) on July 15th.

hamaya, hamayumi はまや、はまゆみ ◊ 破魔矢、破魔弓 ▸ (re) /el/ Amuleto de la suerte en forma de flecha o arco que se vende en los santuarios **sintoístas** a principios de enero cuando se realiza la primera visita del año al santuario. | Good-luck charm in the form of a bow or arrow sold at Shintō shrines in early January when people make their first shrine visit of the year.

hamo (*Muraenesox cinereus*) はも ◊ 鱧 ▸ (zo) /el/ Lucio congrio. | A pike conger.

han はん ◊ 藩 ▸ (hi) /el/ Dominio, feudo; unidad básica de gobierno provincial en vigor durante la Era Edo (1600-1868) y al frente de la cual estaba un ***daimyō*** (**daimio**, DLE). | A domain; the basic unit of provincial government during the Edo period (1600-1868) under the leadership of a daimyō.

hana はな ◊ 華 ▸ (ar / te) /la/ «Flor»: la realización suprema de la capacidad expresiva y afectiva del teatro ***noh***. | «Flower»: the supreme realization of expressive capacity in noh theater.

hana awase はな あわせ ◊ 花合わせ ▸ (ju) /el/ Juego de naipes con cartas de flores [***hanafuda***]. | A game played with floral cards or hanafuda.

hana ikada はな いかだ ◊ 花筏 ▸ (es) /la/ Acumulación de pétalos de la flor del cerezo sobre una superficie de agua. | Accumulation of cherry tree petals on a water's surface.

hana karuta, *ver* **hanafuda.** | *See* hanafuda.

hana zumō はな ずもう ◊ 花相撲 ▸ (de) /el/ ***Sumō*** (**sumo**, DLE) informal en el cual los luchadores combaten a cambio de donativos. | Informal sumō bout in which the wrestlers combat in exchange for donations.

hanabi はなび ◊ 花火 ▸ (et) /el, la/ Fuegos artificiales; pirotecnia. | Fireworks. // Esta noche iremos a ver el *hanabi* sobre el río Sumida en Tokio.

hanadai はなだい ◊ 花代 ▸ (so) /el/ «El precio de la flor»: honorarios de una ***geisha***. | «The price of a flower»: a charge for a geisha's service; a geisha's fee.

hanafuda はなふだ ◊ 花札 ▸ (ju) /la/ Baraja de cartas, con doce palos, cada uno de los cuales consta de cuatro cartas y todos simbolizados por una flor diferente que representa un mes. | A deck of playing cards with twelve suits of four cards, each suit represented by a flower that symbolizes a month.

hanagasa はながさ ◊ 花笠 ▸ (in) /el/ Sombrero adornado con flores. | A hat adorned with flowers.

hanagatsuo はながつお ◊ 花鰹 ▸ (co) /las/ Raspaduras de bonito desecado. | Dried skipjack tuna shavings.

hanamachi はなまち ◊ 花街 ▸ (so) /la/ Comunidad registrada de ***geishas***. | A registered community of geishas.

hanamaru noko はなまる のこ ◊ 花丸鋸 ▸ (et) /la/ Sierra de desbastar de lomo redondeado. | Type of crosscut roughing saw with a rounded back.

hanami はなみ ◊ 花見 ▸ (so) /el/ Contemplación de los cerezos en flor; pícnic

hanami

bajo los cerezos en flor. | Cherry blossom viewing; a picnic under the cherry blossoms. // Por la tarde fui de *hanami* a Yotsuya con unos amigos.

hanamichi はなみち ∿ 花道 ▸ (te) /la/ Pasarela elevada que se extiende desde el escenario a través del público hasta el fondo de una sala de teatro **kabuki**; (de) /el/ en un estadio de ***sumō*** (**sumo**, DLE), cualquiera de los dos pasillos (este y oeste) que van desde los vestuarios hasta el círculo de combate. | Elevated runway extending over the audience's heads to the back of the auditorium in a kabuki theater; either of the two hallways (east and west) leading from the changing room to the ring at a sumō stadium.

hanao はなお ∿ 鼻緒 ▸ (in) /la/ Correa o cuerda de la sandalia [***geta***]. | The lace of a sandal or geta thong.

hanashiai はなしあい ∿ 話し合い ▸ (em) /la/ Consulta informal en el seno de una empresa o entre los miembros de un grupo humano. | Informal consultation inside a business or among members of a group of people.

hanashibon はなしぼん ∿ 咄本、話本 ▸ (li) /el, la/ Libro de historietas de carácter cómico. | Storybook of a comical character.

hanashika はなしか ∿ 噺家、咄家 ▸ (so) /el/ Contador de historias cómicas [*shōwa*] a auditorios populares urbanos [***chōnin***] a partir de la segunda mitad del s. XVII. | Teller of comic stories [shōwa] to chōnin audiencies from the second half of the 17th century.

hanashōbu はなしょうぶ ∿ 花菖蒲 ▸ (bo) /el, la/ La variedad de iris o lirio más cultivada en los jardines japoneses, que crece en terrenos especialmente húmedos y presenta tonalidades rojizas. | Most widely cultivated variety of iris in Japanese gardens that is grown in especially wet terrain and presents reddish tonalities.

hanayaka はなやか ∿ 華やか ▸ (es) /el, la/ Floreado, brillante, galante. | Elaborate, brilliant, charming.

han'eri はんえり ∿ 半襟 ▸ (in) /el/ Cuello generalmente blanco del ***nagajuban*** y que suele quedar visible con el **kimono** puesto. | Generally white nagajuban collar that is usually visible with a kimono on.

haneto はねと ∿ 跳人 ▸ (fo) /el, la/ Danzante en los festivales **sintoístas** [***matsuri***] que actúa a un lado y otro de las carrozas [***mikoshi***]. | Dancer at Shintō festivals [matsuri] who acts on one side and the other of the floats [mikoshi].

hanetsuki はねつき ∿ 羽根突き ▸ (ju) /el/ Juego tradicional de Año Nuevo semejante al bádminton {*ver* ***hagoita***}. | Japanese badminton usually played at New Year's {*see* hagoita}.

hangaeshi はんがえし ∿ 半返し ▸ (so) /el/ El acto de corresponder haciendo un regalo con un valor de aproximadamente la mitad del obsequio recibido. | The act of giving a present in return worth approximately half the value of the gift received.

haniwa はにわ ∿ 埴輪 ▸ (ce) /la/ Figura de arcilla hueca sin esmaltar o simples ci-

haniwa

lindros que decoraba la superficie de los grandes túmulos funerarios [***kofun***] de la élite japonesa entre los ss. IV y VII. | Unglazed earthenware cylinder and hollow clay sculpture that decorated the surface of the great mounded tombs or kofun built for the Japanese elite from the 4th to 7th centuries.

hanka はんか ∿ 半跏 ▸ (re) /la/ Posición de medio loto. | The half-lotus position.

反歌 ▸ (li) /el/ Estribillo al final de un poema largo especialmente usado en la antología ***Man'yōshū*** del s. VIII. | Refrain at the end of a long poem especially used in the *Man'yōshū* anthology of the 8th century.

hanko はんこ ∿ 判子 ▸ (et) /el/ Sello personal. | A personal seal.

hankō はんこう ∿ 藩校 ▸ (so) /la/ En la Era Edo (1600-1868), escuela para los hijos de los miembros de la clase ***samurai*** (**samurái**, DLE) {*comparar con* ***terakoya***}. | School for the sons of samurais during the Edo period (1600-1868) {*compare with* terakoya}.

hannya はんにゃ ∿ 般若 ▸ (te) /el, la/ En el teatro ***noh***, la máscara de un demonio femenino; (et) /el/ rostro diabólico empleado como motivo en el arte del tatuaje; (re) /la/ en el budismo y como equivalente del sánscrito *prajñā*, la sabiduría que discierne la verdad y que es requisito para la iluminación [***satori***]. | A noh mask with the face of a female demon; demonic face used as a motif in the art of tattooing; an expression used in Buddhism as an equivalent to *prajñā* in Sanskrit, the wisdom that discerns the truth and is a precondition for illumination or satori.

hanpen はんぺん ∿ 半片 ▸ (co) /el/ Pastel de pasta feculenta de pescado hecho al vapor. | A cake of ground fish combined with starch and steamed.

hanseki hōkan はんせき ほうかん ∿ 藩籍奉還 ▸ (hi) /la/ Cesión al emperador de los registros de los ***daimyō*** (**daimios**, DLE) sobre tierras y población como parte de la política promovida por el Gobierno Meiji en 1869. | Cession of the daimyō land and population registers to the emperor as part of the policy sponsored by the Meiji government in 1869.

hanshi はんし ∿ 半紙 ▸ (et) /el/ Variedad de papel japonés o ***washi*** popular en la Era Edo (1600-1868) junto con ***hōshoshi*** y ***shuzenji gami***. | Variety of Japanese paper or washi that was popular in the Edo period (1600-1868) along with hōshoshi and shuzenji gami.

範士 ▸ (ar mar) /el, la/ Practicante de artes marciales oficialmente cualificado para enseñar y con un rango superior a los de ***renshi*** y ***kyōshi***. | Officially qualified practitioner of the martial arts with a rank above those of renshi and kyōshi.

hansoku make はんそく まけ ∿ 反則負け ▸ (de) /el/ Movimiento ilegal que supone la inmediata descalificación del luchador de ***sumō*** (**sumo**, DLE). | Illegal movement leading to the immediate disqualification of a sumō wrestler.

hanten はんてん ∿ 半纏 ▸ (in) /el/ **Kimono** corto de trabajo. | Short work kimono.

haori はおり ∿ 羽織 ▸ (in) /el/ Chaquetón que se pone sobre el **kimono** y se ata por delante con unas trencillas. | A half-coat worn over a kimono and tied in the front with sashes. // El señor Okada apareció vestido formalmente con el *haori* y la *hakama*.

happi はっぴ ∿ 法被 ▸ (in) /el/ Chaquetón semejante a un **kimono** corto, pero de forma más simple, que visten con frecuencia los artesanos. | Simple coat similar to a short kimono frequently worn by artisans.

hara はら ∿ 腹 ▸ (ps) /el/ Abdomen o vientre, importante concepto en la psicología popular y en las relaciones interpersonales {*ver* ***haragei***}. | Abdomen or belly, a significant concept in popular psychology and interpersonal relationships {*see* haragei}.

harae はらえ 〳 祓 ▸ (re) /el/ Rito **sintoísta** de purificación; ceremonia de expiación. | Shintō rite of purification; an act of atonement.

haragei はらげい 〳 腹芸 ▸ (ps) /el/ «Arte del vientre»: capacidad de transmitir un estado mental o las propias necesidades sin recurrir a gestos ni palabras. | «The art of the belly»: the capacity to convey a character's state of mind without relying on words or gestures. // Viven juntos desde hace muchos años y se comunican fácilmente por *haragei*.

harago, *ver* **haragei.** | *See* haragei.

harakiri (harakiri, haraquiri, DLE) はらきり 〳 腹切り ▸ (so) /el/ Suicidio que se practica abriéndose el vientre; pena capital realizada por el mismo condenado {*ver* ***seppuku***}. | Suicide by self-disembowelment {*see* seppuku}; capital punishment carried out by the condemned himself. // El samurái se hizo el harakiri antes que sufrir la ignominia de ser capturado por el enemigo.

haramaki はらまき 〳 腹巻 ▸ (arm) /la/ Armadura simple de un guerrero de a pie. | Simple armor of a foot soldier.

haraquiri, *ver* **harakiri.** | *See* harakiri.

hare はれ 〳 晴 ▸ (ps) /el, la/ Noción que representa situaciones en las cuales dominan los sentimientos ceremoniales y festivos. | Notion that represents situations in which ceremonial and festive feelings dominate. // Los etnógrafos consideran que la noción de *hare*, junto con las de *ke* y *kegare*, es una categoría básica para comprender la cultura tradicional de Japón.

haregi はれぎ 〳 晴れ着 ▸ (in) /el/ **Kimono** formal en oposición a ***fudangi*** o ropa informal. | Formal kimono as opposed to a fudangi or informal clothing.

harei, *ver* **harae.** | *See* harae.

hāremu ハーレム ▸ (ma) /el/ Subgénero de **manga** y ***anime*** de varios personajes en el que generalmente hay un chico y varias chicas relacionadas con este por parentesco, amistad o interés romántico. | Subgenre of manga and anime with several characters generally about a boy and a few girls that are related to him by family, friendship or romantic interest.

hāremu mono ハーレム もの 〳 ハーレム物 ▸ (ma) /la/ Situación del **manga** en la que a varias mujeres les gusta el mismo hombre, por lo general un perdedor {*contrastar con* ***gyaku hāremu***}. | A manga situation in which several women like the same man, usually a loser {*contrast with* gyaku hāremu}.

hari はり 〳 針 ▸ (me) /la/ «Aguja»: acupuntura; (et) aguja plana utilizada para tatuar. | «Needle»: acupuncture; a flat needle used for tattooing.

haribako はりばこ 〳 針箱 ▸ (et) /el/ Cestillo lacado tradicional de costura. | A traditional lacquered box used for sewing equipment.

hariko はりこ 〳 張子 ▸ (art) /el/ Papel maché o cartón piedra. | Papier-mâché.

harikuyō はりくよう 〳 針供養 ▸ (et) /el, la/ Práctica ritual celebrada el 8 de febrero o de diciembre en los santuarios **sintoístas** consistente en insertar agujas en un trozo de ***tōfu*** (**tofu**, DLE) al tiempo que se reza por el descanso de las agujas y la seguridad de las costureras. | Ritual practice held on December or February 8th at Shintō shrines consisting of piercing a piece of tōfu while praying for the needles' rest and the security of the dressmakers.

haru basho はる ばしょ 〳 春場所 ▸ (de) /el/ Torneo de ***sumō*** (**sumo**, DLE) celebrado en Osaka a comienzos de la primavera (mes de marzo). | Sumō tournament held in Osaka at the beginning of spring in March.

hashi はし ∿ 箸 ▸ (et) /los/ Palillos para comer. | A pair of chopsticks. // Una cosa es aprender a usar los *hashi* y otra conocer el protocolo de su uso.

hashi gakari はしがかり ∿ 橋懸り ▸ (te) /el/ Pasarela que recorre el actor de teatro ***noh*** para ir de la sala del espejo [***kagami no ma***] al escenario. | Bridgeway from the mirror room [kagami no ma] to the stage crossed by an actor in the noh theater.

hashi yasume はし やすめ ∿ 箸休め ▸ (co) /el, la/ Comida servida entre los platos principales. | A side dish served among the main courses.

hashigo zake はしご ざけ ∿ 梯子酒 ▸ (so) /la/ Ronda de bebidas de un grupo de personas que van de bar en bar. | A round of drinks of a group of people going from bar to bar.

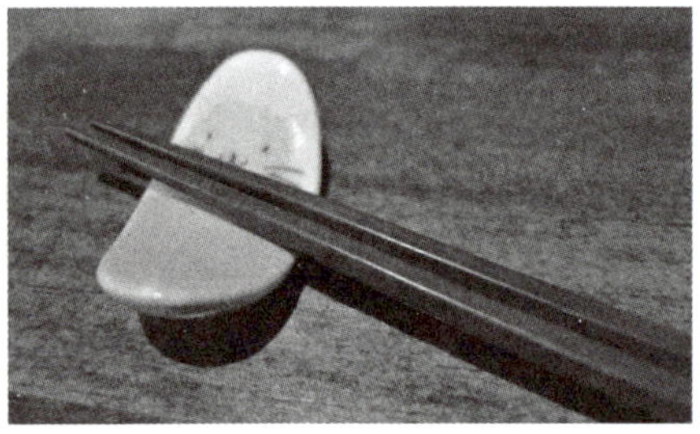

hashioki

hashioki はしおき ∿ 箸置き ▸ (et) /el/ Apoyapalillos. | Chopstick rest.

hashirō はしろう ∿ 橋廊 ▸ (arq) /el, la/ Galería o corredor cubierto y en forma de puente que comunica los distintos pabellones de una mansión de estilo ***shinden tsukuri***. | Covered gallery or corridor in the shape of a bridge that connects the different wings of a shinden tsukuri style mansion.

hashutsujo はしゅつじょ ∿ 派出所 ▸ (so) /el/ Puesto de policía. | A police post.

hassei はっせい ∿ 発声 ▸ (ar mar) /la/ En ***kendō*** (**kendo**, DLE), la vocalización o grito del atacante. | In kendō, the attacker's vocalization or shout.

hassetsu はっせつ ∿ 八節 ▸ (ar mar) /la/ En ***kyūdō***, la secuencia de ocho fases para disparar la flecha. | In kyūdō, the sequence of eight stages involved in the process of shooting an arrow.

hatahata (*Arctoscopus japonicus*) はたはた ∿ 鰰 ▸ (zo) /el/ Pez de arena especialmente abundante en las prefecturas de Akita y Yamagata. | A sandfish specially plentiful around Akita and Yamagata Prefectures.

hatamoto はたもと ∿ 旗本 ▸ (hi) /el/ ***Samurai*** (**samurái**, DLE) principal al servicio directo del **sogunato Tokugawa** y con derecho a tener audiencia con el ***shōgun*** (**sogún**, DLE). | Chief samurai at the service of the Tokugawa Shogunate with the right to have an audience with the shōgun.

hatsugama はつがま ∿ 初釜 ▸ (ca) /la/ La primera ceremonia de té de Año Nuevo. | The first tea ceremony of the New Year.

hatsugatsuo はつがつお ∿ 初鰹 ▸ (zo) /el/ El primer bonito de la temporada. | The first bonito of the season.

hatsumōde はつもうで ∿ 初詣 ▸ (re) /la/ La primera visita a un santuario o un templo a principios de Año Nuevo. | The first visit to a shrine or temple at the beginning of the New Year.

hatsuyume はつゆめ ∿ 初夢 ▸ (et) /el/ El primer sueño de una persona en Año Nuevo y en el cual las imágenes simbólicas como el monte Fuji se consideran de buen augurio. | One's first dream in the New Year in which symbolic images such as Mt. Fuji are held to be a good omen.

hauta はうた ∿ 端唄 ▸ (mu) /la/ Composición lírica breve que suele cantarse acompañada por el ***shamisen***. | Short lyrical composition usually sung and accompanied by a shamisen.

haya gawari はや がわり ∿ 早変わり ▸ (te) /el/ Cambio rápido y espectacular de ropa en medio de una escena de **kabuki**.

| A rapid costume change of a spectacular kind in the middle of a kabuki scene.

hayabusa はやぶさ ⟆ 隼 ▸ (arm) /el/ «Halcón, gerifalte»: avión de combate del Ejército japonés en la Segunda Guerra Mundial. | «Falcon»: Japanese army fighter plane in World War II.

hayakuchi kotoba はやくち ことば ⟆ 早口言葉 ▸ (le) /el/ Trabalenguas {*ver* ***kotoba asobi***}. | Tongue twister {*see* kotoba asobi}.

hayari gami はやり がみ ⟆ 流行神 ▸ (fo) /la/ Deidad que aparece de repente, prospera y desaparece. | Deity who suddenly appears, prospers and then disappears.

hayashi はやし ⟆ 囃子 ▸ (te) /la/ Música o músicos en el ***noh*** y **kabuki**. | Music or musicians in noh and kabuki.

hebi へび ⟆ 蛇 ▸ (zo) /la, el/ Serpiente; (fo) /la, el/ ser fantástico {*ver* ***yōkai***} con forma de serpiente a menudo asociado al rencor, los celos, la codicia o la lujuria, pero también a la protección del hogar. | Snake; fantastic being {*see* yōkai} that takes the form of a snake, often associated with rancor, jealousy, greed or lust, but also with protecting the home.

hebigama へびがま ⟆ 蛇窯 ▸ (ce) /el/ «Horno de serpiente»: horno para productos cerámicos consistente en varias cámaras semisubterráneas {*comparar con* ***anagama***}. | «Snake kiln»: kiln for ceramic ware products made up of several semi-buried chambers {*compare with* anagama}.

Heian jidai へいあん じだい ⟆ 平安時代 ▸ (hi) /la/ Era Heian (794-1185). | The Heian period (794-1185).

heichi jūkyo へいち じゅうきょ ⟆ 平地住居 ▸ (arq) /la/ Tipo de vivienda primitiva, precedente prehistórico de la ***minka*** y que consiste en un techado de material vegetal sobre un suelo interior al mismo nivel que el terreno exterior {*comparar con* ***tateana jūkyo***}. | Kind of primitive dwelling, historical precedent of the minka, made with a roof of plant material above an interior floor at the same level as the land outside {*compare with* tateana jūkyo}.

heiden へいでん ⟆ 幣殿 ▸ (arq / re) /el/ Pabellón de ofrendas de un santuario **sintoísta**. También denominado *chūden*. | Offertory hall at a Shintō shrine. Also called chūden.

***Heiji monogatari* emaki** へいじ ものがたり えまき ⟆ 平治物語絵巻 ▸ (ar) /las/ Pinturas en rollo que ilustran la crónica *Heiji monogatari* sobre los sucesos ocurridos en 1160. | Handscrolls illustrating the *Heiji Monogatari* chronicle dealing with the incidents that occurred in 1160.

heijōshin へいじょうしん ⟆ 平常心 ▸ (ps) /el/ Estado sosegado de la mente a pesar de los cambios externos. | Placid or calm state of mind in spite of external changes.

Heike monogatari へいけ ものがたり ⟆ 平家物語 ▸ (li) /el/ Obra épica recitativa y musical que relata las guerras Genpei de finales del s. XII entre el clan de los Heike y el de los Genji. | Epic work on the wars between the Heiki and Genji families at the end of the 12th century.

heikyoku へいきょく ⟆ 平曲 ▸ (mu) /la/ Música que al son de un laúd o ***biwa*** acompañaba la recitación del ***Heike monogatari*** {*ver* ***biwa hōshi***}. | Music accompanying the recitation of the *Heike Monogatari* with the sound of a lute or biwa {*see* biwa hōshi}.

heimei へいめい ⟆ 平明 ▸ (es) /la/ Cualidad de «franqueza y candor» percibida en las figurillas ***haniwa***. | A quality of «openness and candor» as seen in haniwa figurines.

heimin へいみん ⟆ 平民 ▸ (hi) /el, la/ «Pueblo llano, plebeyo»: uno de los tres estratos sociales del sistema adoptado por el Gobierno Meiji en 1869. | «Common people, plebeian»: one of the three classes of society in the system adopted by the Meiji government in 1869. // Por encima de los *heimin* estaban la nobleza y los samuráis.

Heisei jidai へいせい じだい ⥊ 平成時代 ▸ (hi) /la/ Era Heisei (1989-2019). | The Heisei period (1989-2019).

hen へん ⥊ 偏 ▸ (re) /el/ En el budismo **zen**, el aspecto parcial de la enseñanza cuando entra en la mente {*contrastar con* ***shō***}. | A partial aspect of teaching that enters the mind in Zen Buddhism in opposition to true teaching or shō.

henge buyō へんげ ぶよう ⥊ 変化舞踊 ▸ (ar) /el, la/ «Danza de transformación»: baile especialmente popular en la Era Edo (1600-1868) caracterizado por la precisión de los movimientos. | «Transformation dance»: dance that was especially popular in the Edo period (1600-1868) characterized by the precision of its movements.

henka へんか ⥊ 返歌 ▸ (li) /el, la/ **Tanka** compuesto en respuesta a otro. | Tanka composed in response to another.

henna hoteru へんな ほてる ⥊ 変なホテル ▸ (ro) /el/ Hotel operado por robots. | Robot-operated hotel.

henro へんろ ⥊ 遍路 ▸ (re) /el, la/ Peregrino. | A pilgrim.

hensachi へんさち ⥊ 偏差値 ▸ (so) /el/ Cálculo estadístico por el cual solo se juzga el progreso del estudiante según las notas académicas. | Statistical calculation that assesses a student's progress only through academic marks.

hentai へんたい ⥊ 変態 ▸ (ma) /el/ **Manga** pornográfico. | Pornographic manga.

hentai kanbun へんたい かんぶん ⥊ 変体漢文 ▸ (li) /el/ Forma híbrida ya desaparecida de la lengua japonesa literaria que combina elementos autóctonos y chinos. | A now defunct hybrid form of literary Japanese combining both Chinese and native Japanese elements.

hesokuri へそくり ⥊ 臍繰り ▸ (et) /la/ «Depósito del ombligo»: sisa, ahorrillos secretos. | «A navel deposit»: secret savings.

heya へや ⥊ 部屋 ▸ (de) /la/ Asociación de luchadores de ***sumō*** (**sumo**, DLE) bajo la administración de un líder; lugar donde los luchadores de *sumō* [***sumōtori***] viven y realizan la práctica deportiva. | Association of sumō wrestlers under the administration of a leader; place where sumō wrestlers [sumōtori] live and work out.

hibachi

hibachi ひばち ⥊ 火鉢 ▸ (mo) /el/ Brasero hecho de madera u otros materiales, para carbón y calefactar interiores {*ver* ***hioke*** *y* ***hibashi***}. | A charcol burner made of wood or other materials and used as an indoor source of heat {*see* hioke *and* hibashi}. // Hacía frío y nos acercamos al *hibachi* para calentarnos las manos.

hibakusha ひばくしゃ ⥊ 被爆者 ▸ (hi) /el, la/ Superviviente de una bomba atómica {*ver* ***genbakushō***}. | Survivor of an atomic bombing {*see* genbakushō}.

hibashi ひばし ⥊ 火箸 ▸ (mo) /los/ Palillos largos metálicos para remover el carbón del ***hibachi***. | Long metal thongs for moving around the charcoal in a hibachi.

hichiriki ひちりき ⥊ 篳篥 ▸ (mu) /el/ Instrumento musical de viento parecido a una chirimía usado en los servicios **sintoís-**

tas y en la música ***gagaku***. | A flageolet-like wind instrument used in Shintō services and in gagaku music.

hidari tsukai ひだり つかい ↯ 左遣い ▸ (te) /el/ De los tres titiriteros que accionan alguno de los personajes principales del teatro ***bunraku***, el que mueve la mano izquierda del muñeco. | Of the three puppeteers who animate several of the main characters in a bunraku drama, the one who manipulates the puppet's left arm.

hidensho ひでんしょ ↯ 秘伝書 ▸ (li) /el, la/ Escrito secreto sobre la transmisión de un arte. | Secret writing about the transmission of an art form.

hifu ひふ ↯ 被布 ▸ (in) /el/ Sobretodo femenino que cubre el **kimono**. | A lady's coat worn over a kimono.

higan ひがん ↯ 彼岸 ▸ (re) /el/ Semana de funerales budistas centrada en el equinoccio de primavera y otoño; (re) /la/ en oposición a la orilla de los humanos, la orilla del más allá del río que separa a estos del mundo de ultratumba {*contrastar con* ***shigan***}. | The week of Buddhist memorial services centering on the spring and autumn equinox; the opposite bank of the river that separates humans from the hereafter {*contrast with* shigan}.

higashi ひがし ↯ 干菓子 ▸ (co) /los/ Productos de confitería. | Dry confectionary.

Higashiyama bunka ひがしやま ぶんか ↯ 東山文化 ▸ (hi) /la/ «Cultura de Higashiyama»: periodo de esplendor cultural durante el gobierno del ***shōgun*** (**sogún**, DLE) Ashikaga Yoshimasa (1436-1490), cuyos últimos años los pasó en su mansión del barrio de Higashiyama de Kioto. | «Higashiyama Culture»: the culture that flourished during the rule of the shōgun Ashikaga Yoshimasa (1436-1490), who spent his last years at his villa in the Higashiyama section of Kyoto.

higoi ひごい ↯ 緋鯉 ▸ (et) /la/ Estandarte en forma de carpa de color rojo. | Red carp-shaped banner.

hijiki (*Hizikia fusiformis*) ひじき ↯ 鹿尾菜 ▸ (bo) /la/ Especie de alga comestible. | Species of edible seaweed.

hijiri ひじり ↯ 聖 ▸ (re) /el/ Hombre santo del budismo que lleva una vida itinerante o de retiro ascético. | Holy man in Buddhism who leads a life of roving or ascetic retreat.

hiki iwai ひき いわい ↯ 引き祝 ▸ (so) /la/ Fiesta por el abandono de la vida de ***geisha***. | Party held to celebrate the giving up of the life of a geisha.

hikide mono ひきで もの ↯ 引出物 ▸ (et) /el/ Regalo que recibe el invitado a una boda o a alguna celebración especial; obsequio de recuerdo. | A gift given to the guest at a wedding or for a special occasion; a commemorative souvenir.

hikikomori ひきこもり ↯ 引きこもり ▸ (so) /el, la/ Encierro voluntario; retirada de la sociedad; (ps) /el/ rechazo patológico a relacionarse con los demás. | Voluntary retirement, confinement; withdrawal from society; a pathological avoidance of other people. // En la década de 1990 aumentó de forma alarmante el número de jóvenes afectados por el *hikikomori*.

hikinuki ひきぬき ↯ 引抜き ▸ (te) /el/ Cambio completo del **kimono** de un actor de **kabuki** a la vista del público. | A total change of kimono by a kabuki actor in plain view of the audience.

hikkoshi soba ひっこし そば ↯ 引っ越し蕎麦 ▸ (et) /la/ «***Soba*** de la mudanza»: regalo de fideos ***soba*** que suele ofrecer y con que se presenta a sus nuevos vecinos la persona que acaba de mudarse a una casa. | «Moving-in soba»: a gift of soba noodles usually given to one's new neighbors as an introduction by a person who has just moved house.

hikyaku ひきゃく ∿ 飛脚 ▸ (hi) /el/ «Pies voladores»: corredores que, en el Japón premoderno, llevaban mensajes o paquetes a lo largo de rutas establecidas. | «Flying feet»: runners who in premodern Japan carried messages or packages on foot along established routes.

himamushi nyūdō ひまむし にゅうどう ∿ 火間虫入道 ▸ (fo) /el/ Ser de apariencia antropomórfica y cuello largo que se bebe el aceite de las lámparas y es el alma de una persona ociosa en vida. | Anthropomorphic being with a long neck that drinks the oil from lamps and is the soul of a person who was indolent in life.

himo ひも ∿ 紐 ▸ (in) /la/ Cinta o cordón con que se ajusta una prenda a la cintura {*ver* ***hakama***}. | Ribbon or strap used to tighten a garment to the waist {*see* hakama}.

himo zukuri ひも づくり ∿ 紐作り ▸ (ce) /el, la/ Técnica cerámica mediante la cual se forma la pieza uniendo varios rollitos o cordones de arcilla. | Ceramic ware technique of making a piece by joining together several rolls or laces of clay.

himokawa udon ひもかわ うどん ∿ 紐革饂飩 ▸ (co) /los/ Fideos de ***udon*** en tiras planas. | Udon noodles made in flat strips.

himono ひもの ∿ 干物 ▸ (co) /el/ Pescado desecado. | Dried fish.

himorogi ひもろぎ ∿ 神籬 ▸ (re) /la/ Zona sagrada delimitada por palos y cuerdas. | A sacred area marked off by poles and ropes.

hina arare ひな あられ ∿ 雛霰 ▸ (co) /la/ Torta dulce de harina de arroz especial para el Festival de las Muñecas (3 de marzo). | Special dry cake made of sweetened rice flour for the Dolls' Festival on March 3rd.

Hina matsuri ひな まつり ∿ 雛祭 ▸ (ca) /el/ Festival de las Muñecas o de las Niñas celebrado el 3 de marzo. | The Dolls' [Girls'] Festival held on March 3rd.

hina ningyō

hina ningyō ひな にんぎょう ∿ 雛人形 ▸ (et) /las/ Conjunto de muñecas vestidas de época y puestas en un soporte especial que se muestran en el **Hina matsuri**. | A set of dolls dressed in period dress and displayed at a special stand at the Hina Matsuri festival.

hinayana ひなやな ∿ ヒナヤナ ▸ (re) /el/ «Vehículo pequeño»: desde el punto de vista de los creyentes del budismo ***mahayana***, una de las dos grandes corrientes del budismo, especialmente seguida en el sur de Asia. | «The Lesser Vehicle»: from the point of view of the Mahayana believers, one of the two major streams of Buddhism, especially common in south Asia. // El término «hinayana» es peyorativo para quienes practican esta forma de budismo, que prefieren el de «theravada».

hinin ひにん ∿ 非人 ▸ (so) /los/ «No humanos»: personas pertenecientes a las clases sociales inferiores en la Era Edo (1600-1868). | «Non humans»: people who belonged to the lower social classes in the Edo period (1600-1868).

hinoki (*Chamaecyparis obtusa*) ひのき ∿ 檜 ▸ (bo) /el/ Ciprés japonés que constituye una de las fuentes más importantes y apreciadas de madera del país. | A Japanese cypress which is one of the country's most important and valued sources of lumber.

hinoki butai ひのき ぶたい ∿ 檜舞台 ▸ (te) /el/ Escenario de **kabuki** y ***noh*** construido tradicionalmente de madera de ***hi-***

noki. | A stage board traditionally made of hinoki wood for noh and kabuki.

hinomaru ひのまる ⥈ 日の丸 ▸ (so) /la/ Bandera nacional [***kokki***] con el sol naciente. | The national flag with the rising sun.

hinomaru bentō ひのまる べんとう ⥈ 日の丸弁当 ▸ (co) /el, la/ Comida que va dentro de una caja con arroz blanco hervido y una ciruela roja encurtida [***umeboshi***] en el medio. | A boxed lunch consisting of boiled white rice with a single umeboshi (pickled red plum) placed in the middle.

hiōgi ひおうぎ ⥈ 檜扇 ▸ (et) /el/ Abanico de uso invernal utilizado en la corte imperial. | Fan used in the imperial court during winter.

hioke ひおけ ⥈ 火桶 ▸ (mo) /el/ Brasero hecho de madera {*ver* ***hibachi***}. | Brazier made of wood {*see* hibachi}.

hira niwa ひら にわ ⥈ 平庭 ▸ (ja) /el/ «Jardín plano»: jardín diseñado para ser observado desde el interior de un edificio y por el que comúnmente se transita. | «Flat garden»: a garden designed to be observed from inside a building and commonly walked through.

hira zamurai ひら ざむらい ⥈ 平侍 ▸ (hi) /el/ ***Samurai*** (**samurái**, DLE) de rango medio no perteneciente al círculo del ***daimyō*** (**daimio**, DLE). | A medium ranked samurai not belonging to the daimyō circle.

hiragana ひらがな ⥈ 平仮名 ▸ (le) /el/ Silabario de 48 caracteres ***kana*** en cursiva. | Syllabary consisting of 48 cursive forms of kana. // Los niños japoneses se inician en la escritura con el *hiragana*.

hiragumo ひらぐも ⥈ 平蜘蛛 ▸ (ar) /la/ Tetera propia de la ceremonia de té, de boca amplia y escasa altura. | A proper teapot for the tea ceremony, not very tall and with a wide spout.

hiramaki-e ひらまきえ ⥈ 平蒔絵 ▸ (ar) /el, la/ Técnica de decoración de lacado con motivos cubiertos de polvo de oro, plata o estaño, protegidos por una fina capa de laca transparente {*ver* ***makie-e*** *y comparar con* ***togidashi-makie*** *y* ***tatamaki-e***}. | Lacquer decoration technique with motifs covered in gold, silver or tin dust, protected by a fine layer of transparent lacquer {*see* makie-e *and compare with* togidashi-makie *and* takamaki-e}.

hirame (*Paralichthys olivaceus*) ひらめ ⥈ 比目魚 ▸ (zo) /el/ Lenguado falso, fletán. | [False] halibut, turbot.

hirao ひらお ⥈ 平緒 ▸ (in) /el/ Ceñidor trenzado y plano de unos 9 cm de ancho que colgaba por delante y era parte del traje de etiqueta de los nobles en los actos cortesanos durante la Era Heian (794-1185). | Flat braided sash about 3.5 in long that hung on the front of formal attire worn by nobles in acts of court during the Heian period (794-1185).

hiratake (*Agaricus subfunerus*) ひらたけ ⥈ 平茸 ▸ (bo) /el/ Hongo agárico. | An agaric mushroom.

hirauchi ひらうち ⥈ 平打ち ▸ (ar mar) /el/ En ***kendō*** (**kendo**, DLE), corte o golpe con el lado plano del sable. | In kendō, cutting or striking with the flat side of the blade.

hiroma ひろま ⥈ 広間 ▸ (vi) /la/ En una vivienda rural {*ver* ***minka***}, el espacio central para usos múltiples. | Central space used for multiple purposes in a rural dwelling {*see* minka}.

hisashi (no ma) ひさし の ま ⥈ 庇の間 ▸ (arq) /el, la/ En una mansión de estilo ***shinden tsukuri***, la galería o pasillo que rodea la zona central o ***moya***. | Gallery or hallway surrounding the central area or moya in a shinden tsukuri style mansion.

hishaku ひしゃく ⥈ 柄杓 ▸ (et / re) /el/ Cacillo de madera usado para las abluciones. | A small ladle used for purification rites. {*Ver imagen en pág. sig.*}

hishaku

hishi ひし ∿ 斐紙 ▸ (et) /el/ Papel de textura fina y superficie satinada usado preferentemente en la Era Heian (794-1185) para caligrafiar relatos y colecciones poéticas. | Fine textured and satin surfaced paper used preferably in the Heian period (794-1185) to calligraph stories and collections of poetry.

hishimochi ひしもち ∿ 菱餅 ▸ (co) /el/ Pastel de arroz en tres colores y con forma de rombo. | A three-colored diamond-shaped rice cake.

hitatare ひたたれ ∿ 直垂 ▸ (in) /el/ Ropa de ***samurai*** (**samurái**, DLE) en las eras Kamakura (1185-1333) y Muromachi (1333-1568); ropa habitual en la corte durante la Era Edo (1600-1868). | Samurai clothing worn during the Kamakura (1185-1333) and Muromachi (1333-1568) periods; customary dress at court during the Edo period (1600-1868).

hito bashira ひと ばしら ∿ 人柱 ▸ (hi / fo) /el/ «Pilar humano»: legendario sacrificio humano en la construcción de puentes, diques y castillos para asegurar la durabilidad de la obra. | «Human pillar»: legendary human sacrifice in the construction of bridges, dikes and castles to assure the durability of the work.

hito yogiri ひと よぎり ∿ 一節切 ▸ (mu) /la/ Flauta vertical de bambú con boquilla dentada y cinco orificios, más corta y fina que la ***shakuhachi***. | A vertical bamboo flute with a notched mouthpiece and five finger holes, shorter and thinner than the shakuhachi.

hitodama ひとだま ∿ 人魂 ▸ (fo) /el/ Espíritu que supuestamente abandonaba el cuerpo de la persona cuando esta moría y que adoptaba la forma de una esfera ígnea de color blanco azulado y provista de una cola. | Spirit that supposedly abandoned the body of a person upon dying and that adapted the shape of a whitish-blue igneous sphere with a tail attached.

hitoe ひとえ ∿ 単衣 ▸ (in) /el/ **Kimono** sin forro. | Kimono without a lining.

hitotsume kozō ひとつめ こぞう ∿ 一つ目小僧 ▸ (fo) /el/ Duende con un solo ojo en medio de la frente. | Goblin with a single eye in the middle of its forehead.

hitsuji ひつじ ∿ 羊 ▸ (ca) /el/ El Carnero, uno de los doce animales del Zodiaco oriental. | The Ram, one of the twelve animals of the Chinese zodiac. // Mi marido nació el año del *hitsuji*.

hiyamugi ひやむぎ ∿ 冷麦 ▸ (co) /los/ Fideos de trigo de grosor entre ***sōmen*** y ***udon*** que suelen comerse fríos. | Dried noodles made of wheat with a thickness between sōmen and udon and served chilled. // Nos refrescamos del calor del verano con unos *hiyamugi*.

hiyayakko ひややっこ ∿ 冷奴 ▸ (co) /el/ ***Tōfu*** (**tofu**, DLE) frío. | Cold tōfu.

hiyuka ひゆか ∿ 譬喩歌 ▸ (li) /el, la/ Poema metafórico. | Metaphorical poem.

hizatsuki ひざつき ∿ 膝突き ▸ (so) /el, la/ La práctica de hacer regalos como expresión anticipada de agradecimiento antes de recibir un favor. | The custom of giving someone a gift in advance as an expression of gratitude before receiving a favor.

hō ほう ∿ 袍 ▸ (in) /el/ Sobretodo amplio y largo de anchas bocamangas que cubría la parte superior del cuerpo usado por los cortesanos en la Era Asuka (552-710) {*contrastar con* ***kinu***}. | Long loose wide cuffed overcoat worn on the upper body and used by courtesans in the Asuka period (552-710) {*contrast with* kinu}.

hōben ほうべん ≀ 方便 ▸ (re) /los/ «Medios hábiles», «recursos útiles»: término que expresa el concepto budista de que Buda ha ideado innumerables medios para adaptar su doctrina a la comprensión de los seres vivos. | «Expedient means», «skillful resources»: a term expressing the Buddhist idea that the Buddha devises innumerable means to adapt his teaching to different sentient beings.

hōchō ほうちょう ≀ 包丁 ▸ (et) /el/ Cuchillo de cocina. | A kitchen knife.

hōden ほうでん ≀ 宝殿 ▸ (arq / re) /el/ Almacén que custodia el tesoro de un santuario **sintoísta**. | Storehouse where the treasury of a Shintō shrine is kept.

hōgaku ほうがく ≀ 邦楽 ▸ (mu) /el/ Estilo musical de la Era Edo (1600-1868) basado en el ***shamisen***. | Music of the Edo period (1600-1868) based on the shamisen.

hōgan biiki ほうがん びいき ≀ 判官贔屓 ▸ (ps) /la/ Simpatía por un héroe trágico; inclinación a tomar partido por el perdedor. | Sympathy for a tragic hero; an inclination to side with the underdog. // Dicen que la expresión *hōgan biiki* tiene su origen en el héroe Minamoto no Yoshitsune, de finales del s. XII.

hōin ほういん ≀ 法印 ▸ (re) /el/ Jerarquía suprema budista. | Supreme Buddhist hierarchy.

hōji ほうじ ≀ 法事 ▸ (re) /el/ Servicio budista en el aniversario de la muerte de una persona. | A Buddhist service on the anniversary of a person's death.

hōjicha ほうじちゃ ≀ 焙じ茶 ▸ (be) /el/ Té verde común especialmente aromático. | Common green tea that is especially aromatic.

hōjō ほうじょう ≀ 方丈 ▸ (re) /el/ Pabellón donde reside el superior de una congregación **zen**; (arq) cuarto cuya superficie equivale a cuatro tatamis y medio, esto es, unos 9 metros cuadrados. | Pavilion where the superior of a Zen congregation lives; room whose surface area is equal to four and a half tatamis or approximately 30 sq feet.

hōjubako ほうじゅばこ ≀ 宝珠箱 ▸ (et) /el, la/ Joyero, caja para guardar joyas. | Jewelry box, a box for keeping jewels.

hōkan ほうかん ≀ 幇間 ▸ (hi / so) /el/ Cómico que, especialmente en la Era Edo (1600-1868), entretenía a las mujeres de placer y a sus clientes. | Comedian who entertained ladies of pleasure and their clients especially during the Edo period (1600-1868).

Hokekyō, Hokkekyō ほけきょう、ほっけきょう ≀ 法華経 ▸ (re) /el/ El *Sutra del loto*: la base devocional del budismo ***mahayana*** y escritura principal de varias escuelas budistas. | *The Lotus Sutra*: the base of Mahayana Buddhism and major scripture of several Buddhist schools.

hōken seido ほうけん せいど ≀ 封建制度 ▸ (hi) /el/ «Sistema feudal»: política basada en el sistema de feudos o dominios en contraste con el sistema moderno de prefecturas. | «Feudal system»: policy based on the system of fiefs or dominions in contrast to the modern system of prefectures.

hokku ほっく ≀ 発句 ▸ (li) /el/ La estrofa inicial o los tres primeros versos de un poema ***renga*** o **haikai**. | The opening stanza or three initial lines of a renga or haikai sequence.

hōkō ほうこう ≀ 奉公 ▸ (ps) /el, la/ Servicio al señor. | Service to the lord. // *Hōkō* junto con *kō* y *chū* forman el triángulo básico de la ética confuciana.

hokora ほこら ≀ 祠 ▸ (arq / re) /la/ Pequeña capilla consagrada a una deidad **sin-**

toísta que puede construirse independiente del recinto de un santuario. | Small chapel devoted to a Shintō deity that can be built independently of the shrine's compound.

hokutō no kaze ほくとう の かぜ ↝ 北東の風 ▸ (cl) /el/ Viento del noreste. | Wind from the northeast.

home goroshi ほめ ごろし ↝ 誉め殺し ▸ (so) /la/ Burla por medio de elogios exagerados. | Mockery by overpraising.

hōmon no uta ほうもん の うた ↝ 法文歌 ▸ (li / re) /la/ Canción budista. | Buddhist song.

honbasho ほんばしょ ↝ 本場所 ▸ (de) /el/ Torneo oficial de ***sumō*** (sumo, DLE) cuyo resultado afecta a la clasificación de los luchadores [***rikishi***]. | Official sumō tournament whose result affects the classification of the wrestlers [rikishi].

honbutai ほんぶたい ↝ 本舞台 ▸ (te) /la/ Zona central de un escenario ***noh*** definida por cuatro pilares; nombre del escenario de **kabuki**. | Central area of a noh stage defined by four pillars; name for a kabuki stage.

honden ほんでん ↝ 本殿 ▸ (re) /el/ Pabellón inaccesible a los fieles de un santuario **sintoísta** donde se considera que mora el espíritu divino. También llamado ***shōden***. | Wing or annex of a Shintō shrine that is inaccessible to the faithful and where the divine spirit is believed to dwell. Also called shōden.

hondō ほんどう ↝ 本堂 ▸ (arq / re) /el/ Edificio de un complejo o templo budista donde se muestran las reliquias o imágenes más importantes {*ver* ***kondō***}. | Building in a Buddhist compound or temple where the most significant relics or images are displayed {*see* kondō}.

hongaku ほんがく ↝ 本覚 ▸ (re) /el, la/ Noción budista según la cual todos los seres potencialmente pueden despertar por ser budas tal como son. | Buddhist notion of innate enlightenment in which every living being can become enlightened like Buddha.

honji suijaku ほんじ すいじゃく ↝ 本地垂迹 ▸ (re) /la/ La teoría de que las deidades nativas del ***shintō*** (**sintoísmo**, DLE) {*ver* ***kami***} son encarnaciones japonesas o manifestaciones locales de las divinidades indias budistas. | The theory that native Shintō deities {*see* kami} are Japanese incarnations or local manifestations of Indian Buddhist divinities. // La *honji suijaku* resume el sincretismo religioso del pueblo japonés.

honkadori ほんかどり ↝ 本歌取り ▸ (li) /la/ Técnica empleada en la poesía clásica consistente en escoger una frase o imagen de un poema famoso y usarla palabra por palabra en un contexto creativo diferente. | The technique in classical poetry of echoing a phrase or image from a well-known poem or using it verbatim in a different context in the creation of a new one.

honke ほんけ ↝ 本家 ▸ (so) /la/ En el sistema familiar tradicional, la familia matriz o principal {*contrastar con* ***bunke***}. | The main household in the traditional family system as opposed to a branch family or bunke.

honkeya, honkejaya ほんけや 、ほんけじゃや ↝ 本家屋、本家茶屋 ▸ (te / so) /el/ Especie de casa de té y, a la vez, oficina anexa a un teatro de **kabuki**. | Type of tea house and office next to a kabuki theater.

honkyōgen ほんきょうげん ↝ 本狂言 ▸ (te) /el, la/ Pieza teatral principal o independiente del género ***kyōgen***. | Main theatrical piece not related to the kyōgen genre.

honkyoku ほんきょく ↝ 本局 ▸ (mu / re) /la/ Música **zen**. | Zen music.

honmaru ほんまる ↝ 本丸 ▸ (arq) /el/ Espacio central del recinto de un castillo donde se ubica el torreón principal [***ten-***

shu]. | Central area of the castle compound where the main tower-like structure [tenshu] is found.

honne ほんね ∿ 本音 ▸ (ps) /el/ Intención verdadera no revelada frente a la expresada o externa {*contrastar con* ***tatemae***}. | A true veiled intention in contrast with the spoken or outward intention {*contrast with* tatemae}. // Por fin, después de la tercera copa empezó a hablar en clave de *honne*.

honshin ほんしん ∿ 本心 ▸ (re) /el/ «La mente original»: ideal de la conciencia perseguido por los practicantes del budismo **zen**. | «The original mind»: the ideal of consciousness sought by followers of Zen Buddhism.

hontesuri ほんてすり ∿ 本手摺 ▸ (te) /la/ Pantalla que oculta las piernas de los titiriteros del teatro ***bunraku*** cuando se mueven por la zona superior del escenario. | Screen that hides the legs of puppeteers in the bunraku theater when they move about the upper area of the stage.

honto mononari ほんと ものなり ∿ 本途物成 ▸ (hi) /el/ Impuesto aplicado a los campesinos en la Era Edo (1600-1868). | A tax levied on peasants during the Edo period (1600-1868).

honzen ryōri ほんぜん りょうり ∿ 本膳料理 ▸ (co) /la/ Estilo de comida formal servida en una bandeja de patas cortas y que es uno de los tres tipos básicos de comida tradicional. | Formal style of food served on short-legged trays, one of the three basic styles of traditional cooking.

hōō ほうおう ∿ 鳳凰 ▸ (mi) /el/ El Fenghuang, pájaro de la mitología china considerado heraldo de un buen gobierno bajo un soberano sabio. | Fenghuang, a bird in Chinese mythology whose appearance is said to herald good government under a wise sovereign.
法皇 ▸ (hi) /el/ Abreviación de *dajō hōō* o emperador monje retirado, título oficial otorgado a los emperadores retirados que se hacían monjes budistas. | Abbreviation of dajō hōō or priestly retired sovereign, a formal title given to retired emperors who became Buddhist priests.

hōrai ほうらい ∿ 蓬莱 ▸ (mi) /el/ Mundo idílico en el que no existen ni la muerte ni el dolor, nunca es invierno y las plantas siempre tienen flores y frutos. | Idyllic world where there is no pain or death, it is never winter and plants always flower and bear fruit.

hori gotatsu ほり ごたつ ∿ 掘り炬燵 ▸ (mo / vi) /el/ Un ***kotatsu*** construido en el suelo. | A kotatsu built into the floor.

horimono, ***ver*** **irezumi.** | *See* irezumi.

horishi ほりし ∿ 彫師 ▸ (et) /el, la/ Artista del tatuaje, tatuador. | A tattoo artist, tattooist.

horō ほろう ∿ 歩廊 ▸ (arq) /el, la/ Galería o corredor cubierto y con ambos lados abiertos que comunican los distintos pabellones de una mansión ***shinden tsukuri*** o de un monasterio. | Covered gallery or hallway open on both sides that joins the different wings or annexes at a monastery or shinden tsukuri mansion.

horumon ryōri ほるもん りょうり ∿ ホルモン料理 ▸ (co) /la/ Comida a base de vísceras de cerdo, res o pollo. | Food made with offal of pork, beef or chicken.

hōshoshi, hōshogami ほうしょし、ほうしょがみ ∿ 奉書紙 ▸ (et) /el/ Variedad de papel japonés o ***washi*** popular en la Era Edo (1600-1868) junto con ***hanshi*** y ***shuzenji gami***. | Type of Japanese paper or washi that was popular during the Edo period (1600-1868) along with hanshi and shuzenji gami.

hoshōgaisha ほしょうがいしゃ ∿ 保証会社 ▸ (em) /la/ Compañía o empresa que actúa como garante a cambio de una retribución. | Company or business that acts as a guarantor in return for a recompense.

hoshōnin ほしょうにん ∿ 保証人 ▸ (em) /el, la/ Garante, fiador. | Guarantor, backer.

hosofude ほそふで ∿ 細筆 ▸ (et / ar) /el/ Pincel fino usado en caligrafía [***shodō***]. | Fine brush used in calligraphy [shodō]. // Suzuki *sensei* se sentó bien derecho, empuñó el *hosofude* y resueltamente escribió los hermosos trazos de un sinograma.

hosomi ほそみ ∿ 細み ▸ (es) /el/ Ligereza; agudeza; frugalidad: uno de los principios poéticos del maestro del **haiku** Matsuo Bashō. | Lightness; sharpness; frugality: one of the poetic ideals of the haiku master Matsuo Bashō.

hoso nokogiri ほそ のこぎり ∿ 細鋸 ▸ (et) /la/ Sierra de cortar a contrahílo de hoja fina. | Fine-edged saw that cuts against the grain.

Hossō-shū ほっそうしゅう ∿ 法相宗 ▸ (re) /la/ En el budismo japonés, una de las llamadas «Seis escuelas de Nara» [Rokushū]. | One of the «Six Schools of Nara» [Rokushū] in Japanese Buddhism.

hotaru (*Lampyris noctiluca*) ほたる ∿ 蛍 ▸ (zo) /la/ Luciérnaga. | A firefly.

hotaru gari ほたるがり ∿ 蛍狩 ▸ (fo) /el, la/ Pasatiempo consistente en observar en las noches estivales el vuelo de las ***hotaru***. | Pastime of observing the flight of the hotaru on summer nights.

hotaru ika (*Watasenia scintillans*) ほたるいか ∿ 蛍烏賊 ▸ (zo) /el/ Calamar luciérnaga. | A firefly squid.

hotaru zoku ほたるぞく ∿ 蛍族 ▸ (so) /los/ Grupo de hombres forzados a salir fuera de la casa a fumar, así llamados porque la punta de sus cigarrillos moviéndose en la oscuridad se asemeja a una luciérnaga. | Group of men obliged to smoke outside the home, referred to in this way because the end of their cigarettes moving in the darkness resembles a firefly.

hotategai (*Pecten maximus*) ほたてがい ∿ 帆立貝 ▸ (zo) /la/ Venera, vieira. | A scallop.

hotoke ほとけ ∿ 仏 ▸ (re) /el/ **Buda**; un buda {*ver* **Butsu**}. | Buddha; a buddha {*see* Butsu}.

hototogisu (*Cuculus poliocephalus*) ほととぎす ∿ 不如帰 ▸ (zo) /el/ Cuco chico, cuclillo, un motivo frecuente en la poesía clásica, asociado al verano y al amor. | A cuckoo, a frequent motif in classical poetry, associated with summer and love. // La palabra *hototogisu* constituye un verso con sus cinco sílabas.

hoya (*Halocynthia papillosa*) ほや ∿ 海蛸 ▸ (zo) /la/ Ascidia comestible, un género de tunicados, común en las costas japonesas. | A sea squirt, a genus of edible tunicates common to all the waters surrounding Japan.

hōyō ほうよう ∿ 法要 ▸ (re) /el/ Servicio religioso budista en memoria de un difunto celebrado en ciertos aniversarios (1, 2, 6, 12, 16 y más). | Buddhist religious service held for the deceased on certain anniversaries (1, 2, 6, 12, 16 and others).

hozo no o ほぞのお ∿ 臍の緒 ▸ (et) /el/ «Tallo de la vida»: cordón umbilical del recién nacido. | «Life line»: the umbilical cord of a newborn.

hōzō ほうぞう ∿ 宝蔵 ▸ (arq / re) /el/ Pequeño almacén donde se custodian las escrituras y el tesoro de un santuario **sintoísta**. | Small storeroom where the writings and treasury are held at a Shintō shrine.

hōzuki (*Physalis alkekengi*) ほおずき ∿ 酸漿 ▸ (bo) /la/ Variedad del alquejenje, planta solanácea conocida como «farolito japonés» por la forma de sus frutos rojo escarlata. | A plant of the Solanaceae order known as the «Japanese lantern» for the bright red membrana over its fruits.

hyakkiyagyō ひゃっきやぎょう ∿ 百鬼夜行 ▸ (fo) /la/ Procesión nocturna de «los cien demonios». | Night-time procession of «one hundred demons».

Hyakunin (**hyakunin,** *en 2.ª acepción*) **isshu** ひゃくにん いっしゅ ∿ 百人一首 ▸ (li) /los/ «Cien poetas, cien poemas»: colección de cien **tankas** (DLE), cada uno de un poeta diferente, compilada en el s. XIII por Fujiwara no Teika; juego de cartas que usa los poemas de esta colección {*ver* ***torifuda, torite, yomifuda** y **yomite***}. | «Single poems by 100 Poets»: a collection of a hundred tanka, each by a different poet, compiled by Fujiwara no Teika in the 13th century; game of cards using the poems of this collection {*see* torifuda, torite, yomifuda *and* yomite}.

hyakushō ひゃくしょう ∿ 百姓 ▸ (so) /los/ Término genérico para referirse a los campesinos, especialmente con referencia a su estatus social. | Generic term referring to peasants, especially regarding their social status.

hyakushō ikki ひゃくしょう いっき ∿ 百姓一揆 ▸ (hi) /el, la/ Sublevación popular, en particular de campesinos, contra el gobierno **sogunal** durante la Era Edo (1600-1868). | Popular uprising, especially among the peasants, against the shōgun government during the Edo period (1600-1868).

hyakuyattsu ひゃくやつ ∿ 百八つ ▸ (re) /las/ «Ciento ocho veces»: se refiere a las 108 campanadas de un templo la medianoche de la víspera de Año Nuevo. | «One hundred eight times»: usually applied to striking a temple bell 108 times on New Year's Eve at midnight.

hyō ひょう ∿ 表 ▸ (li) /el, la/ Memoria o alocución dirigida al emperador. | Report or address given to the emperor.

hyōjungo ひょうじゅんご ∿ 標準語 ▸ (le) /el/ Dialecto de Tokio usado como japonés estándar. | Tokyo dialect used as standard Japanese.

hyōkei hōmon ひょうけい ほうもん ∿ 表敬訪問 ▸ (em / so) /la/ Visita de cortesía. | A courtesy call or visit.

hyōshi ひょうし ∿ 拍子 ▸ (ar mar) /el/ Ritmo o flujo en una secuencia de movimientos. | Rhythm or flow in a sequence of movements.

hyottoko

hyottoko ひょっとこ ▸ (fo) /la/ Máscara cómica de rostro masculino con los labios fruncidos {*contrastar con* ***okame***}. | A farcical mask with a masculine face and a frown {*contrast with* okame}.

I

i い ∿ 亥 ▸ (ca) /el/ El Jabalí, el último de los doce animales del Zodiaco oriental. | The Boar, the last of the twelve animals of the Chinese zodiac. // Mi hija nació en el año del Jabalí y, quizás por eso, es muy terca.

iai いあい ∿ 居合い ▸ (ar mar) /el/ Sablazo rápido que se da sentado para matar al adversario. | Drawing a sword quickly from a sitting position to cut one's adversary down.

iaidō, yaidō いあいどう、やいど ∿ 居合道 ▸ (ar mar) /el, la/ «La Vía de sacar el sable»; el arte de sacar el sable de la vaina [***saya***] y derrotar a enemigos imaginarios. | «The way of drawing a sword»; the art of drawing a sword from the scabbard or saya and defeating imaginary opponents.

iaijutsu いあいじゅつ ∿ 居合術 ▸ (ar mar) /el/ El arte de desenvainar el sable japonés. | The art of drawing a Japanese sword.

ibayashi いばやし ∿ 居囃子 ▸ (te) /la/ Obra corta de ***noh*** interpretada por tres actores sentados. | A short noh piece played by three performers who remain seated.

ichi no tesuri いち の てすり ∿ 一の手摺 ▸ (te) /la/ Pequeña pantalla que oculta las candilejas en un escenario de ***bunraku***. | Small screen that hides the footlights on a bunraku stage.

ichifuji nitaka sannasubi いちふじ にたか さんなすび ∿ 一富士二鷹 三茄子 ▸ (fo) /los/ Los tres objetos que tradicionalmente son considerados de buen augurio si aparecen en el primer sueño que se tiene en Año Nuevo: primero, el monte Fuji; segundo, un halcón; y tercero, una berenjena. | The three objects that are traditionally believed to be auspicious if they appear in one's first dream of the New Year: first, Mt. Fuji; second, a hawk; and third, an eggplant.

ichigan nisoku santan shiriki いちがん にそく さんたん しりき ∿ 一眼二足三胆四力 ▸ (ar mar) /el/ Lema con los cuatro factores para el progreso en ***kendō*** (**kendo**, DLE): la mirada, la posición de los pies, la energía en el abdomen y la fuerza física. | The four essential elements in kendō: the eyes, position of the feet, energy in the abdomen and physical strength.

ichigen いちげん ∿ 一見 ▸ (so) /el/ El acto de aparecer en un restaurante u hostal japonés sin ser antes presentado por un cliente habitual. | Appearing at a restaurant or a Japanese style restaurant without an introduction by a regular customer. // Algunos restaurantes de lujo de Kioto rechazan a los clientes de *ichigen*.

ichigen kin いちげん きん ∿ 一弦琴 ▸ (mu) /el/ Arpa de una sola cuerda. | Harp with only one string.

ichigo ichie いちご いちえ ∿ 一期一会 ▸ (re) /el/ «Una vida, un encuentro»: concepto relacionado con el budismo **zen** y la transitoriedad de la vida sintetizado en la valoración de cada momento de la vida por ser irrepetible. | «One life, one meeting»: a concept related to Zen Buddhism and the transitory nature of life, can be synthesized as meaning that each and every moment is a «once in a lifetime» opportunity.

ichijū roji いちじゅう ろじ ∿ 一重露地 ▸ (ja) /el/ Jardín de té [***roji***] sin zonas diferenciadas separadas por una cancela o

chūmon {*ver* ***nijū roji***}. | Tea garden [roji] without different areas separated by a gate or chūmon {*see* nijū roji}.

ichimatsu ningyō いちまつ にんぎょう ∿ 市松人形 ▸ (et) /la/ Muñeca con extremidades móviles, el torso de serrín compacto coronado por la cabeza y todas las partes recubiertas de creta blanca. | An ichimatsu doll with movable legs and arms and a torso of compacted sawdust on which a head sits, all covered in white chalk.

ichimegasa いちめがさ ∿ 市女笠 ▸ (in) /el/ En el antiguo Japón y como complemento del ***tsubo sōzoku***, sombrero hondo y de anchas alas llevado por las mujeres cuando salían de sus casas. | Broad wide-brimmed hat worn by women in ancient Japan together with the tsubo sōzoku whenever they went out.

ichimon いちもん ∿ 一門 ▸ (de) /el/ En el mundo del ***sumō*** (**sumo**, DLE), grupo de ***heya*** relacionadas entre sí y cuyos miembros a veces practican juntos. | A group of heya related to one another in the sumō world and whose members sometimes practice together.

ichinen いちねん ∿ 一念 ▸ (re / fi) /el/ Un único momento de la vida; un instante de pensamiento; la vida en un segundo. | A single moment of life; an instant of thought; life at a single moment.

ichinen sanzen いちねん さんぜん ∿ 一念三千 ▸ (re) /el/ Tres mil reinos en un único momento de la vida, una noción central en varias escuelas budistas. | Three thousand realms in a single moment of life, a central concept in several schools of Buddhism.

ichiya zuke いちや づけ ∿ 一夜漬け ▸ (co) /los/ Encurtidos hechos por la noche. | Pickles made overnight.

ichō (*Ginkgo biloba*) いちょう ∿ 銀杏 ▸ (bo) /el/ ***Ginkgo*** (ginkio, nogal de Japón, árbol de los cuarenta escudos), especie vegetal arbórea apreciada tanto por el porte vistoso de su follaje, con hojas en forma de abanico que adquieren un suave color amarillo limón en el otoño, como por sus frutos comestibles y sus propiedades medicinales. | Ginkgo (Japanese walnut tree of forty shields), an indigenous tree from China and Japan greatly appreciated for its spectacular foliage, its fan-shaped leaves that turn a delicate lemon-like yellow in autumn, its edible fruit and medicinal properties.

ichō gaeshi いちょう がえし ∿ 銀杏返し ▸ (pe) /el/ Peinado femenino, con forma de hoja de ***ginkgo*** [***ichō***], de finales de la Era Edo (1600-1868), pero que en la Era Meiji (1868-1912) adoptaron las mujeres casadas. El pelo se recogía en un moño, separando a los lados los cabellos de las sienes, de la nuca y del flequillo. | Ginkgo leaf-like hairstyle from the end of the Edo period (1600-1868) and adapted by married women in the Meiji period (1868-1912). The hair was wrapped in a bun and separated into two tresses on either side, the locks from the forehead, the nape of the neck and the bangs.

idashiginu いだしぎぬ ∿ 出し衣 ▸ (et) /el/ «La seda que se hace sacar»: especialmente en la Era Heian (794-1185), la práctica de dejar que las mangas de los **kimonos** de los ocupantes del carruaje [***gissha***] colgaran hacia fuera para ser admiradas por los espectadores. | «The silk that is hung out»: common practice, especially during the Heian period (794-1185), of letting the kimono sleeves of the occupants in a coach [gissha] hang out over the edges so as to be admired by spectators.

idashi guruma いだしぐるま ∿ 出車 ▸ (tr) /el/ Carruaje de exhibición {ver ***idashiginu***}. | Exhibition coach {*see* idashiginu}.

Idaten <sáns. *Skanda*> いだてん ∿ 韋駄天 ▸ (re) /el/ Uno de los ocho generales máximos de la deidad budista Zōjōten que custodia el budismo y del que popularmente se cree que es capaz de desplazarse a gran velocidad. | One of the eight great generals of the Buddhist deity Zōjōten who protects Buddhism and is popularly known for the ability to travel at great speed.

ido いど ∿ 井戸 ▸ (ja) /el/ Pozo en un jardín, hoy día frecuentemente con función decorativa. | A well in a garden frequently used today for decorative purposes.

idochawan いどちゃわん ∿ 井戸茶碗 ▸ (ce) /la/ Taza de té barnizada con un color anaranjado amarillento pálido y fabricada en Corea de finales del s. XVI a principios del XVII. | A tea bowl with a pale yellowish-orange glaze produced in Korea from the late 16th to the early 17th century.

idol eiga, *ver* **aidoru eiga.** | *See* aidoru eiga.

ie いえ ∿ 家 ▸ (so) /la/ Familia, casa: unidad primaria de la organización social tradicional japonesa. | Family, household: the primary unit of traditional social organization in Japan. // La *ie* tradicional podía incluir miembros sin parentesco entre sí.

iemoto いえもと ∿ 家元 ▸ (so) /el, la/ El fundador de una escuela artística tradicional o el director actual de esta, que suele ser directo descendiente del fundador. | The founder of a traditional artistic school or the current head of the school, usually a direct descendant of the founder.

Iga mono いが もの ∿ 伊賀者 ▸ (hi) /el, la/ ***Ninja*** del señorío de Iga (actual prefectura de Mie) al servicio del **sogunato Tokugawa**. | Ninja from the Iga domain (now Mie Prefecture) in service of the Tokugawa Shogunate.

Iga yaki いが やき ∿ 伊賀焼 ▸ (ce) /la/ Cerámica elaborada en la provincia de Iga (Mie). | Earthenware made in Iga Province (Mie).

igai (*Mytilus coruscus*) いがい ∿ 貽貝 ▸ (zo) /el/ Mejillón japonés. | A Japanese mussel.

igaichō いがいちょう ∿ 居開帳 ▸ (re) /la/ Apertura temporal de la sección de un templo budista para que el público pueda ver la estatua o imagen principal. | A temporary opening of a section of a Buddhist temple to allow public viewing of the principal image or statue.

igo いご ∿ 囲碁 ▸ (ju) /el/ Juego del **go**. | The game of go.

igusa (*Juncus effusus*) いぐさ ∿ 藺草 ▸ (bo) /la/ Especie de junco usado para fabricar **tatamis**. | A rush or sedge used to make tatami.

igushi いぐし ∿ 斎串 ▸ (re) /la/ Rama decorada de bambú o ***sakaki*** agitada por un sacerdote durante un rito **sintoísta**. | A decorated branch of bamboo or sakaki waved by a priest during a Shintō rite.

ihai いはい ∿ 位牌 ▸ (re) /la/ Tablilla funeraria budista con el nombre póstumo del difunto. | A Buddhist memorial tablet on which the posthumous name of the deceased is inscribed.

ijime いじめ ∿ 苛め ▸ (so) /el/ Acoso escolar, laboral, etc. | Bullying at school, work, etc. // El niño, hijo de una pareja que había vuelto a Japón tras vivir tres años en el extranjero, era víctima de *ijime* y sus padres fueron a hablar con el director de la escuela.

ika (*Loligo vulgaris*) いか ∿ 烏賊 ▸ (zo) /el/ Calamar; sepia. | A squid; a cuttlefish.

ika dokkuri いか どっくり ∿ 烏賊徳利 ▸ (be) /la/ Botella de **sake** hecha con un calamar o sepia desecado. | A sake bottle made from a dried squid or cuttlefish.

ikameshi いかめし ∿ 烏賊飯 ▸ (co) /el/ Calamar relleno. | A stuffed squid.

ikanago (*Ammodytes personatus*) いかなご ∿ 玉筋魚 ▸ (zo) /el/ Anguila del Pacífico. | A sand eel.

ikasōmen いかそうめん ∿ 烏賊素麺 ▸ (co) /las/ Tiras finas de sepia cruda que se mojan en ***wasabi*** y salsa de **soja**. | Thin strands of raw cuttlefish eaten dipped in wasabi and soy sauce.

ikebana

ikebana (ikebana, DLE) いけばな ⟅ 生け花 ▸ (ar) /el/ Arte japonés del arreglo floral. | The art of Japanese flower arrangement. // El artístico ikebana que había en el *tokonoma* embellecía toda la sala.

ike zukuri いけ づくり ⟅ 活け造り ▸ (co) /el/ Fileteado de un pez aún vivo y reposición de su carne para ***sashimi*** en la misma forma del pescado. | Filleting a fish while it is still alive, slicing the meat into sashimi and serving it in the same form as the fish.

iki いき ⟅ 粋 ▸ (es) /el/ Elegancia con matices de sensualidad; voluptuosidad discreta; refinamiento; belleza chic. | Elegance with nuances of sensuality; discrete enticement; refinement; chic beauty. // Eran célebres por su *iki* las *geishas* del barrio de Fukagawa, en el viejo Edo.

ikiai いきあい ⟅ 息合 ▸ (ar mar) /el/ Método respiratorio empleado en el tiro con arco [***kyūdō***] y otras artes marciales. | The respiratory method used in Japanese archery [kyūdō] and other martial arts.

ikigai いきがい ⟅ 生き甲斐 ▸ (fi) /la/ Razón para vivir; sentido de la vida. | That for which life is worth living; the meaning of life.

ikigami いきがみ ⟅ 生き神 ▸ (re) /el, la/ Individuo que en vida es reverenciado como una deidad. | Individual revered as a deity while still living.

ikigoto いきごと ⟅ 粋事 ▸ (es) /el/ Asunto con ***iki***. | An affair with iki.

ikihari いきはり ⟅ 意気張 ▸ (ps) /el/ Amor propio. | Self-esteem.

ikiji いきじ ⟅ 意気地 ▸ (ps) /la/ Dignidad; orgullo; amor propio. | Dignity; pride; self-esteem.

ikikata いきかた ⟅ 生き方 ▸ (ps) /la/ Forma o estilo de vida. | Lifestyle.

ikiryō いきりょう ⟅ 生き霊 ▸ (fo) /la/ Aparición maléfica de una persona que siente rencor contra alguien; espíritu maléfico de la persona poseída por una fuerte pasión. | The baleful apparition of a person who has a grudge against one; evil spirit of a person possessed by a strong passion.

ikkon いっこん ⟅ 一献 ▸ (so) /la/ Una copa de **sake** u otra bebida alcohólica. | A glass of sake or another alcoholic drink.

ikura <rus. *ikra*> いくら ⟅ イクラ ▸ (co) /las/ Huevas de salmón. | Salmon roe.

ikusa gatari いくさ がたり ⟅ 戦語り ▸ (li) /el/ Relato sobre batallas. | Tale of battles.

imagawa yaki, Imagawa yaki いまがわ やき ⟅ 今川焼 ▸ (co) /la/ Especie de madalena rellena de mermelada de alubias que se sirve caliente. | A muffin containing bean jam and served warm.

Imari yaki いまり やき ⟅ 伊万里焼 ▸ (ce) /la/ Cerámica de Imari (Saga). | Imari (Saga) earthenware.

imayō いまよう ⟅ 今様 ▸ (li) /el/ Poema antiguo compuesto de cuatro versos, dividido cada uno en dos dísticos de siete y cinco sílabas. | An ancient verse form consisting of four verses, each divided into two couplets of seven and five syllables.

imi kotoba いみ ことば ∿ 忌み言葉 ▸ (li) /la/ Palabra tabú. | A taboo word.

imo いも ∿ 芋 ▸ (co / so) /el, la/ Patata dulce o boniato; persona ruda. | A sweet potato; an unrefined person.

imoame いもあめ ∿ 芋飴 ▸ (co) /la/ Pasta dulce de boniato. | Sweet potato paste.

imoban いもばん ∿ 芋版 ▸ (art) /la/ Impresión realizada con la superficie incisa de una sección transversal de un boniato. | A print made from the incised surface of a cross-section of a sweet potato.

imogayu いもがゆ ∿ 芋粥 ▸ (co) /la/ Gachas de arroz con boniato. | Rice porridge with sweet potato.

imonikai いもにかい ∿ 芋煮会 ▸ (et) /la/ Reunión al aire libre en la cual se come un guiso de *taro*, cebollas verdes, carne de ternera, etc. | A party outdoors at which people eat taro stew, green onions, beef, etc.

imoyōkan いもようかん ∿ 芋羊羹 ▸ (co) /la/ Barra de gelatina de pasta de boniato. | A bar of jellied sweet potato paste.

-in いん ∿ 院 ▸ (re) /el, la/ Sufijo de un templo o una ermita budista cuando se encuentra dentro del territorio de un monasterio al que está asociado; (po) /el/ sufijo para designar a un exemperador o exemperatriz. | Suffix applied to a Buddhist temple or shrine when it is located within the territory of the monastery it is associated with; suffix applied to describe a former emperor or empress.

inakama いなかま ∿ 田舎間 ▸ (mo) /el/ **Tatami** con las medidas de la región de Tokio (1880 × 909 mm) {*contrastar con* ***kyōma***}. | Tatami with the measurements used in the Tokyo region (6 ft 2 in × 3 ft approx.) {*contrast with* kyōma}.

inaki いなき ▸ (co) /el/ Plato rústico de verduras hervidas en un caldo de sabor fuerte y ligado con salsa de **soja**. | Plain dish of vegetables boiled in a strong-flavored broth and thickened with soy sauce.

Inari

Inari いなり ∿ 稲荷 ▸ (re) /el/ El dios de las cosechas, normalmente representado en figura de zorro; la deidad zorro. | The deity of harvests, commonly represented as a fox; the fox deity.

inari zushi いなり ずし ∿ 稲荷寿司 ▸ (co) /el/ Arroz hervido al gusto y envuelto en ***tōfu*** (**tofu**, DLE) frito. | Rice boiled to taste and wrapped in fried tōfu.

inase いなせ ∿ 鯔背 ▸ (ps) /la/ Gallardía. | Gallantry, bravery.

inden いんでん ∿ 印伝 ▸ (in) /el/ Bolso o cartera de cuero teñido y decorado con puntos de laca japonesa. | A handbag made of dyed tanned leather and decorated with dots of Japanese lacquer.

inga いんが ∿ 因果 ▸ (re) /el/ En la tradición budista, el concepto de causa y efecto. | The notion of cause and effect in the Buddhist tradition.

ingo いんご ∿ 隠語 ▸ (so) /el/ Argot o jerga usada por un grupo concreto con el fin de excluir a los extraños o de reforzar los vínculos grupales. | Specialized slang or lingo employed by a particular group in order to exclude outsiders or to reinforce in-group feelings.

inja いんじゃ ∿ 隠者 ▸ (so / re) /el, la/ Persona que se aparta de la sociedad; ermitaño. | A person who withdraws from society; a hermit.

inja bungaku いんじゃぶんがく ⇃ 隠者文学 ▸ (li) /la/ Literatura del apartamiento, literatura escrita por los ***inja***. | Literature of separation or seclusion written by an inja.

injiuchi いんじうち ⇃ 印地打 ▸ (ju) /el/ Juego de batalla entre dos grupos de niños tradicionalmente jugado el Día de los Niños (5 de mayo). | A mock battle between two opposing teams of boys on Boys' Day (May 5th).

injutsu いんじゅつ ⇃ 隠術 ▸ (ar mar) /el, la/ Estrategia del ***ninjutsu*** consistente en infiltrarse en territorio enemigo por medio de diversas técnicas de ocultamiento {*comparar con* ***yōjutsu***}. | Ninjutsu strategy consisting of infiltrating enemy territory by means of different techniques of concealment {*compare with* yōjutsu}.

inka いんか ⇃ 印可 ▸ (re) /la/ Confirmación por parte del maestro de la iluminación religiosa del discípulo. | Teacher's confirmation of a disciple's religious enlightenment.

inkan いんかん ⇃ 印鑑 ▸ (ar) /el/ Sello; marca de un sello. | Seal; stamp of a seal.

inkyo いんきょ ⇃ 隠居 ▸ (so) /el, la/ «Reclusión»: práctica tradicional japonesa por la que el cabeza de familia emprende una vida retirada. | «Seclusion»: traditional Japanese custom in which the head of the household goes into retirement.

inniku いんにく ⇃ 印肉 ▸ (ar) /el/ Tampón de sellado. | A seal ink pad.

inrō いんろう ⇃ 印篭 ▸ (in / ar) /el/ Pequeño recipiente generalmente lacado con varios compartimentos minúsculos y que se cuelga del ***obi*** con un cordón y tensor o ***netsuke***. | Small container, usually of lacquerware and made up of tiny compartments worn suspended from the obi by a cord and a toggle or netsuke. // Originalmente, el *inrō* se usaba para llevar medicinas, y su decoración reflejaba el estatus y gusto del portador.

insei いんせい ⇃ 院政 ▸ (hi) /el/ «Gobierno recluido»: sistema de gobierno que prevaleció entre la abdicación del emperador Shirakawa en 1087 y el establecimiento del gobierno militar en 1192, según el cual había dos centros de gobierno: el emperador reinante y el emperador retirado. | «Cloistered government»: the system of government that prevailed between the abdication of Emperor Shirakawa in 1087 and the establishment of the military government in 1192, at which time there were two political centers: the reigning emperor and a retired emperor.

insō いんそう ⇃ 印相 ▸ (ar / re) /el/ En la iconografía budista, *mudra* o gesto de las manos de una estatua. | Mudra or gesture of the hands on a statue in Buddhist iconography.

intai いんたい ⇃ 引退 ▸ (de) /el/ Retiro del ejercicio profesional competitivo de un luchador de ***sumō*** (**sumo**, DLE), pero con la connotación de seguir activo como ***oyakata*** o entrenador. | Retirement of a sumō wrestler from professional competitive activity but with the connotation of remaining active as an oyakata or coach in the sumō world.

intānetto café インターネット カフェ ▸ (so) /el/ Cafetería con acceso a internet; cibercafé. | An Internet café; a cybercafé.

inu いぬ ⇃ 戌 ▸ (ca) /el/ El Perro, uno de los doce signos del Zodiaco oriental. | The Dog, one of the twelve animals of the Chinese zodiac.

inu hariko いぬ はりこ ⇃ 犬張子 ▸ (et) /el/ Perro de papel maché popular en la Era Edo (1600-1868) como talismán para un parto seguro y como protector de los niños. | A papier-mâché dog popular during the Edo period (1600-1868) as a talisman for safe childbirth and the protection of children.

inugami いぬがみ ⇃ 犬神 ▸ (fo / re) /el/ Un espíritu canino; el dios perro. | A canine spirit; the dog god.

inugami mochi いぬがみ　もち ↯ 犬神持ち ▸ (fo) /el, la/ Persona poseída por el ***inugami***, que usa a esta para acosar a otras personas. | Person possessed by the inugami who uses him or her as a vessel to harass other people.

inuō mono いぬおう もの ↯ 犬追物 ▸ (de / hi) /el/ Un deporte practicado por los miembros de la clase ***samurai*** (**samurái**, DLE) consistente en cabalgar disparando flechas contra perros. | A sport of the warrior class or samurais consisting of shooting arrows at dogs while on horseback.

inuyasha いぬやしゃ ↯ 犬夜叉 ▸ (fo) /el/ Perro vampiro. | A vampire dog.

inzō, *ver* **insō.** *See* insō.

Iomante いおまんて ↯ イオマンテ ▸ (fo) /el/ Festival del Oso: ritual **ainu** de agradecimiento al dios oso por proveer de pieles y carne. | The Bear Festival: an Ainu ritual to thank the bear deity for providing bearskins and meat.

ippan shoku いっぱん しょく ↯ 一般職 ▸ (em) /el, la/ Grupo o categoría laboral de empleados que realizan labores menos importantes en la empresa y con salarios bajos. | Lesser group or category of low-wage workers who carry out the less important tasks at a company or business.

ippin ryōri いっぴん りょうり ↯ 一品料理 ▸ (co) /la/ Comida a la carta. | Food a la carte.

ippon いっぽん ↯ 一本 ▸ (ar mar) /el/ Máxima puntuación en una competición de artes marciales. | The highest score in a martial arts competition. // El *judoka* mexicano ganó por *ippon*.

ipponjime いっぽんじめ ↯ 一本締め ▸ (et) /el/ Aplauso de todos los asistentes a una reunión ejecutado al final para señalar el éxito de esta y que sigue este patrón: tres veces tres palmadas y una palmada final. | A clapping of the hands by all attendees at a gathering in recognition of its success that follows this pattern: three claps three times and one final clap.

ire bokuro いれ ぼくろ ↯ 入れ黒子 ▸ (et) /el, la/ La práctica del tatuaje por amor. | Getting a tattoo for love.

irezumi いれずみ ↯ 入れ墨 ▸ (ar / et) /el, la/ «Inserción de tinta»: el arte del tatuaje. | «Putting in the ink»: the art of the tattoo.

iriai いりあい ↯ 入会 ▸ (hi) /el/ Sistema tradicional de propiedad comunal de tierras no cultivables o zonas montañosas en vigor antes de la Era Meiji (1868-1912). | A time-honored system of collective ownership of nonarable lands or mountainous areas in Japan before the Meiji period (1868-1912).

iridōfu いりどうふ ↯ 煎豆腐 ▸ (co) /el/ ***Tōfu*** (**tofu**, DLE) hervido, escurrido, sazonado y servido caliente. | Boiled tōfu drained, seasoned, and heated.

iridori いりどり ↯ いり鳥り ▸ (co) /la/ Picadillo de carne de pollo y de verduras dorado al fuego y luego cocido. | Finely chopped chicken meat and vegetables braised and then stewed.

iriko いりこ ↯ 炒子 ▸ (co) /las/ Sardinillas desecadas. | Small dried sardines.
炒粉 ▸ (co) /la/ Harina de arroz tostado. | Parched rice flour.

irimoya いりもや ↯ 入母屋 ▸ (arq) /la/ Cubierta a cuatro aguas de un edificio con dos de sus faldones interrumpidos por pequeños muros hastiales o gabletes. | A type of bargeboard or ridge-like covering on a hip-and-gable roof.

iro いろ ↯ 色 ▸ (ar mar) /el/ En ***kendō*** (**kendo**, DLE), el acto de revelar la intención de atacar. | Revealing one's intention to attack in kendō.

iro gonomi, *ver* **irogoto.** | *See* irogoto.

irogoto いろごと ↯ 色事 ▸ (li) /el/ Un asunto amatorio. | A love affair.

iroha いろは ▸ (le) /el/ Silabario japonés tradicional. | The traditional Japanese syllabary.

iroha garuta いろは がるた ⁞ いろは 歌留多 ▸ (ju) /el, la/ Cartas de ***iroha***; juego de reconocimiento basado en 47 de los 48 símbolos escritos del silabario fonético japonés {*ver* ***kana***} y en el que se usan tarjetas o cartas impresas con imágenes y proverbios. | The playing cards of iroha; a game of recognition based on 47 of the 48 written symbols of the Japanese phonetic syllabary {*see* kana}, using cards printed with pictures and proverbs.

iromuji いろむじ ⁞ 色無地 ▸ (in) /el/ **Kimono** liso semiformal y sin adornos excepto la estampación del blasón familiar. | A semiformal kimono of a solid color without a pattern except for a family crest.

irori

irori いろり ⁞ 囲炉裏 ▸ (arq / vi) /el/ Fogón hundido en el suelo dentro de la casa. | A sunken hearth; a sunken fireplace.

isagiyoku いさぎよく ⁞ 潔く ▸ (ps) /el/ «Irse sin ningún pesar»: disposición espiritual a morir con la conciencia limpia. | «Leaving with no regrets»: spiritual readiness to die with a clear conscience.

isami いさみ ⁞ 勇み ▸ (ps) /la/ Hombría, valor. | Manliness, valor.

isami ashi いさみ あし ⁞ 勇み足 ▸ (de) /la/ Situación en la que el luchador de ***sumō*** (**sumo**, DLE) pisa fuera del círculo, dando la victoria a su rival. | Situation in which an attacking sumō wrestler accidentally steps out of the ring giving victory to his opponent.

Ise ebi (*Panulirus japonicus*) いせ えび ⁞ 伊勢海老 ▸ (zo) /la/ Langosta espinosa. | Crawfish; a spiny lobster.

Ise mairi いせ まいり ⁞ 伊勢参り ▸ (re) /la/ Peregrinaje al santuario **sintoísta** de Ise. | Pilgrimage to the Shintō shrine at Ise.

Ise monogatari いせ ものがたり ⁞ 伊勢物語 ▸ (li) /el/ Colección de relatos breves intercalados de poemas acerca del poeta Ariwara no Narihira y probablemente compilada en el s. IX. | Collection of short tales with poems interspersed about the poet Ariwara no Narihira and probably compiled in the 9th century.

Ise odori いせ おどり ⁞ 伊勢踊 ▸ (re) /la/ Danza ejecutada por peregrinos. | Dance performed by pilgrims.

isekai いせかい ⁞ 異世界 ▸ (ma) /el/ Subgénero de la narrativa fantástica, común en el **manga** y el ***anime***, en el cual el protagonista se ve trasladado a un mundo paralelo. | Subgenre of narrative fantasy commonly used in manga and anime in which the protagonist finds themselves living in a parallel world.

ishibashi いしばし ⁞ 石橋 ▸ (arq) /el/ Puente de piedra. | A stone bridge.

ishidōrō いしどうろう ⁞ 石灯篭 ▸ (ja) /la/ Linterna de piedra situada en un jardín de té [***roji***]. | Stone lantern in a tea garden [roji].

ishikari nabe いしかり　なべ ∿ 石狩鍋 ▸ (co) /la/ Comida consistente en cocer, en el caldo de algas y pasta de **soja** [***miso***] de una olla servida en la mesa, trozos de salmón fresco, verduras, ***tōfu*** (**tofu**, DLE) y otros ingredientes. | A meal cooked in a pot at the table in which pieces of fresh salmon, vegetables, tōfu, and other ingredients are boiled in a broth of kelp and miso.

ishikeri いしけり ∿ 石蹴り ▸ (ju) /el/ Variedad del juego de la rayuela practicado por niñas. | A kind of hopscotch for girls.

ishin いしん ∿ 維新 ▸ (hi) /la/ «Renovación»: política innovadora adoptada tras la Restauración Meiji. | «Renewal»: innovative policy adopted after the Meiji Restoration.

ishin denshin いしん　でんしん ∿ 以心伝心 ▸ (et) /el, la/ «Transmisión de corazón a corazón»: capacidad de entenderse sin apenas palabras; telepatía. | «Heart-to-heart Communication»: mutual understanding without words; telepathy.

ishinage no mie いしなげ　の　みえ ∿ 石投げの見得 ▸ (te) /la/ Pose del actor de **kabuki** cuando levanta la mano derecha con los dedos abiertos. | Pose of a kakubi actor when raising his hand with open fingers.

ishiyaki imo いしやき　いも ∿ 石焼き芋 ▸ (co) /el/ Boniato asado sobre piedras calientes, frecuentemente vendido en un carrito ambulante. | Sweet potato baked on a bed of hot pebbles, usually sold by itinerant vendors.

isobe yaki いそべ　やき ∿ 磯辺焼き ▸ (co) /el/ Pastel de arroz [***mochi***] envuelto en láminas de alga. | Rice cake [mochi] wrapped in laver paper.

isoshimu いそしむ ∿ 勤しむ ▸ (ps) Trabajar con sentimiento de íntima felicidad. | To work with a feeling of infinite a happiness.

isshōmasu いっしょうます ∿ 一升枡 ▸ (pe y me) /el/ Envase de un ***shō***: medida de capacidad equivalente a 1,8 l. | One shō: capacity equivalent to 1.9 quarts.

issun いっすん ∿ 一寸 ▸ (pe y me) /el/ Medida de longitud equivalente a 3,03 cm. | A length measure equivalent to 1.193 in.

issun bōshi いっすん　ぼうし ∿ 一寸法師 ▸ (et) /el/ Pulgarcito; un enano; un pigmeo. | Tom Thumb; a dwarf; a pigmy.

itadakimasu いただきます ∿ 戴きます ▸ (et / le) /el/ «Recibo humildemente»: expresión de agradecimiento usada especialmente al empezar a comer. | «I humbly receive»: expression of gratitude used especially before eating.

itadoko いたどこ ∿ 板床 ▸ (vi) /el/ Rincón decorativo con suelo de madera. | A decorative alcove with a plank floor.

itako いたこ ∿ イタコ ▸ (et) /la/ Nigromante casi siempre femenina y ciega característica del noreste de Honshu. | A necromancer, almost always female and blind, in north-eastern Honshu.

itamae いたまえ ∿ 板前 ▸ (co) /el, la/ El chef en la cocina japonesa. | The chef in a Japanese kitchen or restaurant.

itame mono いため　もの ∿ 炒め物 ▸ (co) /el/ Sofrito. | A stir-fry; stir-fried food.

itami wake いたみ　わけ ∿ 痛み分け ▸ (de) /el/ Empate en un combate de ***sumō*** (**sumo**, DLE) por la lesión de uno de los contendientes. | A draw in a sumō wrestling match declared because of an injury suffered by one of the contestants.

itayaki いたやき ∿ 板焼 ▸ (co) /la/ Carne de ave de corral o silvestre cortada en rodajas finas, aderezada con ***shōyu*** (salsa de **soja**) y **sake** dulce y asada sobre una plancha de cedro. | Domestic or wild fowl sliced thin, seasoned with soy and sweet sake and cooked on a cedar grill.

itchūbushi いっちゅうぶし ∿ 一中節 ▸ (mu) /el/ Estilo antiguo de música de

shamisen. | Ancient style of shamisen music.

ito ayatsuri いと あやつり 〽 糸操り ▸ (te) /la/ Manipulación de títeres. | The manipulation of puppets.

ito namasu いと なます 〽 糸膾 ▸ (co) /el/ Plato de rodajas finas de verduras con pescado marinado en vinagre. | A dish of long, thinly sliced vegetables with fish marinated in vinegar.

ito zukuri いと づくり 〽 糸作り ▸ (co) /el/ Calamar crudo u otro marisco fileteado en tiras finas. | Raw squid or other seafood sliced into thin strips.

itomichi いとみち 〽 糸道 ▸ (mu) /la/ Ranura que se forma en la uña del índice izquierdo de un intérprete de ***shamisen*** o ***koto*** al frotar las cuerdas. | A groove that develops on the left index fingernail of a shamisen or koto player from rubbing the strings.

itomono いともの 〽 糸物 ▸ (tex) /los/ Tejidos; textiles; (mu) instrumentos de cuerda. | Thread textiles; fabrics; stringed instruments.

iwakura いわくら 〽 岩座 ▸ (re) /la/ Roca sagrada donde mora una deidad o ***kami***. | Sacred rock where a deity or kami dwells.

iwana (*Salvelinus leucomaenis*) いわな 〽 岩魚 ▸ (zo) /la/ Trucha de escamas pequeñas. | Trout with small scales.

iwasaka いわさか 〽 磐境 ▸ (fo) /la/ Zona delimitada por piedras. | An area marked off by rocks.

iwashi (*Sardinops melanostictus*) いわし 〽 鰯 ▸ (zo) /la/ Tipo de sardina pequeña. | Type of small sardine.

iwata obi いわた おび 〽 岩田帯 ▸ (in) /el/ Cinturón de maternidad usado desde el sexto mes de embarazo {*ver* ***obi iwai***}. | A maternity belt worn from the sixth month of pregnancy on {*see* obi iwai}.

iwatake (*Umbilicaria esculenta*) いわたけ 〽 岩茸 ▸ (bo / co) /el/ Liquen recolectado de las paredes de los acantilados y considerado una exquisitez culinaria. | Lichen collected from cliff faces, considered a great delicacy.

iwazaru いわざる 〽 言わ猿 ▸ (fo) /el/ Mono que se tapa la boca. | The monkey that covers its mouth.

izakaya いざかや 〽 居酒屋 ▸ (et) /la/ Taberna. | A tavern. // Después del trabajo, entramos en una *izakaya* cerca de la estación de Shinjuku, donde pudimos conversar y beber en una atmósfera agradable.

izaribata, ***ver*** **jibata.** | *See* jibata.

Izumo no kami いずも の かみ 〽 出雲の神 ▸ (re) /el, la/ La deidad del santuario de Izumo patrona de los casamientos. | The Izumo shrine deity who presides over marriages.

J

J-pop ジェイポップ ▸ (mu) /la/ Música pop japonesa. | Japanese pop music.

J-rock ジェイロック ▸ (mu) /la/ Música *rock* japonesa popular desde la década de 1990. | Japanese rock music that has been popular since the 1990s.

jagama, *ver* **hebigama.** | *See* hebigama.

jakō じゃこう ∿ 麝香 ▸ (et) /el/ Almizcle, perfume de intenso olor apreciado como fijador de otros aromas y utilizado como ingrediente de diversos tipos de incienso. | Musk, perfume of an intense smell appreciated as a fixative for other aromas and used as an ingredient in several kinds of incense.

jaku じゃく ∿ 寂 ▸ (ps) /la/ Tranquilidad, serenidad: estado anímico presente en la ceremonia de té. | Tranquility, serenity: state of mind present during the tea ceremony. // *Jaku* junto con *kei*, *sei* y *wa* son componentes básicos de la ceremonia de té.

janken じゃんけん ∿ ジャンケン ▸ (ju) /el/ Juego de manos en el que la piedra (el puño) pierde ante el papel (cinco dedos), pero gana a tijeras (dos dedos), las cuales ganan a papel. | A finger game in which rock (a fist) loses to paper (five fingers) but beats scissors (two fingers) while scissors beat paper. // Decidimos por *janken* quién iría a por unos cafés.

janome じゃのめ ∿ 蛇の目 ▸ (arq) /el/ Doble anillo; ojo de buey. | A double ring; a bull's eye.

-ji じ ∿ 寺 ▸ (re) /el/ Sufijo aplicado a templos o monasterios budistas {*ver* ***-dera*** (***-tera***)}. | Suffix applied to Buddhist temples or monasteries {*see* -dera (-tera)}.

jibata じばた ∿ 地機 ▸ (et) /el/ Antiguo telar de origen coreano. | Ancient loom of Korean origin.

jichinsai じちんさい ∿ 地鎮祭 ▸ (re) /la/ Ceremonia de colocación de la primera piedra de un edificio. | Ceremony in which the first stone of a building is placed.

jidai eiga, *ver* **jidaigeki.** | *See* jidaigeki.

jidaigeki じだいげき ∿ 時代劇 ▸ (ci) /el, la/ Película de asunto histórico {*contrastar con* ***gendaigeki***}. | A film about a historical event {*as opposed to* gendaigeki}.

jidaimono じだいもの ∿ 時代物 ▸ (te) /el/ Obra de asunto histórico en el teatro **kabuki** o ***bunraku*** {*contrastar con* ***sewamono***}. | A historical piece in kabuki or bunraku theater {*as opposed to* sewamono}.

jidō hanbaiki じどう はんばいき ∿ 自動販売機 ▸ (so) /la/ Máquina de venta automática. | Automatic vending machine.

jidōka じどうか ∿ 自動化 ▸ (em) /el, la/ Sistema de perfeccionamiento y mejora en el proceso de gestión. | System of development and improvement in the management process.

Jieitai じえいたい ∿ 自衛隊 ▸ (po) /la/ Fuerzas de Autodefensa Nacional. | National Self-Defense Forces.

jige じげ ∿ 地下 ▸ (hi) /los/ Oficiales de bajo rango de la corte Heian (794-1185) a quienes les estaba vetada la entrada en los aposentos del emperador. | Low-ranking court officials of the Heian period (794-1185) who were not allowed to enter the emperor's personal quarters in the palace.

jigoku じごく ∿ 地獄 ▸ (re) /el/ Infierno en la tradición budista. | Hell in the Buddhist tradition.

Jigokudō じごくどう ⇃ 地獄道 ▸ (re) /el/ «Mundo o camino del infierno»: el último de los seis mundos en que pueden reencarnarse las criaturas {*ver* **Gakidō**} conforme la tradición budista. | «Hell or path to hell»: the last of the six realms in which creatures {*see* Gakidō} can become reincarnated according to Buddhist tradition.

jijimuge じじむげ ⇃ 事事無礙 ▸ (re) /el, la/ Noción budista relativa a la interpenetración de todas las cosas del mundo fenoménico. | The Buddhist notion relative to the interpenetration of all things in the phenomenal realm.

jikata じかた ⇃ 地方 ▸ (hi) /la/ La administración local en las eras Muromachi (1333-1568) y Edo (1600-1868), en la última de las cuales se refería a la administración rural. | Local administration during the Muromachi (1333-1568) and Edo (1600-1868) periods. During the latter it referred to rural administration.

jikidō じきどう ⇃ 食堂 ▸ (arq / re) /el/ Refectorio de un monasterio budista. | Refectory at a Buddhist monastery.

jikininki じきにんき ⇃ 食人鬼 ▸ (fo) /el/ Duende o monstruo devorador de seres humanos. | Imp or goblin that devours human beings.

Jikkan jūnishi じっかん じゅうにし ⇃ 十干十二支 ▸ (ca) /el/ El sexagésimo ciclo o conjunto de símbolos del Zodiaco chino, también llamado ***eto***. | The sixtieth cycle or set of symbols of the Chinese zodiac, also called eto.

Jikkō-kyō じっこうきょう ⇃ 実行教 ▸ (re) /la/ Escuela **sintoísta** fundada por Hanamori Shibata que se hizo independiente en mayo de 1882. | Shintō school founded by Hanamori Shibata that became independent in May, 1882.

jimae じまえ ⇃ 自前 ▸ (so) /el/ Estado de independencia de las ***geishas***. | State of geisha independence.

jimi じみ ⇃ 地味 ▸ (ps) Discreto. | Discreet.

jin じん ⇃ 仁 ▸ (fi / ps) /la/ Compasión benevolente, una de las características esenciales de la Vía del guerrero [***bushidō*** (**bushido**, DLE) {*ver* ***chū, makoto** y **yū***} y una de las virtudes constantes del confucianismo {*ver* ***chi, gi, makoto** y **rei***}. | Benevolent compassion: one of the essential characteristics of the way of the warrior or bushidō {*see* chū, makoto *and* yū} and one of the constant virtues in the Confucian ethics {*see* chi, gi, makoto *and* rei}.

jinbaori じんばおり ⇃ 陣羽織 ▸ (arm) /el/ Sobretodo que se llevaba sobre la armadura. | Surcoat worn over a suit of armor.

jinbei, jinbee じんべい、じんべえ ⇃ 甚平、甚兵衛 ▸ (in) /el/ Vestido de verano masculino consistente en pantalones cortos hasta la rodilla y chaqueta de manga corta. | Men's summer wear consisting of knee-length shorts and a short-sleeved jacket.

jinbutsuga じんぶつが ⇃ 人物画 ▸ (ar) /la/ «Pintura de personas»: una de las tres categorías temáticas de pintura en el Extremo Oriente. | «Figure painting»: one of three broad painting techniques in the Far East. // Las otras dos son las pinturas de paisajes [*sansuiga*] y de flores y aves [*kachōga*].

jindaiko じんだいこ ⇃ 陣太鼓 ▸ (et) /el/ Tambor de guerra. | War drum.

jingi じんぎ ⇃ 仁義 ▸ (mi) /las/ Las deidades del cielo y la tierra; (fi) /la/ en el confucianismo, integración de las virtudes de ***jin*** o benevolencia y ***gi*** o rectitud. | The deities of heaven and earth; integration of the virtues of jin or benevolence and gi or rectitude in the Confucian tradition.

jingisukan nabe じんぎすかん なべ ⇃ 成吉思汗鍋 ▸ (co) /la/ «Olla de Genghis Khan»: carne de carnero y verduras cocinadas en una olla abombada con forma de escudo. | «Genghis Khan hot plate»: vegetables and mutton cooked on a domed, shield-shaped hot plate.

-jingū じんぐう ∿ 神宮 ▸ (re) /el/ En el ***shintō*** (**sintoísmo**, DLE), santuario donde mora la deidad {*contrastar con* ***-jinja***}; sufijo de un santuario **sintoísta** de rango imperial. | A Shintō shrine where the deity dwells {*contrast with* -jinja}; suffix applied to a Shintō shrine of an imperial rank.

-jinja じんじゃ ∿ 神社 ▸ (re) /el/ En el ***shintō*** (**sintoísmo**, DLE), santuario visitado por la deidad {*contrastar con* ***-jingū***}; sufijo de un santuario **sintoísta** genérico. | A Shintō shrine visited by the deity {*contrast with* -jingū}; suffix applied to a generic Shintō shrine.

jinkō (*Aquilaria agallocha*) じんこう ∿ 沈香 ▸ (bo / et) /el/ Palo áloe o águila utilizado por su fragancia en la Vía del incienso [***kōdō***]. | Aloe pole or eagle used for its fragrance in the way of incense [kōdō].

jinrikisha じんりきしゃ ∿ 人力車, *ver* **rikisha.** | *See* rikisha.

jinsen じんせん ∿ 陣扇 ▸ (et) /el/ Abanico usado por los miembros de la clase ***samurai*** (**samurái**, DLE) de alto rango hecho de plumas de faisán o de pavo real y empleado para dirigir el ejército. | Fan made of pheasant or peacock feathers used by high-ranking samurais to lead the army.

Jinshin no ran じんしん の らん ∿ 壬申の乱 ▸ (hi) /la/ Guerra de sucesión ocurrida a la muerte del emperador Tenji, en el 672, y en la que el hermano menor de este, el príncipe Ōama (futuro emperador Tenmu), usurpó el trono a su sobrino y heredero, el príncipe Ōtomo. | War of succession that took place when the Emperor Tenji died in 672 and his younger brother Prince Ōama (the future Emperor Tenmu) usurped the throne from his nephew and heir, Prince Ōtomo.

jishin hoken seido じしん ほけん せいど ∿ 地震保険制度 ▸ (jr) /el/ Sistema de seguros de terremotos y otras catástrofes naturales. | A kind of insurance against earthquakes and other natural catastrophes.

jishu eiga (jishu seisaku eiga) じしゅ えいが （じしゅ せいさく えいが） ∿ 自主映画 （自主制作映画） ▸ (ci) /la/ Película «casera» o creada con autonomía de medios por lo general al margen de la industria cinematográfica y visionada predominantemente en lugares no comerciales. | Self-made, autonomously created or do-it-yourself film generally produced outside of the film industry and screened predominantly in noncommercial venues.

jisshaka eiga じっしゃか えいが ∿ 実写化映画 ▸ (ci) /la/ Película basada en **mangas**, ***anime***, novelas o videojuegos. | Movie or film based on a manga, anime, novel or videogame.

jitō じとう ∿ 地頭 ▸ (hi) /el/ Administrador de fincas nombrado por el **sogunato** de la Era Kamakura (1185-1333) entre la élite de guerreros vasallos. | Estate steward appointed by the shogunate during the Kamakura period (1185-1333), chosen from among the military retainer elite.

jitsuroku eiga じつろく えいが ∿ 実録映画 ▸ (ci) /la/ Película sobre sucesos delictivos dramatizados. | Movie or film dramatizing criminal events.

jitsuroku mono じつろく もの ∿ 実録物 ▸ (li) /los, las/ Historias documentales del final de la Era Edo (1600-1868). | Documentary stories from the latter part of the Edo period (1600-1868).

jitsurokutai shōsetsu じつろくたい しょうせつ ∿ 実録体小説 ▸ (li) /la/ Novela o historia sobre sucesos dramáticos recientes. | Novel or story about recent dramatic events.

jiu-jitsu (*jiu-jitsu*, DLE), *ver* **jūjutsu.** | *See* jūjutsu.

jiuta じうた ⥊ 地唄 ▸ (mu) /el/ «Canciones locales»: género de música tradicional japonesa. | «Local songs»: a genre of traditional Japanese music.

jiyū minken じゆう みんけん ⥊ 自由民権 ▸ (hi / po) /el/ «Libertad y derechos del pueblo»: ideal progresista y liberal de los primeros años de la Era Meiji (1868-1912). | «Freedom and people's rights»: progressive and liberal ideal during the first years of the Meiji period (1868-1812).

jizaikagi

jizaikagi じざいかぎ ⥊ 自在鉤 ▸ (mo) /el/ Objeto para colgar la olla o tetera sobre el fogón tradicional japonés o ***irori***. | An object for suspending cooking pots or kettles over a traditional Japanese hearth or irori.

jizake じざけ ⥊ 地酒 ▸ (be) /el/ **Sake** de producción local. | Sake brewed locally.

jizō, Jizō じぞう ⥊ 地蔵 ▸ (re) /el/ En la tradición budista, ***bosatsu*** al cual Sakyamuni ha encargado la tarea de salvar a la gente; pequeña estatua de piedra, generalmente representada como un monje con un babero rojo, y que es la advocación protectora de las mujeres embarazadas, de los niños

jizō

no nacidos o muertos prematuramente y de los viajeros. | In the Buddhist tradition, a bodhisattva said to have been entrusted by Shakyamuni with the task of saving people; small stone statue, generally represented as a monk with a short red smock and who is the protector of pregnant women, of unborn or prematurely dead children and of travellers.

jizōdō じぞうどう ⥊ 地蔵堂 ▸ (arq / re) /el/ Pabellón consagrado al ***bosatsu* Jizō**. | Annex or wing consecrated to bosatsu Jizō.

jō じょう ⥊ 丈 ▸ (pe y me) /el/ Medida de longitud equivalente a 3,03 m. | Measure of length equivalent to just over 3 feet.

jo-ha-kyū じょはきゅう ⥊ 序破急 ▸ (te / mu) /la/ «Introducción-desarrollo-rapidez»: secuencia rítmica interpretativa usada frecuentemente en las artes escénicas y musicales tradicionales. | «Introduction-development-speed»: interpretive rhythmic sequence frequently used in performance arts and traditional musicals.

jōdai じょうだい ⥊ 城代 ▸ (hi) /el/ Alcalde de un castillo; castellano. | Lord or guardian of a castle.

jōdan じょうだん ⥊ 上段 ▸ (ar mar) /el, la/ En la práctica del ***kendō*** (**kendo**, DLE), posición en la cual el sable [***katana***] se sostiene por encima de la cabeza {*comparar con **chūdan** y **gedan***}. | A position in kendō in which the sword [katana] is held over the head {*compare with* chūdan *and* gedan}.

jōdō じょうどう ∿ 杖道 ▸ (ar mar) /la/ La Vía del combate con palo corto. | The way of short staff combat.

Jōdo-shinshū じょうどしんしゅう ∿ 浄土真宗 ▸ (re) /el, la/ «Nueva escuela de la Tierra Pura»: escuela budista derivada de la escuela de la Tierra Pura {*ver* **Jōdo-shū**} e institucionalizada por el monje Shinran (1173-1263). | «New Pure Land school»: Buddhist school derived from the Pure Land school {*see* Jōdo-shū} and institutionalized by the monk Shinran (1173-1263).

Jōdo-shū じょうどしゅう ∿ 浄土宗 ▸ (re) /el, la/ Escuela budista conocida como «Tierra Pura», institucionalizada en el año 1175 por el monje Hōnen (1133-1212). | Buddhist school known as «Pure Land» institutionalized in 1175 by the monk Hōnen (1133-1212).

jōhin じょうひん ∿ 上品 ▸ (es) /el, la/ Cualidad de refinado, elegante {*en contraste con **gehin***}. | The quality of refinement, and elegance as opposed to gehin.

jōin じょういん ∿ 冗員 ▸ (em) /el, la/ «Empleado sobrante»: trabajador que debe abandonar su puesto porque la empresa no considera necesaria su continuidad en ella. | «Surplus employee»: worker who must give up their post because the business no longer needs them.

Jōjitsu-shū じょうじつしゅう ∿ 成実宗 ▸ (re) /el/ Escuela menor del budismo. Una de las llamadas «Escuelas de Nara» [Rokushū]. | Minor school of Buddhism. One of the «Nara Schools» [Rokushū].

jōkamachi じょうかまち ∿ 城下町 ▸ (hi / so) /la/ «Ciudad bajo el castillo»: ciudadela; la sede del gobierno de un ***daimyō*** (**daimio**, DLE); en la Era Edo (1600-1868), la forma más característica del urbanismo japonés. | «Castle town»: Citadel; the seat of a daimyō's government; the most characteristic form of Japanese urbanism during the Edo period (1600-1868).

jokotoba, jo kotoba じょことば ∿ 序言葉 ▸ (li) /la/ Frase de extensión variable que precede a la parte principal de un poema y con la que este se vincula mediante una relación metafórica, una similitud fónica o un juego de palabras. | A phrase of variable length preceding the main statement of a poem and joined to it by an implied metaphorical relationship, similarity of sound, or wordplay.

jokyū じょきゅう ∿ 女給 ▸ (so) /la/ Camarera de cafetería popular en los años veinte y treinta. | Waitress in a café and popular during the 1920s and 30s.

Jōmon doki じょうもん どき ∿ 縄文土器 ▸ (ce) /la/ Vasija cerámica de la Era Jōmon. | Earthenware vase of the Jōmon period.

Jōmon jidai じょうもん じだい ∿ 縄文時代 ▸ (hi) /la/ Era de la prehistoria japonesa datada entre el 10 000 y el 300 a. C. Se caracteriza por la recolección de alimentos y precede a la era del cultivo de arroz o Yayoi. | The chief food-gathering stage of Japanese prehistory between 10,000 and 300 BCE and preceding the rice-cultivation stage of the Yayoi period. // Las muestras de cerámica de la Era Jōmon jidai nos hablan de un pueblo dotado de una sorprendente sensibilidad artística.

jonidan じょにだん ∿ 序二段 ▸ (de) /el/ Segundo nivel más bajo del ***sumō*** (**sumo**, DLE) de competición. | Second lowest level in a sumō competition.

jonokuchi じょのくち ∿ 序の口 ▸ (de) /el/ El grado más bajo en el ***sumō*** (**sumo**, DLE). | The lowest rank in sumō.

jōri じょうり ∿ 条里 ▸ (hi) /el/ Sistema de división de tierras vigente entre los ss. VII y VIII. | System of land division in use between the 7th and 8th centuries.

jorōgumo じょろうぐも ∿ 女郎蜘蛛 ▸ (fo) /la/ Araña en forma de mujer que seduce a los hombres. | Spider in the form of a woman that seduces men.

jōruri じょうるり ∿ 浄瑠璃 ▸ (mu / te) /el/ Modalidad de canto narrativo dramático acompañado de instrumento musical {*ver* ***shamisen***} y asociado con el teatro de títeres ***bunraku***. | A form of dramatic narrative chant accompanied by a musical instrument {*see* shamisen} and commonly associated with the bunraku puppet theater. // El *jōruri*, llamado modernamente *bunraku*, floreció a finales del s. XVIII.

joryū bungaku じょりゅう ぶんがく ∿ 女流文学 ▸ (li) /la/ «Literatura de mujeres». | «Women's literature».

josei manga じょせい まんが ∿ 女性漫画 ▸ (ma) /el/ **Manga** o ***anime*** orientado al público femenino. | Manga o anime oriented to a female audience.

joseigo じょうせいご ∿ 女性語 ▸ (le) /el, la/ Variedad lingüística del japonés usada por mujeres o por actores que interpretan a personajes femeninos [***onnagata***]. | Linguistic variety of Japanese used by women or male actors playing feminine roles [onnagata].

jōshi じょうし ∿ 情死 ▸ (so) /el/ Suicidio compartido de amantes, que por lo general se arrojan a un río atados por la cintura, para que en la próxima reencarnación vuelvan a estar juntos. | Double suicide in which two lovers usually jump into a river tied together at the waist so as to be together again in the next reincarnation.

jōshiki maku じょうしき まく ∿ 定式幕 ▸ (te) /la/ Cortina principal de un escenario de **kabuki**. | The main curtain for a kabuki stage.

jōtōshiki じょうとうしき ∿ 上棟式 ▸ (et) /la/ Ceremonia de colocación de la viga cumbrera como signo de haber completado la estructura de un edificio. | The ceremony of putting up the ridge beam to mark the completion of the framework of a house.

Joya じょや ∿ 除夜 ▸ (ca) /la/ Nochevieja. | New Year's Eve.

Joya no kane じょや の かね ∿ 除夜の鐘 ▸ (re) /el, la/ Repiques de campana en Nochevieja [**Joya** *u* **Ōmisoka**]. | The ringing of the bells on New Year's Eve [Joya *or* Ōmisoka].

jōyō kanji じょうよう かんじ ∿ 常用漢字 ▸ (le) /la/ Lista de 2136 sinogramas [***kanji***] que constituye la escritura normativa oficial {*ver* ***tōyō kanji***}. | List of 2,136 Chinese characters [kanji] officially designated for common use in Japanese writing {*see* tōyō kanji}.

jūbako じゅうばこ ∿ 重箱 ▸ (mo) /las/ Cajas lacadas superpuestas que se usan para guardar o servir alimentos. | Lacquered wooden boxes stacked on top of one other and used for storing or serving food.

jūdō (judo, yudo, DLE) じゅうどう ∿ 柔道 ▸ (ar mar) /el/ «La Vía de la blandura»: un tipo de combate que hace hincapié en la agilidad mental y de movimientos más que en la simple fuerza física. | «The way of softness»: a form of combat that stresses mental and physical agility rather than sheer physical strength.

jūdōgi じゅうどうぎ ∿ 柔道着 ▸ (in / ar mar) /el/ Traje para practicar el ***jūdō*** (**judo**, **yudo**, DLE). | A training outfit for jūdō.

jūdōka (yudoca, DLE) じゅうどうか ∿ 柔道家 ▸ (ar mar) /el, la/ Practicante de ***jūdō*** (**judo**, **yudo**, DLE). | Practitioner of jūdō.

jūgoya じゅうごや ∿ 十五夜 ▸ (ca) /la/ La noche decimoquinta del mes lunar; noche de luna llena. | The 15th night of the lunar month; night of a full moon.

jūhachiban, *ver* **kabuki jūhachiban.** | *See* kabuki jūhachiban.

jūjutsu (*jiu-jitsu*, DLE) じゅうじゅつ ⤶ 柔術 ▸ (ar mar) /el/ Combate cuerpo a cuerpo. | Hand-to-hand combat.

jūkendō じゅうけんどう ⤶ 銃剣道 ▸ (ar mar) /el/ El arte [la Vía] del combate con bayoneta. | The art [way] of bayonet fighting. // En el *jūkendō* se usa un palo llamado *mokujū* como sustituto del rifle con bayoneta.

juku じゅく ⤶ 塾 ▸ (so) /la/ Academia o escuela complementaria; clase privada. | Academy or complementary school; private tutoring. // Muchos niños japoneses asisten a una *juku* por la tarde como complemento a las clases de la mañana en la escuela pública.

jūmin kihon daichō kādo じゅうみん きほん だいちょう カード ⤶ 住民基本台帳カード ▸ (so) /la/ Tarjeta de residencia. | Residency card.

jūmin tōroku じゅうみん とうろく ⤶ 住民登録 ▸ (so) /el, la/ Registro de residencia ante la autoridad local. | Registering a residence with the local authority.

jūminhyō じゅうみんひょう ⤶ 住民票 ▸ (so) /el, la/ Documento de residencia. | Residency document.

junbungaku じゅんぶんがく ⤶ 純文学 ▸ (li) /la/ Literatura pura. | Pure literature.

jungyō じゅんぎょう ⤶ 巡業 ▸ (de) /el, la/ ***Sumō*** (**sumo**, DLE) de exhibición sin efecto en la clasificación oficial de los luchadores o ***rikishi***. | A sumō exhibition that has no bearing on the official classification of the wrestlers or rikishi.

jūni hitoe じゅうに ひとえ ⤶ 十二単 ▸ (in) /las/ Las doce capas de forros que llevaban los **kimonos** de las damas de la Era Heian (790-1185). | The twelve layers of lining which were part of the kimonos worn by ladies of the Heian court (790-1185).

jūnishi じゅうにし ⤶ 十二支 ▸ (mi) /los/ Los doce signos del Zodiaco chino. | The twelve signs of the Chinese zodiac.

junmaishu じゅんまいしゅ ⤶ 純米酒 ▸ (be) /el/ **Sake** cuyos únicos ingredientes son arroz y levadura. | Sake made of rice and yeast only.

junrei じゅんれい ⤶ 巡礼 ▸ (re) /la/ Peregrinación, especialmente la realizada a un determinado emplazamiento religioso, como los santuarios de Kumano Sanzan o de Ise. | Pilgrimage, especially one to a determined religious location like the shrines of Kumano Sanzan or Ise.

junsai (*Strobilanthes dyenarius*) じゅんさい ⤶ 蓴菜 ▸ (bo) /la/ Planta acuática perenne llamada «escudo de agua». Tiene rizomas verticales y flores pequeñas de color púrpura oscuro. | Perennial water plant called «water shield» with vertical rhizomes and small dark purple flowers.

junshi じゅんし ⤶ 殉死 ▸ (hi) /el/ Suicidio de un vasallo para acompañar en la muerte a su señor. | Self-immolation of a retainer following the death of his lord. // En el Japón moderno hubo un caso notorio de *junshi*: el del general Nogi el día del funeral del emperador Meiji en 1912.

jūryō じゅうりょう ⤶ 十両 ▸ (de) /la/ Segunda división del ***sumō*** (**sumo**, DLE) profesional. | Second division in professional sumō.

jūshoku じゅうしょく ⤶ 住職 ▸ (re) /el/ Superior de un templo budista. | Supervisor of a Buddhist temple.

juzu じゅず ⤶ 数珠 ▸ (re) /el/ Rosario budista. | A Buddhist rosary.

K

kabane かばね ∿ 姓 ▸ (hi) /el/ Desde mitad del s. v hasta finales del s. vii, título hereditario indicativo del rango social y de los deberes de un jefe de grupo al servicio de la corte de Yamato. | From the latter half of the 5th through the late 7th centuries, hereditary title indicating the social rank and specific duty of the chieftain of a lineage group who served at the Yamato court.

kabayaki かばやき ∿ 蒲焼き ▸ (co) /la/ (Anguila) abierta a la plancha bañada con una salsa dulce. | (Eel) cut open, grilled and basted with a sweet sauce.

kabegaki かべがき ∿ 壁書 ▸ (hi) /el/ Cartel en un muro o aviso escrito en lugares públicos para promulgar leyes y normas. | Sign posted on walls or written on notice boards in public places devised to promulgate laws and regulations.

kabin かびん ∿ 花瓶 ▸ (ce) /el/ Jarrón para flores; florero. | A flower vase.

kabocha (*Cucurbita moschata*) かぼちゃ ∿ 南瓜 ▸ (bo) /la/ Calabaza de invierno. | Winter squash; Japanese pumpkin. // La *kabocha* es muy apropiada para hacer *tenpura*.

kabu (*Brassica compestris* var. *glabra*) かぶ ∿ 蕪 ▸ (bo) /el/ Nabo frecuentemente usado como encurtido. | Turnip commonly pickled.

歌舞 ▸ (mu) /el/ Canto y baile. | Song and dance.

kabu nakama かぶ なかま ∿ 株仲間 ▸ (hi) /la/ Asociación monopolística de comerciantes en vigor durante la Era Edo (1600-1868). | Monopolistic association of merchants in vigor during the Edo period (1600-1868).

kabuki (kabuki, DLE) かぶき ∿ 歌舞伎 ▸ (te) /el/ Género teatral clásico que combina actuación, acrobacia y música, y en el que los papeles femeninos son representados por hombres. | A classical form of theater combining drama, acrobatics and music in which the feminine roles are played by men. // En el kabuki, los vistosos ropajes, pelucas y maquillaje combinan cuidadosamente con el papel del actor.

kabuki jūhachiban かぶき じゅうはちばん ∿ 歌舞伎十八番 ▸ (te) /el/ Repertorio de dieciocho destacadas piezas o escenas de **kabuki** compiladas por el actor Ichikawa Danjūrō VII en la primera mitad del s. xix. | An inventory of eighteen notable kabuki plays or scenes compiled by the actor Ichikawa Danjūrō VII in the first half of 19th century.

kabuki kumadori chirashi かぶき くまどり ちらし ∿ 歌舞伎隈取散し ▸ (et) /el, la/ Tatuaje inspirado en el maquillaje de los actores de **kabuki** {*ver* ***kumadori***}. | Tattoo inspired by the make-up worn by kabuki actors {*see* kumadori}.

kaburaya かぶらや ∿ 鏑矢 ▸ (arm) /la/ Flecha con un dispositivo que la hace zumbar cuando vuela. | Arrow with a device which makes it whistle as it flies.

kabuto かぶと ∿ 兜 ▸ (arm) /el/ Casco de guerrero. | A warrior's helmet.

kabuto gane かぶと がね ∿ 兜金、甲金 ▸ (arm) /el/ Pieza que remata la empuñadura del sable [***katana***, **catana** (DLE)] y que presenta una forma generalmente ovalada. | Pommel on the hilt of a sword, generally oval-shaped.

kabuto mushi (*Trypoxylus dichotomus*) かぶと むし ⺄ 兜虫、甲虫 ▸ (zo) /el/ Escarabajo rinoceronte japonés; ciervo volante. | Japanese rhinoceros beetle; flying deer.

kachi koshi かち こし ⺄ 勝ち越し ▸ (de) /el, la/ En el ***sumō*** (**sumo**, DLE), finalización de un torneo con más de siete victorias {*contrastar con* ***make koshi***}. | The end of a sumō wrestling tournament with more than seven victories {*contrast with* make koshi}.

kachō かちょう ⺄ 課長 ▸ (em) /el, la/ Jefe de sección o área {*comparar con* ***buchō***}. | Section chief {*compare with* buchō}.

kachō dairi かちょう だいり ⺄ 課長代理 ▸ (em) /el, la/ Subjefe de sección o área. | Subdirector of a section or area.

kachōga かちょうが ⺄ 花鳥画 ▸ (ar) /la/ Pintura de flores y aves, una de las tres grandes categorías temáticas de la pintura oriental. | A painting of birds and flowers, one of the three broad thematic divisions in Asian painting. // Las otras dos categorías temáticas son la pintura de personajes [*jinbutsuga*] y de paisajes [*sansuiga*].

kachū かちゅう ⺄ 家中 ▸ (hi) /el/ Miembro de un clan, vasallo. | Member of a clan, retainer.

kadō かどう ⺄ 華道、花道 ▸ (ar) /el/ «La Vía de las flores»: el arte de disponer flores {*ver* **ikebana**}. | «The way of flowers»: the art of floral arrangement {*see* ikebana}.

歌道 ▸ (li) /el/ Arte de componer poesía **tanka**. | The art of composing tanka poetry.

kadomatsu かどまつ ⺄ 門松 ▸ (fo / re) /el/ Un par de adornos de pino y bambú colocados delante de una casa a modo de morada auspiciosa para los dioses de Año Nuevo. | A pair of pine and bamboo decorations placed in front of a house as an auspicious abode for the gods of the New Year.

kadozuke かどづけ ⺄ 門付け ▸ (fo / te) /los/ Actores que actuaban de puerta en puerta a cambio de comida o dinero. | Entertainers who performed from door-to-door for food or money.

kadomatsu

kaede (*Acer palmatum*) かえで ⺄ 楓 ▸ (bo) /el/ Arce japonés. | Japanese maple tree. // Hay más de quince variedades de *kaede* de gran follaje.

kaenkōhai かえんこうはい ⺄ 火焔光背 ▸ (re) /el/ Halo de llamas que orna la cabeza de una imagen budista. | A halo of flames adorning a Buddhist image.

kaeshi かえし ⺄ 返し ▸ (et) /el/ Obsequio o favor hecho a cambio de otro. | Gift or favour given in return for the same.

Kaga yūzen かが ゆうぜん ⺄ 加賀友禅 ▸ (tex) /el/ Estilo de teñido de **kimonos** original de Kaga (Ishikawa). | Style of kimono dye originating in Kaga (Ishikawa).

kagami biraki かがみ びらき ⺄ 鏡開き ▸ (ca) /la/ «Inauguración del espejo»: día en que se rompe y come el ***kagami mochi***, el día 11 de enero. | «Mirror Opening»: the ceremonial breaking and eating of kagami mochi on January 11th.

kagami ita かがみ いた ⺄ 鏡板 ▸ (te) /el/ Tablero decorado y con propiedades acústicas al fondo de un escenario de ***noh***. | Decorated backdrop which also has acoustic functions at the back of a noh theater stage.

kagami mochi かがみ もち ⺄ 鏡餅 ▸ (co) /el/ Pastel redondo y apelmazado de arroz en forma de espejo. | A pounded round mirror-shaped rice cake.

kagami mono かがみ もの ⌇ 鏡物 ▸ (li) /el, la/ Obra literaria de carácter histórico con el título de *kagami* o «espejo». | Historical literary work with the title of *kagami* or «mirror».

kagami no ma かがみ の ま ⌇ 鏡の間 ▸ (te) /la/ «Sala del espejo»: cuarto en donde el actor de ***noh*** se coloca la máscara. | «Mirror room»: room in which a noh theater actor puts on a mask.

kagashi, *ver* **kakashi.** | *See* kakashi.

kage かげ ⌇ カゲ ▸ (te) /los/ Bloques de madera que se golpean entre sí al inicio de una función de ***bunraku***. | Blocks of wood struck together at the beginning of a bunraku performance.

kagekiyo かげきよ ⌇ 景清 ▸ (mu) /la/ Canción tradicional de ***utai*** que hace referencia al ***samurai*** (**samurái**, DLE) del mismo nombre que perdió la vista tras la caída del clan Heike (1185). | Traditional utai song that refers to the samurai of the same name who went blind after the fall of the Heike clan in 1185.

kageuta がげうた ⌇ 陰唄 ▸ (mu) /la/ Canción que se interpreta detrás del escenario de **kabuki**. | A song sung behind the stage in kabuki.

kagezen かげぜん ⌇ 陰膳 ▸ (fo) /el/ Plato en la mesa para una persona ausente a modo de plegaria para que regrese sana y salva. | A tray set on the table for an absent person as a prayer for his or her safe return.

kagikko かぎっこ ⌇ 鍵っ子 ▸ (so) /el, la/ Niño o niña que lleva la llave colgada para entrar en su casa vacía. | A latchkey child: a child who returns to an empty home and has a key around his/her neck to enter.

kago かご ⌇ 籠 ▸ (art) /el/ Cesta hecha de fibras vegetales. | Basket made of plant fiber.

駕籠 ▸ (tr) /el/ Palanquín sostenido en un palo largo llevado por dos o más hombres. | A palanquin carried on a long pole by two or more men.

kago

kagome かごめ ⌇ 籠目 ▸ (art) /la/ Trama reticular para hacer una cesta. | A reticular pattern used in basket-weaving.

kagome-kagome かごめ かごめ ⌇ 籠目籠目 ▸ (ju) /el/ «Pájaro enjaulado»: juego en el que algunos niños cantan alrededor de otro niño agachado y con los ojos cerrados, el cual debe adivinar el nombre de la persona que se queda justo detrás de él cuando todos se detienen al cesar la canción. | «Bird-in-the cage»: a game in which children sing a song as they circle a child squatting with eyes closed, who has to guess the name of the person directly behind him/her when they all stop as the song ends.

kagura かぐら ⌇ 神楽 ▸ (re / te) /la/ En el ***shintō*** (**sintoísmo**, DLE), representación sagrada de música y danza. | A performance of sacred Shintō music and dance.

kagura uta かぐら うた ⌇ 神楽歌 ▸ (li / re) /la/ Canción de santuario. | A shrine song.

kagurabue かぐらぶえ ⌇ 神楽笛 ▸ (mu) /la/ Flauta travesera utilizada en las representaciones de ***kagura***. | Flute used in kagura performances.

kaguraden かぐら でん ⌇ 神楽殿 ▸ (re / te) /el/ Pabellón de un recinto sintoísta en el cual tiene lugar la danza ***kagura***. | Wing at a Shintō shrine where the kagura takes place.

Kaguya hime かぐや　ひめ ∿ かぐや姫 ▸ (fo / li) La Princesa Resplandeciente, protagonista del cuento *Taketori monogatari* (*El cortador de bambú*) de comienzos de la Era Heian (ss. IX-XII). | Shining Princess, the central character in the early Heian-period (9th-12th century) *Taketori Monogatari* (*Tale of the Bamboo Cutter*).

kahi かひ ∿ 歌碑 ▸ (ar) /el/ Monumento con una inscripción en forma de poema **tanka**. | A monument inscribed with a tanka poem.

kai かい ∿ 貝 ▸ (zo) /el/ Toda clase de moluscos bivalvos (conchas, ostras, etc.). | All kinds of mollusks bivalve (shells, oysters, etc.).

kaiawase かいあわせ ∿ 貝合せ ▸ (ju) /el/ Juego de emparejar valvas de moluscos popular entre la nobleza de la Era Heian (ss. IX-XII). | A shell-matching game popular among the aristocrats of the Heian period (9th-12th centuries).

kaichō かいちょう ∿ 会長 ▸ (em) /el, la/ Presidente de una empresa {*contrastar con **shachō***}. | Chairperson of a company or business {*contrast with* shachō}.

kaidan かいだん ∿ 戒壇 ▸ (re) /la/ Plataforma de ordenación en un gran templo budista. | The ordination platform in a large Buddhist temple.
怪談 ▸ (li / fo) /la/ Historia de fantasmas. | Ghost story.

kaidan eiga かいだん　えいが ∿ 怪談映画 ▸ (ci) /la/ Película sobre fantasmas. | Film or movie about ghosts.

kaiden かいでん ∿ 皆伝 ▸ (ar mar) /el/ Licencia o título enrollable otorgado al estudiante por el maestro en una escuela de artes marciales. | A teaching scroll or licence given to the student by the master in martial arts schools.

kaieki かいえき ∿ 改易 ▸ (hi) /la/ Degradación de un ***samurai*** (**samurái**, DLE) en la Era Edo (1600-1868). | Declassing of a samurai during the Edo period (1600-1868).

kaijū eiga かいじゅう　えいが ∿ 怪獣映画 ▸ (ci / ma) /el, la/ Película, que también puede ser de ***anime***, sobre monstruos gigantes. | Film, movie or anime about giant monsters.

kaika donburi かいか　どんぶり ∿ 開化丼 ▸ (co) /el, la/ Tipo de comida servida en un cuenco [***donburi***] consistente en carne de res, huevos, azúcar, cebolla y salsa de **soja** sobre una base de arroz. | A kind of dish served in a bowl [donburi] consisting of beef, eggs, sugar, onion and soy sauce, served on top of rice.

kaikoku かいこく ∿ 開国 ▸ (hi) /la/ «Apertura del país»: término que designaba la voluntad de instituir tratados para regular las relaciones de Japón con Occidente antes de 1858. | «Open-door Policy»: expression used to describe Japan's will to establish treaties with the West before 1858.

kaimyō かいみょう ∿ 戒名 ▸ (re) /el/ Nombre budista póstumo. | A posthumous Buddhist name.

kaina かいな ∿ 腕 ▸ (de) /la/ Técnica del ***sumō*** (**sumo**, DLE) en la cual se impide que el rival agarre el propio cinturón o ***mawashi*** colocando los brazos bajo las axilas del rival y alzándole los codos. | Preventing an opponent in sumō from taking hold of one's mawashi by inserting one's arms under the opponent's armpits and forcing his elbows up.

kairō かいろう ∿ 回廊 ▸ (arq) /el, la/ Galería o corredor porticado y con uno de sus lados cerrado que comunica los distintos pabellones de una mansión de estilo ***shinden tsukuri***; pasillo a modo de claustro que cierra un recinto budista. | Veranda or porticoed hallway with one side closed that links different wings in a shinden tsukuri style mansion; cloister-like hallway that closes a Buddhist compound.

kaiseki ryōri かいせき　りょうり ∿ 会席料理 ▸ (co) /la/ Combinación de co-

mida servida en platos individuales en una cena japonesa tradicional. | A set meal served on individual trays at a traditional Japanese dinner party.
懐石料理 ▸ (co / es) /la/ Comida refinada elaborada para acompañar la ceremonia de té. | A refined meal developed to accompany the tea ceremony.

kaisen かいせん ⟟ 回船 ▸ (tr) /el/ Barco de carga utilizado alrededor del s. XIV para transporte y comercio dentro del archipiélago japonés. | Cargo ship used around the 14th century for transport and trade within the Japanese archipelago.

kaishaku かいしゃく ⟟ 介錯 ▸ (so) /el/ Asistente en el ritual del **harakiri** encargado de administrar el golpe de gracia. | An assistant at a harakiri ritual in charge of administering the death blow. // Frecuentemente, el *kaishaku* era un amigo o servidor del suicida.

kaishi かいし ⟟ 懐紙 ▸ (in) /el/ «Papel del seno»: papel fino de crepé que se guarda en el pliegue de la escotadura del **kimono** para ser usado como envoltorio de dulces y para escribir mensajes. | «Pocket paper»: a fine-grained crepe paper kept inside the breast-fold opening of a kimono used as wrapping paper for sweets and for writing messages.

kaisho かいしょ ⟟ 楷書 ▸ (ar) /el/ Uno de los tres estilos básicos de caligrafía caracterizado por un trazo más rígido. | One of the three basic forms in calligraphy featuring a block style and stiff strokes. // Los otros dos estilos básicos de la caligrafía japonesa son el *gyōsho* y el *sōsho*.

kaisō かいそう ⟟ 海藻 ▸ (bo) /la/ Alga en general. | Seaweed in general.

kaiten かいてん ⟟ 開店 ▸ (et) /la/ Inauguración de un comercio. | The opening of a new shop.

kaitenzushi かいてんずし ⟟ 回転寿司 ▸ (et / co) /el/ Bar de ***sushi*** con cinta transportadora de los platos. | A conveyor belt sushi bar.

kaiyū shiki かいゆう しき ⟟ 回遊式 ▸ (ja) /el/ «Placeres múltiples»: tipo de jardín, popular a mediados de la Era Edo (1600-1868), que sustituyó al de estilo ***kare sansui*** y en el cual varios espacios ajardinados rodeaban un estanque central favoreciendo la creación de diversas perspectivas. | «Multiple pleasures»: a type of garden popular at the beginning of the Edo period (1600-1868), which took the place of the kare sansui style, with several gardens surrounding a central pond giving rise to diverse views and perspectives.

kaizuka かいづか ⟟ 貝塚 ▸ (hi / et) /el, la/ Conchero, montículo de conchas marinas y residuos cerámicos formado en épocas prehistóricas. | Shell midden, a pile of sea shells and earthenware waste formed in prehistoric times.

kaji shōzoku かじ しょうぞく ⟟ 火事装束 ▸ (in) /el/ Vestido tradicional de los bomberos empleado en la Era Edo (1600-1868). | Traditional garb won by firefighters in the Edo period (1600-1868).

kajiki (*Tetrapturus audax*) かじき ⟟ 梶木 ▸ (zo) /el/ Pez vela; aguja. | Marlin.

kajikitō かじきとう ⟟ 加持祈祷 ▸ (re) /el/ Conjuro budista contra la mala fortuna. | Buddhist incantation to protect against misfortune.

kajin かじん ⟟ 歌人 ▸ (li) /el, la/ Poeta de **tankas**. | A tanka poet.

kakae かかえ ⟟ 抱え ▸ (so) /la/ Situación laboral de una aprendiza de ***geisha*** equivalente a la cautividad. | Employment of an apprentice geisha equivalent to captivity.

kakai かかい ⟟ 歌会 ▸ (li) /la/ Reunión de poetas de **tanka**. | A gathering of tanka poets.

kakari geiko かかり げいこ ⟟ 掛り稽古 ▸ (ar mar) /el, la/ Entrenamiento sostenido {*comparar con* ***keiko*** *y* ***shiai keiko***}. | A sustained workout {*compare with* keiko *and* shiai keiko}.

kakari musubi かかり むすび ⟆ 係り結び ▸ (le) /la/ Regla de concordancia gramatical en el japonés clásico. | Rule of grammatical agreement in classical Japanese.

kakarichō かかりちょう ⟆ 係長 ▸ (em) /el, la/ Administrativo jefe; supervisor; encargado. | Administrative head; supervisor; manager.

kakashi かかし ⟆ 案山子 ▸ (fo) /el/ Espantapájaros. | A scarecrow.

kakaza かかざ ⟆ 嬶座 ▸ (vi) /el/ En la mesa de comer tradicional japonesa, el asiento ocupado por el ama de casa, a la izquierda del cabeza de familia. | The seat occupied by the housewife just to the left of the head of the family at a traditional Japanese dining table.

kake かけ ⟆ 掛け ▸ (ar mar) /la/ Acción final en la ejecución de una técnica de ***jūdō*** (**judo**, DLE). | Final action when executing a jūdō technique.

kake eri かけ えり ⟆ 掛け衿 ▸ (in) /el/ Cuello de tela cosido a un **kimono**. | A piece of collar-cloth sewed on a kimono.

kake kotoba かけ ことば ⟆ 掛詞 ▸ (li) /la/ «Palabra eje»: juego de palabras en el que un término o serie de sílabas presenta múltiples significados según cómo se analice. | «A pivot word»: a wordplay or pun in which a word or series of syllables has multiple meanings depending on how it is analyzed.

kake mushiro かけ むしろ ⟆ 掛筵 ▸ (mo) /la/ Cortina colgante hecha de paja o junco. | A mat curtain of straw or rushes.

kake odori かけ おどり ⟆ 掛踊 ▸ (et) /la/ Danza transmitida de aldea en aldea y ejecutada para ahuyentar el mal. | Dance transmitted from village-to-village and performed to ward off evil.

kakebuton かけぶとん ⟆ 掛け布団 ▸ (mo) /el/ La pieza encimera de un ***futon*** (**futón**, DLE) {*comparar con* ***shikibuton***}. | A futon cover {*compare with* shikibuton}.

kakegoe かけごえ ⟆ 掛け声 ▸ (te) /el/ Sonido gutural emitido por los músicos que tocan el tambor ***tsuzumi*** en el teatro ***noh***; en el teatro **kabuki**, grito de ánimo de los aficionados. | Guttural sound made by musicians playing the tsuzumi in noh theater; fans' cheer of encouragement in the kabuki theater.

kakehi かけひ ⟆ 懸樋 ▸ (ja) /el/ Conducto de bambú por el que corre el agua hasta una pileta. | A bamboo water pipe that leads to a washbasin.

kakeji かけじ ⟆ 掛字 ▸ (ar) /el/ Rollo colgante con caligrafía. | A hanging calligraphic scroll.

kakejiku かけじく ⟆ 掛け軸 ▸ (ar) /el/ Rollo colgante con pintura o caligrafía enmarcado en material flexible que permite ser enrollado verticalmente {*en oposición a* ***makimono***} con el cual se suele decorar una pared. | A hanging scroll with a painting or calligraphy framed on a flexible backing paper so that it can be vertically scrolled {*in contrast to* makimono} and generally used to decorate a wall.

kakejiku

kakekomi dera かけこみ　でら ⥿ 駆け込み寺 ▸ (re) /el/ En el Japón premoderno, templo budista que ofrecía refugio a las mujeres que huían de sus maridos. | In premodern Japan, a Buddhist temple that gave refuge to women fleeing from their husbands.

kakemono かけもの ⥿ 掛物 ▸ (ar) /el, la/ Pintura o caligrafía con tiras de tela lujosa sobre papel flexible que sirve de soporte a fin de que pueda ser enrollada cuando se guarda. | Painting or calligraphy mounted with strips of luxurious fabric on flexible backing paper so that it can be rolled up for storage. // Mi padre desenrolló un espléndido *kakemono* y lo colgó en el *tokonoma* de la sala.

kakeochi かけおち ⥿ 駆け落ち ▸ (so) /la/ Fuga conjunta de dos amantes. | Eloping; running away with a lover.

kakesoba かけそば ⥿ 掛蕎麦 ▸ (co) /la/ Fideos ***soba*** sencillos en caldo caliente. | Plain soba noodles in hot broth.

kaketsuke sanbai かけつけ　さんばい ⥿ 駆けつけ三杯 ▸ (so) /la/ En una reunión o fiesta, obligación para quien llega tarde de tomarse tres copas de **sake** seguidas. | Requiring a late comer to drink three glasses of sake one after the other at a social gathering or party.

kaki (*Crassostrea gigas*) かき ⥿ 牡蠣 ▸ (zo) /la/ Ostión u ostra japonesa. | Large oyster or Japanese oyster.
柿 (*Diospyros kaki*) (kaki, caqui, DLE) ▸ (bo) /el/ Kaki, caqui. | A persimmon tree; a persimmon, khaki.

kakiage かきあげ ⥿ 掻揚げ ▸ (co) /la/ Tipo de ***tenpura*** (**tempura**, DLE) consistente en verduras o mariscos variados. | Tempura made of mixed vegetables or seafood.

Kakiemon, kakiemon かきえもん ⥿ 柿右衛門 ▸ (ce) /la/ Porcelana vidriada azul y blanca o esmaltada policromada con un rojo característico y elaborada en Arita (Saga y Nagasaki) desde 1643. | Porcelain with a blue and white underglaze or polychrome enamel overglaze featuring a characteristic red color made in Arita (Saga and Nagasaki) from 1643 on.

kakigoori かきごおり ⥿ 欠き氷 ▸ (be) /el/ Hielo picado que se toma en verano y al que se añaden distintos sabores. | Crushed ice with flavored syrups popular in summer.

kakimochi かきもち ⥿ 欠餅 ▸ (co) /el/ Tiras finas de pastel de arroz [***mochi***] desecado. | Thin slices of dried rice cake [mochi].

kakine かきね ⥿ 垣根 ▸ (ja) /el, la/ Valla que delimita el espacio ajardinado [***roji***] que rodea una casa o cabaña de té. | Fence marking off a garden space [roji] or surrounding a house or a tea hut.

kakiwari かきわり ⥿ 書割 ▸ (te) /el/ En el teatro **kabuki** y ***bunraku***, telón de fondo donde aparece pintado el paisaje. | In kabuki and bunraku theater, backdrop on which scenery is drawn.

kakiyama かきやま ⥿ 舁き山 ▸ (tr) /la/ Carroza empleada en el festival o ***matsuri*** Hakata Gion Yamakasa, en Kiushu, de una tonelada de peso y llevada a gran velocidad a lo largo de 5 km. | Float used at the Hakata Gion Yamakasa festival or matsuri in Kiushu that weighs a ton and is carried along the street at a very high speed for 3 miles.

kakizome かきぞめ ⥿ 書き初め ▸ (fo) /la/ La primera caligrafía del año. | The first calligraphy of the year.

kaku andon かく　あんどん ⥿ 角行燈 ▸ (mo) /la/ Linterna cuadrada de papel. | A square paper lantern.

kaku kazoku かく　かぞく ⥿ 核家族 ▸ (so) /la/ Familia con padre, madre y uno o dos hijos. | Family consisting of a mother, father and one or two children.

kaku obi かく　おび ⥿ 角帯 ▸ (in) /el/ Fajín rígido de hombre. | A man's stiff sash.

kakubei jishi, *ver* **Echigo jishi.** | *See* Echigo jishi.

kakukai かくかい ↯ 角界 ▸ (de) /el/ El mundillo del ***sumō*** (**sumo**, DLE). | The sumō community.

kakumentori kanna かくめんとり かんな ↯ 角面取り鉋 ▸ (et) /el/ Cepillo de carpintero usado para hacer chaflanes. | Carpenter's plane used for making chamfers.

kakun かくん ↯ 家訓 ▸ (hi) /las/ Instrucciones escritas por el cabeza de familia para los demás miembros. | Instructions composed by the head of a household for members of his family or group.

kakure kirishitan かくれ きりしたん ↯ 隠れキリシタン、隠れ切支丹 ▸ (hi) /los/ Cristianos ocultos en el Japón de la Era Edo (1600-1868) {*ver* ***kinkyōrei***}. | Christians in hiding in Japan during the Edo period (1600-1868) {*see* kinkyōrei}.

kakure mino かくれ みの ↯ 隠れ蓑 ▸ (fo) /el, la/ Especie de capa mágica que hace invisible a quien la lleva, por ejemplo, a los ***tengu***. | Type of magic cape that makes the wearer invisible, the tengu for example.

kakurenbō かくれんぼう ↯ 隠れん坊 ▸ (ju) /el/ Juego del escondite. | The game of hide-and-seek. // Los niños jugaban al *kakurenbō* en el parque de Ueno.

kakushidai かくしだい ↯ 隠し題 ▸ (li) /el/ Tema escondido en un poema. | Concealed topic in a poem.

kakushigei かくしげい ↯ 隠し芸 ▸ (so) /el/ Talento oculto; representación artística desconocida revelada en alguna ocasión especial como un banquete. | Hidden talent, an unknown artistic representation revealed at a special occasion such as a banquet.

kakusode かくそで ↯ 角袖 ▸ (in) /la/ Manga cuadrada de un **kimono**. | Square sleeve on a kimono.

kalpa, *ver* **karupa.** | *See* karupa.

kama かま ↯ 釜 ▸ (mo) /el, la/ Olla tradicional para cocinar arroz. | A traditional pot for cooking rice.

kama (**Kama,** *en 2.ª acepción*) **itachi** かまいたち ↯ 鎌鼬 ▸ (fo) /la/ Ser fantástico {*ver* ***yōkai***} en forma de comadreja con las patas en forma de hoces cortantes [*kama*] capaces de causar heridas profundas; uno de los dioses de los tifones. | Fantastic weasel-like being {*see* yōkai} with paws sharp as sickles that can cut deep wounds; one of the gods of typhoons.

kama kebiki かま けびき ↯ 鎌毛引 ▸ (et) /el/ Gramil para marcar dos líneas usado por los carpinteros. | Carpenter's gage for marking two lines.

kama yari (jūmonji yari) かま やり、じゅうもんじ やり ↯ 鎌槍、十文字槍 ▸ (ar mar) /la/ Lanza acabada en tridente cortante. | Lance with a cutting trident.

kamaage udon かまあげ うどん ↯ 釜揚げ饂飩 ▸ (co) /el/ Plato en el que los fideos ***udon*** hervidos y calientes se pasan directamente de la olla [***kama***] a un cuenco con caldo, luego se mojan en salsa y se comen. | A dish in which hot boiled udon noodles are passed right from the pot to a bowl containing broth, then dipped in sauce and eaten.

kamaboko かまぼこ ↯ 蒲鉾 ▸ (co) /el/ Pan de pasta de pescado. | Bread made from fish paste.

kamachiza かまちざ ↯ 框座 ▸ (ar) /el, la/ Pedestal o base más baja sobre la que se asienta una estatua. | Plinth or lower base that a statue is set on.

kamado かまど ↯ 竈 ▸ (mo) /la/ Estufa tradicional para cocinar. | A traditional kitchen stove.

kamae かまえ ↯ 構え ▸ (te) /la/ Postura del actor de ***noh*** o ***kyōgen*** consistente en mantener las piernas dobladas y el tronco recto y ligeramente adelantado; (ar mar)

/el, la/ Posición de combate o en guardia. | Posture held by a noh or kyōgen actor in which the knees are bent and the torso is straight and slightly forward; an on-guard or fighting stance.

Kamakura bori かまくら ぼり ∿ 鎌倉彫 ▸ (art) /la/ Técnica de lacado en la cual la laca {*ver* ***urushi***} se aplica sobre una base de madera tallada. | A lacquer technique in which the lacquer {*see* urushi} is applied to a carved wooden base.

Kamakura jidai かまくら じだい ∿ 鎌倉時代 ▸ (hi) /la/ «Era Kamakura»: periodo histórico (1192-1333). | «Kamakura period»: historical period (1192-1333).

kamameshi かまめし ∿ 釜飯 ▸ (co) /el/ Arroz hervido con una variedad de ingredientes en una olla o ***kama*** individual. | Rice boiled with any of a variety of ingredients in an individual kama.

kamasu (*Sphyraena japonica*) かます ∿ 魳 ▸ (zo) /el/ Barracuda japonesa. | Japanese barracuda.

kamatsugi かまつぎ ∿ 鎌継 ▸ (arq) /el, la/ Unión de caja y espiga en cuello de cisne. | A half-lap gooseneck tenon joint.

kamban, *ver* **kanban.** | *See* kanban.

kamebara かめばら ∿ 亀腹 ▸ (arq) /la/ Base en forma de montículo sobre la que descansan los pilares del pórtico de entrada a un templo. | Mound-shaped base supporting the pillars of a portico at the entrance to a temple.

kamen rōnin かめん ろうにん ∿ 仮面浪人 ▸ (so) /el, la/ «***Rōnin*** enmascarado»: estudiante universitario que pretende el traslado a otra universidad mejor. | «Masked rōnin»: a university student who is trying to transfer to a better university.

kameshima かめしま ∿ 亀島 ▸ (ja) /la/ Agrupación de rocas y arbustos ordenados de forma que representen una tortuga. | A group of rocks and bushes shaped into a form that represents a turtle.

kami かみ ∿ 神 ▸ (re) /el/ En el ***shintō*** (**sintoísmo**, DLE), un agente divino; dios [diosa], deidad [divinidad]; espíritu o fuerza sobrenatural; esencia sagrada que se halla en el mundo o en el corazón humano. | A divine agent in the Shintō religion; god [goddess], deity [divinity]; spirit or supernatural force; sacred essence that is found in the human heart or in the world. // Los *kami* son innumerables e invisibles.

kami gakari かみ がかり ∿ 神懸かり ▸ (re) /la/ Posesión por una deidad o espíritu. | Possession by a deity or spirit.

kami kazari

kami kazari かみ かざり ∿ 髪飾り ▸ (et) /el/ Adornos en el cabello. | Ornaments in a hairstyle.

kami mukae かみ むかえ ∿ 神迎え ▸ (re) /la/ Ceremonia de bienvenida a los dioses celebrada en las danzas ***kagura*** y en los festivales **sintoístas** [***matsuri***]. | Welcoming ceremony for the gods celebrated with kagura dances and at Shintō festivals [matsuri].

kamidana かみだな ∿ 神棚 ▸ (re) /el/ Altar familiar **sintoísta** por lo general colocado sobre un estante y con el cual se rinde culto a los dioses protectores de la familia. | A Shintō home altar usually placed on a shelf and to worship the family guardian gods with.

kamigaki かみがき ∿ 神垣 ▸ (arq) /la/ Valla alrededor de un santuario **sintoísta**. | A fence around a Shintō shrine.

Kamigata かみがた ∿ 上方 ▸ (ge) Región de Kioto-Osaka. | The Kyoto-Osaka area.

kamikaze (kamikaze, DLE) かみかぜ ∿ 神風 ▸ (hi) /el/ «Viento divino»: viento providencial o de origen divino; en la Segunda Guerra Mundial, piloto suicida; antiguamente, viento tempestuoso que evitó las invasiones mongólicas de 1274 y 1281. | «Divine wind»: a divine or providential wind; a suicide pilot during World War II; in earlier times a stormy wind that prevented the Mongolian invasions of 1274 and 1281.

kamikiri かみきり ∿ 髪切り ▸ (fo) /el/ «Cortapelos»: ser fantástico {*ver* ***yōkai***} con aspecto de gallo con grandes mandíbulas como tenazas y patas como tijeras con las cuales por la noche realiza la travesura de cortar el pelo a los humanos sin que estos se aperciban. | «Hair-cutter»: fantastic being {*see* yōkai} resembling a rooster with huge jaws like pincers and legs like scissors, which mischievously comes out at night and cuts people's hair without their noticing.

kaminoku かみのく ∿ 上の句 ▸ (li) /el/ El terceto primero o los tres primeros versos de un ***waka***. | The first tercet or three verses of a waka poem.

kamishibai かみしばい ∿ 紙芝居 ▸ (fo) /la/ Narración con imágenes pintadas en cartulinas. | Storytelling with pictures drawn on cardboard.

kamishimo かみしも ∿ 裃 ▸ (in) /el/ Atuendo formal con altas y puntiagudas hombreras usado por los miembros de la clase ***samurai*** (**samurái**, DLE) en la Era Edo (1600-1868). | A sleeveless formal dress with very high shoulders used by samurais during the Edo period (1600-1868).

kamite かみて ∿ 上手 ▸ (te) /el/ El lado derecho del escenario de ***bunraku*** y **kabuki**. | The right side of the bunraku and kabuki theater.

kamiuta かみうた ∿ 神歌 ▸ (li) /la/ Poesía o canción sobre dioses. | Song or dance about gods.

kamiyui かみゆい ∿ 髪結い ▸ (et) /el, la/ Peluquero especializado en peinados tradicionales. | Hairdresser who specializes in traditional hairstyles.

kamiza かみざ ∿ 上座 ▸ (vi) /la/ Cabecera, lugar de honor; asiento del invitado. | Preferential seat, a place of honor; place where a guest is seated.

kamishimo

kamizumō かみずもう ∿ 紙相撲 ▸ (ju) /el/ Juego en el que dos jugadores simulan un combate de ***sumō*** (**sumo**, DLE) con luchadores representados en unos trozos de papel puestos sobre una mesa la cual golpean hasta que cae uno de los luchadores.

| A game in which two players place paper cut outs of sumō wrestlers together on a table, which they pound until one paper wrestler falls.

kamo かも ∿ 鴨 ▸ (zo) /el/ Pato salvaje. | Wild duck.

kamoi かもい ∿ 鴨居 ▸ (arq) /la/ Viga con ranuras en una habitación de estilo japonés donde encaja la parte superior de las puertas y paredes correderas. | A slotted beam in a Japanese-style room into which the tops of sliding doors and walls fit.

kamon かもん ∿ 家紋 ▸ (so) /el/ Blasón familiar. | A family crest. // Estampado en su *haori* aparecía un *kamon* de hojas de genciana.

kamonabe かもなべ ∿ 鴨鍋 ▸ (co) /la/ Olla caliente que lleva como uno de sus ingredientes carne de pato. | A hot pot with duck meat as one of the ingredients.

kamonanban かもなんばん ∿ 鴨南蛮 ▸ (co) /los/ Fideos de trigo sarraceno en caldo de **soja** con carne de pato y cebolla. | Buckwheat vermicelli in soy soup with duck meat and onion added.

kamoshika (*Capricornis crispus*) かもしか ∿ 羚羊 ▸ (zo) /el/ Primitivo herbívoro de la familia de los bóvidos hallado solo en Japón y que se asemeja a una cabra montesa pequeña. | A primitive herbivorous animal of the family *Bovidae* found only in Japan and resembling a small mountain goat in shape.

kampō, *ver* **kanpō.** | *See* kanpō.

kamudono かむどの ∿ 神殿 ▸ (hi / vi) /la/ «Alcoba sagrada»: recámara donde dormía el soberano [***tennō***] para, en cumplimiento de sus funciones como sumo sacerdote en el ***shintō*** (**sintoísmo**, DLE), recibir mensajes oníricos de la divinidad. | «Sacred bedchamber»: chamber where the sovereign [tennō] received oneiric messages from the divinity in order to carry out his functions as a high priest in the Shintō religion.

kamui かむい ∿ カムイ ▸ (re) /el, la/ Las deidades en la mitología **ainu**. | The deities of Ainu mythology.

kamuri zuke かむり づけ ∿ 冠付け ▸ (li) /el/ Juego literario consistente en añadir el segundo y tercer verso a un primero para completar un **haiku**. | A literary game that consists of supplying the second and third verses to a given first verse of a haiku poem.

kan かん ∿ 勘 ▸ (ps) /el/ Conocimiento intuitivo; sexto sentido. | Intuitive knowledge; sixth sense.

貫 ▸ (pe y me) /el/ Medida de peso equivalente a 3,75 kg. | Weight unit equivalent to 8.27 lb.

漢 ▸ (hi) Prefijo para designar China en el Japón antiguo. | Prefix to designate China in ancient Japan.

kan kon sō sai かん こん そう さい ∿ 冠婚葬祭 ▸ (so) /el, la/ Conjunto de ceremonias familiares que marcan el paso de un estado a otro en la vida de las personas. | Group of family ceremonies that mark the passing from one state to another in people's lives. // *Kan* está asociado al nacimiento y mayoría de edad; *kon*, al matrimonio; *sō*, al fallecimiento; y *sai*, a las ceremonias de veneración ancestral.

kan on, kan'on かん おん ∿ 漢音 ▸ (le) /la/ Una de las varias lecturas de tipo *on* {*ver* ***on yomi***} que existen de los sinogramas [***kanji***] en japonés {*comparar con* ***go on***}. | One of several readings of the on type {*see* on yomi} that exist in Chinese characters [kanji] in Japanese {*compare with* go on}.

kana かな ∿ 仮名 ▸ (le) /el/ Término genérico para varios sistemas silábicos de escritura desarrollados en Japón a partir de los sinogramas [***kanji***] y usados para transcribir los sonidos de la lengua japonesa; una letra, un signo fonético; ***hiragana***; ***katakana***. | A general term for a number of syllabic writing systems developed in Japan and based on Chinese characters [kanji] used to express the sounds of the Japanese language; a letter, a phonetic symbol; hiragana; katakana.

kana bon かな ぼん ∿ 仮名本 ▸ (li) /el/ «Libro en ***kana***»: relato de la Era Edo (1600-1868) escrito casi todo en silabario ***hiragana*** y destinado a un público con escasa formación académica. | «Book in kana»: stories of the Edo period (1600-1868) written mostly in hiragana for people with little education.

kana bun かな ぶん ∿ 仮名文 ▸ (le) /la/ Escritura en ***kana***. | Writing in kana.

kana majiri かな まじり ∿ 仮名交り ▸ (le) /el, la/ Combinación de sinogramas [***kanji***] y ***kana*** en un texto. | Combination of Chinese characters [kanji] and kana in a written text. // El japonés escrito moderno es un *kana majiri*.

kana zōshi かな ぞうし ∿ 仮名草子 ▸ (li) /el/ Libro escrito en ***kana***, es decir, en un estilo literario propiamente japonés y no sinizado, en boga en el s. XVII. | A book written in kana, i.e., in genuine Japanese rather than in a Chinese character style, especially popular during the 17th century. // Ihara Saikaku (1642-1693) fue el gran autor de *kana zōshi*.

kanabō かなぼう ∿ 金棒 ▸ (arm) /el/ Estaca usada en combate. | Spiked club used in combat.

kanajo かなじょ ∿ 仮名序 ▸ (li) /el/ Prefacio escrito en ***kana***. | Preface written in kana.

kanazuchi かなづち ∿ 金槌 ▸ (et / arq) /el/ Martillo de carpintero con un extremo plano y otro cónico. | Carpenter's hammer with one end flat and the other cone-shaped.

kanbai かんばい ∿ 寒梅 ▸ (fo) /la/ Contemplación de la flor del ciruelo o del albaricoque. | Contemplation of a plum tree or apricot tree in blossom.

kanban かんばん ∿ 看板 ▸ (so) /el/ Cartel o afiche ilustrado para dar a conocer representaciones teatrales y diversos anuncios de interés. | Illustrated poster or playbill to advertise the performance of theater plays and other activities of interest.

kanban musume かんばん むすめ ∿ 看板娘 ▸ (et) /la/ Joven atractiva apostada a la entrada de los establecimientos para atraer clientes. | A pretty girl who stands at the entrance of establishments to attract customers.

kanbun かんぶん ∿ 漢文 ▸ (li) /el/ Escrito en chino clásico tanto en prosa como en verso y que es el producto de autores no chinos, especialmente coreanos y japoneses. | Composition in classical Chinese comprising both prose and poetry and written by non-Chinese authors, mainly Korean and Japanese.

kanbutsu かんぶつ ∿ 乾物 ▸ (co) /el/ En general, alimento seco. | A general term for all dried food.

kanchū mimai かんちゅう みまい ∿ 寒中見舞 ▸ (et) /la/ Tarjeta de felicitación de invierno. | A winter greeting card.

kandokuri かんどくり ∿ 燗徳利 ▸ (be) /la/ Botella pequeña para calentar **sake**. | Small bottle for warming sake.

kane かね ∿ 鐘 ▸ (et) /la/ Campana sin badajo que se toca con la punta de un madero golpeando desde el exterior. | Bell without a clapper that is struck from the outside

kane

using either a handheld mallet or a beam suspended on rope.

kanga かんが ⁝ 漢画 ▸ (ar) /el/ «Pintura de estilo chino». | «Chinese style painting».

kangeikai かんげいかい ⁝ 歓迎会 ▸ (so) /la/ Fiesta de bienvenida. | A welcome party. // Cuando Luis llegó a Tokio, le organizamos una *kangeikai* que no se esperaba.

kangeiko かんげいこ ⁝ 寒稽古 ▸ (ar mar) /el/ Entrenamiento espartano realizado temprano por la mañana o durante la noche en el periodo más frío del invierno. | Rigorous training exercises performed early in the morning or at night during the coldest part of midwinter.

kangen かんげん ⁝ 管弦 ▸ (mu) /la/ Música instrumental sin acompañamiento de danza. | Instrumental music without dance accompaniment.

kangensai かんげんさい ⁝ 管弦祭 ▸ (ca) /el/ Festival **sintoísta** celebrado en el santuario de Itsukushima (Hiroshima) el 17 de junio. | A Shintō festival held at the Itsukushima Shrine (Hiroshima) on June 17th.

kangetsue かんげつえ ⁝ 観月会 ▸ (et) /la/ Reunión para contemplar la luna llena, especialmente desde el estanque del templo Daitoku-ji de Kioto en el mes de septiembre. | Gathering in September to observe the full moon, especially from the pond at the Daitoku-ji temple in Kyoto.

kangō bōeki かんごう ぼうえき ⁝ 勘合貿易 ▸ (hi) /el/ Comercio entre Japón y la China de la dinastía Ming en los ss. XV y XVI. | Trade between Japan and Ming Dynasty China in the 15th and 16th centuries.

kani かに ⁝ 蟹 ▸ (zo) /el/ Cangrejo. | A crab.

kanji かんじ ⁝ 漢字 ▸ (le) /el/ «Sinograma»: signo gráfico de origen chino usado tradicionalmente para escribir en Japón y otras partes de Asia. | «Chinese character»: graphs of Chinese origin used for writing in Japan and other parts of Asia. // La mayoría de los *kanji* poseen dos lecturas: una japonesa y otra china, pero algunos tienen más de diez lecturas.

kanjiki かんじき ⁝ 樏 ▸ (in) /los/ Ramas a modo de crampones que se ponen debajo de los zapatos para caminar sobre nieve, hielo o barro. | Branches used as crampons for walking on snow, ice or mud.

kanjin かんじん ⁝ 勧進 ▸ (re) /la/ Labor budista misionera y de educación. | Buddhist missionary work and education.

kanjō かんじょう ⁝ 勧請 ▸ (re) /la/ Ceremonia de transferencia de la deidad o ***kami*** de un santuario a otro. | The ceremony of moving the deity or kami from one shrine to another.

kanjō bugyō かんじょう ぶぎょう ⁝ 勘定奉行 ▸ (hi) /el/ En el **sogunato Tokugawa** de la Era Edo (1600-1868), principal funcionario responsable de la economía. | During the Edo period (1600-1868), the main financial official of the Tokugawa shogunate.

kankeri かんけり ⁝ 缶けり ▸ (ju) /el/ Variedad del juego del escondite [***kakurenbō***] en el cual hay un bote o lata al lado del niño que busca a los demás. | Variety of hide-and-seek [kakurenbō] in which there is a jar or can next to the child who is looking for the others.

kanmairi かんまいり ⁝ 寒参り ▸ (re) /la/ Visita o peregrinaje a un santuario en pleno invierno. | A midwinter visit or pilgrimage to a shrine or temple.

kanme かんめ ⁝ 貫目 ▸ (pe y me) /el, la/ Antigua unidad monetaria japonesa. | Ancient Japanese monetary unit.

kanmi かんみ ⁝ 甘味 ▸ (co) /el/ Dulce, uno de los cinco sabores básicos de la comida japonesa. | Sweetness, one of the five basic flavors in Japanese cuisine. // Los otros cuatro sabores básicos son salado, ácido, amargo y «sabroso» (*umami*). Para los chinos, en cambio, el quinto es el picante.

kanmikissa かんみきっさ ∿ 甘味喫茶 ▸ (et) /la/ Cafetería tradicional donde se sirve té y diversos dulces japoneses [***kashi***]. | A traditional café where tea and various kinds of Japanese sweets are served. // A su madre le gusta pasar un rato todas las tardes hablando con sus amigas en una *kanmikissa*.

kanmuri

kanmuri かんむり ∿ 冠 ▸ (le) /el/ El radical escrito en la parte superior de un sinograma o ***kanji***; (in) gorro ceremonial llevado por nobles, miembros de la familia imperial y cortesanos. | The radical written at the top of a Chinese character or kanji; a ceremonial hat worn by nobles, members of the imperial family and court officials.

kannabe かんなべ ∿ 燗鍋 ▸ (be) /la/ Cacerola con tapa y caño para calentar el **sake**. | A pan with a lid and spout for heating sake.

kannamesai かんなめさい ∿ 神嘗祭 ▸ (re) /la/ Festividad de ofrenda del arroz de la nueva cosecha a los ancestros imperiales que se celebra cada mes de octubre en el santuario de Ise. | Festival celebrating the offering of new rice to the imperial ancestors each year in October at the Ise shrine.

Kannon

Kannon [Kanzeon, Kanjizai] <chin. *Guanyin*> かんのん、かんぜおん、かんじざい ∿ 観音、観世音、観自在 ▸ (re) Abreviatura de Kanzeon o ***bosatsu*** de la compasión infinita de Buda, popular figura del budismo japonés y visible en la iconografía budista personificado en forma masculina o femenina. | Abbreviation of Kanzeon or bosatsu of the infinite compassion of Buddha, one of the most popular bodhisattvas in Japanese Buddhism, present in Buddhist iconography and personified in masculine or feminine form.

Kannon biraki かんのん びらき ∿ 観音開き ▸ (re) /la/ Doble puerta de un altar con la imagen de **Kannon**. | Double door of a Kannon altar cabinet.

kannushi かんぬし ∿ 神主 ▸ (re) /el/ Sacerdote **sintoísta**. | A Shintō priest.

kan'ō かんおう ∿ 観桜 ▸ (es / et) /la/ Contemplación de la flor del cerezo. | Contemplation of the cherry blossom.

kanoko かのこ ∿ 鹿の子 ▸ (tex) /el/ Estampado moteado. | A dappled pattern.

kanpai かんぱい ∿ 乾杯 ▸ (et) /el/ Brindis. | A toast. // Todos levantaron la copa e hicieron un *kanpai* por los recién casados.

kanpaku かんぱく ∿ 関白 ▸ (hi) /el/ Canciller imperial o regente de un emperador adulto {*comparar con* ***sesshō***}. | Imperial regent for an adult emperor {*compare with* sesshō}.

kanpō かんぽう ∿ 漢方 ▸ (me) /la/ Medicina tradicional china {*en oposición a* ***ranpō***}. | Traditional Chinese medicine {*as opposed to* ranpō}.

kanpōi かんぽうい ∿ 漢方医 ▸ (me) /el/ Practicante de medicina tradicional china. | Practitioner of traditional Chinese medicine.

kanpōyaku かんぽうやく ∿ 漢方薬 ▸ (me) /el/ Medicamento chino a base de hierbas. | Chinese herbal medicine.

kanpyō かんぴょう ∿ 干瓢 ▸ (co) /la/ Tira seca y comestible de carne de calabaza usada a menudo en rollitos de ***sushi***. | Edible dried gourd strip often used in sushi rolls.

kanrei, kanryō かんれい、かんりょう ∿ 管領 ▸ (hi) /el/ Alto funcionario durante el **sogunato** Muromachi (1338-1573). | High official post in the Muromachi shogunate (1338-1573).

kanreki かんれき ∿ 還暦 ▸ (et) /el/ Celebración del 60 aniversario de una persona. | Celebration of a person's 60th birthday. // Fuimos a un restaurante para celebrar el *kanreki* de nuestro profesor de la escuela secundaria.

kanroni かんろに ∿ 甘露煮 ▸ (co) /el/ Guiso dulce de pescado. | Sweet stewed fish.

Kansai かんさい ∿ 関西 ▸ (ge) Región que comprende la zona de Kioto y Osaka. | The Kyoto and Osaka region.

kansei kōgaku かんせい こうがく ∿ 感性工学 ▸ (em / ro) /la/ «Ingeniería de los sentidos»: ciencia destinada a traducir los sentimientos de las personas en el diseño de los productos. | «Emotional or affective engineering»: science of translating human feelings into the design of products. // La *kansei kōgaku* se aplica a la robótica y se habla de robots con sentimientos.

kanshi かんし ∿ 漢詩 ▸ (li) /el, la/ Poesía china escrita por japoneses. | Chinese poetry written by Japanese authors. // Natsume Sōseki (1867-1916) fue toda su vida un aficionado al *kanshi*.

kanshibun かんしぶん ∿ 漢詩文 ▸ (li) /la/ Prosa y poesía en chino. | Prose and poetry in Chinese.

kanshitsu かんしつ ∿ 乾漆 ▸ (ar / et) /el, la/ Técnica de revestimiento de origen chino usando un soporte hecho de capas de tela impregnada de laca ***urushi***. | Covering or lining technique of Chinese origin that uses a base made of layers of hemp cloth coated with urushi lacquer.

kanshitsuzō かんしつぞう ∿ 乾漆像 ▸ (ar) /la/ Estatua lacada de Buda. | A dry-lacquered image of Buddha.

kanshō かんしょう ∿ 観賞 ▸ (ja) /el/ En jardinería, un diseño en el cual el jardín se contempla desde dentro de una estructura central. También llamado *zakan*, era popular en la arquitectura de estilo ***shoin tsukuri***. | A gardening design that allows the garden to be seen from inside a central structure. Also referred to as zakan, it was popular in shoin tsukuri style architecture.

kansu かんす ∿ 鑵子 ▸ (be) /la/ Tetera. | A tea kettle.

kansubon かんすぼん ∿ 巻子本 ▸ (et) /el/ Rollo de escritura. | A writing scroll.

kanteiryū かんていりゅう ∿ 勘亭流 ▸ (ar) /el/ Estilo caligráfico caracterizado por trazos gruesos y atrevidos, y que suele usarse en los carteles de **kabuki** y ***sumō*** (**sumo**, DLE). | A style of calligraphy characterized by bold, thick strokes, and used typically in kabuki posters and sumō advertisements.

kanten かんてん ∿ 寒天 ▸ (co) /el/ Agar-agar, sustancia gelatinosa y comestible a partir del alga roja ***tengusa***. | Agar-agar, a jelly-like edible substance made from the red tengusa alga.

kantera <port. o esp. *candela*> かんてら ∿ カンテラ ▸ (et) /la/ Lámpara de mano hecha de metal. | Hand lamp made of metal.

Kantō かんとう ∿ 関東 ▸ (ge) Región que comprende Tokio y las prefecturas circundantes. | Region consisting of Tokyo and surrounding prefectures.

Kantō daki かんとう だき ∿ 関東焚 ▸ (co) /el/ ***Oden*** al estilo de **Kantō**. | Kantō-style oden.

kanzake かんざけ ∿ 燗酒 ▸ (be) /el/ **Sake** caliente. | Hot sake.

kanzamashi かんざまし ∿ 燗冷まし ▸ (be) /el/ **Sake** caliente que se ha enfriado. | Warmed sake that has cooled down.

kanzashi かんざし ∿ 簪 ▸ (pe) /el/ Adorno usado en el peinado tradicional femenino. | Ornament used in a traditional women's hairstyle.

kanzen chōaku かんぜん ちょうあく ∿ 勧善懲悪 ▸ (li / fi) «Ensalzar la virtud y censurar el vicio»: principio moral de la literatura para los confucianos. | «Reward the virtuous and punish the wicked»: moral or ethical principle in Confucianism.

kanzenban かんぜんばん ∿ 完全版 ▸ (ma) /el/ Lanzamiento especial de tiraje completo de los **mangas** más populares. | Special launch of a complete strip of the most popular manga.

Kanzeon, *ver* **Kannon.** | *See* Kannon.

kanzeryū, kanze ryū かんぜりゅう ∿ 観世流 ▸ (te) /la/ Una de las cinco principales escuelas de teatro ***noh***. | One of the five major schools of noh theater.

kao かお ∿ 顔 ▸ (ps) /el, la/ Rostro, cara: un importante concepto en las relaciones interpersonales. | Face, countenance: an important concept in interpersonal relationships.

kaō かおう ∿ 花押 ▸ (em) /la/ Marca o signo usado en lugar de la firma en documentos. | Personal mark or sign used in place of a signature on documents.

kaokiki かおきき ∿ 顔利き ▸ (so) /el, la/ Persona influyente. | An influential person.

kaomise かおみせ ∿ 顔見世 ▸ (so) /la/ Aparición pública; (te) /el, la/ presentación formal de una compañía de **kabuki** en traje de escena. | Public appearance; formal introduction of a kabuki company in full costume.

kaopasu かおぱす ∿ 顔パス ▸ (so) /el/ «Pase de la cara»: uso de la propia influencia para tener acceso a un lugar. | «Getting in with your face»: the use of one's own influence to get into a place.

kappa かっぱ ∿ 河童 ▸ (fo) /el/ Ser sobrenatural que se puede encontrar en lugares donde se acumula agua dulce. Tiene aspecto de tortuga o anfibio, pero con rasgos faciales humanos y una especie de plato lleno de agua en la cabeza. | A supernatural being that can be found in fresh water. It looks like a turtle or amphibian but has human facial characteristics and a type of dish filled with water on its head. {*Ver imagen en pág. sig.*}

kappō かっぽう ∿ 割烹 ▸ (co) /la/ Cocina japonesa refinada; (co) /el/ restaurante japonés de alta categoría. | Refined Japanese cuisine; high-class Japanese-style restaurant.

kappuku かっぷく ∿ 割腹 ▸ (et) /el/ Eventración, **harakiri**. | Disembowelment, harakiri.

kappa

kara- から ≀ 唐、漢、韓 ▸ (le) Prefijo para designar un origen chino en el Japón antiguo. | Prefix used to describe being of Chinese origin in ancient Japan.

kara age から あげ ≀ 唐揚げ ▸ (co) /el/ Fritura de carne sin rebozar. | Meat frying without breading.

kara bisashi から びさし ≀ 唐庇 ▸ (arq) /el/ «Alero chino»: alero de tejadillo curvo. | «Chinese eaves»: eaves of a curved awning.

kara guruma から ぐるま ≀ 唐車 ▸ (tr) /el/ Carruaje de estilo chino usado en la Era Heian (794-1185) reservado a miembros de la familia imperial y a altos cargos de la nobleza. | Chinese style carriage used during the Heian period (794-1185) and reserved for members of the imperial family and high ranking members of the nobility.

kara-e, karae からえ ≀ 唐絵 ▸ (ar) /el, la/ Pintura de estilo chino en contraste con la ***yamato-e*** [***yamatoe***]. | Chinese-style painting in contrast with yamato-e [yamatoe].

karabori からぼり ≀ 空堀 ▸ (arq) /el/ Foso de un castillo cuando se hallaba vacío de agua. | A castle moat when it was found to be empty of water.

karaginu からぎぬ ≀ 唐衣 ▸ (in) /el, la/ «Chaquetón chino»: la capa externa, más larga por delante que por detrás, del vestido formal femenino en la Era Heian (794-1185). | «Chinese short coat»: external cape on formal women's wear in the Heian period (794-1185) that was longer in the front than in the back.

karahafu からはふ ≀ 唐破風 ▸ (arq) /la/ Cubierta con el borde del alero ondulado. | Gable with an undulating bargeboard.

karakami からかみ ≀ 唐紙 ▸ (vi) /el/ Papel grueso importado originalmente de China que ahora se usa para cubrir las puertas correderas [***fusuma***]. | Thick paper originally imported from China now used to cover sliding doors [fusuma].

karakasa からかさ ≀ 傘 ▸ (in) /el/ Paraguas de bambú y papel impermeabilizado. | A bamboo-and-waterproof paper umbrella.

karakura からくら ≀ 唐鞍 ▸ (et) /la/ Silla de montar de estilo chino {*en contraste con* ***yamato gura***}. | Chinese style riding saddle {*contrast with* yamato gura}.

karakuri ningyō からくりにんぎょう ≀ 絡繰人形 ▸ (ro) /el/ Muñeco mecánico; precedente en el s. XVII del robot moderno. | Mechanical doll; a 17th century precedent of the modern robot.

karami mochi からみ もち ≀ 辛味餅 ▸ (co) /el/ Pastel de arroz servido con nabo ***daikon*** rallado y salsa de **soja**. | A rice cake served with grated daikon and soy sauce.

karamono からもの ≀ 唐物 ▸ (ar) /los/ Artículos de China, especialmente en la Era Muromachi (1333-1560). | Chinese products, especially during the Muromachi period (1333-1560).

karaoke (karaoke, DLE) からおけ ∿ カラオケ、空オケ ▸ (mu) /el/ «Orquesta vacía»: interpretación de una canción conocida sobre una grabación musical previa, frecuentemente con apoyo de pantalla de video. | «Empty orchestra»: the singing of a well-known song over a voiceless pre-recording, often with the aid of a video screen. // Entre los colegiales japoneses son populares las celdas de karaoke.

karaori からおり ∿ 唐織 ▸ (ar / in) /la/ Prenda de brocado pesada y profusamente decorada. | A heavy and profusely decorated garment.

karashi からし ∿ 辛子 ▸ (co) /la/ Mostaza amarilla o ajenabe. | Yellow mustard.

karashi mentaiko からし めんたいこ ∿ 辛子明太子 ▸ (co) /las/ Huevas de bacalao con sal y pimento rojo picante. | Cod fish roe served with salt and red hot pepper.

karasu tengu からす てんぐ ∿ 烏天狗 ▸ (fo) /el/ Duende o ***tengu*** con pico de cuervo. | A legendary goblin or tengu with a crow's beak.

karate (karate, kárate, DLE) からて ∿ 空手 ▸ (ar mar) /el/ Arte de autodefensa que no usa armas y que se basa en movimientos de brazos (*uchi*), empujones (*tsuki*) y patadas (***keri***). | Art of self-defense that uses no weapons and relies instead on arm movements (uchi), thrusts (tsuki), and kicks (keri). // En una memorable actuación, la española Sandra Sánchez ganó la medalla de oro de karate, modalidad de *kata*, en los Juegos Olímpicos de Tokio del año 2020.

karatedō からてどう ∿ 空手道 ▸ (ar mar) /el/ «La Vía de la mano vacía, desnuda»: **karate**. | «The way of the empty hand»: karate.

karateka (karateca, DLE) ▸ (ar mar) /el, la/ Practicante de **karate**. | Practioner of karate.

Karatsu yaki からつ やき ∿ 唐津焼 ▸ (ce) /la/ Nombre común aplicado a toda la cerámica elaborada en el sur de la ciudad de Karatsu (Saga, Kiushu). | Collective name for diverse ceramic ware produced in the south of the city of Karatsu (now Saga Prefecture in Kyushu).

karayō からよう ∿ 唐様 ▸ (arq) /el/ Estilo arquitectónico de inspiración china introducido en el s. XIII junto con la escuela **Zen** {*contrastar con* ***wayō, tenjikuyō*** *y* ***zenshūyō***}. | Architectural style of Chinese inspiration introduced in the 13th century along with the Zen school {*contrast with* wayō, tenjikuyō *and* zenshūyō}.

karayuki san からゆき さん ∿ 唐行きさん ▸ (hi) /la/ «Quien va a China»: mujer de Japón que iba para trabajar como prostituta en diferentes partes de Asia en los años siguientes a la Restauración Meiji (1868). | «One going to China»: A Japanese woman who went to work as a prostitute in different parts of Asia after the Meiji Restoration (1868). // La mayoría de las *karayuki san* eran de las regiones empobrecidas del oeste de Kiushu.

karē カレー ▸ (co) /el/ Curri. | Curry.

karē raisu カレー ライス ▸ (co) /el/ Arroz con curri. | Rice curry. // A los niños japoneses les suele gustar el *karē raisu*.

kare sansui, karesansui かれ さんすい ∿ 枯山水 ▸ (ja) /el/ Jardín paisajístico con colinas y corrientes, pero sin agua; jardín seco. | A garden landscape with hills and streams but no water; a dry garden.

kare taki, karetaki かれたき ∿ 枯滝 ▸ (ja) /la/ Agrupación de rocas de forma que representen un salto de agua. | A rock formation that represents a waterfall.

karei かれい ∿ 鰈 ▸ (zo) /los/ Pez plano, como el lenguado o la platija. | Flatfish like plaice or sole.

kari bakama かり ばかま ∿ 狩袴 ▸ (hi / in) /la/ Falda larga plisada que los hombres llevaban sobre el **kimono** cuando iban de caza. | A long pleated skirt once worn by men over their kimono when they went hunting.

kari komi, karikomi かりこみ ≀ 刈込み ▸ (ja) /el, la/ Poda escultórica de arbustos y árboles. | Sculpture-like pruning of trees and bushes.

kariginu かりぎぬ ≀ 狩衣 ▸ (in) /la/ Vestimenta de mangas anchas que se pueden recoger con un cordón y se abrocha en el hombro; originalmente, veste de caza. | A robe with broad sleeves that can be tucked up with a sash and fastened at the shoulder; originally hunting garb.

karin (*Chaenomeles sinensis*) かりん ≀ 榠樝 ▸ (bo) /el/ Membrillo chino. | Chinese quince.

karintō かりんとう ≀ 花林糖 ▸ (co) /la/ Galleta en forma de palito hecha de masa frita y recubierta de azúcar. | A small sugar-coated stick biscuit made from fried dough.

karma <sáns. *krī* = «hacer»>, *ver* **gō.** | *See* gō.

karō かろう ≀ 家老 ▸ (hi) /el/ El senescal o funcionario de rango más alto en el gobierno de los ***daimyō*** (**daimios**, DLE) de la Era Edo (1600-1868) responsable de la administración de los dominios. | The highest-ranking official in the daimyō government during the Edo period (1600-1868), responsible for the administration of the domains.

karō jisatsu かろう じさつ ≀ 過労自殺 ▸ (so) /el/ Suicidio por exceso de trabajo. | Suicide from overwork.

karon かろん ≀ 歌論 ▸ (li) /el/ Tratado sobre la poesía ***waka***. | A treatise on the theory of waka poetry.

karōshi かろうし ≀ 過労死 ▸ (so) /la/ Muerte por exceso de trabajo. | Death from overwork.

karukan かるかん ≀ 軽羹 ▸ (co) /el/ Bollo dulce al vapor hecho de ñame rallado y harina de arroz. | A steamed sweet bun made from grated yam and rice flour.

karuma, *ver* **karma.** | *See* karma.

karumi かるみ ≀ 軽み ▸ (li) /la/ Ligereza, un ideal de estilo más simple de poesía **haikai** preconizado especialmente por Matsuo Bashō (1644-1694). | Lightness, a stylistic ideal of a simpler kind of haikai poetry, specially advocated by Matsuo Bashō (1644-1694).

karupa カルパ ▸ (re) /el, la/ Largo periodo de tiempo. Término del sánscrito común en los escritos sobre cosmología budista {*ver cuarta acepción de* ***kō***}. | Long period of time. A term in common Sanskrit in writings about Buddhist cosmology {*see the fourth meaning of* kō}.

karuta <esp. o port. *carta*> かるた ≀ 歌留多 ▸ (ju) /las/ Cartas o naipes. | Playing cards.

karyūkai かりゅうかい ≀ 花柳界 ▸ (so) /el/ «El mundo de la flor y el sauce»: el mundo de las ***geishas***. | «The Flower and Willow World»: the world of geishas.

kasa かさ ≀ 傘 ▸ (in) /el/ Paraguas; sombrilla; el sombrero como parte de la indumentaria hecha de paja para protegerse de la lluvia {*ver* ***mino***}. | An umbrella; parasol; the hat as an item of clothing made from straw for protection from the rain {*see* mino}.

kasa

kasaboko かさぼこ ↯ 傘鉾 ▸ (et) /el/ Gran paraguas coronado con un pincho o con flores artificiales y transportado por un flotador en algunos festivales. | A large umbrella topped by a pike or artificial flowers and carried on a float in certain festivals.

kasagake かさがけ ↯ 笠懸 ▸ (hi / de) /el/ Tiro al blanco desde un caballo. | Target shooting on horseback.

kasagi かさぎ ↯ 笠木 ▸ (arq) /la/ Viga superior en un pórtico **sintoísta** [***torii***] {*comparar con* ***nuki***}. | Top lintel in a Shintō portico [torii] {*compare with* nuki}.

kasane shōzoku かさね しょうぞく ↯ 重ね装束 ▸ (in) /el, la/ Traje multicolor de varias capas vestido por las danzantes de las ***fuzoku mai***. | Multi-colored suit of various layers worn by dancers of the fuzoku mai.

kasen かせん ↯ 歌仙 ▸ (li) /el, la/ «Poetas inmortales»: sabio de la poesía; (li) /el/ secuencia de 36 estrofas de un poema ***renga***. | The «Immortals of Poetry»: poetic sage; sequence of 36 verses in a renga poem.

kasen-e かせん え ↯ 歌仙絵 ▸ (ar) /el, la/ Retrato idealizado de poetas japoneses famosos. | Idealized portrait of famous Japanese poets.

kashi かし ↯ 菓子 ▸ (co) /la/ Confitura. | Sweetmeat, confection.

kashiori かしおり ↯ 菓子折 ▸ (so) /la/ Caja de dulces japoneses ofrecida como gesto de agradecimiento. | A box of Japanese confections often given as an expression of thanks.

kashipan かしぱん ↯ 菓子パン ▸ (co) /el/ Bollo dulce. | A sweet bun.

kashiwa かしわ ↯ 黄鶏 ▸ (co) /la/ Carne de pollo, especialmente las alas. | Chicken meat, especially the wings.

kashiwa mochi かしわ もち ↯ 柏餅 ▸ (co) /el/ Pastel de arroz relleno de mermelada de alubias [***an***] y envuelto en una hoja de roble que se toma el Día de los Niños (5 de mayo). | A rice cake filled with bean jelly [an] and wrapped in an oak leaf and eaten on Boys' Day (May 5th).

kashiwade かしわで ↯ 柏手 ▸ (re) /la/ Palmada ante un altar **sintoísta** para invocar a los dioses. | A hand clap to summon the gods in front of a Shintō altar.

kasho かしょ ↯ 歌書 ▸ (li) /el/ Libro de poemas **tanka**. | A book of tanka poetry.

kashū かしゅう ↯ 歌集 ▸ (li) /la/ Colección de poesía escrita en lengua japonesa con empleo de la escritura ***hiragana***. | Collection of poetry written in Japanese and using hiragana writing.

kasō かそう ↯ 家相 ▸ (arq) /el/ Aspecto físico, como el emplazamiento y la orientación, de una edificación según el arte de la geomancia. | The physical aspect, such as the location and direction of buildings, according to the art of geomancy.

kasuri かすり ↯ 絣 ▸ (tex) /la/ Tipo de tela, generalmente de cáñamo, ramio o algodón, con motivos discretos de color blanco sobre fondo azul índigo, popular en el vestido de campesinos y comerciantes desde mediados del s. XVIII hasta principios del XX; estampación moteada. | A kind of cloth, typically of hemp, ramie or cotton, with hazed patterns of reserved white against an indigo-blue background, popular in clothes worn by farmers and merchants from the mid-18th to the beginning of the 20th centuries; splashed pattern in fabrics.

kasutera <port. (*pâo de*) *Castela*> かすてら ↯ カステラ ▸ (co) /el/ Bizcocho a base de harina, huevos y azúcar. | A sponge cake made of flour, eggs and sugar.

kasutori かすとり ↯ 粕取り ▸ (be) /el, la/ Aguardiente mezcla de edulcorante y alcohol consumido por quienes no tenían medios para comprar otra bebida en el mercado negro de la posguerra; bebida alcohólica de pésima calidad; (li) /el, la/ revista sensacionalista. | Grain alcohol mixed with a sweetener and drunk by those who could not afford any other beverage on the postwar black market; very low quality alcoholic beverage; yellow journalism.

kasutori bungaku かすとり　ぶんがく ⟫ カストリ文学 ▸ (li) /la/ Literatura de corte sensacionalista impresa en papel barato y asociada a la ***kasutori bunka***. | Sensationalist style of literature printed on cheap paper and associated with the kasutori bunka.

kasutori bunka かすとり　ぶんか ⟫ カストリ文化 ▸ (so) /la/ Cultura desgarrada y decadentista que floreció en los primeros años de la posguerra (1945-1953); cultura del «matarratas». | Decadent and licentious culture that flourished in the first postwar years (1945-1953); «rat poison» culture.

kasuzuke かすづけ ⟫ 粕漬け ▸ (co) /el/ Encurtidos en heces de **sake**. | Pickles in sake lees. // Acompañamos el arroz con un poco de atún en *kasuzuke*.

kata かた ⟫ 型 ▸ (ar mar / te) /el, la/ Posición o movimiento que se realiza en la ejecución de las artes marciales o de la actuación teatral, y que se halla normalizado conforme una tradición. | Position or movement carried out in the performance of martial arts or theater and that is normalized according to tradition.

kata geiko かた　げいこ ⟫ 型稽古 ▸ (ar mar) /el/ Entrenamiento a través de la repetición de los ***kata***. | Training through repetition of kata forms.

kata guruma かた　ぐるま ⟫ 肩車 ▸ (et) /la/ El acto de llevar a alguien a hombros. | Carrying somebody on one's shoulders.

kata tagae, katatagae かた　たがえ ⟫ 方違え ▸ (fo / et) /el/ Tabú relativo a las direcciones basado en los conocimientos geománticos de la antigua China y que intentaba explicar los fenómenos naturales en términos de la teoría del yin y el yang {*ver* ***onmyōdō***}. | Taboo about directions based on the ancient Chinese body of geomantic knowledge that sought to explain natural phenomena in terms of the yin-yang theory {*see* onmyōdō}. // En la época de Heian (ss. IX-XII), el *kata tagae* determinaba la vida cotidiana de las clases cortesanas.

kata tataki かた　たたき ⟫ 肩叩き ▸ (et) /el/ Masaje dando golpecitos en los hombros. | Tapping the shoulders to relieve stiffness.

kataba かたば ⟫ 片刃 ▸ (et) /la/ Sierra de un solo filo. | Type of single blade saw.

katabira かたびら ⟫ 帷子 ▸ (tex) /la/ Tela para una pantalla colgante; (in) /el/ **kimono** ligero de verano. | A cloth for a hanging screen; a light summer kimono.

katagami かたがみ ⟫ 型紙 ▸ (ar) /el/ Estarcido de papel frecuentemente recortado minuciosamente y decorado con motivos de gran belleza. | A paper stencil pattern frequently cut out meticulously and lavishly decorated.

katagi かたぎ ⟫ 気質 ▸ (ps) /el/ Idiosincrasia específica de un grupo social o de una profesión. | Idiosyncrasy or common mind-set of members of an occupational or social group.

katagi mono かたぎ　もの ⟫ 気質物 ▸ (li) /la/ Breve descripción anecdótica de tipos populares escrita por Ejima Kiseki (1667-1736). | A short anecdotal description of popular characters by Ejima Kiseki (1667-1736).

kataginu かたぎぬ ⟫ 肩衣 ▸ (in) /el/ Prenda de anchas hombreras llevada sobre el **kimono**; manto ceremonial de tela rígida y sin mangas usado por los miembros de la clase ***samurai*** (**samurái**, DLE) en los ss. XV y XVI. | A wide-shouldered garment worn over a kimono; a stiff, sleeveless ceremonial robe worn by the samurai during the 15th and 16th centuries.

kataimi かたいみ ∿ 方忌 ▸ (fo) /el, la/ Tabú asociado a la dirección observado por la sociedad cortesana de Heian (794-1185). | Taboo regarding direction observed by courtesan society in the Heian period (794-1185).

katakama yari かたかま やり ∿ 片鎌槍 ▸ (arm) /el, la/ Especie de lanza [***yari***] cuyo remate en la parte superior tiene forma de cruz. | A type of lance [yari] with a cross-shaped pummel.

katakana かたかな ∿ 片仮名 ▸ (le) /el/ Silabario japonés de 48 signos usado para escribir palabras que no son de origen chino ni japonés, onomatopeyas, nombres científicos de flora y fauna, y en general para resaltar palabras. | A Japanese syllabary consisting of 48 units used for writing loanwords that are neither Chinese nor Japanese, onomatopoeic words, scientific names of flora and fauna, and also for highlighting words. // ¿Me puedes escribir mi nombre en *katakana*?

kataki uchi かたき うち ∿ 敵討ち ▸ (hi) /la/ En el antiguo Japón, venganza de sangre por el asesinato de un familiar directo. | In old Japan, blood revenge for the killing of a direct family relative. // En el Japón premoderno, la *kataki uchi* individual estaba justificada y hasta el año 1873 no fue ilegalizada.

kataki yaku かたき やく ∿ 敵役 ▸ (te) /el/ En el teatro **kabuki**, el actor que interpreta el papel de villano. | The actor who plays the villain in kabuki theater.

katame かため ∿ 固め ▸ (so) /la/ Promesa, compromiso; (arm) defensa; fortificación. | A pledge, an engagement; defense; fortification.

katame waza かため わざ ∿ 固め技 ▸ (ar mar) /la/ En el ***jūdō*** (**judo**, DLE) y **karate**, técnica de control o defensa. | Technique of control or defense in jūdō or karate.

katamino かたみの ∿ 肩蓑 ▸ (in) /el, la/ Prenda de paja para protegerse de la lluvia que cubría los hombros y la espalda {*ver* ***mino***}. | Garment made of straw for protection from the rain that covered the back and shoulders {*see* mino}.

katana (catana, DLE) かたな ∿ 刀 ▸ (arm) /la/ Sable cuya hoja tiene más de 60 cm y que suele llevar el filo hacia arriba {*ver* ***wakizashi***}; cualquier sable japonés. | Sword with a curved blade about 2 feet long {*see* wakizashi}; any Japanese sword.

katana kake かたな かけ ∿ 刀掛け ▸ (arm) /el/ Soporte o estructura de madera sobre la que descansa la ***katana***. | Wooden base or structure where a katana rests.

katari かたり ∿ 語り ▸ (li) /la/ Narración oral. | Oral narration.

katari mono かたり もの ∿ 語り物 ▸ (li / te) /el/ Un relato, una narración; estilo tradicional de recitación narrativa; parte narrada de un drama, en contraste con un fragmento musical o ***kayō***. | A narrative, a story; a traditional style of recitation; a narrative part in drama as opposed to a melodic part or kayō.

kataribe, katarite かたりべ、かたりて ∿ 語り部、語り手 ▸ (li) /el, la/ En la antigüedad, grupo profesional hereditario especializado en la transmisión de textos o relatos y en su recitación durante las ceremonias cortesanas. | A hereditary professional group specialized in reciting orally transmitted texts or tales at court ceremonies in ancient times.

katashiro かたしろ ∿ 形代 ▸ (re) /el/ Objeto empleado para ahuyentar el mal en los exorcismos o en los rituales de purificación **sintoístas**. | An object employed to ward off evil during exorcisms or purification rituals in Shintō rites.

katatsuki かたつき ⌇ 肩衝 ▸ (be) /la/ Cajita cuadrada para guardar el té. | A square-shouldered tea caddy.

katauta かたうた ⌇ 片歌 ▸ (li) /el/ Medio poema de tres versos. | Half a poem of three verses.

katawa guruma かたわ　ぐるま ⌇ 片輪車 ▸ (fo) /el, la/ Ser sobrenatural {*ver* ***yōkai***} muy temido representado en forma de mujer subida a un carro envuelto en llamas que corre por las noches provocando un gran estruendo. | Supernatural being {*see* yōkai} represented as a woman riding around at night on a flaming ox-cart wheel and causing great turmoil.

katazome かたぞめ ⌇ 型染め ▸ (tex) /el/ Método de teñido textil que consiste en colocar un estarcido recortado sobre el tejido y en aplicar encima un engrudo de arroz. | Textile-dyeing method that involves placing a cut stencil over the fabric and applying glutinous rice paste resist over it.

katei shōsetsu かてい　しょうせつ ⌇ 家庭小説 ▸ (li) /la/ Novela cuyo tema dominante es la familia. | Novel whose dominant theme is the family.

katemeshi かてめし ⌇ 糧飯 ▸ (co) /el/ Arroz hervido con alubias, cebada, nabo ***daikon*** u otros ingredientes. | Rice boiled with beans, barley, daikon turnip or other ingredients.

katō mado かとう　まど ⌇ 火灯窓 ▸ (arq) /la/ Ventana de forma acampanada frecuente en las edificaciones **zen**. | Round-cornered tent-like window frequently used in Zen buildings.

katon no jutsu かとん　の　じゅつ ⌇ 火遁の術 ▸ (ar mar) /la/ Técnica de ocultamiento mediante el fuego usada por los ***ninjas*** (DLE). | A ninja technique of concealment using fire.

katori senkō かとり　せんこう ⌇ 蚊取り線香 ▸ (mo) /la/ Espiral para ahuyentar mosquitos. | A mosquito coil.

katsu かつ ⌇ カツ ▸ (co) /el/ Carne, pescado o pollo rebozado y luego frito {*ver* ***agemono***}. | A kind of meat, fish, or chicken coated with egg and bread crumbs, then deep-fried {*see* agemono}.

katsudon かつどん ⌇ カツ丼 ▸ (co) /el/ Cuenco grande de arroz con una chuleta rebozada de cerdo encima. | A large bowl of rice topped with a fried breaded pork cutlet.

katsuo (*Katsuwonus pelamis*) かつお ⌇ 鰹 ▸ (zo) /el/ Bonito oceánico. | Skipjack tuna.

katsuobushi かつおぶし ⌇ 鰹節 ▸ (co) /el/ Bonito desecado, ahumado y curado. | Dried, smoked, mold-cured skipjack tuna. // Las raspaduras de *katsuobushi* tienen numerosos usos en la cocina japonesa.

katsura (*Cercidiphyllum japonicum*) かつら ⌇ 桂 ▸ (bo) /el, la/ Especie arbórea ornamental de hojas rojizas en primavera y que puede alcanzar los 30 m de altura y un tronco de más de 4 m de diámetro. | Ornamental deciduous tree with reddish leaves in spring that can reach up to 50 feet in height and over 12 feet in diameter.

katsureki かつれき ⌇ 活歴 ▸ (te) /el/ Drama del **kabuki** moderno que escenifica una «historia viva». | Play in modern kabuki dramatizing «living history».

kawa biraki かわ　びらき ⌇ 川開き ▸ (ca / et) /el/ «Apertura del río»: festival anual celebrado a principios de verano. | «River opening»: annual festival celebrating the beginning of summer.

kawa no ji かわ　の　じ ⌇ 川の字 ▸ (so) /el/ «Sinograma de *kawa* (川)»: alusivo al acto de permitir que el niño o niña de menos de cinco años duerma en medio de sus padres, simbolizados por los dos trazos externos de este sinograma. | «Kawa ideogram (川)»: allusive to the act of letting a child under the age of five sleep between his/her parents symbolized by the outer lines of the ideogram or Chinese character.

kawadoko かわどこ ∿ 川床 ▸ (arq) /la/ Terraza sobre los ríos especialmente popular durante el verano. | Decking over rivers especially popular in the summer.

kawahime かわひめ ∿ 川姫 ▸ (fo) /la/ Princesa del río que salva a los niños de ahogarse en las aguas adonde caen desprevenidamente. | River princess who saves children who have unexpectedly fallen into the river from drowning.

kawahori ōgi かわほり　おうぎ ∿ 蝙蝠扇 ▸ (et) /el/ Abanico estival con los pliegues de papel en forma de alas de murciélago {*comparar con* ***hiōgi***}. | Summer fan with its paper creases similar to those of a bat {*compare with* hiōgi}.

kawaī

kawaī かわいい ∿ 可愛い ▸ (es) /el, la/ Bonito, mono, precioso, encantador: adjetivo aplicado a la moda, los juguetes, la comida o a la apariencia, conducta y hábitos personales. | Pretty, cute, lovely, delightful: adjective used for fashion, toys, food or personal habits, behaviour and appearance. // En esa tienda solamente venden mangas y objetos *kawaī*.

kawaki mono かわき もの ∿ 乾き物 ▸ (co) /los/ Aperitivos secos, como cacahuetes y galletitas. | Dry snacks such as peanuts and crackers.

kawara mono かわら もの ∿ 河原者 ▸ (so) /la/ «Gente del cauce seco del río»: miembros de las clases más bajas de la sociedad en el Japón premoderno. | «Dry river bed people»: members of the lowest stratum of society in premodern Japan.

kawaraban かわらばん ∿ 瓦版 ▸ (hi) /el/ Tablero con noticias en uso durante la Era Edo (1600-1868). | Newsboard during the Edo period (1600-1868).

kawauo かわうお ∿ 川魚 ▸ (zo) /el/ Pez de río. | A river fish.

kaya (*Torreira japonica*) かや ∿ 萱、茅 ▸ (bo) /la/ Una variedad de acacia; genéricamente, material vegetal antiguamente usado en las cubiertas de los edificios {*ver* ***gasshō tsukuri***}; (mo) mosquitera. | A type of locust tree; generic plant material formerly used for the roofing on buildings {*see* gasshō tsukuri}; screen door or window.

kayabuki かやぶき ∿ 茅葺き ▸ (arq) /la/ Cubierta inclinada de un edificio en la que se utiliza material vegetal o ***kaya***. | Sloping roof on a building made of plant material or kaya.

kayari かやり ∿ 蚊遣り ▸ (et) /el/ Humo para espantar mosquitos. | Smoke to drive away insects such as mosquitoes.

kayō かよう ∿ 歌謡 ▸ (li / te) /el/ Poema con música; fragmento melódico de un drama, en contraste con una parte narrativa o ***katari mono***. | Poem with music; fragment of a melody of a play in contrast with a narrative part or katari mono.

kayōkyoku かようきょく ∿ 歌謡曲 ▸ (mu) /la/ Canción popular moderna. | Modern popular song.

kayu かゆ ∿ 粥 ▸ (co) /el/ Gachas de arroz. | Rice gruel.

kazoedoshi かぞえどし ⟆ 数え年 ▸ (et) /el/ Cómputo tradicional de la edad de una persona según el cual al nacer ya se tiene un año y se cumplen años en cada Año Nuevo. | One's age by traditional Japanese reckoning according to which one is a year old when born and adds a year every New Year. // Mi tía Reiko, que tiene 58 años, dice que no le gusta el *kazoedoshi* porque la hace sentir sesentona.

kazoku かぞく ⟆ 華族 ▸ (hi) /el/ Sistema de títulos hereditarios de la nobleza que se mantuvo entre 1869 y 1947. | System of hereditary nobility titles maintained from 1869 to 1947.

kazoku kokka かぞく こっか ⟆ 家族国家 ▸ (po / hi) /el, la/ «Familia-Estado»: ideal político durante la Era Meiji (1868-1912) y hasta el final de la Segunda Guerra Mundial según el cual se pretendía igualar la estructura estatal a una gran familia. | «Family State»: political ideal of the Meiji period (1868-1912) and lasting until World War II, which sought to turn state structure into a great family.

kazunoko かずのこ ⟆ 数の子 ▸ (co) / las/ Preparado de huevas de arenque. | Prepared herring roe.

kazura bashi かずら ばし ⟆ かずら橋 ▸ (arq) /el/ Puente colgante hecho de troncos y lianas. | Suspension bridge made of logs and vines.

kazura mono かずら もの ⟆ 鬘物 ▸ (te) /el, la/ Una de las cinco categorías de dramas ***noh*** en la cual el protagonista es el espíritu de una mujer. | One of the five categories of noh drama in which the main character is the spirit of a woman.

kazura oke かずら おけ ⟆ 葛桶 ▸ (te) /el/ Cilindro de madera lacada usado en el teatro ***kyōgen*** y ***noh*** como silla o símbolo de otros objetos. | Cylinder of lacquered wood used in kyōgen and kabuki theater as a chair or symbol for other objects.

ke け ⟆ ケ ▸ (so) /el, la/ Concepto que representa la vida rutinaria o situaciones predecibles o habituales {*en contraste con* ***hare***}. | Concept that represents everyday life or predictable and habitual situations {*contrast with* hare}.

kegare けがれ ⟆ 穢れ ▸ (re) /el, la/ En el **sintoísmo**, impureza ritual. | Ritual impurity in Shintō. // El concepto de *kegare* ha tenido una gran influencia social y cultural en el Japón antiguo y moderno.

Kegon-shū けごんしゅう ⟆ 華厳宗 ▸ (re) /la/ Escuela budista introducida en Japón a mediados del siglo VIII. Una de las llamadas «Seis escuelas de Nara» [Rokushū]. | Buddhist school introduced into Japan at the end of the 8th century. One of the «Six Schools of Nara» [Rokushū].

kei けい ⟆ 敬 ▸ (fi / re) /la/ Reverencia, respeto. | Reverence, respect. // *Kei* junto con *wa*, *sei* y *jaku* son componentes básicos de la ceremonia de té o *chadō*.

keibatsu けいばつ ⟆ 閨閥 ▸ (po) /la/ Camarilla en la cual el acceso al poder político o económico está controlado mediante alianzas matrimoniales entre familias influyentes. | A clique in which access to political or economic power is controlled through marriage alliances among influential families.

keiketsu けいけつ ⟆ 経穴 ▸ (me) /el/ Punto específico de la piel en el cual se aplica la moxibustión [***kyū***] {*ver* **moxa**}. | Specific spot on the skin where moxibustion [kyū] is applied {*see* moxa}.

keiko けいこ ⟆ 稽古 ▸ (ar mar / de) /el/ Entrenamiento libre en las artes marciales {*comparar con* ***kakari geiko*** *y* ***shiai keiko***}; en el ***sumō*** (**sumo**, DLE), la práctica habitual. | Free training in the martial arts {*compare with* kakari geiko *and* shiai keiko}; habitual training in sumō.

keikō eiga けいこう えいが ⟆ 傾向映画 ▸ (ci) /la/ Película de conciencia social; cine de tendencia. | Film or movie on topics of social awareness; trendy cinema.

keikobon けいこぼん ∿ 稽古本 ▸ (li) /el/ Libro de práctica de recitación dramática. | Practice book for dramatic recitation.

keikogi けいこぎ ∿ 稽古着 ▸ (ar mar) /el, la/ Prenda de entrenamiento usada en las artes marciales. | A training uniform used in the martial arts.

keiretsu けいれつ ∿ 系列 ▸ (em) /el/ Grupo de empresas privadas afiliadas; agrupación de las antiguas filiales de los grandes conglomerados financieros {*ver* ***zaibatsu***}. | A group of affiliated private business enterprises; grouping of former subsidiaries of the big financial conglomerates {*see* zaibatsu}.

Keirō no hi けいろう の ひ ∿ 敬老の日 ▸ (ca) /el/ Día del Respeto a los Mayores celebrado el tercer lunes de septiembre como fiesta nacional. | Respect for the Aged Day held as a national holiday on the third Monday in September.

keisaku けいさく ∿ 警策 ▸ (re) /el, la/ Palmeta o bastón utilizada por los maestros del budismo **zen** para golpear a los discípulos durante la meditación. | Stick or cane used by Zen Buddhist masters to strike disciples during meditation.

keishi けいし ∿ 履子 ▸ (in) /el/ Calzado semejante a las ***geta***, pero con la suela sobre piezas de madera más altas. | Footwear similar to the geta but with the soles on higher pieces of wood.

keishū bungaku けいしゅう ぶんがく ∿ 閨秀文学 ▸ (li) /la/ Literatura creada por damas escritoras [***keishū sakka***] en la segunda mitad de la Era Meiji (1868-1912). | Literature created by lady writers [keishū sakka] in the second half of the Meiji period (1868-1912).

keishū sakka けいしゅう さっか ∿ 閨秀作家 ▸ (li / so) /la/ Autora de relatos de ficción en las décadas de 1880, 1890 y 1900; dama escritora. | Female author of fictional tales in the 1880s, 1890s and 1900s; lady writer.

keitai shōsetsu けいたい しょうせつ ∿ 携帯小説 ▸ (li) /la/ «Novela de teléfono móvil»: historias generalmente románticas escritas en frases cortas, transmitidas por móvil en entregas y por lo común escritas por mujeres jóvenes con seudónimo. | «Mobile phone novel»: generally romantic tales written in short sentences, issued in installments and generally written by young women using a pseudonym.

keizai kanchō けいざい かんちょう ∿ 経済官庁 ▸ (po) /los, las/ Ministerios y agencias gubernamentales de asuntos económicos o financieros. | Government ministries and agencies in charge of economic or financial affairs.

kekkafuza けっかふざ ∿ 結跏趺坐 ▸ (et) /la/ Posición de sentado en «loto completo». | «Full lotus» sitting position.

kekkonsagi けっこんさぎ ∿ 結婚詐欺 ▸ (so) /el/ Matrimonio fraudulento, casamiento por engaño. | A fraudulent marriage, marriage through deceit.

kemari けまり ∿ 蹴鞠 ▸ (ju) /el/ Juego de la nobleza de las eras Nara (710-794), Heian (794-1185) y Kamakura (1185-1333) en el que varias personas forman un círculo y se pasan con el pie una pelota de cuero sin dejar que toque el suelo. | A game played by aristocrats in the Nara (710-794), Heian (794-1185) and Kamakura (1185-1333) periods in which several people in a circle kick a leather ball back and forth among themselves as long as possible without letting it fall to the ground. // En la obra *El relato de Genji* hay escenas de *kemari*. {*Ver imagen en pág. sig.*}

kemi けみ ∿ 検見 ▸ (hi) /el/ En la Era Edo (1600-1868), sistema de inspección del rendimiento de las cosechas para calcular los impuestos sobre la tierra. | An Edo-pe-

kemari

riod (1600-1868) procedure for inspecting crop yields in order to calculate the amount of land tax.

kemono けもの ᔕ 獣 ▸ (ma) /el, la/ Historieta de **manga** en la cual los humanos poseen rasgos de animales o viceversa. | A manga comic strip which portrays humans with animal traits or vice versa.

ken けん ᔕ 県 ▸ (po) /el, la/ Prefectura, unidad de administración territorial establecida con el advenimiento del Gobierno Meiji (1868). | Prefecture, division of territorial administration established at the beginning of the Meiji government (1868).
間 ▸ (pe y me) /el/ Medida de longitud equivalente a 1,82 m. | Measure of length equivalent to approximately 6.0 ft.

kenban けんばん ᔕ 検番 ▸ (so) /la/ Agencia de ***geishas***. | A geisha agency.

kenchi けんち ᔕ 検地 ▸ (hi) /el/ Sistema de registro catastral en uso desde el s. XVI hasta el final de la Era Edo (1868). | System for land registry used from the 16th century to the end of the Edo period (1868).

kenchiku girei けんちく ぎれい ᔕ 建築儀礼 ▸ (re) /los, las/ Ceremonias y ritos religiosos observados en el proceso de construcción de una casa. | Various religious ceremonies and rites observed in the process of building a house.

kenchinjiru けんちんじる ᔕ 巻繊汁 ▸ (co) /la/ Sopa de verduras sofritas. | Stir-fried vegetable soup.

kendama

kendama けんだま ᔕ 剣玉 ▸ (ju) /el/ Juego del emboque o boliche. | A cup-and-ball game; a bilboquet.

kendō (kendo, DLE) けんどう ᔕ 剣道 ▸ (ar mar) /el/ «La Vía del sable»: esgrima tradicional basada en las técnicas del sable de dos manos de los miembros de la clase ***samurai*** (**samurái**, DLE) que requiere disciplina espiritual tanto como técnica; esgrima japonesa. | «The way of the sword»: fencing based on the technique of the two-handed sword of the samurai requiring spiritual discipline as well as technique; Japanese fencing. // Mi hermano está loco por el *kendō*.

kenjōgo けんじょうご ᔕ 謙譲語 ▸ (le) /el/ Discurso humilde sobre uno mismo. | Humble speech applied to oneself.

kenjutsu けんじゅつ ᔕ 剣術 ▸ (ar mar) /el/ El arte del sable japonés, esgrima japonesa. | The art of the Japanese sword, Japanese fencing.

kenkaku けんかく ᔕ 剣客 ▸ (ar mar) /el, la/ Maestro de ***kendō*** (**kendo**, DLE). | A master in kendō.

kenkō rando けんこう らんど ∿ 健康ランド ▸ (me) /el/ Centro de salud; balneario. | A health center; a health spa.

Kenkoku kinen no hi けんこく きねん の ひ ∿ 建国記念の日 ▸ (ca) /el/ Día de la Fundación de la Nación (11 de febrero). | National Foundation Day (February 11th).

kenmon けんもん ∿ 権門 ▸ (hi) /la/ «Casa poderosa»: un grupo dominante, en especial en la Era Muromachi (1333-1560). | «Powerful house»: a dominant group, especially during the Muromachi period (1333-1560).

Kenpō kinenbi けんぽう きねんび ∿ 憲法記念日 ▸ (ca) /el/ Día de la Constitución (3 de mayo). | Constitution Day (May 3rd).

kenrikin けんりきん ∿ 権利金 ▸ (vi) /el, la/ Suma de dinero que paga el inquilino al propietario al recibir las llaves de la vivienda alquilada y que no es devuelto cuando expira el contrato de alquiler. | Sum of money that a tenant pays the owner when given the keys to the rented home and is not returned when the rental contract expires.

kenshō けんしょう ∿ 懸賞 ▸ (de) /el/ Dinero que se entrega dentro de un sobre a los ***sumōtori*** una vez acabado un combate con victoria. | Money given to the sumotōri in an envelope once a bout has ended in victory.

kentai itchi けんたい いっち ∿ 剣体一致 ▸ (ar mar) /el/ En el ***kendō*** (**kendo**, DLE), unificación de defensa y ataque. | Unification of defense and attack in kendō.

kenzan けんざん ∿ 剣山 ▸ (ar) /la/ «Monte de espadas»: en el arte del arreglo floral [**ikebana**, DLE], pieza aplanada con pinchos en los que se clavan las ramas o flores. | «A mountain sword»: a device with sharp needles and spikes used in flower arranging.

keppan けっぱん ∿ 血判 ▸ (hi) /el/ «Sello de sangre»: costumbre, especialmente popular entre la clase guerrera en el s. XVI, de estampar una huella dactilar con sangre de la propia yema para demostrar la seriedad del compromiso. | «Blood seal»: a fingerprint stamped with blood drawn from one's fingertip to show one's degree of commitment, a custom especially popular among the warrior class in the 16th century.

keri けり ∿ 蹴り ▸ (ar mar) /el, la/ Golpe con el pie o la rodilla. | A kick with the foot or knee.

kerokuro けろくろ ∿ 蹴轆轤 ▸ (ce) /el/ Torno de alfarero [***rokuro***] accionado a pie {*comparar con* ***terokuro***}. | Potter's wheel [rokuro] moved by foot {*compare with* terokuro}.

kesa けさ ∿ 袈裟 ▸ (in) /el/ Pañuelo o echarpe, a modo de estola, utilizado por los monjes; (fo) /el, la/ bufanda de propiedades mágicas que llevan las doncellas celestiales [***tennyo***]. | Handkerchief or shawl similar to a stole used by monks; scarf with magical properties worn by celestial maidens [tennyo].

kesa no fumi, *ver* **kinuginu no fumi.** | *See* kinuginu no fumi.

keshin, *ver* **gonge.** | *See* gonge.

keshō mawashi けしょう まわし ∿ 化粧回し ▸ (de) /el/ Delantal ceremonial del luchador de ***sumō*** (**sumo**, DLE). | A sumō wrestler's ceremonial apron.

Ketsuzei ikki けつぜい いっき ∿ 血税一揆 ▸ (hi) /los, las/ «Disturbios del tributo de sangre»: insurreciones de campesinos en 1873 contra la orden del Gobierno del servicio militar forzoso. | «Blood tax riots»: peasant uprisings against the government's order for a compulsory military service in 1873.

keukegen けうけげん ∿ 毛羽毛現 ▸ (fo) /el, la/ Ser fantástico {*ver* ***yōkai***} con aspecto de un perro de aguas que vive en las zonas adyacentes a las casas donde hay humedad o en interiores insalubres. | Fantastic being {*see* yōkai} that looks like a spaniel dog and lives in areas adjacent to houses where there is wetness or in unhealthy interiors.

keyaki (*Zelkova serrata*) けやき ⌇ 欅 ▸ (bo) /el/ Zelkova japonés, especie de olmo. | A Japanese zelkova, species of oak.

keyari けやり ⌇ 毛槍 ▸ (arm) /la/ Lanza adornada con pompones de plumas en la punta y que encabezaba en posición vertical la procesión de un ***daimyō*** (**daimio**, DLE). | A long spear with bunches of feathery ornaments attached to the tip and held upright at the head of a daimyō's procession.

kezuri bushi けずり ぶし ⌇ 削り節 ▸ (co) /la/ Virutas de bonito seco [***katsuobushi***]. | Shavings of dried, smoked skipjack tuna [katsuobushi].

ki き ⌇ 気 ▸ (ps) /el/ Energía, espíritu, corazón; fuerza vital. | Energy, spirit, heart; life force. // La palabra *ki* con el sentido de «energía» se emplea en numerosas expresiones coloquiales del japonés.

紀 ▸ (hi / li) /la/ Crónica o relato histórico. | Historical or factual account.

木 ▸ (te) /los/ Dos bloques de madera que se golpean para indicar el comienzo de una función de **kabuki**. | Two blocks of wood struck together to signal the beginning of a kabuki performance.

ki ippon き いっぽん ⌇ 生一本 ▸ (be) /el/ **Sake** puro, sin diluir. | Pure, undiluted sake.

kiai きあい ⌇ 気合い ▸ (ar mar) /el/ Encuentro con el ***ki***; estado de máxima concentración. | Encounter with the ki; state of utmost concentration.

kibana きばな ⌇ 木鼻 ▸ (ar) /el, la/ Talla decorativa realizada en los extremos de vigas o cartelas. | Incised nosings on the ends of beams or brackets.

kibasen きばせん ⌇ 騎馬戦 ▸ (ju) /el/ Juego de batalla practicado por colegiales. | A mock battle played by students at school.

kiboku きぼく ⌇ 亀卜 ▸ (fo) /el/ Antigua práctica adivinatoria consistente en la lectura de las fisuras producidas por el calor en el caparazón de una tortuga. | Ancient foretelling practice consisting of reading the cracks on a turtle's back made by the heat.

kibutsu きぶつ ⌇ 木仏 ▸ (re / ar) /la/ Imagen budista de madera, talla budista. | A wooden Buddhist image.

kibyōshi きびょうし ⌇ 黄表紙 ▸ (li) /el/ «Tapas amarillas»: subgénero de prosa de ficción popular desde mediados del s. XVIII hasta el final de la Era Edo (1868). | «Yellow covers»: the generic designation for all prose fiction from the mid-18th century to the end of the Edo period (1868).

kichō きちょう ⌇ 几帳 ▸ (mo) /la/ Cortina suspendida de un bastidor movible; mampara. | A curtain hung on a movable frame; a curtained screen.

kidai きだい ⌇ 季題 ▸ (li) /el/ En un **haiku**, tema relativo a la estación del año. | A seasonal topic in haiku poetry.

kidaore きだおれ ⌇ 着倒れ ▸ (et) /el/ Despilfarro en la ropa {*ver* ***kuidaore***}. | Overspending on clothes {*see* kuidaore}.

kifū きふう ⌇ 棋風 ▸ (ju) /el/ Estilo propio de jugar, especialmente al **go** o al ***shōgi***. | Individual style of playing, specially go or shōgi.

Kigensetsu きげんせつ ⌇ 紀元節 ▸ (ca) /el/ Día del Emperador; aniversario de la ascensión al trono imperial del emperador legendario Jinmu (660 a. C). | Empire Day; the anniversary of the ascension of the legendary Japanese emperor Jinmu (660 BCE).

kigo きご ⌇ 季語 ▸ (li) /el/ Palabra alusiva a la estación del año usada al componer un **haiku**. | Word allusive to the season of the year used when writing a haiku.

kijiya, kijishi きぢや、きぢし ↯ 木地屋、木地師 ▸ (art) /el/ Ebanista tradicional que fabrica objetos de madera de forma redonda, como cuencos, bandejas y muñecas ***kokeshi***. | A traditional woodworker who produces round wooden objects such as bowls, trays and kokeshi dolls.

kiju きじゅ ↯ 喜寿 ▸ (ca) /el/ Aniversario 77 de una persona. | One's 77th birthday.

kikai きかい ↯ 棋界 ▸ (ju) /el/ El mundillo del juego de **go** o del ***shōgi***. | The community of go or shōgi games.

機会 ▸ (ar mar) /la/ La mejor oportunidad para ejecutar un movimiento. | The ideal opportunity to execute a movement.

kikajin きかじん ↯ 帰化人 ▸ (so) /el, la/ Inmigrante del continente asiático, sobre todo de Corea, que se asentó en el antiguo Japón. | Immigrants from the Asian continent, particularly from the Korean peninsula, who settled in early Japan.

kikaku きかく ↯ 棋客 ▸ (ju) /el, la/ Jugador profesional de **go** o ***shōgi***. | A professional go or shōgi player.

kikazaru きかざる ↯ 聞か猿 ▸ (fo) /el/ Mono que se tapa los oídos. | The monkey that covers its ears.

Kiki きき ↯ 記紀 ▸ (li) /los/ El ***Kojiki*** (711) y el ***Nihon shoki*** (720), las dos obras escritas más antiguas conservadas de Japón. | The *Kojiki* (711) and the *Nihon Shoki* (720), the oldest surviving written works in Japan.

kikigaki ききがき ↯ 聞き書き ▸ (li) /la/ Historia de oídas. | Story by hearsay. // La novelista Chiyo Uno (1897-1996) cultivó con éxito el *kikigaki*.

kikigōro, *ver* **kōro.** | *See* kōro.

kikizake ききざけ ↯ 利き酒 ▸ (be) /la/ Degustación de **sake**. | Sake tasting.

kikka きっか ↯ 菊花 ▸ (bo) /la/ La flor del crisantemo. | A chrysanthemum flower.

kikkake きっかけ ↯ 切っ掛け ▸ (em) /la/ Fase de apertura en la táctica negociadora {*ver* ***naniwa-bushi***}. | Opening phase in the technique of negotiation {*see* naniwa-bushi}.

kikō きこう ↯ 気功 ▸ (me) /el/ Ejercicio de respiración tradicional chino, también conocido como *qigong*. | A traditional Chinese breathing exercise, also known as qigong.

kikō bungaku きこう ぶんがく ↯ 紀行文学 ▸ (li) /la/ Literatura de viajes. | Travel literature.

kiku きく ↯ 菊 ▸ (bo) /el/ Crisantemo. | A chrysanthemum. // El blasón imperial del crisantemo tiene dieciséis pétalos.

kiku biyori きく びより ↯ 菊日和 ▸ (cl) /el/ El buen tiempo de otoño. | Fine autumn weather.

kiku hanami きく はなみ ↯ 菊花見 ▸ (es) /la/ Contemplación de los crisantemos. | Chrysanthemum-viewing.

kiku ningyō きく にんぎょう ↯ 菊人形 ▸ (et) /la/ Muñeca vestida con flores y hojas de crisantemo. | A doll dressed in bunches of chrysanthemum flowers and leaves.

Kiku no sekku きく の せっく ↯ 菊の節句 ▸ (ca) /el, la/ «Fiesta de la Estación del Crisantemo»: noveno día del noveno mes del antiguo calendario y ahora celebrado el 9 de septiembre. | «National Chrysanthemum Day»: holiday formerly held on the ninth day of the ninth month on the old calendar and nowadays on September 9th.

kikuneri きくねり ↯ 菊練り ▸ (ce) /el, la/ Técnica de amasado de la arcilla en espiral dando a la pella una forma que recuerda los pétalos del crisantemo. | Technique of kneading clay into spirals and giving the ball-like shape a form that looks like a chrysanthemum.

kikuzake きくざけ ↯ 菊酒 ▸ (be) /el/ **Sake** elaborado con pétalos de crisantemo [***kiku***] cuya ingesta se asocia a la prosperidad. | Sake made from the petals of chrysanthemums [kiku], the drinking of which is said to bring posterity.

kimarite きまりて ⌇ 決まり手 ▸ (de) /el/ Técnica del ***sumō*** (**sumo**, DLE) que decide el combate. | Sumō technique that decides the outcome of a bout.

kimawashi きまわし ⌇ 着回し ▸ (in) /el/ Uso de una misma prenda de vestir en diferentes combinaciones. | The wearing of an item of clothing in many different combinations.

kimekomi ningyō きめこみ にんぎょう ⌇ 木目込人形 ▸ (et) /la/ Muñeca de madera ataviada con ropa japonesa cuyos bordes están recogidos en las ranuras de la madera. | A wooden doll fitted with Japanese costumes made from cloth whose edges are tucked into grooves cut into wood.

kimigayo きみがよ ⌇ 君が代 ▸ (mu) /el/ El himno nacional de Japón. | The national anthem of Japan. // Los niños se pusieron de pie y entonaron el *kimigayo*.

kimon きもん ⌇ 鬼門 ▸ (vi) /la/ «La puerta del demonio»: lugar del noreste, una dirección de mala suerte; (ps) /el/ punto débil. | «The demon's gate»: a northeastern place or quarter, an unlucky direction; a weak point.

kimono (kimono, quimono, DLE) きもの ⌇ 着物 ▸ (in) /el/ «Vestido»: prenda tradicional de forma envolvente, de mangas anchas y rectangulares, usada por hombres y mujeres, y sujetada con un fajín u ***obi***. | «Dress»: the traditional wrap-around garment with broad, rectangular sleeves, worn by both men and women and bound with a sash or obi. // Mi tía Fumiko trabaja en la sección de kimonos de unos grandes almacenes de Tokio.

kimono bijin きもの びじん ⌇ 着物美人 ▸ (so) /la/ Una belleza con **kimono**. | A beauty dressed in a kimono.

kimosui きもすい ⌇ 肝吸い ▸ (co) /el/ Consomé de hígado de anguila. | Clear eel liver soup.

kin no koto きん の こと ⌇ 琴の琴 ▸ (mu) /el/ ***Koto*** de siete cuerdas. | A seven-stringed koto.

kin no tamago きん の たまご ⌇ 金の卵 ▸ (so) /el, la/ «Un huevo de oro»: joven promesa; una joya en ciernes. | «A golden egg»: a talented young person who shows great promise; a golden boy or girl.

kinako きなこ ⌇ 黄粉 ▸ (co) /la/ Harina amarillenta de **soja**. | Yellowish soybean flour.

kinbyōbu きんびょうぶ ⌇ 金屏風 ▸ (mo) /el/ Biombo cubierto con pan de oro. | A folding screen covered with gold leaf.

kindaishi きんだいし ⌇ 近代詩 ▸ (li) /el, la/ Poesía moderna. | Modern poetry.

kindaishi bunsho きんだいし ぶんしょ ⌇ 近代詩文書 ▸ (ar) /la/ Estilo caligráfico moderno. | Modern calligraphic style.

kindaiteki jiga きんだいこき じが ⌇ 近代自我 ▸ (li / fi) /el/ El yo moderno | The modern «I». // En la Era Meiji (1868-1912), se acuñó el término de *kindaiteki jiga* por el impacto del pensamiento y la literatura occidental.

kine きね ⌇ 杵 ▸ (mo) /el/ Majadero, maza para majar. | Pestle.

kingashinnen きんがしんねん ⌇ 謹賀新年 ▸ (et) /la/ Felicitación de Año Nuevo. | Best wishes for a happy New Year.

kingyo きんぎょ ⌇ 金魚 ▸ (zo) /el/ Pez de colores. | A goldfish.

kingyo sukui きんぎょ すくい ⌇ 金魚掬い ▸ (ju) /la/ Pesca de peces de colores en un recipiente poco profundo usando un trozo de papel con un alambre de soporte. | Fishing for goldfish in a shallow tank using a piece of paper supported by a wire hoop.

kinhin きんひん ⌇ 経行 ▸ (re) /el/ En el budismo **zen**, el acto de caminar como forma de instrucción entre dos sesiones de meditación. | Walking as a form of education or instruction done between sessions of meditation in Zen Buddhism.

kininguchi きにんぐち ⥅ 貴人口 ▸ (te) /la/ Puerta situada en la pared trasera de la galería lateral de un escenario ***noh***. | Door located in the back wall of a side gallery in noh theater.

kin'ippū きんいっぷう ⥅ 金一封 ▸ (et) /el/ Regalo de dinero en un sobre. | A gift of money in an envelope.

kinkan (*Citrus sinensis*) きんかん ⥅ 金柑 ▸ (bo) /la/ Naranja china. | A kumquat.

kinki shoga <chin. *qinqi shuhua*> きんき しょが ⥅ 琴棋書画 ▸ (ar) /la/ Pintura china con el tema de las cuatro aficiones tradicionales del caballero cultivado chino: música, **go**, caligrafía y pintura. | A Chinese painting illustrating the four traditional pastimes of the cultivated Chinese gentleman: music, go, calligraphy and painting.

kinkonshiki きんこんしき ⥅ 金婚式 ▸ (et) /la/ Bodas de oro. | A golden wedding anniversary.

kinkyoku きんきょく ⥅ 琴曲 ▸ (mu) /la/ Pieza musical de ***koto***. | A piece of koto music.

kinkyōrei きんきょうれい ⥅ 禁教令 ▸ (hi) /el/ Edicto contra el cristianismo promulgado en las eras Azuchi Momoyama (1568-1600) y Edo (1600-1868) {*ver* ***kakure kirishitan***}. | Edict enacted against Christianity in the Azuchi Momoyama (1568-1600) and Edo (1600-1868) periods {*see* kakure kirishitan}.

kinmizu biki きんみず びき ⥅ 金水引 ▸ (et) /la/ Cinta o cuerda dorada usada para atar paquetes de regalo. | Golden ribbon or string for tying a gift package.

kinnara <sáns. *kimnara*> きんなら ⥅ 緊那羅 ▸ (re / fo) /el/ Músico de cabeza humana y resto del cuerpo equino capaz de cantar y danzar maravillosamente. | A musician with a human head and the body of a horse who excels at singing and dancing.

kinnashiji きんなしじ ⥅ 金梨子地 ▸ (ar) /la/ Pieza de laca con veteados dorados. | A lacquerware with a golden-flecked effect.

kinoko (*Agaricus bisporus*) きのこ ⥅ 茸 ▸ (co / bo) /el/ Champiñón. | A mushroom.

kinome dengaku きのめ でんがく ⥅ 木の芽田楽 ▸ (co) /el/ ***Tōfu*** (**tofu**, DLE) cocido y extendido con pasta de **soja** [***miso***] y hojas tiernas del árbol de la pimienta. | Tōfu baked and spread with soy paste [miso] and tender pepper-tree leaves.

kinpira gobō きんぴら ごぼう ⥅ 金平牛蒡 ▸ (co) /el/ Plato de bardana salteada y cortada en tiras finas. | A dish of burdock sliced into thin slices and sautéed.

kinpira jōruri きんぴら じょうるり ⥅ 金平浄瑠璃 ▸ (te) /el/ Recitación de ***jōruri*** en la que se narran las aventuras del héroe Sakata Kinpira. | Recitation of jōruri, which narrates the adventures of the hero Sakata Kinpira.

kinpukurin きんぷくりん ⥅ 金覆輪 ▸ (ar) /el/ Adornos de oro. | Golden finery.

kinran きんらん ⥅ 金襴 ▸ (tex) /el/ Brocado de oro {*ver* ***ginran***}. | Gold brocade {*see* ginran}.

kinrande きんらんで ⥅ 金襴手 ▸ (ce / ar) /el, la/ Porcelana con esmalte de oro o policromado a imitación del textil ***kinran*** y modelos chinos. | Porcelain with a gold or polychrome glaze that imitates kinran brocade and Chinese models.

Kinrōkansha no hi きんろうかんしゃ の ひ ⥅ 勤労感謝の日 ▸ (ca) /el/ Día de Gracias por el Trabajo, fiesta nacional en Japón, celebrado el 23 de noviembre. | Labor Day in Japan (November 23rd).

Kintarō きんたろう ⥅ 金太郎 ▸ (fo) «Niño de oro»: héroe popular fantástico dotado de fuerza sobrehumana. | «Golden Boy»: popular folk hero endowed with Herculean strength.

Kintarō ame きんたろう あめ ∿ 金太郎飴 ▸ (et) /el/ Caramelo cilíndrico con la imagen de **Kintarō**. | Cylindrical candy with the image of Kintarō.

kintoki ame きんとき あめ ∿ 金時飴 ▸ (co) /las/ Alubias rojas. | Red kidney beans.

kinton きんとん ∿ 金団 ▸ (co) /el/ Dulce de castañas hervidas y machacadas. | A sweet made of boiled and mashed chestnuts.

kintsuba きんつば ∿ 金鍔 ▸ (co) /el/ Dulce de alubias recubierto de harina de trigo y con la forma de la guarda de una espada. | A confection of sweetened beans wrapped in a wheat-flour skin and shaped like the guard on a sword.

kinu きぬ ∿ 絹 ▸ (in) /el/ Sobretodo utilizado en situaciones informales durante la Era Asuka (552-710) {*contrastar con* ***hō***}. | Overcoat worn on informal occasions during the Asuka period (552-710) {*contrast with* hō}.

kinuginu きぬぎぬ ∿ 後朝 ▸ (hi / et) /la/ Despedida matinal que dedicaba el hombre a la mujer según las costumbres maritales del pasado. | Early morning parting of a man from his wife according to marital customs in the past.

kinuginu no fumi きぬぎぬ の ふみ ∿ 後朝の文 ▸ (so) /la/ «La carta de la mañana»: en el código de las costumbres amatorias de la Era Heian (794-1185), carta que solía enviar el caballero a la dama a la mañana siguiente de un encuentro con ella. | «The morning letter»: the letter that a gentleman used to send a lady the morning after a meeting with her according to the customs of love during the Heian period (794-1185).

kinza (ginza, zeniza) きんざ（ぎんざ、ぜにざ） ∿ 金座（銀座、銭座） ▸ (pe y me) /el, la/ Ceca de moneda de oro (*kin*), plata (*gin*) y otros metales inferiores (*zeni*) durante la Era Edo (1600-1868). | Minting of gold (kin), silver (gin), and lesser coins (zeni) during the Edo period.

kirei dokoro きれい どころ ∿ 綺麗所 ▸ (so) /la/ Mujer de radiante belleza. | A woman of radiant beauty.

kireji きれじ ∿ 切れ字 ▸ (li) /la/ Cesura o ruptura de palabras o sílabas utilizada en la poesía ***renga*** y **haiku**. | Caesura or breaking up of words or syllables used in renga and haiku poetry.

kiri きり ∿ 桐 ▸ (bo) /la/ Paulonia. | A paulownia.

kiribi きりび ∿ 切り火 ▸ (re) /el/ Fuego sagrado de uso ceremonial obtenido por fricción de dos trozos de madera de ciprés o golpeando un pedernal y cuyo efecto se cree que es purificador. | Sacred fire principally for ceremonial use and ignited by friction, such as rubbing together pieces of cypress wood or by striking flint, and whose effect is believed to be purifying.

kirido きりど ∿ 切戸 ▸ (vi) /la/ Puerta baja y estrecha dentro de una puerta ancha giratoria. | A narrow low door set within a wide revolving door.

kirido guchi きりど ぐち ∿ 切戸口 ▸ (te) /la/ Portezuela a un lado del escenario ***noh*** por donde entran y salen los ayudantes. | A little door off to one side of the noh stage through which assistants enter and exit.

kirikane きりかね ∿ 切金 ▸ (ar) /la/ Técnica decorativa por aplicación de láminas finas de oro o plata en pinturas u objetos lacados; el oro y la plata utilizados. | Thin gold or silver-leaf decorative technique used on paintings and lacquerware; the gold and silver used.

kirimai きりまい ∿ 切米 ▸ (hi) /el/ Estipendio en arroz entregado al ***daimyō*** (**daimio**, DLE) o a los vasallos del ***shōgun***

(**sogún**, DLE) que no poseían feudos que generaran rentas imponibles. | Rice stipend given to daimyō or shogunal retainers who did not hold fiefs that yielded tax income.

kirin きりん 麒麟 ▸ (mi) /el/ Animal fabuloso chino o japonés, pintado en superficies de cerámica o en la piel de una persona tatuada con el cuerpo de un ciervo, la cola de un toro, las pezuñas de un caballo y con un único cuerno en la frente; representación estilizada de una jirafa. | A mythic Chinese or Japanese animal, painted on the surface of ceramic ware or the body of a tattooed person, with the body of a deer, the tail of a bull, the hooves of a horse and a single fleshy horn; a stylized representation of a giraffe.

kirishitan <esp. o port. *cristiano*> きりしたん 切支丹 ▸ (hi) /el, la/ Converso al cristianismo en los ss. XVI y XVII. | Convert to Christianity in the 16th and 17th centuries.

kirishitan daimyō きりしたん だいみょう キリシタン大名 ▸ (hi) /el/ ***Daimyō*** (**daimio**, DLE) bautizado como cristiano durante las eras Sengoku (1467-1568) y Azuchi-Momoyama (1568-1600). | Daimyō baptized as a Christian during the Sengoku (1467-1658) and Azuchi-Momoyama (1568-1600) periods.

kirishitan yashiki きりしたん やしき キリシタン屋敷 ▸ (hi) /la/ Prisión en **Edo** para los acusados de practicar el cristianismo durante la Era Edo (1600-1868). | Prison in Edo for those accused of being Christians during the Edo period (1600-1868).

kirisute gomen きりすて ごめん 斬捨て御免 ▸ (hi) /el/ Privilegio de los ***samurai*** (**samuráis**, DLE) en la Era Edo (1600-1868) por el que podían matar impunemente a miembros de clases sociales inferiores en casos de provocación grave. | A privilege enjoyed by the samurai class during the Edo period (1600-1868) whereby they were permitted to kill members of the lower classes on serious provocation.

kiritanpo きりたんぽ 切りたんぽ ▸ (co) /el/ Pincho de pasta de arroz asado. | Mashed rice pressed on a cedar skewer and toasted.

kirizuma きりづま 切妻 ▸ (arq) /la/ Cubierta de un edificio inclinada a dos aguas. | Gabled roof on a building.

kisei きせい 帰省 ▸ (so) /el/ Regreso al lugar natal. | Return to one's birthplace.

kiseru

kiseru きせる 煙管 ▸ (et) /la/ Pipa larga de caña de bambú. | Long bamboo smoking pipe.

kisha きしゃ 騎射 ▸ (de) /el/ Tiro con arco a caballo. | Archery on horseback.

kishimen きしめん 棊子麺 ▸ (co) /los/ Fideos de trigo en tiras planas; tallarines. | Flat wheat noodles.

kishō きしょう 気象 ▸ (es) /la, el/ Atmósfera; tiempo atmosférico. | Atmosphere, environment; the weather.

kisoku きそく 気息 ▸ (ar mar) /la/ En ***kyūdō***, sincronización de energía y respiración cuando se tensa el arco. | Synchronization of breath and energy when the bow is tensed in kyūdō.

kissaki きっさき ⤳ 切っ先 ▸ (arm) /la/ Punta afilada del sable [***nihontō***] {*contrastar con **tōshin***}. | Sharpened point on a sword [nihontō] {*contrast with* tōshin}.

kissaten きっさてん ⤳ 喫茶店 ▸ (et) /la/ Cafetería; tetería. | A coffeeshop, a café; a teahouse. // Entramos en una pequeña *kissaten* frente a la estación y tomamos un café.

kissui きっすい ⤳ 生粋 ▸ (es) /el, la/ Puro, límpido. | Pure, limpid.

kisu (*Sillago japonica*) きす ⤳ 鱚 ▸ (zo) /la/ Merluza japonesa. | Japanese hake.

kita makura きた まくら ⤳ 北枕 ▸ (et) /la/ La posición de dormir o acostarse con la cabeza hacia el norte, tradicionalmente considerada de mala suerte. | The position of sleeping or going to bed with one's head northward, traditionally thought unlucky. // En la posición de *kita makura* es en la que se coloca a los difuntos.

kitaku konnansha きたく こんなんしゃ ⤳ 帰宅困難者 ▸ (so) /el, la/ Persona que se queda atrapada en un medio de transporte y sin medios de volver a casa, especialmente a causa de un terremoto. | A person who gets stranded while traveling in a mode of transport without the means to get back home, especially due to an earthquake.

Kitayama bunka きたやま ぶんか ⤳ 北山文化 ▸ (hi) /la/ «Cultura Kitayama»: la cultura de los comienzos de la Era Muromachi (1333-1568), concretamente, de 1369 a 1408. | «Kitayama Culture»: the culture of the early Muromachi period (1333-1568), particularly from 1369-1408. // El nombre de la cultura Kitayama deriva del lugar en el norte de Kioto donde estaba la mansión del sogún Ashikaga Yoshimitsu.

kitchin dorinkā <ing. *kitchen drinker*> キッチン ドリンカー ▸ (so) /la/ Mujer que bebe en exceso cuando se halla sola en casa. | A woman who drinks in excess when home alone.

kitsuke きつけ ⤳ 着付け ▸ (in) /el/ Curso sobre cómo vestir un **kimono**. | A course on how to wear a kimono.

kitsune (*Vulpes vulpes*) きつね ⤳ 狐 ▸ (zo) /el/ Zorro; (fo) /el, la/ en el folclore japonés, animal capaz de transformar su aspecto; persona poseída por un zorro. | Fox; an animal in Japanese folklore that can change its appearance; person possessed by a fox.

kitsune ken きつね けん ⤳ 狐拳 ▸ (ju) /el/ «Puño de zorro»: juego tradicional semejante al de piedra, papel y tijera {*ver* ***janken***} en el cual las tres posiciones de la mano indican un zorro, un cazador y un jefe de la villa. El jefe de la villa gana al cazador porque lo supera en rango; el cazador gana al zorro porque le dispara; y el zorro gana al jefe de la villa porque puede hechizarlo. | «Fox Fist»: a traditional game similar to that of stone, paper and scissors {*see* janken}, in which the three positions of the hand stand for a fox, a hunter and the village chief. The village chief beats the hunter because of his higher rank, the hunter beats the fox by shooting it and the fox beats the village chief through bewitchment.

kitsune no yomeiri きつね の よめいり ⤳ 狐の嫁入り ▸ (fo) /la/ Boda de un zorro; desfile con linternas. | A fox's wedding; a procession with lanterns.

kitsune soba きつね そば ⤳ 狐蕎麦 ▸ (co) /la/ Sopa de fideos de alforfón con ***tōfu*** (**tofu**, DLE) frito encima. | Buckwheat noodles in soup topped with deep-fried tōfu.

kitsune tsuki きつね つき ⤳ 狐つき ▸ (fo) /el, la/ Persona embrujada por un zorro; víctima de la posesión de un zorro. | A person bewitched by a fox; a victim of fox possession.

kitsune udon きつね うどん ∿ 狐饂飩 ▸ (co) /la/ Sopa de fideos de trigo con ***tōfu*** (**tofu**, DLE) frito encima. | Wheat noodles in soup topped with deep-fried tōfu.

kitsunebi きつねび ∿ 狐火 ▸ (fo) /el/ Fuego fatuo creado por espíritus vulpinos. | Will-o'-the-wisp created by vulpine spirits.

kiwaganna きわがんな ∿ 際鉋 ▸ (et) /el/ Cepillo de carpintero usado para cortar esquinas. | Carpenter's plane used for cutting corners.

kiwari きわり ∿ 木割 ▸ (arq) /el, la/ «División de madera»: sistema de diseño de proporciones basado en módulos, como, por ejemplo, la luz de una crujía. | «Wood allotment»: system of proportions based on modules, for example the span of a bay in a corridor or gallery.

kiyome きよめ ∿ 清め ▸ (re) /la/ Purificación, purgación, exorcismo. | Purification; purgation, exorcism.

kiyomoto きよもと ∿ 清元 ▸ (mu) /la/ Recitación de ***jōruri*** en la cual las voces son más agudas de lo normal. | A type of jōruri recitation in which voices are pitched higher than usual.

kiyomoto bushi きよもと ぶし ∿ 清元節 ▸ (mu / te) /la/ Clase de música empleada en el teatro **kabuki** acompañada de ***shamisen***. | A type of music for kabuki, accompanied by shamisen.

kiza きざ ∿ 跪坐 ▸ (et) /la/ Postura de rodillas sentado sobre los talones con los dedos de los pies hacia dentro y la espalda recta {*comparar con* ***seiza***}. | Posture of kneeling on one's heels with one's toes flexed forward and the back straight {*compare with* seiza}.

kizahashi きざはし ∿ 階 ▸ (te) /los/ Los peldaños que conducen a la parte principal del escenario [***butai***] de un teatro. | The steps leading to the main part of the stage [butai] in a theater.

kiza

kizewa きぜわ ∿ 生世話 ▸ (te) /el/ Tipo de obra ***kyōgen*** que muestra la cruda realidad de la vida del pueblo en la Era Edo (1600-1868). | A kind of kyōgen play depicting the raw realities of people's lives during the Edo period (1600-1868).

ko こ ∿ 子 ▸ (so) /el, la/ Niño, niña. | Boy, girl.

kō こう ∿ 講 ▸ (re) /la/ Asociación religiosa originalmente surgida de encuentros sobre los sutras budistas y luego extendida entre los fieles sintoístas. | Religious association originally developed from lecture meetings on Buddhist sutras and later spread among the Shintō faithful as well.

孝 ▸ (so) /el, la/ Piedad filial. | Filial piety.

香 ▸ (ar / et) /el/ Incienso; cualquier perfume o sahumerio {*ver* ***kōdō***}. | (An) incense; any perfume or fragrance {*see* kōdō}.

劫 ▸ (re) /el, la/ Largo periodo de tiempo, también llamado ***kalpa*** o ***karupa***, empleado en escritos sobre cosmología budista. | Long period of time, also known as kalpa or karupa, used in writings about Buddhist cosmology.

kō no mono こう の もの ⌇ 香の物 ▸ (co) /los/ Alimentos encurtidos {*ver* ***tsukemono***}. | Pickled foods {*see* tsukemono}.

ko uta, *ver* kouta. | *See* kouta.

koage こあげ ⌇ 小揚 ▸ (co) /el/ Trozo pequeño de ***tōfu*** (**tofu**, DLE) frito. | A small piece of fried tōfu.

kōan こうあん ⌇ 公案 ▸ (re) /el/ Proposición o acertijo usado en el budismo **zen** de la escuela **Rinzai** como ayuda para la meditación y la iluminación. | Proposition or conundrum used by the Rinzai school of Zen Buddhism as an aid to meditation and enlightenment. // «¿Cómo suena una sola mano que aplaude?» es un *kōan* típico.

kobakama こばかま ⌇ 小袴 ▸ (in) /el, la/ Una ***hakama*** corta. | A short hakama.

koban こばん ⌇ 小判 ▸ (nu) /la/ Moneda ovalada de oro de la Era Edo (1600-1868) de valor nominal de un ***ryō***. | An oval gold coin with a face value of one ryō in general circulation during the Edo period (1600-1868).

kōban こうばん ⌇ 交番 ▸ (so) /el/ Puesto de policía. | A police station.

kobanashi こばなし ⌇ 小話 ▸ (li) /la/ «Historieta»: breve relato cómico popular del s. XVII al XIX. | «Little Tale»: a brief and humorous story popular from the 17th to the 19th century.

kobanzame こばんざめ ⌇ 小判鮫 ▸ (zo) /la/ Rémora, pez reverso. | A remora, a suckerfish.

kōboku こうぼく ⌇ 香木 ▸ (ar / es) /el, la/ Árbol fragante; madera olorosa. | An aromatic tree; scented wood.

kobucha こぶちゃ ⌇ 昆布茶 ▸ (be) /el/ Tipo de té elaborado con algas sazonadas y en polvo. | A kind of tea made from powdered and seasoned kelp.

kōbugattai こうぶがったい ⌇ 公武合体 ▸ (hi) /el/ «Unidad entre la corte y el ***bakufu***»: lema de quienes buscaban un entendimiento entre el ***bakufu*** y los grandes señores feudales tras 1858. | «Unity between the Imperial Court and the Bakufu»: motto of those seeking a political understanding between the Bakufu and the great feudal lords after 1858.

kobumaki, kobu maki こぶまき ⌇ 昆布巻 ▸ (co) /el/ Rollito de algas. | A kelp roll.

kobun こぶん ⌇ 子分 ▸ (so) /el/ Niño; de rango social menor; dependiente; secuaz en una familia ***yakuza***. | Child; of a lesser social rank; clerk; underling in a yakuza family.

kōcha こうちゃ ⌇ 紅茶 ▸ (be) /el/ «Té rojo»: té negro; té inglés. | «Red tea»: black tea, English tea.

kōchaku こうちゃく ⌇ 膠着 ▸ (ar mar) /el/ Empate en un combate; situación en la cual ningún oponente puede ejecutar técnica alguna. | Draw in a bout; a situation when two opponents are unable to execute techniques on each other.

kōchikōmin こうちこうみん ⌇ 公地公民 ▸ (hi) /el/ Noción de que toda la tierra y sus habitantes son propiedad del emperador. | A term to refer to the concept according to which all land and people are considered to be property of the emperor.

kodachi こだち ⌇ 小太刀 ▸ (arm) /el, la/ Sable corto de menos de 60 cm {*en oposición a* ***ōdachi***}. | A short sword less than 2 ft long {*as opposed to* ōdachi}.

kodama こだま ⌇ 木霊 ▸ (fo) /el/ Espíritu de los árboles; pequeña criatura casi transparente que desaparece al ser destruido el árbol al que está ligada. | Spirit of the trees; small almost transparent creature that dissolves when its tree is destroyed.

kōdan こうだん ⌇ 講談 ▸ (so / ar) /la/ Narración oral de sucesos históricos. | Oral storytelling of historical events.

kōdanshi こうだんし ⌇ 講談師 ▸ (ar) /el, la/ Narrador profesional de ***kōdan***. | Professional kōdan narrator.

kodate こだて ⌇ 戸建て ▸ (arq) /la/ Vivienda unifamiliar; casa separada. | A detached house; a single-family house.

kōden こうでん ⌇ 香典 ▸ (et) /el/ «Dinero de incienso»: donativo de dinero ofrecido en un funeral a la familia del difunto. | «Incense money»: a monetary offering made at a funeral to the family of the deceased.

kōdō こうどう ⌇ 香道 ▸ (ar / et) /el, la/ «La Vía del incienso»: el aprecio formal y estético de la fragancia de maderas aromáticas {*ver* ***kōmoto*** *y* ***kurobō***}. | «The way of incense»: the formal aesthetic appreciation of the fragrance of burning aromatic woods {*see* kōmoto *and* kurobō}.
講堂 ▸ (arq / re) /el/ Edificio de un monasterio budista donde se enseñan los preceptos y se realizan ciertas ceremonias; sala de conferencias de un monasterio o templo budista. | Building at a Buddhist monastery where the precepts are taught and certain ceremonies are held; conference room at a Buddhist monastery or temple.

kodomo こども ⌇ 子供 ▸ (ma) /el/ **Manga** dirigido al público infantil. | Manga for children.

Kodomo no hi こども の ひ ⌇ こどもの日 ▸ (ca) /el/ Día de los Niños (5 de mayo). | Boys' Day (May 5th).

kodomo no tsukai こども の つかい ⌇ 子供の使い ▸ (so) /el/ Mensajero inútil. | A useless messenger.

koeoke こえおけ ⌇ 肥桶 ▸ (tr) /el/ Antiguo sistema de transporte consistente en un palo sobre los hombros de cuyos dos extremos colgaban sendos cubos de excrementos humanos usados como fertilizantes. | Old transportation system consisting of a long stick carried on one's shoulders with two buckets hanging from each end of it containing human excrements used as fertilizer.

kofun こふん ⌇ 古墳 ▸ (hi) /los/ Grandes tumbas de tierra en forma de túmulo destinadas a los miembros de la elite gobernante en los ss. IV-VII. | Large tombs of mounded earth built mainly for deceased members of the ruling elite from the 4th to 7th centuries.

koeoke

kōgai こうがい ⌇ 笄 ▸ (pe) /la/ Horquilla larga usada en los peinados tradicionales japoneses. | Long hairpin used for traditional Japanese hairstyles.

Kogaku こがく ⌇ 古学 ▸ (fi) /el/ Movimiento de recuperación surgido a mediados de la Era Edo (1600-1868) en el confucianismo japonés y que proponía la vuelta a las obras de los antiguos sabios confucianos chinos. | Revival movement in Japanese Confucianism advocating a return to the works of the ancient Chinese sages. It emerged in the middle years of the Edo period (1600-1868).

kogal, *ver* **kogyaru.** | *See* kogyaru.

kogarashi こがらし ⌇ 木枯らし ▸ (cl) /el/ Viento del norte que arranca las hojas de los árboles. | Wind from the north that tears the leaves off the trees.

kōgo こうご ⌇ 口語 ▸ (le) /el/ Lengua hablada {*contrastar con* ***bungo***}. | Spoken languge {*contrast with* bungo}.

kōgō こうごう ⌇ 皇后 ▸ (hi / po) /la/ Emperatriz no reinante, específicamente la consorte principal de un emperador cuando da a luz a un presunto heredero {*comparar con* ***chūgū***}. | Non-reigning empress, specifically the principal consort of an emperor and the one who gives birth to the heir apparent {*compare with* chūgū}. // El título de *kōgō* todavía se usa actualmente en la familia imperial japonesa.

kogyaru <ing. *girl*> コギャル ▸ (so) /la/ Adolescente obsesionada en seguir la moda; tribu o grupo urbano formado por chicas adolescentes con piel muy bronceada y pelo teñido de marrón, pestañas postizas, colores de ojos muy marcados y labios rosa blanquecino {*comparar con* ***ganguro***}. | An obsessively trend-conscious teenage girl; tribe or group of teenage girls with very tanned skin, false eye lashes, noticeably colored eyes, and whitish red lips {*compare with* ganguro}.

kohada こはだ ∿ 小鰭 ▸ (zo) /el/ Sábalo de Konoshiro de tamaño mediano. | A medium-sized Konoshiro gizzard shad.

kōhai こうはい ∿ 光背 ▸ (ar) /la/ En la iconografía budista, mandorla que rodea la imagen. | The mandorla surrounding the image in Buddhist iconography.

後輩 ▸ (so) /el, la/ Persona de menor edad o permanencia en un grupo humano especialmente en relación con otra persona de más edad o permanencia {*contrastar con* ***senpai****; ver* ***senpai kōhai***}. | A younger or junior person in a group of people especially in relation with another older or senior person in the group {*contrast with* senpai; *see* senpai kōhai}.

kohaze こはぜ ∿ 小鉤 ▸ (in) /la/ Hebilla del calcetín o ***tabi***. | Buckle on a sock or tabi.

koi こい ∿ 恋 ▸ (li) /el/ El amor, uno de los principales temas en la poesía clásica y en la clasificación de las antologías poéticas. | Love, one of the main topics in classical poetry and in the classification of poetry collections.

鯉 (*Cyprinus carpio*) ▸ (zo) /la/ Carpa. | Carp.

koicha こいちゃ ∿ 濃茶 ▸ (be) /el/ Té fuerte. | Strong tea.

koikoku こいこく ∿ 鯉濃 ▸ (co) /la/ Carpa cocida en sopa de pasta de **soja** [***miso***]. | Carp cooked in miso soup.

koinobori

koinobori, koi nobori こいのぼり ∿ 鯉幟 ▸ (et) /la/ Carpa gigante hecha de papel o tela, desplegada al viento el Día de los Niños (5 de mayo). | A carp streamer, typically flown out of doors to celebrate the Boys' Festival on May 5th.

koiryū こいりゅう ∿ 鯉龍 ▸ (ar / et) /el, la/ Representación artística de una carpa transformada en dragón común en el arte del tatuaje [***irezumi***]. | Artistic representation of a carp transformed into a dragon, common in the art of tattooing [irezumi].

koitarō こいたろう ∿ 鯉太郎 ▸ (ar / et) /el, la/ Representación artística de una carpa con un niño de fuerza hercúlea [**Kintarō**] en el arte del tatuaje [***irezumi***] y en las xilografías [***ukiyoe***]. | Artistic representation of a carp with a body of Herculean strength [Kintarō] in the art of tattooing [irezumi] and in xylography [ukiyoe].

kōitten こういってん ∿ 紅一点 ▸ (so) /la/ «Un punto rojo»: la única mujer en un grupo de hombres. | «A red point»: the only woman in a group of men.

kōji こうじ ∿ 麹 ▸ (co / be) /el/ Preparado obtenido cultivando cierto moho (*Aspergillus otyzae*) en cebada, **soja** o arroz hervido y que se usa como activador de la fermentación del **sake**, ***miso*** y otros productos. | A preparation obtained by growing a kind of mold (*Aspergillus otyzae*) on boiled rice, barley, soybeans, etc. and used as a starter for the fermentation of sake, miso and other products.

Kojiki こじき ∿ 古事記 ▸ (li) /el/ «Crónicas de antiguos hechos»: la obra literaria conservada más antigua de Japón (año 711). | «Record of Ancient Matters»: the oldest surviving literary work from Ancient Japan (711). // El *Kojiki* es el gran relicario de los mitos japoneses y fundamento del *shintō* (sintoísmo, DLE).

kojin こじん ∿ 個人 ▸ (so) /el, la/ Persona individualista al estilo occidental. | An individualistic person in the style of the Western World.

kōjin こうじん ∿ 荒神 ▸ (fo) /el, la/ Dioses capaces de hechizar a las personas y ponerlas en peligro a menos que se les rinda el culto debido. | A category of folk deities said to cast evil spells on people and expose them to danger unless properly revered.

kojōruri こじょうるり ∿ 古浄瑠璃 ▸ (te) /el/ ***Jōruri*** antiguo. | Ancient jōruri.

kokata こかた ∿ 子方 ▸ (te) /el/ En el teatro ***noh***, papel de niño; (so) estatus de niño. | The role of a child in noh theater; status of a child.

kokedama こけだま ∿ 苔玉 ▸ (ja) /la/ Bola recubierta de musgo dentro de la cual crece una planta ornamental {*ver* ***akadama***}. | A moss covered ball with an ornamental plant growing inside of it {*see* akadama}.

kokedera こけでら ∿ 苔寺 ▸ (ja) /el/ Jardín o recinto externo de un templo cubierto de musgo. | Garden or outdoor enclosure of a temple covered in moss. // El *kokedera* por antonomasia es el templo Saijō-ji, en Kioto.

kōken こうけん ∿ 後見 ▸ (te) /el/ Ayudante de escena en el **kabuki** o ***noh*** vestido formalmente. | Stage assistant in kabuki or noh theater dressed in formalwear.

kōkenza こうけんざ ∿ 後見座 ▸ (te) /el/ Lugar del escenario donde se sitúa el ***kōken***. | Place on the stage where the kōken is located.

kokera otoshi こけら おとし ∿ 柿落とし ▸ (te) /la/ Inauguración oficial de un nuevo teatro. | The formal opening of a new theater.

kokeshi

kokeshi こけし ∿ 小芥子 ▸ (fo) /la/ Muñeca de madera de cabeza esférica unida a un cuerpo cilíndrico sin miembros. |

A wooden doll with a spherical head and a cylindrical body with no limbs. // Las *kokeshi* son típicas de Tōhoku, en el noreste de Japón.

koki こき ∿ 古希 ▸ (et) /el/ Los setenta años de edad. | Seventy years of age.

kokindenju こきんでんじゅ ∿ 古今伝授 ▸ (li) /el/ La enseñanza de la antología poética ***Kokinshū***, a menudo transmitida en secreto. | The teaching of the *Kokinshū* poetry anthology, often transmitted as secret lore.

Kokinshū こきんしゅう ∿ 古今集 ▸ (li) /el, la/ La primera y más famosa de las antologías imperiales de poesía ***waka*** (año 905). | The first and most famous of the imperial anthologies of waka poetry in the year 905. // *Kokinshū* es el nombre popular de *Kokin wakashū* o «Colección de poemas *waka* antiguos y modernos».

kokiroku こきろく ∿ 古記録 ▸ (hi) /el/ Antiguos registros privados y diarios personales. | Ancient private registers and personal diaries.

kokkeibon こっけいぼん ∿ 滑稽本 ▸ (li) /el/ «Libro cómico»: obra humorística, generalmente de ficción, escrita principalmente en **Edo** (actual Tokio) desde mediados del s. XVIII hasta el final de la Era Edo (1868). | «Funny book»: comic writing, mainly fiction, produced for the most part in Edo (now Tokyo) from the middle of the 18th century until the end of the Edo period (1868).

kokki こっき ∿ 国旗 ▸ (so) /la/ Bandera nacional {*ver* ***hinomaru***}. | National flag {*see* hinomaru}.

kokkuri こっくり ▸ (fo) /la/ Adivinación popular, equivalente japonés de la güija. | A type of popular divination, the Japanese counterpart of planchette or Ouija.

kokoro こころ ∿ 心 ▸ (ps / li) /el/ Corazón; sentimiento {*opuesto a* ***kotoba*** *en la preceptiva de la poesía* ***waka***}; emociones; espíritu; alma. | Heart; feeling {*the opposite of* kotoba *in* waka *poetics*}; emotions; spirit; mind. // Natsume Sōseki tiene una famosa novela titulada *Kokoro*.

kokoro zuke こころ づけ ∿ 心付け ▸ (et) /la/ Gratificación por un servicio prestado generalmente en forma de dinero que se da dentro de un sobre adornado. | A token of appreciation generally consisting of money placed in a special envelope with decorations on it.

koku こく ∿ 石 ▸ (pe y me) /el/ Medida de capacidad empleada por lo general para el arroz y equivalente en la Era Edo (1600-1868) a 0,18 m^3, es decir, a unos 180,39 l de grano. | A measurement used generally for a quantity of rice. In the Edo period, it equalled about 0.18 cubic meters or 6.35 cubic ft, 180.39 litres or 5.12 US bushels. // Teóricamente, un *koku* de arroz era la cantidad suficiente para alimentar a una persona durante un año.

koku bungaku こく ぶんがく ∿ 国文学 ▸ (li) /la/ Literatura nacional, literatura japonesa. | National literature, Japanese literature.

kokubetsu shiki こくべつ しき ∿ 告別式 ▸ (et) /la/ Ceremonia de pésame que tiene lugar al segundo día del fallecimiento. | A condolence ceremony that takes place on the second day after a person's death.

kokubunji こくぶんじ ∿ 国分寺 ▸ (re) /el/ Templo budista de provincia. | A provincial Buddhist temple.

kokudaka こくだか ∿ 石高 ▸ (hi) /la/ Tasación de la tierra cultivable en términos de producción de ***koku*** de arroz al natural. | An estimate of the annual yield of tillable land in terms of koku of rice.

kokugaku こくがく ∿ 国学 ▸ (hi / li) /el/ «Estudios nacionales o nativos»: conjunto de estudios textuales y exegéticos de la literatura clásica japonesa y de las obras antiguas iniciados en el s. XVII. |

«National Learning»: the textual and exegetical study of Japanese classical literature and ancient writings, which began in the 17th century.

kokugo こくご ∿ 国語 ▸ (le) /la/ Lengua nacional, el japonés. | The national language, Japanese.

kokuhō こくほう ∿ 国宝 ▸ (ar) /el/ Tesoro nacional; patrimonio del Estado. | National treasure; national heritage.

kokujin こくじん ∿ 国人 ▸ (hi) /el/ Mandatario de provincias, especialmente en el periodo Muromachi (1333-1568). | Provincial baron especially during the Muromachi period (1333-1568).

kokumin shukusha こくみん しゅくしゃ ∿ 国民宿舎 ▸ (so) /el/ Hostal o fonda del Estado. | A government guest house.

kokusaku eiga こくさく えいが ∿ 国策映画 ▸ (ci) /la/ Cine controlado por el Gobierno en los años de la guerra (1930-1945). | Government-controlled cinema during the war years (1930-1945).

kokushi こくし ∿ 国司 ▸ (hi) /el/ Gobernador provincial en el periodo Nara (710-794) y en los primeros siglos de la Era Heian (794-1185) {*ver* ***yōnin kokushi y zuryō***}. | Provincial governor during the Nara period (710-794) and the first centuries of the Heian period (794-1185) {*see* yōnin kokushi *and* zuryō}.

kokutai こくたい ∿ 国体 ▸ (po) /la/ «Cuerpo del país, política nacional»: sistema de Estado en términos de la sede de la soberanía nacional; esencia nacional, modelo político; política imperial. | «National polity»: the form of the state as defined by the locus of national sovereignty; national essence, political model; imperial policy.

kōkyo こうきょ ∿ 皇居 ▸ (arq) /el/ El Palacio Imperial. | The Imperial Palace.

kokyū こきゅう ∿ 胡弓 ▸ (mu) /el/ Laúd de arco con mástil largo. | Long-necked bowed lute.

komachi こまち ∿ 小町 (so) /la/ Mujer muy bella, una belleza. | A beauty, a Belle Rose. // El apelativo de *komachi* viene de la poetisa Ono no Komachi, del s. IX, famosa por su belleza.

komadori (*Erithacus akahige*) こまどり ∿ 駒鳥 ▸ (zo) /el/ Petirrojo japonés. | Japanese robin.

komagaku こまがく ∿ 高麗楽 ▸ (mu) /la/ Una variedad de música ***gagaku*** introducida en la antigua corte imperial desde la península coreana {*comparar con* ***tōgaku***}. | A style of gagaku music introduced into the imperial court from the Korean peninsula {*compare with* tōgaku}.

komageta こまげた ∿ 駒下駄 ▸ (in) /las/ Chanclas de suela baja. | Low clogs.

komainu こまいぬ ∿ 狛犬 ▸ (fo / re) /el/ León mítico semejante a una bestia cuya estatua, generalmente en pares, suele colocarse a la entrada de santuarios y templos para ahuyentar el mal. | Mythical lion-like beasts, statues of which are usually placed in pairs in front of the gates of shrines or temples to ward off evil.

komainu

komaku こまく ⥿ 小幕 ▸ (te) /la/ Cortina situada a ambos lados de un escenario de ***bunraku*** por donde entran y salen los muñecos. | Curtain placed on both sides of a bunraku stage through which puppets enter and exit.

komatsuna (*Brassica campestris* var. *perviridis*) こまつな ⥿ 小松菜 ▸ (bo) /la/ Espinaca semejante a un nabo. | Spinach resembling a turnip.

kome (*Oryza sativa* var. *japonica*) こめ ⥿ 米 ▸ (bo) /el/ Arroz japonés. | Japanese rice.

komodo コモド ▸ (ma) /la/ En el **manga**, historieta sobre criaturas y mascotas amistosas, como Pokémon. | Short manga story about friendly creatures and pets like Pokémon.

komon こもん ⥿ 小紋 ▸ (tex) /el/ Diseño para telas a base de figuras pequeñas y repetidas o de puntos finos. | A textile design with a small repeated pattern or fine dots.

komori uta こもり うた ⥿ 子守歌 ▸ (mu) /la/ Canción infantil. | Children's song.

komusō こむそう ⥿ 虚無僧 ▸ (re) /el/ Monje mendicante **zen** que viste capucha de juncia y toca el ***shakuhachi***. | A mendicant Zen priest wearing a sedge hood and playing a shakuhachi.

komusubi こむすび ⥿ 小結 ▸ (de) /el/ El cuarto grado más alto del ***sumō*** (**sumo**, DLE) por debajo solo de ***yokozuna, ōzeki*** y ***sekiwake***. | The fourth highest rank in sumō, below only yokozuna, ōzeki and sekiwake.

kōmoto こうもと ⥿ 香元 ▸ (ar / et) /el, la/ Maestro de ceremonias de la Vía del incienso [***kōdō***]. | Master of ceremonies of the way of incense [kōdō].

kona wasabi こな わさび ⥿ 粉山葵 ▸ (co) /el/ ***Wasabi*** en polvo. | Wasabi powder.

konashi こなし ▸ (co) /la/ Bolita hecha de pasta dulce de alubias [***azuki***] y harina de trigo. | Little ball made of sweet bean paste [azuki] and wheat flour.

konbini <ingl. *convenience store*> こんびに ⥿ コンビニ ▸ (so) /el, la/ Tienda de 24 horas donde venden artículos de primera necesidad, tienda de conveniencia. | Convenience store open 24/7 where articles of primary need are sold.

konbu こんぶ ⥿ 昆布 ▸ (bo) /el, la/ Kelp, alga marina comestible. | Kelp, edible seaweed. // La *konbu* se cría en aguas frías y, desecada, es esencial para hacer el caldo *dashi*.

kondō こんどう ⥿ 金堂 ▸ (arq) /el/ «Salón dorado»: edificio donde se guarda la imagen principal de culto del templo. También llamado ***hondō***. | «Golden Hall»: a building where the image of a temple's principal object of worship is kept. Also called hondō.

kondōbutsu こんどうぶつ ⥿ 金銅仏 ▸ (re / ar) /la/ «Imagen budista revestida de bronce»: estatua budista fabricada entre los ss. VI y VIII usando técnicas de vaciado de bronce importadas de China. | «Gilt-bronze Buddhist image»: Buddhist statue produced from the 6th century through the 8th century using a bronze-casting process imported from China.

kongasuri こんがすり ⥿ 紺絣 ▸ (tex) /el/ Tejido de estampado blanco sobre fondo azul índigo. | A textile with a white pattern on an indigo-blue background.

kongōjō こんごうじょう ⥿ 金剛乗 ▸ (re) /el/ Budismo tántrico, el Vajrayāna sánscrito. | Tantric Buddhism, the Sanskrit Vajrayāna.

konkatsu pāti こんかつ ぱーてぃー ⥿ 婚活パーティー ▸ (so) /la/ Encuentro informal para solteros y solteras con fines matrimoniales {*comparar con* ***omiai***}. | Informal meeting for single people seeking a future spouse {*compare with* omiai}.

konketsuji こんけつじ ⥿ 混血児 ▸ (so) /el, la/ «Niño o niña de sangre mezclada»:

persona mestiza, por lo general referida al individuo de madre o padre japonés y de madre o padre que no es de etnia japonesa {*comparar con* ***hāfu***}. | «Child of mixed blood»: an individual of racially mixed parentage, most often used to indicate a person with one parent who is Japanese and another of a different ethnic group {*compare with* hāfu}.

Konkō-kyō こんこうきょう ∿ 金光教 ▸ (re) /la/ Escuela del ***shintō*** (**sintoísmo**, DLE) fundada por Kinko Ōgami que se independizó en junio del año 1900. | Shintō school founded by Kinko Ōgami that became independent in June, 1900.

konnyaku (*Amorphophallus rivieri* var. *konjac*) こんにゃく ∿ 蒟蒻 ▸ (bo) /el/ Lengua del diablo, planta perenne nativa del sureste asiático, Japón y China de cuya raíz se elabora una pasta gelatinosa comestible. | Devil's tongue, indigenous perennial plant of southeast Asia, whose root is used to make an edible jelly-like dough in Japan and China.

kono mama (sono mama) この まま (その まま) ∿ 此の儘 (其の儘) ▸ (fi / re) /el/ La realidad tal como es; las cosas tal cual. | Reality as it is; things as they are.

konoha gata noko このは がた のこ ∿ 木の葉型鋸 ▸ (et / arq) /la/ Sierra tronzadora con cuchilla en forma de hoja. | Saw for splitting with a leaf-like blade.

konpa こんぱ ∿ コンパ ▸ (so) /la/ Fiesta informal de amigos o antiguos compañeros. | Informal party of friends or former mates.

konpeitō <port. *confeito*> こんぺいとう ∿ 金平糖 ▸ (co) /los/ Confites, bolitas azucaradas de colores. | Comfits, small sugary balls in a variety of colors.

Konpira <sáns. *Kumbhiira*> こんぴら ∿ 金比羅 ▸ (re) /el/ Deidad protectora de los marineros. | The guardian deity of seafarers.

konro こんろ ∿ コンロ、焜炉 ▸ (mo) /el/ Cocinilla portátil. | Portable cooking stove.

Konseijin こんせいしん ∿ 金精神 ▸ (re) /el/ Deidad protectora de los partos y del matrimonio en el este del país cuya representación asume la forma de un falo de piedra o madera. | Deity in eastern Japan who watches out for safe childbirth and happy marriages. It takes the form of a stone or wooden phallus.

kōraimon こうらいもん ∿ 高麗門 ▸ (arq) /la/ Primera puerta o portón exterior del recinto de un castillo. | First door or exterior gate of a castle compound.

kōran こうらん ∿ 高欄 ▸ (arq) /la/ Barandilla o antepecho de unos 30 o 40 cm de altura que está en las galerías exteriores de una vivienda tradicional. | Guardrail on the outdoor balcony of a traditional Japanese home approximately 1.2 ft high.

kōri makura こおり まくら ∿ 氷枕 ▸ (me) /la/ Bolsa o almohada de hielo. | An ice pack; an ice pillow.

kōrizatō こおりざとう ∿ 氷砂糖 ▸ (co) /el/ Cristal de azúcar; azúcar cristalizado o en piedra. | Sugar crystals; crystalized sugar; rock candy.

kōro こうろ ∿ 香炉 ▸ (mo) /el/ Pebetero [incensario, perfumador]. | An incense burner.

kōro

korobi geisha ころび げいしゃ ⟆ 転芸者 ▸ (so) /la/ ***Geisha*** que ejerce la prostitución. | A geisha who works as a prostitute.

koromogae ころもがえ ⟆ 衣替え ▸ (in) /el/ Cambio de ropa con el paso de estación en junio y octubre. | Change of clothing taking place with the transition of season in June and October.

koroshi kaki ころし かき ⟆ 殺し掻き ▸ (ar / et) /el, la/ Método de extracción intensiva de la savia del árbol de la laca [***urushi***] en un año de vida de este. | Very intensive method of extracting sap from the lacquer tree [urushi] in one year of its life.

kōsatsu こうさつ ⟆ 高札 ▸ (hi) /el/ Tablero para los anuncios oficiales utilizado en la Era Edo (1600-1868). | A board used for posting official announcements during the Edo period (1600-1868).

Kose-ha こせは ⟆ 巨勢派 ▸ (ar) /la/ La escuela de pintura más antigua y de mayor duración de la historia del arte japonés (ss. IX-XV). | Oldest and longest lasting school of painting in the history of Japanese art from the 9th to the 15th century.

koseki こせき ⟆ 戸籍 ▸ (so) /el/ Registro civil. | Civil registry. // Los señores Kimura contrataron a un abogado para que accediera al *koseki* familar del novio de su hija.

koshi こし ⟆ 輿 ▸ (tr) /el/ Palanquín cubierto que descansa sobre dos largas barras horizontales y es transportado sobre los hombros o con ayuda de las caderas. | A covered palanquin resting on long horizontal poles and borne by men on the shoulders or at the hip.

kōshi こうし ⟆ 格子 ▸ (mo) /el/ Postigo de celosía. | A lattice screen window or door.

koshi ga kudakeru こし が くだける ⟆ 腰が砕ける ▸ (de) /el/ Término del ***sumō*** (**sumo**, DLE) para referirse al momento en que el luchador pierde el equilibrio al doblar la cintura. | A term used in sumō when a wrestler loses his balance and buckles at the waist.

koshi ginchaku こし ぎんちゃく ⟆ 腰巾着 ▸ (et) /la/ Persona pegada a alguien (como la faltriquera a la cintura), la sombra de alguien. | A person who is stuck to somebody (as if they were the very purse at their waist), somebody's shadow.

koshi ita こし いた ⟆ 腰板 ▸ (in) /la/ Tablilla en la zona lumbar de la ***hakama***. | The flat board on the back of the hakama.

koshibyōbu こしびょうぶ ⟆ 腰屏風 ▸ (mo) /el/ Biombo que llega a la altura de la cintura. | A waist-high folding screen.

koshidaka shōji こしだか しょうじ ⟆ 腰高障子 ▸ (mo) /el/ Pantalla de papel corredera o ***shōji*** cuyos paneles llegan a la altura de la cintura. | A sliding paper screen or shōji with waist-high panelling.

koshimaki こしまき ⟆ 腰巻 ▸ (in) /la/ Ropa interior que se lleva debajo del **kimono** consistente en una pieza de tela fina alrededor de la cintura. | A kind of underkimono consisting of a piece of fine cloth around the waist.

kōshin こうしん ⟆ 庚申 ▸ (ca) /el/ Una de las divisiones del tradicional ciclo chino de 60 años. | One of the divisions of the traditional sixty-year Chinese cycle.

koshintō こしんとう ⟆ 古神道 ▸ (re) /el/ El ***shintō*** (**sintoísmo**, DLE) prehistórico; la fusión de animismo y sintoísmo. | Prehistoric Shintō; the fusion of animism and Shintōism.

koshirae こしらえ ⟆ 拵え ▸ (arm) /la/ Partes de un sable japonés excluida la hoja. | The parts of a Japanese sword excluding the blade.

kōshitsu こうしつ ⟆ 皇室 ▸ (hi) /la/ La Casa Imperial japonesa; la dinastía imperial reinante. | The Japanese Imperial House; the reigning imperial dynasty.

koshō こしょう ⟆ 小姓 ▸ (hi) /el/ Paje o asistente personal de los líderes militares en el Japón premoderno. | Page or personal attendant of major military leaders in premodern Japan.

kōshō こうしょう ↯ 交渉 ▸ (em / po) /la/ Negociación con cierto matiz de disputa. | Negotiating with a certain amount of dispute involved.

Koshōgatsu こしょうがつ ↯ 小正月 ▸ (ca) /el/ El 15 de enero; entre el 14 y el 16 de enero en el calendario lunar. | January 15th; between January 14th and 16th by the lunar calendar.

kōshokubon こうしょくぼん ↯ 好色本 ▸ (li) /el/ «Libros amatorios»: género de ficción popular de la Era Edo (1600-1868) que trata de asuntos amatorios de las clases urbanas en los barrios de placer de su tiempo. | «Erotic books»: a gender of popular fiction in the Edo period (1600-1868) dealing with the amorous affairs of the urban classes in the licensed pleasure quarters. // Ihara Saikaku (1642-1696) fue el principal representante de los *kōshokubon*.

kōsō こうそう ↯ 香草 ▸ (co) /las/ Hierbas culinarias. | Cooking herbs.

kosode こそで ↯ 小袖 ▸ (in) /el/ **Kimono** de mangas cortas y estrechas usado como ropa interior por las clases acomodadas y como sobretodo por las clases populares en la Era Heian (794-1185); (arm) /la/ pequeña hombrera protectora de la armadura. | A kimono with short sleeves worn as underclothing by the upper classes and as an overgarment by ordinary people during the Heian period (794-1185); small shoulder pads on armor for protection. // Dicen que en el *kosode* está el origen del actual kimono.

kōtaishi こうたいし ↯ 皇太子 ▸ (po) /el/ El príncipe heredero; el heredero imperial. | The Crown Prince; The Prince Imperial.

kotatsu こたつ ↯ 炬燵 ▸ (mo) /el/ Mesa camilla de patas cortas con un brasero debajo y una colcha que cubre todo. | A low table over a brazier and the whole covered with a quilt. // En las noches frías de invierno, es muy agradable estar sentado alrededor del *kotatsu* y charlar tomando té.

kote こて ↯ 小手 ▸ (ar mar) /el/ Guante de ***kendō*** (**kendo**, DLE); (in) guantelete; protector del antebrazo. | A kendō glove; gauntlet used to protect the forearm.

koto

koto こと ↯ 琴 ▸ (mu) /el/ Arpa japonesa de trece cuerdas, 180 cm de largo y 30 cm de ancho que se coloca horizontalmente para tocarla con unos plectros enfundados en los dedos de la mano derecha. | A Japanese harp with thirteen strings, 5.10 in long and 1 ft wide, placed horizontally and played with picks on the fingers of the right hand. // Desde el jardín llegaban los tonos nostálgicos del *koto*.

事、言 ▸ (fi / le) /la/ Cosa, estado de las cosas; palabra {*ver* ***kotoba*** *y* ***kotodama***}. | Thing, state of things; word {*see* kotoba *and* kotodama}.

koto hajime こと はじめ ↯ 事始め ▸ (ca) /el/ El día 13 de diciembre, fecha en que todo el mundo se apresura a liquidar los negocios del año en curso antes del 1 de enero. | December 13th, the day on which everybody rushes to finish all business in course before January 1st.

kotoage ことあげ ↯ 言挙げ ▸ (li / fo) /el/ «Elevación de la voz»: sortilegio; maldición, exorcismo. | «Raising the voice»: spell; curse, exorcism.

kotoba ことば ∿ 言葉 ▸ (li) /la/ Palabra; dicción {*opuesto a* ***kokoro*** *en la preceptiva poética sobre* ***waka***}; (ar) en los ***emaki***, la parte escrita que acompaña la pintura; (te) parte dialogada de una obra de teatro. | Word; diction {*the opposite of* kokoro *in* waka *poetics*}; the written part that accompanies the painting in the emaki; dialogued role in a play.

kotoba asobi ことば あそび ∿ 言葉遊び ▸ (et) /el, la/ Juego de palabras, especialmente popular en Japón debido a la rica homofonía de la lengua japonesa. | Wordplay or pun, especially popular in Japan because of the homophonic richness of the Japanese language.

kotoba zuke ことば づけ ∿ 詞付け ▸ (li) /la/ Asociación de palabras especialmente usada en la poesía ***renga*** y **haikai** (DLE). | Word connection used especially in renga and haikai poetry.

kotodama ことだま ∿ 言霊 ▸ (li) /el, la/ Espíritu de la palabra que, en la antigüedad, se creía dotado de poder sobrenatural. | Spirit of the word, in early times believed to have supernatural power.

Kōtoku jiken, *ver* **Taigyaku jiken.** | *See* Taigyaku jiken.

kotsuage こつあげ ∿ 骨揚げ ▸ (et) /la/ Ceremonia fúnebre realizada después de la cremación del cadáver y consistente en introducir una parte de las cenizas en la urna funeraria. | Funeral ceremony held after cremation consisting of placing part of the ashes in a burial urn.

kotsuzumi こつづみ ∿ 小鼓 ▸ (mu / te) /el/ Pequeño tambor en forma de reloj de arena usado en el teatro ***noh*** y en el **kabuki** que se toca apoyado sobre el hombro. | Small hourglass-shaped drum used in noh and kabuki theater and held on the shoulder while played.

kotsuzumi za こつづみ ざ ∿ 小鼓座 ▸ (te) /el/ Lugar donde se sienta el percusionista del tambor ***kotsuzumi***. | Place where the musician who plays the kotsuzumi drum sits.

kottōhin こっとうひん ∿ 骨董品 ▸ (et) /la/ Una antigüedad, un objeto antiguo. | An antique, an ancient object.

kouta こうた ∿ 小唄 ▸ (mu) /la/ «Canción corta»: una clase de canción popular con acompañamiento de ***shamisen***. | «Short song»: a kind of popular song with shamisen accompaniment.

kowairo こわいろ ∿ 声色 ▸ (te) /el/ Narrador de los textos que acompañaban las representaciones de **kabuki** y en el cual se ha visto un antecedente de los ***benshi***; (le) rasgos de la voz de una persona. | Narrator of the texts accompanying kabuki performances in which a precedent of the benshi has been seen; features of a person's voice.

kōwaka こうわか ∿ 幸若 ▸ (mu) /la/ Balada dramática que data del s. XV basada por lo general en relatos marciales recitados con acompañamiento musical. | A genre of dramatic ballads dating from the 15th century and mainly based on accounts of military episodes recited with musical accompaniment.

kōwaka mai こうわか まい ∿ 幸若舞 ▸ (mu) /la/ Combinación de danza y recitación especialmente popular en los siglos de la Era Muromachi (ss. XIV-XVI). | Combination of dance and recitation especially popular during the Muromachi period (14th-16th centuries).

Kōya dōfu こうや どうふ ∿ 高野豆腐 ▸ (co) /el/ ***Tōfu*** (**tofu**, DLE) liofilizado supuestamente elaborado por primera vez en el templo del monte Kōya. | Freeze-dried tōfu supposedly made for the first time at the temple of Mt. Kōya.

kōyō こうよう ∿ 紅葉 ▸ (es) /el, la/ Coloración otoñal de las hojas, follaje otoñal; hojas de color carmín. | The colored leaves of autumn, autumnal foliage; crimson leaves.

kōzo (*Broussonetia kazinoki*) こうぞ ౪ 楮 ▸ (bo) /el, la/ Especie de moral usado tradicionalmente para la fabricación de papel japonés [***washi***] {*ver* ***ganpi, mitsumata*** *y* ***asa***}. | Type of mulberry tree used in the fabrication of Japanese paper [washi] {*see* ganpi, mitsumata *and* asa}.

kōzoku こうぞく ౪ 皇族 ▸ (po) /la/ Familia imperial. | The Imperial Family.

ku く ౪ 句 ▸ (li) /el, la/ Frase; expresión; un verso; un poema; un **haiku**. | A phrase; an expression; a verse; a poem; a haiku.

kū くう ౪ 空 ▸ (fi / re) /el/ Vacío, vacuidad. | Emptiness, void.

kuchi yakusoku くち やくそく ౪ 口約束 ▸ (em / so) /el/ Acuerdo o promesa verbal entre caballeros. | Verbal agreement or promise among gentlemen.

kuchisake onna くちさけ おんな ౪ 口裂け女 ▸ (fo) /la/ En los relatos fantásticos, mujer hermosa a la que su esposo celoso le abre una enorme fisura en la boca de oreja a oreja. | In fantastic tales, a beautiful woman whose jealous husband slits her mouth open from ear to ear.

kuchiyose くちよせ ౪ 口寄せ ▸ (et) /la/ Invocación de los espíritus de los muertos que realiza una médium o chamana {*ver* ***shinikuchi***}. | The summoning by a medium or shaman of the spirits of the dead {*see* shinikuchi}.

kudaishi くだいし ౪ 句題詩 ▸ (li) /la/ Poesía sobre un tema determinado enunciado en un verso {*en contraste con* ***mudaishi***}. | Poetry about a specific topic uttered in one verse {*contrast with* mudaishi}.

kuden くでん ౪ 口伝 ▸ (li) /la/ Transmisión verbal secreta. | Secret transmission.

kuenichi くえにち ౪ 凶会日 ▸ (ca) /el/ Día infausto según el método adivinatorio del yin y el yang {*ver* ***onmyōdō***}. | Ill-fated day according to the foretelling method of the yin and yang {*see* onmyōdō}.

kuge くげ ౪ 公家 ▸ (hi) /el, la/ La aristocracia [el estamento nobiliario] de la corte imperial. | The nobility of the imperial court.

kugutsu くぐつ ౪ 傀儡 ▸ (te) /el/ Titiritero al final de la Era Heian (794-1185) y en la Era Kamakura (1185-1333). | Puppeteer at the end of the Heian period (794-1185) and during the Kamakura period (1185-1333).

kugyō くぎょう ౪ 公卿 ▸ (hi) /el/ El funcionario de mayor rango en la corte imperial de Kioto en la Era Heian (794-1185). | The highest-ranking official at the imperial court in Kyoto during the Heian period (794-1185).

kuhanda <sáns. *kumbhānda*> くはんだ ౪ 鳩槃荼 ▸ (fo) /el/ Demonio que devora la vitalidad de los seres humanos. | Demon that devours the vitality of humans.

kuhi くひ ౪ 句碑 ▸ (li) /la/ Lancha [piedra] en cuya superficie está inscrito un **haiku**. | A stone [a tablet, a slab] with a haiku inscribed on it.

kuiawase くいあわせ ౪ 食い合わせ ▸ (me) /la/ Combinación de ciertos alimentos que tradicionalmente se consideraba venenosa o perjudicial para la salud; prohibición relativa a esa combinación. | Combination of certain foods traditionally believed to cause poisoning or illness; the prohibition involving these combinations. // La *kuiawase* se derivaba probablemente de los antiguos tratados de medicina china.

kuidaore くいだおれ ౪ 食い倒れ ▸ (so) /el/ Despilfarro en la comida {*ver* ***kidaore***}. | Overspending on food {*see* kidaore}. // Dicen que en Osaka, el *kuidaore*; en Kioto, el *kidaore* (despilfarro en el vestido).

kuisagaru くいさがる ౪ 食い下がる ▸ (de) /el/ En un combate de ***sumō*** (**sumo**, DLE), agarre de la parte frontal del cinturón o ***mawashi*** del rival y apretón hacia abajo para hacer retroceder al adversario. | Grabbing hold of the front of the mawashi in sumō wrestling and pushing down to make the rival back off.

kukai くかい ⌇ 句会 ▸ (li) /el/ Encuentro para componer **haikus**. | A meeting to compose haikus.

kumade くまで ⌇ 熊手 ▸ (fo) /el/ Amuleto en forma de rastrillo de bambú decorado que se vende en las fiestas de los santuarios en el mes de noviembre. | A decorated rake-shaped bamboo charm sold at shrine festivals in November.

kumadori くまどり ⌇ 隈取り ▸ (te) /el/ Tipo de maquillaje usado por los actores de **kabuki** con roles violentos. | A style of kabuki makeup used by players of violent roles.

kumi くみ ⌇ 組 ▸ (so) /el/ Grupo de vecinos de hasta quince unidades asociadas por la proximidad de la residencia para ayudarse. | Neighborhood group of households of up to fifteen units bound together by residential proximity and the need to help each other out.

kumi odori くみ おどり ⌇ 組踊 ▸ (ar) /el, la/ Danza tradicional de Okinawa. | Traditional dance from Okinawa.

kumihimo くみひも ⌇ 組み紐 ▸ (tex) /el/ Cordón o cinta de seda elaborada a mano mediante una técnica de trenzado de cordoncillo con peso. | Silk cords or bands handcrafted by the weighted bobbin braid technique.

kumikō くみこう ⌇ 組香 ▸ (et) /el/ Juego asociado a la práctica de la Vía del incienso [***kōdō***] {*ver* ***genjikō***}. | Game associated with the practice of the way of incense [kōdō] {*see* genjikō}.

kumosuke くもすけ ⌇ 雲助 ▸ (tr) /el/ Portador rufián de un palanquín; {*seguido de untenshu*} un conductor ladrón. | A thuggish palanquin bearer; {*followed by* untenshu} a thievish driver.

kun yomi, kun'yomi くん よみ ⌇ 訓読み ▸ (le) /la/ «Lectura explicatoria»: uno de los dos tipos básicos de pronunciación de un ***kanji*** o sinograma basado en la lectura nativa japonesa de este {*ver* ***on yomi***}. | «Explicatory reading»: one of the two basic ways to pronounce a kanji or Chinese character based on the pronunciation of a Japanese native word {*see* on yomi}. // La *kun yomi* del sinograma 山, que significa «montaña», es *yama*.

kunai くない ⌇ 苦無 ▸ (ar mar) /el/ Especie de puñal para cavar en la tierra especialmente usado por los ***ninjas***. | A type of dagger for digging in the ground especially used by the ninja.

Kunaichō くないちょう ⌇ 宮内庁 ▸ (po) /la/ Agencia de la Casa Imperial. | Imperial Household Agency.

kundoku くんどく ⌇ 訓読 ▸ (le) /el, la/ Método de leer un texto con sinogramas [***kanji***] empleando el japonés. | Method of using Japanese to read a text with Chinese characters [kanji].

kuni くに ⌇ 国 ▸ (hi / po) /el/ Territorio; provincia; país. | A territory; a province; a country.

kuni no miyatsuko くに の みやつこ ⌇ 国の造 ▸ (hi) /los/ Jefes locales de los ss. VI y VII que gobernaban en pequeños territorios o ***kuni*** bajo la jurisdicción de la corte de Yamato. | Local chieftains of the 6th and 7th centuries who governed small territories (kuni) under the jurisdiction of the Yamato court.

kuni tsukami くに つかみ ⌇ 国つ神 ▸ (re) /los, las/ Divinidades terrenales {*en contraste con* ***ama tsukami***}. | Earthly divinities {*as opposed to* ama tsukami}.

kuniburi no mai くにぶり の まい ⌇ 国風舞 ▸ (te) /la/ Danza tradicional autóctona que complementaban las canciones o ***kuniburi no uta***. | Traditional indigenous dance that complemented songs or the kuniburi no uta.

kuniburi no uta くにぶり の うた ⥊ 国風歌 ▸ (mu) /la/ Canción tradicional autóctona. | Traditional indigenous dance.

kuniyaku くにやく ⥊ 国役 ▸ (hi) /el/ Impuesto aplicado por un gobernador provincial, un ***daimyō*** (**daimio**, DLE) o el ***shōgun*** (**sogún**, DLE) sobre una provincia o territorio. | Taxes imposed by a provincial governor, a daimyō or the shōgun on a province or territory.

kunoekō くのえこう ⥊ 薫衣香 ▸ (et) /la/ Mezcla de nueve hierbas aromáticas para perfumar la ropa. | A potpourri of nine herbs used to scent clothing.

kunsei くんせい ⥊ 燻製 ▸ (co) /el/ Ahumado (aplicado a alimentos). | Smoked (used for foodstuffs).

kunshi くんし ⥊ 君子 ▸ (so / fi) /el/ «Hijo de un gobernante»: ideal confuciano de caballero, persona cultivada. | «Son of a ruler»: Confucian ideal of a gentleman, cultured person.

kuon ganjo, kuonganjo くおんがんじょ ⥊ 久遠元初 ▸ (re) /el/ El estado original de la vida que corporiza la budeidad. | The original state of life that embodies Buddhahood.

kura くら ⥊ 倉、蔵 ▸ (arq) /el/ Almacén {*ver* ***dozō***}; depósito. | A warehouse {*see* dozō}; a storehouse.

kura yashiki くら やしき ⥊ 蔵屋敷 ▸ (hi) /la/ Oficina de negocios establecida en la Era Edo (1600-1868) por el ***daimyō*** (**daimio**, DLE), el ***shōgun*** (**sogún**, DLE), los altos funcionarios y los templos en los mayores centros comerciales y de transporte para vender el arroz tributado y otros productos de sus dominios. | Business office established in the Edo period (1600-1868) by the shogunate, daimyō, domain officials and temples in major transport and market centers to sell rice and other commodities produced in their domains.

kurage くらげ ⥊ 水母 ▸ (zo) /la/ Medusa. | A jellyfish.

kuramai くらまい ⥊ 蔵米 ▸ (hi) /el/ Impuesto en arroz cobrado a los campesinos por el ***daimyō*** (**daimio**, DLE) o el ***shōgun*** (**sogún**, DLE) en la Era Edo (1600-1868) y distribuido entre los vasallos como estipendio. | Rice tax collected from peasants by the shogunate or daimyō during the Edo period (1600-1868) to be dispensed to their retainers as stipends.

kurehashi くれはし ⥊ 呉階 ▸ (ja) /el/ Puente de un jardín cubierto por un tejadillo. | A kind of covered bridge in a garden.

kurenai zoku くれない ぞく ⥊ くれない族 ▸ (so) /las/ Personas [*zoku*] que andan quejándose continuamente de los demás y suelen acabar sus frases con «… shite kurenai» [no me hacen el favor de…]. | People [zoku] who are always complaining about others and usually end their statements with «shite kurenai» [don´t do me the favor of…].

kuri (*Castanea sativa*) くり ⥊ 栗 ▸ (bo) /la/ Castaña. | Chestnut.

庫裏 ▸ (arq) /el, la/ Edificio destinado a la cocina en un monasterio budista. | Building used as a kitchen at a Buddhist monastery.

Kurikara くりから ⥊ 倶利伽羅 ▸ (et) /la/ Espada flamígera que porta la deidad **Fudō Myō'ō** con la que subyuga los malos espíritus y corta el hilo de la ignorancia. | A flaming sword wielded by the deity Fudō Myō'ō with which he subjugates evil spirits and cuts the thread of ignorance.

kurikaraken ryū くりからけん りゅう ⥊ 倶利伽羅剣龍 ▸ (ar / et) /el/ Dragón que rodea la espada **Kurikara**, un motivo frecuente en el arte del tatuaje [***irezumi***]. | Dragon that surrounds the Kurikara sword, a frequent motif in the art of tattooing [irezumi].

kurikinton くりきんとん ⥊ 栗金団 ▸ (co) /el/ Puré dulce de castañas hervidas. | Sweetened mixture of boiled and mashed chestnuts.

Kurimanjū くりまんじゅう 栗饅頭 ▸ (co) /el/ Bollo [***manjū***] relleno de pasta de judías y castañas y con la parte de arriba tostada de color castaño. | A bun [manjū] with a bean-and-chestnut paste inside and the top surface toasted to a chestnut-brown color.

kurimeshi くりめし 栗飯 ▸ (co) /el/ Arroz hervido con castañas. | Rice boiled with chestnuts.

kuriyōkan くりようかん 栗羊羹 ▸ (co) /la/ Gominola de alubias y castañas. | A bean and chestnut gumdrop.

kurizu くりず 繰頭 ▸ (te) /el/ Movimiento giratorio a derecha e izquierda realizado por un muñeco de ***bunraku***. | Swinging movement from left to right of a bunraku puppet.

kuro obi くろ おび 黒帯 ▸ (in / ar mar) /el/ ***Obi*** o cinturón negro; un experto en ***jūdō*** (**judo**, DLE) y **karate** (**kárate**, DLE). | A black obi, a black belt; an expert in jūdō or karate.

kuro zukuri くろ づくり 黒作り ▸ (co) /los/ La carne e intestinos de la sepia en su tinta, salados y fermentados. | The flesh and intestines of a cuttlefish blackened with its ink, salted and fermented.

kuroae くろあえ 黒和え ▸ (co) /el/ Plato de verduras aliñado con semillas molidas de sésamo negro. | A dish of vegetables seasoned with ground black sesame seeds.

kurobō, kurohō くろぼう、くろほう 黒方 ▸ (et) /el, la/ En la Vía del incienso [***kōdō***], una de las seis fórmulas tradicionales compuesta por los mismos seis ingredientes aromáticos en diferentes proporciones: almizcle [***jakō***], ámbar [***ryūzenkō***], calambac, clavo, concha marina y sándalo {*ver* ***nyūkō***}. | One of the six traditional formulas in the way of incense made up of the same six aromatic ingredients in different proportions: musk [jakō], amber [ryūzenkō], agarwood, clove, sea shell and sandalwood {*see* nyūkō}.

kurobusa くろぶさ 黒房 ▸ (de) /la/ La borla negra que cuelga de la esquina noroeste del techo que hay sobre un círculo de ***sumō*** (**sumo**, DLE). | The black tassel hanging from the northwest corner of the roof over a sumō ring.

kurofune くろふね 黒船 ▸ (hi / ps) /los/ «Barcos negros»: los barcos occidentales que llegaron a Japón entre el s. XVI y finales de la Era Edo (1868); una amenaza externa. | «Black ship»: any Western ship that visited Japan from the 16th century to the end of Edo period (1868); an external threat.

kurohon くろほん 黒本 ▸ (li) /el/ Libro de tapas negras con historias populares, un subgénero de la ficción de los ***kusazōshi***. | Black-covered books featuring plots adapted from popular stories, a subgenre of kusazōshi fiction.

kuroikiri くろいきり 黒い霧 ▸ (po) /la/ «Niebla negra»: corrupción gubernamental a gran escala, específicamente los escándalos ocurridos en la década de 1960. | «Black fog»: wide-scale corruption in government, specifically the scandals that took place in the 1960s.

kuroko, kurogo くろこ、くろご 黒衣 ▸ (te) /el/ Ayudante de escena vestido de negro que asiste a los actores de **kabuki** durante la representación. | A stage hand dressed in black who assists kabuki actors during a performance.

kuromaku くろまく 黒幕 ▸ (te) /la/ Cortina negra; (so) /el, la/ manipulador entre bambalinas; eminencia gris. | A black curtain; a backstage manipulator; a grey eminence.

Kuromame くろまめ 黒豆 ▸ (co) /la/ **Soja** negra. | Black soy bean.

kuromatsu (*Pinus thunbergii*) くろまつ 黒松 ▸ (bo) /el/ Pino negro, pino común. | Black pine, common pine.

kuromisu くろみす ∿ 黒御簾 ▸ (te) /las/ Salas a ambos lados del escenario de **kabuki** donde se sitúan los músicos {*también llamadas* ***geza***}. | Rooms located at both sides of the kabuki stage where the musicians sit {*also called* geza}.

kuromizu hiki くろみず ひき ∿ 黒水引 ▸ (et) /las/ Cintas blancas y negras usadas especialmente en un obsequio de condolencias. | Black and white ribbons specially used in offers of condolences.

kuromoji (*Pimenta dioica*) くろもじ ∿ 黒文字 ▸ (bo) /la/ Pimienta de Jamaica; (et) /los/ palillo-tenedor usado para comer dulces japoneses [***wagashi***]. | Pepper from Jamaica; small fork used to eat Japanese sweets.

kuroneko くろねこ ∿ 黒猫 ▸ (fo) /el/ Vampiro femenino que se transforma en gato negro y seduce a los ***samurai*** (**samuráis**, DLE) para asesinarlos chupándoles la sangre. | Female vampire that turns into a black cat and seduces samurais in order to kill them by sucking their blood.

kuroraku くろらく ∿ 黒楽 ▸ (ce) /la/ Vasija, generalmente un cuenco, de color negro y al estilo ***raku***. | Pot, or more generally a black colored bowl in raku style.

kuroro kagi くろろ かぎ ∿ くろろ鍵 ▸ (ar mar) /la/ Especie de ganzúa usada en el ***ninjutsu*** para abrir puertas. | Type of skeleton key used in the ninjutsu to open doors.

Kuroshio くろしお ∿ 黒潮 ▸ (ge) /la/ «Corriente negra»: corriente oceánica que procede del mar de Filipinas y baña el archipiélago japonés {*ver* **Oyashio**}. | «Black Current»: oceanic current that flows from the Philippine Sea to the Japanese islands {*see* Oyashio}.

kurōto くろうと ∿ 玄人 ▸ (so) /el, la/ Especialista; experto; profesional {*contrastar con* ***shirōto***}. | A specialist; an expert; a professional {*as opposed to* shirōto}.

Kurozumi-kyō くろずみきょう ∿ 黒住教 ▸ (re) /la/ Escuela **sintoísta** fundada por Munetada Kurozumi en octubre de 1876. | Shintō school founded by Munetada Kurozumi in October, 1876.

kuruwa くるわ ∿ 廓 ▸ (hi) /el/ Barrio licencioso, especialmente en la Era Edo (1600-1868). | Licensed quarter, especially during the Edo period (1600-1868).

kusa zumō くさ ずもう ∿ 草相撲 ▸ (de) /el/ Torneo local y no profesional de ***sumō*** (**sumo**, DLE). | A local unprofessional sumō wrestling tournament.

kusadango くさだんご ∿ 草団子 ▸ (co) /la/ Bola de harina de arroz mezclada con hojas de artemisa. | A rice-flour dumpling mixed with mugwort leaves.

kusaichi くさいち ∿ 草市 ▸ (et) /la/ Mercado de plantas y flores que se ofrecen en el Festival de **Obon**. | A market fair for plants and flowers to be offered at the Obon Festival.

kusaki zome くさき ぞめ ∿ 草木染 ▸ (tex) /el/ Teñido con tintes naturales de origen vegetal. | Dyeing with natural dyes of vegetable origin.

kusaku くさく ∿ 句作 ▸ (li) /la/ Composición de un **haiku**. | Composition of a haiku.

kusamaki (*Podocarpus macrophyllus*) くさまき ∿ 草槙 ▸ (bo) /el/ Especie arbórea, también llamada «pino budista», de unos 7 m de alto y bayas rojizas frecuente en jardines de templos en el centro y sur de Japón. | Type of tree also called «Buddhist Pine», about 23 ft high with reddish berries that is frequently found in temple gardens in the center and south of Japan.

kusamochi くさもち ∿ 草餅 ▸ (co) /el/ Pastel de arroz y artemisa. | A mugwort rice cake.

Kusanagi くさなぎ ∿ 草薙 ▸ (mi / et) /la/ «Segadora de hierba»: espada mitológica, una de las Tres Insignias Imperiales. | «Lawn Mower»: mythological sword, one of the Three Imperial Regalia. // Las otras dos insignias imperiales son el espejo y el joyel.

kusari gama くさり がま ∿ 鎖鎌 ▸ (arm) /la/ Arma en forma de hoz con un peso metálico y una cadena de 2 a 3 m sujeta al cuello del mango. | A sickle-shaped weapon with a metal weight and chain 6.5 to 10 ft in length attached to the neck of the handle.

kusaya くさや ▸ (co) /el/ «Pez hediondo»: pez volador secado y fermentado. | «Stink Fish»: a dried and fermented flying fish known for it malodorousness.

kusazōshi くさぞうし ∿ 草双紙 ▸ (li) /el/ Libro ilustrado especialmente popular en la Era Edo (1600-1868), con parte narrada y diálogos escritos con caracteres fonéticos [***kana***] en los espacios en blanco de las ilustraciones de página entera. | Picture books with narrative and dialogue written in phonetic characters [kana] in the blank spaces of the full-page illustrations, especially popular during the Edo period (1600-1868).

kusazuri くさずり ∿ 草摺 ▸ (arm) /el, la/ Faldellín característico de la armadura japonesa. | Short skirt that is characteristic of Japanese armor.

kusemai くせまい ∿ 曲舞 ▸ (te) /el, la/ Ritmo sincopado de canción y baile empleado en el drama ***noh***. | Syncopated rhythm of song and dance used in noh drama.

Kusha-shū くしゃ しゅう ∿ 倶舎宗 ▸ (re) /la/ Escuela budista introducida en Japón en los ss. VII-VIII y que forma parte de las llamadas «Seis escuelas de Nara» [Rokushū]. | Buddhist school introduced into Japan during the 7th-8th centuries and that is a part of the «Six Schools of Nara» [Rokushū].

kushi くし ∿ 串 ▸ (co) /la/ Brocheta. | A skewer.

櫛 ▸ (et) /el/ Peine generalmente hecho de madera. | A comb generally made of wood.

kushidango くしだんご ∿ 串団子 ▸ (co) /la/ Brocheta de bolas de arroz dulces. | A sweet rice dumpling on a skewer.

kushikatsu くしかつ ∿ 串カツ ▸ (co) /la/ Carne de cerdo en pequeños trozos con cebolla y puerro en una brocheta. | Small pieces of pork, onion and leek on a skewer.

kusudama くすだま ∿ 薬玉 ▸ (et) /la/ Bola rellena de hierbas y decorada con flores y coloridos hilos que se colgaba en la casa con funciones de amuleto. | Ball filled with herbs and decorated with flowers and colored threads that was hung in the home as a good luck charm.

kusunoki (*Cinnamomum camphora*) くすのき ∿ 楠 ▸ (bo) /el/ Alcanforero cuya madera es apreciada en la talla y para fabricar muebles e instrumentos musicales. | Camphor tree, whose wood is prized for use in carvings, musical instruments and furniture.

Kutani yaki くたに やき ∿ 九谷焼 ▸ (ce) /la/ Porcelana fabricada en la antigua provincia de Kaga (Ishikawa). | Porcelain made in the old Kaga Province (Ishikawa).

kuwagata くわがた ∿ 鍬形 ▸ (arm) /la/ Cimera del casco del ***samurai*** (**samurái**, DLE) en forma de azada o cornamenta. | A hoe-shaped crest on a samurai helmet.

kuwaire shiki くわいれ しき ∿ 鍬入れ式 ▸ (et) /la/ Ceremonia de poner la primera piedra. | A groundbreaking ceremony.

kuzu (*Pueraria lobata, Pueraria thunbergiana*) くず ∿ 葛 ▸ (bo / me / co) /la/ *Kudzu* o arruruz, planta perenne y trepadora cuya raíz seca se emplea en la medicina tradicional china y en la cocina. | Kudzu or arrowroot, a perennial herbaceous climbing vine. Its dried root is employed in traditional Chinese pharmacological practice and in the kitchen.

kuzu zakura くず ざくら ⌇ 葛桜 ▸ (co) /el/ Pan de ***kuzu*** cubierto con hojas de cerezo y relleno de mermelada de alubias. | A cherry-leaf-covered kuzu bun filled with bean jam.

kuzukiri くずきり ⌇ 葛切り ▸ (co) /los/ Fideos cortos de ***kuzu*** que se toman con sirope. | Short noodles of kuzu starch eaten with syrup.

kuzumochi くずもち ⌇ 葛餅 ▸ (co) /el/ Dulce de harina de arruruz o ***kuzu*** al vapor mojado en melaza y enharinado con harina de **soja**. | A confection of steamed arrowroot flour dipped in molasses and dusted with soybean flour.

kyahan きゃはん ⌇ 脚絆 ▸ (in) /las/ Polainas usadas para trabajar al aire libre o para viajar con las piernas protegidas del frío. | Leggings traditionally worn for outdoor work or when traveling to protect the legs from the cold.

kyaku ishi きゃく いし ⌇ 客石 ▸ (ja) /la/ Piedra del jardín donde se sitúa el invitado, especialmente a la ceremonia de té. | Stone in the garden where the guest sits, especially during the tea ceremony.

kyaku za, kyakuza きゃく ざ ⌇ 客座 ▸ (vi / so) /el/ Asiento reservado para el invitado. | Seat reserved for guests.

kyara (*Aquilaria*) <malayo *kelembac, kalambak*> きゃら ⌇ 伽羅 ▸ (bo / ar) /el/ Calambac, árbol que crece principalmente en el sureste asiático y la India y cuya madera es el palo áloe; palo áloe, la madera del calambac, cuyo aroma es el más preciado en la ceremonia del incienso de Japón {*ver* ***kōdō***}. | Agarwood, an evergreen tree that grows in Southeast Asia and India, whose wood is known as aloeswood and is highly appreciated for its use in the incense ceremony in Japan {*see* kōdō}.

kyō ningyō きょう にんぎょう ⌇ 京人形 ▸ (fo) /la/ Muñeca de Kioto. | A Kyoto doll.

kyō onna きょう おんな ⌇ 京女 ▸ (so) /la/ Mujer de Kioto. / A woman from Kyoto.

kyō ryōri きょう りょうり ⌇ 京料理 ▸ (co) /la/ Cocina de Kioto. | Kyoto cuisine.

kyō yaki きょう やき ⌇ 京焼 ▸ (ce) /la/ Cerámica producida en la ciudad de Kioto y sus alrededores, con la excepción de la cerámica ***raku***. | The ceramic ware produced in and around the city of Kyoto, with the exception of raku ware. // La *kyō yaki* está asociada a la elegancia y el refinamiento.

kyōbun きょうぶん ⌇ 狂文 ▸ (li) /la/ Prosa escrita enteramente en sinogramas y en un estilo clásico, pero con tendencia a la parodia. Vigente entre 1770 y 1800. | Prose written entirely in Chinese characters and in a mock-serious classical style from about 1770 to 1800.

kyōgen

kyōgen きょうげん ⌇ 狂言 ▸ (te) /el/ Drama cómico que floreció desde mediados del s. XIV y que aún se representa; pieza de carácter cómico tradicionalmente representada como interludio, aunque de carácter independiente, entre dos dramas ***noh***; representación de teatro **kabuki**. | A form of comic drama which flourished from the middle of the 14th century and is still performed today; a comical play traditionally performed between two separate noh plays as an interlude though it is independent; a performance of a kabuki play.

kyōgen kigo きょうげん きご ⇃ 狂言綺語▸ (li) /el, la/ Discurso de ficción en un lenguaje ornado. | Discourse in fiction in an ornate style.

kyōjiya きょうじや ⇃ 経師屋 ▸ (art / et) /el/ Persona que enmarca pinturas y caligrafías, y restaura biombos y ***fusuma***. | A person who frames paintings and calligraphic works and repairs folding screens and fusuma.

kyōka きょうか ⇃ 狂歌 ▸ (li) /el/ Un **tanka** cómico. | A comic tanka.

kyōkaku きょうかく ⇃ 侠客 ▸ (hi) /los/ Denominación general para los gánsteres en la Era Edo (1600-1868). | General term for gangsters during the Edo period (1600-1868).

kyōku きょうく ⇃ 狂句 ▸ (li) /el/ **Haiku** cómico o plebeyo; verso cómico o plebeyo. | A comic or plebeian haiku; a comic or plebeian verse.

kyōma きょうま ⇃ 京間 ▸ (mo) /el/ **Tatami** con las medidas de Kioto (1,91 × 0,95 m) {*contrastar con* ***inakama***}. | A Kyoto-length tatami (6.3 by 3.1 ft) {*contrast with* inakama}.

kyōmai きょうまい ⇃ 京舞 ▸ (ar) /la/ Danza tradicional de Kioto. | Traditional dance from Kyoto.

kyōna きょうな ⇃ 京菜 ▸ (co) /la/ Mostaza *misuna* asociada a la cocina de Kioto. | Misuna mustard associated with Kyoto cuisine.

kyōshi きょうし ⇃ 狂詩 ▸ (li) /la/ Poesía escrita en sinogramas de carácter cómico o vulgar. | Comic or vulgar poetry written in Chinese characters.

教士▸ (ar mar) /el, la/ Practicante de artes marciales oficialmente cualificado para enseñar con rango inferior al de ***hanshi***, pero superior al de ***renshi***. | Practitioner of the martial arts officially qualified to teach with a lesser rank than hanshi but higher than renshi.

Kyōto shoshidai きょうと しょしだい ⇃ 京都所司代 ▸ (hi) /el/ El representante del gobieno militar en Kioto. | Representative of the military government in Kyoto.

Kyōto shugo きょうと しゅご ⇃ 京都守護 ▸ (hi) /el/ Gobernador militar de Kioto, puesto vigente entre 1185 y 1221. | Military government in Kyoto, post in use between 1185 and 1221.

kyōyō shōsetsu きょうよう しょうせつ ⇃ 教養小説 ▸ (li) /la/ Novela de formación o de aprendizaje. | A coming-of-age novel.

kyōzō きょうぞう ⇃ 経蔵 ▸ (arq) /el/ Pequeño almacén donde se custodian los sutras budistas de un monasterio o templo. | Small storehouse where the Buddhist sutras are kept in a monastery or temple.

kyū きゅう ⇃ 灸 ▸ (me) /la/ Cauterización con **moxa** {*ver* **moxa**, ***keiketsu*** *y* ***yomogi***}. | Moxibustion {*see* moxa, keiketsu *and* yomogi}.

級 ▸ (ar mar) /el/ Subnivel que precede los grados o **dan**. | Grade level that precedes the ranks or dan.

kyū shōgatsu きゅう しょうがつ ⇃ 旧正月 ▸ (ca) /el/ Día de Año Nuevo según el antiguo calendario. | New Year's Day according to the traditional calendar.

kyūbajutsu, *ver* **kisha.** | *See* kisha.

kyūbi no kitsune きゅうび の きつね ⇃ 九尾の狐 ▸ (fo) /el/ Zorro de nueve colas, el más importante y poderoso de la comunidad de los zorros. | Fox with nine tails, the most important and powerful in the community of foxes.

kyūbon きゅうぼん ⇃ 旧盆 ▸ (ca) /el/ Festival de las Linternas [**Obon**] que se rige por el calendario lunar. | The Lantern Festival [Obon] according to the lunar calendar.

kyūdō きゅうどう ⇃ 弓道 ▸ (ar mar) /el/ «La Vía del arco»: tiro con arco ja ponés. | «The way of the bow»: Japanese archery.

kyūdojin きゅうどじん ᔐ 旧土人 ▸ (hi / so) /el, la/ «Indígena de antes»: nombre colectivo usado en la Era Meiji (1868-1912) para referirse a los miembros de la etnia **ainu**. | «Former native»: collective noun used in the Edo period (1600-1868) to refer to members of the Ainu ethnic group.

kyūjō きゅうじょう ᔐ 休場 ▸ (de) /el/ Abandono de un torneo de ***sumō*** (**sumo**, DLE) por lesión. | Abandoning a sumō wrestling tournament due to injury.

kyūjutsu きゅうじゅつ ᔐ 弓術 ▸ (ar mar) /el/ Arte del arco japonés, arquería japonesa {*ver* ***kyūdō***}. | The art of the Japanese bow, Japanese archery {*see* kyūdō}.

kyūreki きゅうれき ᔐ 旧暦 ▸ (ca) /el/ El antiguo calendario lunisolar. | The ancient lunisolar calendar.

kyūsu きゅうす ᔐ 急須 ▸ (be / mo) /la/ Tetera pequeña para preparar té verde. | A small teapot for making green tea.

kyūdō

M

ma ま ∿ 間 ▸ (es / ar) /el/ En teatro y otras artes tradicionales, un intervalo creado artísticamente en el tiempo o en el espacio. | An artistically placed interval in time or space in the theater and other traditional arts.

ma ai ま　あい ∿ 間合い ▸ (ar mar) /el/ En ***kendō*** (**kendo**, DLE) y otras artes marciales, el espacio que separa a dos oponentes. | In kendō and other martial arts, the spatial distance separating two opponents.

mabiki まびき ∿ 間引き ▸ (hi) /el/ «Aclarado»: infanticidio realizado por razones económicas. | «Thinning out»: infanticide committed for economic reasons.

mabikina まびきな ∿ 間引き菜 ▸ (co) /los/ Brotes tiernos de verduras y hierbas. | Young shoots of green vegetables and herbs.

machi geisha まち　げいしゃ ∿ 町芸者 ▸ (so) /la/ ***Geisha*** que trabaja fuera de los locales con licencia. | Geisha who works outside of licensed premises.

machi yakunin まち　やくにん ∿ 町役人 ▸ (hi) /el/ Funcionario municipal de estatus plebeyo [***chōnin***] durante la Era Edo (1600-1868). | City and town official of commoner status [chōnin] during the Edo period (1600-1868).

machiai まちあい ∿ 待合 ▸ (so) /el/ Establecimiento en Tokio que alquila salones para celebrar fiestas con ***geishas*** y donde se ofrece también comida y bebida; sala de espera en una casa de té o ***chashitsu***. | An establishment in Tokyo that rents rooms to hold parties with geishas and also serves food and drink; waiting room in a tea house or chashitsu.

machishū まちしゅう ∿ 町衆 ▸ (hi) /la/ Durante las eras Muromachi y Azuchi-Momoyama (1333-1600), la gente que habitaba mayormente en Kioto. | Townspeople of the Muromachi and Azuchi-Momoyama periods (1333-1600), primarily those of Kyoto.

machiya まちや ∿ 町家 ▸ (arq) /la/ Tipología de los edificios urbanos donde residían comerciantes y artesanos, especialmente en la Era Edo (1600-1868) {*en contraste con* ***nōka***}. | Typology of urban buildings where merchants and craftspeople lived especially during the Edo period (1600-1868) {*contrast with* nōka}.

madori まどり ∿ 間取り ▸ (arq) /el, la/ Distribución de las habitaciones en una casa tradicional y popular japonesa [***minka***]. | Distribution of rooms in a traditional working-class Japanese house.

maebiki noko まえびき　のこ ∿ 前挽鋸 ▸ (et) /la/ Sierra de cortar a hilo de uso general. | Saw used for general trimming.

maebiki oga まえびき　おが ∿ 前挽大鋸 ▸ (et) /la/ Sierra de cortar a hilo individual o de hoja ancha. | Type of wide-blade saw used for specific trimming.

maedate まえだて ∿ 前立 ▸ (arm) /el/ Blasón que se coloca en la parte frontal del casco de un guerrero. | Coat of arms on the front of a warrior's helmet.

maeishi まえいし ∿ 前石 ▸ (ja) /la/ Lancha colocada delante de la pileta de abluciones en un jardín de té [***roji***]. | Flat stone laid out in front of the purification rites washbasin in a tea garden [roji].

maegashira まえがしら ∿ 前頭 ▸ (de) /el, la/ El rango más extenso de la división principal del ***sumō*** (**sumo**, DLE). |

Most extensive rank in the main division of sumō.

maeku まえく ∿ 前句 ▸ (li) /la/ «Estrofa previa»: la estrofa precedente en una secuencia de poesía ***renga***. | «Previous verse»: the preceding verse in a sequence of renga poetry.

maemigoro まえみごろ ∿ 前身頃 ▸ (in) /la/ Delantera principal del **kimono** {*contrastar con* ***ushiro migoro***}. | Main front part of a kimono {*constrast with* ushiro migoro}.

maemitsu まえみつ ∿ 前褌 ▸ (de) /la/ La parte delantera del cinturón de un luchador de ***sumō*** (**sumo**, DLE). | The front of a sumō wrestler's belt.

maeshite まえして ∿ 前仕手 ▸ (te) /el/ El actor principal en la primera parte de una obra de ***noh***. | The main actor in the first part of a noh play.

magatama まがたま ∿ 勾玉 ▸ (et) /el, la/ Joyel curvo o en forma de coma que, junto con la espada y el espejo, forma el trío de insignias sagradas de la Casa Imperial; abalorio o cuenta en forma de coma. | A curved jewel that was part of the sacred regalia of the Imperial House along with the sword and the mirror; curved or comma-shaped bead or stone.

mage まげ ∿ 髷 ▸ (pe) /el/ Peinado con moño tradicionalmente usado por ***geishas*** (DLE) y ***maiko*** {ver ***okobo***}. | A round knotted hairstyle traditionally worn by geishas and maiko {*see* okobo}.

magemono まげもの ∿ 髷物 ▸ (li / ci) /el, la/ Obra narrativa o cinematográfica sobre sucesos en la Era Edo (1600-1868). | A film or story about events in the Edo period (1600-1868).

magical girlfriend, *ver* **majikaru gāru-furendo.** | *See* majikaru gāru-furendo.

mago まご ∿ 馬子 ▸ (hi) /el/ Hombre que conducía caballerías de carga o pasaje. | Man who led packhorses carrying freight or passengers.

mago no te まご の て ∿ 孫の手 ▸ (et) /el/ «Mano de nieto»: rascador de la espalda tradicionalmente de madera de bambú. | «Grandson's hand»: a back scratcher traditionally made of bamboo.

mago uta まご うた ∿ 馬子唄 ▸ (mu) /la/ Canción popular que cantaban los ***mago***. | Folk song sung by the mago.

magoi まごい ∿ 真鯉 ▸ (fo) /el, la/ Carpa grande de color negro representada en una banderola {*ver* ***koinobori***}. | Large black carp represented on a banner {*see* koinobori}.

maguro (*Thunnus thynnus*) まぐろ ∿ 鮪 ▸ (zo) /el/ Atún rojo; atún. | Bluefin tuna; tuna. // Solo había *sashimi* de *maguro*, pero estaba delicioso.

mahayana まはやな ∿ マハヤナ ▸ (re) /el/ «Vehículo grande»: una de las dos grandes corrientes del budismo, especialmente seguida en el este de Asia {*ver* ***hinayana***}. | «Great Vehicle»: one of the two major streams of Buddhism, especially common in East Asia {*see* hinayana}.

mahokka まほっか ▸ (ma) /el/ **Manga** o ***anime*** en el que las protagonistas son chicas que hacen magia. | Manga or anime with girls who practice magic as protagonists.

mai まい ∿ 舞 ▸ (ar / te) /la/ Danza especialmente asociada a una representación dramática. | A dance especially associated with a dramatic representation.

mai hōmu shugi <ing. *my home*> まい ほーむ しゅぎ ∿ マイホーム主義 ▸ (so) /el/ Expresión irónica para indicar el deseo, frecuentemente frustrado, de poseer una casa y disfrutar del hogar. | An ironic expression used to indicate the desire, frequently frustrated, of owning a house and enjoying the home.

mai hōmu taipu <ing. *my home type*> マイホームタイプ ▸ (so) /el, la/ Persona que antepone la familia al trabajo. | Person who places family before work.

maibayashi まいばやし ⌇ 舞囃子 ▸ (te) /la/ Pieza corta de ***noh*** en la que dos actores bailan sin vestido teatral con acompañamiento musical. | A short noh piece in which two performers out of costume dance to musical accompaniment.

maidono まいどの ⌇ 舞殿 ▸ (te / arq) /el/ Edificio de un santuario **sintoísta** donde se ejecutan danzas rituales o ***kagura***. También llamado ***kaguraden***. | Building at a Shintō shrine where ritual dances or kagura are performed, also called kaguraden.

maiko

maiko まいこ ⌇ 舞子 ▸ (so) /la/ En Kioto, una joven aprendiza de ***geisha***. | A girl who is training in Kyoto to be a geisha.

maiōgi まいおうぎ ⌇ 舞扇 ▸ (et) /el/ Abanico usado en la danza tradicional. | Fan used in traditional dance.

maitake (*Grifola frondosa*) まいたけ ⌇ 舞茸 ▸ (bo) /el/ Hongo de otoño, aromático, apreciado y ampliamente cultivado. | A fragrant, wild mushroom found in autumn, highly appreciated and extensively cultivated.

Maitrēya マイトレーヤ ⌇ 弥勒 ▸ (re) /el/ Un ***bosatsu*** que tendrá su advenimiento como Buda dentro de unos 5670 millones de años para llevar a todo el mundo a la iluminación. También llamado **Miroku**. | A bosatsu who, after some 5,670 million years, will descend to this world to attain Buddhahood and lead its inhabitants to enlightenment. Also called Miroku.

majikaru gārufurendo <ing. *magical girlfriend*> マジカル　ガールフレンド ▸ (ma) /el/ **Manga** o ***anime*** en el que destaca la relación entre un ser humano y un alienígena, o entre un dios o un robot. | Manga or anime about the relationship between a human being and an alien, or between a god or a robot.

make koshi まけ　こし ⌇ 負け越し ▸ (de) /la/ Finalización de un torneo de ***sumō*** (**sumo**, DLE) con menos de ocho victorias {*contrastar con* ***kachi koshi***}. | End of a sumō tournament with less than eight victories {*contrast with* kachi koshi}.

maki まき ⌇ 巻き ▸ (co) /el/ Arroz cocido envuelto en un alga y aderezado con distintos ingredientes; (li / te) volumen, rollo, libro; acto de una obra dramática de ***bunraku*** sobre asuntos contemporáneos [***sewamono***]. | Boiled rice wrapped in seaweed and seasoned with different ingredients; volume, roll, book; an act in a bunraku play about contemporary events [sewamono].

maki-e, makie まきえ ⌇ 蒔絵 ▸ (ar) /el, la/ «Dibujo rociado»: técnica decorativa de lacado que usa rociado de polvos y limaduras, generalmente de oro o plata. | «Sprinkled picture»: a technique used in lacquerware employing sprinkled powders or filings, usually of gold or silver. // La técnica de *maki-e* aplicada a la laca apareció por primera vez en el s. VIII.

makibishi まきびし ∿ 撒菱 ▸ (arm) /el/ Objetos pequeños como palos esparcidos en el suelo para dañar tropas enemigas; (arm) /el, la/ especie de abrojo o espino usado por los ***ninjas*** (DLE) que dañaba los pies de sus perseguidores {*comparar con* ***tennenbishi***}. | Small objects like sticks scattered on the ground to maim enemy troops; a type of thistle or thorn used by the ninja that damaged and wounded the feet of their pursuers {*compare with* tennenbishi}.

makimono まきもの ∿ 巻物 ▸ (li) /el/ Rollo horizontal {*contrastar con* ***kakejiku*** *o* ***kakemono***}; libro enrollable. | A horizontal scroll {*as opposed to* kakejiku *or* kakemono}; a scrolled book.

makisu まきす ∿ 巻き簾 ▸ (co) /la/ Esterilla de bambú para enrollar el ***sushi***. | A bamboo mat for rolling sushi.

makizushi, maki sushi まきずし、まきすし ∿ 巻き鮨 ▸ (co) /el/ Rollito de ***sushi***. | Sushi roll.

makkō まっこう ∿ 抹香 ▸ (et) /el/ Polvo de incienso. | Incense powder.

makoto まこと ∿ 誠 ▸ (ps) /el, la/ Sinceridad, virtud cardinal y principio metafísico que sostiene las virtudes constantes del confucianismo chino {*ver* ***jin*** *y* ***rei***} y una de las cualidades básicas de la Vía del guerrero [***bushidō*** (**bushido**, DLE)] {*ver* ***chū*** *y* ***yū***}. | Sincerity, a cardinal virtue and metaphysical principle underlying the virtues of Confucian teaching {*see* jin *and* rei} and one of the basic qualities of the way of the warrior [bushidō] {*see* chū *and* yū}.

maku まく ∿ 幕 ▸ (mo) /el/ Cortinaje con que se marca el recinto privado de alguien a la intemperie. | Curtains that mark someone's private enclosure in the open air.

maku no uchi まく の うち ∿ 幕の内 ▸ (et) /la/ «Entre los telones»: caja con entre diez y quince pequeñas raciones de comida bellamente dispuestas, además de arroz blanco, y que originalmente se usaba para comer en los intervalos de las obras de **kabuki**. | «Between curtains»: a box lunch containing from ten to fifteen different small portions of food beautifully arranged along with white rice, originally used for eating during the intervals between kabuki plays.

maku uchi まく うち ∿ 幕内 ▸ (de) /la/ Primera división o categoría de ***sumō*** (**sumo**, DLE) compuesta de 42 luchadores o ***rikishi***. | First division or category in sumō made up of 42 wrestlers or rikishi.

makura-e, makurae まくらえ ∿ 枕絵 ▸ (ar) /la/ «Cuadro de la almohada»: pintura erótica; cuadro pornográfico. | «Pillow picture»: an erotic print; a pornographic painting.

makura gaeshi まくら がえし ∿ 枕返し ▸ (fo) /el, la/ Ser fantástico {*ver* ***yōkai***} asociado a la travesura de deshacer la ropa de cama y de dar la vuelta a la almohada de los humanos. | Fantastic being {*see* yōkai} known for the mischief of unmaking beds and turning people's pillows upside down.

makura kotoba まくら ことば ∿ 枕詞 ▸ (li) /el, la/ «Palabra almohada»: epíteto fijo usado en la poesía para modificar términos convencionales. | «Pillow word»: a fixed epithet used in poetry to modify certain conventional words. // La palabra *hisakata* con el significado de «espacioso, vasto» es la *makura kotoba* de «cielo».

Makura no sōshi まくら の そうし ∿ 枕の草子 ▸ (li) /el/ *El libro de la almohada*: obra de ensayos misceláneos escrita por la dama Sei Shōnagon al final del s. x. | *The Pillow Book*: a work of miscellaneous essays written by Lady Sei Shōnagon at the end of the 10th century.

makura zōshi まくら ぞうし ∿ 枕草紙 ▸ (ar) /el/ Libro de pinturas eróticas popular en la Era Edo (1600-1868). | An erotic picture book popular in the Edo period (1600-1868).

makushita まくした ∿ 幕下 ▸ (de) /el, la/ La tercera división más alta, que sigue a la categoría ***jūryō***, en el ***sumō*** (**sumo**, DLE). | Third highest division after the jūryō division in non-professional sumō.

mame まめ ∿ 豆 ▸ (co) /la/ **Soja**; alubia, frijol; guisante. | A soybean; a bean; a pea.

mame shibori まめ しぼり ∿ 豆絞り ▸ (in) /la/ Toallita en forma de cinta y con diseño de lunares que a menudo rodea la cabeza. | A small towel with a speckled pattern frequently worn around the head.

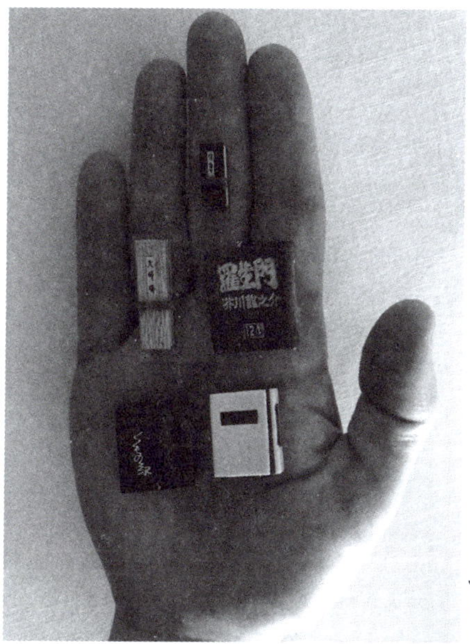

mamehon

mamehon まめほん ∿ 豆本 ▸ (et) /el/ «Libro alubia»: libro en miniatura. | «Bean book»: a miniature book.

mamemaki まめまき ∿ 豆撒き ▸ (et) /la/ Ceremonia del lanzamiento de alubias que se celebra en torno al 3 de febrero. | Bean throwing ceremony held around February 3rd.

mamori, omamori まもり、おまもり ∿ 守り、お守り ▸ (et) /el/ Amuleto protector. | A charm for protection. // Cada una de nosotras compró un *omamori* en el santuario de Ōmiya.

mana まな ∿ 真名 ▸ (le) /el/ Sinograma o ***kanji***, en contraste con ***kana*** o fonograma. | Chinese character or kanji as opposed to kana or Japanese character.

mana ita まな いた ∿ 俎板 ▸ (co) /la/ Tabla de cortar. | A chopping board.

maneki neko

maneki neko まねき ねこ ∿ 招き猫 ▸ (et) /el/ Figurita en forma de gato sentado con una pata delantera levantada imitando el gesto japonés de llamar a alguien. | A figurine in the shape of a sitting cat with one paw upraised, as though making the customary Japanese gesture used in beckoning to people. // Muchos tenderos y dueños de restaurantes consideran que el *maneki neko* «llama» a la buena suerte y al éxito de sus negocios.

manga (manga, DLE) まんが ∿ 漫画 ▸ (ma) /el/ Cómic japonés; historieta ilustrada; denominación general de los dibujos satíricos o cómicos, de tebeos o de las tiras cómicas. | Japanese comic; illustrated story; general term for comical or satirical pictures, cartoons or comic strips. // Mi hermano es un devorador de manga.

manga eiga まんが　えいが ∿ 漫画映画 ▸ (ci) /la/ Película basada en **manga** o ***anime***. | Film or movie based on manga comics or anime.

mangaka まんがか ∿ 漫画家 ▸ (ma) /el, la/ Autor o ilustrador de **manga**. | Author or illustrator of manga comics.

mangakissa, manga kissa まんが　きっさ ∿ 漫画喫茶 ▸ (ma) /la/ Cafetería que tiene una biblioteca de **manga**. | Cafeteria with a manga library.

manhōru no futa

manhōru no futa <ingl. *manhole*> まんほーる　の　ふた ∿ マンホール（の）蓋 ▸ (et) /el, la/ Tapa de alcantarilla de vistoso diseño. | Manhole cover featuring a striking design.

manji まんじ ∿ 卍 ▸ (re) /la/ Cruz esvástica budista. | Buddhist «swastika».

manjū まんじゅう ∿ 饅頭 ▸ (co) /el/ Bollo relleno de mermelada de alubias. | A roll with a bean jam filling.

mankai まんかい ∿ 満開 ▸ (bo) /el, la/ Plena eclosión de la flor, especialmente del cerezo [***sakura***]. | A flower in full bloom, especially the cherry tree [sakura].

manryō (*Ardisia japonica*) まんりょう ∿ 万両 ▸ (bo) /la/ Arbusto de hoja perenne y de flor parecida a la magnolia. | Evergreen bush with a flower similar to the magnolia.

Manshū jihen まんしゅう　じへん ∿ 満州事変 ▸ (hi) El incidente de Manchuria: ataque inicial en la noche del 18 al 19 de septiembre de 1931 realizado por elementos del ejército japonés de Guandong contra el destacamento chino apostado en Mukden (actual Shenyang). | The Manchurian incident: the initial attack on the night of September 18th, 1931, carried out by the Japanese army of Guandong against the Chinese detachment in Mukden (nowadays Shenyang).

mantra, *ver* **shingon.** | *See* shingon.

man'yōgana まんようがな ∿ 万葉仮名 ▸ (le) /el/ Sistema de escritura japonesa usado en el s. VIII en la antología poética ***Man'yōshū***, en la cual los sinogramas [***kanji***] representan sonidos japoneses. | A system of Japanese writing used in the 8th century poetry anthology *Man'yōshū* in which Chinese characters or kanji represent Japanese sounds.

Man'yōshū まんようしゅう ∿ 万葉集 ▸ (li) /el/ La primera colección extensa conservada de poesía japonesa (759 a. C.). | The earliest preserved extant collection of Japanese poetry (759 BCE). // Muchas poesías del *Man'yōshū* expresan la mentalidad de los japoneses antes de la influencia del budismo.

manzai まんざい ∿ 漫才 ▸ (fo) /el/ Diálogo cómico entre dos humoristas {*ver* ***tayū*** *y* ***saizō***}. | Comical dialogue between two comedians {*see* tayū *and* saizō}.

mappō まっぽう ∿ 末法 ▸ (re) /el/ «Ley del Día Postrero»: concepto budista referido a la última de las tres eras que siguen a la muerte de Buda, en la cual su enseñanza cede a la confusión y pierde la capacidad de llevar a la gente a la iluminación. | «Latter Day of the Law»: the last of the three periods following Shakyamuni Buddha's death, when his teachings are said to give way to confusion and lose their power to lead people to enlightenment. // Se cree que el *mappō* empezó el año 1052 y que durará unos diez mil años.

marebito まれびと ∿ 稀人 ▸ (re) /los/ Visitantes divinos que en sus visitas periódicas se cree que traen bendiciones y salud desde el más allá. También llamados *marōdo*. | Divine visitors believed to bring blessings and wealth from the afterworld on their periodic visits. Also known as marōdo.

marimo (*Cladophora aegagrophila*) まりも ∿ 毬藻 ▸ (bo) /el, la/ Especie de musgo [*koke*] que crece especialmente en Hokkaidō y es muy apreciado por su aspecto filamentoso. | Type of moss [koke] that grows especially in Hokkaidō and greatly valued for its filamentous qualities.

Marishiten まりしてん ∿ 摩利支天 ▸ (re) /el, la/ En el budismo ***mahayana***, deidad solar de los cielos y la luz, adoptada en el s. VIII como diosa protectora de la clase guerrera de Japón. | In Mahayana Buddhism, solar deity of light and the heavens, adopted as the protective goddess of the Japanese warrior class in the 8th century.

maruhon まるほん ∿ 丸本 ▸ (li) /el/ Texto completo de una pieza de ***jōruri***; estilo de un actor de **kabuki** cuando imita los movimientos de un títere del teatro ***bunraku***. | The complete text of a jōruri piece; style of a kabuki actor when imitating the movements of a puppet in the bunraku theater.

marumage まるまげ ∿ 丸髷 ▸ (pe) /el/ En la Era Edo y hasta el final de la de Meiji (1600-1912), estilo de peinado propio de la mujer casada consistente en cuatro moños ovales. | From the Edo period through the Meiji era (1600-1912), a married woman's hairstyle consisting of four oval-shaped buns.

marunage まるなげ ∿ 丸投げ ▸ (em) /la/ Subcontratación al 100 %. | Subcontracting at 100 %.

marumage

maruyaki まるやき ∿ 丸焼き ▸ (co) /la/ Asado a la parrilla de una pieza entera; carne a la parrilla. | Grilling an entire piece of meat; grilled meat.

Mashiko yaki ましこ やき ∿ 益子焼 ▸ (ce) /la/ Cerámica popular elaborada en la ciudad de Mashiko (Tochigi). | Folk-style pottery made in the city of Mashiko (Tochigi Prefecture).

masu (*Oncorhynchus masou*) ます ∿ 鱒 ▸ (zo) /el/ Especie de trucha asalmonada de carne color cereza. | Cherry salmon; sakuramasu.

枡 ▸ (pe y me) /la/ Medida de capacidad para servir **sake**. | Measure for serving a certain amount of sake.

masugata ますがた ∿ 枡形 ▸ (arq) /la/ En un castillo, pequeña explanada situada entre la puerta exterior [***kōraimon***] y un segundo portón. | Small esplanade located between the outer gate [kōraimon] and an interior one at a castle.

masuosan ますおさん ∿ マスオさん ▸ (so) /el/ Marido que vive con su esposa en una casa que pertenece a los padres de ella. | A husband who lives with his wife in a house that belongs to her parents.

masurao buri ますらお ぶり ≀ 益荒男振 ▸ (li) /el/ Espíritu masculino en la expresión literaria {*contrastar con **taoyame buri***}. | Masculine spirit in literary language {*constrast with* taoyame buri}.

masuseki ますせき ≀ 升席 ▸ (de) /el/ Cubículo o conjunto de asientos, generalmente cuatro, para ver un combate de ***sumō*** (**sumo**, DLE). | Cubicle or group of seats generally for four people and used for watching sumō wrestling.

matahara <ing. *maternity harrasment*> マタハラ ▸ (so / em) /el/ Acoso por maternidad: la discriminación a la mujer embarazada o con niños pequeños ejercida en ambientes laborales. | Maternity harassment, harassment for being married: workplace discrimination against a pregnant woman or one with small children.

matatabi mono またたび もの ≀ 股旅物 ▸ (ci / ma) /el, la/ Película o historia, de **manga** o ***anime***, con protagonistas que viven al margen de la ley, como delincuentes, granujas, jugadores, etc. | Film, movie or story from manga or anime, whose main characters live outside the law such as delinquents, rogues, gamblers etc.

matcha まっちゃ ≀ 抹茶 ▸ (be) /el/ Té verde en polvo. | Powdered green tea.

matsu まつ ≀ 松 ▸ (bo) /el/ Pino. | A pine tree. // El *matsu* es emblema auspicioso de longevidad y sus ramas decoran los adornos de Año Nuevo.

matsu kazari まつ かざり ≀ 松飾り ▸ (et) /el/ Adorno del pino de Año Nuevo. | New Year's pine decorations.

matsu no uchi まつ の うち ≀ 松の内 ▸ (ca) /el/ Los primeros siete días de Año Nuevo. | The first seven days of the New Year.

matsubame まつばめ ≀ 松羽目 ▸ (te) /el/ Pino pintado en la pared de fondo de un escenario ***noh***. | Pine tree painted on the wall at the back of a noh stage.

matsukaze まつかぜ ≀ 松風 ▸ (cl) /la/ Brisa ligera que se deja oír o sentir entre las hojas de los pinos. | Light breeze that can be heard or felt as it blows through the needles on pine trees.

matsuri まつり ≀ 祭り ▸ (re) /el/ Festival **sintoísta**. | A Shintō festival.

matsutake まつたけ ≀ 松竹 ▸ (et) /el/ Adorno del pino y del bambú de Año Nuevo. | Pine and bamboo decorations for the New Year.
松茸 ▸ (*Tricholoma matsutake*) (bo) /el/ Hongo [seta] *matsutake*. | A matsutake mushroom.

mawari butai まわり ぶたい ≀ 回り舞台 ▸ (te) /el/ Escenario giratorio usado en el **kabuki**. | A revolving stage used in the kabuki theater.

mawari dōrō まわり どうろう ≀ 回り燈籠 ▸ (et) /la/ Linterna con una sombra giratoria en su interior que proyecta imágenes en la sombra externa. | A lantern with a revolving inner shade that casts images on the outer shade.

mawashi まわし ≀ 回し ▸ (de) /el/ Cinturón del luchador de ***sumō*** (**sumo**, DLE). | A sumō wrestler's belt.

mayoibashi まよいばし ≀ 迷い箸 ▸ (so) /la/ Falta de urbanidad consistente en mover las puntas de los palillos en el aire sobre los diferentes alimentos antes de decidirse por uno. | A breach of good manners consisting of hovering over different morsels with one's chopsticks before deciding which one to eat.

mayoke まよけ ≀ 魔除け ▸ (fo) /el/ Amuleto para protegerse del mal. | An amulet protecting one from evil.

mayudama まゆだま ≀ 繭玉 ▸ (et) /la/ Ramita de bambú de Año Nuevo decorada con dulces en forma de capullo y amuletos. | A New Year's festive bamboo twig decorated with cocoon-shaped cakes and amulets.

mayumi (*Euonymus hamiltonianus*) まゆみ ∿ 真弓 ▸ (bo) /el/ Árbol de husillo cuya corteza era usada antiguamente para la elaboración de papel y su madera para la fabricación de arcos. | Spindle tree whose bark was used in ancient times to make paper and whose wood was used to make bows.

mebina めびな ∿ 女雛 ▸ (et) /la/ La muñeca que representa a la emperatriz en el Festival de las Niñas {*ver* **Hina matsuri**}. | The doll that represents the Empress at the Girls' Festival {*see* Hina matsuri}.

mecha meka メチャメカ ▸ (ma) /el/ Subgénero del **manga** y del ***anime*** en el cual el protagonista es un vehículo mecánico. | Subgenre of manga and anime whose protagonist is a mechanical vehicle.

medaka (*Heterandria jonesii*) めだか ∿ 目高 ▸ (zo) /el/ Medaka, poecílido de redecilla. | A killifish, a medaka.

medama yaki めだま やき ∿ 目玉焼き ▸ (co) /el/ Huevo frito. | A fried egg.

medatashii めだたしい ∿ 目立たしい ▸ (li) /el, la/ Cualidad de espléndido; sobresaliente. | Quality of being superb; outstanding.

mehitotsu bō めひとつ ぼう ∿ 目一つ坊 ▸ (fo) /el/ Ser sobrenatural representado como un monje con un solo ojo en la frente. | Supernatural being portrayed as a monk with only one eye on his forehead.

meibun めいぶん ∿ 名分 ▸ (fi) /la/ En el confucianismo, concepto que designa los deberes que las personas deben cumplir hacia el soberano y hacia sus propios padres. | The Confucian concept that describes the moral duty that people must observe towards the sovereign and their own parents.

meibutsu gire めいぶつ ぎれ ∿ 名物裂 ▸ (tex) /la/ Tela teñida importada principalmente de China durante los ss. XIV-XVIII. | Dyed fabrics imported mainly from China from the 14th century until the 18th century.

Meido めいど ∿ 冥途 ▸ (re) /el/ Infierno budista y reino de los muertos. | Buddhist hell and realm of the dead.

meidokissa <ing. *maid* + *kissaten*> めいどきっさ ∿ メイド喫茶 ▸ (so) /la/ Cafetería en la que las camareras visten como empleadas de hogar. | A coffee shop in which waitresses dress as house maids.

meigen めいげん ∿ 鳴弦 ▸ (et) /la/ Costumbre de hacer vibrar la cuerda de un arco para producir un sonido capaz de ahuyentar los malos espíritus. | Custom of plucking bowstrings to make a sound to ward off evil spirits.

meijin めいじん ∿ 名人 ▸ (ps) /el, la/ Genio; (ar mar) /el, la/ un gran maestro. | A genius; a great master.

meikō めいこう ∿ 名香 ▸ (et) /el/ En la Vía del incienso [***kōdō***], perfume exquisito, aroma excepcionalmente grato de oler. | An exquisite perfume, an exceptionally pleasant odor in the way of incense [kōdō].

meinichi めいにち ∿ 命日 ▸ (so) /el/ El aniversario de un fallecimiento. | The anniversary of somebody's death.

meisen (gasuri) めいせん（がすり）∿ 銘仙（絣）▸ (tex) /el, la/ Técnica textil en la que se tiñen los hilos mediante plantillas antes de tejer la tela, especialmente popular en las décadas de 1920 y 1930. | Technique for making clothing in which before weaving the cloth the threads are dyed by using templates, especially popular in the 1920s and 1930s.

meishi めいし ∿ 名刺 ▸ (so) /la/ Tarjeta de visita. | A visiting card. // Si vas a Japón por negocios, no te olvides de llevar una buena cantidad de *meishi*.

meishi gawari めいし がわり ∿ 名刺代わり ▸ (so) /el, la/ «En lugar de la tarjeta de visita»: la práctica de hacer un regalo, frecuentemente de valor considerable, a alguien a quien el donante no ha sido presentado formalmente. | «Instead of a visiting card»: the practice of presenting a gift, often of considerable value, to someone who the donor has not been formally introduced to.

meishoki めいしょき ᔐ 名所記▸ (li) /el, la/ Crónica de lugares famosos. | Chronicle of famous places.

meishozue めいしょずえ ᔐ 名所図絵 ▸ (hi) /la/ Guía ilustrada publicada en la Era Edo (1600-1868). | Illustrated guidebook published during the Edo period (1600-1868).

meitantei めいたんてい ᔐ 名探偵 ▸ (ma) /el/ **Manga** o ***anime*** sobre detectives. | Manga or anime about detectives.

meka <ing. *mechanical*> メカ ▸ (ma) /el/ Subgénero del **manga** y ***anime*** en el que se muestran, a menudo como protagonistas, robots gigantes. | Subgenre of manga and anime often having giant robots as their protagonists.

men めん ᔐ 面 ▸ (ar mar) /el/ En ***kendō*** (**kendo**, DLE), golpe en la cabeza. | In kendō, a stroke to the head.

menko めんこ ᔐ 面子 ▸ (ju) /el/ Juego infantil de naipes: un jugador coloca una carta en una superficie dura y el otro jugador arroja la suya intentando golpear la carta del rival para darle la vuelta. | A children's card game: a player's card is placed on a hard surface and the other player throws down their card trying to flip the other player's card by striking their card against it.

menkyo めんきょ ᔐ 免許 ▸ (ar mar) /el, la/ Licencia o diploma necesario para enseñar una disciplina. | A teaching license or diploma required for teaching certain subjects.

menoto めのと ᔐ 乳母 ▸ (so) /la/ Nodriza; aya. | Nursemaid; nanny.

menrui めんるい ᔐ 麺類 ▸ (co) /los/ Fideos de diferentes clases. | Noodles of different kinds.

menuki めぬき ᔐ 目貫 ▸ (arm / ar) /el/ Pequeño objeto decorativo en la empuñadura de la espada. | Small decorative object on the hilt of a sword.

meotojawan めおとじゃわん ᔐ 夫婦茶碗 ▸ (et) /el, la/ Recipientes de té o de arroz, uno grande y otro pequeño, que simbolizan la fuerza del vínculo conyugal. | A pair of teacups or rice bowls, one large and one small, symbolizing the steadfastness of married life.

meshi めし ᔐ 飯 ▸ (co) /el/ Grano hervido, generalmente arroz; comida. | Boiled grains, generally rice; a meal.

metsuke めつけ ᔐ 目付 ▸ (ar mar) /la/ Orientación de la mirada en un combate. | Positioning of the eyes in a bout.

mezashi めざし ᔐ 目刺し ▸ (co) /las/ Sardinas desecadas, por lo general ensartadas. | Dried sardines, usually tied together in a bundle.

Mezu めず ᔐ 馬頭 ▸ (re) Representado con cabeza de caballo, uno de los dos acólitos de **Enma**, el rey del Infierno {*ver* **Gozu**}. | One of the two acolytes or demons of Enma, the King of Hell, represented with the head of a horse {*see* Gozu}.

mi み ᔐ 巳 ▸ (ca) /la/ La Serpiente, uno de los doce animales del Zodiaco oriental. | The Snake, one of the twelve animals of the Chinese zodiac.

miai, omiai みあい、おみあい ᔐ 見合い、お見合い ▸ (so) /el, la/ Entrevista formal con fines matrimoniales de dos personas a través de un intermediario [***nakōdo***]. | A formal meeting between two people seeking marriage, arranged through a go-between [nakōdo]. // Cada día son menos los jóvenes que se casan por *omiai*.

mibun みぶん ᔐ 身分 ▸ (so) /el/ Estatus, jeraquía dentro de un grupo social. | Status, hierarchy in a social group.

miburi みぶり ᔐ 身振り ▸ (te) /el/ Gesto, como el uso del abanico, realizado para despertar una reacción en el público. | A gesture, like using a fan, done so as to get a reaction from the audience.

michi みち ∿ 道 ▸ (ar mar / ar) /el, la/ «Camino, Vía»: pronunciado ***dō*** en muchas palabras compuestas, como ***kendō*** (**kendo**, DLE) o ***shodō***, sistema de pensamiento o de acción; disciplina seguida en algún arte o actividad. | «Path, way»: system of thought or action pronounced dō in many compound words like kendō or shodō; discipline followed in an art or activity.

Michinoku gami みちのく がみ ∿ 陸奥紙 ▸ (et) /el/ Papel japonés [***washi***] grueso de Michinoku, en el noreste del país, elaborado a partir de la corteza de ***kōzo*** y de ***mayumi***. | Thick Japanese paper [washi] from Michinoku in the northeast of Japan, made from kōzo and mayumi bark.

michiyuki みちゆき ∿ 道行 ▸ (es / li) /el/ «Estar en camino»: pasaje narrativo en el que se idealiza el camino de uno o varios personajes hacia la muerte, especialmente en el teatro ***noh*** y los dramas de Chikamatsu Monzaemon. | «To be on the way»: a narrative passage that idealizes the journey of one or several characters on their way to death, especially in noh theater and dramas by Chikamatsu Monzaemon. // Es famoso el *michiyuki* de la obra *Los amantes suicidas de Sonezaki*.

michōdai みちょうだい ∿ 御帳台 ▸ (vi) /la/ Plataforma de unos 60 cm de altura en una estancia con un lecho rodeado de cortinas. | Platform about 2 feet high in a large room with a bed surrounded by curtains.

Midori no hi みどり の ひ ∿ 緑の日 ▸ (ca) /el/ Día del Verdor (4 de mayo). | Greenery Day (May 4th).

mie みえ ∿ 見得 ▸ (te) /la/ En el teatro **kabuki**, pose estática que realiza el actor durante unos segundos; movimiento ocular como parte de la pose del actor de **kabuki**. | The static pose by an actor for a few seconds in kabuki theater; manipulation of the gaze as part of a kabuki actor's pose.

miegakure みえがくれ ∿ 見え隠れ ▸ (ja) /el, la/ Técnica del diseño de un jardín mediante la cual, durante el recorrido por este, se oculta una vista para mostrar otra. | Garden style structured so that one view is hidden in order to show another one while walking around.

mijingiri みじんぎり ∿ 微塵切り ▸ (co) /el/ Cortado [picado] fino. | Finely chopped.

mikado (mikado, micado, DLE) みかど ∿ 帝 ▸ (po) /el/ El emperador de Japón. | The emperor of Japan.

mikan (*Citrus unshiu*) みかん ∿ 蜜柑 ▸ (bo) /la/ Un tipo de mandarina. | A variety of tangerine.

mikkabijin みっかびじん ∿ 三ケ日人 ▸ (hi) /el/ «El hombre de Mikkabi»: prototipo antropológico de las culturas precerámicas de Japón localizado en dicho lugar de Shizuoka. | «Mikkabi man»: anthropological prototype of the pre-ceramic cultures of Japan found in Mikkabi (Shizuoka).

mikkabōzu みっかぼうず ∿ 三日坊主 ▸ (ps) /la/ Persona que rápidamente se da por vencida o que abandona fácilmente un proyecto. | A person who quickly gives in or gives up all too easily.

mikkyō みっきょう ∿ 密教 ▸ (re) /el/ Budismo esotérico o tántrico, especialmente de la escuela **Shingon**, popular en la corte durante la Era Heian (794-1185). | Esoteric or Tantric Buddhism, especially of the Shingon school, popular in the court during the Heian period (794-1185).

miko みこ ∿ 巫女 ▸ (fo) /la/ Una chamana con la capacidad de ser médium de los ***kami***; una asistente en un santuario **sintoísta**. | A female shaman with the capacity of acting as a medium for the kami; a female attendant at a Shintō shrine.

mikoshi

mikoshi みこし ⟆ 御輿 ▸ (re) /el, la/ Una capilla o altar portátil; un palanquín en el que se transporta a una deidad **sintoísta** en festivales religiosos. | A portable shrine or altar; a sedan chair in which a Shintō deity is carried during religious festivals.

mikoshi nyūdō みこし にゅうどう ⟆ 見越入道 ▸ (fo) /el/ Ser sobrenatural {*ver* ***yōkai***} en forma de monje que se aparece a los viajeros en los caminos y cuya principal característica es que, a medida que el viajero levanta la vista para observar al monje, este aumenta de tamaño hasta adquirir una forma desmesurada y amenazante. | Supernatural being {*see* yōkai} that looks like a monk and appears to travelers along roads. As the traveler looks up for a better view, the monk grows bigger and taller and more threatening and fearsome.

mikuji, *ver* **omikuji.** | *See* omikuji.

mimai みまい ⟆ 見舞い ▸ (et) /la/ Expresión material o intangible para demostrar simpatía o consuelo con ocasión de la muerte de un familiar, una enfermedad o un incendio. | Material or intangible expression of one's sympathy or wish to console someone on occasions such as death in a family, illness or fire.

Miminashi Hoichi みみなし　ほいち ⟆ 耳なし芳一 ▸ (fo) «Hoichi el Desorejado»: protagonista de una historia de fantasmas en la cual Hoichi, un monje y músico de ***biwa***, pierde las orejas por cantar ante una cohorte de espíritus del clan de guerreros Taira. | «Earless Hoichi»: a ghost story in which the protagonist, a monk and biwa musician, loses his ears because he sings for a company of spirits from the Taira samurai clan.

minarai みならい ⟆ 見習い ▸ (ps) /el/ Aprendizaje por observación. | Learning through observation.

minarai jaya みならい　ぢゃや ⟆ 見習い茶屋 ▸ (so) /el/ En Kioto, salón de té que financia el aprendizaje de una nueva ***geisha***. | A tea room that finances the apprenticeship of a new geisha in Kyoto.

mine みね ⟆ 峰 ▸ (arm) /el/ El recazo de un sable o ***katana***. | The side of a sword [katana] opposite the cutting edge.

mingei みんげい ⟆ 民芸 ▸ (art) /el/ Arte popular; artesanías populares. | Folk art; folk crafts.

mingu みんぐ ⟆ 民具 ▸ (et) /el, la/ Herramienta tradicional y utensilio cotidiano o ceremonial usado por la gente común. | Traditional tool or ceremonial utensil used by common people.

minka みんか ⟆ 民家 ▸ (arq) /la/ Casa de estilo tradicional de las clases populares construida antes de la influencia occidental en la arquitectura a finales del s. XIX {*ver* ***nōka y machiya***}. | Traditional-style house of the nonruling classes that was built before Japanese architecture came under Western influence at the end of the 19th century {*see* nōka *and* machiya}. // Nos

minka

albergamos en una encantadora *minka* de techo de paja en la prefectura de Akita.

mino みの ⺄ 蓑▸ (fo / in) /la/ Indumentaria hecha de paja para protegerse de la lluvia {*ver* ***katamino, dōmino y kasa***}. | Clothing made of straw for protection from the rain {*see* katamino, dōmino *and* kasa}.

Mino gami みの がみ ⺄ 美濃紙 ▸ (art) /el/ Papel de Mino (Gifu); papel de alta calidad. | Mino paper; high-quality paper from Mino (modern Gifu).

Mino yaki みの やき ⺄ 美濃焼 ▸ (ce) /la/ Cerámica elaborada en la provincia de Mino (Gifu). | Pottery made in the Mino Province (Gifu Prefecture).

minoue sōdan みのうえ そうだん ⺄ 身の上相談 ▸ (so) /el, la/ Consultorio sentimental y de diversas cuestiones personales en periódicos y revistas. | Personal advice column in newspapers and magazines.

minpon みんぽん ⺄ 民本 ▸ (po) /el/ «El pueblo es la base (del Estado)»: ideal de democracia en la Era Taishō (1912-1927). | «The people are the foundation (of the state)»: ideal of democracy in the Taishō era (1912-1927).

minshingaku みんしんがく ⺄ 明清楽 ▸ (mu) /las/ Canciones populares urbanas de origen chino que florecieron en Japón en los ss. XVIII y XIX. | Popular urban songs of Chinese origin that flourished in Japan in the 18th and 19th centuries.

minshuku みんしゅく ⺄ 民宿 ▸ (so / et) /la/ Casa privada que proporciona alojamiento y comida a huéspedes de paso. | A private house providing lodging and meals to transient guests. // En nuestro viaje por Aomori nos alojamos en unas *minshuku* y pudimos conocer diversas familias japonesas.

mintō みんとう ⺄ 民党 ▸ (hi) /los/ «Partidos populares»: partidos políticos de signo liberal que en la década de 1890 se oponían al Gobierno. | «Popular parties»: liberal political parties of the early 1890s that opposed the government.

minwa みんわ ⺄ 民話 ▸ (li) /el/ Cuento folclórico [popular]. | A folktale; a folk story.

min'yō みんよう ⺄ 民謡 ▸ (mu) /la/ Canción folclórica [popular]. | A folk song; a ballad.

mirin みりん ⺄ 味醂 ▸ (be / co) /el/ **Sake** dulce usado como condimento. | Sweet sake used for seasoning.

Miroku bosatsu, *ver* Maitrēya. | *See* Maitrēya.

mirugai (*Tresus keenae*) みるがい ⺄ 海松貝 ▸ (zo) /la/ Almeja *mirugai*. | A mirugai clam.

misegura みせぐら ⺄ 店蔵 ▸ (arq) /el, la/ En la Era Edo (1600-1868), edificio comercial con muros y ventanas de argamasa para resistir el fuego {*ver* ***kura***}. | A commercial building in the Edo period (1600-1868) with walls and windows made of mortar to protect it from fire {*see* kura}.

mishōtai みしょうたい ⺄ 御正体 ▸ (re) /el/ En el ***shintō*** (**sintoísmo**, DLE), disco sagrado de metal o madera en cuyo centro aparece una imagen budista o **sintoísta**. | In Shintō, a sacred metal or wooden disk that has at its center a Buddhist or Shintō image.

miso みそ ⺄ 味噌 ▸ (co) /el, la/ Pasta de **soja** fermentada por lo general con arroz o cebada a la que se añade sal. | A soybean paste usually fermented with either rice or barley and salt. // El *miso* es un alimento esencial en la dieta tradicional japonesa.

misogi みそぎ ⺄ 禊 ▸ (re) /la/ Ceremonia **sintoísta** de purificación. |A purification ceremony in Shintō.

Misogi-kyō みそぎきょう ⺄ 禊教 ▸ (re) /la/ Escuela **sintoísta** fundada por Masakane Inoue e independizada en octubre de 1894. | Shintō school founded by Masakane Inoue that became independent in October, 1894.

misohito moji みそひと もじ ⺄ 三十一文字 ▸ (li) /las/ Treinta y una sílabas, un **tanka**. | Thirty-one syllables, a tanka.

misoshiru みそしる ⺄ 味噌汁 ▸ (co) /la/ Sopa de ***miso***. | Miso soup. // En el desayuno tradicional japonés no falta un cuenco de *misoshiru*.

misozuke みそづけ ⺄ 味噌漬け ▸ (co) /los/ Encurtidos de ***miso***. | Miso pickles.

Mitake-kyō みたけきょう ⺄ 御嶽教 ▸ (re) /la/ Escuela del ***shintō*** (**sintoísmo**, DLE) fundada por Ōsuke Tsuda e independizada en septiembre de 1882. | Shintō school founded by Ōsuke Tsuda that became independent in September, 1882.

mitaōgi みたおうぎ ⺄ 御田扇 ▸ (fo / re) /el/ Abanico ceremonial de unos 2 m de largo portado por los bomberos del santuario de Ise en honor de la diosa Amaterasu. | Ceremonial fan about 6 ft long carried by the firefighters of Ise in honor of the goddess Amaterasu.

mitarashi みたらし ⺄ 御手洗 ▸ (arq / re) /el/ Cobertizo donde se realizan las abluciones en un santuario budista {*comparar con* ***chōzuya***}. | Shed where purification rites are performed at a Buddhist sanctuary {*compare with* chōzuya}.

mitate みたて ⺄ 見立て ▸ (li) /la/ Recurso literario de trasposición visual. | Literary recourse of visual transposition.

mitome in みとめ いん ⺄ 認め印 ▸ (so) /el/ Sello no oficial [no registrado]. | An unregistered [informal] seal.

mitsu みつ ⺄ 褌 ▸ (de) /el/ Taparrabos del luchador de ***sumō*** (**sumo**, DLE). | A sumō wrestler's loincloth.

mitsuda-e みつだえ ⺄ 密陀絵 ▸ (ar) /el, la/ Antigua técnica pictórica llegada de China en el s. VII que empleaba pigmentos de base de óleo combinados con laca. | Ancient pictorial technique that arrived from China in the 7th century that used pigments of oil mixed with lacquer.

mitsumame みつまめ ⺄ 蜜豆 ▸ (co) /el/ Plato dulce que incluye alubias y pequeños trozos de fruta. | A sweet dish of beans and small pieces of fruit.

mitsumata (*Edgeworthia papyrifera*) みつまた ⺄ 三椏 ▸ (bo) /el, la/ Especie vegetal usada tradicionalmente en la fabricación del papel japonés o ***washi*** {*ver* ***kōzo, ganpi y asa***}. | Plant species traditionally used in the making of Japanese paper or washi {*see* kōzo, ganpi *and* asa}.

miya みや ⺄ 宮 ▸ (re) /el/ Santuario **sintoísta**; (po) /el, la/ príncipe o princesa imperial. | A Shintō shrine; an imperial prince or princess.

miyabi みやび ⺄ 雅 ▸ (es) /el/ Refinamiento cortesano; elegancia discreta. | Courtly refinement; sober elegance. // El Príncipe Radiante, protagonista de *El relato de Genji*, personifica el ideal de *miyabi*.

miyadaiku みやだいく ⺄ 宮大工 ▸ (so) /el/ Carpintero de un santuario o templo. | A carpenter at a shrine or temple.

miyage みやげ ⺄ 土産 ▸ (et) /el/ Un recuerdo, un *souvenir*. | A souvenir. // Como *miyage* de su viaje a Japón, mi hermano me trajo una cámara.

miyako みやこ ⺄ 都 ▸ (ge) /el, la/ La capital del país, la sede física de la corte imperial; en el Japón premoderno, Kioto. | The capital of the country, physical seat of the imperial court; Kyoto in premodern Japan.

miyamairi, miya mairi みやまいり ⇃ 宮参り ▸ (re) /la/ Visita a un santuario **sintoísta**. | A visit to a Shintō shrine.

miyatsu kuchi みやつ くち ⇃ 身八口 ▸ (in) /el, la/ Abertura en la parte axilar de la manga [***sode***] del **kimono**. | Opening in the underarm of a kimono sleeve [sode].

miyaza みやざ ⇃ 宮座 ▸ (re / so) /la/ Gremio o asociación **sintoísta**. | A Shintō association or guild.

mizaru みざる ⇃ 見猿 ▸ (ar) /el/ Mono que se tapa los ojos. | The monkey that covers its eyes.

mizuage みずあげ ⇃ 水揚げ ▸ (so) /el/ En el pasado, iniciación sexual de una aprendiza de ***geisha*** | In the past, sexual initiation of a geisha apprentice.

mizuame みずあめ ⇃ 水飴 ▸ (be) /el/ Sirope espeso de malta. | Thick malt syrup.

mizuchi ミズチ ⇃ 蛟 ▸ (fo) /la/ Serpiente monstruosa con cuernos y patas capaz de matar con su aliento y que se asocia a las mujeres celosas. | Great monstrous snake with horns and legs whose breath kills and is associated with jealous wives.

mizuhachi みずはち ⇃ 水鉢 ▸ (et) /el/ Receptáculo de piedra para contener agua. | Stone receptacle to hold water in.

mizuhiki みずひき ⇃ 水引 ▸ (et) /la/ Cinta decorativa para envolver sobres con dinero y regalos, de color rojo y blanco en el caso de ocasiones auspiciosas o de color blanco y gris o negro en el caso de ocasiones luctuosas. | Colored decorative string or tape used to tie around envelopes with money and other gifts, red and white for auspicious occasions or white and grey or black for tragic or sad ones.

mizuire みずいれ ⇃ 水入れ ▸ (de) /el/ Descanso en un encuentro de ***sumō*** (**sumo**, DLE). | A rest break during a sumō bout.

mizujaya みずちゃや ⇃ 水茶屋 ▸ (be) /el/ Puesto de té en la Era Edo (1600-1868). | Tea stall in the Edo period (1600-1868).

mizunomi byakushō みずのみ びゃくしょう ⇃ 水呑百姓 ▸ (hi) /los/ «Campesinos que beben agua»: campesinos sin tierra en la Era Edo (1600-1868). | «Water-drinking peasants»: landless peasants of the Edo period (1600-1868).

mizusashi みずさし ⇃ 水差し ▸ (et) /el/ Recipiente con agua fresca utilizado en la ceremonia de té. | A fresh water container used during the tea ceremony.

mizushōbai みずしょうばい ⇃ 水商売 ▸ (em) /el/ «Negocio del agua»: negocios de servicios o entretenimiento. | «Water trade»: entertainment service or business.

mizutaki みずたき ⇃ 水炊き ▸ (co) /el/ Pollo cocido solo en agua y que se toma con una salsa con sabor a limón. | A chicken boiled in unseasoned water and eaten with a lemon flavored dip.

mizuya みずや ⇃ 水屋 ▸ (et) /el, la/ Espacio de una casa de té [***chashitsu***] donde se aparejan los utensilios empleados en la ceremonia de té. También llamado honoríficamente *omizuya*. | Space in a tea house [chashitsu] where the utensils used in the tea ceremony are prepared. Also referred to honorifically as omizuya.

mo も ⇃ 裳 ▸ (in) /la/ Cola de un vestido formal utilizado por hombres y mujeres en la corte imperial consistente en una larga pieza de tela plisada atada por detrás; un tipo de kimono que constituye el ***jūni hitoe***. | Tail or train on a formal dress used by men and women of the imperial court consisting of a long piece of pleated cloth tied up behind; a type of kimono that constitues the jūni hitoe.

mochi もち ⇃ 餅 ▸ (co) /el/ Pastel [torta] de arroz. | A rice cake. // Los *mochi* son blandos y pegajosos. {*Ver imagen en pág. sig.*}

mochi

mochitsuki もちつき ∿ 餅搗き ▸ (et) /el/ El acto de majar el arroz especial usado para elaborar ***mochi***. Tradicionalmente se realiza al final del año. | Pounding the special rice used for making mochi (rice cakes), and traditionally done at the end of the year.

mochū hagaki もちゅう はがき ∿ 喪中葉書 ▸ (so) /la/ Postal por la que alguien informa a amigos y conocidos de que está de luto y que, por tanto, este año no enviará tarjetas de Año Nuevo. | A postal card informing friends and acquaintances that one is in mourning and will not send a New Year's card this year.

modori もどり ▸ (te) /el/ Recurso dramático mediante el cual se revela el carácter noble de un personaje tras haber aparecido como villano. | Theatrical resource through which a character's noble character emerges after being portrayed as a villain.

moe もえ ∿ 燃え ▸ (so) /la/ Inclinación erótica y fetichista, especialmente entre jóvenes ***otaku***, a personajes de videojuegos, **manga** y ***anime***. | Erotic or kinky attraction to the characters of videogames, manga and anime, especially among young otaku.

moegi iro もえぎ いろ ∿ 萌黄色 ▸ (es) /el/ Verde amarillento. | Yellowish green.

mofuku もふく ∿ 喪服 ▸ (in) /el/ Traje de luto. | A mourning dress.

moga <ing. *modern girl*> モガ ▸ (so / li) /la/ Prototipo de chica moderna en la Era Taishō (1912-1927). | Prototype of a modern girl in the Taishō period (1912-1927).

mogari もがり ∿ 殯 ▸ (so / hi) /el, la/ Antiguo rito funerario que se realizaba antes del entierro. | Ancient funeral rite that took place before the burial.

mogi もぎ ∿ 裳着 ▸ (so) /la, el/ Ceremonia, observada en el Japón premoderno, de mayoría de edad para las niñas cuando cumplían doce o trece años {*comparar con* ***genpuku***}. | Ceremony held in premodern Japan for the coming-of-age of girls at the age of twelve or thirteen years old {*compare with* genpuku}.

mogusa もぐさ ∿ 艾 ▸ (me) /la/ Pequeñas cantidades de **moxa**, hoja seca de *yomugi*, que sirve para la combustión sobre los ***tsubo*** de la piel. | Small amounts of moxa, yomogi dry leaf, used for combustion over the tsubo of the skin.

mōhitsu もうひつ ∿ 毛筆 ▸ (et) /el/ Pincel para pintar o escribir hecho de pelo de animal. | Writing or painting brush made from animal hair.

mokkan もっかん ∿ 木簡 ▸ (re) /la/ Tablilla irregular de madera usada para escribir en ella, sobre todo en los ss. VII y VIII. | An irregular strip of wood used for writing, especially during the 7th and 8th centuries.

mokugyo

mokugyo もくぎょ ∿ 木魚 ▸ (re) /el/ Bloque de madera hueco usado para marcar el tiempo cuando se recita un sutra. | A hollow block of wood used to keep time while reciting a sutra.

mokuhanga もくはんが ∿ 木版画 ▸ (ar) /el, la/ Grabado en madera. | A wood engraving.

mokujiki もくじき ∿ 木喰 ▸ (re) /el/ «Quien come madera»: ascetismo riguroso de probable origen taoísta y practicado por algunos monjes budistas. | «One who eats wood»: extreme ascetism probably originating in Taoism and practiced by some Buddhist monks.

mokujū もくじゅう ∿ 木銃 ▸ (ar mar) /el/ Palo utilizado en el ***jūkendō*** que hace las veces de rifle-bayoneta. | A mock rifle and bayonet made of wood that is used in jūkendō.

mokusatsu もくさつ ∿ 黙殺 ▸ (et) /el/ «Matar con el silencio»: responder a una petición o propuesta con el silencio. | «Killing with silence»: answering a petition or proposal with silence.

mokusō もくそう ∿ 黙想 ▸ (ar mar) /la/ Meditación que precede y sigue a una sesión de entrenamiento y que se realiza en posición de ***seiza***. | Meditation performed in the seiza position before and after a training session.

momiji (*Acer palmatum*) もみじ ∿ 紅葉 ▸ (bo / es) /el, la/ Arce; hojas enrojecidas. | A maple tree; reddened leaves. // La segunda quincena de noviembre es la mejor época para admirar el *momiji* de los parques de Kioto.

momiji gari もみじ がり ∿ 紅葉狩り ▸ (so / es) /la/ Excursión para contemplar las hojas del otoño. | An excursion to view the autumn leaves.

momiji oroshi もみじ おろし ∿ 紅葉卸し ▸ (co) /el/ Nabo rallado con pimienta roja. | Grated turnip with red pepper.

momme, *ver* monme. | *See* monme.

momo (*Prunus persica*) もも ∿ 桃 ▸ (bo) /el/ Melocotón; durazno. | A peach.

momoiro ももいろ ∿ 桃色 ▸ (es) /el/ Color rosa. | Pink color.

Momotarō ももたろう ∿ 桃太郎 ▸ (fo) /el/ «Niño melocotón»: héroe popular nacido de un melocotón. | «Peach Boy»: a popular hero who was born from a peach.

momoware ももわれ ∿ 桃割れ ▸ (pe) /el/ Peinado tradicional adoptado por las jóvenes y que actualmente solo llevan las ***maiko*** de Kioto. | Traditional hairstyle worn by young woman but nowadays only worn by the maiko in Kyoto.

mon

mon もん ∿ 紋 ▸ (et) /el/ Emblema o diseño adoptado como insignia o blasón por familias y grupos profesionales. Se aplica a estandartes, vestidos o posesiones como elemento decorativo o identificativo. | Design or emblem adopted as an insignia or crest by families or other groups and applied to banners, clothing or possessions for decoration or identification.

門 ▸ (arq) /el, la/ Puerta principal de un recinto. | The main gate to a compound.

monaka もなか ∿ 最中 ▸ (co) /la/ Oblea rellena de mermelada de alubias. | Wafers filled with bean jam.

Monchūjo もんちゅうじょ ∿ 問注所 ▸ (hi) /el/ Órgano judicial en vigencia durante las eras Kamakura (1185-1333) y Muromachi (1333-1573) con responsabilidad de dirimir disputas sobre la propiedad territorial. | Judicial body in effect during the Kamakura (1185-1333) and

Muromachi (1333-1573) periods whose responsibility was to settle disputes regarding territorial property.

mondō もんどう ∿ 問答 ▸ (re) /el/ «Pregunta-respuesta»: conversación histórica o imaginaria entre maestro y discípulo, especialmente en el budismo **zen**. | «Question and answer»: historical or imaginary conversation between master and disciple especially in Zen Buddhism.

mongō ika (*Sepia officinalis*) もんごう いか ∿ 紋甲烏賊 ▸ (zo) /la/ Sepia común. | Common cuttlefish.

mōningu sābisu <ing. *morning service*> モーニング サービス ▸ (co / so) /el/ Menú de desayuno a base generalmente de café o té, tostada con mantequilla y un huevo hervido. | A bargain breakfast generally consisting of coffee or tea, a boiled egg, toast and butter.

monjaku もんじゃく ∿ 文尺 ▸ (et) /la/ Escala usada por los carpinteros o constructores para vaticinar la buena o mala fortuna en el proceso de construcción. | Scale used by carpenters or builders to predict good or bad fortune in the construction process.

monjayaki もんじゃやき ∿ もんじゃ焼き ▸ (co) /la/ Tortita de harina de trigo a la plancha rellena de col y otros ingredientes. | A wheat flour pancake stuffed with cabbage and other ingredients and cooked on a griddle.

monkō (bunkō) もんこう (ぶんこう) ∿ 聞香 ▸ (et) /el, la/ «Escuchar el incienso»: término metafórico y genérico para referirse a la Vía del incienso o ***kōdō***. | «Listening to fragrance»: a generic and metaphorical term used to refer to the way of incense or kōdō.

monme もんめ ∿ 匁 ▸ (pe y me) /el/ Medida de peso normalmente aplicada a la plata cuando se usaba como moneda. Equivale a 3,75 g. | Measure of weight equivalent to 3.75 g (0.132 oz) used for silver when it was used as currency.

mono awase もの あわせ ∿ 物合せ ▸ (so) /la/ Entretenimiento, especialmente popular en la corte durante la Era Heian (794-1185), consistente en el emparejamiento de objetos como cuadros, flores, raíces, etc. | Form of entertainment especially popular during the Heian period (794-1185), consisting of pairing together objects like paintings, flowers, roots etc.

mono ii もの いい ∿ 物言い ▸ (de) /la/ En el mundo del ***sumō*** (**sumo**, DLE), la reunión entre jueces de pista y el árbitro [***gyōji***] para verificar la decisión de este último. | A meeting between the ring judges and the referee [gyōji] to verify the latter's decision in a sumō bout.

mono no aware もの の あわれ ∿ 物の哀れ ▸ (es / li) /el/ Ideal estético y literario cultivado especialmente en la Era Heian (794-1185) consistente en un aprecio profundo y empático de la belleza efímera de la naturaleza y la vida humana con tintes de suave melancolía. | An aesthetic and literary ideal cultivated during the Heian period (794-1185) consisting of a deep, empathetic appreciation of the ephemeral beauty manifest in nature and human life, and usually tinged with a hint of quiet melancholy.

mono wa zukushi もの は づくし ∿ 物は尽し ▸ (li) /la/ Listas de objetos, una ocupación literaria popular entre la nobleza de la corte de Heian (794-1185). | Lists of objects, a favorite literary device among the nobility of the Heian court (794-1185).

monogatari ものがたり ∿ 物語 ▸ (li) /el/ Relato originalmente oral; el conjunto de las variedades de prosa narrativa creadas entre los ss. IX y XV. | Tale that was originally oral; all types of narrative prose created between the 9th and 15th centuries.

monogatari awase ものがたり　あわせ 物語合 ▸ (li) /el/ Certamen de ***monogatari*** en uso entre las clases cortesanas de las eras Heian (794-1185) y Kamakura (1185-1333). | Monogatari contest held among the courtly classes in the Heian (794-1185) and Kamakura (1185-1333) periods.

monogatari bungaku ものがたり　ぶんがく 物語文学 ▸ (li) /la/ Literatura de los ***monogatari***. | Monogatari literature.

monoimi ものいみ 物忌 ▸ (fo) /el/ Abstinencia de ciertos actos determinado por las teorías del yin-yang {*ver* ***omyōdō***} y observado señaladamente entre las clases cortesanas de la Era Heian (794-1185). | Abstaining from certain acts determined by the theories of yin and yang {*see* omyōdō} and observed especially by the courtly class in the Heian period (794-1185).

monomane ものまね 物真似 ▸ (ar / te) /el, la/ «Imitación de las cosas»: una de las cualidades básicas del actor de ***noh***. | «Imitation of things»: one of the basic qualities of a noh actor.

monomi ものみ 物見 ▸ (ar mar) /el/ Mirada hacia el blanco en el tiro con arco o ***kyūdō***. | The position of the eyes when aiming at the target in kyūdō archery.

monomi ishi ものみ　いし 物見石 ▸ (ja) /la/ Piedra prominente en el sendero enlosado desde la cual se obtiene una vista singular del jardín. | Scenery viewing stone prominently placed along the paved path to provide a unique view of the garden.

mononoke もののけ 物の怪 ▸ (fo) /los/ Espíritus errantes de los vivos o los muertos a quienes se atribuye la capacidad de poseer a una persona y causarle la muerte o enfermedad. | Vagrant spirits of the living or the dead believed to possess a person and cause death or illness.

montsuki もんつき 紋付き ▸ (in) /la/ Prenda que lleva cosido el ***mon*** o blasón de la familia u otro grupo. | A garment bearing one's family or group mon or crest.

montsuki hakama もんつき　はかま 紋付き袴 ▸ (in) /la/ ***Hakama*** con el blasón estampado. | A hakama with a crest embossed on it.

monzeki もんぜき 門跡 ▸ (so) /el/ Templo regido por un monje de linaje aristocrático o imperial. | Temple governed by a monk of imperial or aristocratic lineage.

monzenmachi もんぜんまち 門前町 ▸ (hi) /el/ Barrio o distrito construido cerca de la entrada de un templo budista o de un santuario **sintoísta**. | A built-up area located near the entryway to a Buddhist temple or Shintō shrine.

morainaki もらいなき 貰い泣き ▸ (ps) /el/ Llanto de condolencia. | Crying in sympathy.

mōretsu gata もうれつ　がた 猛烈型 ▸ (so) /el, la/ Persona enérgica y decidida a reconstruir el país tras la guerra. | Energetic person determined to rebuild the country after a war.

moribana もりばな 盛り花 ▸ (ar) /el/ Estilo de **ikebana** que usa bandejas con agua y en el cual las flores se apilan para ser admiradas. | Style of ikebana that uses trays with water on which flowers are placed to be admired.

morijio もりじお 盛り塩 ▸ (fo) /el/ Montoncito de sal a la puerta de un restaurante o comercio para ahuyentar la mala suerte. | A heap of salt placed at the door of a restaurant or business to keep out misfortune.

morisoba もりそば 盛蕎麦 ▸ (co) /la/ Fideos de alforfón servidos en una pequeña bandeja de mimbre. | Buckwheat noodles served on a small wickerwork tray.

moritsuke もりつけ 盛り付け ▸ (co / es) /la/ Colocación de los alimentos en el plato. | Arrangement of food on a plate. // Hay ocho clases de *moritsuke*, siendo la menos usada la que se adopta para servir comida al emperador y a los dioses.

mōryō もうりょう ᔐ 魍魎 ▸ (fo) /la/ Criatura sobrenatural nacida del espíritu de un monte, de un árbol, de una piedra o del agua y que asusta a los humanos. | Supernatural creature born of the sprit of a mountain, a tree, a stone or water that frightens humans.

mōshibumi もうしぶみ ᔐ 申文 ▸ (li) /la/ Solicitudes de promoción presentadas por los nobles en la Era Heian (794-1185) y escritas en prosa china paralelística [***benreibun***]. | Applications for promotions presented by nobles in the Heian period (794-1185) and written in parallelistic Chinese prose [benreibun].

moshu もしゅ ᔐ 喪主 ▸ (so) /el, la/ Maestro o presidente de un funeral, habitualmente el cónyuge o primogénito o primogénita del difunto. | Master or president attending at a funeral, usually the spouse or eldest child of the deceased.

motoichi jakuri ganna もといち じゃくり がんな ᔐ 基市決鉋 ▸ (et) /el/ Cepillo acanalador con guía usado por los carpinteros. | Carpenter's plane used for making grooves on corrugated surfaces.

mottainai もったいない ᔐ 勿体無い ▸ (ps) /el/ Despilfarro, derroche. | Wasteful; wasting.

moxa (moxa, DLE) <jap. *mokusa* = «hierba para quemar»> ▸ (me) /el, la/ Mecha de algodón, estopa u otro material inflamable que, con fines medicinales, se quema sobre la piel {*ver* ***mogusa***}. | A piece of cotton, hemp or another flammable substance used in acupuncture to burn close to the skin {*see* mogusa}.

moya もや ᔐ 母屋 ▸ (arq) /el/ En una residencia de estilo ***shinden tsukuri***, espacio central de la vivienda reservado para la recámara del señor; en un edificio budista, espacio central de techo más alto donde se colocan las imágenes. | Central space in a shinden tsukuri style home reserved for the lord's bedroom; central space in the roof of a Buddhist building where the images are kept.

moyashikko もやしっこ ᔐ 萌やしっ子 ▸ (so) /el, la/ Niño débil o vulnerable. | A weak or vulnerable child.

mu む ᔐ 無 ▸ (re) /el/ Concepto budista asociado a la nada o al vacío. | Buddhist concept associated with nothing or emptiness.

mudaishi むだいし ᔐ 無題詩 ▸ (li) /la/ Poesía escrita en chino [***kanshi***] de temática libre {*en contraste con* ***kudaishi***}. | Poetry written in Chinese [kanshi] on a free theme {*contrast with* kudaishi}.

muga むが ᔐ 無我 ▸ (re) /el/ «Sin el yo»: estado mental que se persigue en la meditación **zen**. | «Non-self»: state of being sought through Zen meditation.

mugicha むぎちゃ ᔐ 麦茶 ▸ (be) /el/ Infusión refrescante de cebada tostada; té de cebada. | A refreshing infusion of roasted barley; barley tea. // Nos refrescamos del calor con una sabrosa taza de *mugicha*.

mugitoro むぎとろ ᔐ 麦とろ ▸ (co) /el/ Cuenco de arroz hervido y cebada recubierto de ñame rallado. | A bowl of boiled rice and barley with a grated yam topping.

mui むい ᔐ 無畏 ▸ (re) /el, la/ La «no acción» en la tradición taoísta; en el contexto **zen**, la espontaneidad o creatividad ilimitada sin apegos; estado espiritual libre de todo temor. | «Non-action» in the Taoist tradition; in the context of Zen it refers to unlimited creativity without attachment; spiritual state free of all fear.

mujina むじな ᔐ 貉 ▸ (fo) /el/ Perro mapache o ***tanuki***, o ser fantástico que asume la forma de este animal. | Raccoon dog or tanuki, or a fantastic being that takes the form of one.

mujirushi むじるし ᔐ 無印 ▸ (so / em) /el, la/ Movimiento dirigido a poner en el mercado productos «sin marca», pero de buena calidad y diseño, y a precios asequibles. | Movement aimed at selling generic brands of high quality and design at accessible prices.

mujō むじょう ∿ 無常 ▸ (re / es) /el/ Idea budista de que todo lo que nace perece y de que nada es inmutable; transitoriedad, caducidad. | Buddhist notion of impermanence and that everything is immutable; transience, perishability. // Las páginas del *Heike monogatari* están impregnadas del concepto de *mujō*.

mujōkan むじょうかん ∿ 無常観 ▸ (re / es) /el/ Sentimiento de la fugacidad de la vida. | Sense of the fleeting nature of life.

mukaebi むかえび ∿ 迎え火 ▸ (et) /la/ Hoguera sagrada para recibir a los espíritus de los antepasados que se enciende en la Fiesta de **Bon**. | Sacred bonfire held to welcome the returning spirits of ancestors during the Bon Festival.

mukaebon むかえぼん ∿ 迎え盆 ▸ (ca / et) /el/ El primer día de la Fiesta de **Bon**, cuando se recibe a los espíritus de los antepasados. | The first day of the Bon Festival when people meet the spirits of their ancestors.

mukanshin むかんしん ∿ 無関心 ▸ (ps) /la/ Indiferencia. | Indifference.

muko yōshi むこ ようし ∿ 婿養子 ▸ (so) /el/ «Yerno adoptado»: hombre que se va a vivir con la familia de su esposa, adoptando el apellido de esta {*contrastar con* ***yōjo***}; adopción de un varón [***yōshi***]. | «Adopted son-in-law»: man who lives with his wife's family and takes on her surname {*contrast with* yōjo}; adoption of a male [yōshi].

mukudoku むくどく ∿ 無功徳 ▸ (re) /el/ «Sin meta»: estado mental que se busca en la meditación **zen**. | «No goal»: mental state sought through Zen meditation.

mukusa no takimono むくさ の たきもの ∿ 六種薫物 ▸ (et) /los/ En la Vía del incienso [***kōdō***], los seis inciensos mezclados que se utilizaban en la Era Heian (794-1185). | The six different incenses mixed together that were used in the way of incense during the Heian period (794-1185).

munafuda むなふだ ∿ 棟札 ▸ (fo) /la/ Placa en la viga de cumbrera de un edificio con plegarias por la seguridad de este y en la cual se nombran los participantes en la construcción. | Plaque placed along the ridge of a roof in a building with prayers for its security and the names of those who participated in its construction.

mune o awaseru (mune ga au) むね を あわせる（むね が あう）∿ 胸を合わせる（胸が合う）▸ (de) /el/ Impacto de pecho contra pecho de dos luchadores de ***sumō*** (**sumo**, DLE) al tiempo que buscan agarrar el cinturón o ***mawashi*** del rival. | Impact of chest hitting chest when two sumō wrestlers clash while trying to grasp the opponent's mawashi.

muneage shiki むねあげ しき ∿ 棟上げ式 ▸ (re) /la/ Ceremonia de colocación de la viga de cumbrera en un edificio. | Ceremony of placing the lintel beam in a building.

munenmusō, munen musō むねんむそう ∿ 無念無想 ▸ (re) /el/ «Sin pensamiento, sin imágenes»: estado mental que se persigue en la meditación **zen**. | «Free from thought and image»: mental state of mind sought through Zen meditation.

munesanzun, mune sanzun むねさんずん ∿ 胸三寸 ▸ (ps) /los/ Sentimientos del corazón, fondo del alma. | Heart-felt thoughts, depth of the soul.

mura むら ∿ 村 ▸ (po) /la/ «Aldea»: la unidad mínima del gobierno local; una comunidad agrícola. | «Village»: the smallest unit of local government; an agricultural community.

mura hachibu むら はちぶ ∿ 村八分 ▸ (so) /el/ Ostracismo o aislamiento social;

prohibición de que una familia participe plenamente en la vida social y económica de la comunidad. | Social ostracism; barring a household from full participation in the social and economic life of the community.

mura matsuri むら まつり ⥊ 村祭 ▸ (et) /el/ Festival local. | A local festival.

mura okoshi むら おこし ⥊ 村起し ▸ (so) /el, la/ Revitalización de pueblos demográficamente vaciados basada en una mejora de la calidad de vida. | Revitalization of demographically empty towns and villages based on an improvement in the quality of life.

mura yakunin むら やくにん ⥊ 村役人 ▸ (hi) /el/ Funcionario de las comunidades rurales en la Era Edo (1600-1868). | Village official during the Edo period (1600-1868).

murasaki (*Lithospermum erythrorhizon*) むらさき ⥊ 紫 ▸ (bo) /la/ Planta perenne de pequeñas flores blancas y raíces moradas usadas tradicionalmente como tinte. | A perennial herb with small white flowers and purple roots traditionally used as a dye. // La flor de *murasaki* da el nombre a una heroína de *El relato de Genji* y el nombre de esta al de la autora de dicha obra.

murasame むらさめ ⥊ 村雨 ▸ (cl) /el/ Chubasco, lluvia pasajera. | A shower, a passing rain.

murishinjū, muri shinjū むりしんじゅう ⥊ 無理心中 ▸ (so) /el/ «Doble suicidio por la fuerza»: suicidio precedido por el asesinato del suicida a otra persona {*ver* ***shinjū***}. | «Forced double suicide»: suicide preceded by the murder of another person {*see* shinjū}.

Muromachi jidai むろまち じだい ⥊ 室町時代 ▸ (hi) /la/ Era Muromachi (1333-1578). | Muromachi period (1333-1578).

musha ningyō むしゃ にんぎょう ⥊ 武者人形 ▸ (et) /el, la/ Figura o muñeco con la indumentaria de un ***samurai*** (**samurái**, DLE). | Figure or doll dressed like a samurai.

musha shugyō むしゃ しゅぎょう ⥊ 武者修行 ▸ (hi) /la/ «Peregrinación del guerrero»: entrenamiento del ***samurai*** (**samurái**, DLE) con objeto de mejorar como guerrero viajando y retando a otros miembros de su clase. | «Warrior's pilgrimage»: a training method engaged in by samurai warriors with the aim of improving combat skills by travelling from place to place and challenging other warriors to duel.

musha-e, mushae むしゃえ ⥊ 武者絵 ▸ (ar) /la/ Pintura que representa a un guerrero o ***samurai*** (**samurái**, DLE). | Picture representing a samurai warrior.

mushi むし ⥊ 虫 ▸ (ps) /el/ «Gusano; insecto»: agente externo en el comportamiento emocional; (fo) ser efímero y sin forma definida que puede ser percibido solo por unos pocos humanos a los que posee y puede causar el mal. | «Worm; insect»: external agent in emotional behavior; ephemeral being without a definite form that can cause evil and can only be seen by the few humans it possesses.

mushi okuri むし おくり ⥊ 虫送り ▸ (re) /el/ Ceremonia **sintoísta** para repeler los insectos dañinos. | A Shintō rite to repel harmful insects.

mushiboshi むしぼし ⥊ 虫干し ▸ (et) /la/ Aireación de la ropa al sol en verano para evitar el moho. | The airing out of clothes in the summer sun to prevent mildew.

mushifūji むしふうじ ⥊ 虫封じ ▸ (fo) /el/ «Cierre del gusano»: exorcismo aplicado a los niños enfermos empleando hechizos, oraciones y amuletos. | «Sealing up a worm»: a kind of exorcism used on sick children employing spells, prayers and talismans.

mushimono むしもの ≀ 蒸し物 ▸ (co) /el/ Alimento cocinado al vapor. | Food prepared by steaming.

mushin むしん ≀ 無心 ▸ (es) /el, la/ «Sin corazón»: ausencia de elegancia o refinamiento en cuanto a expresión literaria; (re) en el budismo, persona libre de los lazos o deseos mundanos. | «Heartless»: the absence of elegance and refinement in concept or literary expression; in Buddhism, a person who is free from mundane desires or attachments.

mushiro むしろ ≀ 蓆 ▸ (mo) /el/ Estera. | A straw mat.

musō むそう ≀ 無想 ▸ (re) /el/ «Sin pensamiento»: estado mental que se busca en la meditación **zen**. | «No thoughts»: mental state sought through Zen meditation.

musubi むすび ≀ 結び ▸ (art) /el/ Tipo de nudo o lazo para decorar los alimentos; (co) /la/ bola de arroz fría; (de) /la/ categoría de luchador de ***sumō*** (**sumo**, DLE). | A kind of knot or tie used to decorate food; a ball of cold rice; a category of sumō wrestler.

musume むすめ ≀ 娘 ▸ (so) /la/ Hija; doncella; mujer joven. | Daughter; maiden; young woman.

musumebun, musume bun むすめぶん ≀ 娘分 ▸ (so) /el/ «Papel de hija»: función filial adoptada en el sistema jerárquico de las comunidades de ***geishas***. | «Daughter role»: filial function adopted in the hierarchy of geisha communities.

muzan-e, muzan'e むざんえ ≀ 無残絵 ▸ (ar) /la/ Pintura en la que predomina la representación de lo atroz. | Picture that emphasizes the atrociousness of something.

myō みょう ≀ 妙 ▸ (re / ps) /el/ Lo maravilloso, lo místico, aplicado para describir la doctrina budista; en el budismo **zen**, algo que desafía el poder mental del ser humano; ritmo espiritual. | The marvelous, the mystical, applied to describe the Buddhist doctrine; something that challenges human mental capacity in Zen Buddhism; spiritual rhythm.

myōga (*Zingiber mioga*) みょうが ≀ 茗荷 ▸ (bo) /el/ Brotes y tallos comestibles de un tipo de jengibre. | Edible shoots and stems of a kind of ginger.

myōjin torii みょうじん とりい ≀ 明神鳥居 ▸ (arq) /el/ Actualmente, el estilo más común de construcción de los pórticos **sintoístas** [***torii***], según el cual la viga superior [***kasagi***] se curva ligeramente en sus extremos. | The most common construction style for Shintō porticos [torii] nowadays, in which the top lintel [kasagi] is slightly curved at the ends.

Myō'ō みょうおう ≀ 明王 ▸ (re) /el, los/ En la iconografía budista, los reyes de la luz o de la sabiduría, frecuentemente representados con el semblante airado y armas en la mano. | In Buddhist iconography, the kings of light or wisdom, often represented with a fierce visage and weapons in hand.

N

nabe なべ ∿ 鍋 ▸ (co) /la/ Olla o sartén. | A cooking pot or pan.

nabebugyō なべぶぎょう ∿ 鍋奉行 ▸ (co) /el, la/ Persona que disfruta dirigiendo la cocción de los alimentos realizada en una ***nabe*** en la mesa. | A person who enjoys directing the cooking of food in a nabe at the table.

nabemono なべもの ∿ 鍋物 ▸ (co) /la/ Comida preparada en una ***nabe*** en la mesa y consumida directamente del mismo recipiente. | A dish cooked at table and served directly from the nabe.

nabeyaki udon なべやき うどん ∿ 鍋焼饂飩 ▸ (co) /el/ Plato individual de verduras, pescado y tacos de carne servido en un caldo con fideos de trigo en la misma olla donde se cocina. | An individual meal of vegetables, fish and meat morsels in a broth with wheat noodles and served in the pot in which it is cooked.

naga bakama なが ばかま ∿ 長袴 ▸ (in) /la/ Falda pantalón o ***hakama*** que arrastra. | Culottes or hakama with a train trailing behind.

nagabaori ながばおり ∿ 長羽織 ▸ (in) /la/ Chaquetón largo o ***haori***. | A haori or long coat.

nagabitsu ながびつ ∿ 長櫃 ▸ (mo) /el, la/ Arca rectangular con patas y tapadera. | Rectangular chest with legs and a cover.

nagadai ganna ながだい がんな ∿ 長台鉋 ▸ (et) /la/ Garlopa. | Plane.

nagajuban ながじゅばん ∿ 長襦袢 ▸ (in) /el/ **Kimono** interior de una sola capa cuyas únicas partes visibles son el cuello y el dobladillo {*ver* ***han'eri y datemaki***}. | Underkimono of one layer, whose only visible parts are the neck and hem {*see* han'eri *and* datemaki}.

nagamochi ながもち ∿ 長持 ▸ (mo) /el/ Cofre de madera alargado y sin patas usado para guardar ropa y utensilios del hogar. | An oblong, legless wooden chest used for storing clothing and household utensils.

naganegi ながねぎ ∿ 長葱 ▸ (bo) /la/ Una variedad larga de cebolleta apreciada por su gran extensión de parte blanca. | A long variety of green onion valued for its long white extension.

nagashi bina ながし びな ∿ 流し雛 ▸ (et) /la/ Muñeca que flota río abajo en el Día de las Niñas (3 de marzo). | A doll floated down a river out to sea as part of the Girls' Festival (March 3rd).

nagauta ながうた ∿ 長唄 ▸ (mu / te) /la/ «Canción larga»: balada generalmente acompañada con música de ***shamisen*** y frecuente en el teatro **kabuki**. | «Long song»: a ballad often sung to shamisen accompaniment common in the kabuki theater; a long poem.

長歌 ▸ (li) /el, la/ Poema largo. | Long poem.

nagaya ながや ∿ 長屋 ▸ (arq) /la/ Casa adosada. | A terraced house.

nageire なげいれ ∿ 投げ入れ ▸ (ar) /el/ En el arte del **ikebana**, estilo de componer un adorno sencillo con flores y otras plantas en un florero sin ayuda de prendedor {*ver* ***kenzan***}. | A style of creating a simple arrangement of flowers and other plants in a vase without a pin frog {*see* kenzan}.

nagekomi dera なげこみ でら ∿ 投込寺 ▸ (re / hi) /el/ Templo donde, en la Era Edo (1600-1868), se enterraban los cuerpos sin identificar o reclamar. | A temple where unidentified or unclaimed bodies were buried during the Edo period (1600-1868).

nageshi なげし ⌇ 長押 ▸ (arq) /la/ Viga de un edificio; dintel corrido. | Horizontal tie beam on a building; wooden lintel.

nagewaza なげわざ ⌇ 投げ技 ▸ (ar mar) /la/ Técnica de proyección del adversario. | Grappling technique used for throwing one's opponent.

naginata

naginata なぎなた ⌇ 薙刀 ▸ (arm) /la/ Especie de alabarda japonesa con mango de madera y hoja de cortar curva de un solo filo en el extremo que usaba como arma principal la infantería entre los ss. XI y XV. | A kind of Japanese halberd, a weapon with a wooden shaft and a curved blade used as the main weapon for foot troops from the 11th century until the 15th century. // La *naginata* combina la propiedad de atacar a larga distancia de la lanza o *yari* y la capacidad de corte del sable o *katana*.

naginata jutsu なぎなた じゅつ ⌇ 薙刀術 ▸ (ar mar) /el, la/ El arte de la ***naginata***. | The art of the naginata. // En la Era Edo, el adiestramiento en el *naginata jutsu* era parte de la formación de la mujer de familia *samurai* (samurái, DLE).

nagoshi なごし ⌇ 夏越 ▸ (re) /el/ Rito de purificación del ***shintō*** (**sintoísmo**, DLE) celebrado todos los años el último día del sexto mes en el antiguo calendario lunar. | Annual Shintō rite of purification held on the last day of the sixth month according to the ancient lunar calendar.

naichi zakkyo ないち ざっきょ ⌇ 内地雑居 ▸ (hi) /la/ «Residencia mixta en el interior»: expresión relativa a la apertura del país a los residentes extranjeros en los primeros años de la Era Meiji (1868-1912). | «Interior mixed residence»: expression relative to the opening up of the country to foreign residents during the first years of the Meiji period (1868-1912).

naidaijin ないだいじん ⌇ 内大臣 ▸ (hi) /el/ Antiguamente, ministro de Asuntos Internos. | In ancient times, the Inner Minister.

naien ないえん ⌇ 内縁 ▸ (ja) /el, la/ Unión matrimonial de hecho. | Common-law marriage.

naigu ないぐ ⌇ 内供 ▸ (re) /el/ En la Era Heian (794-1185), bonzo que servía en el Palacio Imperial. | A bonze who served in the Imperial Palace during the Heian period (794-1185).

naijo no kō ないじょ の こう ⌇ 内助の功 ▸ (so) /el, la/ Asistencia de alguien que apenas se hace de notar a otra persona; ayudante a la sombra; eminencia gris. | Helping out another person without being noticed; shadow helper; grey eminence.

naiki ないき ⌇ 内記 ▸ (hi / so) /el/ Escriba, amanuense. | Scribe, amanuensis.

naishi no suke ないし の すけ ⌇ 典侍 ▸ (so) /la/ Dama asistente en la corte, especialmente durante las eras Heian, Kamakura y Muromachi (ss. VIII-XVI). | Lady-in-waiting at the court, especially during the Heian, Kamakura and Muromachi periods (8th-16th centuries).

naitā <ing. *night*> ナイター ▸ (de) /el/ Partido de béisbol que empieza a las 18:00 o 18:30 y dura dos o tres horas. | A baseball game that usually starts at 6:00 or 6:30 p.m. and lasts for two or three hours.

naiyū gaikan ないゆう がいかん ⌇ 内憂外患 ▸ (hi) /la/ «Problemas internos, peligros externos»: situación social y política con la cual se expresa el descontento dentro del país y, al mismo tiempo, la amenaza de un ataque exterior. Es una fórmula china que se refiere al desastre dinástico. | «Troubles within and without»: a political and social situation expressing a sense of discontent inside the country while facing the threat of attack from outside. A Chinese expression that refers to dynastic disaster.

nakai なかい ⌇ 仲居 ▸ (so) /la/ Sirvienta, criada. | A female servant, maid.

nakairi なかいり ⌇ 中入 ▸ (te) /la/ Una salida momentánea de escena en el teatro ***noh***. | A temporary offstage exit in noh theater.

nakamaku なかまく ⌇ 中幕 ▸ (te) /la/ Obra dramática breve representada en el intervalo de las piezas de una sesión de **kabuki**. | A short play enacted during the intervals between performances of a kabuki program.

nakōdo なこうど ⌇ 仲人 ▸ (so) /el, la/ Casamentero; intermediario matrimonial. | A go-between; a matchmaker. // El *nakōdo* suele ejercer sus funciones con su esposa o esposo.

nama- なま ⌇ 生 ▸ (co) Prefijo que significa crudo, fresco, sin cocer. | A prefix meaning raw, fresh, not cooked in any way.

namahage なまはげ ⌇ 生剥 ▸ (fo) /la/ Visita que realizan a las casas personas disfrazadas de dioses o demonios la víspera de **Koshōgatsu** (15 o 16 de enero); máscara de demonio. | A custom in which visitors, disguised as gods or demons, make the rounds of local households on the eve of Koshōgatsu (January 15th or 16th); a demon mask.

namako (*Apostichopus japonicus*) なまこ ⌇ 海鼠 ▸ (zo) /la/ Babosa de mar que se ingiere cruda en Japón. | A sea slug eaten raw in Japan.

namako kabe なまこ かべ ⌇ 海鼠壁 ▸ (arq) /la/ Muro hexagonal en la arquitectura tradicional. | Hexagonal wall in traditional architecture.

namako gawara なまこ がわら ⌇ 海鼠瓦 ▸ (arq) /la/ Teja de forma de medio cilindro. | Roof tile in the shape of a half cylinder.

namari なまり ⌇ 訛 ▸ (le) /el/ Acento [dejo] de provincias. | A provincial accent.

namari bushi なまり ぶし ⌇ 生節 ▸ (co) /el/ Bonito desecado o ***katsuobushi*** cuando no está del todo ahumado. | Dried, moldcured tuna with the process stopped at the smoking stage.

namasu なます ⌇ 膾 ▸ (co) /el/ Plato de carne o pescado en escabeche. | Raw meat or fish in brine.

namazu なまず ⌇ 鯰 ▸ (fo) /el/ Pez gigante que vive en agua dulce; animal fabuloso en forma de siluro gigante que se creía que habitaba bajo las aguas cercanas a la costa y cuyos movimientos producían los terremotos. | Giant fish that lives in fresh water; fabulous creature resembling a giant catfish that was believed to live underwater near the coasts and whose movements caused earthquakes.

namban, *ver* **nanban.** | *See* nanban.

Nambokuchō, *ver* **Nanbokuchō jidai.** | *See* Nanbokuchō jidai.

nameko (*Pholiota nameko*) なめこ ⌇ 滑子 ▸ (bo) /la/ Seta de color castaño dorado y cutícula gelatinosa. | A mushroom with a golden brown color and a gelatinous coating.

nameshi なめし ⌇ 菜飯 ▸ (co) /el/ Arroz hervido con verduras. | Rice boiled with vegetables.

nanahikari zoku ななひかり ぞく ∿ 七光り族 ▸ (so) /los/ «Tribu de los siete rayos luminosos»: denominación sarcástica de las personas cuya posición es debida a la influencia de sus padres. | «The seven lights tribe»: sarcastic expression referring to people whose social position is due to the influence of their parents.

nanakusa ななくさ ∿ 七草 ▸ (bo) /las/ Las siete hierbas de primavera; las siete flores de otoño. | The seven spring herbs; the seven autumn flowers.

nanakusa gayu ななくさ がゆ ∿ 七草粥 ▸ (co) /la/ Gachas de arroz sazonadas con las siete hierbas de primavera. | Rice gruel seasoned with the seven spring herbs.

nanban

nanban, namban なんばん ∿ 南蛮 ▸ (hi / ar) /el/ «Bárbaro del sur»: término aplicado a los misioneros, comerciantes y marineros españoles y portugueses que visitaron o vivieron en Japón en los ss. XVI y XVII, así como a las costumbres europeas en esos siglos, a los productos por ellos introducidos y al arte japonés generado por la presencia de dichos extranjeros. | «Southern barbarian»: a term applied mainly to the Spanish and Portuguese missionaries, merchants, and sailors who visited or lived in Japan in the 16th and 17th centuries, and to the European customs and products they introduced and the Japanese art brought about by their presence.

nanbanzuke なんばんづけ ∿ 南蛮漬 ▸ (co) /el/ Escabeche de pescado; encurtido al estilo ***nanban***. | Fried fish pickled in vinegar flavored with pepper and onion; nanban-style pickles.

Nanbokuchō jidai なんぼくちょう じだい ∿ 南北朝時代 ▸ (hi) /el/ Periodo de las cortes del norte y del sur (1334-1392). | Period of the Northern and Southern Courts (1334-1392).

Nanbokuchō seijun ron なんぼくちょう せいじゅん ろん ∿ 南北朝正閏論 ▸ (hi) /el, la/ Cuestión relativa a la legitimidad imperial durante el **Nanbokuchō jidai** cuando tuvo lugar un prolongado cisma dinástico. | An issue having to with imperial legitimacy during the Nanbokuchō jidai when a prolonged dynastic disagreement took place.

nanga なんが ∿ 南画 ▸ (ar) /la/ «Pintura del sur»: cuadro pintado por los hombres de letras o ***bunjin*** japoneses en los ss. XVIII y XIX. | «Southern painting»: painting made by the Japanese bunjin literati of the 18th and 19th centuries.

naniwa-bushi, Naniwa bushi なにわぶし ∿ 浪花節 ▸ (mu) /la/ Balada narrativa cantada por un solista con acompañamiento de ***shamisen***; (em / po) estrategia negociadora para resolver y evitar disputas consistente en tres fases: exposición de los hechos y de la opinión general, análisis de puntos críticos y revelación de efectos previstos con énfasis emocional en las consecuencias adversas rematada por una angustiosa súplica {*ver* ***kikkake, seme y urei***}. | A narrative ballad rhythmically chanted by a soloist to shamisen accompaniment; negotiating technique used to solve and avoid disputes consisting of three phases: exposition of the facts and general opinion, analysis of critical points, and revelation of foreseen effects with an emotional emphasis placed on the adverse consequences {*see* kikkake, seme *and* urei}.

nankin tamasudare なんきん たますだれ ∿ 南京玉簾 ▸ (te) /la/ Actuación callejera que usa un cortinaje de bambú. | A street performance using bamboo screens.

naorai なおらい ∿ 直会 ▸ (re) /la/ Ceremonia **sintoísta** de comunión entre un dios o ***kami*** y sus adoradores, en la cual estos comparten **sake**, arroz, pescado y verduras previamente ofrecidos al dios. | Shintō ceremony of communion between a god or kami and human worshippers in which the participants share sake, rice, fish and vegetables previously offered to the god.

Nara jidai なら じだい ∿ 奈良時代 ▸ (hi) /la/ Era Nara (710-794). | The Nara period (710-794).

narazuke ならづけ ∿ 奈良漬 ▸ (co) /el/ Encurtidos en heces de **sake**. | Pickles seasoned in sake lees.

Narita rikon なりた りこん ∿ 成田離婚 ▸ (so) /el/ «Divorcio en Narita»: divorcio realizado al volver del viaje de bodas en el aeropuerto de Narita. | «Narita divorce»: a divorce carried out at the Narita airport upon returning from a wedding trip.

naruko なるこ ∿ 鳴子 ▸ (mu) /el, la/ Instrumento musical similar en forma y sonido a las castañuelas, y cuyo uso es característico de la danza ejecutada en el festival [***matsuri***] Yosakoi, en Kochi. | Musical instrument similar in form and sound to castanets, whose use is characteristic of the dance performed at the Yosakoi festival [matsuri] in Kochi.

nashi (*Pyrus pyrifolia*) なし ∿ 梨 ▸ (bo) /la/ Pera japonesa, pera manzana. | A Japanese pear.

nashiji なしじ ∿ 梨子地 ▸ (ar) /el, la/ Técnica de lacado {***maki-e***} en la cual se aplican irregularmente partículas de oro en el revestimiento de la laca translúcida {*comparar con* ***togidashi-makie, hiramaki-e y takamaki-e***}. | Lacquering technique {maki-e} in which gold flakes are irregularly applied on the facing of translucent lacquer {*compare with* togidashi-makie, hiramaki-e *and* takamaki-e}.

natori なとり ∿ 名取 ▸ (ar) /el, la/ Maestro de danza acreditado. | Qualified dance instructor.

natsu basho なつ ばしょ ∿ 夏場所 ▸ (de) /el/ Torneo de ***sumō*** (**sumo**, DLE) celebrado en Tokio en el mes de mayo. | Sumō wrestling tournament held in Tokyo in the month of May.

natsumero <*-mero* = ing. *melody*> なつめろ ∿ 懐メロ ▸ (mu) /la/ Una vieja [nostálgica] canción favorita. | A favorite old [nostalgic] tune; a golden oldie.

natsumikan (*Citrus natsudaidai*) なつみかん ∿ 夏蜜柑 ▸ (bo) /la/ Cidra china. | A Chinese citron; a Watson pomelo.

nattō なっとう ∿ 納豆 ▸ (co) /el/ **Soja** fermentada que ordinariamente se sirve con arroz blanco. | Fermented soy usually served with white rice.

nawabari なわばり ∿ 縄張り ▸ (po / em) /la/ «Cuerda tendida»: dominio o esfera de influencia. | «Roping off»: territory or sphere of influence.

nawatobi なわとび ∿ 縄跳び ▸ (ju) /el/ Salto de la comba que realiza una niña mientras las otras niñas cantan. | Rope skipping done by a girl while other girls sing.

nazo nazo なぞ なぞ ∿ 謎謎 ▸ (fo / le) /el, la/ Acertijo, adivinanza. | Riddle, guessing game.

ne ね ∿ 子 ▸ (ca) /el/ La Rata, el primero de los doce signos del Zodiaco oriental. | The Rat, the first of the twelve animals of the Chinese zodiac.

Nebuta matsuri ねぶた まつり ∿ ねぶた祭り ▸ (ca) /el/ Festival con figuras de papel iluminadas celebrado del 2 al 7 de agosto en la ciudad de Aomori (Aomori). | Festival with illuminated paper figures held between August 2nd and 7th in the city of Aomori (Aomori).

negi (*Allium fistulosum*) ねぎ ∿ 葱 ▸ (bo) /la/ Cebolleta; (te) acción de un muñeco de ***bunraku*** cuando se agarra a un pilar o a otro muñeco. | Green onion; the action of a bunraku puppet when it grabs a pillar or another puppet.

禰宜 ▸ (re) /el/ En un santuario **sintoísta**, sacerdote inferior en jerarquía al ***gūji*** {*comparar con* ***gonnegi***}. | Priest at a Shintō shrine lower in hierarchy than gūji {*compare with* gonnegi}.

negima ねぎま ᔐ 葱間 ▸ (co) /el/ Brocheta de ***yakitori*** en la que alternan trozos de pollo y cebolleta. | A skewer of yakitori with alternate pieces of chicken and green onion.

negoro nuri ねごろ ぬり ᔐ 根来塗 ▸ (ar) /la/ Tipo de lacado caracterizado por una superficie de laca roja que deja traslucir una capa subyacente de negro. | A kind of lacquerware characterized by a red lacquer surface rubbed to reveal an underlying layer of black.

nehan ねはん ᔐ 涅槃 ▸ (re) /el, la/ En el budismo, el nirvana o liberación del sufrimiento {*ver* ***shōji***}, el fin último de las creencias y las prácticas budistas a veces equiparado a la iluminación o al despertar {*ver* ***satori***}. | Nirvana or liberation from suffering in Buddhism {*see* shōji}, the final end of Buddhist beliefs and practices equated with illumination or awakening {*see* satori}.

nejiri hachimaki ねじり はちまき ᔐ 捩り鉢巻 ▸ (in) /la/ Toalla fuertemente trenzada usada a modo de banda para la cabeza. | A tightly twisted towel worn as a head-band.

nekketsu ねっけつ ᔐ 熱血 ▸ (ma) /el/ Subgénero de **manga** y ***anime*** caracterizado por la acción, a veces violenta, y por el afán de superación de sus protagonistas. | Subgenre of manga and anime with action, sometimes violent, whose protagonists are characterized by a desire to excel.

nekki ねっき ▸ (ju) /el/ Juego infantil para dos o más jugadores que compiten por clavar en el suelo un palo en punta tradicionalmente hecho de bambú. | Children's game for two or more players that compete to stick a pointed pole generally made of bamboo into the ground.

neko musume ねこ むすめ ᔐ 猫娘 ▸ (fo) /la/ «Mujer-gato o hija-gato»: gato encantado que se transforma en mujer para hacer travesuras y que luego no puede recuperar su forma original. | «Catwoman or cat-daughter»: enchanted cat that turns into a woman to do mischief and then is unable to recover her original form.

nekomata ねこまた ᔐ 猫股 ▸ (fo) /el, la/ Ser sobrenatural en forma de gato con la cola bifurcada y capaz de realizar acciones humanas, como caminar erguido {*contrastar con* ***bakeneko*** *y* ***gotoku neko***}. | Supernatural being in the form of a cat with a forked tail able to perform human actions like walking on two legs {*contrast with* bakeneko *and* gotoku neko}.

nemaki ねまき ᔐ 寝間着 ▸ (in) /el/ Especie de bata usada para dormir. | A type of robe used for sleeping.

nemawashi ねまわし ᔐ 根回し ▸ (ja) /la/ Poda de raíces secundarias de un árbol antes de trasplantarlo definitivamente; (em/po) /el, la/ sondeo informal de intenciones antes de realizar una propuesta formal. | Trimming all the secondary roots of a tree to foster root development before final transplanting; informal sounding out of intentions before making a final proposal.

nenbutsu, Nenbutsu ねんぶつ ᔐ 念仏 ▸ (re) /el, la/ La invocación *Namu Amida Butsu* («Honor a Buda Amida» o «Busco refugio en Buda Amida») pronunciada con la esperanza de renacer en la Tierra Pura de Buda **Amida**; /la/ nombre de la escuela budista de la Tierra Pura (**Jōdo-shū**). | The invocation «Namu Amida Butsu» («Homage to Amida Buddha» or «I seek refuge in Amida Buddha») uttered in the hope of rebirth into Amida's Pure Land;

name of the Pure Land School (Jōdo-shū) of Buddhism.

nenbutsu odori ねんぶつ おどり ∿ 念仏踊 ▸ (re) /la/ «La danza del ***nenbutsu***»: especie de éxtasis religioso bajo el cual los creyentes en la escuela budista del **Nenbutsu** bailaban y entonaban la invocación de esta escuela. | «Nenbutsu dancing»: a type of religious ecstasy in which the believers of the Nenbutsu school of Buddhism danced around and chanted the nembutsu invocation.

nengajō ねんがじょう ∿ 年賀状 ▸ (et) /la/ Tarjeta de felicitación de Año Nuevo. | A New Year's greeting card.

nengō ねんごう ∿ 年号 ▸ (hi) /el, la/ Nombre oficial, por lo general de buen agüero, aplicado a los reinados o a periodos de estos. | Official name, usually of good omen, applied to reigns or their periods of time.

nengu ねんぐ ∿ 年貢 ▸ (hi) /el/ «Tributo anual»: impuesto básico sobre la tierra recaudado a los campesinos por los propietarios de las fincas desde finales del s. x hasta el comienzo de la Era Meiji (1868). | «Annual rent»: basic tax collected from peasants by landowners from the end of the 10th century until the beginning of the Meiji period (1868).

nenki ねんき ∿ 年期 ▸ (hi) /el/ En la historiografía oficial, periodo o era, edad de una persona o periodo de tiempo desde el pasado hasta el presente. | A period or era in history, a person's age, a period of time from a certain point in the past until the present.

nenkō joretsu sei ねんこう じょれつ せい ∿ 年功序列制 ▸ (em) /el/ Sistema de promoción en una compañía por veteranía y no por méritos, generalmente seguido en la empresa japonesa. | System of promotion generally followed in Japanese companies based on seniority and not on personal merits.

nerikō ねりこう ∿ 練香 ▸ (et) /la/ En la práctica del **kōdō**, bolita de inciensos mezclados a base de palo áloe [***jinkō***], almizcle [***jakō***], alcanfor de Borneo y resinas, como el ámbar y la mirra, y otros ingredientes aromáticos. | Small ball of incense used in the practice of kōdō that mixes agarwood [jinkō], musk [jakō], camphor and resins from Borneo like amber and myrrh and other aromatic ingredients.

nerimono ねりもの ∿ 練物 ▸ (co) /el/ Alimento en forma de pasta o puré. | Food in the form of pasta or purée.

neta ねた ∿ ネタ ▸ (co) /la/ Guarnición que se pone encima del arroz de ***sushi***. | Garnish placed on top of sushi rice.

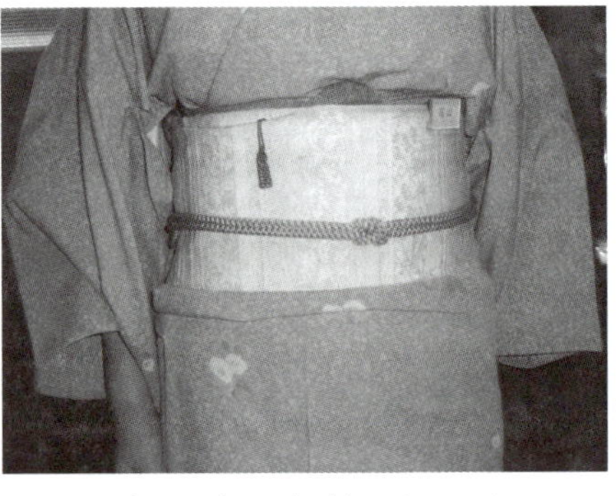

netsuke

netsuke ねつけ ∿ 根付 ▸ (in / ar) /el, la/ Artesanía tallada minuciosamente en marfil, coral, cuarzo, madera u otro material noble usada a modo de tensor que cuelga de un pliegue superior del ***obi*** y de la que pende una pequeña bolsa o recipiente {ver ***inrō***} oculto tras el ***obi*** con objetos personales. | An intricately carved ivory, coral, quartz, wood or other noble material used as a pin to hold up one's kimono obi and attached by a cord to a small purse or container {*see* inrō} carrying personal belongings. // Antiguamente, los *netsuke* podían ser obras de arte y denotaban el estatus de su propietario.

netto café <ing. *Internet café*> ネット カフェ ▸ (so) /el/ Un cibercafé, una cafetería con acceso a internet. | An Internet café.

netto shinjū ネット しんじゅう ∿ ネット心中 ▸ (so) /el/ Pacto de suicidio por internet. | A suicide pact made through Internet.

netto shoten ネット しょてん ∿ ネット書店 ▸ (so) /la/ Librería *online* [por internet]. | An Internet bookshop; an online bookstore.

newaza ねわざ ∿ 寝技 ▸ (ar mar) /la/ En el ***jūdō*** (**judo**, DLE), técnica de lucha en el suelo. | Ground grappling technique in jūdō.

nezumi ねずみ ∿ 鼠 ▸ (zo) /la, el/ Rata; ratón | A rat; a mouse

ni no matsu に の まつ ∿ 二の松 ▸ (te) /el/ Pino central de los tres que puede haber en un escenario de teatro ***noh***. | Pine tree between two others that are sometimes placed on the stage in noh theater.

ni no tesuri に の てすり ∿ 二の手摺 ▸ (te) /la/ Cortina que oculta las piernas de los titiriteros del teatro ***bunraku***. | Curtain that hides the legs of the puppeteers in the bunraku theater.

niboshi にぼし ∿ 煮干し ▸ (co) /el/ Pescado seco pequeño. | Small dried fish.

Nichiren-shū にちれんしゅう ∿ 日蓮宗 ▸ (re) /la/ Escuela budista fundada por Nichiren (1222-1282) también conocida como la escuela Hokke o del Loto, en cuyo sutra basa su fe {*ver* **Hokkekyō**}. | Buddhist school founded by Nichiren (1222-1282), also known as the Hokke or Lotus School whose faith is based upon the *Lotus Sutra* {*see* Hokkekyō}.

nigari にがり ∿ 苦汁 ▸ (co) /la/ Agua madre usada como coagulante del ***tōfu*** (**tofu**, DLE). | Magnesium chloride used in the coagulation of tōfu.

nigimi tama にぎみ たま ∿ 和御魂 ▸ (re) /el, la/ En el ***shintō*** (**sintoísmo**, DLE), espíritu o fuerza [***tama***] apacible de la divinidad {*en contraste con* ***arami tama***}. | Placid spirit or force [tama] of the divinity in Shintō {*contrast with* arami tama}.

nihaizu にはいず ∿ 二杯酢 ▸ (co) /el/ Mezcla de vinagre y salsa de **soja.** | A mixture of vinegar and soy sauce.

Nihon, Nippon にほん、にっぽん ∿ 日本 ▸ (ge) Japón. | Japan.

Nihon sankei にほん さんけい ∿ 日本三景 ▸ (ge) /los/ Los tres grandes paisajes de Japón: las islas Matsushima (Miyagi), el banco de arena cubierto de pinos de Amanohashidate (Kioto) y la isla Itsukushima (Hiroshima). | The three most famous scenic places in Japan: the islands of Matsushima (Miyagi), the pine tree covered sandbar of Amanohashidate (Kyoto), and the island of Ituskushima (Hiroshima).

Nihon shoki, Nihongi にほん しょき、にほんぎ ∿ 日本書紀、日本紀 ▸ (hi) /el/ «Crónicas de Japón»: la obra histórica oficial de Japón más antigua que se conserva (año 720). | «Chronicles of Japan»: oldest preserved official history of Japan completed in 720.

nihon rashisa にほん らしさ ∿ 日本らしさ ▸ (et / ps / so) /el, la/ Especificidad japonesa, rasgos peculiares de la idiosincrasia japonesa. | Japanese specificity, traits that are peculiar to Japanese idiosyncrasy.

nihonbuyō にほんぶよう ∿ 日本舞踊 ▸ (ar) /la/ Danza clásica japonesa. | Classical Japanese dancing.

nihonga, Nihon-ga にほんが ∿ 日本画 ▸ (ar) /la/ Estilo de pintura japonesa realizada en el último tercio del s. XIX. | Japanese-style painting that flourished in the last third of the 19th century.

nihonjinron にほんじんろん ∿ 日本人論 ▸ (ps / so) /el, la/ Teoría sobre los japoneses, discurso sobre la idiosincrasia del pueblo japonés. | Theory about the Japanese people, discourse on Japanese idiosyncrasy.

nihonshu にほんしゅ ∿ 日本酒 ▸ (be) /el/ **Sake**, vino de arroz. | Sake, rice wine.

nihonshugi にほんしゅぎ ∿ 日本主義 ▸ (po) /el/ Nacionalismo japonés, ideología surgida como reacción a la política de occidentalización perseguida por el Gobierno de la Era Meiji (1868-1912). | Japanese nationalism, an ideology that came about as a reaction to the policy of Westernization of the government during the Meiji period (1868-1912).

nihonteien, Nihon teien にほんていえん ∿ 日本庭園 ▸ (ja) /el/ Jardín de estilo japonés. | A Japanese-style garden.

nihonteki にほんてき ∿ 日本的 ▸ (et) /el/ De estilo japonés. | Of a Japanese style.

nihonteki keiei にほんてき けいえい ∿ 日本的経営 ▸ (em) /el/ Estilo japonés de gestión. | Japanese style of management.

nihontō にほんとう ∿ 日本刀 ▸ (arm) /el, la/ ***Katana*** (**catana**, DLE), sable japonés {*ver* ***tōshin*** *y* ***kissaki***}. | A Japanese-style sword, katana {*see* tōshin *and* kissaki}.

Niinamesai にいなめさい ∿ 新嘗祭 ▸ (re / fo) /el, la/ Rito anual actualmente observado el 23 de noviembre en el cual el emperador realiza la ofrenda de la nueva cosecha de arroz. | Annual rite held on November 23rd in which the Emperor performs the offering of the new rice harvest.

nijiri agari ishi にじり あがり いし ∿ 躙り上がり石 ▸ (ja) /la/ Piedra que hace las veces de peldaño de subida o bajada usada en una casa de té u otro edificio {*contrastar con* ***fumiishi***}. | Stone used as a step to go up or down at a tea house or other building {*contrast with* fumiishi}.

nijiri guchi にじり ぐち ∿ 躙口 ▸ (arq) /la/ Entrada baja a una casa de té cuyo acceso exige a los participantes en la ceremonia de té agachar la cabeza. | A low entrance to a teahouse that requires a participant in a tea ceremony to bend their head to enter.

nijū roji にじゅう ろじ ∿ 二重露地 ▸ (ja) /el/ Jardín de té [***roji***] con dos zonas: la interior, o *uchi roji*, y la exterior, o *soto roji*, separadas por una cancela [***chūmon***]. | Tea garden [roji] with two areas: inside or

nijiri guchi

uchi roji and outside or soto roji, separated by a gate [chūmon].

nijūshi sekki にじゅうし せっき ∿ 二十四節気 ▸ (ca) /las/ Las veinticuatro divisiones estacionales del año según el calendario lunisolar. | The twenty four seasonal divisions of a year in the old lunisolar calendar.

nikki bungaku にっき ぶんがく ∿ 日記文学 ▸ (li) /la/ «Literatura de diarios»: género literario tradicional que consta de recuerdos y relatos en forma de diarios. | «Diary literature»: a traditional literary genre consisting of memoirs or tales in the form of diaries.

nikorogashi にころがし ∿ 煮転がし ▸ (co) /la/ Comida a base de bulbos de malanga que se remueve constantemente para evitar que se pegue y conseguir que los jugos naturales se evaporen. | Taro corms stirred constantly to prevent sticking and cooked until all the natural juices evaporate.

niku no kamiuta にく の かみうた ∿ 二句の神歌 ▸ (li) /el, la/ Poesía en pareado de carácter religioso. | Poetry written in couplets of a religious character.

nikudango にくだんご ⁝ 肉団子 ▸ (co) /la/ Albóndiga pequeña. | A small meat ball.

nikujaga にくじゃが ⁝ 肉じゃが ▸ (co) /la/ Carne y patatas cocidas a fuego lento con salsa de **soja** y azúcar. | Simmered meat and potatoes with soy sauce and sugar.

nikuman にくまん ⁝ 肉饅 ▸ (co) /el/ Bollo blanco hecho al vapor y relleno de carne. | A soft, steamed bun with a meat filling.

nimai kebiki にまい けびき ⁝ 二枚毛引 ▸ (et) /el/ Gramil para marcar dos líneas. | Gage used to mark two lines.

nimono にもの ⁝ 煮物 ▸ (co) /el/ Alimento cocido a fuego lento. | Simmered food.

ninaidō にないどう ⁝ にない堂 ▸ (re / arq) /el, la/ En las escuelas **Tendai** y **Shingon**, pabellón donde se predica, se reza o estudia y tienen lugar las ceremonias. | Wing or annex at Tendai and Shingon schools used for preaching, prayer or study and where ceremonies are held.

ningyo にんぎょ ⁝ 人魚 ▸ (fo) /la/ Sirena japonesa: el cuerpo pisciforme empieza desde el cuello, siendo la cabeza su única parte humana, y presenta una cresta roja en el dorso. | Japanese siren: the fish-shaped body starts from the neck down with a red crest on its back. The head is the only human part.

ningyō にんぎょう ⁝ 人形 ▸ (et) /el, la/ Muñeco, muñeca. | A doll. // El arte de los *ningyō* es de una belleza y variedad sorprendente.

ningyō

ningyō jōruri にんぎょう じょうるり ⁝ 人形浄瑠璃 ▸ (te) /el/ Teatro de títeres accionados con las manos y con acompañamiento musical de ***shamisen***, más conocido modernamente bajo el nombre de ***bunraku***. | A puppet theater actioned by hands and accompanied by shamisen music, nowadays better known as bunraku.

ninja [ninjo] (*ninja*, DLE) にんじゃ［にんじょ］⁝ 忍者［忍女］▸ (hi / ar mar) /el, la/ Agente secreto, hombre [*ninja*] o mujer [*ninjo*], del Japón premoderno diestro en el sigilo y secreto de sus intervenciones. | A secret agent, a man [ninja] or woman [ninjo] in premodern Japan skilled in stealth and secrecy.

ninjō にんじょう ⁝ 人情 ▸ (ps) /el/ Sentimiento humano; emoción {*en oposición a* ***giri*** *u obligación social*}. | Human feeling; emotion {*in contrast to* giri *or* social duty}.

ninjōbon にんじょうぼん ⁝ 人情本 ▸ (li) /el/ «Libros de sentimientos humanos»: género narrativo con profusión de diálogos y escasos pasajes descriptivos o monólogos del autor que floreció al final de la Era Edo (1600-1868) y trata de los barrios licenciosos de Edo. | «Sentimental books»: a genre of the late Edo period (1600-1868) relying heavily on dialogue with occasional descriptive passages or authorial asides, and dealing with the pleasure quarters of Edo.

ninjutsu にんじゅつ ⁝ 忍術 ▸ (ar mar) /el/ Antiguo arte del subterfugio; arte supuestamente mágica de hacerse invisible por artificio o estratagema a fin de evitar ser detectado y al que recurren sobre todo las personas ocupadas en el espionaje. También llamado ***shinobi***. | Ancient art of subterfuge; a supposedly magical art for making oneself invisible by artifice or stratagem in order to evade detection, used specially

Niō

by those engaged in espionage. Also called shinobi.

ninkyō eiga にんきょう えいが ᔐ 任侠映画 ▸ (ci / ma) /el, la/ Película, que puede ser de ***anime***, sobre caballeros o gánsteres. | Film or movie, sometimes anime, about chivalry or gangsters.

ninomaru にのまる ᔐ 二の丸 ▸ (arq) /el/ En el recinto de un castillo, el espacio adyacente y exterior al ***honmaru*** {*comparar con* ***sannomaru***}. | Space adjacent to and outside the honmaru at a castle compound {*compare with* sannomaru}.

Niō におう ᔐ 仁王 ▸ (re) /los/ Los dos reyes Deva; dioses guardianes de cada lado de la puerta de un templo. | The two Deva kings; the guardian gods at either side of a temple gate.

nioi bukuro におい ぶくろ ᔐ 匂袋 ▸ (et) /la/ Bolsita perfumada con diversos ingredientes aromáticos, como clavo, almizcle [***jakō***], alcanfor de Borneo, sándalo y otros. | Small perfumed purse containing several aromatic ingredients such as clove, musk [jakō], camphor from Borneo, sandalwood and others.

niōmon におうもん ᔐ 仁王門 ▸ (arq) /la/ Puerta flanqueada por los **Niō**. | Gate flanked by the Niō.

nirami にらみ ᔐ 睨み ▸ (te) /la/ Mirada con los ojos cruzados que adoptan los actores de **kabuki**. | Cross-eyed look used by kabuki theater actors.

nishiki にしき ᔐ 錦 ▸ (tex) /el/ Brocado japonés multicolor, especialmente de seda, con diseño de trama complementaria e hilos de seda, oro o plata. | Japanese multicolored silk brocade woven with a supplementary weft pattern in thick, glossy silk or gold or silver thread.

nishiki-e にしきえ ᔐ 錦絵 ▸ (ar) /la/ Xilografía cuyo rico colorido recuerda los brocados ***nishiki***. | Word engraving with rich coloring similar to that of nishiki brocades.

Nitchū sensō にっちゅう せんそう ᔐ 日中戦争 ▸ (hi) /la/ Guerra sino-nipona entre 1937 y 1945. | Sino-Japanese War (1937-1945).

nitōryū にとうりゅう ᔐ 二刀流 ▸ (ar mar) /el/ Estilo de ***kendō*** (**kendo**, DLE) en el cual se utilizan el sable largo y el corto al mismo tiempo. | A style of kendō swordsmanship which utilizes the short-sword and long-sword simultaneously.

niwaka ame にわか あめ ᔐ 俄雨 ▸ (cl) /el/ Chaparrón. | A sudden shower.

niwaka kyōgen にわか きょうげん ᔐ 俄狂言 ▸ (te) /el/ Mimo; farsa realizada por no profesionales. | A mime; a farce made by non-professionals.

niwaki にわき ᔐ 庭木 ▸ (ja) /la/ «Árbol de jardín»: técnica de poda. | «Garden tree»: pruning technique.

nizakana にざかな ᔐ 煮魚 ▸ (co) /el/ Pescado hervido a fuego lento en un caldo con salsa de **soja**, azúcar y **sake** dulce [***mirin***]. |

Fish simmered in a stock flavored with soy sauce, sugar and sweet sake [mirin].

nō, *ver* **noh.** | *See* noh.

nobori

nobori のぼり ∿ 幟 ▸ (hi / et) /el/ Estandarte largo y rectangular usado en el campo de batalla para identificar a los combatientes; banderolas desplegadas el Día de los Niños (5 de mayo) o para indicar la localización de teatros, tiendas y templos. | A banner, long and rectangular in shape, used on the battlefield to identify soldiers; banners flown on Boys' Day (May 5th) and to mark the location of theaters, shops and temples.

nobori gama のぼり がま ∿ 上り窯 ▸ (ce) /el/ Horno para productos cerámicos introducido desde Corea y consistente en una larga cámara que aprovecha la pendiente del terreno {*comparar con* ***anagama*** *y* ***teppōgama***}. | Kiln used for making ceramic ware brought from Korea and consisting of a large chamber that takes advantage of slopes in terrain {*compare with* anagama *and* teppōgama}.

nobushi のぶし ∿ 野伏 ▸ (hi) /el, la/ Banda armada compuesta de campesinos o de ***samurai*** (**samuráis**, DLE) sin señor que asaltaban a soldados extraviados en los ss. XV-XVII. | Armed group of peasants or samurais without a lord that assaulted lost or wayward soldiers in the 15th-17th centuries.

nochijite のちじて ∿ 後仕手 ▸ (te) /el/ El actor principal en la segunda parte de una obra de ***noh***. | The principal actor in the second part of a noh play.

nodate のだて ∿ 野点 ▸ (so) /la/ Ceremonia de té al aire libre. | A tea ceremony held in the open air.

nodowa のどわ ∿ 喉輪 ▸ (arm) /el/ Protector de la garganta en una armadura. | Neck guard on a suit of armor.

nōgaku ron のうがく ろん ∿ 能楽論 ▸ (te / li) /el/ Tratado sobre el drama ***noh***. | Treatise on noh theater.

noh

noh, nō のう ∿ 能 ▸ (te) /el/ Género dramático originado en el s. XIV con danza, música, lenguaje eminentemente poético y un protagonista enmascarado. | Dramatic genre originating in the 14th century incorporating dance, music, an eminently poetic language and a masked protagonist. // El *noh* es el teatro profesional más antiguo del mundo.

noh gaku のう がく ∿ 能楽 ▸ (te) /el/ Teatro ***noh***; espectáculo que incluye ***noh*** y ***kyōgen***. | Noh theater; spectacle that includes noh and kyōgen.

noh kyōgen のう きょうげん ∿ 能狂言 ▸ (te) /la/ Farsa de ***noh***; ***noh*** y pieza en el intermedio. | A noh farce; a noh play and interlude.

nōhon shugi のうほん しゅぎ ∿ 農本主義 ▸ (hi) /el/ Movimiento nacionalista agrario especialmente activo desde la década de 1890 hasta 1945. | Nationalist agrarian movement especially active from the 1890s to 1945.

nōka のうか ∿ 農家 ▸ (arq / et) /la/ Casa tradicional [***minka***] de zona rural {*en contraste con* ***machiya***}. | Traditional house [minka] in a rural area {*contrast with* machiya}.

nōkai のうかい ∿ 納会 ▸ (so) /la/ La última reunión del año [mes, ejercicio]. | The last meeting of the year [month, term].

nokimaru gawara のきまる がわら ∿ 軒丸瓦 ▸ (arq) /la/ Teja de borde redondeado usada para rematar el alero de un tejado. | A kind of tile with a rounded edge which is used to finish the eaves of a roof.

nōkō girei のうこう ぎれい ∿ 農耕儀礼 ▸ (re / fo) /el, la/ Rito agrícola, ceremonia asociada al ciclo de crecimiento de las plantas cultivadas {*ver* ***ta no kami***}. | Agricultural rite, ceremony associated with the growth of plants in cultivation {*see* ta no kami}.

nokogiri, *ver* **yokobiki noko.** | *See* yokobiki noko.

nokoru のこる ∿ 残る ▸ (de) /el/ En ***sumō*** (**sumo**, DLE), el acto de resistir el ataque del adversario. | A term used in sumō wrestling when one is able to withstand the opponent's attack.

nōmen のうめん ∿ 能面 ▸ (te) /la/ Máscara de ***noh***. | A noh mask.

nopperabō のっぺらぼう ▸ (fo) /el/ Fantasma sin rostro {*ver* ***yōkai***} que vaga por los caminos durante la noche. | Faceless ghost {*see* yōkai} that wanders the roads at night.

noren のれん ∿ 暖簾 ▸ (mo / et) /la/ Cortina corta y hendida con el nombre o blasón del establecimiento comercial, la cual cuelga de la entrada principal e indica que el local está abierto al público. | Short, split curtain hung in front of a shop door and decorated with the shop's name and house insignia. It indicates the shop is open to the public.

noren

norenwake のれんわけ ∿ 暖簾分け ▸ (em) /la/ Ayuda que se presta a un empleado de muchos años para que establezca una sucursal del mismo comercio con el mismo nombre de la tienda y así compartir la clientela. | Help given to a long-term employee to set up a branch of the same shop and under the same name, and to share the clientele.

nori (*Porphyra tenera*) のり ∿ 海苔 ▸ (bo / co) /el, la/ Alga marina; alga negra desecada y tostada en finas láminas verde oscuro que se usan habitualmente para envolver o enrollar otro alimento. | Seaweed; black kelp that is dried and toasted into fine dark green strips and usually used to wrap or roll up other foodstuffs. // El *nori* aporta abundantes proteínas y minerales.

norimaki のりまき ⟅ 海苔巻き ▸ (co) /el/ ***Sushi*** enrollado en láminas de ***nori***. | Sushi rolled up in sheets of nori.

norito のりと ⟅ 祝詞 ▸ (re) /el, la/ Oración [plegaria] del ***shintō*** (**sintoísmo**, DLE). | A Shintō incantation or prayer.

noshi のし ⟅ 熨斗 ▸ (et) /la/ Originalmente, una tira delgada de oreja marina desecada dentro de diferentes modelos de papel doblado rojo y blanco a modo de símbolo de buen augurio. | Originally a strip of dried abalone inside a decoratively folded red and white paper as a symbol of a good omen.

noshi awabi のし あわび ⟅ 熨斗鮑 ▸ (et) /la/ Tira larga y delgada de oreja de mar seca que se añade a un regalo. | A long, thin strip of dried abalone attached to a gift.

noshi bukuro のし ぶくろ ⟅ 熨斗袋 ▸ (et) /el/ Envoltorio decorado para guardar un regalo; un sobre para regalar algo. | A special decorative envelope for a gift; a gift envelope.

noshigami のしがみ ⟅ 熨斗紙 ▸ (et) /el/ Papel de envolver regalos. | Gift wrapping paper.

noshime のしめ ⟅ 熨斗目 ▸ (in) /el/ Vestido ceremonial que el ***samurai*** (**samurái**, DLE) llevaba debajo del ***kamishimo***. | A ceremonial robe worn by samurais under a kamishimo.

noshimochi のしもち ⟅ 伸し餅 ▸ (co) /el/ Un pastel de arroz [***mochi***] aplanado. | A flattened rice cake [mochi].

nowaki のわき ⟅ 野分 ▸ (cl) /el/ Viento cálido y fuerte que sopla en los meses otoñales. | Strong warm wind that blows in autumn months.

nue ぬえ ⟅ 鵺 ▸ (fo) /el, la/ Monstruo o quimera residente en las montañas: tiene cabeza de mono, cuerpo de ***tanuki***, patas de tigre, cola de serpiente y voz de ave canora. | Monster or chimera that lives in the mountains: it has the head of a monkey, the body of a tanuki, the paws of a tiger, the tail of a snake and the voice of a songbird.

nugi ぬぎ ⟅ 貫 ▸ (arq) /la/ Viga de madera fijada a un pilar atravesándolo o encajándose en él; viga inferior y más corta en un pórtico **sintoísta** o ***torii*** {*comparar con* ***kasagi***}. | Penetrating tie beam made of wood fixed to a pillar by going through it or attached to it; lower and shorter beam on a Shintō portico or tori {*compare with* kasagi}.

nuhi ぬひ ⟅ 奴婢 ▸ (hi) /los/ «Esclavos»: la clase más ínfima de personas bajo el sistema ***ritsuryō*** instituido a finales del s. VII. | «Slaves»: the lowest class of people under the ritsuryō system instituted in the late 7th century.

nuka ぬか ⟅ 糠 ▸ (co) /el/ Salvado de arroz. | Rice bran.

nukamiso ぬかみそ ⟅ 糠味噌 ▸ (co) /la/ Mezcla fermentada de salvado de arroz y salmuera usada para encurtidos. | A fermented mixture of rice bran and brine used for pickling.

nukazuke ぬかづけ ⟅ 糠漬 ▸ (co) /la/ Verdura encurtida en salvado de arroz fermentado y salmuera [***nukamiso***]. | Vegetable pickled in fermented rice bran and brine.

nukekubi ぬけくび ⟅ 抜け首 ▸ (fo) /el/ Ser fantástico que por el día es humano, pero que por la noche separa la cabeza del cuerpo y devora a las personas. | Fantastic being that is human during the day but becomes headless at night and devours people.

nukemairi ぬけまいり ⟅ 抜け参り ▸ (hi / re) /la/ Peregrinación de fugitivos en la Era Edo (1600-1868). | A pilgrimage of runaways in the Edo period (1600-1868).

nuki, *ver* **nugi.** | *See* nugi.

nurari hyon ぬらり ひょん ⟅ 滑瓢 ▸ (fo) /el, la/ Ser fantástico {*ver* ***yōkai***} representado como un anciano de piel verde y cabeza deforme. | Fantastic being {*see* yōkai} represented as an old man with green skin and a deformed head.

nureen ぬれえん ⥾ 濡れ縁 ▸ (vi) /la/ Galería abierta. | An open veranda.

nureochiba zoku ぬれおちば ぞく ⥾ 濡れ落ち葉族 ▸ (so) /los/ «Hojas caídas mojadas y pegajosas»: maridos jubilados que deambulan por la casa detrás de sus esposas sin saber qué hacer. | «Clammy wet fallen leaves»: retired husbands not knowing what to do with their time and following their wives around the house.

nureonna ぬれおんな ⥾ 濡女 ▸ (fo) /la/ Ser sobrenatural femenino {*ver* ***yōkai***} con forma de serpiente, pelo largo y larga lengua viperina que vaga por las playas. | Supernatural female being {*see* yōkai} that is half serpent with long hair, a long viperish tongue and who wanders the beaches.

nurigeta ぬりげた ⥾ 塗り下駄 ▸ (in) /las/ ***Geta*** lacadas. | Lacquered geta.

nurimono ぬりもの 塗り物 ▸ (ar) /el/ Objeto revestido de laca. | A lacquer coated object.

nusa ぬさ ⥾ 幣 ▸ (re) /el/ Objeto ritual usado en las ceremonias de purificación **sintoístas**, elaborado con una vara de madera y una serie de papeles o algodones colgados alrededor. | Ritual object used in Shintō purification rites, made with a wooden rod and a series of papers or cotton balls hanging from it.

nyōbō にょうぼう ⥾ 女房 ▸ (so) /la/ Dama de compañía en la corte imperial durante las eras Heian, Kamakura y Muromachi (ss. IX-XVI) {*comparar con* ***naishi no suke***}. | Lady-in-waiting of the imperial court during the Heian, Kamakura and Muromachi periods (9th-16th centuries) {*compare with* naishi no suke}.

nyōbō bungaku にょうぼう ぶんがく ⥾ 女房文学 ▸ (li) /la/ Literatura creada por las ***nyōbō***. | Literature created by the nyōbō. // Murasaki Shikibu fue la más destacada representante de la *nyōbō bungaku*.

nyōbō kotoba にょうぼう ことば ⥾ 女房言葉 ▸ (le) /la/ Habla empleada por las damas de la corte imperial en la Era Muromachi (1333-1568). | Language used by court ladies of the imperial household in the Muromachi period (1333-1568).

nyōbō rengashi にょうぼう れんがし ⥾ 女房連歌師 ▸ (li) /la/ Maestra de la poesía ***renga***. | Female master of renga poetry.

Nyorai にょらい ⥾ 如来 ▸ (re) Uno de los epítetos de Buda con el significado de «El que así llega». | One of the epithets for the Buddha meaning «one who has just come».

nyosho にょしょ ⥾ 女書 ▸ (li) /el/ Libro destinado a mujeres; /la/ caligrafía femenina. | A book for women; female calligraphy.

nyūbai にゅうばい ⥾ 入梅 ▸ (cl) /el/ El principio de la estación de lluvias. | The beginning of the rainy season.

nyūdō にゅうどう ⥾ 入道 ▸ (re) /el, la/ Persona que ha realizado los votos budistas, pero que sigue viviendo en su domicilio. | A person who has taken Buddhist vows but still lives at home.

nyūkō にゅうこう ⥾ 乳香 ▸ (et) /el/ Olíbano: sustancia resinosa extraída de la especie vegetal *Boswellia thurifera*, una de las materias primas utilizadas para hacer incienso en Japón. | Frankincense: resinous substance extracted from the *Boswellia thurifera* tree, one of the primary ingredients used to make incense in Japan.

nyūmon にゅうもん ⥾ 入門 ▸ (ar mar / re) /el/ El acto de empezar como discípulo de un maestro. | Entering the tutelage of a master.

nyūyoku にゅうよく ⥾ 入浴 ▸ (et) /el/ Baño. | A bath; bathing.

O

o- お ≀ 御 ▸ (le) Prefijo de cortesía antepuesto a muchas palabras japonesas, como **Obon**, ***ofuro***, *obentō*. | Prefix placed at the beginning of many Japanese words like Obon, ofuro and obentō to show courtesy.

Ō yashima guni おお やしま ぐに ≀ 大八洲国 ▸ (ge / fo) /las/ «El país de las ocho grandes islas»: el país de las islas fundacionales, según la mitología, en el proceso creador de Japón; el archipiélago japonés. | «Great Eight Island Land»: the country of the foundational islands in the process of the creation of Japan according to mythology; the Japanese archipelago.

oaiso おあいそ ≀ お愛想 ▸ (et / le) /el/ Acción realizada para hacer sentir bien a alguien; cumplido, palabra de cortesía. | An action done to make somebody feel good; a complimentary remark.

Ōbaku-shū おうばくしゅう ≀ 黄檗宗 ▸ (re) /la/ Escuela del budismo **zen** que forma parte de las tres escuelas principales junto con las de **Rinzai** y **Sōtō**, establecida en Japón a mediados del s. XVII. | School of Zen Buddhism that is part of the three main schools along with Rinzai and Sōtō, established in Japan in the mid-17th century.

ōban おおばん ≀ 大判 ▸ (nu) /la/ Moneda de oro de forma elíptica en curso de la Era Muromachi a la de Edo (1333-1868). | Gold coin, elliptical in shape and in use from the Muromachi through the Edo periods (1333-1868).

ōban burumai おおばん ぶるまい ≀ 大盤振舞 ▸ (et) /la/ Fiesta suntuosa. | A lavish party.

obasute おばすて ≀ 姨捨 ▸ (so) /el/ «Abandono de ancianas»: en el Japón premoderno, la acción, para algunos legendaria, de abandonar generalmente en el monte a las ancianas de familias campesinas muy pobres. | «Abandoning old women»: the mythical practice among the poorest peasant families of abandoning the aged women, usually in the mountains, in premodern Japan. // La película *La balada de Narayama*, de 1958, reveló a muchos occidentales la costumbre del *obasute*.

obi おび ≀ 帯 ▸ (in) /el/ Fajín largo que ciñe el **kimono**. | A long sash of strong cloth for tightly fitting a kimono. // Entre las *geishas*, el *obi* se considera un elemento del vestido tan importante como el mismo kimono.

ōbī <ing. *ob, old boy*> オービー ▸ (so) /el/ Antiguo compañero de universidad. | An old mate from college days. // La red de los *ōbī* es una importante fuente de contratación laboral de muchas empresas en Japón.

obi ita おび いた ≀ 帯板 ▸ (in) /la/ Placa de material duro que se inserta entre los pliegues del ***obi*** femenino para dotarlo de rigidez. | A flat piece of stiff material slipped between the front folds of a woman's obi to give it shape.

obi iwai おび いわい ≀ 帯祝 ▸ (et) /el, la/ Ceremonia de envolver la cintura de la embarazada de cinco meses con una banda de sujeción [***iwata obi***] y de rezar por un parto feliz y sin dolor. | The ceremony of wrapping a supporting band of cloth [iwata obi] around a five months pregnant woman's waist to ensure a safe and painless childbirth. // La ceremonia de *obi iwai* se realizaba tradicionalmente el día del Perro del Zodiaco chino, por la antigua creencia de que la hembra de ese animal suele tener un parto relativamente indoloro.

obi makura おび まくら ∿ 帯枕 ▸ (in) /la/ Almohadilla oval que sujeta el nudo del ***obi***. | A small oval cushion to keep the obi knot in place.

obiage おびあげ ∿ 帯揚げ ▸ (in) /el/ Pequeña cinta que sujeta el ***obi makura*** y se ata al frente, siendo visible por encima del ***obi***. | A small sash that holds the obi makura tied in front and is visible on top of the obi.

obidome

obidome おびどめ ∿ 帯留 ▸ (in) /el/ Broche de adorno que sujeta el ***obi***. | An ornamental brooch for holding an obi in place.

obihimo おびひも ∿ 帯紐 ▸ (in) /el/ El ***obi*** y los elementos de atar usados al vestir un **kimono** femenino. | The obi and straps used when wearing a woman's kimono.

obijime おびじめ ∿ 帯締め ▸ (in) /el/ Cinta o cordón que ciñe el ***obi*** y ayuda a mantenerlo firme y en su sitio. | A narrow band tied around the obi to keep it tight and in place.

obijime

obina おびな ∿ 男雛 ▸ (et) /el/ El muñeco que representa al emperador en el Festival de las Niñas (3 de marzo). | The doll that represents the emperor at the Girls' Festival (March 3rd).

Obon, *ver* **Bon.** | *See* Bon.

ocha おちゃ ∿ お茶 ▸ (be) /el/ Té verde; (et) /la/ ceremonia de té. | Green tea; tea ceremony. // El *ocha* se suele tomar sin azúcar.

ochaya おちゃや ∿ お茶屋 ▸ (so) /el/ Salón [casa] de té {*ver* ***chaya***}. | Tearoom {*see* chaya}.

ochazuke おちゃづけ ∿ お茶漬け ▸ (be) /el/ Arroz con sabor a té. | Tea-flavored rice.

ochigosan おちごさん ∿ 御稚児さん ▸ (re) /el/ Niño, frecuentemente el hijo de un sacerdote **sintoísta**, reverenciado como dios y del cual se esperaba que enunciara oráculos. | A child of a Shintō priest revered as a god and expected to deliver oracles.

ochūgen おちゅうげん ⥉ 御中元 ▸ (so / et) /el/ Obsequio entregado al comienzo del verano como muestra de agradecimiento. | Present or gift given at the beginning of summer as a show of gratitude.

ōdachi おおだち ⥉ 大太刀 ▸ (arm) /el, la/ Sable largo {*en oposición a* ***kodachi***}. | A long sword {*as opposed to* kodachi}.

ōdaimono おうだいもの ⥉ 王代物 ▸ (te) /la/ Obra de **kabuki** o de ***jōruri*** sobre temas de la nobleza cortesana. | A kabuki or jōruri play about the nobles and the court.

odamaki mushi おだまき むし ⥉ 小田巻き蒸し ▸ (co) /el/ Natillas de huevo al vapor (***chawanmushi***) sobre una base de fideos ***udon***. | A steamed egg custard dish on a base of udon noodles.

Odawara chōchin おだわら ちょうちん ⥉ 小田原提灯 ▸ (et) /el/ Farol cilíndrico de papel. | A cylindrical paper lantern.

oden おでん ⥉ 御田 ▸ (co) /el/ Plato a base de ingredientes variados (patata, huevo duro, ***tōfu*** (**tofu**, DLE), nabo, etc.) cocidos a fuego lento en un caldo ***dashi***. | A dish consisting of a variety of ingredients (potato, hard-boiled egg, tōfu, radish etc.) simmered in a dashi broth.

odokeuta おどけうた ⥉ 戯け歌 ▸ (li) /el/ Poema humorístico de la Era Heian (794-1185). | Humorous poem of the Heian period (794-1185).

odoriko おどりこ ⥉ 踊り子 ▸ (so) /la/ ***Geisha*** especializada en danza tradicional; una joven bailarina. | Geisha specialized in traditional dance; a young female dancer.

ofuda おふだ ⥉ お札 ▸ (fo) /el, la/ Amuleto; talismán. | A charm; an amulet.

ofuregaki おふれがき ⥉ 御触書 ▸ (hi) /el, la/ Anuncio o proclama emitida por el **sogunato** de la Era Edo (1600-1868) encaminada a guiar la conducta de ciertos sectores de la población. | Proclamation or announcement issued by the shogunate in the Edo period (1600-1868) aimed at guiding the behavior of certain sectors of the population.

ofurisode, *ver* **furisode.** | *See* furisode.

ofuro, *ver* **furo.** | *See* furo.

oga おが ⥉ 大鋸 ▸ (et) /la/ Sierra de bastidor de manejo de dos personas. | A large ripsaw handled by two people.

ōgi おうぎ ⥉ 奥義 ▸ (ar / ar mar) /el/ «Conocimiento profundo»: las últimas fases de aprendizaje en la vía de las artes tradicionales o de las artes marciales. | «Deep learning»: the last stages of learning in the traditional arts or in martial arts.
扇 ▸ (in) /el/ Abanico plegable. | A folding fan.

ōgiotoshi おうぎおとし ⥉ 扇落し ▸ (ju) /el/ Juego de lanzamiento del abanico. | Game consisting of throwing a fan.

ōgiri おおぎり ⥉ 大喜利 ▸ (te) /el/ El último acto o función de un programa de **kabuki**. | The last act or performance of a kabuki program.

ōgosho おおごしょ ⥉ 大御所 ▸ (so) /el, la/ Figura destacada en algún campo; (hi) /el/ ***shōgun*** (**sogún**, DLE) retirado, pero aún poderoso. | An outstanding figure in a certain field; a retired but still powerful shōgun.

ogosoka おごそか ⥉ 厳か ▸ (es) /el, la/ Solemne, majestuoso. | Solemn, majestic.

ogoto おごと ⥉ 小琴 ▸ (mu) /el/ ***Koto*** pequeño. | A small koto.

ogura aisu <*aisu* = ing. *ice*> おぐら アイス ⥉ 小倉アイス ▸ (co) /el/ Helado mezclado con pasta dulce de alubias. | An ice cream mixed with sweet bean paste.

ogura an おぐら あん ⥉ 小倉餡 ▸ (co) /la/ Pasta dulce de alubias molidas y enteras. | Sweet bean paste containing both mashed and whole beans.

ohagi おはぎ ⥉ お萩 ▸ (co) /el/ Pastel de arroz en forma ovalada recubierto de mermelada de alubias rojas, harina de **soja**

o semillas de sésamo. | An oval–shaped sweet made from glutinous rice and covered with red-bean jam, soybean flour or sesame seeds.

ohaguro おはぐろ ∿ 御歯黒 ▸ (et) /el/ Tinte negro para los dientes usado por las mujeres casadas en el Japón premoderno. | Black tooth dye used by married women in premodern Japan.

ohajiki おはじき ∿ お弾き ▸ (ju) /el/ Juego infantil, parecido a las canicas, en el que se usan conchas, guijarros, trozos de vidrio en forma de moneda u otros pequeños objetos planos. | A children's game similar to marbles played with shells, pebbles, coin-shaped glass pieces or other small flat objects.

ōharae おおはらえ ∿ 大祓 ▸ (re) /la/ «La gran purificación»: en el ***shintō*** (**sintoísmo**, DLE), rito celebrado dos veces al año y después de una calamidad. | «The great purification»: a Shintō rite performed twice a year and also after major disasters.

oharai おはらい ∿ 御祓 ▸ (re) /el/ Exorcismo; purificación. | Exorcism; purification. // El sacerdote sintoísta ofició un *oharai* para purificar el nuevo edificio.

oharame おはらめ ∿ 大原女 ▸ (hi / so) /la/ Vendedora ambulante de los alrededores de Kioto que en la Era Heian (794-1185) y los siglos siguientes del Japón premoderno acudía a esta ciudad a vender sus mercancías. | Female street vendor in the environs of Kyoto during the Heian period (794-1185) and following centuries in premodern Japan, who came to this city to sell their wares.

ohashori おはしょり ∿ 御端折り ▸ (in) /el/ Recogida de los dobladillos de un **kimono** mediante un cordón o cinta {*ver* ***tasuke***}. | Tucking up the hems of a kimono and holding them in place with a cord or sash {*see* tasuke}.

ohineri おひねり ∿ お捻り ▸ (et) /la/ Gratificación u obsequio en dinero que se entrega dentro de un papel. | A monetary gift or gratuity wrapped in paper.

ohitashi おひたし ∿ お浸し ▸ (co) /el/ Plato a base de verduras hervidas y aliñadas con **soja** y ***katsuobushi***. | A dish consisting of boiled greens with a katsuobushi and soy dressing.

ohitsu おひつ ∿ 御櫃 ▸ (co) /el/ Recipiente cilíndrico de madera a modo de barreño con una tapa que cierra herméticamente y que se usa para servir el arroz hervido. | A cylindrical wooden rice serving bowl with a lid that covers it hermetically.

ohyakudo おひゃくど ∿ 御百度 ▸ (re) /la/ Plegaria religiosa en cien rondas. | A hundred rounds of prayers.

oibara おいばら ∿ 追い腹 ▸ (so) /el/ **Harakiri** (**haraquiri**, DLE) para seguir en la muerte al maestro fallecido {*comparar con* ***junshi***}. | Harakiri committed in order to follow one's deceased master into the other world {*compare with* junshi}.

ōichō おおいちょう ∿ 大銀杏 ▸ (de) /el/ Copete de un luchador de ***sumō*** (**sumo**, DLE) así llamado por su semejanza con una hoja de ***ginkgo*** {*ver* ***ichō***}. | A sumō wrestler's top knot named due to its resemblance to a ginkgo leaf {*see* ichō}.

oiegei おいえげい ∿ お家芸 ▸ (te) /la/ La especialidad de una escuela de **kabuki**. | The speciality of a kabuki school.

oiran おいらん ∿ 花魁 ▸ (so) /la/ Prostituta con licencia de alta clase; cortesana. | A high class licensed prostitute; a courtesan.

oiwake bushi, oiwake-bushi おいわけぶし ∿ 追分節 ▸ (mu) /las/ Canciones de arrieros. | Muleteers' songs.

oizuri おいずり ∿ 笈摺 ▸ (in) /el/ Tipo de ***haori*** sin mangas vestido por los peregrinos para protegerse del roce de la cesta que cargan a la espalda. | A kind of haori without sleeves that pilgrims wear to prevent abrasion when carrying a basket on their backs.

ojama suru おじゃま する ∿ お邪魔する ▸ (so / le) «Estorbar, molestar»: verbo frecuentemente usado como expresión de cortesía cuando se visita a alguien. | «Bother, disturb»: verb frequently used as an expression of courtesy when visiting someone.

ōji おうじ ∿ 王子 ▸ (re) /el, la/ Pequeña capilla de madera que marca la ruta de los peregrinos de Kumano. | Small wooden chapel that marks the route for Kumano pilgrims.

ojigi おじぎ ∿ お辞儀 ▸ (et) /el/ Saludo inclinando la cabeza o el tronco con más o menos profundidad dependiendo de la formalidad de la ocasión y de la relación entre las personas implicadas; reverencia, inclinación. | Lowering of the head or torso in greeting, the depth of which depends on the formality of the occasion and the relationship between the people involved; reverence, bow. // El señor Tanaka retiró el cojín sobre el que estaba sentado y desde la misma posición de sentado sobre el tatami nos hizo un profundo *ojigi*.

ojizōsama, *ver* **jizō.** | *See* jizō.

ōjōden おうじょうでん ∿ 往生伝 ▸ (fo / li) /el, la/ Relato o leyenda sobre personas que alcanzaron el renacimiento en el paraíso de **Amida**, un subgénero de la literatura de anécdotas edificantes [***setsuwa bungaku***]. | Tale or legend about people who reached rebirth in Amida's Paradise, a subgenre of the literature of edifying stories [setsuwa bungaku].

ojōsan おじょうさん ∿ お嬢さん ▸ (le) /la/ Término cortés para referirse a una mujer soltera, señorita. | Polite expression for referring to a single woman, miss.

okabasho おかばしょ ∿ 岡場所 ▸ (hi) /el/ Barrio de burdeles sin licencia en la Era Edo (1600-1868). | One of a number of unlicensed brothel districts in the Edo period (1600-1868).

okaeshi おかえし ∿ お返し ▸ (et) /el/ Regalo ofrecido en correspondencia a otro recibido. | Present or gift offered in kind. // El *okaeshi* no debe ser del mismo o superior valor que el del regalo recibido.

okage mairi おかげ まいり ∿ 御陰参り ▸ (re) /la/ En la Era Edo (1600-1868), peregrinación masiva espontánea y periódica al santuario de Ise. | Spontaneous and periodical mass pilgrimage to the Ise Shrine during the Edo period (1600-1868).

okage sama おかげ さま ∿ お陰様 ▸ (ps / le) /la/ Gratitud; gracias. | Gratitude; thanks.

okame

okame おかめ ∿ お亀 ▸ (et) /la/ Mujer de cara redonda, mejillas sonrosadas y nariz chata; máscara cómica que se lleva en el teatro, en festivales o en las casas y tiendas {*contrastar con* ***hyottoko***}. | A round-faced woman with plump cheeks and a flat nose; comic mask often worn in the theater, at festivals or displayed in houses and shops {*contrast with* hyottoko}.

okame soba おかめ そば ∿ 阿亀蕎麦 ▸ (co) /la/ Sopa de fideos de trigo sarraceno con trozos de pasta de pescado y setas ***shiitake***. | A buckwheat noodle soup with slices of boiled fish paste and shiitake mushrooms.

okami おかみ 〽 女将 ▸ (so) /la/ Propietaria [dueña] de una posada japonesa. | The hostess [proprietress] of a Japanese inn. 御上 ▸ (po) /el/ Emperador; Su Majestad. | The Emperor; His Majesty.

okamisan おかみさん 〽 御上さん ▸ (so) /la/ Término de cortesía para referirse a la propietaria de una tienda, salón de té u otro establecimiento; la esposa de alguien. | Polite expression to refer to the proprietress of a store, tearoom or another establishment; someone's wife.

okamochi おかもち 〽 岡持 ▸ (et) /la/ Caja de madera que sirve para transportar objetos. | A wooden carrying box.

okappa おかっぱ 〽 お河童 ▸ (pe) /el/ Corte de pelo muy corto de niña. | A short bobbed hairstyle for girls.

okara おから ▸ (co) /la/ Pulpa comestible extraída de la leche de **soja** al elaborar ***tōfu*** (**tofu**, DLE); heces del **tofu**. | The edible pulp separated from soybean milk in the production of tōfu; tōfu lees.

okāsan おかあさん 〽 お母さん ▸ (so) /la/ «Madre»: término usado por las ***geishas*** para referirse a la dueña de una ***okiya*** o de un salón de té. | «Mother»: expression used by geishas to refer to the proprietess of an okiya or a tearoom.

okashi おかし 〽 お菓子, *ver* **kashi.** | *See* kashi.

okashii おかしい 〽 可笑しい ▸ (es) /el, la/ «Delicioso, encantador»: cualidad estética especialmente cultivada en la Era Heian (794-1185). | «Delightful, charming»: an aesthetic sensibility especially cultivated during the Heian period (794-1185). // *El libro de la almohada* de la autora Sei Shōnagon es el máximo exponente del *okashii*, que entonces solo se escribía en *hiragana*.

oke おけ 〽 桶 ▸ (mo) /el/ Recipiente cilíndrico de madera. | A cylindrical wooden container.

oke

oki ishi おき いし 〽 置石 ▸ (ja) /la/ Piedra colocada en un jardín para producir un efecto escénico. | A stone placed in a garden for scenic effect.

oki namasu おき なます 〽 沖膾 ▸ (co) /el/ Verduras y pescado crudo cortados finos, preparados en vinagre y que se toman directamente en el barco donde el pescado ha sido capturado. | Finely chopped raw fish and vegetables, prepared with vinegar and served aboard the boat on which the fish was caught.

okiagari koboshi おきあがり こぼし 〽 起上り小法師 ▸ (et) /la/ Muñeca que se pone de pie sola. | A self-righting doll.

okina おきな 〽 翁 ▸ (te) /la/ Máscara de ***noh*** que representa a un anciano. | A noh mask representing an old man.

okiya おきや 〽 置屋 ▸ (so) /la/ Casa de ***geishas***; agencia de ***geishas***. | A house of geishas; a geisha agency.

oko-e おこえ 〽 痴絵 ▸ (ar / ma) /el, la/ Dibujo de carácter cómico popular entre la aristocracia de la Era Heian (794-1185) en el cual se ha visto un precedente del **manga**. | Drawing of a comical character popular among the aristocracy during the Heian period (794-1185) in which a precedent of manga has been seen.

okobo おこぼ ▸ (in) /los/ Zuecos altos que llevan las ***maiko***. | High clogs worn by the maiko. {*Ver imagen en pág. sig.*}

okobo

okomori おこもり ∿ お籠り ▸ (re) /la/ Visita de oración nocturna a un templo o santuario para quedarse toda la noche rezando; adoración nocturna. | An overnight prayer visit to a shrine or temple to spend the night praying; night worship.

okonomi yaki おこのみ やき ∿ お好み焼き ▸ (co) /la/ Tortilla de estilo japonés con verduras, marisco y otros ingredientes, cocinada en una placa caliente y aliñada con salsa picante. | A Japanese-style pancake containing vegetables, seafood and other ingredients, cooked on a hot plate and served with a spicy sauce. // Teníamos hambre y entramos en un restaurante especializado en *okonomi yaki*.

okoshi おこし ∿ 輿し ▸ (co) /el/ Pastel de mijo y arroz. | A millet-and-rice cake.

okoshi ezu おこし えず ∿ 起絵図 ▸ (arq) /la/ Maqueta plegable. | Folding model or mock-up.

okototen おことてん ∿ 乎古止点 ▸ (le) /el/ Colocación de puntos a un lado o a otro de los sinogramas o ***kanji*** a fin de facilitar su lectura. | A system of dotting Chinese characters or kanji on one side or the other to make them easier to read in Japanese.

oku zashiki おく ざしき ∿ 奥座敷 ▸ (vi) /la/ Sala de huéspedes de estilo japonés situada en la parte trasera de la casa. | A Japanese-style guest room towards the back of a house.

ōkubi-e おおくびえ ∿ 大首絵 ▸ (ar) /el/ Pintura ***ukiyo-e*** que muestra la parte superior del cuerpo de una mujer. | Ukiyo-e painting that shows the upper part of a woman's body.

okuden おくでん ∿ 奥伝 ▸ (ar) /el/ Admisión al tercer nivel de iniciación de los cinco que llevan a la maestría en un arte tradicional. | Admission to the third of the five stages of initiation leading towards mastery of a traditional art.

okunoin, oku no in おくのいん ∿ 奥の院 ▸ (re) /el/ El santuario [capilla] más interior; el sanctasanctórum. | The most inner shrine; a sanctum sanctorum.

okuri dashi おくり だし ∿ 送り出し ▸ (de) /el/ En el ***sumō*** (**sumo**, DLE), ponerse detrás del adversario y sacarlo del *ring* con un empujón. | The act of getting behind the attacker and pushing him out of the ring in sumō wrestling.

okuri gana, okurigana おくりがな ∿ 送り仮名 ▸ (le) /la/ Letra ***kana*** añadida a un sinograma o ***kanji*** para indicar la lectura en japonés. | A kana letter added to a Chinese character to show it should be read in Japanese.

okuri zuyu, okurizuyu おくりづゆ ∿ 送り梅雨 ▸ (cl) /la/ Lluvia fuerte, a menudo acompañada de truenos, hacia el final de la estación de lluvias. | Heavy rain towards the end of the rainy season and often accompanied by thunder.

okuribi おくりび ∿ 送り火 ▸ (et) /el/ Fuego ceremonial que se enciende la tarde del último día de la Fiesta de **Bon** para que los espíritus de los difuntos regresen a sus tumbas. | A ceremonial fire lit on the evening of the last day of the Bon Festival to speed the spirits of the dead on their way.

okuribon おくりぼん ∿ 送り盆 ▸ (et / re) /el/ El último día de la Fiesta de **Bon** cuando la gente despide a los espíritus de sus difuntos. | The last day of the Bon Festival when people see the spirits of their ancestors off.

okusan おくさん ∿ 奥さん ▸ (le) /la/ «Persona del interior»: término cortés para referirse a la esposa del interlocutor o de una tercera persona. | «The person from the inside»: polite expression to refer to the interlocutor's or third person's wife.

okusha おくしゃ ∿ 奥社 ▸ (re) /el/ Santuario [capilla] interior. | An inner shrine [sanctuary].

okyakusama, okyaku sama おきゃくさま ∿ お客様 ▸ (so / et) /el, la/ Invitado; cliente; invitado de honor. | A guest; a customer; a guest of honor. // La fusión de los conceptos de «invitado de honor» y de «cliente» en el término de *okyakusama* es muy singular de la cultura japonesa.

okyū おきゅう ∿ お灸 ▸ (me) /la/ Moxibustión, un tratamiento de medicina tradicional relacionado con la acupuntura {*ver* **moxa**}. | Moxibustion, a traditional medical therapy having to do with acupuncture {*see* moxa}.

omamori

omamori おまもり ∿ お守り ▸ (fo) /el/ Amuleto, talismán. | A good-luck charm; an amulet.

ombin, *ver* **onbin.** | *See* onbin.

omedeta おめでた ▸ (et) /el/ Acontecimiento feliz [auspicioso], motivo de celebración; embarazo. | A happy [auspicious] event, a matter for celebration; a pregnancy.

omeshi おめし ∿ お召し ▸ (tex) /el/ Tejido de seda con hilos retorcidos en horizontal y parecido al crepé. | A silk fabric with horizontally twisted threads similar to a crepe.

ometsuke おめつけ ∿ 御目付 ▸ (hi) /el/ Alto funcionario en la Era Edo (1600-1868) con atribuciones de inspector general. | High ranking civil servant in the Edo period (1600-1868) who served as general inspector.

omi おみ ∿ 小忌 ▸ (fo) /el, la/ Abstinencia menor. | Lesser abstinence.

omi goromo おみ ごろも ∿ 小忌衣 ▸ (in) /el/ Atuendo utilizado mientras se practicaba el ***omi***. | Attire or outfit worn while practicing omi.

omiai, *ver* **miai.** | *See* miai.

ōmie おおみえ ∿ 大見得 ▸ (te) /la/ Pose dramática de un actor de **kabuki**. | A kabuki actor's dramatic pose.

omiki おみき ∿ 御神酒 ▸ (be) /el/ **Sake** ofrecido a un dios. | Sake offered to a god.

omikuji おみくじ ∿ 御神籤 ▸ (re) /el/ Oráculo escrito, modo de adivinación que se ofrece en templos y santuarios. | Written

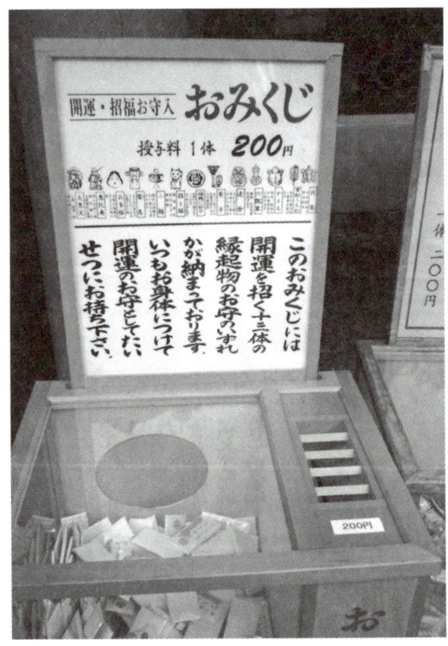

omikuji

oracle, type of fortune telling offered at temples and shrines. // En el templo sintoísta, cada uno recogió su *omikuji*.

ominaeshi (*Patrinia scabiosifolia*) おみなえし ∿ 女郎花 ▸ (bo) /la/ Nardo sirio, flor de pétalos amarillos de finales de verano y, característicamente, del otoño. En la poesía clásica es una flor asociada a la belleza de la mujer. | Herbaceous perennial plant characterized by yellow petals at the end of summer and in autumn. In classical poetry a flower that denotes a woman's beauty.

Ōmisoka おおみそか ∿ 大晦日 ▸ (ca) /la/ Nochevieja. | New Year's Eve.

omiya mairi おみや まいり ∿ 御宮参り ▸ (re) /la/ Costumbre de llevar a un niño pequeño a un santuario para que tenga buena suerte en la vida. | The custom of taking a young child to a shrine to bring him/her good luck.

ommitsu, *ver* **onmitsu.** | *See* onmitsu.

ommyōdō, *ver* **onmyōdō.** | *See* onmyōdō.

omo zukai おも づかい ∿ 主遣い ▸ (te) /el/ Titiritero que manipula la cabeza y el brazo derecho de un muñeco de ***bunraku***. | Puppeteer who manipulates the head and right arm of a bunraku puppet.

omonarai おもならい ∿ 重習い ▸ (mu) /los/ Pasajes importantes de canciones del teatro ***noh*** practicados por estudiantes. | Important passages from noh songs practiced by students.

omote おもて ∿ 表 ▸ (so) /el/ Lo más visible, el lado frontal; la fachada {*en oposición a* ***ura***}; (ar mar) cuando se está frente al adversario, el lado derecho {*en oposición a* ***ura***}. | The outside, the most visible aspect; the facade {*in contrast to* ura}; when facing an opponent, one's right side {*in contrast to* ura}.

面 ▸ (te) /la/ Una máscara de teatro ***noh***. | A noh theater mask.

omote shoin おもて しょいん ∿ 表書院 ▸ (arq) /el, la/ En una mansión de estilo ***shoin***, espacio utilizado para recepciones y eventos. | Space used for receptions and events in a shoin-style mansion.

omote zashiki おもて ざしき ∿ 表座敷 ▸ (vi) /la/ Antesala cubierta de **tatami**. | A tatami-covered reception room at the front entrance of a house.

on おん ∿ 恩 ▸ (so / ps) /el/ Deuda social psicológica en que se incurre al recibir un favor o regalo importante. | The social and psychological debt one incurs upon receiving an important favor or gift. // El concepto de *on* ocupa un lugar central entre los valores que regulan la vida social de los japoneses.

on yomi, on'yomi おん よみ ∿ 音読み ▸ (le) /el, la/ «Lectura por el sonido»: lectura sinizada de un sinograma {*contrastar con* ***kun yomi***}; lectura basada en el valor fonético y originalmente chino de un sinograma {*ver* ***go on*** *y* ***kan on***}. | «Reading by sound»: the sino-Japanese reading of a Chinese character or kanji {*contrast with* kun yomi}; reading based on the phonetic and original Chinese value of a kanji {*see* go on *and* kan on}.

onari おなり ∿ 御成 ▸ (et) /el, la/ Honrado por la presencia de un personaje ilustre, aplicado a lugares o movimientos. | Honored by the presence of an illustrious person, used for places or movements.

onbin おんびん ∿ 音便 ▸ (le) /el, la/ Mutación fonológica de la lengua japonesa consistente en la articulación simplificada, por ejemplo, *yomu* 'leer' > *yonda* 'he leído'. | Phonological mutation in the Japanese language that consists of simplified articulation, for example yomu 'read' > yonda 'have read'.

onbu おんぶ ∿ 負 ▸ (et) /el/ Acto de llevar el bebé a la espalda de un adulto, como la madre o la hermana mayor, sujeto por una banda. | The act of carrying a baby in a sling-like carrier on an adult's back such as the

oni

mother's or elder sister's, and held in place with a strap. // En la película, vimos como las campesinas trabajaban en sus huertos llevando cada una a su hijo en *onbu*.

one-room mansion (*pron.* |*wan rūmu manshon*|) ワンルーム マンション ▸ (vi) /el/ Apartamento de una sola habitación y cuarto de baño, de una superficie total de unos 20 m^2. | A one-room apartment with a bathroom and total surface area of approximately 65 sq ft.

onēsan おねえさん ∿ 御姉さん ▸ (so) /la/ Hermana mayor; señorita; tratamiento concedido por las ***geishas*** jóvenes a las más veteranas. | Elder sister; miss; term used by younger geishas to address older geishas.

ongyoku おんぎょく ∿ 音曲 ▸ (mu) /la/ Estilo popular antiguo de canción acompañada de ***shamisen***; actuación musical. | A popular old-style song accompanied by shamisen music; musical performance.

oni おに ∿ 鬼 ▸ (fo) /el/ Demonio u ogro con cuernos, aspecto feroz, colmillos de tigre y una maza en la mano. | A horned, ferocious, tiger-fanged demon or ogre who carries a club in one hand. // La verdadera naturaleza de los *oni* es ambivalente: puede ser buena y también demoniaca.

oni arashiko ganna おに あらしこ がんな ∿ 鬼荒しこ鉋 ▸ (et) /el/ Cepillo de carpintero usado para desbastar. | Carpenter's preliminary roughing plane.

oni gawara おに がわら ∿ 鬼瓦 ▸ (arq) /la/ Teja con el rostro de un ogro u ***oni*** que decora el tejado de un edificio {*comparar con **shachi gawara***}. | Tile with the face of an ogre or oni that decorates the roof of a building {*compare with* shachi gawara}.

oni uchimame おに うちまめ ∿ 鬼打豆 ▸ (fo) /las/ Sojas tostadas lanzadas a un ***oni*** imaginario el 3 o 4 de febrero {*ver* **Setsubun**}. | Roasted soybeans hurled at an imaginary oni on February 3rd or 4th {*see* Setsubun}.

onibaba おにばば ∿ 鬼婆 ▸ (fo) /la/ Bruja; arpía. | A witch; a hag.

onigiri おにぎり ∿ お握り ▸ (co) /el/ Bola de arroz; arroz compactado en la mano con forma triangular o esférica envuelto por lo general en ***nori*** y con una ciruela encurtida u otro relleno en su interior. | A rice ball; a palm-sized triangle or ball of cooked rice usually wrapped in nori and stuffed with a pickled plum or other filling. // De merienda nos llevamos dos *onigiri* cada uno.

onigokko おにごっこ ∿ 鬼ごっこ ▸ (ju) /el/ Juego infantil de alcanzar y tocar, semejante a la peste o al ratón y al gato. | A children's game of chasing someone like tag or cat and mouse.

Ōnin no ran おうにん の らん ∿ 応仁の乱 ▸ (hi) /las/ Guerras que asolaron Kioto entre 1467 y 1477, llamadas así por el nombre de la era en que empezaron. |

Wars that devastated Kyoto between 1467-1477 named after the period in which they began.

onīsan おにいさん ⥊ 御兄さん ▸ (so) /el/ Hermano mayor; persona que ejerce de hermano mayor; tratamiento de respeto usado con actores y artistas en el mundo del **kabuki** y de las ***geishas***. | Elder sibling; person who acts as an elder sibling; term of respect used by actors and artists in the world of geishas and kabuki.

onkochishin おんこちしん ⥊ 温故知新 ▸ (fi / ar / ar mar) /el, la/ «Estudiar lo antiguo para comprender lo nuevo»: idea confuciana fundamental en la enseñanza de las artes tradicionales de Japón incluidas las marciales. | «Study the old to understand the new»: fundamental Confucian idea in the teaching of the traditional arts in Japan as well as the martial arts of Japan.

onmitsu おんみつ ⥊ 隠密 ▸ (hi) /el/ Conjunto de agentes secretos empleados por el Gobierno **Tokugawa** en la Era Edo (1600-1686). | A general term for various categories of secret agents of the Tokugawa shogunate during the Edo period (1600-1868).

onmyōdō おんみょうどう ⥊ 陰陽道 ▸ (fi) /el/ «La Vía del yin y el yang»: sistema de creencias de origen chino basado en el yin y el yang y en los cinco elementos; cuerpo de prácticas mágicas de origen chino. | «The way of Yin and Yang»: a system of belief based on the ancient Chinese theories of yin and yang and of the five elements; the magical practices of Chinese origin. // El *onmyōdō* regulaba muchos actos cotidianos de la vida de la nobleza de Heian.

onmyōji おんみょうじ ⥊ 陰陽師 ▸ (fi) /el/ Maestro del ***onmyōdō***, adivino. | Master or teacher of onmyōdō, seer.

onna bugeisha おんな ぶげいしゃ ⥊ 女武芸者 ▸ (hi) /la/ Guerrera, contraparte femenina del ***samurai*** (**samurái**, DLE). | Woman warrior, the female counterpart to the samurai. // Tomoe Gozen, que aparece en el *Heike monogatari*, fue la más famosa *onna bugeisha* de todos los tiempos.

onna gidayū (Gidayū) おんな ぎだゆう ⥊ 女義太夫 ▸ (mu) /la/ Mujer recitadora de ***Gidayū***. | A female gidayū reciter.

onna kabuki おんな かぶき ⥊ 女歌舞伎 ▸ (te) /el/ **Kabuki** en el cual los papeles femeninos eran interpretados por mujeres. | Kabuki in which women's roles were played by women.

onna katari bungaku おんな かたり ぶんがく ⥊ 女語り文学 ▸ (li) /la/ Literatura de relatos creados por mujeres. | Literary tales created by women.

onna kotoba, *ver* joseigo. | *See* joseigo.

onnade おんなで ⥊ 女手 ▸ (le) /la/ «Mano de mujer»: escritura ***hiragana*** {*ver* ***onnamoji***} asociada a las mujeres al comienzo de la Era Heian (794-1185). | «A woman's hand»: hiragana writing {*see* onnamoji} made by women at the beginning of the Heian period (794-1185).

onnagata おんながた ⥊ 女形 ▸ (te) /el/ Actor especializado en papeles femeninos en el teatro **kabuki**. | A male player specialized in female roles, especially in kabuki. // El ideal del *onnagata* es la abstracción de la feminidad y no la representación de una mujer real.

onnamoji, onna moji おんなもじ ⥊ 女文字 ▸ (le) /la/ Escritura [caligrafía] de mujer {*contrastar con* ***otoko moji***}. | A woman's handwriting {*contrast with* otoko moji}. // Dicen que la *onna moji* es el origen del silabario *hiragana*.

onobori san おのぼり さん ⥊ お上りさん ▸ (so) /el, la/ Un paleto de visita en una gran ciudad. | A country bumpkin visiting the big city.

onryō おんりょう ⥊ 怨霊 ▸ (fo) /el/ Fantasma del espíritu vengativo de alguien muerto de forma no natural o en estado de ira o resentimiento {*ver* ***goryō***}. | Vengeful spirit of a person who died unnaturally or in a state of anger or resentment {*see* goryō}.

onsen おんせん ∿ 温泉 ▸ (et) /el/ Balneario termal, aguas termales. | A thermal spring. // Pasamos el fin de semana en un *onsen* de Hakone.

onsen hō おんせん ほう ∿ 温泉法 ▸ (ja) /la/ Ley de aguas termales. | Law of thermal springs.

onsen manjū おんせん まんじゅう ∿ 温泉饅頭 ▸ (et / co) /el, la/ Bollo relleno de ***manjū*** y cocido al vapor de las aguas de un ***onsen***. | Bun filled with manjū and steamed in the waters of an onsen.

onsen meguri おんせん めぐり ∿ 温泉巡り ▸ (et) /el/ Recorrido por varios ***onsen***. | Making the rounds at several onsen.

onsen tamago おんせん たまご ∿ 温泉卵 ▸ (et) /el/ Huevo cocido al vapor de las aguas termales de un ***onsen***. | Boiled egg made by steaming in the thermal waters of an onsen.

on'yoku おんよく ∿ 温浴 ▸ (et) /el/ Baño en agua caliente. | A hot bath.

On'yōryō おんようりょう ∿ 陰陽寮 (hi) /el, la/ «Oficina de Yin y Yang»: departamento gubernamental establecido en el 701-702, ocupado de la astrología, astronomía, elaboración del calendario y prácticas adivinatorias {*ver* ***onmyōdō***}. | «Yin and Yang Office»: government department established in 701-702 in charge of astrology, astronomy, the elaboration of the calendar and fortune-telling practices {*see* onmyōdō}.

Ōoka sabaki おおおか さばき ∿ 大岡 裁き ▸ (hi) /la/ Decisión salomónica. | A Solomon-like decision. // El nombre de *Ōoka sabaki* está tomado del sabio juez Ōoka Echizen, del s. XVIII.

ōoku おおおく ∿ 大奥 ▸ (arq / hi) /el/ Palacio interior; los aposentos de las mujeres en la mansión del ***shōgun*** (**sogún**, DLE). | The inner palace; the women's quarters of the shōgun's palace.

ōraimono おうらいもの ∿ 往来物 ▸ (li) /los/ Libros clásicos para enseñar a escribir cartas; libros manuales y guías. | Classical textbooks for learning letter writing; manuals and textbooks for social common sense.

Oranda ryū オランダ りゅう ∿ オランダ流 ▸ (li) /el/ «Escuela de Holanda»: estilo poético heterodoxo de **haikai**. | «Dutch school»: unconventional style of haikai poetry.

origami (origami, DLE) おりがみ ∿ 折紙 ▸ (art) /el/ Arte del plegado de papel para hacer figuras; papiroflexia. | The art of folding paper into figures. // Mi profesora de japonés es una maestra de origami.

oriku おりく ∿ 折句 ▸ (li) /el/ Un poema de versos acrósticos; un poema de tema oculto. | A poem in which each line starts with a syllable of a specified word; a poem with a hidden topic.

orizuru おりづる ∿ 折り鶴 ▸ (art) /la/ Grulla hecha con **origami**. | An origami crane.

orochi おろち ∿ 大蛇 ▸ (fo) /la/ Serpiente gigante. | A giant snake.

oroshi おろし ∿ 下ろし ▸ (co) /la/ Ralladura. | Grated rind, zest.

颪 ▸ (cl) /el/ Viento frío que sopla en la llanura de Kantō. | Cold wind that blows in the Kantō Plain.

osa byakushō おさ びゃくしょう ∿ 長百姓 ▸ (hi) /el, la/ Estamento más alto de la sociedad rural durante la Era Edo (1600-1868). | Highest rural social class during the Edo period (1600-1868).

osaekomi waza おさえこみ わざ ∿ 抑え込み技 ▸ (ar mar) /la/ Técnica de inmovilización de un adversario en ***jūdō*** (**judo**, DLE). | A pinning technique in jūdō.

osechi ryōri おせち りょうり ∿ 御節料

理 ▸ (co) /la/ Comida tradicional de Año Nuevo. | Traditional meal at New Year's.

ōsei fukko おうせい ふっこ ⌇ 王政復古 ▸ (hi) /el, la/ «Restauración de la soberanía imperial»: en los años previos a la Restauración Meiji (1868), programa para la destrucción del ***bakufu*** y la restitución de la responsabilidad directa del gobierno de la nación en la persona del emperador. | «Restoration of imperial rule»: program for the destruction of the bakufu and the restitution of direct responsibility for the governance of the nation in the person of the Emperor prior to the Meiji Restoration in 1868.

oseibo おせいぼ ⌇ お歳暮 ▸ (et / so) /el/ Obsequio de fin de año. | A gift made at the end of the year.

oshaku おしゃく ⌇ お酌 ▸ (et) /el/ El acto de servir una bebida, tradicionalmente **sake**, a una persona. | The act of serving a drink, traditionally sake, to a person.

oshi おし ⌇ 御師 ▸ (re) /el/ Sacerdote **sintoísta** de bajo rango; maestro exorcista; poseedor de poderes mágico-religiosos. | A low ranking Shintō priest; a master of exorcism; someone possessing magical-religious powers.

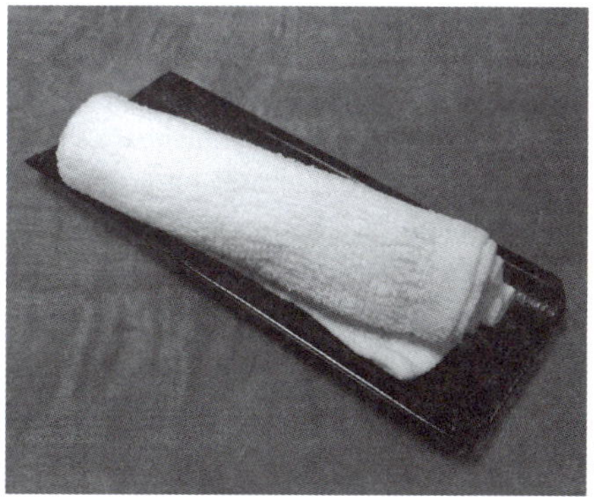
oshibori

oshibori おしぼり ⌇ 御絞り ▸ (et) /el/ Paño húmedo, por lo general caliente en invierno y frío en verano, usado para lavarse las manos antes de comer. | A damp washcloth, hot in winter and cold in summer, for washing one's hands before a meal. // Nada más sentarnos en la cafetería, la camarera nos trajo agua fresca y un *oshibori* dentro de una funda de plástico.

oshichiya おしちや ⌇ 御七夜 ▸ (ca) /el/ El séptimo día tras el nacimiento. | The seventh day after birth.

oshidashi butsu おしだし ぶつ ⌇ 押出し仏 ▸ (ar / re) /la/ Imagen en relieve de temática budista hecha de una lámina de cobre. | Image in relief with a Buddhist theme made of a copper strip.

oshiire おしいれ ⌇ 押入れ ▸ (vi) /el/ Un armario de puertas correderas empotrado en una pared de ***fusuma***. | A closet with sliding doors in the wall of a fusuma. // El futón lo guardamos en el *oshiire*.

oshiki おしき ⌇ 折敷 ▸ (mo) /la/ Bandeja cuadrada usada para las ofrendas a los dioses. | Square tray used in offerings to the gods.

oshinko おしんこ ⌇ お新香 ▸ (co) /el/ Encurtidos; verduras encurtidas. | Pickles; pickled vegetables.

oshiroi おしろい ⌇ 白粉 ▸ (in) /el/ Maquillaje blanco para el rostro. | White facial make-up.

oshiruko おしるこ ⌇ お汁粉 ▸ (co) /el/ Sopa de alubias endulzada con ***mochi***; postre tradicional servido frecuentemente en las ***kanmikissa***. | A bean soup sweetened with mochi; a traditional dessert frequently served in the kanmikissa.

oshiya おしや ⌇ 押し屋 ▸ (so) /el/ Empleado de la estación encargado de empujar a los pasajeros para que se puedan cerrar las puertas del tren. | Train station employee in charge of pushing passengers onto a train so that the doors can be closed.

oshizushi おしずし ⌇ 押し鮨 ▸ (co) /el/ ***Sushi*** prensado con lonchas de pescado escabechado. | Pressed sushi with slices of vinegared fish in it.

oshō おしょう ∿ 和尚 ▸ (re) /el/ Sacerdote budista, frecuentemente anciano o encargado de un templo. | A Buddhist priest, often elderly or in charge of a temple.

ōsode おおそで ∿ 大袖 ▸ (arm) /las/ Hombreras de una armadura. | Shoulder pads on a suit of armor.

ōsōji おおそうじ ∿ 大掃除 ▸ (et) /la/ «Gran limpieza»: limpieza a fondo en las casas japonesas realizada al acabar el año. | «Great cleaning»: a thorough cleaning of Japanese houses at the end of the year. // En mi casa, los últimos días de diciembre los pasamos muy atareados con la *ōsōji*.

osomatsu sama おそまつ さま ∿ 御粗末様 ▸ (et / le) Expresión de cortesía dicha en respuesta al aprecio por la comida [***gochisō sama***]. | Expression of courtesy given in answer to and appreciation for a meal [gochisō sama].

osonae おそなえ ∿ 御供え ▸ (re) /la/ Ofrenda hecha ante el altar de un santuario, templo o casa familiar. | An offering made at a shrine, temple or household altar.

ōsoto gari おおそと がり ∿ 大外刈 ▸ (ar mar) /la/ Técnica de las artes marciales consistente en derribar al adversario tras darle una patada en una pierna por detrás. | Martial arts technique consisting of knocking down one's adversary after previously kicking him on the leg from behind.

osubera kashi おすべら かし ∿ お垂髪 ▸ (pe) /el/ Peinado tradicional de las esposas de los miembros de la clase ***samurai*** (**samurái**, DLE) y de las sacerdotisas **sintoístas**, consistente en recoger el cabello por los lados y dejarlo caer desde la nuca. | A traditional hairstyle for the wives of samurais and Shintō priestesses, with the hair gathered up on both sides and hanging from the nape of the neck.

otachidai おたちだい ∿ 御立ち台 ▸ (arq) /el/ Balcón desde el que el emperador y los miembros de la familia imperial aparecen ante el público. | A balcony from which the emperor and members of the imperial family appear before the public.

otafuku おたふく ∿ お多福 ▸ (fo) /la/ Amuleto en forma de cara femenina sonriente que se puede adquirir en los festivales **sintoístas** de noviembre. | A good luck charm representing the mask of a jolly-looking woman that can be purchased at Shintō festivals in November.

otaku おたく ∿ オタク ▸ (so) /el, la/ Persona que practica de modo obsesivo una afición, especialmente de **manga** y ***anime***. | A person obsessed with a hobby; a freak, especially of manga and anime.

otedama おてだま ∿ お手玉 ▸ (ju) /el/ Juego infantil con una pelota rellena de alubias secas u otras legumbres y que se practica con las manos. | A children's game that consists of juggling or tossing a bean bag.

otemae おてまえ ∿ お点前 ▸ (es) /el/ Procedimiento seguido en la ceremonia de té. | Procedure followed in the tea ceremony.

otogi zōshi おとぎ ぞうし ∿ 御伽草子 ▸ (li) /el, la/ «Historia de compañía»: relato ficticio y anónimo escrito en la Era Muromachi (1333-1560). | «Companion tales»: anonymous fictional stories written during the Muromachi period (1333-1560).

otogishū おとぎしゅう ∿ 御伽衆 ▸ (hi / so) /el/ Especialmente en los ss. XVI y XVII, empleado por un ***daimyō*** (**daimio**, DLE) o señor como conversador. | A man who served his master or daimyō as a conversational partner, especially in the 16th and 17th centuries.

otohime おとひめ ∿ 乙姫 ▸ (po) /la/ La hermana menor de una princesa. | The younger sister of a princess.

otoko date おとこ だて ∿ 男伊達 ▸ (ps) /la/ Hombría; virilidad; (hi) /los/ plebeyos rudos originalmente protectores de la gente humilde contra los abusos de algunos miembros de la clase ***samurai*** (**samurái**, DLE). | Manhood; virility; uncouth common folk who originally protected humble folk from the abuse of some of the samurai.

otoko geisha おとこ げいしゃ ∿ 男芸者 ▸ (so) /el/ ***Geisha*** hombre. | A male geisha.

otoko moji おとこ もじ ∿ 男文字 ▸ (le) /la/ Escritura masculina {*en contraste con* ***onnamoji***}. | Masculine writing {*contrast with* onnamoji}.

otoko naki おとこ なき ∿ 男泣き ▸ (et) /las/ Lágrimas de un hombre en ocasiones luctuosas o de gran dolor aceptadas por la sociedad. | Tears shed by a man, sometimes mournful or of extreme pain, accepted by society.

otōsan おとうさん ∿ お父さん ▸ (so) /el/ Padre; persona que ejerce la función de padre. | Father; person who acts as a father.

otōshi おとおし ∿ お通し ▸ (co) /los/ Entrantes, aperitivos. | Hors d'oeuvres.

otoshi banashi おとし ばなし ∿ 落し噺 ▸ (li / so) /la/ Recitación de historias de carácter cómico en la cual se ha visto el origen del ***rakugo***. | Recitation of tales of a comic character in which the origin of rakugo has been seen.

otoshi dama おとし だま ∿ お年玉 ▸ (et) /el/ Aguinaldo; un obsequio, generalmente monetario, que se entrega a un niño dentro de un sobre de regalo en Año Nuevo. | A gift, usually of money and enclosed in a seasonal envelope, which is presented to a child at New Year's.

ōtsue, Ōtsu-e おおつえ ∿ 大津絵 ▸ (art) /las/ Imágenes populares vendidas en puestos callejeros en Oiwake (cerca de Ōtsu) desde mediados del s. XVII. | Folk pictures sold at roadside stands in Oiwake (near Ōtsu) from the mid-17th century.

otsukare sama おつかれ さま ∿ 御疲れ様 ▸ (le) /el/ «Gracias por sus [tus] esfuerzos»: frase con que se aprecia el trabajo ajeno una vez concluido. | «Thanks for your efforts»: an expression in appreciation for helping one out once the work is done.

otsuke おつけ ∿ お付け ▸ (co) /el/ Potaje [sopa] de ***miso***. | A miso stew [soup].

otsukuri おつくり ∿ お作り ▸ (co) /el/ Atún crudo fileteado. | A dish of sliced raw tuna.

ōtsuzumi

ōtsuzumi おおつづみ ∿ 大鼓 ▸ (mu / te) /el/ Tambor de mano en forma de reloj de arena usado en el teatro ***noh*** y en otras artes. | Hand drum in the shape of an hourglass used in noh theater and other arts.

ottsuke おっつけ ∿ 押っ付け ▸ (de) /la/ Técnica de ***sumō*** (**sumo**, DLE) en la cual se traba el brazo del rival para impedirle sujetar el ***mawashi***. | A sumō wrestling technique in which an opponent's arm is locked to prevent him from getting hold of the other's mawashi.

ōuta おおうた ⇃ 大歌 ▸ (mu / li) /la/ «Gran canción»: canción cantada en la corte imperial en ciertas ceremonias, ritos o diversiones. | «Great song»: song used at court for certain ceremonies, rites, or entertainment.

ouviei, *ver* **OVA.** | *See* OVA.

OVA (*pron.* |*oubiéi*|) <ing. OVA, *Original Video Animation*> オウブイエイ ▸ (ma) /el, la/ Miniserie de ***anime*** que normalmente consta de dos episodios y que aparece directamente en video en el mercado. | An anime miniseries usually consisting of two episodes and directly available in video format.

ōya おおや ⇃ 大家 ▸ (so) /el, la/ Propietario de una vivienda alquilada, arrendador. | Owner of a rented home, a landlord.

oyabun おやぶん ⇃ 親分 ▸ (so) /el/ Jefe de una familia ***yakuza***. | Boss of a yakuza family.

oyabun hada おやぶん はだ ⇃ 親分肌 ▸ (so / ps) /el, la/ Persona inclinada a preocuparse por los demás. | A person inclined to look out for others.

oyakata おやかた ⇃ 親方 ▸ (de) /la/ Fórmula de tratamiento concedida al luchador de ***sumō*** (**sumo**, DLE) ya retirado [***toshiyori***], pero que sigue activo, a veces como entrenador, en el mundo de dicho deporte; (so) /el/ en las relaciones interpersonales, estatus de padre {*ver* ***kokata***}. | Form of treatment given to a retired sumō wrestler who is still active in the world of sumō, sometimes as a trainer; the status of father in interpersonal relationships {*see* kokata}.

oyako donburi おやこ どんぶり ⇃ 親子丼 ▸ (co) /el/ Cuenco de arroz recubierto con huevo y trozos de carne de pollo que se cuece todo junto. | A bowl of rice topped with chicken and eggs cooked together.

oyakōkō おやこうこう ⇃ 親孝行 ▸ (so) /la/ Piedad filial. | Filial piety.

oyama, *ver* **onnagata.** | *See* onnagata.

Ōyashima おおやしま ⇃ 大八洲 ▸ (mi / ge) /las/ «Las Ocho [El sinfín de] grandes islas»; el archipiélago japonés. | The «Eight Islands»: The Many Great Islands; the Japanese archipelago.

Oyashio おやしお ⇃ 親潮 ▸ (ge) /la/ Corriente oceánica fría de Chishima que fluye hacia el sur por las costas japonesas {*ver* **Kuroshio**}. | Cold Chishima current, which flows southward along Japan's coasts {*see* Kuroshio}.

oyatsu おやつ ⇃ お八つ ▸ (co) /el, la/ Merienda. | A snack.

ōyōka おうようか ⇃ 応用花 ▸ (ar) /el, la/ Versión libre de un modelo de **ikebana**. | Free version of a model of ikebana.

oyuya, *ver* **yuya.** | *See* yuya.

ozashiki, *ver* **zashiki.** | *See* zashiki.

ōzeki おおぜき ⇃ 大関 ▸ (de) /el/ El segundo grado más alto de ***sumō*** (**sumo**, DLE) por debajo de ***yokozuna***. | The second highest rank in sumō wrestling after yokozuna.

ōzumō おおずもう ⇃ 大相撲 ▸ (de) /el/ Gran torneo profesional de ***sumō*** (**sumo**, DLE). | A grand professional sumō wrestling tournament.

P

pachinko

pachinko ぱちんこ、パチンコ ▸ (ju) /el/ Juego de bolas individual y en máquina vertical, popular en Japón. | Upright pinball-like machine game popular in Japan. // Al lado de muchas estaciones de tren hay una sala de *pachinko* decorada de llamativos colores y luces brillantes.

panko ぱんこ ≀ パン粉 ▸ (co) /el, la/ Miga de pan; pan rallado. | Bread crumbs.

para para パラ　パラ ▸ (et) /el/ Baile de discoteca en el que los brazos se mueven sincronizadamente. | Disco dancing with synchronized arm movements.

parasaito shinguru <ing. *parasite single*> パラサイト　シングル ▸ (so) /el, la/ Joven soltero o soltera que sigue viviendo en el hogar paterno. | Young single person who still lives at home with their parents.

pinku eiga ピンク　えいが ≀ ピンク映画 ▸ (ci) /la/ Película de carácter erótico. | Erotic movie or film.

puchipura <fr. *petit* + ing. *price*> プチプラ ▸ (so) /la/ Moda de ropa de precios asequibles y diseños atrevidos; económico. | Clothing with daring designs and accessibly priced; economical.

pukupuku ぷくぷく ≀ プクプク ▸ (so) /el, la/ Aplicado al diseño tridimensional de uñas; gordezuelo, regordete. | Expression applied to tridimensional fingernail design; chubby, plump.

R

raden らでん ᔐ 螺鈿 ▸ (ar) /el, la/ Técnica de decoración de laca [***urushi***] o madera en la cual se realizan incrustaciones con madreperla u otras conchas. | Decorative technique of lacquerware [urushi] and woodwork using mother of pearl or other shells.

raidō らいどう ᔐ 礼堂 ▸ (arq / re) /el/ Pabellón de un monasterio budista destinado a acoger a los fieles. | Wing or annex at a Buddhist monastery for taking in the faithful.

raigō, *ver* **raigōzu.** | *See* raigōzu.

raigōzu らいごうず ᔐ 来迎図 ▸ (re / ar) /la/ Representación pictórica de Buda **Amida** y de los ***bosatsu*** que descienden para acoger a los fieles moribundos en el Paraíso de la Tierra Pura {*ver* **Jōdo-shū** *y* **Jōdo-shinshū**}. | Pictorial representations of the Buddha Amida and the bodhisattvas descending to welcome the dying faithful into the Pure Land {*see* Jōdo-shū *and* Jōdo-shinshū}.

Raijin らいじん ᔐ 雷神 ▸ (re) Deidad del trueno en la mitología **sintoísta** representada con aspecto demoniaco y cuerpo musculoso {*comparar con* **Fūjin**}. | Deity of thunder in Shintō mythology with a demonic demeanour and a muscular body {*compare with* Fūjin}.

rakan <sáns. *arhat*> らかん ᔐ 羅漢 ▸ (re) /el, la/ Término originalmente usado para designar a Buda y posteriormente a cualquier budista que había alcanzado un grado de sabiduría semejante al de Buda. | Term originally used to describe Buddha and any Buddhist who had reached a degree of knowledge similar to Buddha's.

rakkan らっかん ᔐ 落款 ▸ (ar) /el, la/ Firma o sello, en especial en pinturas y obras caligráficas. | Signature or seal, especially on paintings and in calligraphic works.

raku らく ᔐ 烙 ▸ (ce) /la/ Cerámica vidriada con plomo y cocida a baja temperatura que se usa principalmente en la ceremonia de té. Sus vasijas suelen ser rojizas, negras y, en ocasiones, blancas {*ver* ***tebineri***}. | A soft, low-fired, lead-glazed ware primarily for use in the tea ceremony. The bowls are usually red, black or sometimes white {*see* tebineri}. // Dicen que la cerámica *raku* la inició Chōjirō, el hijo de un tejero coreano, en el s. XVI.

rakugan らくがん ᔐ 落雁 ▸ (co) /el/ Dulce seco y duro hecho de harina de **soja** y azúcar. | A hard dry sweet made of soy flour and sugar.

rakugo らくご ᔐ 落語 ▸ (li) /el/ Monólogo cómico en el cual un recitador [***rakugoka***] vestido con un **kimono** sencillo crea una narración ficticia usando expresiones faciales y vocales con las que caracteriza a los personajes de esta. | A comic monologue in which a storyteller [rakugoka] dressed in a plain kimono, creates an imaginary story through skillful use of vocal and facial expressions to portray various characters. // En el Japón actual, el arte tradicional del *rakugo* prospera por haber sabido adaptarse a los modernos desafíos de la radio, la televisión e internet.

rakugoka らくごか ᔐ 落語家 ▸ (li) /el, la/ Un contador de historias de ***rakugo***. | A rakugo storyteller.

rakusei shiki らくせい しき ᔐ 落成式 ▸ (re) /la/ Ceremonia de acabamiento de una construcción. | Ceremony held on finishing the construction of a building.

rakusu らくす ∿ 絡子 ▸ (in) /el/ Peto que lleva sobre el hábito el monje **zen** y que le cuelga del pecho. | Bib-like garment hanging from the neck over the robe of a Zen priest.

rāmen <chin. *lamian* = «fideos que se estiran»> ラーメン ∿ 拉麺 ▸ (co) /el/ Sopa de fideos de trigo de estilo chino en diferentes sabores y servida en un cuenco de caldo, generalmente con trozos de carne asada de cerdo. | Chinese noodles made mainly of wheat flour and seasoned to suit the Japanese palate. The noodles are served in a bowl of stock, usually with slices of roast pork. // Para matar el hambre, nos tomamos un cuenco de *rāmen* en la estación unos minutos antes de salir el tren.

rampō, *ver* **ranpō.** | *See* ranpō.

rampu <ing. *lamp*> ランプ ▸ (et) /la/ Lámpara, generalmente de keroseno, introducida a mediados del s. XIX. | Lamp introduced in the mid-19th century, generally of kerosene.

randori らんどり ∿ 乱取 ▸ (ar mar) /el/ Entrenamiento en ***jūdō*** (**judo**, DLE) en el cual ambos participantes se atacan y se defienden. | Sparring training in jūdō in which both participants practice attack and defense.

randoseru <hol. *ransel*> ランドセル ▸ (et) /el/ Cabás o mochila escolar que llevan los niños cuando empiezan a ir a la escuela. | A knapsack used by youngsters when starting to attend school.

Rangaku らんがく ∿ 蘭学 ▸ (hi) /el/ «Estudios holandeses»: el estudio y conocimiento de Occidente en la Era Edo (1600-1868) a través de libros holandeses. | «Dutch learning»: the study and learning of Western ideas from books in Dutch during the Edo period (1600-1868).

ranma らんま ∿ 欄間 ▸ (arq) /el/ Montante de un edificio. | Transom in a building.

ranpō らんぽう ∿ 蘭方 ▸ (me) /la/ Medicina occidental tal como se conocía en la Era Edo (1600-1868) {*en oposición a* ***kanpō***}. | Western medicine as it was known in the Edo period (1600-1868) {*as opposed to* kanpō}.

Rasetsunyo らせつにょ ∿ 羅刹女 ▸ (re) /el, la/ En la iconografía budista, demonio femenino que se alimenta de carne humana. | Female demon who thrives on human flesh in Buddhist iconography.

rei れい ∿ 礼 ▸ (fi / ps) /el/ Decoro, una de las virtudes constantes del confucianismo; norma de conducta socialmente establecida y aceptable según la tradición, especialmente en los modales y la etiqueta {*ver* ***chi, makoto*** *y* ***jin***}; reverencia, inclinación, saludo. | Propriety, one of the constant virtues in Confucianism; a socially established pattern of conduct conforming to tradition, especially in the sense of proper manners and etiquette {*see* chi, makoto *and* jin}; reverence, bowing, greeting.

麗 ▸ (es) /el, la/ Magnífico o hermoso de ver u oír; espléndido. | Stately and beautiful to the eye or ear; splendid.

reifuku れいふく ∿ 礼服 ▸ (in) /el/ Traje completo de etiqueta. | Full formal dress.

reigi, *ver* **rei.** | *See* rei.

reihō れいほう ∿ 礼法 ▸ (ar mar) /la/ Código de respeto y cortesía por medio de inclinaciones y otros rituales {*también llamado* ***reigi*** *sahō*}. | A code of respect and courtesy through bowing and other rituals {*also called* reigi sahō}.

reikin れいきん ∿ 礼金 ▸ (vi) /el/ Depósito no reembolsable equivalente a uno o dos meses de alquiler que el inquilino paga al propietario; «dinero llave». | Non-refundable deposit equivalent to one or two months' rent that the tenant pays to the owner; «key money».

reikyūsha れいきゅうしゃ ∿ 霊柩車 ▸ (tr) /el/ Coche fúnebre. | A hearse.

reisai れいさい ⌇ 霊祭 ▸ (re) /la/ Ceremonia de veneración a los ancestros. | Ceremony in veneration of deceased ancestors.

reishabu れいしゃぶ ⌇ 冷しゃぶ ▸ (co) /la/ Tiras de carne hervidas que se sirven frías y aderezadas con salsa. | Boiled sliced meat served cold and seasoned with a sauce.

reishi (*Ganoderma lucidum*) れいし ⌇ 霊芝 ▸ (bo) /el/ Especie de hongo empleado en la medicina tradicional china y símbolo de la eterna juventud. | Type of mushroom used in traditional Chinese medicine and a symbol of eternal youth.

reisho れいしょ ⌇ 隷書 ▸ (ar) /el/ Estilo caligráfico empleado sobre todo en inscripciones. | A calligraphic style specially used for inscriptions.

Reiwa れいわ ⌇ 令和 ▸ (hi) /la/ Nombre de la era iniciada en 2019 con la ascensión al trono del emperador Naruhito. | Name given to the period that started in 2019 with the ascension to the throne of Emperor Naruhito.

reki hakase れき はかせ ⌇ 暦博士 ▸ (hi / et) /los/ En la antigüedad, medidores o supervisores de los cambios en el calendario {*ver* ***rōkoku***}. | Mediators or supervisors of the calendar change in ancient times {*see* rōkoku}.

rekishi monogatari れきし ものがたり ⌇ 歴史物語 ▸ (li) /el/ Relato histórico de finales de la Era Heian (794-1185). | Historical tale of the late Heian period (794-1185).

remmei, *ver* **renmei.** | *See* renmei.

ren'ai れんあい ⌇ 恋愛 ▸ (so / li) /el/ Amor romántico de inspiración occidental. | Romantic love inspired by the Western tradition.

renben れんべん ⌇ 蓮弁 ▸ (ar) /el/ En la iconografía budista, pétalos de loto sobre los que se asienta una imagen sagrada. | Lotus petals where a sacred image in Buddhist iconography rests.

renga れんが ⌇ 連歌 ▸ (li) /el/ «Versos encadenados»: originalmente, un poema de cinco versos [**tanka**], los tres primeros de los cuales eran compuestos por un poeta y los dos últimos por otro; especialmente desde el s. XIII, series de hasta cien poemas encadenados por un mismo tema y compuestos por varios poetas. | «Linked verse»: originally a tanka or five-line-poem, whose first three lines were composed by one person and the concluding two lines by another; especially starting from the 13th century, sequences of a hundred linked poems composed by different poets that sequentially developed a theme poem. // El *renga* tuvo su esplendor en el s. XV y en Sōgi (1421-1502), a su máximo exponente.

renju れんじゅ ⌇ 連珠 ▸ (ju) /el/ Juego de mesa parecido al **go** en el cual las fichas se colocan en los puntos de intersección de quince filas verticales y de otras tantas horizontales. | Board game similar to go in which the stones are placed at the intersections of fifteen vertical and fifteen other horizontal rows.

renkon れんこん ⌇ 蓮根 ▸ (co) /la/ Rizoma comestible de loto. | An edible lotus rhizome.

renku れんく ⌇ 連句 ▸ (li) /el, la/ Denominación moderna del **haiku** encadenado; estrofas encadenadas escritas en chino. | A modern name for linked haiku verse; linked verses written in Chinese.

renmei れんめい ⌇ 連盟 ▸ (ar mar) /la/ Federación de artes marciales. | Federation of Martial Arts.

renritsu shiki tenshu れんりつ しき てんしゅ ⌇ 連立式天守 ▸ (arq) /el/ Torreón de un castillo cuando se encuentra conectado a otros torreones menores {*comparar con* ***dokuritsu tenshu***}. | A castle tower that is connected with smaller towers {*compare with* dokuritsu tenshu}.

rensha れんしゃ ∿ 輦車 ▸ (hi / tr) /el/ Vehículo cerrado y pequeño con dos ruedas movidas por cuatro o más hombres provistos de largas varas. Se usaba en la Era Heian (794-1185). | A small enclosed carriage with two wheels propelled by four or more men by means of long poles. It was used during the Heian period (794-1185).

renshi れんし ∿ 錬士 ▸ (ar mar) /el, la/ Practicante de artes marciales oficialmente cualificado para enseñar y con rango inferior a los de ***kyōshi*** y ***hanshi***. | Practitioner of the martial arts with a lower rank than kyōshi and hanshi but officially qualified to teach.

renza れんざ ∿ 連座 ▸ (ps) /la/ Principio de la responsabilidad colectiva; parte del ejercicio legal en el Japón premoderno. | The principle of group responsibility and liability; a part of legal practice in premodern Japan.

ri り ∿ 里 ▸ (pe y me) /la/ Una legua japonesa, equivalente a 3,927 m; unidad de superficie vigente hasta el final de la Era Heian (1185) y equivalente a 42,77 ha; (hi) unidad mínima de administración local en el Japón premoderno: cada *ri* comprendía cincuenta familias bajo la autoridad de un jefe de aldea. | A Japanese league or unit of linear measure equivalent to 2.44 mi; unit of square measure in use until the end of Heian period (1185) equivalent to 105.69 ac; the smallest unit of local administration in premodern Japan: each ri comprised fifty households under the authority of a village chief.

理 ▸ (fi) /el/ En el neoconfucianismo, principio o norma moral. | Principle or ethical norm in Neo-Confucianism.

ribungaku りぶんがく ∿ 理文学 ▸ (li) /la/ Escritura racional o intelectual {*en contraste con* ***bibungaku***}. | Rational or intellectual writing {*contrast with* bibungaku}.

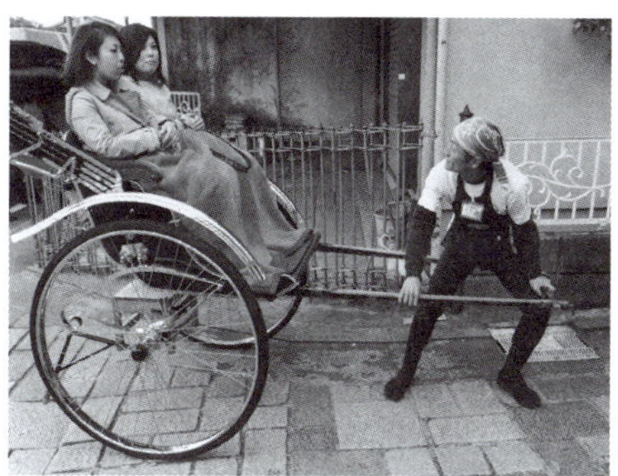

rikisha

rikisha (jinrikisha) りきしゃ (じんりきしゃ) ∿ 力車 (人力車) ▸ (tr) /el/ «Coche de tracción humana»: carrito de dos ruedas tirado por un hombre. | A rickshaw: a two-wheeled vehicle pulled by a man. // En la Era Meiji (1868-1912), el *rikisha* era un popular medio de transporte.

rikishi りきし ∿ 力士 ▸ (de) /el/ Luchador de ***sumō*** (**sumo**, DLE). | A sumō wrestler.

rikka りっか ∿ 立花 ▸ (ar) /el/ Uno de los estilos de **ikebana** desarrollado en la Era Muromachi (1333-1560) y en el cual predomina la verticalidad de los elementos florales. | One of the ikebana styles developed during the Muromachi period (1333-1560) in which the verticality of floral elements predominated.

Rikyū nezumi りきゅう ねずみ ∿ 利休鼠 ▸ (es) /el/ Color gris verdoso, tono favorecido por el maestro de la ceremonia de té Sen no Rikyū a finales del s. XVI. | Greenish gray, a hue much favored by the tea master Sen no Rikyū in the late 16th century.

Rikyū ōgi りきゅう おうぎ ∿ 利休扇 ▸ (et) /el/ Abanico usado en la ceremonia de té {*ver* ***chadō***}. | Fan used in the tea ceremony {*see* chadō}.

Rimpa, *ver* **Rinpa.** | *See* Rinpa.

rin りん ∿ 厘 ▸ (nu) /el/ La milésima parte del **yen**; (pe y me) medida de longitud y peso equivalente, respectivamente, a 0,3 mm y 0,0375 g. | The thousandth part of the yen; measure of length and weight equal to 0.011 in and 0.0012 oz.

ringi りんぎ ∿ 稟議 ▸ (em) /el/ Sistema de toma de decisiones adoptado frecuentemente en los grandes grupos empresariales o burocráticos japoneses: la propuesta se plantea desde los niveles más bajos del grupo y asciende hasta los más altos en un proceso orientado al consenso del grupo. | A decision-making process commonly followed in large Japanese business groups or bureaucratic organizations, whereby the proposal is prepared by a lower functionary and works its way up through the organizational hierarchy in a group-oriented and consensus-seeking process.

rinne りんね ∿ 輪廻 ▸ (re) /el/ En el budismo, el proceso de transmigración y resurrección budista. | The process of transmigration and rebirth in Buddhism.

Rinpa, Rimpa りんぱ ∿ 琳派 ▸ (ar) /la/ Escuela pictórica que floreció en la Era Edo (1600-1868) y cuyos artistas, característicamente, se sirven en sus cuadros de materiales preciosos, como oro y plata. | School of painting that flourished in the Edo period (1600-1868), whose artists used precious materials such as silver and gold for their paintings.

Rinzai-shū りんざい しゅう ∿ 臨済宗 ▸ (re) /la/ Escuela del budismo **zen** establecida en Japón a finales del s. XII. | School of Zen Buddhism established in Japan at the end of the 12th century.

risshū りっしゅう ∿ 立秋 ▸ (ca) /el/ En el antiguo calendario, día que anunciaba la llegada del otoño y de los tifones, y que caía hacia el 7 de agosto {*comparar con **rittō***}. | The day that autumn and typhoon season began, somewhere around August 7th according to the ancient calendar {*compare with* rittō}.

Risshū りっしゅう ∿ 律宗 ▸ (re) /la/ Escuela budista. Fundada por el monje chino Ganjin (688-763), es una de las llamadas «Seis escuelas de Nara» [Rokushū]. | School of Buddhism founded by the Chinese monk Ganjin (688-763), it's one of the «Six Schools of Nara» [Rokushū].

risshun りっしゅん ∿ 立春 ▸ (ca) /el/ Primer día de primavera según el antiguo calendario. | First day of spring according to the ancient calendar.

ritsurei りつれい ∿ 立礼 ▸ (ar mar) /la/ Inclinación a modo de saludo en posición de pie de unos 15 grados ante el rival y de unos 30 grados ante el altar del ***dōjō***. | Standing bow performed as a greeting of approximately 15 degrees before a training partner or opponent and 30 degrees before the dōjō altar.

ritsuryō りつりょう ∿ 律令 ▸ (hi) /el/ Gobierno centralizado y hereditario desarrollado en Japón bajo inspiración china a finales del s. VII, alcanzando su apogeo a comienzos del siguiente. | The centralized hereditary rule developed in Japan and inspired by China at the end of the 7th century, which reached its apex at the beginning of the 8th century.

rittō りっとう ∿ 立冬 ▸ (ca) /el/ En el antiguo calendario, día que anunciaba la llegada del frío invernal y que caía hacia el 7 de noviembre {*comparar con **risshū***}. | Day of the year according to the ancient calendar that announced the arrival of the winter cold on or about November 7th {*compare with* risshū}.

ro ろ ∿ 絽 ▸ (in) /el/ **Kimono** de verano hecho de tela con rayas de calados. | A striped knitted kimono worn in summer.

rō ろう ∿ 廊 ▸ (arq) /el, la/ Nombre genérico del pasillo o corredor cubierto que comunicaba los distintos pabellones de una villa de estilo ***shinden tsukuri***. | Generic term for the hallway or covered gallery that connected two different wings in a shinden tsukuri style villa.

robata yaki ろばた やき 炉端焼 ▸ (co) /la/ Tipo de comida a la parrilla en la cual el cliente se sienta frente a los alimentos y ordena directamente al cocinero lo que desea; taberna típica japonesa donde se sirve una amplia variedad de comida. | A kind of Japanese barbecue that is chosen and ordered directly from the chef who is cooking it in front of the customer; Japanese-style pub serving a wide variety of food.

rōei ろうえい 朗詠 ▸ (li) /el, la/ Poesía cantada en chino. | Poetry sung in Chinese.

roji ろじ 露地 ▸ (ja) /el/ Espacio ajardinado que rodea una casa o cabaña donde se lleva a cabo la ceremonia de té; jardín de té. | Garden space surrounding a house or cabin where the tea ceremony is held; tea garden.

rōjinbi ろうじんび 老人火 ▸ (fo) /el/ «Fuego de viejo»: ser fantástico de aspecto flamígero que se muestra los días de lluvia y persigue a quienes tratan de evitarlo {*comparar con* ***furaribi***}. | «Old person fire»: fantastic flaming being that appears on rainy days and chases those who try to avoid it {*compare with* furaribi}.

rojiniwa, *ver* **roji.** | *See* roji.

rōjū ろうじゅう 老中 ▸ (hi) /el/ Consejero decano del ***bakufu*** en la Era Edo (1600-1868). | Senior official of the bakufu in the Edo period (1600-1868).

rōkechi, *ver* **rōketsu.** | *See* rōketsu.

rōketsu ろうけつ 臈纈 ▸ (tex) /el/ Proceso de teñido de textiles introducido desde la India vía China y Corea en los ss. VII y VIII. | Process of dyeing textiles introduced from India via China and Korea in the 7th and 8th centuries.

Rokkasen ろっかせん 六歌仙 ▸ (li) /los/ Los seis sabios de la poesía. | The six poetic sages. // Los Rokkasen son llamados así por haber sido mencionados en el prólogo de la antología *Kokinshū* del año 905.

rōkoku ろうこく 漏刻 ▸ (et) /la/ Clepsidra o reloj de agua. | Clepsydra or hourglass.

Rokōkyō jiken ろこうきょう じけん 盧溝橋事件 ▸ (hi) /el/ «Incidente del puente Marco Polo»: enfrentamiento entre soldados chinos y japoneses acaecido en la noche del 7 de junio de 1937 a 19 km de Pekín que hizo estallar la guerra entre China y Japón (1937-1945). | «Marco Polo Bridge Incident»: confrontation between Chinese and Japanese soldiers on the night of June 7th, 1937 about 12 mi from Beijing that sparked the war between China and Japan (1937-1945).

rokuro ろくろ 轆轤 ▸ (ce) /el, la/ Rueda o torno de alfarero. | A potter's wheel or lathe.

rokuro kubi

rokuro kubi ろくろ くび 轆轤首 ▸ (fo) /la/ Ser fantástico {*ver* ***yōkai***} con apariencia casi siempre de mujer tumbada en un ***futon*** (**futón**, DLE) a la que por la noche se le alarga desmesuradamente el cuello para asustar o succionar sangre humana. | Fantastic being {*see* yōkai}, almost always in the appearance of a woman lying on a futon, whose neck grows disproportionately long at night to frighten people or suck their blood. // Otra versión de este monstruo lo describe como una cabeza totalmente separada del tronco que por la noche vuela por el aire, alimentándose de insectos hasta el amanecer.

rokushaku fundoshi ろくしゃく ふんどし ∿ 六尺褌 ▸ (in) /el/ Taparrabo tradicional masculino. | A traditional loincloth for men.

rokuyō ろくよう ∿ 六曜 ▸ (ca / et) /el/ Ciclo de seis días calculado a partir del calendario lunisolar [***kyūreki***] que predice la fortuna o el infortunio de esos días {*ver* ***senshō, tomobiki, senbu, butsumetsu, taian*** *y* ***shakkō***}. | Six-day cycle calculated following the lunisolar calendar [kyūreki] that predicts good or ill fortune for those days {*see* senshō, tomobiki, senbu, butsumetsu, taian *and* shakkō}.

rōkyō ろうきょう ∿ 廊橋 ▸ (ja) /el/ Puente de un jardín cubierto por un tejadillo [***kurehashi***]. | Bridge in a garden covered by a canopy [kurehashi].

rōkyoku ろうきょく ∿ 浪曲 ▸ (mu / li) /el/ Canto narrativo tradicional, con acompañamiento del ***shamisen***, especialmente popular en la primera mitad del s. XX. | A type of narrative ballad rhythmically intoned to shamisen accompaniment, especially popular in the first half of the 20th century.

rōmaji ローマじ ∿ ローマ字 ▸ (le) /el, la/ Letras latinas usadas para escribir palabras japonesas; sistema de transliteración de la lengua japonesa por medio del alfabeto latino. | Roman or Latin script used for writing words in Japanese; system of transliterating the Japanese language by means of Roman script. // Las entradas japonesas de este diccionario están escritas en *rōmaji* y en rojo.

roman porno eiga ロマンポルノ映画 ▸ (ci) /la/ Película erótica realizada por la compañía Nikkatsu {*comparar con* ***ero guro eiga***}. | Erotic film produced by Nikkatsu company {*compare with* ero guro eiga}.

rōmon ろうもん ∿ 楼門 ▸ (arq) /la/ Puerta que aparenta tener dos pisos, pero que solo dispone de planta baja. | Door to a building that seems to have two stories but only has a ground floor.

rōnin ろうにん ∿ 浪人 ▸ (hi / so) /el/ «Hombre flotante»: ***samurai*** (**samurái**, DLE) sin amo en la Era Edo (1600-1868); antes de la Era Muromachi (1333-1568), campesino que abandonaba la tierra; /el, la/ actualmente, estudiante que fracasa en el ingreso a la universidad deseada y se prepara para intentarlo de nuevo. | «Floating man»: a masterless samurai of the Edo period (1600-1568); a peasant who left his land to work elsewhere before the Muromachi period (1333-1568); nowadays a student who fails at the first attempt to get into a chosen university and is preparing to try it again.

rōningyō ろうにんぎょう ∿ 蝋人形 ▸ (et) /el/ Muñeco de cera. | A doll made of wax.

roppō ろっぽう ∿ 六方 ▸ (te) /el/ Representación del actor de **kabuki** consistente en saltos y amplios movimientos de brazos. | Acting carried out by a kabuki actor consisting of leaps and wide arm movements.

rōshi ろうし ∿ 老師 ▸ (re) /el/ Maestro **zen**. | A Zen master.

rōsoku ろうそく ∿ 蝋燭 ▸ (et) /la/ Candela o vela hecha de resina sólida. | Candle made of solid resin.

rotenburo ろてんぶろ ∿ 露天風呂 ▸ (et) /el/ Baño termal al aire libre. | A hot spring bath set in the open.

rotenshō ろてんしょう ∿ 露天商 ▸ (so) /el/ Puesto de venta callejero, frecuentemente en una esquina transitada; vendedor de dicho puesto. | Street vending stall frequently on a busy corner; seller at the vending stall.

ru る ∿ 流 ▸ (hi) /el/ Exilio [destierro], una condena vigente desde el s. VI hasta el final de la Era Meiji (1868-1912). | Exile [banishment], a criminal penalty imposed from the 6th century until the latter part of the Meiji period (1868-1912).

rufubon るふぼん ∿ 流布本 ▸ (li) /el/ La versión textual de mayor difusión y aceptación de una obra literaria. | The most widely circulated and accepted version of a literary text.

runpen bungaku るんぺん ぶんがく ∿ ルンペン文学 ▸ (li) /la/ Literatura del lumpen. | Literature of the dregs or lumpen.

ryō りょう ∿ 両 ▸ (nu) /el/ Moneda de oro adoptada a finales del s. XVI equivalente a 60 ***monme*** de plata. | A gold coin adopted in the late 16th century and equivalent to 60 monme of silver. // En 1871 el Gobierno japonés estableció la paridad del *ryō* con el nuevo yen.

ryōba りょうば ∿ 両刃 ▸ (et) /la/ Sierra de doble filo. | Saw with a double blade.

ryōbu mandara りょうぶ まんだら ∿ 両部曼荼羅 ▸ (re) /los/ Los dos mandalas más básicos en el budismo esotérico de la escuela budista **Shingon**. | The two most fundamental mandalas in the esoteric Buddhism of the Shingon school of Buddhism.

Ryōbu shintō りょうぶ しんとう ∿ 両部神道 ▸ (re) /la/ Escuela sincrética que pretende armonizar las enseñanzas de la escuela budista **Shingon** con la adoración en los dos santuarios **sintoístas** de Ise. | Syncretic school that strives to harmonize the teachings of the Shingon Buddhist school with the worship at the two Shintō shrines of Ise.

ryōchi りょうち ∿ 了知 ▸ (re) /el/ En el budismo **zen**, verdadero conocimiento. | True knowledge in Zen Buddhism.

ryōgaeshō りょうがえしょう ∿ 両替商 ▸ (hi) /el/ Comerciante de la Era Edo (1600-1868) especializado en transacciones monetarias. | Merchant in the Edo period (1600-1868) specialized in monetary transactions.

ryōgai, *ver* **ryōkai.** | *See* ryōkai.

ryōkai りょうかい ∿ 両界 ▸ (re) /los/ «Los dos mundos»: en el budismo esotérico de la escuela **Shingon**, el mundo del diamante (Kongōkai) y el de la matriz (Taizōkai). | «Both worlds»: the world of the diamond (Kongōkai) and that of the matrix (Taizōkai) in the esoteric Buddhism of the Shingon school.

ryokan りょかん ∿ 旅館 ▸ (et) /el, la/ Hostal [posada] tradicional. | A traditional inn. // Mientras estuvimos en Kioto, nos alojamos en un *ryokan* y nos acostumbramos a dormir en futón y a tomar el *ofuro*.

ryokucha りょくちゃ ∿ 緑茶 ▸ (be) /el/ Té verde. | Green tea.

ryōri りょうり ∿ 料理 ▸ (co) /el, la/ Cocina, gastronomía; una comida, un plato. | Cuisine, a style of cooking; a meal, a dish.

ryōsai kenbo りょうさい けんぼ ∿ 良妻賢母 ▸ (so / po) /la/ «Buena esposa, madre sabia»: eslogan promovido por el Gobierno durante la Era Meiji (1868-1912). | «Good wife, sage mother»: a slogan promoted by the Government during the Meiji era.

ryōtei りょうてい ∿ 料亭 ▸ (co) /el/ Restaurante japonés de lujo en el que los clientes son atendidos en salas privadas; restaurante al que pueden acudir ***geishas*** para entretener a los clientes. | A high-class Japanese restaurant in which the customers are served in private rooms; restaurant that geishas can use to entertain customers.

ryū

ryū りゅう ∿ 龍 ▸ (fo) /el/ Dragón de carácter por lo general benevolente. | A dragon with a generally benevolent character. 流 ▸ (so) /la/ Escuela, estilo. | School, style.

ryūha りゅうは ∿ 流派 ▸ (ar mar) /la/ Escuela de artes marciales surgida de otra por diferencias de estilo y de ***kata***. | A martial arts school arising out of another due to differences in style and training forms or kata.

Ryūjin りゅうじん ∿ 竜神 ▸ (fo / mi) /el/ Rey Dragón venerado por todos los animales y que habita en un palacio en el fondo del mar. | The Dragon King that lives in a palace at the bottom of the sea and is venerated by all.

ryūkōgo りゅうこうご ∿ 流行語 ▸ (le) /la/ Palabra o expresión de moda efímera. | Short-lived word or expression.

ryūkōka りゅうこうか ∿ 流行歌 ▸ (mu) /la/ Canción popular urbana especialmente influida por la música occidental y compuesta a partir de la Restauración Meiji (1868). | Popular urban song, especially influenced by Western music and composed at the start of the Meiji Restoration (1868).

ryūzenkō りゅうぜんこう ∿ 竜涎香 ▸ (et) /el/ Ámbar gris o pardo, sustancia que se ubica en las vísceras del cachalote y hallada en masas pequeñas y rugosas sobrenadando en ciertos mares. En Japón se emplea desde la antigüedad como ingrediente de diversos tipos de incienso {*ver* ***kurobō***}. | Ambergris or grey amber, a waxy substance produced by the digestive system of whales and found in small floating masses in certain seas. It has been used since ancient times in Japan as an ingredient for several types of incense {*see* kurobō}.

S

saba (*Scomber japonicus*) さば ∿ 鯖 ▸ (zo) /la/ Caballa; caballa del Pacífico. | Mackerel; chub [Pacific] mackerel.

sabazushi さばずし ∿ 鯖寿司（鯖鮨）▸ (co) /el/ ***Sushi*** de caballa. | Mackerel sushi.

sabi さび ∿ 寂 ▸ (es) /el, la/ La belleza que revela el paso del tiempo; la belleza de la soledad y la desolación; pátina elegante, refinamiento tenue, simplicidad reposada. | Beauty that reveals the passing of time; the beauty of solitude and desolation; elegant sheen, subdued refinement, calm simplicity. // El espíritu de *sabi* anima la poesía de Matsuo Bashō.

sabi shiori さび しおり ∿ 寂撓 ▸ (es / re) /el, la/ Soledad; abandono, desolación; empatía con el paso del tiempo en la naturaleza. | Solitude; desertion; empathy with the passing of time in nature.

sadaijin さだいじん ∿ 左大臣 ▸ (hi) /el/ Ministro de la Izquierda en el Japón premoderno cuyo rango era superior al ministro de la Derecha [***udaijin***]. | Minister of the Left, an official of the court in premodern Japan, whose rank was superior to the Minister of the Right [udaijin].

sadō さどう ∿ 茶道 ▸ (ar) /el/ «La Vía del té»: la ceremonia de té, una forma altamente estructurada de preparar el té en compañía de invitados {*ver* ***chanoyu***}. | «The way of tea»: the tea ceremony, a highly structured form of preparing tea in the company of guests {*see* chanoyu}. // El *sadō* o *chanoyu* integra creatividad artística, sensibilidad hacia la naturaleza, espíritu religioso e interacción social.

sadōguchi さどうぐち ∿ 茶道口 ▸ (arq) /la/ Puerta utilizada por el anfitrión de una ceremonia de té [***chanoyu***] para acceder al espacio donde se encuentran sus invitados. | Door used by the host of a tea ceremony [chanoyu] to get into the space where the guests are.

saga ningyō さが にんぎょう ∿ 嵯峨人形 ▸ (fo) /la/ Muñeca de madera pintada o recubierta de una capa de oro. | A doll made of wood gilt in gold or painted.

sagetō さげとう ∿ 堤刀 ▸ (ar mar) /la/ En el ***kendō*** (**kendo**, DLE), posición de sostener el sable bajado y en la mano izquierda. | In kendō, the position of holding a sable lowered down in the left hand.

sagichō さぎちょう ∿ 左義長 ▸ (et) /la/ Quema de adornos de Año Nuevo realizada a mediados del mes de enero. | The burning of New Year's decorations carried out in mid-January.

sai no kawara さい の かわら ∿ 賽の河原 ▸ (re) /el/ Especie de limbo donde, conforme a la tradición del budismo japonés, moran los espíritus de los ***jizō*** o deidades protectoras de niños y viajeros. | Type of limbo where the spirits of the jizō or protective deities of children and travelers dwell in the Japanese Buddhist tradition.

saibā panku, *ver* **cyber punk.** | *See* cyber punk.

saibara さいばら ∿ 催馬楽 ▸ (mu) /la/ Tipo de canción interpretada en la corte imperial de la Era Heian (794-1185). | A type of song widely sung at the imperial court during the Heian period (794-1185).

saibashi さいばし ∿ 菜箸 ▸ (co) /los/ Palillos largos para cocinar o servir. | Long chopsticks used for cooking or serving.

saiin さいいん ∿ 斎院 ▸ (re) /la/ En el ***shintō*** (**sintoísmo**, DLE), gran sacerdotisa de los santuarios de Kamo, en Kioto, tradicionalmente elegida entre las hijas vírgenes del emperador. | High Shintō priestess of the Kamo shrines in Kyoto and traditionally chosen from among the virgin daughters of the Emperor.

saijiki さいじき ∿ 歳時記 ▸ (li) /el/ Glosario de palabras referidas a las estaciones del año que usan los compositores de **haiku**. | Glossary of words with seasonal connotations that is used by writers of haiku.

Saikyō さいきょう ∿ 西京 ▸ (hi) Kioto, la capital de las regiones del oeste. | Kyoto, the capital of the western regions.

saisei itchi さいせい いっち ∿ 祭政一致 ▸ (po) /la/ «Unificación de religión y Gobierno»: lema político impulsado por el Gobierno Meiji (1868-1912). | «Union of religion and Government»: political slogan of the Meiji government (1868-1912).

saisenbako

saisenbako さいせんばこ ∿ 賽銭箱 ▸ (re) /la/ Caja [arca] de ofrendas. | An offertory box [chest].

saishi さいし ∿ 釵子 ▸ (in) /la/ Horquilla ornamental para el cabello usada en ocasiones de gala por las damas de la corte de la Era Heian (794-1185). | Ornamental hairpin used on formal occasions by ladies of the court during the Heian period (794-1185).

saizō さいぞう ∿ 才蔵 ▸ (et) /el/ Humorista que interpreta el papel de personaje simplón en el diálogo ***manzai*** {*contrastar con* ***tayū***}. | Comedian who plays the role of a simpleton in manzai dialogue {*contrast with* tayū}.

sakadaru

sakadaru さかだる ∿ 酒樽 ▸ (et) /el/ Barril de **sake**. | A sake barrel.

sakaki (*Cleyera ochnacea*) さかき ∿ 榊 ▸ (bo / re) /el/ En el ritual del ***shintō*** (**sintoísmo**, DLE), árbol de hoja perenne cuyas ramas se utilizan para delimitar espacios sagrados o como ofrenda a los dioses. | In Shintō rituals, an evergreen plant used to demarcate sacred places or as an offering to the deities.

sakamushi さかむし ∿ 酒蒸し ▸ (co) /el/ Remojo en **sake** y cocción al vapor. | Steeping in sake and steaming.

sakana さかな ∿ 肴 ▸ (co) /la/ Comida ligera que se toma con **sake** y otras bebidas alcohólicas. | Food eaten with sake and other alcoholic drinks.
魚 ▸ (co) /el/ Pescado. | Fish.

sakayaki さかやき ∿ 月代 ▸ (pe) /el/ Rasurado de la parte frontal y superior de la cabeza de los miembros de la clase ***samurai*** (**samurái**, DLE) en la Era Edo (1600-1868). | The shaved front of the top of the head worn by samurais during the Edo period (1600-1868).

sakazuki さかずき ᔐ 杯 ▸ (be) /la/ Copa de **sake**; (so) ceremonia de ingreso en un clan ***yakuza***. | A sake cup; ceremony of joining a yakuza clan.

sake (sake, DLE) さけ ᔐ 酒 ▸ (be) /el/ Bebida alcohólica obtenida por la fermentación del arroz; cualquier bebida alcohólica en general. | A brewed alcoholic beverage made from fermented rice; any alcoholic drink in general. // Una copa de buen sake debe contener una mezcla delicada de cinco sabores: dulce, ácido, picante, amargo y áspero.

鮭 ▸ (zo / co) /el/ Salmón. | Salmon.

sakekasu さけかす ᔐ 酒粕 ▸ (be) /las/ Heces resultantes de la fermentación del **sake**. | Lees left by the fermentation of sake.

sakimori さきもり ᔐ 防人 ▸ (hi) /los/ Soldados del antiguo Japón encargados de la defensa de la isla sureña de Kiushu. | Soldiers in ancient Japan charged with the defense of the southern island of Kyushu.

sakimori no uta さきもり の うた ᔐ 防人歌 ▸ (li) /el/ Poema compuesto por soldados, frecuentemente jóvenes campesinos del este de Japón, enviados como guardias fronterizos a Kiushu [*ver* ***sakimori***] en los ss. VII y VIII. | Poem by soldiers, often young peasants from eastern Japan, who were sent to Kyushu [*see* sakimori] for frontier guard duty in the 7th and 8th centuries. // Los *sakimori no uta* han sido conservados en la antología *Man'yōshū*.

sakoku さこく ᔐ 鎖国 ▸ (po) /la/ «País cerrado»: política de aislamiento nacional adoptada por el Gobierno **sogunal Tokugawa** durante la Era Edo (1600-1868). | «Closed country»: policy of national isolation adopted by the Tokugawa government during the Edo period (1600-1868).

sakugami, *ver* ta no kami. | *See* ta no kami.

sakura さくら ᔐ 桜 ▸ (bo / es) /el, la/ Cerezo japonés; flor del cerezo. | Japanese cherry tree; a cherry flower. // Es una buena idea ir a Japón a primeros de abril para disfrutar el espectáculo de los *sakura*.

sakura

sakura ebi (*Sergestes lucens*) さくら えび ᔐ 桜蝦 ▸ (zo) /el/ Camarón ***sakura***. | Sakura shrimp.

sakura mochi さくら もち ᔐ 桜餅 ▸ (co) /el/ Pastel de arroz relleno de pasta dulce de alubias y envuelto en hojas de cerezo encurtidas. | A rice cake filled with bean paste and wrapped in a pickled cherry leaf.

sakura niku さくら にく ᔐ 桜肉 ▸ (co) /la/ Carne de caballo. | Horse meat.

sakurayu さくらゆ ᔐ 桜湯 ▸ (be) /la/ Infusión de flores de cerezo en sal. | A drink made from a hot infusion of salted cherry blossoms.

sama, -sama さま ᔐ 様 ▸ (li / le) /el/ Estilo poético; sufijo honorífico. | Poetic style; honorific suffix.

samidare さみだれ ᔐ 五月雨 ▸ (cl) /la/ Lluvia de principios de verano. | Early summer rain.

samisen, *ver* shamisen. | *See* shamisen.

samma, *ver* sanma. | *See* sanma.

samue さむえ ᔐ 作務衣 ▸ (in) /la/ Ropa de trabajo de un monje budista. | A Buddhist monk's work clothes.

samurai (samurái, samuray, DLE) さむらい ᔐ 侍 ▸ (hi) /el/ «Servidor»: guerrero; miembro de la élite militar del Japón premoderno surgida de las provincias hacia el s. X o antes y que fue oficialmente abolida en la década de 1870. | «One who serves»: a warrior; a member of the military elite of premodern Japan that emerged in the provinces from at least the early 10th century and was officially abolished during the 1870s. // Hay quien cree que el espíritu *samurai* perdura en la psicología actual del pueblo japonés.

san no tesuri さん の てすり ↯ 三の手摺 ▸ (te) /la/ Pantalla que oculta las piernas de los titiriteros en el escenario del teatro ***bunraku***. | Screen that hides the feet of the puppeteers on the stage in a bunraku theater.

sanbaizu さんばいず ↯ 三杯酢 ▸ (co) /la/ Mezcla equitativa de vinagre, salsa de **soja** y **sake** dulce [***mirin***]. | An equitable mixture containing vinegar, soy sauce and mirin.

sanbasō さんばそう ↯ 三番叟 ▸ (te) /el/ El preludio típico a un progama teatral. | The customary prelude to a theatrical program.

Sanbō さんぼう ↯ 三宝 ▸ (re) /los, las/ «Las tres joyas» o tesoros del budismo: Buda, la doctrina budista y la comunidad budista. | «The Three Jewels» or treasures of Buddhism: Buddha, Buddhist doctrine and the Buddhist community.

Sandaishū さんだいしゅう ↯ 三代集 ▸ (li) /las/ Las tres primeras antologías poéticas imperiales: ***Kokinshū***, *Gosenshū* y *Shūishū*. | The first three imperial poetic anthologies: *Kokinshū*, *Gosenshū*, and *Shūishū*.

sandanme さんだんめ ↯ 三段目 ▸ (de) /el, la/ Rango del ***sumō*** (**sumo**, DLE) por debajo de ***makushita***. | Sumō wrestler ranked below makushita.

sanga さんが ↯ 参賀 ▸ (so) /la/ Visita al Palacio Imperial para felicitar a la familia imperial por un acontecimiento feliz, particularmente en Año Nuevo. | A visit to the Imperial Palace to congratulate the Imperial Family on a happy occasion, in particular at New Year's.

sangai さんがい ↯ 三界 ▸ (re) /los/ En el budismo, los tres mundos: el del deseo, el de la forma y el de lo informe. | The three worlds of Buddhism: desire, form and formlessness.

sangaku さんがく ↯ 散楽 ▸ (et) /el/ Diversión popular de origen chino consistente en música, baile, malabarismos, acrobacias, etc., especialmente popular en el s. x en Japón. | A form of entertainment originating in China consisting of music, dance, acrobats, juggling, etc., and especially popular in Japan in the 10th century.

sangaku shinkō さんがく しんこう ↯ 山岳信仰 ▸ (fo / re) /el, la/ Creencia en la naturaleza sagrada de las montañas como moradas de la divinidad. | Belief in the sacred nature of mountains as the dwelling place of the divinity.

sange, ***ver*** **zange.** | *See* zange.

sangemon さんげもん ↯ 懺悔文 ▸ (re) /el/ Discurso religioso budista de tono confesional y fin edificante. | Buddhist religious address given in a confessional tone with an edifying end.

sangen さんげん ↯ 三絃 ▸ (mu) /el/ Instrumento musical de tres cuerdas; ***shamisen*** cuando se usa en música clásica de cámara. | Three-stringed musical instrument; a shamisen when used in classical chamber music.

sangi さんぎ ↯ 参議 ▸ (hi) /el/ Consejero del Gobierno Meiji (1868-1912). | Advisor to the Meiji government (1868-1912).

sanjaku obi さんじゃく おび ↯ 三尺帯 ▸ (in) /el/ ***Obi*** corto usado en el **kimono** vestido tradicionalmente por artesanos y niños. | A short kimono obi traditionally used by artisans and children.

sanjin さんじん ↯ 三心 ▸ (re) /los/ Los tres modos en que se manifiesta la verdad enseñada por el Buda. | The three manifestations of truth taught by the Buddha.

sanju さんじゅ ⌇ 傘寿 ▸ (et) /el, la/ Celebración del 80 aniversario de una persona. | Celebration of a person's 80th birthday.

sanjū no tō さんじゅう の とう ⌇ 三重の塔 ▸ (arq) /la/ Pagoda de tres pisos. | Three-story pagoda

sanjūroji さんじゅうろじ ⌇ 三重露地 ▸ (ja) /el/ Tipo de jardín de té [***roji***] en el cual se diferencian tres zonas: exterior, media e interior {*ver* ***ichijū roji***}. | Type of tea garden differentiated by three areas: outer, inner and in-between {*see* ichijū roji}.

Sanjūrokkasen さんじゅうろっかせん ⌇ 三十六歌仙 ▸ (li) /los/ Los 36 Genios de la poesía. | The 36 Poetic Geniuses.

Sanjūsansho さんじゅうさんしょ ⌇ 三十三所 ▸ (re) /los/ Los 33 templos de Kansai consagrados a **Kannon**. | The 33 temples in Kansai sacred to Kannon.

sankaiki さんかいき ⌇ 三回忌 ▸ (so / re) /el/ El segundo aniversario del fallecimiento. | The second anniversary of somebody's death.

sanke さんけ ⌇ 三家 ▸ (hi) /el/ Trío de ramas superiores de la familia **Tokugawa** (Kii, Owari y Mito), que gobernó el país en la Era Edo (1600-1868). | The three highest branches of the Tokugawa family (Kii, Owari and Mito), who ruled the country during the Edo period (1600-1868).

sankechi さんけち ⌇ 三纈 ▸ (tex) /el/ Trío de técnicas de teñido muy resistente importadas de China en la Era Nara (710-794): *kyōkechi*, ***rōkechi*** y *kōkechi*. | Three resistant techniques of dyeing imported from China during the Nara period (710-794): kyōkechi, rōkechi and kōkechi.

sankin kōtai さんきん こうたい ⌇ 参勤交代 ▸ (hi) /la/ «Asistencia alterna»: desde 1635 y hasta 1867, ley del **sogunato Tokugawa** por la que más de 260 ***daimyō*** (**daimios**, DLE) con sus séquitos y familias debían residir en años alternos en **Edo** para servir al ***shōgun*** (**sogún**, DLE). | «Alternate attendance»: a rule of the Tokugawa shogunate formalized in 1635 and in use until 1867, whereby over 260 daimyō along with their families and retinues were required to reside in alternate years in Edo (now Tokyo) in attendance on the shōgun. // La *sankin kōtai* era una forma por la que el sogún controlaba a los daimios.

sankyoku さんきょく ⌇ 三曲 ▸ (mu) /el/ Trío de instrumentos musicales que generalmente eran el ***koto***, ***shamisen*** y violín chino. | A trio of musical instruments, usually koto, shamisen and the Chinese fiddle.

sanma (*Cololabis saira*) さんま ⌇ 秋刀魚 ▸ (zo) /el/ Paparda del Pacífico, cololabis. | A Pacific saury. // El *sanma* es un pescado típico del otoño.

sanmai さんまい ⌇ 三昧 ▸ (re) /el, la/ En la tradición budista y como equivalente al sánscrito *samādhi*, estado de ánimo de profunda calma y concentración durante la meditación. | In the Buddhist tradition it refers to a profoundly calm and concentrated state of mind during meditation and is equivalent to the Sanskrit samādhi.

sanmaya <sáns. *sammaya*> さんまや ⌇ 三昧耶 ▸ (re) /los/ Objetos y gestos de las manos que muestran las imágenes de budas y de ***bosatsu*** para llevar al creyente a la iluminación. | Objects and hand gestures that show images of Buddhas and bodhisattvas in order to lead the believer to enlightenment.

sannin kanjo さんにん かんじょ ⌇ 三人官女 ▸ (fo) /las/ En el Día de las Niñas (3 de marzo), las tres muñecas [***hina***] que representan a las damas de compañía de la corte imperial. | The three dolls [hina] that represent the ladies-in-waiting of the imperial court on Girls' Day (March 3rd).

sannin tsukai さんにん つかい ⌇ 三人遣い ▸ (te) /la/ Manipulación de un muñeco de ***bunraku*** por tres operarios a la vez. | Manipulation of a bunraku puppet by three operators at the same time.

sannomaru さんのまる ≀ 三の丸 ▸ (arq) /el/ En el recinto de un castillo, el tercer espacio adyacente y exterior al segundo [***ninomaru***]. | The third space adjacent to and outside the second [ninomaru] at a castle compound.

Sanron-shū さんろんしゅう ≀ 三論宗 ▸ (re) /la/ Escuela budista. Una de las llamadas «Seis escuelas de Nara» [Rokushū]. | Buddhist school. One of the «Six Schools of Nara» [Rokushū].

sansai さんさい ≀ 山菜 ▸ (co) /las/ «Verduras de la montaña»: plantas diversas silvestres y comestibles. | «Mountain vegetables»: various edible wild plants.

sansai ryōri さんさい りょうり ≀ 山菜料理 ▸ (co) /la/ Comida a base de verduras y hierbas silvestres. | Cooking or a meal with wild herbs and vegetables.

sansan kudo さんさん くど ≀ 三々九度 ▸ (et / re) /el/ «Tres veces tres, nueve veces»: ritual de intercambio de tazas de **sake** en una ceremonia nupcial **sintoísta**. | The Shintō ceremony of the «three-times-three»: the ritual of exchanging nuptial cups of sake.

sanshō (*Zanthoxylum piperitum*) さんしょう ≀ 山椒 ▸ (bo) /el/ Árbol japonés de la pimienta. | Japanese pepper tree.

Sanshu no jingi さんしゅ の じんぎ ≀ 三種の神器 ▸ (po) /las/ Las Tres Insignias Imperiales: el joyel, el espejo sagrado y la espada. | The Three Imperial Insignia: a curved jewel, a sacred mirror and a sword.

sansui kawaramono さんすい かわらもの ≀ 山水河原者 ▸ (so / ja) /los/ «Gente del lecho del río, de la montaña y el agua»: expertos en el diseño de jardines, en especial los del tipo ***kare sansui*** durante la Era Muromachi (1333-1560). | «Mountainwaters and riverbed people»: skilled craftsmen in the design of gardens, especially of the kare sansui type during the Muromachi period (1333-1560).

sansuiga, sansui-ga さんすいが ≀ 山水画 ▸ (ar) /la/ «Pintura de paisajes»: una de las tres grandes categorías temáticas de pintura del Extremo Oriente. | «Landscape painting»: one of three broad categories of Far Eastern art. // Las otras dos grandes clases de pintura por el tema son la de personas [*jinbutsuga*] y la de flores y aves [*kachōga*].

santai さんたい ≀ 三体 ▸ (te) /los/ Los tres principales papeles de un ***shite*** en el teatro ***noh***: anciano, mujer y guerrero. | The three main roles of a shite in noh theater: old person, woman and warrior.

san'yaku さんやく ≀ 三役 ▸ (de) /los/ Los tres rangos de luchadores de ***sumō*** (**sumo**, DLE) más altos por debajo de ***yokozuna***: ***ōzeki***, ***sekiwake*** y ***komusubi***. | The sumō wrestlers of the three highest ranks below yokozuna: ōzeki, sekiwake and komusubi.

san'yo さんよ ≀ 参与 ▸ (hi) /el/ Consejero delegado del inicio del Gobierno Meiji (1868). | Delegate adviser at the start of the Meiji government (1868).

sanzen さんぜん ≀ 参禅 ▸ (re) /el, la/ En el budismo **zen**, entrevista pública o privada del discípulo con el maestro. | A public or private interview between master and disciple in Zen Buddhism.

sanzonseki さんぞんせき ≀ 三尊石 ▸ (ja) /la/ Agrupación de piedras o rocas que simbolizan la trinidad budista (Yakushi, **Amida** y Shaka), cada miembro acompañado de dos sirvientes. | Grouping of stones symbolizing the three Buddhas, usually Yakushi, Amida and Shaka, each accompanied by two attendants.

sanzonzō さんぞんぞう ≀ 三尊像 ▸ (re / ar) /la/ Representación escultórica o pictórica de las trinidades budistas en la cual la imagen central de Buda aparece flanqueada por dos imágenes más pequeñas de ***bosatsu***. | Sculptural or pictorial representation of the Buddhist trinity in which a large central image of Buddha is flanked by two smaller bodhisattvas.

saodake さおだけ ℩ 竿竹 ▸ (et) /el/ Palo largo de bambú, ahora generalmente de material inoxidable, usado para colgar la ropa lavada. | Long bamboo stick (now usually made of stainless material) for hanging washed laundry. // El vendedor ambulante de *saodake* pregona su mercancía por las calles del barrio.

saomono さおもの ℩ 棹物 ▸ (co) /el/ Dulce tradicional, como el ***yōkan***, que se corta en trozos pequeños a partir de bloques largos. | Traditional sweets such as yōkan that are cut in bite-sized pieces from long blocks.

sara さら ℩ 皿 ▸ (ce) /el/ Plato, fuente. | Plate, tray.

sararī man, sararīman <ing. *salary man*> サラリーマン ▸ (so) /el/ «Hombre asalariado»: designación amplia de empleados asalariados que realizan trabajo de oficina o administrativo, en oposición a los trabajadores autónomos, obreros y artesanos. | «Salaried man»: a broad grouping of salaried white-collar workers, in contrast to self-employed and manual workers. // La imagen del *sararī man* es la de un hombre de camisa blanca, corbata a rayas y traje gris o azul oscuro.

sarasa <por. *saraça*> さらさ ℩ 更紗 ▸ (tex) /el/ Percal, algodón estampado. | Cotton calico.

saru さる ℩ 申 ▸ (ca) /el/ El Mono, uno de los doce signos del Zodiaco oriental. | The Monkey, one of the twelve animals of the Chinese zodiac.

saru mawashi さる まわし ℩ 猿回し ▸ (te) /la/ Representación callejera en la que se usan monos. | A street performance using monkeys.

sarugaku さるがく ℩ 猿楽 ▸ (te / mu) /la/ «Música de monos»: género interpretativo cómico del Japón de la Era Heian (794-1185) que evolucionó en una forma dramática que pudo ser precursora del clásico teatro ***noh***. | «Monkey music»: a comic genre of performing art in the Heian period (794-1185) which developed into a dramatic form known as the precursor of the classical noh drama.

sasa (*Sasa nipponica*) ささ ℩ 笹 ▸ (bo) /el/ Bambú enano. | Dwarf bamboo; bamboo grass.

sasara ささら ℩ 簓 ▸ (et) /la/ Cepillo fuerte hecho de ramitas largas y delgadas de bambú que se usa para limpiar ollas y otros utensilios de cocina; compás empleado por el contador de historias [***rakugo***] para marcar el ritmo. | Strong brush made of long, thin slivers of bamboo used for cleaning pots and other cooking utensils; the beat used by tale tellers [rakugo] to establish tempo.

sashichigae さしちがえ ℩ 差し違え ▸ (de) /el/ En un combate de ***sumō*** (**sumo**, DLE), error de la decisión del árbitro o ***gyōji***. | An error of decision made by the referee or gyōji in a sumō bout.

sashigane さしがね ℩ 差し金 ▸ (te) /la/ Varilla con que se mueven el brazo izquierdo, la muñeca y los dedos de un títere del ***bunraku***. | Rod used to move the left arm, wrist and the fingers of a puppet in the bunraku theater.

sashiko さしこ ℩ 刺子 ▸ (in) /la/ Prenda de vestir confeccionada con una o más capas de tela de cáñamo o de algodón acolchado de diversos estampados y teñida de añil. | Garment made of one or more layers of indigo-dyed hemp or cotton fabric and quilted in various patterns.

sashimi さしみ ℩ 刺身 ▸ (co) /el/ Pescado y marisco cortados en trozos pequeños y comidos crudos, generalmente con salsa de **soja** y ***wasabi***. | Seafood fillets cut into bite-sized pieces and eaten raw usually with soy sauce and wasabi. // Para comer *sashimi* hay que mojarlo en salsa de soja, en la que se ha disuelto un poco de *wasabi*.

sashimono さしもの ≀ 指物 ▸ (arm) /el/ Estandarte que los guerreros llevaban enganchado a la espalda. | Banners attached to the backs of warriors.

sashimono shi さしもの し ≀ 指物師 ▸ (so / et) /el, la/ Artesano de cajas de madera; ebanista. | Wooden box artisan; cabinetmaker.

sashite さして ≀ 差し手 ▸ (de) /el/ En el ***sumō*** (**sumo**, DLE), el acto de insertar el brazo bajo el del oponente. | In sumō wrestling, inserting one's arm under the opponent's arm.

sato kagura さと かぐら ≀ 里神楽 ▸ (re / te) /la/ Representación de ***kagura*** realizada en el santuario **sintoísta** de una zona rural. | A kagura performed at a Shintō shrine in the country.

satogaeri さとがえり ≀ 里帰り ▸ (so) /la/ «Vuelta al pueblo natal»: visita, por lo general de varios días, a la casa familiar de los padres. | «Homecoming»: a visit to the home of one's parents, usually for a few days.

satogo さとご ≀ 里子 ▸ (so) /el, la/ Niño criado por padres adoptivos. | A child reared by foster parents.

satoimo (*Colocasia esculenta*) さといも ≀ 里芋 ▸ (zo) /la/ Colocasia; malanga. | A taro; a desheen.

satomiya さとみや ≀ 里宮 ▸ (re) /el/ En el ***shintō*** (**sintoísmo**, DLE), santuario filial ubicado en las estribaciones de una montaña en cuya cima se encuentra el santuario principal. | A Shintō branch shrine in the foothills of a mountain on whose summit the main shrine is situated.

satori さとり ≀ 悟り ▸ (re) /el/ Iluminación; despertar. | Enlightenment; awakening. // La tradición del budismo zen se refiere a un *satori* súbito y no gradual.

satoyama さとやま ≀ 里山 ▸ (ge) /el, la/ Paisaje rural ecológica, económica y socialmente sostenible conformado por campos de arroz, bosques y asentamientos humanos. | Japanese initiative of an ecological, economical and socially sustainable rural landscape made up of fields of rice, forests and human settlements.

satsuki さつき ≀ 皐月 ▸ (ca) /el/ El quinto mes en el calendario lunar; el mes de mayo. | The fifth month of the lunar calendar; May.

satsuki bare さつき ばれ ≀ 五月晴 ▸ (cl) /el/ Cielo despejado de mayo. | Clear skies during the month of May.

Satsuma age さつま あげ ≀ 薩摩揚げ ▸ (co) /la/ Torta frita de pescado triturado. | A deep-fried cake of ground fish.

Satsuma imo (*Ipomea batatas*) さつま いも ≀ 薩摩芋 ▸ (bo) /el/ Boniato, batata. | A sweet potato. // El vendedor ambulante de *Satsuma imo* asado pregona su mercancía por las calles de mi barrio.

Satsuma yaki さつま やき ≀ 薩摩焼 ▸ (ce) /la/ Cerámica destinada a la ceremonia de té y uso general elaborada en la prefectura de Kagoshima (antes, provincia de Satsuma). | Ceramic ware for the tea ceremony and general use made in Kagoshima Prefecture, formerly the Satsuma domain.

sattva <sáns. *sattva*> サトバ ▸ (re) /el/ Ser vivo; existencia; ser; espíritu. | A living being; existence; being; spirit.

sawagani (*Geothelphusa dehaani*) さわがに ≀ 沢蟹 ▸ (zo) /el/ Cangrejo de río. | A river crab, crayfish.

sawatari ishi さわわたり いし ≀ 沢渡り石 ▸ (ja) /la/ Piedra pasadera de forma cilíndrica colocada en un estanque. | Cylindrically shaped stepping stone placed in a pond.

saya さや ≀ 鞘 ▸ (arm) /la/ Funda del sable. | The sheath of a sword.

sayonara さよなら ▸ (le) /el/ Adiós. | Good-bye. // De pie en el andén de la estación, Nohara agitó lentamente la mano mientras decía «sayonara».

sazae (*Batillus cornutus*) さざえ ∿ 栄螺 ▸ (zo) /el/ Caracola cornuda. | Horn turban shell.

sechi ryōri, *ver* **osechi ryōri.** | *See* osechi ryōri.

sedōka せどうか ∿ 旋頭歌 ▸ (li) /el/ Poema, particularmente de los tiempos del ***Man'yōshū*** (s. VIII), con estrofas de seis versos y métrica de 5-7-7/ 5-7-7, que repite el verso final de los tres primeros versos. | A poem, particularly of the *Ma'nyōshū* period (8th century), consisting of six lines in a 5-7-7/5-7-7 pattern, with the final line of each half identical.

segaki せがき ∿ 施餓鬼 ▸ (re) /el, la/ Ceremonia de **Bon** que consiste en hacer ofrendas para aliviar el dolor de las almas en pena. | The Bon rite of offering food to relieve the suffering of the hungry souls in hell.

sei せい ∿ 清 ▸ (es / li) /la/ Pureza, uno de los elementos necesarios en la ceremonia de té y en la composición poética. | Purity, one of the necessary elements for the tea ceremony and for writing poetry. // *Sei* junto con *jaku, kei* y *wa* conforman los componentes básicos del espíritu de la ceremonia de té.

誠 ▸ (ps) /el, la/ Sinceridad {*ver* ***makoto***}. | Sincerity {*see* makoto}.

seibo せいぼ ∿ 歳暮 ▸ (et) /el/ Obsequio de fin de año que se realiza como expresión de aprecio por los favores recibidos en el año que se acaba. | A year-end gift to express gratitude for favors received during the year. // En el mes de diciembre, las tiendas están muy ocupadas con los encargos de *seibo* de sus clientes.

seidō せいどう ∿ 西堂 ▸ (re) /el/ Título honorífico de los monjes de un monasterio **zen**. | Honorary title of the monks at a Zen monastery.

seifuku せいふく ∿ 制服 ▸ (ma) /el/ En el mundo del **manga**, uniforme de marinero vestido por colegialas. | School girls dressed in sailor's uniforms, used in the world of manga.

seiji せいじ ∿ 青磁 ▸ (ce) /la/ Cerámica celadón. | Celadon ceramic ware.

seiji shōsetsu せいじ しょうせつ ∿ 政治小説 ▸ (li) /la/ «Novela política»: novela escrita principalmente en la década de 1880 y relativa a los movimientos de derechos civiles. | «Political novel»: a novel written mainly during the 1880s in connection with civil rights movements.

Seijin no hi せいじん の ひ ∿ 成人の日 ▸ (ca) /el/ Día de la Mayoría de Edad, fiesta nacional en Japón celebrada el segundo lunes de enero en honor de quienes cumplen veinte años entre el 2 de abril de ese año y 1 de abril del siguiente. | Coming-of-Age Day, a national holiday in Japan held on the second Monday of January for people who turned twenty during the previous year. // En Seijin no hi se ve por la calle a las jóvenes luciendo alegremente vistosos kimonos de manga larga.

seijin shiki せいじん しき ∿ 成人式 ▸ (so) /la/ Ceremonia de mayoría de edad o del Día de la Mayoría de Edad {*ver* **Seijin no hi**}. | Ceremony performed on Coming-of-Age Day {*see* Seijin no hi}.

seijō (seichin) せいじょう（せいちん）∿ 西浄 ▸ (arq) /el/ Edificio destinado a las letrinas de un monasterio **zen**. También llamado *tōsu*. | Building where the latrines are housed at a Zen monastery. Also called tōsu.

seika せいか ∿ 生花 ▸ (ar) /el/ Uno de los estilos o escuelas del arte del arreglo floral [**ikebana**], caracterizado por su elegancia, fluidez y amplitud. | One of the schools or styles of the art of floral arrangement [ikebana], characterized by its elegance, fluidity and amplitude.

seiken せいけん ∿ 正拳 ▸ (ar mar) /el/ En el **karate** (**kárate**, DLE), el puño fundamental o correcto. | The fundamental or proper fist in karate.

seinen せいねん ∿ 青年 ▸ (ma) /el/ Subgénero del **manga** destinado a adultos y que trata de temas más serios que el **manga** general. | Manga story for adults about more serious topics than manga stories in general.

seinen engumi せいねん えんぐみ ∿ 成年縁組 ▸ (ja / so) /la/ Adopción de personas mayores {*en contraste con* ***yōshi***}. | The adoption of old people {*contrast with* yōshi}.

seirei せいれい ∿ 精霊 ▸ (fo) /el/ Espíritu inanimado; fantasma, espíritu. | Inanimate spirit; ghost, spirit.

seirō せいろう ∿ 蒸籠 ▸ (co) /el/ Vaporera tradicional hecha de madera o bambú y que puede tener forma redonda o cuadrada. | A traditional round or square steamer made of wood or bamboo.

Seiryōden せいりょうでん ∿ 清涼殿 ▸ (arq) /el/ «Palacio del frescor»: residencia privada del emperador en el Palacio Imperial [***Dairi***]. | «Palace of freshness»: the personal quarters of the emperor in the Imperial Palace [Dairi].

seishin せいしん ∿ 精神 ▸ (ar mar) /el/ Corazón; espíritu. | Heart; spirit.

seishō せいしょう ∿ 政商 ▸ (hi) /el/ «Comerciante político»: comerciantes y banqueros que usaron sus contactos con los gobernantes de la Era Meiji (1868-1912) para fundar emporios comerciales. | «Political merchant»: merchants and bankers who used their contacts with those governing during the Meiji period (1868-1912) to found commercial emporiums.

seishu せいしゅ ∿ 清酒 ▸ (be) /el/ **Sake** de consumo más frecuente. | Sake made for more frequent drinking.

seiten せいてん ∿ 青天 ▸ (cl) /el/ El cielo azul. | The blue sky.

seiza せいざ ∿ 正座 ▸ (et) /la/ Postura formal de rodillas en la que uno se sienta sobre los talones manteniendo la espalda recta {*comparar con* ***kiza***}. | Sitting on one's heels with one's back straight {*compare with* kiza}. // Los practicantes de *kendō* permanecían sentados en *seiza* mientras escuchaban la explicación del instructor.

Sekigahara せきがはら ∿ 関ヶ原 ▸ (hi) /la/ Batalla crucial de 1600 que decidió el dominio de todo Japón. | Crucial battle in 1600 that decided the domination of Japan in its entirety.

sekihan せきはん ∿ 赤飯 ▸ (co) /el/ Arroz al vapor con alubias rojas que se sirve en celebraciones especiales. | White rice steamed with red beans for eating on celebratory occasions. // Mi madre preparó *sekihan* para celebrar el regreso de mi hermana.

sekimori ishi せきもり いし ∿ 関守石 ▸ (ja) /la/ Piedra pequeña a la que se ata una cuerda y que se coloca en un sendero del jardín para indicar que no se permite el paso. | Small stone with a rope tied to it on a garden path to indicate that it is off limits.

sekisho せきしょ ∿ 関所 ▸ (hi) /el, la/ En el Japón premoderno, puestos u oficinas gubernamentales situados en los puntos estratégicos de las grandes vías de comunicación; estaciones fronterizas de inspección. | Posts or governmental offices located at strategic points along great transportation routes in premodern Japan; inspection stations at border points.

sekitei せきてい ∿ 石庭 ▸ (ja) /el/ Jardín de rocas de estilo japonés. | A rock garden in Japanese style. {*Ver imagen en pág. sig.*}

sekitori せきとり ∿ 関取 ▸ (de) /el/ Luchador de ***sumō*** (**sumo**, DLE) que se halla en el nivel superior. | Higher-level sumō wrestler.

sekiwake せきわけ ∿ 関脇 ▸ (de) /el/ El tercer título más alto de ***sumō*** (**sumo**,

sekitei

DLE) por debajo de ***yokozuna*** y ***ōzeki***. | The third highest title in sumō under yokozuna and ōzeki.

sekki せっき ∿ 節季 ▸ (ca) /el/ Día concreto del fin de cada estación del año que en el antiguo calendario lunisolar marcaba variaciones meteorológicas. | Specific date at the end of each season in which the ancient lunisolar calendar marked meteorological variations.

sekku せっく ∿ 節句 ▸ (ca) /el/ Día que marcaba el cambio de estación para ceremonias anuales. | Day marking the change of seasons for annual ceremonies. // En la Era Edo (1600-1868) había cinco *sekku*, de los cuales hoy solo se observan dos: el 3 de marzo —Momo no Sekku— y el 5 de mayo —Tango no Sekku—.

sekkyō せっきょう ∿ 説経 ▸ (re / li / te) /el, la/ En las eras Heian y Kamakura (ss. IX-XIV), servicio religioso conmemorativo oficiado por monjes; en la Era Muromachi (1333-1568), representación callejera de carácter religioso con tendencia a la dramatización e interpretada por actores o *sekkyōshi*. | Commemorative religious service offered by monks during the Heian and Kamakura periods (9th-14th centuries); street representation of a religious character during the Muromachi period (1333-1568) generally dramatized and performed by actors or sekkyōshi.

sekkyō bushi せっきょう ぶし ∿ 説経節 ▸ (li) /el/ Relato melodramático cantado por intérpretes itinerantes a partir de mediados del s. XVI y más tarde adoptado para dramas de títeres [***bunraku***]. | A melodramatic tale chanted by itinerant performers from the mid-16th century and later used as narratives for puppet plays [bunraku].

sekkyō jōruri せっきょう じょうるり ∿ 説経浄瑠璃 ▸ (li) /el/ Leyenda recitada con acompañamiento musical. | Legend recited with musical accompaniment.

sekuhara <ing. *sexual harassment*> セクハラ ▸ (so) /el/ Acoso sexual. | Sexual harassment.

seme セメ ▸ (em) /la/ Segunda fase de la táctica negociadora ***naniwa-bushi*** consistente en el análisis de los puntos críticos {*ver* ***kikkake***}. | Second phase of the negotiating technique of naniwa-bushi that consists of the analysis of critical points {*see* kikkake}.

semi せみ ∿ 蝉 ▸ (zo) /la/ Cigarra. | A cicada.

sempai, *ver* **senpai.** | *See* senpai.

sen (sen, DLE) せん ∿ 銭 ▸ (nu) /el/ Sen, céntimo del **yen**. | A sen (=1/100 yen).

senbazuru せんばづる ∿ 千羽鶴 ▸ (fo) /la/ Ofrenda en forma de mil grullas de papel atadas en una cuerda y que con fre-

senbazuru

cuencia constituye una plegaria por la paz o la buena salud. | Offer in the form of a thousand folded paper cranes tied together on a string and often assembled as a prayer for peace or good health. // Los niños ofrecieron una *senbazuru* en recuerdo de las víctimas de las bombas sobre Hiroshima y Nagasaki.

senbei

senbei せんべい ∿ 煎餅 ▸ (co) /el, la/ Galleta crujiente de arroz. | A crispy rice cracker. // Con el té nos ofrecieron *senbei* y dulces.

senbei buton せんべい ぶとん ∿ 煎餅蒲団 ▸ (mo) /el/ ***Futon*** (**futón**, DLE) muy delgado y frecuentemente duro; **futón** con poco relleno. | A thin, hard futon; a thinly stuffed futon.

senbetsu せんべつ ∿ 餞別 ▸ (et) /el/ Regalo de despedida. | A farewell [parting] gift.

senbu せんぶ ∿ 先負 ▸ (ca) /el/ Día de suerte irregular: mala suerte por la mañana y buena por la tarde, conforme el ciclo de seis días [***rokuyō***] calculado a partir del antiguo calendario lunisolar {*comparar con* ***shakkō, senshō, taian y tomobiki***}. | Day of irregular luck: bad luck in the morning and good luck in the afternoon, according to the six-day cycle [rokuyō] calculated by the ancient lunisolar calendar {*compare with* shakkō, senshō, taian *and* tomobiki}.

sencha せんちゃ ∿ 煎茶 ▸ (be) /el/ Té verde de alta calidad. | High-quality green tea.

sendatsu せんだつ ∿ 先達 ▸ (re) /el/ Sacerdote **sintoísta** peregrino. | A Shintō priest pilgrim.

Sengoku jidai せんごく じだい ∿ 戦国時代 ▸ (hi) /la/ «Época de los Estados Combatientes»: periodo histórico de 1467 a 1568. | «Period of the Warring States»: historical period (1467-1568).

sengū せんぐう ∿ 遷宮 ▸ (re) /la/ Retirada temporal de un objeto de culto de un santuario durante la restauración de este. | The temporary removal of an object of worship from a shrine while it is being restored.

sengyō shufu せんぎょう しゅふ ∿ 専業主婦 ▸ (so) /la/ Ama de casa con plena dedicación a las tareas del hogar. | A full-time housewife.

senjafuda せんじゃふだ ∿ 千社札 ▸ (re) /el/ Papel votivo que el creyente deja atado a un poste en un santuario **sintoísta**. | A votive strip or card that a worshipper leaves on a pillar at a Shintō shrine.

senkai せんかい ∿ 旋回 ▸ (te) /el/ Movimiento circular de la cabeza de un actor de **kabuki** al ejecutar una pose estática o ***mie***. | Circular movement of a kabuki actor's head while performing a mie.

senkō せんこう ∿ 線香 ▸ (et / re) /el/ Varilla de incienso mezclado a base de sándalo, clavo, palo áloe [***jinkō***], benjuí y otros ingredientes aromáticos. | A stick of incense mixed with sandalwood, clove, agarwood [jinkō], benzoin and other aromatic ingredients.

senkō hanabi せんこう はなび ∿ 線香花火 ▸ (et) /las/ Bengalas pequeñas que se parecen al extremo encendido de un ***senkō***. | Small sparklers which resemble an incense stick or senkō.

senmaizuke せんまいづけ ∿ 千枚漬 ▸ (co) /el/ Encurtido a base de rodajas de nabo y otros ingredientes, especialidad de Kioto. | Pickle made of turnip slices and other ingredients, a specialty in Kyoto.

sennichi mairi せんにち まいり ∿ 千日参り ▸ (re) /el/ El acto de acudir a un santuario mil días seguidos para rezar. | Going to pray at a shrine or temple for a thousand days in succession.

sennin せんにん ∿ 仙人 ▸ (re / fo) /el/ «El inmortal»: religioso taoísta o budista con poderes mágicos de la inmortalidad conseguidos por prácticas ascéticas en la montaña. | «The immortal»: a Taoist or Buddhist ascetic who has obtained magical powers and immortality through ascetic practice in the mountains. // Se cree que el primer *sennin* histórico de Japón fue En no Gyōja a finales del s. VII.

senninbari せんにんばり ∿ 千人針 ▸ (in) /el/ Cinturón blanco de algodón adornado con mil puntadas de hilo rojo cosidas por diferentes mujeres y que era apreciado por los soldados como talismán protector. | A white cotton belt with a thousand red stitches, each sewn by a different woman and worn by soldiers as a protective talisman.

senpai せんぱい ∿ 先輩 ▸ (so) /el, la/ Persona de más edad o permanencia en un grupo humano, especialmente en relación con otra persona de menor edad o permanencia {*contrastar con* ***kōhai***; *ver* ***senpai kōhai***}. | An elderly or senior person in a group especially in relation to a younger or junior person in the group {*contrast with* kōhai; *see* senpai kōhai}.

senpai kōhai せんぱい こうはい ∿ 先輩後輩 ▸ (so) /el, la/ «Mayor-menor»: relación informal y omnipresente en las organizaciones, escuelas y asociaciones japonesas, según la cual los miembros de más edad y experimentados tienden a ofrecer ayuda y consejo a los miembros sin experiencia, los cuales suelen corresponder con gratitud, servicio y frecuentemente lealtad personal. | «Senior-junior»: an informal relationship omnipresent in Japanese organizations, schools, and associations, in which older, experienced members often offer assistance and advice to inexperienced members, who usually reciprocate with gratitude, service and often personal loyalty.

senryū せんりゅう ∿ 川柳 ▸ (li) /el/ **Haiku** humorístico o irónico. | A humorous or ironic haiku.

sensei せんせい ∿ 先生 ▸ (so / le) /el, la/ Tratamiento de respeto para dirigirse a profesores de cualquier disciplina o arte, médicos, políticos y autoridades; maestro. | Form of respect for addressing teachers of any discipline or art, medical doctors, politicians and authorities; teacher.

senshafuda せんしゃふだ ∿ 千社札 ▸ (re) /la/ Costumbre de pegar un papel con el propio nombre en mil santuarios **sintoístas**. | The custom of pasting pieces of paper bearing one's name on a thousand Shintō shrines.

senshō せんしょう ∿ 先勝 ▸ (ca) /el/ Día de suerte irregular: buena por la mañana y mala por la tarde, conforme el ciclo de seis días [***rokuyō***] del antiguo calendario lunisolar {*contrastar con* ***senbu, shakkō, taian*** *y* ***tomobiki***}. | Day of irregular luck: good in the morning and bad in the afternoon according to the six-day cycle [rokuyō] of the ancient lunisolar calendar {*contrast with* senbu, shakkō, taian, *and* tomobiki}.

senshūraku せんしゅうらく ∿ 千秋楽 ▸ (de) /el/ Último día de un torneo de ***sumō*** (**sumo**, DLE). | The final day of a sumō tournament.

sensōe, sensō-e (sensōga) せんそうえ (せんそうが) ≀ 戦争絵 (戦争画) ▸ (ar) /la/ Pintura o cuadro de temática bélica. | Painting or picture depicting scenes of war.

sensu せんす ≀ 扇子 ▸ (in) /el/ Abanico plegable. | A folding fan.

sentai eiga せんたい えいが ≀ 戦隊映画 ▸ (ci / ma) /el, la/ Película, que también puede ser de ***anime***, con temática de superhéroes. | A film or movie, or anime about superheroes. // La película *Power Rangers* pertenece al subgénero *sentai*.

sentō せんとう ≀ 銭湯 ▸ (et) /el/ Baño público; casa de baños. | A public bath; a bathhouse.

senza せんざ ≀ 遷座 ▸ (re) /el/ Traslado de un santuario **sintoísta** a otra ubicación. | The transfer of a Shintō shrine to a new site.

seppuku せっぷく ≀ 切腹 ▸ (so) /el/ **Harakiri** ritualizado. | Ritualized harakiri.

seri (*Oenanthe javanica*) せり ≀ 芹 ▸ (bo / co) /el/ Enante comestible o perejil japonés, frecuentemente añadido a ensaladas y ***sukiyaki***. | Water dropwort or Japanese parsley, often added to salads and sukiyaki. 迫 ▸ (te) /el/ Escotillón del escenario de **kabuki** por donde los actores aparecen y desaparecen. | Trapdoor through which kabuki actors suddenly appear and disappear.

seseri bashi せせり ばし ≀ 挵り箸 ▸ (so) /el/ El acto de hurgar en el plato con los palillos. | Poking at one's meal with chopsticks. // Es una falta de educación hacer *seseri bashi*.

seshu せしゅ ≀ 施主 ▸ (so) /el, la/ Quien preside un duelo o velatorio; el deudo o familiar principal de un difunto. | The chief mourner at a wake or vigil; main relative of the deceased.

sesshin せっしん ≀ 摂心 ▸ (re) /la/ «Unión de pensamientos»: sesión intensiva de ***zazen*** de tres a siete días que en los monasterios **zen** suele realizarse una vez al mes. | «Union of thoughts»: intensive three to seven days sessions of zazen at Zen monasteries generally held once a month.

sesshō せっしょう ≀ 摂政 ▸ (hi) /el/ Regente imperial del emperador menor de edad, en oposición al ***kanpaku*** o regente de un emperador adulto. | Imperial regent for an underage emperor as opposed to a kanpaku or regent for an adult emperor. // La familia Fujiwara acaparó los puestos de *sesshō* en buena parte de la Era Heian (794-1185).

setai せたい ≀ 世帯 ▸ (so) /la/ Casa, unidad residencial de una familia. | House, the residential unit of a family.

Seto yaki せと やき ≀ 瀬戸焼 ▸ (ce) /la/ Cerámica generalmente vidriada producida del s. XII al final del s. XV en Seto (noroeste de Nagoya). | Glazed ceramic ware in Japan from the 12th century to the end of the 15th century in Seto (northwest of the city of Nagoya).

setomono, *ver* **Seto yaki.** | *See* Seto yaki.

Setsubun

Setsubun せつぶん ≀ 節分 ▸ (ca / et) /la/ Ceremonia tradicional para expulsar demonios realizada del 3 al 4 de febrero y que consiste en arrojar alubias dentro y fuera de la casa {*ver* ***oni uchimame***}. | A traditional ceremony to dispel demons, now observed on February 3rd or 4th, consisting of scattering beans inside and outside the house {*see* oni uchimame}. // La ceremonia de Setsubun se realiza diciendo: *oni wa soto,* *fuku wa uchi* («¡Fuera, el demonio; dentro, la suerte!»).

setsuwa せつわ ∿ 説話 ▸ (li) /la/ Anécdotas o historias generalmente reunidas en colecciones. Muchas son de carácter edificante y fueron compiladas entre los años 800 y 1300. | Anecdotes or stories generally put together in collections, many of an edifying nature and compiled between 800 and 1300.

setsuwa bungaku せつわ ぶんがく ∿ 説話文学 ▸ (li) /la/ Literatura de las ***setsuwa*** {*ver* ***ōjōden***}. | Literature of the setsuwa {*see* ōjōden}.

setta せった ∿ 雪駄 ▸ (in) /las/ Sandalias con suela de cuero. | Sandals with leather soles.

sewamono せわもの ∿ 世話物 ▸ (te) /el, la/ Pieza teatral del **kabuki** y del ***bunraku*** cuyos temas tratan de la vida de la gente contemporánea {*en oposición a* ***jidaimono***} que habitaba en las urbes durante la Era Edo (1600-1868). | Manneristic kabuki and bunraku theater play about the life of contemporary people in cities during the Edo period (1600-1868) {*as opposed to* jidaimono}.

seyakuin せやくいん ∿ 施薬院 ▸ (so / hi) /el/ Dispensario médico de beneficencia para los necesitados vigente en el Japón premoderno. | Beneficent medical dispensary for people in need in premodern Japan.

shabu-shabu

shabu-shabu しゃぶしゃぶ ▸ (co) /el/ Potaje de lonchas finas de ternera o cerdo con verduras hervidas lentamente en caldo y que se comen tras ser mojadas en salsa. | A hot pot dish featuring thin slices of beef or pork with vegetables swished in boiling broth, then dipped in sauce and eaten. // El nombre *shabu-shabu* es onomatopéyico porque imita el sonido de la carne cuando se sumerge en el caldo hirviendo.

shachi gawara しゃち がわら ∿ 鯱瓦 ▸ (arq) /la/ Teja en forma de delfín que decora el tejado de un edificio {*comparar con* ***oni gawara***}. | Tile in the shape of a dolphin decorating the roof of a building {*compare with* oni gawara}.

shachihoko

shachihoko しゃちほこ ∿ 鯱 ▸ (arq / fo) /el/ Pez mítico con cabeza de león, cuerpo de dragón y cola arqueada hacia el cielo, y cuya representación suele decorar el tejado de los castillos. | A fabled fish with a lion-like head, dragon-like sharp scales along its back, and an arched tail pointing skyward, usually used to decorate castle roofs.

shachō しゃちょう ∿ 社長 ▸ (em) /el, la/ Director general de una empresa {*comparar con* ***kaichō***}; gerente general. | Director General of a business or company {*compare with* kaichō}; general manager.

shachū しゃちゅう ∿ 社中 ▸ (so) /la, el/ Camarilla; grupo cerrado. | A clique; a coterie.

shaden しゃでん ∿ 社殿 ▸ (re) /el/ El edificio principal de un templo **sintoísta**; santuario sintoísta. | The main building of a Shintō shrine; a sanctuary.

shafu しゃふ ∿ 車夫 ▸ (tr) /el/ Conductor de un ***rikisha***. | A rickshaw puller.

shain しゃいん ∿ 社員 ▸ (em) /el, la/ Empleado de una compañía. | Company employee.

shakai mono (shakaiha eiga) しゃかいもの（しゃかいは えいが）∿ 社会物（社会派映画）▸ (ci) /la/ Película de tema social. | Film or movie with a social theme

shakaijin しゃかいじん ∿ 社会人 ▸ (so) /el, la/ «Individuo de la sociedad»: Miembro productivo de la sociedad. | «An individual of society»: productive member of society.

shakkei しゃっけい ∿ 借景 ▸ (ja) /el, la/ Noción de jardinería según la cual los elementos paisajísticos de la lejanía, como las montañas, se incorporan en el diseño del jardín. | Concept of gardening in which far-away elements in the background of the landscape such as mountains are incorporated into the design of the garden.

shakkō しゃっこう ∿ 赤口 ▸ (ca) /el/ Día de mala suerte excepto a mediodía (entre las 11:00 y las 13:00 horas) conforme el ciclo compuesto por seis días [***rokuyō***] calculado a partir del antiguo calendario lunisolar {*comparar con* ***senbu, senshō, taian*** *y* ***tomobiki***}. | Bad-luck day except at midday (between 11:00 and 13:00) according to the six-day cycle [rokuyō] calculated using the ancient lunisolar calendar {*compare with* senbu, senshō, taian *and* tomobiki}.

shakkyō no uta しゃっきょう の うた ∿ 釈教の歌 ▸ (li / re) /el/ Poema budista. | A Buddhist poem.

shaku しゃく ∿ 尺 ▸ (pe y me) /el/ Unidad tradicional de longitud equivalente a 30,30 cm o a 10 ***sun***; 勺 ▸ unidad de capacidad equivalente a 18,039 ml. | Traditional unit of length equivalent to 11.930 in or 10 sun; unit of capacity equivalent to 0.610 fluid oz or 0.033 dry pt.
笏 ▸ (et) /el/ Tablilla de madera o marfil de unos 30 cm de largo y 8 de ancho, de extremos redondeados, que los cortesanos sostenían verticalmente, a modo de cetro y como atributo de rango, en situaciones ceremoniales. | Narrow wooden or marble board 12 in long and 3 in wide, with rounded edges, which courtesans held up vertically like a scepter and as an attribute of rank during ceremonial situations.

shakubuku しゃくぶく ∿ 折伏 ▸ (re) /el/ Método de exponer el budismo cuyo objeto es suprimir las ilusiones y someter el apego al error o a la maldad {*comparar con* ***shōju***}. | A method of expounding Buddhism, the aim of which is to suppress anothers' illusions and subdue their attachment to error or evil {*compare with* shōju}.

shakuhachi しゃくはち ∿ 尺八 ▸ (mu) /la/ Flauta vertical de bambú con boquilla y cinco orificios. | A vertical bamboo flute with a notched mouthpiece and five finger holes. // Junto con el *koto* y el *shamisen*, la *shakuhachi* forma el trío de instrumentos clásicos de la música tradicional japonesa. {*Ver imagen en pág. sig.*}

shami <pali *saamanera*> しゃみ ∿ 沙弥 ▸ (re) /el, la/ Religioso budista laico; novicio de una orden budista que ha renunciado a la vida secular y realizado profesión de los Diez Preceptos. | A Buddhist lay priest; a male novice in a Buddhist order who has

shakuhachi

renounced secular life and vowed to uphold the Ten Precepts.

shamisen しゃみせん ∿ 三味線 ▸ (mu) /el/ Instrumento musical de tres cuerdas y largo mástil que se toca con una cuña o plectro [***bachi***] {*ver* ***sangen***}. | A three-stringed musical instrument with a long neck played with a plectrum [bachi] {*see* sangen}. // El *shamisen* originalmente estaba asociado al mundo urbano de los barrios de placer y a los teatros de la Era Edo (1600-1868), pero después se ha convertido en un instrumento de conciertos.

shamisen

shamusho しゃむしょ ∿ 社務所 ▸ (arq) /el/ Edificio destinado a las labores administrativas de un santuario **sintoísta**. | Administrative building at a Shintō shrine.

share しゃれ ∿ 洒落 ▸ (le) /el/ Juego de palabras. | A pun, wordplay.

sharebon しゃれぼん ∿ 洒落本 ▸ (li) /el/ «Libro ingenioso»: género de ficción popular de la Era Edo que floreció entre 1770-1790, escrito en forma de diálogo y que trata de la vida de los barrios de placer, sobre todo de la ciudad de **Edo** (Tokio). | «Witty book»: a genre of popular fiction written in dialogue form between 1770 and 1790 depicting life in the pleasure quarters, mainly in the city of Edo (Tokyo).

sharinseki しゃりんせき ∿ 車輪石 ▸ (et) /el/ Brazalete [*kushiro*] de piedra en forma de rueda de la Era Kohun (s. III-VII). | Stone bracelet [kushiro] shaped like a wheel during the Kohun period (3rd-7th centuries).

shasei しゃせい ∿ 写生 ▸ (li / ar) /el/ «Retrato de la vida»: una idea de pintura adoptada en poesía y prosa. | «Portrayal of life»: an ideal of painting that was extended to poetry and prose.

shashi しゃし ∿ 社司 ▸ (re) /el/ Sacerdote de la religión ***shintō*** (**sintoísmo**, DLE). | A Shintō priest.

shasō しゃそう ∿ 社倉 ▸ (hi) /el/ En la Era Edo (1600-1868), granero comunitario para almacenar cereal en previsión de hambrunas. | Communitary granary during the Edo period (1600-1868) used to store grain in case of famine.

shataku しゃたく ∿ 社宅 ▸ (so) /la/ Vivienda subvencionada por la empresa donde se trabaja. | Subsidized company housing.

shiage ganna しあげ がんな ∿ 仕上げ鉋 ▸ (et) /el/ Cepillo de carpintero para acabados especiales. | Carpenter's brush used for making special finishes.

shiai keiko しあい けいこ ∿ 試合稽古 ▸ (ar mar) /el, la/ Entrenamiento de combates de ***kendō*** (**kendo**, DLE) u otras artes marciales habitual antes de la celebración de un torneo. | Habitual training bout before a kendō or other martial arts tournament.

shiatsu しあつ ⥿ 指圧 ▸ (me / et) /el, la/ «Presión de los dedos»: digitopuntura, terapia curativa y preventiva consistente en presionar puntos específicos del cuerpo con los dedos y palmas de la mano, los codos, las rodillas o los pies. | «Finger pressure»: curative and preventive therapy consisting of pressing specific points and areas of the body with the fingers, palms, elbows, knees or feet. // Después de una sesión de media hora de *shiatsu* me sentí como nuevo.

Shiba ebi (*Metapenaeus joyneri*) しば えび ⥿ 芝蝦 ▸ (zo) /el/ Camarón de Shiba. | A Shiba shrimp.

Shiba inu (Shiba ken) しば いぬ、しば けん ⥿ 柴犬 ▸ (zo) /el/ El perro más pequeño de las seis razas de perros japoneses; perro de compañía y de guarda. | A Shiba dog, the smallest of the six kinds of Japanese dogs; a little brushwood dog.

shibazuke しばづけ ⥿ 柴漬 ▸ (co) /la/ Berenjena o pepino machacados y encurtidos con sal y con la planta ***shiso*** roja. | Salt and red shiso-pickled eggplant or cucumber.

shibori しぼり ⥿ 絞り ▸ (tex) /el, la/ Técnica de teñido en la cual el estampado o dibujo queda adherido firmemente al tejido antes de aplicar el tinte. | A method of resistant dyeing in which the required design is securely tied or stitched onto the fabric before it is dyed.

shibori zome, *ver* **shibori.** | *See* shibori.

shibui しぶい ⥿ 渋い ▸ (es) /el, la/ «Astringente, áspero»: un tipo de belleza matizada, austera y discreta. | «Astringent»: a subdued, discrete and austere kind of beauty. // El adjetivo *shibui* se aplica a color, diseño, poesía, gusto y voz, así como a la conducta humana en general, y también al sabor áspero del kaki.

shibumi しぶみ ⥿ 渋み ▸ (es) /la/ La cualidad de ***shibui***; cualidad estética de la sobriedad. | The quality of shibui; aesthetic quality of sobriety.

shibun しぶん ⥿ 士分 ▸ (hi) /el/ El estatus de los miembros de la clase ***samurai*** (**samurái**, DLE). | The status of samurai.

shibusa, *ver* **shibumi.** | *See* shubumi.

shibyō, *ver* **shikai.** | *See* shikai.

Shichi fukujin しち ふくじん ⥿ 七福神 ▸ (re) /los, las/ Las siete deidades de quienes se dice que propician riqueza y longevidad. Proceden de las tradiciones budistas, **sintoístas** y taoístas. | The seven deities who are said to bring wealth and long life and who are drawn from Buddhist, Shintō and Taoist traditions. // Los nombres de los Shichi fukujin son Ebisu, Daikokuten, Bishamonten, Benzaiten, Jurōjin, Hotei y Kichijōten.

shichidō garan しちどう がらん ⥿ 七堂伽藍 ▸ (arq / re) /el/ Conjunto de los siete edificios principales de un complejo monástico budista: ***kondō***, ***kōdō, tō, shōrō***, ***kyōzō***, ***sōbō*** y ***jikidō***. | The seven main buildings at a Buddhist monastic complex: kondō, kōdō, tō, shōrō, kyōzō, sōbō and jikidō.

Shichigenkin しちげんきん ⥿ 七弦琴 ▸ (mu) /el/ Instrumento musical de siete cuerdas semejante a una cítara y hecho de madera hueca. Difiere del ***koto*** en que no tiene puentes móviles en cada cuerda. | A seven-stringed musical instrument of the zither type made of hollowed wood. It differs from the koto in that there are no movable bridges on each string.

shichigochō しちごちょう ⥿ 七五調 ▸ (li) /el/ Verso de 7-5 sílabas característico de la métrica de la poesía japonesa. | The 7-5-syllabic meter characteristic of certain kinds of Japanese poetry.

Shichigosan しちごさん ∿ 七五三 ▸ (ca) /el/ Día de gala celebrado el 15 de noviembre para los niños de cinco años y las niñas de tres y siete en el cual visten **kimono** tradicional y son llevados a visitar un santuario **sintoísta** para rezar por su futura salud y felicidad. | A gala day for boys of five and girls of three and seven years of age, who dress up in traditional kimonos on November 15th dress up in traditional kimonos and visit a Shintō shrine to pray for their future health and happiness.

shichimi tōgarashi

shichimi tōgarashi しちみ　とうがらし ∿ 七味　唐辛子 ▸ (co) /la/ Mezcla de cayena y otras especias usada para espolvorear fideos como el ***udon*** o la ***soba***. | A mixture of red cayenne pepper and other spices used to sprinkle over noodles like udon or soba.

shichirin しちりん ∿ 七輪 ▸ (mo) /el/ Brasero portátil para cocinar hecho de arcilla. | A portable brazier used for cooking and made of clay or earthenware.

shichiya しちや ∿ 七夜 ▸ (so) /la/ «Séptima noche»: celebración al séptimo día del nacimiento. | «Seventh night»: a celebration on the seventh night after the birth of a child.

質屋 ▸ (em) /la/ Tienda de empeños donde poder comprar una amplia variedad de artículos de segunda mano. | A pawn shop where one can buy a wide range of second-hand goods.

shidashi しだし ∿ 仕出し ▸ (co) /el/ Suministro de comidas por encargo; *catering*. | Catering; delivering meals to order.

shide

shide しで ∿ 紙垂 ▸ (re) /la/ Tira de papel blanco cortado en forma de zigzag que se cuelga de la cuerda de paja [***shimenawa***] que delimita el área sagrada de un santuario **sintoísta**. | A zigzag chain cut from folded white paper and suspended from the straw rope marking off the sacred area of a Shintō shrine.

Shide no yama しで の やま ∿ 死出の山 ▸ (re) /la/ En la tradición del budismo japonés, montaña del más allá que se cree que atraviesa el difunto antes de llegar al rey juez [**Enma**]; el dolor de la muerte comparado con la montaña. | In the Japanese Buddhist tradition, mountain of the great beyond believed to be crossed by a deceased person before coming to the king of judges [Enma]; the pain of death compared to the mountain.

shiden しでん ∿ 賜田 ▸ (hi) /el/ Arrozal asignado por el Gobierno para el uso privado en el sistema ***ritsuryō*** durante el s. VII; arrozal otorgado por el emperador en las eras Nara y Heian (ss. VIII-XII) como reconocimiento de un servicio extraordinario al Estado. | Rice fields assigned by the government for private use under the ritsuryō system of administration in the late 7th century; rice fields granted by the emperor during the Nara and Heian periods (8th-12th centuries) in recognition of extraordinary service to the state.

shifuku しふく ≀ 仕服 ▸ (art) /la/ Bolsa usada en la ceremonia de té, generalmente hecha de brocado de seda, en la cual se guarda la cajita del té. | A pouch used in the tea ceremony usually made of silk brocade and used for holding a tea caddy.

shigan しがん ≀ 此岸 ▸ (re) /la/ Orilla de los humanos en el río que separa a estos del más allá {*contrastar con* ***higan***}. | The human bank in the river that separates them from the world beyond {*contrast with* higan}.

Shigaraki yaki しがらき やき ≀ 信楽焼 ▸ (ce) /la/ Cerámica producida en diferentes poblados del valle de Shigaraki, en el sur de la prefectura de Shiga. | Ceramic ware produced in different parts of the Shigaraki valley in the south of Shiga Prefecture.

shigin しぎん ≀ 詩吟 ▸ (li) /la/ Recitación de un poema chino. | Recitation of a Chinese poem.

shigoto hajime しごと はじめ ≀ 仕事始め ▸ (em) /el/ El primer día comercial del año; apertura anual del comercio. | The first business day of the year; the opening of business for the year.

shigoto osame しごと おさめ ≀ 仕事納め ▸ (em) /el/ El último día hábil comercial del año; cierre anual del comercio {*comparar con* ***goyō osame***}. | The last business day of the year; the closing of business for the year {*compare with* goyō osame}.

shiguchi しぐち ≀ 仕口 ▸ (arq) /la/ Unión de dos piezas de madera en ángulo. | The union of two wooden pieces at an angle.

shigure しぐれ ≀ 時雨 ▸ (cl) /el/ Chubasco al final del otoño o principio del invierno. | A rain shower in late autumn or early winter.

shigureni しぐれに ≀ 時雨煮 ▸ (co) /la/ Cocción de marisco en salsa de **soja**, **sake** dulce [***mirin***] y jengibre. | Boiling shellfish in soy sauce with sweet sake [mirin] and ginger.

shihobari しほばり ▸ (art) /la/ Imitación del carey hecha a base de clara de huevo. | Imitation carey made of egg white.

shihōhai しほうはい ≀ 四方拝 ▸ (re) /la/ «Adoración a los cuatro cuartos»: rito de Año Nuevo [**Shōgatsu**] en el cual el emperador hace reverencias en dirección a los diversos altares y tumbas imperiales, y pronuncia plegarias por el bienestar de la nación. | «Four-way adoration»: New Year's [Shōgatsu] rite in which the emperor bows in the direction of the diverse imperial altars and tombs and says prayers for the well-being of the nation.

shihōmairi しほうまいり ≀ 四方詣り ▸ (re) /la/ «Presentar los respetos en las cuatro direcciones»: visita a ciertos santuarios para obtener bendiciones en el antiguo año nuevo lunar. | «Paying one's respects to the four winds»: visit to certain shrines to get blessings during the old lunar new year.

shiitake (*Lentinus edodes*) しいたけ ≀ 椎茸 ▸ (bo) /el, la/ Seta *shiitake*, el más famoso de los hongos japoneses. | Shiitake mushroom, the best known of Japanese fungi.

shijimi (*Astarte polaris*) しじみ ≀ 蜆 ▸ (zo) /la/ Pequeña almeja de agua dulce, un ingrediente usual en la sopa ***misoshiru***. | A small freshwater clam often used in misoshiru soup.

shijin しじん ≀ 士人 ▸ (fi / ar mar) /el/ El hombre perfecto, cualidad espiritual necesaria en un maestro de ***kendō*** (**kendo**, DLE) y otras artes marciales. | The perfect man, spiritual quality necessary for a master of kendō and other martial arts.

shijūhattai butsu しじゅうはったい ぶつ ≀ 四十八体仏 ▸ (re / ar) /los/ «Los 48 budas»: colección de imágenes en bronce de Buda de los ss. VII y VIII, de unos 30 cm de altura. | «The 48 Buddhas»: a collection of 7th and 8th century gilt bronze Buddhist images, averaging 11.8 in in height.

shijūhatte しじゅうはって ⌇ 四十八手 ▸ (de) /el, la/ Conjunto de las 48 técnicas en el ***sumō*** (**sumo**, DLE). | The 48 techniques of the art of sumō wrestling.

shijūku nichi しじゅうく にち ⌇ 四十九日 ▸ (re) /el/ El día 49 después de la muerte de alguien en el cual se celebra un importante rito o funeral budista. | The 49th day after somebody's death on which an important Buddhist funeral rite is held.

shijūshichi shi しじゅうしち し ⌇ 四十七士 ▸ (hi) /los/ Los 47 guerreros o miembros de la clase ***samurai*** (**samurái**, DLE) del dominio de Akō que vengaron la muerte de su señor en 1703. | The 47 samurais of the Akō domain who avenged their lord's death in 1703.

shika senbei しか せんべい ⌇ 鹿煎餅 ▸ (et / co) /el, la/ «Galleta salada de los ciervos»: galleta ***senbei*** que se vende a los visitantes del parque de Nara dedicado a los ciervos. | «A deer saltine»: a senbei cracker that is sold to visitors at the Nara park, which is devoted to deer.

shikai しかい ⌇ 四戒 ▸ (ps / ar mar) /las/ Las cuatro debilidades o los cuatro males del corazón: asombro, miedo, duda y vacilación. | The four weaknesses of the heart: surprise, fear, doubt and hesitation.

shikaisha しかいしゃ ⌇ 司会者 ▸ (so) /el, la/ Maestro de ceremonias en un banquete de bodas. | Master of ceremonies at a wedding reception.

shikashū しかしゅう ⌇ 私家集 ▸ (li) /la/ Colección poética de un solo autor sobre asuntos íntimos o personales y de tono emocional. | Poetry collection of the intimate and personal affairs of one author expressed in an emotional tone.

shiki matsuba しき まつば ⌇ 敷松葉 ▸ (ja) /la/ Cubierta de hojas de pino sobre la superficie de un jardín para prevenir el efecto de las heladas o para lograr un efecto estético. | Covering of pine needles laid over the surface of a garden against the frost or for aesthetic effect.

shiki noh しき のう ⌇ 式能 ▸ (te) /la/ Actuación ceremonial de una obra de ***noh***. | A ceremonial performance of a noh play.

shikibuton しきぶとん ⌇ 敷き布団 ▸ (mo) /el/ Colchón plegable que se coloca debajo del ***kakebuton*** y que se extiende sobre un suelo de **tatami**. | A fold-up mattress under the kakebuton for spreading on a tatami-matted floor. // En los días secos hay que sacar fuera el *shikibuton* para que se oree.

shikii しきい ⌇ 敷居 ▸ (arq) /el/ Durmiente o umbral de un edificio. | Doorstep or sill of a building.

shikinen しきねん ⌇ 式年 ▸ (so) /el/ El año del aniversario en que se conmemora el fallecimiento de un emperador. | An anniversary year in memory of a late emperor. // Los *shikinen* son el 3, 5, 10, 20, 30 y 50 aniversario.

shikiri しきり ⌇ 仕切り ▸ (de) /la/ Postura adoptada antes de que los luchadores de ***sumō*** (**sumo**, DLE) lleguen a las manos. | Posture taken by wrestlers before they grapple with each other.

shikiri seigen jikan しきり せいげん じかん ⌇ 仕切り制限時間 ▸ (de) /el/ Tiempo asignado para el ritual de calentamiento antes de que los luchadores de ***sumō*** (**sumo**, DLE) lleguen a las manos. | Allotted time for the warming-up ritual before sumō wrestlers must grapple.

shikirisen しきりせん ⌇ 仕切り線 ▸ (de) /la/ Línea de posicionamiento de los luchadores de ***sumō*** (**sumo**, DLE) antes de iniciar el enfrentamiento. | Line behind which sumō wrestlers crouch before beginning a bout.

shikisanba しきさんば ᔐ 式三番 ▸ (te) /las/ Las tres obras de celebración del teatro ***noh***. | The three celebratory noh plays.

shikishi しきし ᔐ 色紙 ▸ (et) /el/ Papel de forma cuadrada e ilustrado usado para escribir poemas. | Square-shaped illustrated paper used for writing poems.

shikki しっき ᔐ 漆器 ▸ (ar) /la/ Pieza lacada; obra en laca. | Lacquer ware.

shiko しこ ᔐ 四股 ▸ (de) /la/ Ceremonia en la cual el luchador de ***sumō*** (**sumo**, DLE) holla con fuerza el círculo de combate, primero con el pie derecho y luego con el izquierdo. | A sumō wrestler's ritual stamping of the sumō ring with his right and then his left foot.

shikō rokumin しこう ろくみん ᔐ 四公六民 ▸ (hi) /el/ Sistema tributario de la Era Edo (1600-1868) por el cual el campesino debía tributar el 40 % de su cosecha anual al Gobierno. | An Edo period (1600-1868) system of taxation under which a farmer had to give 40 % of the year's crops to the government.

shikona しこな ᔐ 醜名 ▸ (de) /el/ Nombre profesional de un luchador de ***sumō*** (**sumo**, DLE). | A sumō wrestler's professional name.

shikoro しころ ᔐ 錏 ▸ (arm) /el/ Cubrenuca, parte posterior del casco que protege el cuello; (ar mar / arm) /la/ especie de sierra usada en el ***ninjutsu***. | Neck cover, the back part of a helmet that protects the neck; a type of saw used in ninjutsu.

shiku no kamiuta しく の かみうた ᔐ 四句神歌 ▸ (li) /la/ Canción en forma de cuarteto de carácter religioso {*comparar con **niku no kamiuta***}. | Song of a religious character in the form of a quatrain {*compare with* niku no kamiuta}.

shikunshi しくんし ᔐ 四君子 ▸ (ar) /el/ Tema pictórico de origen chino consistente en la combinación de un ciruelo en flor, una orquídea, un crisantemo y una rama de bambú. | A Chinese painting subject consisting of the combination of a plum tree in bloom, an orchid, a chrysanthemum and a bamboo branch.

shima nagashi しま ながし ᔐ 島流し ▸ (po / em) /el/ Exilio [destierro] a una isla; descenso de categoría en la empresa con traslado a una sucursal de escasa importancia o al extranjero. | Exile [banishment] to an island; relegation to a lower rank at a company and being sent to an insignificant branch or abroad.

shimada しまだ ᔐ 島田 ▸ (pe) /el/ Estilo de peinado japonés compuesto por un moño alto sobre la nuca y que era popular entre las jóvenes solteras y las ***geishas*** en el s. XIX y principios del XX. | Japanese hairstyle made up of a high bun over the nape of the neck, especially popular among young single women and geishas in the 19th century and at the beginning of the 20th.

shimaguni しまぐに ᔐ 島国 ▸ (ps) /el, la/ «País isla»: teoría basada en la insularidad de Japón para explicar la singularidad de la idiosincrasia del pueblo japonés. | «Island nation»: theory that uses the insularity of Japan as a reason for the idiosyncrasy of its people and their uniqueness.

Shimanrokusen nichi しまんろくせん にち ᔐ 四万六千日 ▸ (ca) /el/ Día del Festival de **Kannon** el 10 de julio, cuando se cree que visitar un templo es tan efectivo como visitarlo otros 46 000 días. | The festival day of Kannon on July 10th when visiting a temple is thought to be as effective as visiting it on 46,000 other days.

shimbun shōsetsu, *ver* **shinbun shōsetsu.** | *See* shinbun shōsetsu.

shime kazari しめ かざり ᔐ 注連飾 ▸ (re) /la/ Guirnalda sagrada de paja de arroz con varios símbolos de buen augurio que cuelga en la entrada de la casa o de los altares **sintoístas** domésticos. | A sacred rice-straw festoon with various auspicious symbols attached to it, typically hung over entrances to homes or from domestic Shintō altars.

shimenawa

shimenawa しめなわ ∿ 注連縄 ▸ (re) /el, la/ Soga trenzada de paja con tiras de papel blanco que se cuelga para purificar los lugares sagrados **sintoístas**. | A thick, twisted, straw rope with stripes of white paper hung around sacred Shintō places to purify them. // Las dos rocas de la costa estaban unidas por una gran *shimenawa*.

shimeo しめお ∿ 締緒 ▸ (arm) /el, la/ Barboquejo o correa con que se sujeta el casco del ***samurai*** (**samurái**, DLE). | Chinstrap that holds a samurai's helmet tight.

shimesaba しめさば ∿ 締め鯖 ▸ (co) /la/ Trozos de caballa con sal y vinagre. | Pieces of salted and vinegared mackerel.

shimin geki しみん げき ∿ 市民劇 ▸ (ci) /el, la/ «Drama de la clase media baja»: cine sobre la vida de la gente común y corriente. | «Lower-middle-class drama»: film or movie about common ordinary people.

shimofuri しもふり ∿ 霜降り ▸ (co) /el/ El acto de de lavar el pescado con agua caliente. | The act washing fish in hot water.

shimonoku しものく ∿ 下の句 ▸ (li) /el/ El pareado final de una poesía **tanka**. | The final couplet of a tanka poem.

shimonoza しものざ ∿ 下の座 ▸ (vi) /el/ En el hogar de una familia tradicional, el asiento ocupado por los hijos, enfrente del asiento del cabeza de familia [***yokoza***]. | The seat occupied by the sons and daughters opposite where the head of the family [yokoza] sits in the home of a traditional family.

shimote しもて ∿ 下手 ▸ (te) /el/ Lado izquierdo del escenario en el teatro. | The left side of the stage in a theater.

shimoza しもざ ∿ 下座 ▸ (et) /el/ En un banquete o reunión, asiento ocupado por la persona menos importante, generalmente cerca de la puerta {*contrastar con* ***kamiza***}. | The seat occupied by the least important person at a banquet or meeting, generally near the door {*contrast with* kamiza}.

shimpa, *ver* **shinpa.** | *See* shinpa.

shin kankakuha しん かんかくは ∿ 新感覚派 ▸ (li) /la/ «Nueva escuela de las sensaciones» o «neosensacionismo»: moda literaria en la década de 1920 basada en precedentes europeos. | «The new school of sensations»: literary fashion of the 1920s based on European precedents.

shin ki ryoku itchi しん き りょく いっち ∿ 心気力一致 ▸ (ar mar) /la/ «Unificación de mente, energía y fuerza»: objetivo ideal del ***kendō*** (**kendo**, DLE) y otras artes marciales. | «Unification of mind, energy and force»: the ideal objective of kendō and other martial arts.

Shin kokinshū しん こきんしゅう ∿ 新古今集 ▸ (li) /el/ «El nuevo *Kokinshū*»: antología de poesía ***waka*** compilada bajo patrocinio imperial hacia el año 1205. La segunda antología imperial en importancia después del ***Kokinshū***. | «The new *Kokinshū*»: anthology of waka poetry compiled under imperial patronage around 1205. The second most important anthology after *Kokinshū*.

shin shinrigakuha しん しんりがくは ∿ 新心理学派 ▸ (li) /la/ «Nueva escuela psicologista»: moda literaria en la década de 1930 basada en precedentes europeos. | «The new psychologist school»: literary fashion of the 1930s based on European precedents.

shin shinshūkyō しん しんしゅうきょう ∿ 新新宗教 ▸ (re) /las/ Religiones novísimas que surgieron después de 1945 {*comparar con* ***shinshūkyō***}. | The latest religions that sprang up after 1945 {*compare with* shinshūkyō}.

shin zen bi しん ぜん び ∿ 真善美 ▸ (ar) /el, la/ «Verdad, bondad y belleza»: las tres cualidades básicas e ideales para la creación de un ***bonsai*** (**bonsái**, DLE). | «Truth, goodness and beauty»: the three basic and ideal qualities for creating a bonsai.

shinai しない ∿ 竹刀 ▸ (ar mar) /el/ Palo de bambú para practicar ***kendō*** (**kendo**, DLE). | A bamboo stick for practicing the martial art of kendō.

shinbun shōsetsu しんぶん しょうせつ ∿ 新聞小説 ▸ (li) /la/ Novela por entregas en los periódicos, una práctica habitual en Japón desde la década de 1890 hasta la actualidad. | Novels serialized in newspapers. This genre was most popular in Japan from the 1890s to the present. // Las grandes obras de Natsume Sōseki fueron *shinbun shōsetsu.*

shinbutsu konkō しんぶつ こんこう ∿ 神仏混淆 ▸ (re) /el/ Sincretismo del ***shintō*** (**sintoísmo**, DLE) con el budismo. | The syncretism of Shintō with Buddhism.

shincha しんちゃ ∿ 新茶 ▸ (be) /el/ El primer té de la estación. | The first tea of the season.

shinchiku iwai しんちく いわい ∿ 新築祝い ▸ (et) /la/ Celebración de la terminación de una nueva casa. | A gathering to celebrate the completion of a new house.

shinden しんでん ∿ 神田 ▸ (hi) /el, la/ Terreno propiedad de los santuarios **sintoístas** conforme el sistema ***ritsuryō*** instituido en el s. VII. También llamado *mitoshiro* o *mitoshiroda.* | Land that is owned by Shintō shrines in accordance with the ritsuryō system instituted in the 7th century. Also called mitoshiro or mitoshiroda.

shinden kaihatsu しんでん かいはつ ∿ 新田開発 ▸ (hi) /la/ Roturación de nuevas tierras de cultivo en la Era Edo (1600-1868). | The opening of new lands for tilling during the Edo period (1600-1868).

shinden tsukuri (zukuri) しんでん つくり (づくり) ∿ 寝殿造り ▸ (arq) /el/ Estilo arquitectónico adoptado en las villas aristocráticas en la Era Heian (794-1185) y en el cual los edificios se distribuían aisladamente en el terreno. | Architectural style employed in aristocratic mansions during the Heian period (794-1185) in which the buildings were spread out on the land in isolation.

shin'en しんえん ∿ 神苑 ▸ (ja) /el/ Jardín adjunto a un santuario **sintoísta**. | Garden next to a Shintō shrine.

shingeki しんげき ∿ 新劇 ▸ (te) /el/ «Nuevo teatro»: género de teatro realista equiparable al que predominaba en los países occidentales en el s. XX. | «New theater»: a form of realist theater roughly comparable to that found in Western countries in the 20th century.

shingon, Shingon しんごん ∿ 真言 ▸ (re) /el/ Mantra; palabra o verso sagrado transmitido por santos bajo inspiración divina; /la/ una de las escuelas budistas tradicionales, especialmente seguida entre las clases aristocráticas durante la Era Heian (794-1185). | A mantra; a sacred verse or word transmitted by holy men under divine inspiration; one of the traditional Buddhist schools, especially followed by the aristocratic classes during the Heian period (794-1185). // El término *shingon* da nombre a una importante escuela budista.

shinikuchi しにくち ∿ 死口 ▸ (et) /la/ Invocación de los espíritus de los muertos que realiza una médium o chamana {*ver*

kuchiyose}. | The summoning of the spirits of the dead by a female medium or shaman {*see* kuchiyose}.

shinise しにせ ∿ 老舗 ▸ (em) /el/ Establecimiento comercial de larga tradición. | A long-established shop. // Este *shinise* de laca de Kamakura ha pertenecido a la familia Miura durante ocho generaciones.

shinitai しにたい ∿ 死に体 ▸ (ar mar) /la/ «Cuerpo muerto»: posición en que el luchador de ***sumō*** (**sumo**, DLE), ***kendō*** (**kendo**, DLE) o de otras artes marciales de combate ha perdido la postura y el equilibrio y no se puede recuperar. | «Dead body»: the condition in which a kendō or sumō fighter has lost balance and posture and is unable to recover.

shinji ike しんじ いけ ∿ 心字池 ▸ (ja) /el/ Estanque en un jardín tradicional japonés con la forma de los cuatro trazos del sinograma de «corazón» (心). | A pond in a traditional Japanese garden shaped like the four lines found in the kanji character for «heart» (心).

shinjin しんじん ∿ 真人 ▸ (fi / ar mar) /el/ El hombre verdadero, cualidad espiritual requerida en un maestro de ***kendō*** (**kendo**, DLE) o de otras artes marciales. | The true man, spiritual quality required of a master of kendō and other martial arts. 身心 ▸ (re) /el, la/ En el budismo, el individuo humano en su integridad, la unidad de lo físico y lo psíquico. | In Buddhism the human individual in his/her integrity, the unity of the physical and the psychic.

shinjū しんじゅう ∿ 心中 ▸ (so) /el/ Doble suicidio por amor, suicidio de dos amantes; suicidio de una familia. | A double suicide for love, suicide of two lovers; a family suicide. // Tokubei, un empleado, y Ohatsu, una prostituta, cometieron *shinjū* en el bosque de Sonezaki, según una famosa obra teatral de Chikamatsu Monzaemon.

shinjūmono しんじゅうもの ∿ 心中物 ▸ (te) /el/ Drama sobre un doble suicidio por amor. | A drama about a doble suicide for love.

shinkan しんかん ∿ 神官 ▸ (re) /el/ Sacerdote **sintoísta.** | A Shintō priest.

Shinkansen しんかんせん ∿ 新幹線 ▸ (tr) /el/ El Shinkansen, el tren bala, el tren de alta velocidad de Japón. | The Shinkansen; the Bullet Train. // El Shinkansen es un tren de alta velocidad que funciona en Japón desde 1964.

shinkū しんくう ∿ 真空 ▸ (re) /el, la/ «Verdadera vacuidad»: en el **zen**, lo absoluto en relación con lo que es relativo. | «True emptiness»: the interconnection of the absolute and the relative in Zen.

shinkyō shōsetsu しんきょう しょうせつ ∿ 心境小説 ▸ (li) /la/ Novela de actitud mental, una variedad de la ***watakushi shōsetsu*** o «novela del yo», en la cual se suelen presentar reflexiones sobre aspectos de la naturaleza. | Mental attitude novel, a variety of the watakushi shōsetsu or «I novel», which usually involves the meditation on some aspect of nature.

shinkyū しんきゅう ∿ 鍼灸 ▸ (me) /la/ Acupuntura y moxibustión. | Acupuncture and moxibustion.

shinmai しんまい ∿ 新米 ▸ (co) /el/ El arroz nuevo, el primer arroz del año; (so) /el, la/ un novato, un recién llegado. | New rice, the first rice of the year; a beginner, a novice.

shinnaibushi しんないぶし ∿ 新内節 ▸ (mu) /el/ Estilo de canto de ***jōruri***. | The Shinnai style of jōruri chanting.

Shinnenkai しんねんかい ∿ 新年会 ▸ (ca) /la/ Fiesta celebrada algún día del mes de enero para festejar la llegada del Año Nuevo. | Festival held one day in the month of January to celebrate the arrival of the New Year.

shinobi, *ver* **ninjutsu.** | *See* ninjutsu.

shinobi kumade しのび くまで ⟡ 忍び熊手 ▸ (ar mar) /el, la/ Herramienta usada por los ***ninjas*** para escalar muros consistente en una cuerda reforzada por bambú y un gancho en su extremo. | A rope reinforced with bamboo with a hook at its end used by the ninja to climb over walls.

shinobue しのぶえ ⟡ 篠笛 ▸ (mu) /la/ Flauta tradicional. | Traditional flute.

shinogi しのぎ ⟡ 鎬 ▸ (arm) /el/ Reborde que hay en la hoja de un sable japonés [***katana***] que va desde el final de la guarda hasta la punta de la hoja, y que se encuentra entre el recazo [***mine***] y el filo. | The raised ridge of a Japanese sword which runs up from the end of the cross-guard to the tip of the blade and is located between the bolster [mine] and the blade's edge.

shi-nō-kō-shō, shinōkōshō しのうこうしょう ⟡ 士農工商 ▸ (hi / so) /el/ «Guerrero-campesino-artesano-comerciante»: el sistema oficial de jerarquía social predominante en la Era Edo (1600-1868). | «Warrior-farmer-artisan-merchant»: the four main classes into which society was officially divided during the Edo period (1600-1868).

shinpa しんぱ ⟡ 新派 ▸ (te) /el/ El primer movimiento teatral moderno en Japón. | The first modern Japanese theatrical movement. // *Shinpa* significa «nueva escuela» en oposición al kabuki, que representa la vieja escuela de teatro.

shinpū しんぷう ⟡ 神風 ▸ (mi / fo) /el/ Vendaval desatado por **Raijin**, dios del trueno y los rayos, para impedir la llegada de la flota mongola a las costas japonesas en la segunda mitad del s. XIII; viento divino. | Storm unleashed by Raijin, god of thunder and lightning, to prevent the Mongolian fleet from arriving at the Japanese coasts during the second half of the 13th century; a divine wind.

Shinri-kyō しんりきょう ⟡ 神理教 ▸ (re) /la/ Escuela del ***shintō*** (**sintoísmo**, DLE) fundada por Tsunehiko Sano e independizada en octubre de 1894. | Shintō school founded by Tsunehiko Sano that became independent in October, 1894.

shinrin'yoku しんりんよく ⟡ 森林浴 ▸ (me) /el/ Paseo por el bosque con fines terapéuticos. | Walking in the woods for therapeutic purposes.

shinsai しんさい ▸ (fi / re) /el, la/ «Ayuno de la mente»: en el taoísmo, un estado de conciencia altamente unificado. | «Mind fasting»: state of highly unified consciousness in Taoism.

shinsengumi しんせんぐみ ⟡ 新撰組 ▸ (hi) /el, la/ «Grupo de los nuevos elegidos»: facción de miembros de la clase ***samurai*** (**samurái**, DLE) elegidos por el Gobierno **Tokugawa** como fuerza de seguridad para defender el orden en Kioto en los años finales de la Era Edo (1600-1868). | «The new chosen»: samurai faction chosen by the Tokugawa government as a security force to defend public order in Kyoto at the end of the Edo period (1600-1868).

shinshiki しんしき ⟡ 神式 ▸ (re) /el/ Rito **sintoísta**. | A Shintō rite.

shinshiki kekkon しんしき けっこん ⟡ 神式結婚 ▸ (re / so) /la/ Boda de estilo **sintoísta**. | A Shintō-style wedding.

shinshoban しんしょばん ⟡ 新書判 ▸ (li) /el/ Libro en rústica, casi siempre sobre temas de no ficción y por lo general de medidas de 105 × 173 mm. | A paperback book, usually non-fiction, generally measuring approximately 7 by 4 in.

shinshoku しんしょく ⟡ 神職 ▸ (re) /el/ Sacerdote **sintoísta**. | A Shintō priest.

shinshūkyō しんしゅうきょう ⟡ 新宗教 ▸ (re) /las/ Nuevas religiones fundadas en el s. XIX y primeras décadas del XX {*ver* ***shin shinshūkyō***}. | New religions founded at the end of the 19th and beginning of the 20th century {*see* shin shinshūkyō}.

Shinshū-kyō しんしゅうきょう ∿ 神習教 ▸ (re) /la/ Escuela del ***shintō*** (**sintoísmo**, DLE) fundada por Masamochi Yoshimura que se independizó en mayo de 1882. | Shintō school founded by Masamochi Yoshimura that became independent in May, 1892.

shinsotsu しんそつ ∿ 新卒 ▸ (em) /la/ Jóvenes recién graduados que entran en las empresas al comienzo del año fiscal, es decir, en el mes de abril. | Young people recently graduated who begin working at companies at the start of the fiscal year, which is in April.

shintai しんたい ∿ 神体 ▸ (re) /el/ Objeto de culto en un santuario **sintoísta** y en el que se cree que mora una divinidad. | An object of worship at a Shintō shrine which a deity is believed to inhabit.

shintaishi しんたいし ∿ 新体詩 ▸ (li) /el, la/ «Poesía en la nueva forma»: poesía escrita en japonés clásico, pero en formas estróficas no tradicionales; poesía en versos libres. | «Poetry of the new form»: poetry written in classical Japanese but in non-traditional stanzas; free verse poetry.

shintō, Shintō (sintoísmo, DLE) しんとう ∿ 神道 ▸ (re) /el/ «El camino de los dioses»: *shintō, Shintō*, sintoísmo; la religión aborigen de Japón. | «The way of the deities»: shintō, Shintō, Shintoism; the indigenous religion of Japan.
神灯 ▸ (et) /el/ Un farol sagrado. | A sacred lantern.

Shintō jūsanpa しんとう じゅうさんぱ ∿ 神道十三派 ▸ (re) Las trece escuelas del ***shintō*** (**sintoísmo**, DLE). | The thirteen schools of Shintō.

Shintō shūseiha しんとう しゅうせいは ∿ 神道修成派 ▸ (re) Escuela **sintoísta** fundada por Kunimitsu Nitta en octubre de 1876. | Shintō school founded by Kunimitsu Nitta in October, 1876.

Shintō taikyō しんとう たいきょう ∿ 神道大教 ▸ (re) Escuela del ***shintō*** (**sintoísmo**, DLE) fundada por funcionarios de la Era Meiji en el año 1873. | Shintō school founded by civil servants of the Meiji period in 1873.

Shintō taisei-kyō しんとう たいせいきょう ∿ 神道大成教 ▸ (re) Escuela **sintoísta** fundada por Hirayama Seisai independizada en mayo de 1882. | Shintō school founded by Hirayama Seisai that became independent in May, 1882.

shin'uchi しんうち ∿ 真打 ▸ (ar) /el/ Maestro de ***rakugo***. | A rakugo master.

shinwa しんわ ∿ 心話 ▸ (li) /el/ Monólogo interior. | Interior monologue.

shin'ya sūpā しんや スーパー ∿ 深夜スーパー ▸ (em) /el/ Supermercado de horario nocturno. | A late-night supermarket.

shiobarai しおばらい ∿ 塩払い ▸ (fo) /la/ La costumbre de echar sal a una persona que acaba de volver de un funeral. | Sprinkling of salt on a person who has just returned from a funeral.

shiohi gari しおひ がり ∿ 潮干狩り ▸ (et) /la/ Recolección de conchas con la marea baja. | Shellfish gathering at low tide.

shiokara しおから ∿ 塩辛 ▸ (co) /el/ Pescado y moluscos con entrañas, curados con sal y fermentados; calamar curado con sal. | Salt-cured and fermented fish and mollusks with their entrails; salt-cured squid.

shioki しおき ∿ 仕置 ▸ (hi) /la/ Sanción penal y su imposición en la Era Edo (1600-1868). | A criminal punishment and its imposition during the Edo period (1600-1868).

shiori しおり ∿ 撓 ▸ (li) /el, la/ En la composición de **haikus**, flexibilidad o multiplicidad de significados; sensación de caducidad en un poema; espontaneidad en la expresión poética; empatía con la naturaleza. | Flexibility or multiplicity of meanings in a haiku poem; sensation of expiration in a poem; spontaneity in poetic expression; empathy with nature.

shiouchi mame しおうち まめ ⇃ 塩打豆 ▸ (co) /el/ Plato a base de legumbres machacadas y adobadas con sal. | Dish of mashed vegetables marinated in salt.

shioyaki しおやき ⇃ 塩焼き ▸ (co) /el/ Asado con sal a la parrilla; extracción de sal del agua de mar hervida. | Salt-grilling; extracting salt by boiling seawater.

shiozuke, shiotsuke しおづけ、しおつけ ⇃ 塩漬け ▸ (co) /la/ Salmuera. | Pickled with salt in brine.

shippō yaki しっぽう やき ⇃ 七宝焼き ▸ (ar / ce) /el, la/ «Siete piedras preciosas»: técnica de esmalte alveolado o *cloisonné* en la cual se crean diseños artísticos aplicando esmalte vidriado a una superficie metálica. | «Seven precious stones»: alveolate or *cloisonné* enameling technique in which artistic designs are created by applying glazed enamel onto a metallic surface.

shippoku しっぽく ⇃ 卓袱 ▸ (mo) /la/ Mesa china. | A Chinese table.

shiraae しらあえ ⇃ 白和え ▸ (co) /la/ Ensalada aliñada con sésamo blanco, ***tōfu*** (**tofu**, DLE) y pasta de **soja** [***miso***] blanca. | Salad dressed with white sesame, tōfu and white soy pasta [miso].

shirabyōshi しらびょうし ⇃ 白拍子 ▸ (mu) /la/ Representación de música y danza popular en los ss. XI y XII caracterizada por un ritmo fuerte y marcado; intérpretes femeninas de este arte. | Song and dance performance characterized by a strongly marked rhythm and popular in the 11th and 12th centuries; female performers of this type of dance.

shiraji しらじ ⇃ 白地 ▸ (ce) /el/ Vidriado para piezas de cerámica con un componente deliberado de cenizas. | Glazing of ceramic ware with a deliberate component of ash.

shirako しらこ ⇃ 白子 ▸ (co) /las/ Huevas, ovas; lecha. | Soft roe; fish milt.

shiranami mono, *ver* **sewamono.** | *See* sewamono.

shirankao しらんかお ⇃ 知らん顔 ▸ (so) /la/ «Cara de no saber»: actitud exterior ausente y de incomprensión cuando la persona desea evitar comunicarse o implicarse en una situación. | «I don´t know face»: a blank, uncomprehending facial expression adopted when an individual wants to avoid involvement or communication. // La expresión de Tanaka fue de *shirankao* cuando le preguntaron si conocía a la joven.

shirasu しらす ⇃ 白洲 ▸ (te) /la/ Zona de gravilla que rodea el escenario de ***noh***. | Gravel area surrounding the noh stage.

shirasu bashigo しらす ばしご ⇃ 白州梯子 ▸ (te) /la/ Escalerilla situada en la parte frontal de un escenario de ***noh***. | Small ladder located at the front of a noh stage.

shiratama しらたま ⇃ 白玉 ▸ (co) /la/ Bola de harina de arroz. | A rice-flour dumpling.

shirauo (*Salangichthys microdon*) しらうお ⇃ 白魚 ▸ (zo) /el/ Arenque japonés. | Japanese herring.

shiritori しりとり ⇃ 尻取り ▸ (ju) /el/ Juego en el que se responde con una palabra a otra que empieza por la misma sílaba con la que termina la dicha por el jugador contrario {*ver* ***kotoba asobi***}. | A game in which one responds with a word beginning with the last syllable of the word spoken by one's opponent {*see* kotoba asobi}.

shiro しろ ⇃ 城 ▸ (arq) /el/ Castillo; fortaleza. | A castle; a fortress. // Ayer visitamos el famoso *shiro* de Nagoya. {*Ver imagen en pág. sig.*}

shirobusa しろぶさ ⇃ 白房 ▸ (de) /la/ La borla blanca que cuelga de la esquina

shiro

suroeste del techo que hay sobre el círculo de ***sumō*** (**sumo**, DLE). | The white tassel hanging from the southwest corner of the roof over a sumō ring.

shirogasuri しろがすり ⇅ 白飛白 ▸ (in) /el/ **Kimono** blanco con estampado moteado. | A white kimono with a splash pattern.

shiromiso しろみそ ⇅ 白味噌 ▸ (co) /el/ ***Miso*** blanco. | White miso. // El *shiromiso* es típico de la región de Kioto.

shiromuku しろむく ⇅ 白無垢 ▸ (in) /el/ **Kimono** completamente blanco. | An all-white kimono.

shiroshoin しろしょいん ⇅ 白書院 ▸ (arq) /el, la/ En una mansión de estilo ***shoin***, la estancia más privada del señor de la casa. | The lord of the household's most private room in a shoin-style mansion.

shirotabi しろたび ⇅ 白足袋 ▸ (in) /el/ Un par de calcetines o ***tabi*** blancos. | A pair of white socks or tabi.

shirōto しろうと ⇅ 素人 ▸ (so) /el, la/ No profesional, opuesto a profesional [***kurōto***], especialmente aplicado a ***geishas***. | Non-professional in opposition to professional [kurōto], especially when referring to geishas.

shirozake しろざけ ⇅ 白酒 ▸ (be) /el/ **Sake** blanco hecho de malta de arroz y **sake**, y que se sirve el 3 de marzo en el Festival de las Muñecas. | White sake made from sake and rice malt and served at the Girls' Day Festival on March 3rd.

shiru しる ⇅ 汁 ▸ (co) /el, la/ Caldo, sopa. | Soup.

shiruko しるこ ⇅ 汁粉 ▸ (co) /la/ Sopa dulce hecha de pasta de alubias rojas con ***mochi*** o ***dango*** y aclarada con agua. | A sweet soup made of adzuki-bean paste with mochi or dango and thinned with water.

shīsā シーサー ▸ (fo) /el, la/ Ser mitológico de Okinawa de forma entre perro y león. | Mythological being in Okinawa that is half-dog and half-lion.

shisa kanko しさ かんこ ⇅ 指差喚呼 ▸ (et) /el, la/ «Apuntar y señalar»: gesto con la mano del empleado de andén de las estaciones ferroviarias para confirmar la seguridad del viaje. | «Pointing and calling»: hand gesture used by platform workers at railroad stations to guarantee the safety of the trip.

shishi しし ⇅ 志士 ▸ (hi) /los/ «Hombres de espíritu»: militantes nacionalistas del movimiento xenófobo ***sonnōjōi*** en la década de 1860. | «Men of spirit»: Japanese nationalists of the xenophobic sonnōjōi movement of the 1860s.

shishi gashira しし がしら ⇅ 獅子頭 ▸ (et) /la/ Cabeza de león que llevan los danzantes en la danza del león {ver ***shishimai***}. | Headdress of a lion worn by dancers during the lion dance {*see* shishimai}.

shishi odori しし おどり ⇅ 鹿踊 ▸ (et) /la/ Danza del noreste de Japón (sobre todo en Iwate y Miyagi) interpretada al final del verano o en otoño por ocho o doce danzantes con máscaras parecidas a ciervos y con tambores ceñidos a sus cinturas. | A dance in northeastern Japan (primarily Iwate and Miyagi Prefectures) performed during late summer or autumn by eight to twelve male dancers, who wear masks resembling deer and with drums sown onto their belts.

shishi odoshi しし おどし ⇅ 鹿威し ▸ (ja / et) /la/ En los jardines, caña de bam-

shishi odoshi

bú unida en su mitad a un punto de apoyo por encima de una piedra en forma de cuenco. La caña se llena de agua hasta moverse por el peso y entonces deja caer el agua. | In a garden, a bamboo reed attached at its midpoint to a fulcrum above a stone. The bamboo fills with water until it overbalances and the water spills out.

shishi tōgarashi (*Capsicum annuum* var. *angulosum*) しし とうがらし ∿ シシトウガラシ、獅子唐芥子 ▸ (bo) /el/ Pimiento verde dulce. | A sweet green pepper.

shishimai ししまい ∿ 獅子舞 ▸ (et) /la/ Danza del león; danza ritual interpretada en festivales de santuarios **sintoístas** o de Año Nuevo en la cual un danzante lleva un disfraz de cabeza de león y, otras veces, de ciervo. | Lion dance; ritual dance performed at a Shintō shrine festival or New Year's by a dancer wearing a headdress sometimes in the shape of a lion or a deer.

shiso (*Perilla frutescens* var. *crispa*) しそ ∿ 紫蘇 ▸ (bo) /la/ Perilla, especie de menta, cuyas hojas se usan para acompañar el ***sashimi***, hacer ***tenpura*** (**tempura**, DLE) y aderezar de diferentes modos el ***sushi***. | A type of Asian mint, whose leaves are used to accompany sashimi, to make tempura and to garnish sushi in various ways.

shishōsetsu, *ver* **watakushi shōsetsu.** | *See* watakushi shōsetsu.

shita sudare した すだれ ∿ 下簾 ▸ (mo) /el/ Largo cortinaje que pendía del interior del carruaje {*ver* ***gissha*** *y* ***kara guruma***} y que sobresalía por debajo de otras cortinas más cortas. | Long curtain that hung in the inside of a carriage {*see* gissha *and* kara guruma} and that stood out from under other shorter curtains.

shitakiri suzume したきり すずめ ∿ 舌切雀 ▸ (fo) /el/ «El gorrión sin lengua»: cuento folclórico japonés en el que un gorrión al que han cortado la lengua castiga a una anciana deshonesta y premia a un anciano honrado. | «The Tongueless Sparrow»: a folktale in which a sparrow whose tongue has been cut out punishes a dishonest old woman and rewards an honest old man.

shitamachi したまち ∿ 下町 ▸ (so) /la/ «Ciudad de abajo»: distrito comercial en las ciudades japonesas antiguas, especialmente **Edo** (Tokio), donde residían las clases plebeyas. | «Downtown»: traditional commercial district of older Japanese cities, particularly Edo (Tokyo), where the merchants and craftsmen had their dwellings and shops.

shitamae したまえ ∿ 下前 ▸ (in) /la/ La mitad de la parte delantera del **kimono** doblada bajo la otra mitad. | Half of the front of the kimono folded up under the other half.

shitanaga abumi したなが あぶみ ∿ 舌長鐙 ▸ (arm) /las/ Espuelas en forma de interrogación invertida con la base alargada para dar estabilidad al jinete con arco. | Open-sided stirrup in the form of an inverted question mark with a long base to help stabilize the rider with the bow.

shite して ∿ 仕手 ▸ (te) /el/ El personaje principal de una obra de ***noh*** o de ***kyōgen***. | The leading character in a noh or kyōgen play. // Frecuentemente, el *shite* del *noh* es un alma en pena.

shite bashira して　ばしら ⥊ 仕手柱 ▸ (te) /el/ Pilar situado en la esquina trasera derecha del escenario de ***noh***. | Pillar located at the right rear corner of a noh stage.

shitōkan, shibukan しとうかん、しぶかん ⥊ 四等官、四部官 ▸ (hi) /el/ Colectivamente, los cuatro puestos más altos de la Administración conforme el sistema ***ritsuryō*** instaurado en el s. VIII. | Collectively, the four highest posts in the administration in accordance with the ritsuryō system established in the 8th century.

shitomi しとみ ⥊ 蔀 ▸ (arq) /la/ Contraventana de la arquitectura ***shinden*** que se abate hacia el techo y se suspende con ganchos. | Shinden architectural shutter hung on hooks that can be lowered down from the ceiling.

shitone しとね ⥊ 褥 ▸ (mo) /el/ En la Era Heian (794-1185), cojín o colchón que se disponía en el suelo para sentarse o dormir. | Cushion or mattress placed on the floor for sitting or sleeping during the Heian period (794-1185).

shitsurei (suru) しつれい（する）⥊ 失礼（する）▸ (so / le) «Romper la etiqueta»: verbo comúnmente empleado para pedir disculpas, en especial cuando es inevitable hacer algo descortés (como cuando se debe dejar la compañía de alguien) {*comparar con* ***sumimasen***}. | «Breach of etiquette»: verb commonly used to excuse oneself, especially when doing something impolite (such as taking leave of someone) is inevitable {*compare with* sumimasen}.

shiyagoka しやごか ⥊ 子夜呉歌 ▸ (li) /el/ Poema según modelos chinos que expresa el deseo de una mujer de que vuelva su marido que está en una expedición como soldado. | A poem following Chinese models that expresses a woman's desire for the return of her husband who is on an expedition as a soldier.

shizenshugi しぜんしゅぎ ⥊ 自然主義 ▸ (li) /el/ Variedad de naturalismo literario en la narrativa japonesa especialmente popular entre 1905 y 1915. | A kind of Naturalism in Japanese narratives especially popular between 1905 and 1915. // *El precepto roto* de Shimazaki Tōson es una novela representativa del naturalismo japonés e importante documento social.

shizoku しぞく ⥊ 士族 ▸ (so) /el/ Descendiente de ***samurai*** (**samurái**, DLE); miembro de la clase ***samurai***. | A descendant of a samurai; a member of the samurai class.

shō しょう ⥊ 升 ▸ (pe y me) /el/ Medida de capacidad equivalente a 1,8 l. | Unit of capacity equivalent to 1.906 qt (liquid) or 1.638 qt (dry).

笙 ▸ (mu) /el, la/ Especie de armónica usada en la música cortesana formada por diecisiete cañas finas de bambú de diferente longitud; especie de flauta también llamada *shō no fue*. | Mouth organ played in court music consisting of seventeen narrow bamboo pipes of varying length; a kind of panpipe also called shō no fue.

正 ▸ (re) /el/ En la enseñanza **zen**, lo verdadero o total, en oposición a lo parcial [***hen***]. | In Zen teaching the true or total, as opposed to the partial [hen].

shōbu (*Acorus calamus* var. *asiaticus*) しょうぶ ⥊ 菖蒲 ▸ (bo) /el/ Ácoro, un tipo de lirio; cálamo aromático. | A sweet flag; a calamus, a type of iris. // Las hojas del *shōbu* se usan para perfumar el agua de baño el Día de los Niños (5 de mayo).

shōbu shinpan しょうぶ　しんぱん ⥊ 勝負審判 ▸ (de) /los/ Jueces sentados en cada una de las cuatro esquinas del cuadrado donde está el *ring* [***dohyō***] del ***sumō*** (**sumo**, DLE), una posición que les permite mantener la vista al nivel del suelo del *ring*. | The judges seated at each of the four corners of the square containing the sumō ring [dohyō] in a position that lets them concentrate their viewing at ring level.

shōbukiri しょうぶきり ∿ 菖蒲切り ▸ (ju) /el/ Juego tradicional en el que los niños juegan a las batallas usando hojas de ácoro [***shōbu***]. | Traditional game in which boys play at battle using sweet flag leaves [shōbu] as swords.

shōchikubai しょうちくばい ∿ 松竹梅 ▸ (fo) /el/ «Pino, bambú y ciruelo»: tres árboles de buena suerte. | «Pine, bamboo and plum»: the three trees that are supposed to bring good fortune.

shōchū しょうちゅう ∿ 焼酎 ▸ (be) /el/ Aguardiente destilado de batatas, arroz, mijo, etc. | Distilled spirits from sweet potatoes, rice, millet, etc. // Legalmente, el contenido alcohólico del *shōchū* no debe pasar de 36°, pero a veces llega a los 45°.

shochū geiko しょちゅう げいこ ∿ 暑中稽古 ▸ (ar mar) /el/ En el ***kendō*** (**kendo**, DLE) y otras artes marciales, entrenamiento llevado a cabo en los días más calurosos del verano. | In kendō and other martial arts, midsummer training held at the hottest time of the year.

shochū mimai しょちゅう みまい ∿ 暑中見舞い ▸ (so / et) /la/ Carta de cortesía para preguntar por la salud de alguien en la estación veraniega. | A letter of inquiry after somebody's health in the hot summer season.

shodan しょだん ∿ 初段 ▸ (ar mar) /el/ El primer **dan**; el nivel más bajo en la clase superior de artes marciales. | The first dan; the lowest grade of the senior class in martial arts.

shōden しょうでん ∿ 昇殿 ▸ (re / po) /el/ Privilegio de acceder al sanctasanctórum de un santuario **sintoísta** o de entrar en el Palacio Imperial. | The privilege of entering the sanctum sanctorum of a Shintō shrine or the Imperial Palace. // Para gozar de la prerrogativa del *shōden*, era necesario tener por lo menos el quinto rango de la nobleza cortesana.

shodō

shodō しょどう ∿ 書道 ▸ (ar) /el/ «La Vía de la caligrafía»: el arte de la caligrafía con pincel. | «The way of calligraphy»: the art of writing with a brush. // El *shodō* es un arte de una venerable tradición cultural en Japón y está íntimamente relacionado con la pintura y la poesía.

shōen しょうえん ∿ 荘園 ▸ (hi) /el/ En la mayor parte de la Era Heian (794-1186), latifundio que había conseguido exención tributaria de la corte y el derecho a negar la entrada a funcionarios del gobierno cortesano. | During most of the Heian period (794-1186), a privately held large land estate that had secured immunity from taxation to the court and the right to refuse court officials from entering the estate.

shōga (*Zingiber officinale*) しょうが ∿ 生姜 ▸ (bo) /el/ Jengibre. | Ginger. // Servido en finas rodajas y encurtido, el *shōga* acompaña frecuentemente el *sushi*.

shōgashippu しょうがしっぷ ∿ 生姜シップ ▸ (me) /la/ Cataplasma de jengibre. | A ginger poultice.

Shōgatsu しょうがつ ∿ 正月 ▸ (ca) /el/ Año Nuevo; primeros días de enero en que se celebran las vacaciones de Año Nuevo. | The New Year; the first few days of January when the New Year's holidays are held. // Toda la familia se reunió en Shōgatsu.

Shōgatsu yasumi しょうがつ やすみ ↝ 正月休み ▸ (ca / et) /la/ Las vacaciones de Año Nuevo. | New Year's holidays.

shōgayaki しょうがやき ↝ 生姜焼き ▸ (co) /el/ Cerdo frito con jengibre y salsa de **soja**; carne de cerdo al jengibre. | Pork fried with ginger and soy sauce; ginger-fried pork.

shōgayu しょうがゆ ↝ 生姜湯 ▸ (be) /el/ Té caliente de jengibre. | Hot ginger tea.

shōgi しょうぎ ↝ 将棋 ▸ (ju) /el/ «Tablero de los generales»: juego de mesa de estrategia que consta de cuarenta piezas y es denominado frecuentemente «ajedrez japonés». | «The generals' board»: a board game involving two players and forty pieces commonly referred to as «Japanese chess».

shōgun <*seii tai shōgun*> (sogún, pl. sogunes, DLE) しょうぐん ↝ 将軍 ▸ (hi) /el/ «Gran general que vence a los bárbaros»: gobernante militar cuyo régimen dominó la política en gran parte de la historia del país entre 1192 y 1867. | «Barbarian-subduing generalissimo»: military ruler whose regime dominated polity for most of Japanese history between 1192 and 1867. // Oficialmente, los sogunes eran delegados del emperador.

shōhei しょうへい ↝ 障塀 ▸ (vi) /la/ Puerta, pantalla u otra partición corredera en una casa japonesa. | Sliding door, screen or other partition in a Japanese-style house.

shōheiga, shōhei-ga しょうへいが ↝ 障塀画 ▸ (ar) /la/ Pintura decorativa de estilo suntuoso en puertas correderas y biombos que floreció en las eras Muromachi (1333-1560) y Azuchi-Momoyama (1569-1600). | Decorative painting in sumptuous style on sliding doors and folding screens that flourished in the Muromachi (1333-1560) and Azuchi-Momoyama (1569-1600) periods.

shōhekiga, shōheki-ga しょうへきが ↝ 障壁画 ▸ (ar) /la/ Pintura mural. | Wall painting.

shoin tsukuri しょいん づくり ↝ 書院造 ▸ (arq) /el/ Estilo japonés de arquitectura residencial, derivado del ***shinden tsukuri***, aplicado en las mansiones de los militares, los pabellones de huéspedes de los templos y en los cuartos de los superiores de monasterios **zen** de las eras Muromachi (1333-1560), Azuchi-Momoyama (1560-1600) y Edo (1600-1868). | Japanese style of residential architecture derived from the shinden tsukuri, used in the mansions of the military, temple guest halls and Zen abbots' quarters during the Muromachi (1333-1560), Azuchi-Momoyama (1560-1600) and Edo periods (1600-1868). // Los elementos definitorios del estilo *shoin tsukuri* son los tatamis, las puertas *shōji* y *fusuma*, el *tokodama* y los *chigaidama*.

shōji

shōji しょうじ ↝ 障子 ▸ (vi) /el, la/ Puerta corredera, generalmente al exterior, de papel blanco y translúcido pegado a una rejilla de madera. | A sliding door with translucent white paper pasted on to a lattice frame. // Cuando Hanako corrió los *shōji* de la sala, descubrimos un pequeño y bonito jardín.

生死 ▸ (re) /el, la/ Secuencia infinita de nacimientos y muertes. En el budismo ***mahayana*** se suele entender como indisociable del nirvana {*ver* ***nehan***}. | Infinite sequence of births and deaths. In Mahayana Buddhism it is usually understood as inseparable from nirvana {*see* nehan}.

shōjin age しょうじん　あげ ⥊ 精進揚げ ▸ (co) /las/ Verduras fritas. | Deep-fried vegetables.

shōjin ryōri しょうじん　りょうり ⥊ 精進料理 ▸ (re / co) /la/ Comida **zen**; comida [dieta] vegetariana estricta. | Zen cuisine; strict vegetarian food [diet].

shojitsusho しょじつしょ ⥊ 初日書 ▸ (ar) /la/ Caligrafía arcaizante. | Old-fashioned calligraphy.

shōjo しょうじょ ⥊ 少女 ▸ (ma) /el/ **Manga** orientado a chicas adolescentes sobre temas generalmente románticos. | Manga with tales of a romantic nature for teenage girls.

shōjo shōsetsu しょうじょ　しょうせつ ⥊ 少女小説 ▸ (li) /la/ Novela dirigida a chicas. | Novel written for girls.

shōju しょうじゅ ⥊ 摂受 ▸ (re) /el/ Método de exponer el budismo por el cual una persona lleva a otra gradualmente hacia la enseñanza correcta según la capacidad de la segunda persona y sin refutar su apego al error {*comparar con* ***shakubuku***}. | A method of expounding Buddhism in which one gradually leads another to the correct teaching according to that person's capacity and without refuting his/her attachment to mistaken views {*compare with* shakubuku}.

shōka しょうか ⥊ 唱歌 ▸ (et) /la/ Canción infantil para uso en el aula {*comparar con* ***warabe uta***}. | Children's classroom song {*compare with* warabe uta}.

shōkadō bentō しょうかどう　べんとう ⥊ 松花堂弁当 ▸ (co) /el, la/ Caja para transportar comida dividida en cuatro compartimentos cuadrados. | A lunch box divided into four square compartments.

shōkaijō しょうかいじょう ⥊ 紹介状 ▸ (so / em) /la/ Carta de presentación. | Letter of introduction, cover letter.

shōkaisha しょうかいしゃ ⥊ 紹介者 ▸ (so / em) /el, la/ Presentador, introductor. | Presenter.

shōkan しょうかん ⥊ 荘官 ▸ (hi) /los/ Encargados de la gestión, asignación de funciones, recaudación de impuestos y protección de los latifundios o ***shōen***. | Officials in charge of management, assignment of duties, collection of taxes and providing protection for landed estates or shōen.

shōkō しょうこう ⥊ 焼香 ▸ (re) /el/ Ofrenda de incienso en un funeral budista. | An offering of incense at a Buddhist funeral. // Para hacer *shōkō* no hay que olvidar usar la mano derecha cuando se toma el incienso.

shōkonsha しょうこんしゃ ⥊ 招魂社 ▸ (re) /el/ Cualquiera de los santuarios **sintoístas** dedicados a las almas de los caídos en combate. | Any one of the Shintō shrines dedicated to the souls of those who died in combat.

shoku しょく ⥊ 初句 ▸ (li) /el/ Las primeras cinco sílabas de un **tanka**; el primer verso de un poema. | The first five syllables of a tanka; the first line of a poem.

shokudai しょくだい ⥊ 燭台 ▸ (et) /el, la/ Antigua lámpara frecuentemente usada en templos. | Ancient lamp frequently used at temples or shrines.

shokunin しょくにん ⥊ 職人 ▸ (so) /los/ Artesanos. | Artisans; makers of traditional crafts.

shōkyaku しょうきゃく ⥊ 正客 ▸ (so) /el, la/ Huésped de honor. | A guest of honor.

shōmyō しょうみょう ⥊ 声明 ▸ (re) /el/ Cántico litúrgico budista. | Buddhist liturgical chant.

shonanoka しょなのか ⥊ 初七日 ▸ (so / et / re) /el/ El séptimo día tras la muerte de alguien, incluido el día del deceso; funeral celebrado el día sexto después del día del fallecimiento. | The seventh day after somebody's death (counting the day of death); a memorial service held on the sixth day after death.

shonben geisha しょんべん　げいしゃ ∿ 小便芸者 ▸ (so) /la/ «***Geisha*** retrete»: *geisha* de segunda clase. | «Piss Alley Geisha»: a second class geisha.

shōnen しょうねん ∿ 少年 ▸ (ma) /el/ **Manga** orientado a chicos adolescentes, de temas a veces violentos o bélicos. | Manga geared for teenage boys and young males with a sometimes violent or warlike subject matter.

shōnin しょうにん ∿ 上人 ▸ (re) /el/ Santo; una persona santa; un título honorífico concedido a monjes budistas significados por su sabiduría o virtud. | A saint; a holy person; an honorific title given Buddhist monks distinguished for their wisdom or virtue.

shōrō

shōrō しょうろう ∿ 鐘楼 ▸ (arq) /el, la/ Campanario. | A belfry, bell tower.

shōryō nagashi しょうりょう　ながし ∿ 精霊流し ▸ (re / fo) /el/ Lanzamiento al agua de un farol de papel o de ofrendas votivas dentro de un barco de paja para despedir a los espíritus de los antepasados el último día de la Fiesta de **Bon**. | Launching a paper lantern or votive offerings in a straw boat on the water to see off the spirits of one's ancestors on the last day of the Bon Festival.

shōryōdana しょうりょうだな ∿ 精霊棚 ▸ (re) /el/ Pequeño altar en memoria de los difuntos instalado tradicionalmente delante del altar budista doméstico la mañana del 13 de agosto. | A small altar in memory of the deceased traditionally set up in front of the household Buddhist altar on the morning of August 13th.

shosagoto しょさごと ∿ 所作事 ▸ (te) /la/ Representación teatral bailada y sin apenas diálogo ejecutada como parte de un programa de **kabuki**. | Theater play that is mostly dance with very little dialogue and performed as part of a kabuki program.

shōsetsu しょうせつ ∿ 小説 ▸ (li) /la/ Novela, obra de ficción en prosa, especialmente la escrita a partir de 1868. | A novel; fictional narrative in prose especially that written after 1868.

shoshei しょせい ∿ 書生 ▸ (so) /el/ Pupilo; estudiante que, sobre todo en la Era Meiji (1868-1912), realizaba las tareas domésticas de una familia para costearse los estudios. | Pupil; a male student, especially during the Meiji period (1868-1912), who did household chores for a family to help pay for his studies.

shoshinsha māku しょしんしゃ　マーク ∿ 初心者マーク ▸ (so) /la/ Emblema en forma de hoja verde y amarilla que, pegado en el coche, indica que el conductor hace poco que ha aprobado el examen de conducir. | A green and yellow symbol in the shape of a green leaf on a car showing that the driver has only recently passed the driving test.

shōshūten しょうしゅうてん ∿ 小周天 ▸ (re) /el/ Método seguido en el ejercicio de respiración tradicional chino. | A method often used in traditional respiratory exercise of Chinese origin.

shotai しょたい ∿ 書体 ▸ (ar) /el/ Estilo caligráfico de los sinogramas [***kanji***]. | The style in which Chinese characters or kanji are written.

shotakon しょたこん ∿ ショタコン ▸ (ma) /el/ **Manga** que muestra una situación sentimental o erótica entre menor y adulto. | Manga that depicts the emotional or erotic relationship between an adult and a minor.

shōtō しょうとう ∿ 小刀 ▸ (arm) /el, la/ Un sable pequeño {*opuesto a* ***daitō***}; una daga. | A small sword {*as opposed to* daitō}; a dagger.

shottsuru しょっつる ∿ 塩汁 ▸ (co) /la/ Salsa elaborada en Akita a base de pescado salado y fermentado. | A sauce made in Akita Prefecture from salted and fermented fish.

Shōwa jidai しょうわ じだい ∿ 昭和時代 ▸ (hi) /la/ La Era Shōwa (1926-1989). | The Shōwa period (1926-1989).

Shōwa no hi しょうわ の ひ ∿ 昭和の日 ▸ (ca) /el/ Día festivo que cae el 29 de abril en conmemoración del emperador del mismo nombre. | Holiday held on April 29th commemorating the emperor of the same name.

shōya しょうや ∿ 庄屋 ▸ (hi) /el/ En la región de Kansai, jefe de aldea durante la Era Edo (1600-1868) encargado de la asignación y recolección de los impuestos locales. | Village official in the Edo period (1600-1868) in the Kansai region responsible for the allotment and collection of the village taxes.

shōyu しょうゆ ∿ 醤油 ▸ (co) /la/ Salsa de **soja** que, elaborada con soja, trigo y sal, es el aliño e ingrediente básico de la cocina japonesa. | Soy sauce. Made from soybeans, wheat and salt. It is the essential flavoring and ingredient of Japanese cuisine. // Sobre la mesa de un restaurante o del comedor de un hogar japonés no falta un recipiente de *shōyu*.

shōzoku しょうぞく ∿ 装束 ▸ (te) /el/ Vestuario en el teatro ***noh*** y ***kyōgen***; vestido de seda usado por los actores del teatro ***noh***. | Dressing room in noh and kyōgen theaters; silk dress worn by noh theater actors.

shū しゅう ∿ 集 ▸ (li) /la/ Colección, antología. | Collection, anthology.

Shūbun no hi しゅうぶん の ひ ∿ 秋分の日 ▸ (ca) /el/ Día del Equinoccio de Otoño celebrado como fiesta nacional el 23 de septiembre. | Autumnal Equinox Day held as a national holiday on September 23rd.

shūgaku ryokō しゅうがく りょこう ∿ 修学旅行 ▸ (so) /la/ Excursión de aprendizaje generalmente de una semana realizada por los alumnos de la escuela secundaria y del colegio. | A trip to cultivate learning usually lasting a week made by primary and secondary school students.

shugasa しゅがさ ∿ 朱傘 ▸ (et) /el, la/ Gran sombrilla o paraguas rojo empleado en las bodas **sintoístas** por la nueva pareja y que simboliza la protección contra malos espíritus. | Large red umbrella or parasol used at Shintō weddings by the new couple symbolizing protection against evil spirits.

shugendō しゅげんどう ∿ 修験道 ▸ (re) /el/ Grupo religioso que prescribe ciertas prácticas ascéticas en las montañas a fin de adquirir poderes sobrenaturales benéficos para la comunidad y cuyos miembros son los ***yamabushi***. | A religious order which prescribes ascetic practices in mountains in order to attain magical powers beneficial to the community. Its members are known as yamabushi.

shūgi しゅうぎ ⤷ 祝儀 ▸ (et) /el, la/ Celebración en ocasiones felices; regalo ofrecido en tales ocasiones; propina, gratificación. | A rite of celebration on happy occasions; a gift given at such an occasion; a tip or gratuity.

shūgi bukuro しゅうぎ ぶくろ ⤷ 祝儀袋 ▸ (et) /el/ Sobre con adornos que contiene una gratificación o regalo en forma de dinero. | A decorated envelope containing a gift of money.

shugo しゅご ⤷ 守護 ▸ (hi) /el/ Gobernador militar en la Era Kamakura (1186-1333). | Military governor during the Kamakura period (1186-1333).

shugyō しゅぎょう ⤷ 修行 ▸ (ar mar) /la/ Disciplina; entrenamiento. | Discipline; training.

shūji しゅうじ ⤷ 習字 ▸ (ar) /la/ Caligrafía. | Penmanship; calligraphy.

shujin しゅじん ⤷ 主人 ▸ (et) /el, la/ Maestro de la ceremonia de té o ***chadō***. | Master or host at a tea ceremony or chadō.

shūka しゅうか ⤷ 秀歌 ▸ (li) /el, la/ **Tanka** excelente; poema modelo. | An outstanding tanka; a model poem for emulation.

shūkatsu しゅうかつ ⤷ 終活 ▸ (so) /el, la/ Práctica de zanjar los asuntos pendientes personales y patrimoniales antes del fallecimiento. | The practice of settling personal and patrimonial affairs before one's death.

shukkō しゅっこう ⤷ 出向 ▸ (em) /la/ Transferencia temporal de un empleado. | Temporary transfer of an employee.

shūku しゅうく ⤷ 秀句 ▸ (li) /el/ **Haiku** excelente. | An outstanding haiku poem.

shukuba machi しゅくば まち ⤷ 宿場町 ▸ (hi) /la/ En el Japón premoderno, ciudad diseñada como centro de transporte entre las principales vías de comunicación del país. | City designed as a transport center for the main roads in the country in premodern Japan.

shukubō しゅくぼう ⤷ 宿坊 ▸ (re / vi) /el/ Alojamiento en un templo budista ofrecido a los viajeros. | Lodging offered to travelers at a Buddhist temple.

shukueki, *ver* shukuba machi. | *See* shukuba machi.

shukushi しゅくし ⤷ 宿紙 ▸ (et) /el/ Papel japonés [***washi***] hecho de desperdicios de papel reciclados popular entre los calígrafos de la Era Heian (794-1185). También llamado *usuzumigami* o *suiunshi*, dependiendo de sus tonalidades. | Japanese paper [washi] made with recycled waste paper and popular among the calligraphers of the Heian period (794-1185). Also referred to as usuzumigami or suiunshi depending on its tonalities.

shūmai シュウマイ ⤷ 焼売 ▸ (co) /la/ Empanadilla china. | Chinese dumpling.

shūmei しゅうめい ⤷ 襲名 ▸ (te) /la/ Ceremonia de asignación del nombre artístico a un actor de **kabuki**. | Ceremony of artistic name-giving to a kabuki actor.

shumidan しゅみだん ⤷ 須弥壇 ▸ (re) /el/ Estrado para una imagen budista. | A dais for a Buddhist image.

Shumisen しゅみせん ⤷ 須弥山 ▸ (re) /el, la/ Monte, comúnmente referido como monte Sumeru, cuya cumbre simboliza el centro del universo según la cosmología budista. | Mount, commonly referring to Mount Sumeru, whose name symbolizes the center of the universe according to Buddhist cosmology.

Shūmon aratame しゅうもん あらため ⤷ 宗門改 ▸ (hi) /la/ Conjunto de disposiciones promulgadas en la Era Edo (1600-1868) destinadas a extirpar el cristianismo de suelo japonés. | Institution of the Edo period (1600-1868) designed to eradicate Christianity throughout Japan.

Shunbun no hi しゅんぶん の ひ ⤷ 春分の日 ▸ (ca) /el/ Día del Equinoccio de Primavera celebrado como fiesta nacional el 20 de marzo. | Vernal Equinox Day held as a national holiday on March 20th.

shunga, shun-ga しゅんが ◊ 春画 ▸ (ar) /la/ «Pintura de primavera»: pintura, lámina o ilustración erótica o pornográfica {*contrastar con* ***abuna-e***}. | «Spring picture»: an erotic or pornographic painting, print or illustration {*as opposed to* abuna-e}.

shungiku (*Glebionis coronaria*) しゅんぎく ◊ 春菊 ▸ (bo) /el/ Crisantemo de primavera. | A garland chrysanthemum.

shunie しゅにえ ◊ 修二会 ▸ (re) /la/ Oración multitudinaria celebrada en los templos Tōdai-ji, Yakushi-ji y otros de Nara en el mes de marzo. | Mass prayer held at the Tōdai-ji, Yakushi-ji, and other Nara temples in the month of March.

shuntō しゅんとう ◊ 春闘 ▸ (em) /la/ «Ofensiva salarial de primavera»: estrategia sindical destinada a conseguir mejoras salariales en toda la industria del país. | «Spring wage offensive»: a strategy of organized labor designed to achieve annual wage increases throughout Japanese industry.

shura しゅら ◊ 修羅 ▸ (fo) /el/ Fantasma o espíritu de un guerrero [***samurai*** (**samurái**, DLE)] condenado a vagar eternamente por caminos y poblados. | Ghost or spirit of a warrior condemned to roam eternally along roads and through towns.

shuramono しゅらもの ◊ 修羅物 ▸ (te) /el/ Subgénero de teatro ***noh*** en el que el espíritu de un famoso ***samurai*** (**samurái**, DLE) canta sobre batallas mientras danza en escena. | A subgenre in noh theater in which the ghost of a famous samurai sings of battles as he dances on stage.

shuriken しゅりけん ◊ 手裏剣 ▸ (arm) /la/ Arma arrojadiza corta, de acero y a modo de navaja o estrella puntiaguda utilizada especialmente en el ***ninjutsu*** durante la Era Edo (1600-1868). | Short, sharp knife or star-like weapon made of steel for throwing used especially in the ninjutsu during the Edo period (1600-1868).

shūrin しゅうりん ◊ 秋霖 ▸ (cl) /el/ Breve estación lluviosa en la primera quincena de octubre. | Short rainy season during the first fortnight of October.

shūshinkoyō sei しゅうしんこよう せい ◊ 終身雇用制 ▸ (em) /el/ Sistema de empleo de por vida tradicionalmente seguido en la mayoría de las empresas japonesas grandes. | Lifelong employment system traditionally observed at most major Japanese companies.

shutaisei しゅたいせい ◊ 主体性 ▸ (li) /el, la/ Subjetividad; individualidad; independencia de criterio. | Subjectivity; individuality; independence of criteria. // Del influjo de Occidente durante los años de la Era Meiji (1868-1912) nació el concepto de *shutaisei*.

shūto, *ver* **sōhei.** | *See* sōhei.

shutō しゅとう ◊ 手刀 ▸ (ar mar) /la/ «Mano de cuchillo»: técnica de **karate** (**kárate**, DLE) en la cual se realiza un ataque con el borde de la mano. | «Knife-hand»: a karate technique in which an attack is made with the edge of the hand.

shūu しゅうう ◊ 秋雨 ▸ (cl) /la/ Lluvia de otoño, generalmente debida a los tifones. | Fall rain, generally because of typhoons.

shūyū しゅうゆう ◊ 周遊 ▸ (ja) /el/ Jardín específicamente diseñado para disfrutar paseando por él mientras se observan los cambios de paisaje. | Garden specially designed to enjoy the changes in the landscape while walking through it.

shuzenji gami しゅぜんじ がみ ◊ 修善寺紙 ▸ (et) /el/ Variedad de papel japonés o ***washi*** especialmente popular en la Era Edo (1600-1868) {*ver* ***hōshoshi***}. | Type of Japanese paper or washi especially popular in the Edo period (1600-1868) {*see* hōshoshi}.

sintoísmo (DLE), *ver* **shintō.** | *See* shintō.

sintoísta (DLE) ▸ (re) /el, la/ Practicante de ***shintō*** (**sintoísmo**, DLE); relacionado o perteneciente a esta religión. | Practitioner of Shintō; related to or pertaining to Shintō.

sō そう ⁝ 惣 ▸ (hi) /el/ Organismo administrativo autónomo de las zonas rurales entre los ss. XIV y XVI; (re) bonzo, monje budista. | Self-governing administrative unit that existed in rural areas between the 14th and 16th centuries; Buddhist monk.

sōan そうあん ⁝ 草庵 ▸ (arq) /el, la/ Estilo de una casa de té de ambiente rústico. | Tea house with a rustic-style atmosphere.

soba

soba そば ⁝ 蕎麦 ▸ (co) /la/ Fideos de alforfón; trigo alforfón [sarraceno, rubión]. | Buckwheat noodles; buckwheat. // La cascarilla del trigo alforfón del que se hace la *soba* se usa para rellenar almohadas.

sobako そばこ ⁝ 蕎麦粉 ▸ (co) /la/ Harina de alforfón. | Buckwheat flour.

sōbetsukai そうべつかい ⁝ 送別会 ▸ (so) /la/ Fiesta de despedida. | A farewell party.

sōbō そうぼう ⁝ 僧坊 ▸ (arq) /el/ Edificio destinado a los dormitorios de un monasterio budista. | Building used as sleeping quarters at a Buddhist monastery.

sode そで ⁝ 袖 ▸ (in) /la/ Manga del **kimono** {*ver* ***sodeguchi*** *y* ***yuki***}; manga en general. | A kimono sleeve {*see* sodeguchi *and* yuki}; a sleeve in general.

sodegaki そでがき ⁝ 袖垣 ▸ (ja) /la/ Valla de escasa altura usada para ocultar en los jardines japoneses. | A low fence used for concealment in a Japanese garden.

sodeguchi そでぐち ⁝ 袖口 ▸ (in) /la/ Abertura de la manga del **kimono**. | The opening on the sleeve of a kimono.

sōdō そうどう ⁝ 僧堂 ▸ (re) /la/ Sala de meditación de los monjes. | Meditation room for monks.

sōga そうが ⁝ 早歌 ▸ (et) /el, la/ «Canción rápida»: especie de juego de trabalenguas {***hayakuchi kotoba***}. | «Fast song»: a type of tongue teaser {hayakuchi kotoba}.

sōgō shoku そうごう しょく ⁝ 総合職 ▸ (em) /el, la/ Puesto de carrera contemplado por la dirección de la empresa con una carrera profesional. | Career track posting for a qualified person considered by management at a company.

sōgō shōsha そうごう しょうしゃ ⁝ 総合商社 ▸ (em / so) /la/ Gran empresa comercial. | Large commercial company.

sogún (DLE), *ver* **shōgun**. | *See* shōgun.

sogunal ▸ (hi) /el, la/ Relacionado con el ***shōgun*** (**sogún**, DLE). | Related to shōgun.

sogunato ▸ (hi) /el/ Gobierno del ***shōgun*** (**sogún**, DLE), régimen político **sogunal**. | Shōgun government, shōgun political regime.

sōhei そうへい ⁝ 僧兵 ▸ (hi) /el/ Bonzo armado afiliado a las principales instituciones budistas y particularmente activo a partir del s. XI. También llamado ***shūto***. | Armed monk affiliated with great Buddhist institutions and particularly active from the 11th century. Also referred to as shūto.

soja (DLE) <jap. *shōyu*> ▸ (bo / co) /la/ «Planta leguminosa procedente de Asia» (DLE). | A hairy annual Asian legume.

sōjō そうじょう ⁝ 僧正 ▸ (re) /el/ Maestro budista, jerarquía budista por debajo del ***daisōjō*** y por encima del ***sozu***. |

Buddhist teacher or master, ranked below daisōjō and above sōzu.

Sōjōbō そうじょうぼう ⺋ 僧正坊 ▸ (fo) /el/ Príncipe de los ***tengu*** que, según la leyenda, enseñó al gran guerrero Minamoto no Yoshitsune, en el s. XII, el arte del sable, la táctica militar y la magia. | Prince of the tengu who, according to legend, in the 12th century taught the great warrior Minamoto no Yoshitsune the art of the sword, military tactics and magic.

sōjutsu そうじゅつ ⺋ 槍術 ▸ (ar mar) /el/ Arte marcial antiguo de ataque y defensa con una lanza. | The ancient martial art of attack and defense with a spear.

sōke そうけ ⺋ 宗家 ▸ (so / ar) /el/ Maestro heredero de una escuela de artes tradicionales, como **ikebana**, ***kendō*** (**kendo**, DLE), **kabuki**, etc. | Hereditary master of a school of any traditional art such as ikebana, kendō, kabuki, etc.

sōkōkai そうこうかい ⺋ 壮行会 ▸ (so) /la/ Fiesta de despedida que se celebra para la persona que cambia de lugar de trabajo o se dirige a participar en algún evento en otro sitio. | A farewell party held for a person who is changing jobs or who is going to participate at an event in another place.

sokuseki men そくせき めん ⺋ 即席麺 ▸ (co) /el/ Fideos instantáneos. | Instant noodles.

sōkyoku そうきょく ⺋ 箏曲 ▸ (mu) /la/ Pieza musical para ***koto*** o interpretada por un conjunto de ***koto***, ***shamisen*** y ***shakuhachi***. | Music designed for the koto or performed by an ensemble of koto, shamisen and shakuhachi players.

Sōma yaki そうま やき ⺋ 相馬焼 ▸ (ce) /la/ Cerámica producida en Nakamura (Sōma) y en Ōbori (Namie), ambas ciudades en la prefectura de Fukushima. | Ceramic ware produced in the cities of Nakamura (Sōma) and Ōbori (Namie), both in the Fukushima Prefecture.

sōmatō そうまとう ⺋ 走馬灯 ▸ (mo) /la/ Linterna giratoria. | A revolving lantern.

sōmen そうめん ⺋ 素麺 ▸ (co) /el/ Fideos finos de trigo que suelen comerse fríos en verano. | Thin wheat noodles usually served cold in summer.

sōmoku そうもく ⺋ 草木 ▸ (ar / li) /el/ «Hierba y árbol»: conjunto natural de la escena de un paisaje, ya sea en pintura, poesía u otra concepción artística. | «Grass and tree»: the natural constituents of a landscape scene in painting, poetry or any other artistic expression.

sōmon そうもん ⺋ 相聞 ▸ (li) /el, la/ Poemas intercambiados; intercambio de poemas generalmente de asunto sentimental. | Poems exchanged; exchange of poems generally about sentimental matters.

sōmonka そうもんか ⺋ 相聞歌 ▸ (li) /la/ «Poema sobre relaciones»: categoría de poemas de la antología ***Man'yōshū*** (s. VIII) que tratan de relaciones humanas, como el amor. | «Relationship poems»: one of the major categories of poems in the *Man'yōshū* (8th century) about human relationships like love.

sonae mochi そなえ もち ⺋ 供え餅 ▸ (re) /el/ Una ofrenda de un pastel de arroz ante el altar doméstico **sintoísta** y budista. | A rice cake offered in front of a household Shintō or Buddhist altar.

sonkeigo そんけいご ⺋ 尊敬語 ▸ (le) /el/ Habla respetuosa usada al tratar con clientes, con personas de estatus social superior o en general con alguien al que acabamos de conocer. | Respectful speech used to address customers, people of a higher social status or someone we have just met. // La posposición de *-san* o *-sama* al apellido de alguien es una forma de *sonkeigo*.

sonkyo そんきょ ⺋ 蹲踞 ▸ (ar mar) /la/ Postura de agachado apoyándose sobre los dedos de los pies y con el tronco recto. |

A squatting posture where one is on one's toes with the upper body upright.

sonnōjōi そんのうじょうい ⇃ 尊王攘夷 ▸ (hi) /el/ «Reverenciar al emperador y expulsar a los bárbaros»: lema directriz del movimiento que derrocó al **sogunato Tokugawa** en 1867; el principio de que Japón debía estar unificado bajo el dominio imperial y que las incursiones foráneas debían ser expelidas con firmeza. | «Revere the emperor and expel the barbarians»: the guiding principle of the movement to overthrow the Tokugawa shogunate (1867); the idea that Japan should be unified under imperial rule and that incursions by foreigners should be resolutely repelled.

sono (kono) mama その（この）まま ⇃ 其の此の儘 ▸ (fi / re) /la/ Noción de las cosas tal como son; en el pensamiento **zen**, la realidad definitiva. | The notion of things as they are; the ultimate reality in Zen thought.

sonohachi bushi そのはち ぶし ⇃ 薗八節 ▸ (mu) /el/ Género musical tradicional sobre temas amorosos. | Traditional musical genre about love.

sonzaikan そんざいかん ⇃ 存在感 ▸ (ro) /el/ Sensación de ser humano que puede transmitir un robot. | Sensation of being human that a robot can convey.

sōpurando <ing. *soapland*> ソープランド ▸ (so) /el/ Salón de masajes; casa de baños. | A massage parlor; a bath house.

sorei それい ⇃ 祖霊 ▸ (so) /el/ Espíritu de los antepasados. | Spirit of the ancestors.

sori そり ⇃ 反り ▸ (arm / ar mar) /la/ Curvatura de la ***katana*** (**catana**, DLE) o del ***bokutō***. | The curvature of a katana or bokutō.

soridai kanna そりだい かんな ⇃ 反り台鉋 ▸ (et) /el/ Cepillo de carpintero para moldurar. | Compass plane for smoothing concave edges.

sorihashi そりはし ⇃ 反り橋 ▸ (arq) /el/ Puente de forma arqueada. | Arch-shaped bridge.

soroban そろばん ⇃ 算盤 ▸ (pe y me) /el/ Ábaco. | An abacus.

sōrōbun そうろうぶん ⇃ 候文 ▸ (le) /el/ Estilo literario o clásico usado principalmente en las cartas; estilo epistolar. | A style of literary or classical Japanese used mainly for writing letters; epistolary style.

sōshi そうし ⇃ 草紙 ▸ (li) /el/ «Retoño de hierba»: libro de apuntes, cuaderno. | «Grass sprout»: notebook or notepad.

sōshiki そうしき ⇃ 葬式 ▸ (re / et) /el/ Funeral; exequias. | A funeral ceremony; obsequies.

soshina そしな ⇃ 粗品 ▸ (em) /el/ Pequeño obsequio comercial. | A small present; a marketing incentive.

sōsho そうしょ ⇃ 草書 ▸ (ar) /el/ «Escrito de hierba»: estilo caligráfico curvilíneo y muy cursivo de trazos rápidos y libres. | «Grass writing»: a highly cursive, curvilinear calligraphic style written with swift, free strokes.

sōshoku danshi そうしょく だんし ⇃ 草食男子 ▸ (so) /el, la/ «Los herbívoros»: prototipo de persona heterosexual para quien el sexo y las relaciones sociales carecen de importancia. | «The herbivores»: prototype of a heterosexual person for whom sex and social relationships are of little importance.

soto そと ⇃ 外 ▸ (so) /el/ Fuera {*en oposición a* ***uchi***}, lo externo; situación social ajena al propio grupo. | Outside {*as opposed to* uchi}, the external; social situation where one feels like an outsider.

soto butokoro そと ぶところ ⇃ 外懐 ▸ (in) /el/ Espacio entre los dos pliegues superpuestos de la parte delantera de un **kimono**. | The space between the two overlapping folds on the front of a kimono.

sotoba

sotoba <sáns. *stūpa*> そとば ≀ 卒塔婆 ▸ (re) /la/ Tabla alta y estrecha con una inscripción religiosa y de uso funerario. | A narrow wooden memorial tablet with religious characters written on it. // En los aniversarios de la muerte de alguien se coloca una *sotoba* detrás de la tumba.

sotoroji そとろじ ≀ 外露地 ▸ (ja) /el/ Espacio exterior de un jardín de té [***roji***]. | The outside space of a tea garden [roji].

Sōtō-shū そうとうしゅう ≀ 曹洞宗 ▸ (re) /el, la/ Escuela del budismo **zen** introducida en Japón a comienzos de la Era Kamakura (1185-1333). | Zen school of Buddhism introduced into Japan during the Kamakura period (1185-1333).

sotsu そつ ≀ 卒 ▸ (hi) /el/ Soldado de principios de la Era Meiji; ***samurai*** (**samurái**, DLE) de bajo rango. | Soldier at the beginning of the Meiji period; a lowly ranked samurai.

sōwa そうわ ≀ 挿話 ▸ (li) /el/ Episodio o unidad narrativa de un ***monogatari***. | An episode, a unit of plot or action in a monogatari.

soyokaze そよかぜ ≀ 微風 ▸ (cl) /la/ Brisa muy suave. | Very soft breeze.

sozō そぞう ≀ 塑像 ▸ (ar) /la/ Escultura modelada de arcilla seca y sin cocer que se creó en la Era Nara (710-794). | Modeled statues of naturally dried, unbaked clay that flourished in the Nara period (710-794).

sōzoku, shōzoku そうぞく、しょうぞく ≀ 装束 ▸ (in) /el/ Traje de etiqueta en la corte imperial de Heian (794-1185). | Formal suit worn at the imperial court in the Heian period (794-1185).

sōzu そうず ≀ 僧都 ▸ (re) /el/ Monje budista con jerarquía por debajo del maestro o ***sōjō***. | Buddhist monk ranked below a master or sōjō.

sudare すだれ ≀ 簾 ▸ (mo) /la/ Persiana delgada de bambú [ratán, junquillo]. | A reed screen; a rattan [bamboo] blind.

sūdoku (sudoku, DLE) すうどく ≀ 数独 (ju) /el/ «Pasatiempo que consiste en completar con números del 1 al 9 una cuadrícula de 81 casillas y 9 subcuadrículas, de forma que no se repita ningún número en la misma fila o columna ni en la misma subcuadrícula» (DLE). | A pastime that consists of filling in with numbers from 1 to 9 the blank squares of a large grid, generally of 81 squares, subdivided into smaller grids of 9 squares (3 on each side), with the objective that in each row and each column no number is repeated.

sueki すえき ≀ 須恵器 ▸ (ce) /la/ Alfarería de color gris fabricada en Japón entre los ss. V y X. | Gray stoneware manufactured in Japan from the 5th through the 10th centuries.

sugaki すがき ≀ 酢牡蠣 ▸ (co) /la/ Ostra en vinagre. | Oyster in vinegar.

sugata tsukuri すがた つくり ≀ 姿造り ▸ (co) /el/ ***Sashimi*** presentado con la forma del pescado del cual fue cortado. | Sashimi arranged in the shape of the fish from which it was cut.

sugata zushi すがた ずし ⌇ 姿鮨 ▸ (co) /el/ ***Sushi*** presentado en la forma del pescado del cual fue cortado. | Sushi arranged in the shape of the fish from which it was cut.

sugatari すがたり ⌇ 素語り ▸ (mu) /el/ Recital de ***jōruri*** sin acompañamiento de ***shamisen***. | A jōruri recital without shamisen accompaniment.

sugegasa すげがさ ⌇ 菅笠 ▸ (in) /el/ En el Japón premoderno, sombrero que se llevaba cuando se realizaban actividades al aire libre. | Hat worn during outdoor activities in premodern Japan.

sugi (*Cryptomeria japonica*) すぎ ⌇ 杉 ▸ (bo) /el/ Cedro japonés. | A Japanese cedar. // Por su aroma, la madera de *sugi* se usa para fabricar toneles de sake.

sugidama すぎだま ⌇ 杉玉 ▸ (et) /la/ Esfera de cedro [***sugi***] colgada a la entrada de las destilerías o tiendas que elaboran **sake**. | Bauble made of Japanese cedar hanging at the entrance to distilleries or shops that make sake.

sugoroku すごろく ⌇ 双六 ▸ (ju) /el/ Juego de mesa en el cual hay que tirar a los dados para mover las fichas. | A traditional board game in which pieces are advanced by throwing dice.

sui すい ⌇ 粋 ▸ (es) /el, la/ Talento o cualidad natural para conducirse como un experto en el mundo de los barrios de placer y en general de las artes; (ps) /el/ conocimiento exhaustivo de la naturaleza humana. | Natural ability to behave knowingly in the pleasure quarters or the arts in general; a thorough knowledge of human nature. // El concepto de *sui* parece haberse popularizado en el mundo del *ukiyo* del s. XVII.

suibokuga, suiboku-ga すいぼくが ⌇ 水墨画 ▸ (ar) /la/ Pintura con tinta china. | A painting in India ink.

suigai すいがい ⌇ 透垣 ▸ (et) /la/ Valla de madera que se levanta entre los edificios a modo de pantalla. | A wooden fence placed between buildings as a type of screen.

suijaku, *ver* **honji suijaku.** | *See* honji suijaku.

suijakuga, suijaku-ga すいじゃくが ⌇ 垂迹画 ▸ (re / ar) /la/ Pintura que muestra a menudo las deidades **sintoístas** o ***kami*** acompañadas o en forma de avatares budistas y que floreció en la Era Heian (794-1185). | Painting often showing Shintō deities or kami portrayed with or in the form of Buddhist avatars. They flourished in the Heian period (794-1185).

Suijin すいじん ⌇ 水神 ▸ (mi / re) Dios **sintoísta** de las aguas dulces conocido como dios de los ríos, cascadas, pozos, etc. | A Shintō deity whose domain is fresh water, known variously as god of the rivers, waterfalls, wells, etc.

suikinkutsu すいきんくつ ⌇ 水琴窟 ▸ (ja) /el/ Mecanismo que utiliza el agua de la pila de un jardín para dejarla caer en una urna enterrada, produciendo un sonido semejante al del ***koto***. | A device employing running water from a garden basin which drips into an urn buried upside down and produces a sound similar to that of a koto.

suimeikai すいめいかい ⌇ 水明会 ▸ (so) /la/ Danza representada en Kioto en octubre por la comunidad de ***geishas*** de Pontochō. | Dance performed in Kyoto in October by the Pontochō geisha community.

suimono すいもの ⌇ 吸い物 ▸ (co) /el/ Especie de consomé; sopa clara. | A kind of consommé; a clear soup.

suisha すいしゃ ⌇ 水車 ▸ (ja) /la/ Especie de noria frecuente en jardines japoneses. | A water wheel frequently found in Japanese gardens. {*Ver imagen en pág. sig.*}

粋者 ▸ (so) /el, la/ Persona refinada o con ***sui***. | A refined person or one with sui.

suisha

suiteki すいてき ∿ 水滴 ▸ (et) /la/ Pequeña vasija desde la que se vierte agua a la moleta de escribir [***suzuri***] para hacer tinta. | A small pot from which water is poured over the inkstone [suzuri] to make ink.

sujiko すじこ ∿ 筋子 ▸ (co) /la/ Huevas de salmón. | Salmon roe.

suki すき ∿ 鋤 ▸ (et) /la/ Pala tradicional japonesa. | Traditional Japanese spade.

隙 ▸ (fi) /el/ «Intervalo de relajamiento»: interrupción, bloqueo mental; (ar mar) /el, la/ apertura; ocasión de ataque. | «An interval of relaxation»: an interruption, a mental stoppage; an opening; an opportunity to attack.

sukiya すきや ∿ 数寄屋 ▸ (ar) /la/ Habitación austera en donde tiene lugar la ceremonia de té. | An austere room where the tea ceremony takes place.

sukiya daiku すきや だいく ∿ 数寄屋大工 ▸ (so) /el/ Carpintero o constructor de casas o estancias de té. | Carpenter or builder of tea rooms or houses.

sukiya zukuri すきや づくり ∿ 数寄屋造り ▸ (arq) /la/ Arquitectura residencial que incorpora elementos característicos de la ***sukiya***. | Residential architecture that uses characteristic elements of the sukiya.

sukiyaki すきやき ∿ 鋤焼 ▸ (co) /el/ Plato a base de tiras finas de carne de res, verduras, ***tōfu*** (**tofu**, DLE) y otros ingredientes, sazonados con salsa de **soja** y azúcar, cocinado todo en una olla de poco fondo sobre la misma mesa en donde se va a comer. | A dish consisting of thinly sliced beef, vegetables, tōfu, and other ingredients flavored with soy sauce and sugar, and cooked at the table in a large skillet or shallow pot. // El *sukiyaki* es un plato relativamente moderno, incorporado a la dieta japonesa en la Era Meiji (1868-1912) para acostumbrar el paladar japonés al gusto de la carne.

sukuranburu kōsaten

sukuranburu kōsaten <ingl. *scrambled* kōsaten> すくらんぶる こうさてん ∿ スクランブル交差点 ▸ (so) /la/ Intersección peatonal múltiple. | Multiple pedestrian intersection.

sukuse, shukuen すくせ、しゅくえん ∿ 宿世、宿縁 ▸ (re) /el, la/ **Karma** o causación de los sucesos en una vida debida a otra existencia anterior. | Karma or cause for what happens in one's life due to a previous one.

sumashi jiru すまし じる ∿ 澄まし汁 ▸ (co) /la/ Sopa clara. | A clear soup.

sumeshi すめし ∿ 酢飯 ▸ (co) /el/ Arroz avinagrado. | Vinegared rice.

sumi すみ ∿ 墨 ▸ (ar) /la/ Tinta china. | Black ink; India ink.

角 ▸ (te) /el/ Zona delantera derecha del escenario de ***noh***. | Front right side of a noh stage.

sumi nagashi すみ ながし ∿ 墨流し ▸ (ar) /el, la/ Técnica de diseño para estampar figuras jaspeadas en textiles, papeles y vasijas cerámicas. | Design technique for making mottled figures on textiles, papers and pottery.

sumie すみえ ∿ 墨絵 ▸ (ar) /la/ Dibujo o pintura a tinta china. | An India ink drawing; an ink painting.

sumimasen すみません ▸ (le) /el/ «Perdón»: la forma más común de disculpa verbal en lengua japonesa, también usada para llamar cortésmente la atención, dar las gracias y otros usos {*comparar con* ***shitsurei (suru)***}. | «Sorry, Excuse me»: the most common verbal expression for apologizing in Japanese, also used for politely calling someone's attention or thanking them, as well as other uses {*compare with* shitsurei (suru)}. // En una sociedad como la japonesa, en la que tan importante es la armonía social, se oye mucho la palabra *sumimasen*.

sumire すみれ ∿ 菫 ▸ (bo) /la/ Violeta. | Violet.

sumisashi すみさし ∿ 墨刺 ▸ (et) /la/ Pluma de bambú para el dibujo. | Bamboo pen for drawing.

sumiso すみそ ∿ 酢味噌 ▸ (co) /el/ ***Miso*** avinagrado. | Vinegared bean paste or miso.

sumitsubo すみつぼ ∿ 墨壺 ▸ (et) /el/ Tintero y marcador de líneas usado por los carpinteros. | Traditional inkstone and chalk line used by carpenters.

sumizuri すみずり ∿ 墨摺 ▸ (ar) /el/ Grabado sin color en el que tan solo se emplea el negro de los perfiles. | Colorless drawing in which only profiles in black are depicted.

sumō (sumo, DLE) すもう ∿ 相撲 ▸ (de) /el/ Deporte nacional de Japón; forma de lucha libre, con una historia de dos mil años, en la que dos luchadores combaten por el dominio de un círculo de 4,55 m de diámetro. | The national sport of Japan; a unique form of wrestling with a 2,000-year-old history, in which two wrestlers fight for the control of a circle 14.9 ft in diameter. // El *sumō* es mucho más que un deporte: incorpora antiguas tradiciones sintoístas y ejerce entre muchos japoneses un atractivo comparable al kabuki.

sumomo すもも ∿ 李 ▸ (co) /la/ Ciruela japonesa. | A Japanese plum.

sumōtori

sumōtori すもうとり ∿ 相撲取り ▸ (de) /el/ Luchador de ***sumō*** (**sumo**, DLE). | A sumō wrestler.

sun すん ∿ 寸 ▸ (pe y me) /el/ Medida de longitud equivalente a 3,03 cm. | Unit of length equivalent to 1.193 in.

suna kaburi すな かぶり ∿ 砂かぶり ▸ (de) /el/ En el ***sumō*** (**sumo**, DLE), asiento de primera fila donde al espectador le puede llegar arena lanzada por los luchadores. | A ringside seat at a sumō tournament where a spectator might be sprinkled with sand kicked up by the sumō wrestlers.

sunakake babā すなかけ ばばあ ∿ 砂かけ婆 ▸ (fo) /la/ Anciana de aspecto terrorífico que pone en peligro a los seres humanos al soplar arena sobre ellos cuando pasan por lugares donde hay sombras, como el bosque de un santuario. | A horrific-looking old hag who puts humans into danger by blowing sand over them when they pass through places where there are shadows such as the woods of a shrine.

sunamushi すなむし ∿ 砂むし ▸ (et) /el/ Baño de arena. | Sand bath. // Es famoso el *sunamushi* de Ibusuki Onsen.

suneate すねあて ∿ 脛当 ▸ (arm) /la/ En la armadura del ***samurai*** (**samurái**, DLE), protector de espinillas, espinillera. | Shin guard on samurai armor.

sunoko en すのこ えん ∿ 簀子縁 ▸ (arq) /el, la/ Corredor abierto, pero cubierto, que rodea un edificio en las viviendas de estilo ***shinden tsukuri***. | Exposed covered veranda surrounding shinden tsukuri style housing. // El *sunoko en* es el antecedente del actual *engawa*.

sunomono すのもの ∿ 酢の物 ▸ (co) /la/ Ensalada aderezada con vinagre. | Salad dressed with vinegar.

sunshi すんし ∿ 寸志 ▸ (et) /el, la/ Muestra de gratitud [aprecio]; pequeño regalo. | A token of one's gratitude [esteem]; a small gift.

suō すおう ∿ 素襖 ▸ (in) /el/ Vestido empleado por los miembros de la clase ***samurai*** (**samurái**, DLE) en actos oficiales en la corte durante las eras Kamakura (1185-1333) y Muromachi (1333-1568). | Dress worn by samurais at official events during the Kamakura (1185-1333) and Muromachi (1333-1568) periods.

supokon すぽこん ∿ スポ根 ▸ (ma) /el/ Subgénero de **manga** y ***anime*** relativo a historias de temas deportivos. | Subgenre of manga and anime relating to topics of history or sports.

Supōtsu no hi スポーツ の ひ ∿ スポーツの日 ▸ (ca) /el/ Día del Deporte celebrado el segundo lunes del mes de octubre. También llamado **Taiiku no hi**. | Sports' Day held on the second Monday of October. Also referred as Taiiku no hi.

suriashi すりあし ∿ 摺り足 ▸ (ar mar / te) /el/ Acto de caminar deslizando los pies. | The act of shuffling along.

suribachi すりばち ∿ 擂り鉢 ▸ (et) /el/ Mortero con estrías en el interior. | Ribbed mortar and pestle.

surimi (surimi, DLE) すりみ ∿ すり身 ▸ (co) /la/ Pasta de pescado, marisco o carne de pollo triturada en el ***suribachi***. | Fine fish, shellfish or chicken paste blended in a suribachi.

surimono すりもの ∿ 刷物 ▸ (so / art) /el/ «Cosa impresa»: impresión de lujo realizada sobre papel de medida no estándar. | «Printed thing»: a lavish print on non-standard sized paper. // El *surimono* se hace por encargo y se usa para tarjetas de saludo, anuncios, etc., en especial para los regalos de Año Nuevo.

surume

surume するめ ∿ 鯣 ▸ (co) /el/ Calamar desecado. | Dried squid.

sushi (*sushi*, DLE) すし ∿ 寿司 ▸ (co) /el/ Lonchas de pescado o marisco crudos, o trozos de verdura, sobre arroz suavemente

sushi

avinagrado. | Slices of raw fish, shellfish or chunks of vegetables on mildly vinegared rice. // El *sushi* ya es un plato tan internacional como los espaguetis o la hamburguesa.

suso すそ ≀ 裾 ▸ (in) /el/ Los bajos de un **kimono**. | The lower lining of a kimono.

suso mawashi すそ まわし ≀ 裾回し ▸ (in) /el/ Forro inferior de un **kimono**. | The lower part of a kimono.

susokukan すそくかん ≀ 数息観 ▸ (re) /el/ El acto de contar hasta diez durante la práctica del ***zazen***. | The action of counting to ten while practicing zazen.

susowata すそわた ≀ 裾綿 ▸ (in) /el/ Relleno de algodón de los dobladillos en los paños principales de un **kimono**. | Cotton padding inserted under the main hem of a kimono.

susuki

susuki (*Miscanthus sinensis*) すすき ≀ 芒 ▸ (bo) /el/ Miscanto; hierba de plata japonesa. | Miscanthus; Japanese silver grass. // El *susuki* pertenece al tradicional grupo de las «siete plantas del otoño» [*aki no nanakusa*].

sutego すてご ≀ 捨て子 ▸ (so) /el, la/ Niño abandonado; abandono de niños. | Abandoned child; the abandoning of children.

sutete sutenu kokoro すてて すてぬ こころ ≀ 捨てて捨てぬ心 ▸ (ar mar) /el/ «Espíritu abandonado pero no abandonado»: estado mental del inconsciente al que se aspira en la práctica de las artes marciales como el ***kendō*** (**kendo**, DLE). | «The mind abandoned and yet not abandoned»: an ideal state of mind sought after in the practice of martial arts such as kendō.

suzuri

suzuri すずり ≀ 硯 ▸ (et) /el, la/ Moleta de escribir; tintero chino. | An inkstone.

suzuri bako すずり ばこ ≀ 硯箱 ▸ (et) /la/ Caja para el ***suzuri***. | A suzuri box.

T

ta no kami たのかみ ⌇ 田の神 ▸ (re) /el/ Dios **sintoísta** protector de las plantas de arroz y que propicia abundantes cosechas. También conocido como *sakugami*. | Shintō deity who protects rice plants and brings about abundant crops. Also known as sakugami.

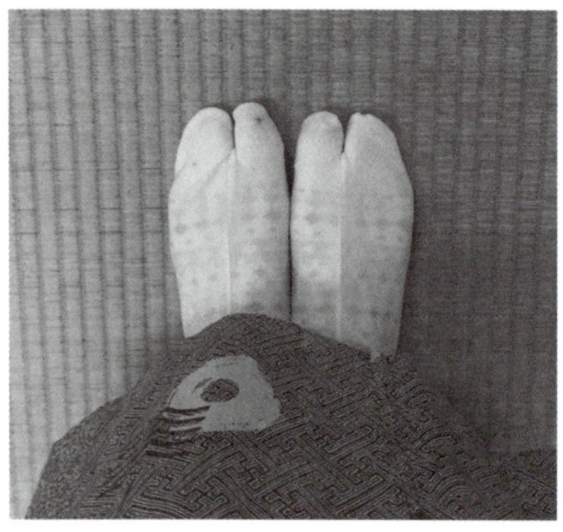

tabi

tabi たび ⌇ 足袋 ▸ (in) /los/ Calcetines de suela reforzada y espacio propio para el dedo gordo usados con la indumentaria japonesa tradicional. | Thick-soled socks made with a cleft between the big toe and second toe worn with traditional Japanese clothing.

tabi no uta たびのうた ⌇ 旅の歌 ▸ (li) /la/ Poesía de viaje. | Travel poems.

tabigeinin たびげいにん ⌇ 旅芸人 ▸ (te) /el/ Actor itinerante. | Traveling actor.

tachi たち ⌇ 太刀 ▸ (arm) /la/ Hoja de más de 60 cm de un sable con el filo hacia abajo. | Blade over 2 ft long on a sword with its edge pointing downwards.

tachi mawari たちまわり ⌇ 立ち回り ▸ (te) /la/ Escena de lucha en el teatro **kabuki**. | A fighting scene in kabuki.

tachiai たちあい ⌇ 立会 ▸ (de) /el, la/ Carga de un ***sumōtori*** contra su adversario que suele marcar el inicio de un combate de ***sumō*** (**sumo**, DLE). | Attack made on an adversary by a sumōtori that usually signals the beginning of a sumō bout.

tachigui たちぐい ⌇ 立ち食い ▸ (co) /el/ «Comer de pie»: lugar [puesto] de comida rápida. | «Stand-up eatery»: a stand-up fast food stall [shop, place]. // El tren salía en quince minutos y solo tuve tiempo de comer en un *tachigui* que había en el andén.

tachigui sobaya たちぐいそばや ⌇ 立ち食い蕎麦屋 ▸ (co) /el/ Puesto de ***soba*** para comer de pie. | A stand-up soba stall [counter].

tachigui zushi たちぐいずし ⌇ 立ち食い寿司 ▸ (co) /el/ Restaurante de ***sushi*** para comer de pie en la barra; bar de ***sushi***. | A stand-up sushi counter [bar].

tachitori たちとり ⌇ 太刀取り ▸ (so) /el/ Asistente en el **harakiri** {*ver* ***kaishaku***}. | An assistant at harakiri {*see* kaishaku}.

tachiwaza たちわざ ⌇ 立ち技 ▸ (ar mar) /la/ Técnica de lanzamiento desde la posición de pie empleada en ***jūdō*** (**judo**, DLE). | A throwing technique executed from the standing position in jūdō.

tachiyomi たちよみ ⌇ 立ち読み ▸ (et) /el, la/ Práctica de leer de pie en una librería. | Reading while standing in a bookstore.

tageta たげた ⌇ 田下駄 ▸ (in) /las/ ***Geta*** grandes usadas en un arrozal. | Large geta worn in the paddy fields.

tahōtō たほうとう ⌇ 多宝塔 ▸ (re / arq) /la/ Pagoda de dos pisos común en los templos de las escuelas **Tendai** y **Shingon**.

| Two-story pagoda common at temples of the Tendai and Shingon schools.

tai (*Paracaesio caerulea*) たい ∿ 鯛 ▸ (zo) /el/ Besugo. | A sea bream. // El *tai* es el rey de los peces para los japoneses y emblema de ocasiones felices.

対 ▸ (arq) /el/ En una villa de estilo ***shinden tsukuri***, pabellón situado a un lado y otro del edificio principal. | Annex located on one side and the other of the main building in a shinden tsukuri style villa.

taian たいあん ∿ 大安 ▸ (ca) /el/ «Gran paz»: día de la buena fuerte conforme el ciclo de seis días [***rokuyō***] del antiguo calendario lunisolar {*comparar con* ***senbu, senshō, shakkō*** *y* ***tomobiki***}. | «Great peace»: a lucky day in a consecutive six-day cycle [rokuyō] {*compare with* senbu, senshō, shakkō *and* tomobiki}. // Los salones de bodas de la ciudad ya están reservados para todos los *taian* de este año.

taibyō たいびょう ∿ 大廟 ▸ (arq) /el/ Mausoleo imperial. | An imperial mausoleum.

taigo たいご ∿ 大悟 ▸ (re) /el/ Despertar súbito o iluminación instantánea en el **zen** {*ver* ***satori***}. | Sudden or instant awakening in Zen {*see* satori}.

Taigyaku jiken たいぎゃく じけん ∿ 大逆事件 ▸ (hi) /el/ Incidente de 1910, también llamado Kōtoku jiken, en relación con un intento de asesinato del emperador Meiji. | Incident that took place in 1910, also referred to as Kōtoku jiken, related to an assassination attempt on the Meiji emperor.

taihai たいはい ∿ 体配 ▸ (ar mar) /la/ Etiqueta y forma de disparo en la arquería japonesa [***kyūdō***]. | Shooting form and etiquette in Japanese archery [kyūdō].

Taiheiki たいへいき ∿ 太平記 ▸ (li) /el/ «Crónica de la Gran Pacificación»: relato anónimo de hechos marciales del s. XIV. | «Chronicle of Great Peace»: an anonymous 14th century military ballad.

Taihō ritsuryō たいほう りつりょう ∿ 大宝律令 ▸ (hi) /el/ «Código Taihō»: conjunto de regulaciones penales y administrativas [***ritsuryō***] de inspiración china promulgadas a comienzos del s. VIII. | «Taihō Code»: set of administrative and penal regulations [ritsuryō] enacted at the beginning the 8th century and of Chinese inspiration.

Taiiku no hi たいいく の ひ ∿ 体育の日 ▸ (ca) /el/ Día del Deporte y la Salud (2.º lunes de octubre). Actualmente se llama **Supōtsu no hi**. | Health and Sports Day (2nd Monday in October). Nowadays referred as Supōtsu no hi.

Taika no kaishin たいか の かいしん ∿ 大化改新 ▸ (hi) La Gran Reforma Taika, conjunto de doctrinas promulgadas en el año 645 por el emperador Kōtoku encaminadas a establecer reformas centralizadoras de inspiración china. | The Great Taika Reform, a set of doctrines enacted by Emperor Kōtoku in 645 with an aim to establish centralizing reforms of Chinese inspiration.

taiko

taiko たいこ ∿ 太鼓 ▸ (mu) /el/ Tambor grande; (in) modo de atarse el ***obi***. | A large drum; a way of tying an obi.

taikō たいこう ∿ 太閤 ▸ (hi) /el/ Título honorífico de la Era Heian (794-1185) para el gran ministro de Estado o el regente. | Honorific title applied in the Heian period (794-1185) to the Grand Minister of State or the regent.

taiko musubi たいこ むすび ∿ 太鼓結び ▸ (in) /el/ Forma de lazada del ***obi*** a modo de arco tensado. | Tying the obi in a shape like a tensed bow.

taikomochi たいこもち ∿ 太鼓持ち ▸ (so / hi) /el/ «Portador del tambor»: humorista, bufón, animador de fiestas. | «Drum bearer»: jester, buffoon, party entertainer.

taikoza たいこざ ∿ 太鼓座 ▸ (te) /la/ Zona del escenario ***noh*** donde se sitúa el percusionista del tambor. | Area of the noh stage where the drummer is located.

taikyoku たいきょく ∿ 対局 ▸ (ju) /la/ Partida de **go** o de ***shōgi***. | A game of go or shōgi.

taimeshi たいめし ∿ 鯛飯 ▸ (co) /el/ Arroz hervido con besugo desmigado. | Boiled rice with minced sea bream.

taimiso たいみそ ∿ 鯛味噌 ▸ (co) /el, la/ Pasta de ***miso*** con besugo. | Miso paste with sea bream.

tairiku rōnin たいりく ろうにん ∿ 大陸浪人 ▸ (hi) /los/ En alusión a los miembros sin amo de la clase ***samurai*** (**samurái**, DLE) o ***rōnin***, ciudadanos civiles activos en el continente asiático a finales del s. XIX y primeras décadas del XX que apoyaban a los revolucionarios de los países de Asia y promovían los intereses imperialistas japoneses. | Alludes to samurai without a master or rōnin, civilians active on the Asian continent at the end of the 19th century and beginning of the 20th who backed the revolutionaries from Asian countries and promoted Japanese imperial interests.

tairō たいろう ∿ 大老 ▸ (hi) /el/ El puesto nominalmente más alto por debajo del ***shōgun*** (**sogún**, DLE) durante el **sogunato Tokugawa** (1603-1867). | Nominally the highest-ranking position below that of shōgun in the Tokugawa shogunate (1603-1867).

Taisha-kyō たいしゃきょう ∿ 大社教 ▸ (re) /la/ Escuela **sintoísta** fundada por Takatomi Senge e independizada en mayo de 1882. | Shintō school founded by Takatomi Senge that became independent in May, 1882.

taishō たいしょう ∿ 大将 ▸ (hi) /el/ Comandante ***samurai*** (**samurái**, DLE) o general. | Samurai commander or general.

Taishō jidai たいしょう じだい ∿ 大正時代 ▸ (hi) /la/ El reinado del emperador Taishō (1912-1926). | The reign of Emperor Taishō (1912-1926).

taishū bungaku たいしゅう ぶんがく ∿ 大衆文学 ▸ (li) /la/ Literatura orientada a las masas. | Literature for the masses.

taishū shōsetsu たいしゅう しょうせつ ∿ 大衆小説 ▸ (li) /la/ Novela de ficción popular. | Popular fictional novel.

taiyaki たいやき ∿ 鯛焼 ▸ (co) /el/ Pastel en forma de besugo relleno de mermelada de alubias. | Sea bream shaped cake filled with bean jam.

taka makura たか まくら ∿ 高枕 ▸ (mo) /la/ Almohada alta. | A high pillow.

taka shimada たか しまだ ∿ 高島田 ▸ (pe) /el/ Peinado popular entre las mujeres durante la Era Meiji (1868-1912) y después entre las novias ataviadas con **kimono** el día de su boda. | A hairstyle favored by women during the Meiji period (1868-1912) and subsequently by brides dressed in a kimono on their wedding day.

takagari たかがり ∿ 鷹狩 ▸ (et) /el, la/ Arte de la cetrería. | The art of falconry.

takageta たかげた ∿ 高下駄 ▸ (in) /las/ ***Geta*** con la suela alta. | Geta with a high sole.

takahari chōchin たかはり ちょうちん ∿ 高張提灯 ▸ (et) /el, la/ Farol col-

take

gado de un palo. | A lantern hanging from a pole.

Takama no hara たかま の はら ∿ 高天原 ▸ (mi) /el/ «El Altiplano del Cielo»: Olimpo o morada de los dioses japoneses; el punto de la geografía mítica japonesa, en un nivel inferior al cielo, donde habitan los dioses que protagonizan los principales mitos de Japón {*comparar con* ***Ama no uki hashi***}. | «The High Plain of Heaven»: Mt. Olympus or abode of Japanese gods; point beneath heaven where the gods who appear in the main myths of Japan live {*compare with* Ama no uki hashi}.

takamaki-e たかまきえ ∿ 高蒔絵 ▸ (ar) /el, la/ Técnica de decoración de laca {*ver* ***maki-e***} según la cual se crean motivos en altorrelieve cubiertos con polvo de oro o plata {*comparar con* ***togidashi-makie, hiramaki-e y nashiji***}. | Lacquer decoration technique {*see* maki-e} in which motifs are created in high relief covered in silver and gold dust {*compare with* togidashi-makie, hiramaki-e *and* nashiji}.

takara bune たから ぶね ∿ 宝船 ▸ (mi / fo) /el/ El barco del tesoro. | The treasure ship. // En el *takara bune* viajan los Siete Dioses de la Fortuna.

Takasago たかさご ∿ 高砂 ▸ (mu) /la/ Título de un cántico del teatro ***noh***. | Title of a noh song.

Takatori yaki たかとり やき ∿ 高取焼 ▸ (ce) /la/ Cerámica fabricada en los centros alfareros de las actuales ciudades de Nōgata y Fukuoka (Fukuoka) o cerca de ellas. | Ceramic ware made at kiln sites in or near present day Nōgata and Fukuoka (Fukuoka).

take たけ ∿ 竹 ▸ (bo / art) /el/ Bambú. | Bamboo. // Hay cientos de artesanías hechas de *take*, desde empalizadas, peines y palillos hasta pajareras, floreros y abanicos.

takenoko たけのこ ∿ 筍 ▸ (co) /el/ Brote comestible de bambú. | An edible bamboo shoot [sprout]. {*Ver imagen en pág. sig.*}

takenoko zoku たけのこ ぞく ∿ 竹の子族 ▸ (so) /la/ «Tribu de brotes de bambú»: persona, o grupo de personas, generalmente joven, que vestida con traje llamativo baila en las calles del barrio de Harajuku (Tokio). | «Bamboo shoot tribe»: a person or group of people, generally young and dressed in flashy clothes, who dances in the Harajuku district in Tokyo.

taketonbo たけとんぼ ∿ 竹蜻蛉 ▸ (ju) /la/ Libélula de juguete hecha de bambú. | A dragonfly toy made from bamboo.

Taketori monogatari たけとり ものがたり ∿ 竹取物語 ▸ (li) /el/ *Cuento del cortador de bambú*: relato del s. IX sobre la hermosa princesa Kaguyahime. | *Tale of the Bamboo Cutter*: a story written in the 9th century about the beautiful princess Kaguyahime.

takeuma たけうま ∿ 竹馬 ▸ (ju) /los/ Zancos de bambú; (ju) /el/ caballito de madera. | Bamboo stilts; a hobby horse made of a bamboo pole.

takenoko

takidashi たきだし ∿ 炊き出し ▸ (co / so) /el/ Reparto de comestibles. | The handing out of food. // Hubo un *takidashi* en favor de las víctimas del terremoto.

takigi noh たきぎ のう ∿ 薪能 ▸ (te) /el/ ***Noh*** a las antorchas; obra de ***noh*** representada en un escenario al aire libre iluminado con antorchas. | Torchlight noh; a noh drama presented on a torch-lit outdoor stage.

takikomi gohan たきこみ ごはん ∿ 炊込み御飯 ▸ (co) /el/ Arroz aderezado con salsa de **soja** y cocido con carne o pescado y verduras. | Rice seasoned with soy sauce and boiled with meat or seafood and vegetables.

tako たこ ∿ 蛸 ▸ (zo) /el/ Pulpo. | Octopus. 凧 ▸ (ju) /la/ Una cometa. | A kite.

takoyaki

takoyaki たこやき ∿ 蛸焼 ▸ (co) /la/ Albóndiga de pulpo. | An octopus meatball.

takuan たくあん ∿ 沢庵 ▸ (co) /el/ Rábano encurtido de color amarillo. | Yellow pickled radish.

takuhatsu

takuhatsu たくはつ ∿ 托鉢 ▸ (re) /el/ El acto de mendigar arroz o dinero con un cuenco realizado por algunas sectas budistas. | Monk from certain Buddhist sects who begs for rice and money with a bowl.

takusen matsuri たくせん まつり ∿ 卓線祭り ▸ (fo) /el/ Festival en el cual un oficiante, frecuentemente una médium o un *yakabushi*, realizaba conjuros adivinatorios. | Festival in which a celebrant, frequently a female medium or yakabushi, made prophetic incantations.

tama たま ∿ 霊 ▸ (re / fi) /el, la/ En el ***shintō*** (**sintoísmo**, DLE), sustancia metafísica del ser; espíritu o fuerza de la divinidad {*ver* ***arami tama*** *y* ***nigimi tama***}. | In the Shintō tradition, a metaphysical substance of being; spirit or force of the divinity {*see* arami tama *and* nigimi tama}. // Según el sintoísmo, la enfermedad o el infortunio suceden cuando se debilita la función del *tama*.

tama no koshi たま の こし ⤳ 玉の輿 ▸ (tr / hi) /el/ Palanquín de un noble. | A palanquin for the nobility.

tamago dōfu たまご どうふ ⤳ 卵豆腐 ▸ (co) /el/ Huevo cocido al vapor al estilo de ***tōfu*** (**tofu**, DLE). | A steamed boiled egg as if were tōfu.

tamago donburi たまご どんぶり ⤳ 玉子丼 ▸ (co) /el/ Cuenco de arroz recubierto con huevo ligeramente batido y hervido en salsa de **soja** con verduras. | A bowl of rice topped with eggs lightly beaten and simmered in soy sauce with vegetables.

tamago toji たまご とじ ⤳ 卵綴じ ▸ (co) /la/ Sopa de huevo. | Egg soup.

tamago yaki たまご やき ⤳ 卵焼 ▸ (co) /la/ Tortilla a la japonesa: los huevos se baten ligeramente con ***dashi***, salsa de **soja** y azúcar o ***mirin*** y luego se echan en una sartén rectangular de modo que la tortilla pueda enrollarse. | Japanese style omelette: The eggs are lightly beaten with dashi, soy sauce, sugar or mirin, and cooked in a rectangular pan so that the omelette can be rolled up.

tamago zake たまご ざけ ⤳ 卵酒 ▸ (be) /el/ **Sake** caliente con huevo batido. | Hot sake mixed with a beaten egg.

tamagushi たまぐし ⤳ 玉串 ▸ (re) /la/ Ramita de ***sakaki*** con tiras de papel blanco [***shide***] que usan los sacerdotes en las ceremonias **sintoístas**. | A sprig of sakaki with white paper strips [shide] attached used by Shintō priests in ceremonies.

tamagushi hōten (hairei) たまぐし ほうてん (はいれい) ⤳ 玉串奉奠 (拝礼) ▸ (re) /la/ Ofrenda de ***tamagushi*** a la divinidad o ***kami***. | An offering of tamagushi to the divinity or kami.

tamaire たまいれ ⤳ 玉入れ ▸ (ju) /el/ Juego de introducir pelotas en una canasta colgada en el extremo de un poste. | A game that consists of putting balls in a basket hanging from the end of a post.

tamamono たまもの ⤳ 玉物 ▸ (ja) /el, la/ Poda de un arbusto de follaje compacto para darle forma esférica o semiesférica. | Trimming the compact foliage on a bush to give it spherical or semi-spherical form.

tamate bako たまて ばこ ⤳ 玉手箱 ▸ (fo) /la/ Según el cuento popular de Urashima, la caja recibida por este de la princesa del palacio del Rey Dragón. | According to the Urashima folk tale, the box received by the protagonist from the princess of the Dragon King's palace.

Tamatori hime たまとり ひめ ⤳ 玉取姫 ▸ (fo) «Princesa que toma las joyas»: figura legendaria representada como una buceadora {*ver* ***ama***} que huye del Rey Dragón. | «Princess who takes the jewels»: legendary figure represented as a diver {*see* ama} who flees from the Dragon King.

tamawari たまわり ⤳ 玉割り ▸ (ju) /la/ Juego de romper una esfera grande de papel arrojándole bolas más pequeñas. Al romperse, sale una multitud de papelitos de mil colores. | Game that consists of breaking a huge paper globe by throwing smaller balls at it. When the huge globe breaks, multi-colored pieces of paper come out.

Tamba yaki, *ver* **Tanba yaki**. | *See* Tanba yaki.

tan たん ⤳ 反 ▸ (pe y me) /el/ Medida de superficie equivalente a 0,099 ha (991,75 m^2). | An area measure unit equal to 0.24 ac (1,186 sq yd).

Tanabata matsuri たなばた まつり ⤳ 七夕祭り ▸ (ca) /el/ «Fiesta de Tanabata»:

uno de los cinco festivales tradicionales de Japón, celebrado generalmente el 7 de julio. | «The Tanabata Festival»: one of Japan's five traditional festivals, generally held on July 7th. // El día de Tanabata, a la puerta de las casas se colocan ramas de bambú decoradas de tiras de papel de colores con poemas y deseos.

Tanabata okuri たなばた おくり ⁓ 七夕送り ▸ (et) /la/ «Despedida de **Tanabata**»: costumbre de arrojar al río o al mar el bambú y los adornos de **Tanabata** la mañana siguiente al festival. | «Tanabata farewell»: the practice of throwing the bamboo and Tanabata decorations into the river or sea the morning after the festival.

Tanba yaki たんば やき ⁓ 丹波焼 ▸ (ce) /la/ Cerámica producida en el sudoeste de la antigua provincia de Tanba (actual ciudad de Konda, en Hyōgo). | Ceramic ware produced in the southwestern part of ancient Tanba (present day city of Konda, Hyōgo Prefecture).

tandai たんだい ⁓ 探題 ▸ (hi) /el/ Comisionado feudal [militar]. | A feudal [military] commissioner.

tanden たんでん ⁓ 丹田 ▸ (re) /el/ Punto del cuerpo donde sentir la salida del aire en la meditación ***zazen*** y que está situado ligeramente por encima del ombligo. | Point on the body located slightly above the navel from which is felt the air comes out while practicing zazen meditation.

tane odori たね おどり ⁓ 種踊り ▸ (et) /el/ Baile para plantar las semillas mientras se invoca a los dioses o ***kami*** para que protejan la futura cosecha. | Dance for planting seeds while the gods or kami are invoked to protect the future harvest.

Tanega shima, tanega shima たねが しま ⁓ 種子島 ▸ (ge / arm) /el/ Nombre de una isla en Kiushu con el que eran conocidos los arcabuces y, en general, las armas de fuego durante la Era Edo (1600-1868) {*ver* ***teppō***}. | Name of an island in Kyushu known for its arquebuses and firearms in general during the Edo period (1600-1868) {*see* teppō}.

Tango たんご ⁓ 端午 ▸ (ca) /el/ Festival del quinto día del quinto mes del calendario lunar. | The festival on the fifth day of the fifth month of the lunar calendar.

tanimachi たにまち ⁓ 谷町 ▸ (de) /el/ Patrocinador [mecenas] de un luchador de ***sumō*** (**sumo**, DLE). | A sumō wrestler's patron [financial supporter].

tanka (tanka, DLE) たんか ⁓ 短歌 ▸ (li) /el, la/ «Poema corto»: poesía de 31 sílabas distribuidas en cinco versos de 5-7-5-7-7 sílabas cada uno; la forma estrófica dominante en la poesía clásica japonesa (***waka***). | «Short poem»: a 31-syllable poem consisting of five lines in the pattern 5-7-5-7-7; the dominant stanza form in classical Japanese poetry (waka). // En el Japón de hoy, los tankas siguen siendo compuestos por muchas personas de toda edad y formación.

tankei たんけい ⁓ 短檠 ▸ (et) /la/ Antiguo candil o lámpara consistente en un soporte vertical unido a una base frecuentemente metálica. | Ancient candle or lamp consisting of a vertical stand usually on a metallic base.

tankendō たんけんどう ⁓ 短剣道 ▸ (ar mar) /el/ Esgrima japonesa [***kendō*** (**kendo**, DLE)] con sable corto {*ver* ***tantō***}. | Japanese fencing [kendō] with a short sword {*see* tantō}.

tankōbon たんこうぼん ⁓ 単行本 ▸ (ma) /la/ Volumen recopilatorio e independiente de capítulos de **manga** publicados periódicamente {*contrastar con* ***zenshū***}. | Independent magazine with a compilation of chapters of manga published periodically {*contrast with* zenshū}.

tanmen たんめん ⁓ 湯麺 ▸ (co) /el/ Fideos chinos servidos en caldo salado y recubiertos con verduras salteadas y carne. | Chinese noodles served in a salty broth and topped with stir-fried vegetables and meat.

tanpopo (*Taraxacum officinale*) たんぽぽ ∿ 蒲公英 ▸ (bo) /el/ Diente de león. | Dandelion.

tanshin funin たんしん ふにん ∿ 単身赴任 ▸ (em) /el, la/ Práctica empresarial consistente en enviar a los empleados a un destino lejano sin ir acompañados de sus familiares. | Business practice of sending employees far away without their families.

tansu たんす ∿ 箪笥 ▸ (mo) /el/ Cajón especial para guardar el **kimono**; cómoda. | Special chest for storing a kimono; dresser.

tantō たんとう ∿ 短刀 ▸ (arm) /el, la/ Daga o sable corto con menos de 30 cm de longitud {*contrastar con* ***katana*** *y* ***daitō***}. | Dagger or short sword less than 11.8 in long {*as opposed to* katana *and* daitō}.

tanuki

tanuki (*Nyctereutes procyonoides*) たぬき ∿ 狸 ▸ (zo) /el/ Mamífero cuyo aspecto es semejante al mapache, pero sin el dibujo anillado de la cola. | A mammal whose appearance resembles the raccoon but without the ring pattern on its tail. // El *tanuki* es comparado tradicionalmente con el zorro por su inteligencia y capacidad de adquirir poderes sobrenaturales, pero se lo considera divertido y sin la malicia del zorro.

tanuki neiri たぬき ねいり ∿ 狸寝入り ▸ (et) /el/ Fingimiento de que se duerme. | Pretending to be asleep.

tanuki soba たぬき そば ∿ 狸蕎麦 ▸ (co) /la/ ***Soba*** con trozos de masa frita. | A soba noodle dish with bits of deep-fried batter added.

tanuki udon たぬき うどん ∿ 狸饂飩 ▸ (co) /el/ ***Udon*** con trozos de masa frita. | An udon noodle dish with bits of deep-fried batter added.

tanzaku たんざく ∿ 短冊 ▸ (li) /el/ Papel de fantasía para escribir un **haiku** o un **tanka**, o un simple deseo, especialmente el día de **Tanabata**. | A strip of fancy paper for writing a tanka or a haiku on, or a simple wish, especially on Tanabata Day.

tanzen たんぜん ∿ 丹前 ▸ (in) /el/ **Kimono** grande y acolchado. | A large-size padded kimono.

taoyame buri たおやめ ぶり ∿ 手弱女振り ▸ (li) /el/ Espíritu femenino en la expresión literaria {*en oposición a* ***masurao buri***}. | Feminine spirit in literary expression {*as opposed to* masurao buri}. // El *taoyame buri* impregna obras clásicas como el *Genji monogatari, Kokinshū* y otras.

tara (*Gadus macrocephalus*) たら ∿ 鱈 ▸ (zo) /el/ Bacalao. | Cod.

tarako たらこ ∿ 鱈子 ▸ (co) /la/ Huevas de bacalao. | Cod roe.

tare たれ ∿ 垂 ▸ (ar mar) /el, la/ Protector acolchado de los muslos usado en el ***kendō*** (**kendo**, DLE). | Thick cloth belt in kendō worn on the thighs to cover the groin.

tariki たりき ∿ 他力 ▸ (re) /el/ «Poder ajeno»: la capacidad de los budas y ***bosatsu*** para salvar a los demás, y también el proceso de acercarse a la iluminación por el poder de estos. | «Other power»: the capacity of the Buddhas and bodhisattvas to save others, and also the process of approaching enlightenment through the power of Buddhas and bodhisattvas.

Tarōkaja たろうかじゃ ∿ 太郎冠者 ▸ (te) Nombre propio habitual del criado en una farsa ***kyōgen***. | A common name for a manservant in a kyōgen farce.

taruki たるき ∿ 垂木 ▸ (arq) /el, la/ Cabio o viga de una cubierta inclinada. | Rafter or beam on a gable roof.

tasuke たすけ ∿ 助け ▸ (in) /el, la/ Cordón o cinta que sirve para recogerse las mangas del **kimono** {*ver* ***ohashori***}. | Lace or string used to roll up the sleeves of a kimono {*see* ohashori}.

tataki たたき ∿ 叩き ▸ (co) /el/ Picadillo de carne o pescado. | Method of preparing fish by mincing it finely with a knife.

tatakido, *ver* **tatakitsuchi.** | *See* tatakitsuchi.

tatakitsuchi たたきつち ∿ 敲土 ▸ (arq / ja) /el/ Especie de mortero sobre el que se colocan las losas del empedrado de un sendero o que se utiliza para formar el suelo del ***doma***. | A type of mortar placed under the slabs of stone used in making a footpath or for making a doma floor.

tatami (tatami, DLE) たたみ ∿ 畳 ▸ (mo) /el, la/ Estera gruesa de paja que cubre el suelo de las salas de estilo tradicional japonés. Su superficie estándar en Tokio mide 1,76 × 0,88 m, mientras que su grosor suele tener 60 mm. | Thick straw mat used to cover the floor in traditional Japanese-style rooms. Its standard size in the Tokyo area is 5.8 by 2.9 ft. The average thickness is 2.4 in. // ¡Qué fresco y agradable es sentir en verano el tacto del tatami bajo los pies!

tatami iwashi たたみ いわし ∿ 畳鰯 ▸ (co) /los, las/ Boquerones de sardinas secados al sol en láminas. | Baby sardines sundried in sheets.

tatara buki たたら ぶき ∿ 踏鞴吹き ▸ (art) /el/ El método siderúrgico tradicional de Japón. | The traditional Japanese iron or steel making process.

tatara zukuri たたら づくり ∿ タタラ作り ▸ (ce) /el, la/ Técnica cerámica consistente en la unión de piezas planas del mismo o parecido grosor. | Ceramic ware technique that consists of putting flat pieces of the same or similar width together.

tatari たたり ∿ 崇り ▸ (re) /el/ En el ***shintō*** (**sintoísmo**, DLE), castigo, penalización, reacción violenta de la divinidad. | Punishment or penalty in Shintō, a violent reaction of the divinity.

tate eboshi たて えぼし ∿ 立烏帽子 ▸ (in / hi) /el/ Sombrero alto y generalmente lacado que llevaban los nobles en el Japón premoderno. | A tall, usually lacquered hat worn by noblemen in premodern Japan.

tate jamisen たて じゃみせん ∿ 立三味線 ▸ (mu) /el, la/ El principal músico de ***shamisen***. | The chief shamisen player.

tate jitomi たて じとみ ∿ 立て蔀 ▸ (mo) /la/ Pantalla consistente en una celosía de madera cubierta con una tabla. | A screen consisting of a wooden lattice covered with a board.

tate oyama たておやま ∿ 立女形 ▸ (te) /el/ En el teatro **kabuki**, el actor principal que asume un personaje femenino {*ver* ***onnagata y tateyaku***}. | The main actor in kabuki who takes on a female role {*see* onnagata *and* tateyaku}.

tate sakusha たて さくしゃ ∿ 立作者 ▸ (te) /el/ El dramaturgo principal de ***kyōgen*** vinculado a un teatro de ***noh***. | The chief kyōgen playwright affiliated with a noh theater.

tateana jūkyo たてあな じゅうきょ ⩘ 竪穴住居 ▸ (arq) /la/ Tipo de vivienda primitiva, precedente prehistórico de la ***minka***, consistente en un techado de material vegetal sobre una ligera depresión excavada unos 50 cm en el suelo {*comparar con* ***heichi jūkyo***}. | A pit-dwelling, prehistoric precedent of the minka, consisting of a roof made of plant material placed over a shallow hollow space about 1.5 ft deep in the ground {*compare with* heichi jūkyo}.

tatebiki noko たてびき のこ ⩘ 縦挽鋸 ▸ (et) /la/ Sierra de un filo de cortar a hilo. | One-edged cutting saw used for trimming.

tateguya たてぐや ⩘ 建具屋 ▸ (so / et) /el, la/ Artesano de puertas correderas [***shōji***] y marcos deslizantes. | Artisan who makes sliding doors [shōji] and frames.

tategyōji たてぎょうじ ⩘ 立行司 ▸ (de) /el/ Uno de los dos árbitros de alto rango en un torneo de ***sumō*** (**sumo**, DLE). | One of the two top-ranking referees at a sumō tournament.

tatemae たてまえ ⩘ 建前 ▸ (ps / so) /el, la/ «Fachada»: pantalla tras la cual el individuo mantiene el aspecto de armonía dentro del grupo {*opuesto a* ***honne***}. | «Facade»: a screen behind which an individual maintains an aspect of harmony within a group {*as opposed to* honne}.

tateshakai, tate shakai たてしゃかい ⩘ 縦社会 ▸ (so) /la/ «Sociedad vertical»: concepto empleado para ilustrar la rígida jerarquización de la sociedad japonesa. | «Vertical society»: a concept used to illustrate the rigid hierarchy inherent in Japanese society.

tateyaku たてやく ⩘ 立役 ▸ (te) /el/ En el teatro **kabuki**, el actor que asume un personaje masculino {*ver* ***onnagata*** *y* ***tate oyama***}. | The actor who takes on the role of a male character in a kabuki play {*see* onnagata *and* tate oyama}.

tatōgami たとうがみ ⩘ 畳紙 ▸ (et) /el/ Papel especial para envolver y almacenar el **kimono**; papel especial para la higiene nasal que se guarda en la escotadura del **kimono**. | Special paper for wrapping up and storing a kimono; special paper for nasal hygiene that is kept in the low neckline of a kimono.

tatsu たつ ⩘ 辰 ▸ (ca) /el/ El Dragón, uno de los doce signos del Zodiaco oriental. | The Dragon, one of the twelve animals of the Chinese zodiac.

tatsukuri たつくり ⩘ 田作 ▸ (et) /el/ El acto de arar un arrozal. | The act of tilling a rice paddy.

tatsuta age たつた あげ ⩘ 竜田揚 ▸ (co) /el/ Pollo, pescado blanco o carne de ballena fritos después de haber sido marinados en **sake** o ***mirin*** y salsa de **soja** y rebozados en harina condimentada. | Deep-fried white fish, pieces of chicken or whale meat marinated in sake or mirin and basted in seasoned flour.

tawara たわら ⩘ 俵 ▸ (de) /la/ Soga de paja de arroz que delimita el *ring* de ***sumō*** (**sumo**, DLE). | Rope made of rice straw used to delimit the sumō ring.

tayū たゆう ⩘ 太夫 ▸ (te) /el/ Actor cualificado para desempeñar el papel protagonista en una obra de ***noh***; narrador en una representación de ***jōruri***; actor que representa un papel femenino en una obra de **kabuki**; en el ***manzai***, el humorista que asume el papel de personaje ingenioso {*en contraste con* ***saizō***}; (so) /la/ cortesana [prostituta] del rango más alto en la Era Edo (1600-1868). | An actor qualified to play the protagonist in a noh play; the narrator in a jōruri performance; a female-role actor in a kabuki play; in the manzai, the comedian who takes on the role of a witty person {*contrast with* saizō}; a courtesan [prostitute] of the highest rank during the Edo period (1600-1868).

tebineri てびねり ⁂ 手捻り ▸ (ce) /el, la/ Técnica cerámica mediante la cual se forma la pieza a mano y sin usar el torno. Suele emplearse para la cerámica ***raku***. | Pottery making technique in which a piece is made by hand without using the wheel. It is usually used in raku ceramic ware.

tebori てぼり ⁂ 手彫り ▸ (et) /el, la/ Técnica de tatuaje a mano. | Technique of tattooing by hand.

teineigo ていねいご ⁂ 丁寧語 ▸ (le) /el/ Habla de cortesía usada en situaciones formales. | Polite speech used in formal situations.

teinensei ていねんせい ⁂ 定年制 ▸ (so) /el/ Sistema de jubilación obligatoria por edad. | System of compulsory retirement due to old age.

teishō ていしょう ⁂ 提唱 ▸ (re) /la/ Lectura y recitación de sutras budistas. | Reading and recitation of Buddhist sutras.

teishoku ていしょく ⁂ 定食 ▸ (co) /el/ Menú del día. | A set menu.

teishuishi ていしゅいし ⁂ 亭主石 ▸ (ja / so) /la/ Piedra donde se sitúa el anfitrión de la ceremonia de té. | Stone where the host of the tea ceremony sits.

tekkadon てっかどん ⁂ 鉄火丼 ▸ (co) /el/ Cuenco de arroz cocido avinagrado cubierto con lonchas de atún crudo. | A bowl of vinegared boiled rice with slices of raw tuna on top.

tekkamaki てっかまき ⁂ 鉄火巻 ▸ (co) /el/ Rollito de atún crudo con arroz cocido avinagrado y con algas desecadas encima. | Raw tuna slices rolled in vinegared boiled rice and covered with dried laver.

tekkōkagi てっこうかぎ ⁂ 鉄甲鉤 ▸ (arm) /el, la/ Herramienta metálica llevada en la mano que usaban los ***ninjas*** para protegerse de sablazos enemigos o para evitar resbalarse cuando trepaban por un muro o árbol. | A sickle-like weapon carried in the hand that the ninja used to protect themselves from enemy sable blows or to help them avoid slipping while climbing over a wall or up a tree.

tekō (tekkō) てこう（てっこう）⁂ 手甲 ▸ (in) /el/ Protector contra lesiones, frío y calor hecho de cuero o tela y que se lleva en el dorso de la mano y en la muñeca por personas que trabajan largas horas a la intemperie, como los campesinos. | Covering for the backs of the hand and wrist to protect them from injury, cold and sunburn. They are made of leather or cloth and usually worn by people like farmers who work long hours outdoors.

temae てまえ ⁂ 点前 ▸ (es / so) /el/ Protocolo observado en la ceremonia de té [***chadō, cha no yu***]. | Tea ceremony etiquette [chadō, cha no yu].

temaki zushi てまき ずし ⁂ 手巻き寿司 ▸ (co) /el/ ***Sushi*** enrollado en un cono de alga crujiente. | Hand-rolled sushi in a crispy seaweed cone.

temari

temari てまり ⁂ 手鞠 ▸ (ju / de) /la/ Pelota tradicional hecha de trapo en el centro y con hilos de colores brillantes en el exterior que se usaba para jugar a una especie de balonmano. | A traditional ball with a cloth core wound with brightly colored threads and used for playing a kind of handball.

temari uta てまり うた ∿ 手鞠唄 ▸ (ju / mu) /la/ Canción cantada al ritmo de los botes de la pelota ***temari***. | Song sung to the rhythm of bouncing temari balls.

temizu, *ver* **chōzu.** | *See* chōzu.

temmoku, *ver* **tenmoku.** | *See* tenmoku.

tempura, *ver* **tenpura.** | *See* tenpura.

Tempyō, *ver* **Tenpyō.** | *See* Tenpyō.

tenbu てんぶ ∿ 天部 ▸ (ar / re) /la/ La cuarta categoría en la iconografía budista tras Buda, los ***bosatsu*** y *Myōō*, y que comprende deidades adoptadas del panteón hinduista. | The fourth-ranking category in Japanese Buddhist iconography after Buddha, the bosatsu and Myōō and comprising miscellaneous deities adopted from the Hindu pantheon.

Tendai-shū てんだいしゅう ∿ 天台宗 ▸ (re) /la/ Escuela budista especialmente importante en la Era Heian (794-1185) establecida hacia el año 804 por el monje Saichō (767-822). | Buddhist school established during the Heian period (794-1185) around 804 by the monk Saichō (767-822).

tengai てんがい ∿ 天蓋 ▸ (re) /el/ Baldaquín. | A canopy.

tengu てんぐ ∿ 天狗 ▸ (fo) /el/ Espíritu de la montaña representado en forma humana, con alas y larga nariz; duende de narices largas. | A mountain spirit portrayed in human form with wings and a long nose; a long-nosed goblin. // Hay referencias en la literatura medieval que describen a los *tengu* como hostiles al budismo.

tengu

tengusa (*Gelidium amansii*) てんぐさ ∿ 天草 ▸ (bo) /la/ Alga roja de la que se elabora el agar-agar [***kanten***]. | Red laver used to make agar-agar [kanten].

tenja てんじゃ ∿ 点者 ▸ (li) /el/ Crítico o juez de la poesía ***renga*** o **haikai**. | A critic or judge of renga or haikai poetry.

tenjikuyō てんじくよう ∿ 天竺様 ▸ (arq) /el/ Estilo de inspiración india en el diseño de templos budistas {*contrastar con* ***wayō*** *y* ***karayō***}. | Buddhist temple design style inspired by India {*contrast with* wayō *and* karayō}.

tenjin てんじん ∿ 天神 ▸ (re) /el, la/ Deidad del Cielo; (so) /la/ prostituta de rango inferior al de ***tayū***. | Patron deity of Heaven; prostitute of a lower rank to tayū.

tenjō kudari てんじょう くだり ∿ 天井下り ▸ (fo) /el/ Ser fantástico {*ver* ***yōkai***} con cara de anciana y piel de anfibio que vive colgado de los techos. | Fantastic being {*see* yōkai} with the face of an old woman and the skin of an amphibian that lives in the crawlspace between the ceiling and the roof.

tenjōbito てんじょうびと ∿ 殿上人 ▸ (hi) /los/ Oficiales de la corte Heian con el privilegio de ser recibidos en audiencia en los aposentos del emperador. | Court officials of the Heian period who enjoyed the privilege of imperial audience in the emperor's living quarters.

tenjōname てんじょうなめ ∿ 天井嘗 ▸ (fo) /el/ Ser fantástico {*ver* ***yōkai***} al que le gusta lamer el polvo de los techos cuando nadie lo observa {*comparar con* ***akaname***}. | Fantastic being {*see* yōkai} that likes licking up the dust on roofs when nobody is watching {*compare with* akaname}.

tenkō てんこう ⇃ 転向 ▸ (po) /el/ «Cambio de dirección»: retractación formal e individual de una ideología o compromiso político, normalmente realizada bajo presión. | «Change of direction»: a formal and individual retraction of an ideological commitment usually made under pressure. // El *tenkō* como política del Gobierno se ejerció sobre todo contra los miembros del Partido Comunista Japonés en la década de 1930.

Tenmangū てんまんぐう ⇃ 天満宮 ▸ (re) /el/ Santuario dedicado a Sugawara no Michizane (845-903), erudito y estadista exiliado sin razón y póstumamente deificado como ***tenjin***. | Shrine dedicated to Sugawara no Michizane (845-903), a scholar-statesman wrongly exiled and posthumously deified as tenjin.

tenmoku てんもく ⇃ 天目 ▸ (ce) /el, la/ Pieza de cerámica o porcelana en imitación de la cerámica china de la dinastía Song (ss. XII-XIII) de tipología simple, aparente imperfección, énfasis en el vidriado y especialmente favorecida por los maestros de té del s. XVI. | Piece of pottery or porcelain that imitated Chinese porcelain of the Song dynasty (12th-13th centuries), characterized by simple typology, apparent imperfection, emphasis on the glaze and especially favored by tea masters of the 16th century.

tenmusubi てんむすび ⇃ 天むすび ▸ (co) /la/ Bola de arroz recubierta con gamba frita. | A rice ball topped with deep-fried shrimp.

tennenbishi てんねんびし ⇃ 天然菱 ▸ (arm) /el, la/ Herramienta usada por los ***ninjas*** consistente por lo general en vainas secas de abrojos o espinas que dañaban los pies de sus perseguidores {*comparar con* ***makibishi***}. | Spiked tool used by the ninja generally made from the dried seed pod of the water-chestnut, and scattered on the ground to injure the feet of those chasing them {*compare with* makibishi}.

tennin てんにん ⇃ 天人 ▸ (re) /el/ «Ser celestial»: criatura mitológica que actúa como mensajera del Cielo. | «Heavenly being»: mythological creature that acted as a Heavenly messenger.

tennō てんのう ⇃ 天皇 ▸ (po) /el/ «Soberano del Cielo»: el emperador de Japón. | «The Sovereign of Heaven»: the Emperor of Japan.

Tennō tanjōbi no hi てんのう たんじょうび の ひ ⇃ 天皇誕生日 ▸ (ca) /el/ Cumpleaños del emperador (23 de febrero). | The Emperor's birthday on February 23rd.

tennyo てんにょ ⇃ 天女 ▸ (mi) /la/ Doncella celestial representada con una túnica de cinco colores, una larga bufanda mágica [***kesa***] ondeando a su alrededor y tocando algún instrumento. | A heavenly maiden wearing a five-colored tunic with a long magic scarf [kesa] waving around her and playing a musical instrument.

tenouchi てのうち ⇃ 手の内 ▸ (ar mar) /el/ Agarre de la empuñadura del arco o del sable, y el modo de usar la mano para apretar o aflojar dicho agarre. | The way of grasping a bow or a sword, and the use of the hand to tighten or loosen the grip.

tenpura, tempura <port. *tempora*> (tempura, DLE) てんぷら ⇃ 天麩羅 ▸ (co) /la/ Mariscos o verduras rebozados ligeramente y fritos. | Vegetables or seafood dipped in batter and deep-fried. // Antes de comerla, la *tenpura* se suele mojar en un caldo o *tentsuyu* en el que se ha rallado un poco de nabo y jengibre.

Tenpyō bunka てんぴょう ぶんか ⇃ 天平文化 ▸ (hi) /la/ La cultura de la Era Tenpyō (729-749), uno de los periodos de la Era Nara (710-794). | The culture of the Tenpyō period (729-749) that took place during the Nara period (710-794).

Tenri-kyō てんりきょう ⺃ 天理教 ▸ (re) /la/ Escuela **sintoísta** fundada por Nakayama Miki e independizada en noviembre de 1908. | Shintō school founded by Nakayama Miki that became independent in November, 1908.

tenryō てんりょう ⺃ 天領 ▸ (hi) /los/ Dominios personales del ***shōgun*** (**sogún**, DLE) **Tokugawa** en la Era Edo (1600-1868). | The personal domains of the Tokugawa shōgun during the Edo period (1600-1868).

tenshu てんしゅ ⺃ 天守 ▸ (arq) /el/ Torreón central de un castillo situado en el recinto central o ***honmaru***. | Principal tower in the middle of a castle compound or honmaru.

tenshudai てんしゅだい ⺃ 天守台 ▸ (arq) /el/ Cimiento de un castillo. | A castle's foundation.

tentsuyu てんつゆ ⺃ 天汁 ▸ (co) /la/ Caldo para mojar la ***tenpura*** (**tempura**, DLE) aromatizado con salsa de **soja** y **sake** dulce. | Clear dipping broth for tempura made of dashi flavored with soy sauce and sweet sake.

tenugui てぬぐい ⺃ 手拭い ▸ (in) /el/ Paño rectangular de algodón usado como toalla de mano o para cubrirse la cabeza. | A rectangular cotton gauze cloth used as a towel to cover the head.

teodori ておどり ⺃ 手踊り ▸ (te) /la/ Danza de **kabuki** independiente de la trama principal. | A kabuki dance performed independently of the main plot.

teppan てっぱん ⺃ 鉄板 ▸ (co) /la/ Plancha de hierro caliente para cocinar. | Iron hot plate for cooking.

teppan'yaki てっぱんやき ⺃ 鉄板焼 ▸ (co) /la/ Comida a base de lonchas de carne y verduras asadas en una plancha de hierro [***teppan***] y mojadas en salsa de **soja**. | Slices of meat and vegetables grilled on an iron hot plate [teppan] and served with soy sauce as a dip.

teppō てっぽう ⺃ 鉄砲 ▸ (arm) /la/ Arma de fuego en general, especialmente en la Era Edo (1600-1868) {*ver* **Tanega shima**}. | Any type of firearm, especially during the Edo period (1600-1868) {*see* Tanega shima}.

teppōgama てっぽうがま ⺃ 鉄砲釜 ▸ (ce) /el/ Horno para productos cerámicos de una larga cámara frecuentemente semi-subterránea de más de 8 m {*contrastar con* ***anagama*** *y* ***hebigama***}. | Kiln for making pottery or ceramic ware with a long and frequently semi-underground chamber over 26 ft long {*contrast with* anagama *and* hebigama}.

-tera (-dera) てら (でら) ⺃ 寺 ▸ (le) Sufijo aplicado a los nombres de templos budistas {*ver* ***–ji***}. | Suffix added to the names of Buddhist temples {*see* –ji}.

terakoya てらこや ⺃ 寺子屋 ▸ (hi) /la/ Escuela popular durante la Era Edo (1600-1868) localizada por lo general en las casas de los miembros de la clase ***samurai*** (**samurái**, DLE) o en templos y santuarios. | Popular school of the Edo period (1600-1868) generally established in samurai houses or in Buddhist temples and Shintō shrines.

terauke てらうけ ⺃ 寺請 ▸ (hi) /el/ Método censal de control social ejercido en la Era Edo (1600-1868) por el **sogunato Tokugawa** a fin de localizar a seguidores de la fe cristiana prohibida, pero también con el objetivo de vigilar a toda la población. | A census method of social control used in the Edo period (1600-1868) by the Tokugawa shogunate for the purpose of searching out adherents of the proscribed Christian faith, but actually with the wider effect of the surveillance of the entire population.

teriyaki てりやき ⺃ 照り焼き ▸ (co) /el, la/ «Asado glaseado»: forma de cocinar trozos de pescado o carne a la parrilla, al tiempo que se rocían repetidamente con una salsa fuerte de **soja** y **sake** o sake dulce [***mirin***] hasta que la superficie se pone brillante y glaseada. | «Glazed grilling»: method of cooking pieces of fish or meat by broiling them over an open fire and repeatedly basting them with a sauce made of strong soy sauce and sake or sweetened sake [mirin] until the surface is glazed.

terokuro てろくろ ∿ 手轆轤 ▸ (ce) /el/ Torno de alfarero [***rokuro***] accionado a mano {*comparar con* ***kerokuro***}. | Potter's wheel [rokuro] operated by hand {*compare with* kerokuro}.

teruteru bōzu てるてる ぼうず ∿ 照る照る坊主 ▸ (fo) /el/ Muñeco de papel colgado por los niños en la ventana para que traiga buen tiempo. | A paper doll which children hang at the window hoping it will bring fine weather.

tetchiri てっちり ▸ (co) /el/ Guisado de pez globo y verduras. | A fugu and vegetable stew.

teuchi てうち ∿ 手打ち ▸ (et / em) /el/ Aplauso para confirmar una negociación alcanzada entre dos partes. | Applause to confirm that an agreement has been reached between two parties.

teuchi soba てうち そば ∿ 手打ち蕎麦 ▸ (co) /la/ ***Soba*** elaborada a mano. | Handmade soba noodles.

tewaza てわざ ∿ 手業 ▸ (ar mar) /la/ Técnica de lanzamiento con la mano. | Hand-throwing technique.

tezukai ningyō てづかい にんぎょう ∿ 手遣い人形 ▸ (et) /la/ Títere o muñeco manipulado directamente con las manos. | A puppet or doll manipulated directly by hand.

to と ∿ 斗 ▸ (pe y me) /el/ Medida de capacidad equivalente a 18,039 l. | Unit of capacity equal to 2.048 pk or 4.766 gal.

tō とう ∿ 籐 ▸ (et) /el, la/ Mimbre de palma; caña de Indias; ratán. | Rattan; Indian cane.

塔 ▸ (re) /la/ Nombre genérico de pagodas, el lugar donde originalmente se custodian las reliquias budistas. | Generic name for pagodas, the place where Buddhist relics were originally kept.

tōbaku とうばく ∿ 倒幕 ▸ (hi) /el/ «Destruir al ***bakufu***»: lema de un movimiento político anti-**Tokugawa** a finales de la década de 1860. | «Destroy bakufu»: motto of an anti-Tokugawa political movement at the end of the 1860s.

tobi ishi

tobi ishi とび いし ∿ 飛石 ▸ (ja) /las/ «Piedras voladoras»: piedras para pisar que marcan un sendero, especialmente en un jardín. | «Flying stones»: stepping stones, especially in a garden.

tōdai とうだい ∿ 灯台 ▸ (et) /el/ Antiguo candil o lámpara de aceite. | The foot of an ancient candle or oil lamp.

tōde とおで ∿ 遠出 ▸ (so) /la/ «Cita lejos»: cita de una ***geisha*** fuera de los establecimientos registrados de su comunidad. | «Far-away appointment»: refers to a geisha's appointment outside the registered establishments of her community.

tōfu (tofu, DLE) とうふ ∿ 豆腐 ▸ (co) /el/ Cuajada de **soja**, semejante al queso fresco por su consistencia y color, notable por ser una fuente rica y económica de proteínas. | Bean curd similar to fresh cheese in consistency and color, renowned as an inexpensive and plentiful source of protein. // Hoy día es fácil comprar tofu sin vivir en Japón.

togaki とがき ∿ ト書 ▸ (te / li) /las/ Instrucciones escenográficas y, por extensión, pasajes en las obras de ficción en los que se indica la forma de la dicción o el estilo declamatorio del texto. | Stage instructions and by extension passages in works of fiction in which the form of diction or declamatory style of the text are indicated.

tōgaku とうがく ∿ 唐楽 ▸ (mu) /la/ Una variedad de la música ***gagaku*** interpretada al estilo de la música china en uso en la corte de la dinastía Tang (ss. VII-X) {*comparar con* ***komagaku***}. | A type of gagaku music performed in the style of the Chinese music of the court during the Tang dynasty (7th-10th centuries) {*compare with* komagaku}.

tōgarashi とうがらし ∿ 唐辛子 ▸ (co) /el/ Pimiento rojo; chile. | Red pepper; chili.

togidashi-makie とぎだし まきえ ∿ 研出蒔絵 ▸ (ar) /el, la/ Técnica decorativa de lacado con motivos recubiertos de polvo de oro y plata. Se cubren estos enteramente con una capa de laca negra para ser alisados posteriormente hasta que reaparezcan los motivos {*comparar con* ***hiramaki-e*** *y* ***takamaki-e***}. | Lacquer decorating technique with motifs of gold and silver dust. These are then covered completely with a layer of black lacquer and then smoothened later on until the motifs reappear {*compare with* hiramaki-e *and* takamaki-e}.

tōgyū とうぎゅう ∿ 闘牛 ▸ (et) /el/ Toreo japonés, deporte rural en el que combaten dos toros entre sí en una lucha normalmente incruenta. También llamado *ushizumō* y *tsukiai*. | Japanese bullfight, a rural sport in which two bulls engage each other in a fight that is usually bloodless. Also referred to as ushizumō and tsukiai.

tōhachiken とうはちけん ∿ 藤八拳 ▸ (ju) /el/ Juego parecido al de piedra, papel, tijera {*ver* ***janken***}. | A game similar to paper, stone and scissors {*see* janken}.

toita gaeshi といた がえし ∿ 戸板返し ▸ (ju) /el/ Panel giratorio con un muñeco de tamaño natural a ambos lados usado en el teatro **kabuki**. | A revolving panel with a life size doll on either side used in kabuki.

tōjiki とうじき ∿ 陶磁器 ▸ (ce) /la/ Cerámica; cacharrería; porcelana. | Ceramic ware; pottery; porcelain.

tokiota (DLE) ▸ (so) /el, la/ Natural, relativo o perteneciente a Tokio. | A native of Tokyo, relating or belonging to Tokyo; Tokyoite.

tokiwazu bushi ときわず ぶし ∿ 常磐津節 ▸ (mu) /la/ Tipo de música del teatro **kabuki**, con acompañamiento de ***shamisen*** y otros instrumentos. | A type of music for kabuki, accompanied by shamisen and other instruments.

tokkuri

tokkuri とっくり ∿ 徳利 ▸ (be) /la/ Botellín de **sake**. | A small bottle of sake.

toko, tokko とこ、とっこ ∿ 独鈷 ▸ (re) /el/ Objeto litúrgico metálico usado por los monjes exorcistas y símbolo de clarividencia. También llamado *dokko*, procede del término sánscrito *vajra* con el significado de «diamante» o «rayo». | Metallic liturgical object used by exorcist monks and a symbol of clairvoyance. Also referred to as dokko, it comes from the Sanskrit term vajra and means «diamond» or «lightning bolt».

Tokoname yaki とこなめ やき ∿ 常滑焼 ▸ (ce) /la/ Cerámica marrón rojiza, fuerte y pesada elaborada del s. XII a la primera mitad del s. XVI en alfares repartidos por la península de Chita, al sur de la actual ciudad de Nagoya. | A strong, heavy, reddish brown ceramic ware made from the early 12th century to the first half of the 16th century at kilns distributed throughout the Chita Peninsula, south of the present-day city of Nagoya.

tokonoma

tokonoma とこのま ∿ 床の間 ▸ (vi) /el/ Espacio en una sala tradicional japonesa, con el suelo ligeramente levantado, usado para colgar un cuadro o colocar adornos y una composición floral. | The recess in a Japanese style guest room with a slightly raised floor, used to hang scrolls or as a setting for ornaments and flower arrangement. // Marta se acercó al *tokonoma* y, sin poner los pies en él, admiró el cuadro que colgaba en su pared.

tokubetsu enkosha とくべつ えんこしゃ ∿ 特別縁故者 ▸ (jr) /el, la/ Persona susceptible de ser declarada heredera por haber mantenido una relación especial con el causante. | Person likely to become an heir for having maintained a special relationship with the deceased.

Tokugawa とくがわ ∿ 徳川 ▸ (hi) /los/ Uno de los principales linajes guerreros de la historia japonesa. El **sogunato** Tokugawa dominó la escena política de 1600 a 1868. | One of the major warrior lineages in Japanese history. The Tokugawa shogunate dominated politics from 1600 to 1868. // El periodo Edo también se llama Tokugawa por el nombre de este clan de samuráis.

tokusatsu とくさつ ∿ 特撮 ▸ (ci) /la/ Película o serie televisiva en la que los efectos especiales tienen una función primordial. | Film or television series with a special emphasis on special effects.

tombo, *ver* **tonbo.** | *See* tonbo.

tomesode とめそで ∿ 留袖 ▸ (in) /el/ **Kimono** de etiqueta de una mujer casada estampado con cinco blasones y un diseño en los bajos. | A married woman's formal kimono decorated with five crests and a pattern around the skirt. // La madre de la novia iba vestida con un *tomesode* y el padre con traje occidental.

tomo とも ∿ 供 ▸ (so) /el/ Criado que acompaña al señor. | Manservant who accompanies his lord.

tomobiki ともびき ∿ 友引 ▸ (ca) /el/ En el ciclo de seis días [***rokuyō***] del antiguo calendario lunisolar, el día de buena suerte durante toda la jornada excepto a mediodía y excepto en que la suerte propia puede afectar a otras personas {*comparar con* ***senbu, senshō, shakkō*** *y* ***taian***}. | In a six-day cycle of the ancient lunisolar calendar, the day when one's luck is good all day long except at midday and when one's luck affects other people {*compare with* senbu, senshō, shakkō *and* taian}. // Dicen que el *tomobiki* es un buen día para bodas y un mal día para funerales.

tomoe ともえ ∿ 巴 ▸ (et) /la/ Figura abstracta en forma de coma empleada en la heráldica familiar. | Abstract figure shaped like a comma and used in family heraldry.

tomoeri ともえり ∿ 共襟 ▸ (in) /el, la/ Parte superior del cuello [***eri***] del **kimono**

hecha de la misma tela. | Upper part of the collar on a kimono and made of the same cloth.

tonari gumi となりぐみ 隣組 ▸ (so) /la/ Unidad vecinal para la distribución de alimentos, especialmente durante los años de la Segunda Guerra Mundial. | Neighborhood group organized to distribute food, especially during World War II.

tonbo とんぼ 蜻蛉 ▸ (zo / ce) /la, el/ Libélula; herramienta de bambú con forma que recuerda a la libélula y con la cual el alfarero mide las dimensiones de la pieza de cerámica. | Dragonfly; bamboo tool that resembles a dragonfly and that a potter uses to measure the size of a piece of pottery.

toneri とねり 舎人 ▸ (hi) /el, la/ Asistente que servía al soberano o a otros miembros de la familia imperial en el antiguo Japón. | Attendants who served the sovereign and other members of the Imperial Family in ancient Japan.

tongo とんご 頓悟 ▸ (re) /el, la/ Noción budista según la cual la iluminación [***satori***] se consigue de forma directa y sin albergar expectativas o intenciones previas. Es característica de la escuela **Zen**. | Buddhist idea in which illumination [satori] is achieved directly and without having any previous expectations or intentions. It is a characteristic of Zen.

tonjiru とんじる 豚汁 ▸ (co) /la/ Sopa de ***miso*** con carne de cerdo y verduras. | Miso soup with pork and vegetables.

tonkatsu とんかつ 豚カツ ▸ (co) /el/ Un trozo de carne de cerdo rebozado de huevo y migas de pan, y luego frito. | A deep-fried slice of pork coated with egg and bread crumbs.

tonseisha とんせいしゃ 遁世者 ▸ (re / so) /el/ Asceta budista; ermitaño por razones filosóficas o estéticas. | A Buddhist ascetic; a hermit for aesthetic or philosophical reasons.

tōnyū とうにゅう 豆乳 ▸ (be) /la/ Leche de **soja**. | Soybean milk.

tora とら 虎、寅 ▸ (ca) /el/ El Tigre, uno de los doce animales del Zodiaco oriental. | The Tiger, one of the twelve animals of the Chinese zodiac.

tori kabuto とり かぶと 鳥兜 ▸ (in) /el/ Casco o gorro de seda y tonalidades verdes y rojizas con motivos ornamentales que recuerdan a las nubes. Eran empleados por las bailarinas de las ***fuzoku mai***. | Silk helmet or cap of greenish and reddish hues with ornamental motifs reminiscent of the clouds used by fuzoku mai dancers.

Tori no ichi とり の いち 酉の市 ▸ (ca) /el/ Festival celebrado los días del Gallo del mes de noviembre, según el calendario tradicional chino, en diferentes santuarios **sintoístas** llamados Ōtori. | A festival held on the days of the Rooster Market in November at various Shintō shrines of the type called Ōtori.

torifuda とりふだ 取り札 ▸ (ju) /la/ En el juego ***hyakunin isshu***, la carta que está boca arriba y que el jugador puede tomar para completar un poema que se lee en la carta ***yomifuda*** {*ver* ***torite*** *y* ***yomite***}. | In the game of hyakunin isshu, a card that is face up and which a player can pick to complete a poem that is being read from the yomifuda card {*see* torite *and* yomite}.

torii とりい 鳥居 ▸ (arq) /el/ Edificación a modo de puerta de madera o de

torii

piedra levantada en los puntos clave de un recinto **sintoísta** o en la senda que lleva a este, y que funciona a la vez como puerta que delimita el espacio sagrado y como símbolo del santuario. | A gate-like structure made of wood or stone placed at key points at a Shintō shrine precinct or path leading to the temple that serves both as a gate marking the sacred space and as a symbol of the temple. // Me impresionó la serena majestad del *torii*, en medio de las aguas, del santuario de Itsukushima.

torinaoshi とりなおし ∿ 取直し ▸ (de) /el/ Repetición de un combate de ***sumō*** (**sumo**, DLE) de resultado incierto. | A rematch of a sumō bout whose result was uncertain.

torite とりて ∿ 取り手 ▸ (ju) /el, la/ En el juego de ***hyakunin isshu***, el jugador que busca la tarjeta o carta [***torifuda***] correspondiente al poema leído por el ***yomite*** en otra carta [***yomifuda***]. | In the hyakunin isshu game, the seeker of the card [torifuda] corresponding to the poem read by the yomite on a different card [yomifuda].

toro トロ ▸ (co) /el/ Parte del vientre del atún [***maguro***] de color pálido y rica en grasa muy apreciada para hacer ***sushi*** o ***sashimi***. | Belly flesh of tuna [maguro], pale in color and rich in fat, highly prized for sushi and sashimi.

tōrō とうろう ∿ 灯籠、灯篭 ▸ (arq / ja) /el/ Linterna decorativa de piedra, pero también de metal o madera, que se halla frecuentemente en los jardines tradicionales japoneses. | A decorative lantern made of stone but also of metal and wood, frequently seen in traditional Japanese gardens.

tōrō nagashi とうろう ながし ∿ 灯籠流し ▸ (re / fo) /el, la/ Celebración budista en la cual se sueltan farolillos sobre una superficie de agua. | Buddhist celebration in which lanterns are set afloat on the water.

tōrō

tororo とろろ ∿ 薯蕷 ▸ (co) /el/ Una variedad de ñame que, al ser rallado, produce un alimento pegajoso que se añade a numerosos platos. | A variety of yam that, when grated, is added to a variety of dishes.

tororo

tororo soba とろろ そば ∿ 薯蕷蕎麦 ▸ (co) /la/ ***Soba*** [fideos de alforfón] con ***tororo*** rallado. | Soba noodles with a sticky food called tororo.

tōryō とうりょう ∿ 棟梁 ▸ (et) /el/ Maestro constructor jefe. | Master builder-in-chief.

Tosa bushi とさ ぶし ∿ 土佐節 ▸ (mu) /el/ Estilo de canto de Tosa. | The Tosa style of singing.

Tosa ha とさ は ◊ 土佐派 ▸ (ar) /la/ Escuela pictórica de Tosa especializada en temas cortesanos, como escenas de la literatura clásica. | The Tosa school of painting that specialized in courtly themes such as scenes from classical literature.

Tosa inu とさ いぬ ◊ 土佐犬 ▸ (zo) /el/ Perro Tosa. | A Tosa dog.

toshi no ichi とし の いち ◊ 年の市 ▸ (et) /el, la/ Feria celebrada tradicionalmente al final de diciembre en santuarios, templos o en barrios populares como preparación a la festividad de Año Nuevo. | Fair traditionally held at the end of December at shrines, temples or working-class neighborhoods in preparation for the New Year's festivities.

toshi no mame とし の まめ ◊ 年の豆 ▸ (et) /las/ Alubias de la suerte que se esparcen en la ceremonia de **Setsubun** de bienvenida de la primavera. | Lucky beans scattered at the Setsubun ritual welcoming the arrival of spring.

Toshigami としがみ ◊ 歳神 ▸ (re) /el/ «Dios del Año Nuevo»: deidad invocada y acogida en los hogares en el cambio de año. | «God of the New Year»: a deity invoked and welcomed in each household at the turn of the year.

toshigoi no matsuri としごい の まつり ◊ 祈年祭 ▸ (re) /el/ Servicio **sintoísta** para rogar por una buena cosecha. | A Shintō service held to pray for a good harvest.

toshikoshi soba としこし そば ◊ 年越し蕎麦 ▸ (co) /la/ ***Soba*** [fideos de alforfón] que se toma la víspera de Año Nuevo. | Buckwheat noodles eaten on New Year's Eve.

tōshin とうしん ◊ 刀身 ▸ (arm) /la/ Hoja de un sable japonés [***nihontō***] {*ver* ***kissaki***}. | The blade on a Japanese sword [nihontō] {*see* kissaki}.

toshiyori としより ◊ 年寄 ▸ (so) /el/ «Anciano»: miembro reconocido como mayor o anciano de un grupo social. | «Elder»: an acknowledged senior member of a social group.

toso とそ ◊ 屠蘇 ▸ (be) /el/ **Sake** especiado que se suele tomar en Año Nuevo en vasijas decoradas para la ocasión. | Spiced sake commonly drunk in celebration of the New Year and served in specially decorated jars or pots.

toso kibun とそ きぶん ◊ 屠蘇気分 ▸ (ps) /el/ Estado de ánimo festivo propio del Año Nuevo. | Festive mood at New Year's.

tososan とそさん ◊ 屠蘇散 ▸ (be) /las/ Medicina china añadida al **sake** de Año Nuevo. | Chinese medicine to be added to New Year's sake.

tōyō kanji とうよう かんじ ◊ 当用漢字 ▸ (le) /los/ Los 1850 sinogramas [***kanji***] oficialmente seleccionados para uso general por el Ministerio de Educación de Japón en 1946 y sustituidos en 1981 por los ***jōyō kanji***. | The 1,850 Chinese characters [kanji] that were officially selected for general use and issued by the Ministry of Education in 1946 and superseded in 1981 by the jōyō kanji. // La reforma de los *tōyō kanji* favoreció una alfabetización generalizada en la década posterior a la Segunda Guerra Mundial.

tozama daimyō とざま だいみょう ◊ 外様大名 ▸ (hi) /el/ «Vasallo de fuera»: ***daimyō*** (**daimio**, DLE) que antes de la batalla de **Sekigahara** (1603) no era vasallo hereditario del linaje de los **Tokugawa** {*en oposición a los* ***fudai***}. | «Outside Retainer»: a daimyō who before the battle of Sekigahara was not a hereditary retainer of the Tokugawa line {*as opposed to the* fudai}.

tsū つう ◊ 通 ▸ (es) /el, la/ Conocimiento completo de los detalles de algún tema, especialmente artístico; buen gusto innato, distinción {*opuesto a* ***yabo***}. | Connoisseurship, full acquaintance with the details of some matter, especially artistic; innate good taste, distinction {*as opposed to* yabo}.

tsuba つば ↯ 鍔 ▸ (arm) /la/ Guarda o rodela, disco que separa la empuñadura de la hoja de un sable [***katana***]. | A guard, the disc or plate that separates the blade from the handle of a katana or Japanese sword. // Muchas *tsuba* son exquisitas obras de artesanía.

tsuba nomi つば のみ ↯ 鐔鑿 ▸ (et) /el/ Formón con guarda. | Chisel with a knife guard.

tsubaki (*Camellia Japonica*) つばき ↯ 椿 ▸ (bo) /la/ Camelia. | Camellia.

tsubo つぼ ↯ 壷 ▸ (pe y me) /el/ Medida de superficie equivalente a 3,306 m^2; (me) /los/ determinados puntos del cuerpo conectados a los correspondientes órganos internos y que son estimulados por el tratamiento de acupuntura. | Unit of measuring surface area equivalent to 35.58 sq ft; certain points on the body said to be connected to particular internal organs and stimulated by an acupuncturist.

坪 ▸ (ja) /el/ Patio interior ajardinado de una vivienda urbana tradicional. | Indoor garden patio in a traditional city dwelling.

tsubo niwa つぼ にわ ↯ 坪庭 ▸ (vi) /el, la/ Zona interior, generalmente ajardinada y de dimensiones reducidas, de una vivienda urbana. | Small interior space in a city dwelling generally with a garden.

tsubo sōzoku つぼ そうぞく ↯ 壷装束 ▸ (in) /el/ En las eras Heian, Kamakura y Muromachi (ss. IX-XVI), atuendo de salida o viaje usado por las mujeres de clase alta cuando salían de casa a pie {*ver* ***ichimegasa***}. | Going out or traveling attire worn by women of a high social class when going out of the home on foot during the Heian, Kamakura and Muromachi eras (9th-16th centuries) {*see* ichimegasa}.

tsubogiri つぼぎり ↯ 壷錐 ▸ (ar mar) /el/ Taladro de dos puntas usado por los ***ninjas*** para abrir en una pared orificios por donde espiar. | Double-bitted drill used by the ninja to open holes in walls to spy on people.

tsubone つぼね ↯ 局 ▸ (hi / vi) /la/ Cámara de una dama de la corte. | A chamber for a court lady.

tsubōri, *ver* **tsubo sōzoku.** | *See* tsubo sōzoku.

tsubushi つぶし ↯ 潰し ▸ (pe) /el/ Peinado usado comúnmente por las ***geishas***. | A hairstyle commonly used by geishas.

tsubushi shimada つぶし しまだ ↯ 潰し島田 ▸ (pe) /el/ Peinado ***shimada*** bajo. | A low shimada hairstyle.

tsuchigumo つちぐも ↯ 土蜘蛛 ▸ (fo) /la/ Ser sobrenatural {*ver* ***yōkai***}, mitad araña y mitad mujer, que vive en las altas montañas. | A supernatural being {*see* yōkai}, half-spider and half-woman that lives in the high mountains.

tsuchinoko つちのこ ↯ 槌の子 ▸ (fo) /el, la/ Ser fantástico {*ver* ***yōkai***} en forma de ofidio, pero que chilla como un ratón y tiene la parte central del tronco mucho más ancha que la cabeza y la cola. | Fantastic being {*see* yōkai} shaped like a snake but that squeaks like a mouse and whose trunk is much thicker than its head and tail.

tsuge (*Buxus microphylla* var. *japonica*) つげ ↯ 柘植 ▸ (bo) /el/ Boj japonés. | A Japanese boxwood tree. // Los peines se hacían tradicionalmente de madera de *tsuge*.

tsugite つぎて ↯ 継手 ▸ (arq) /el, la/ Empalme o junta de piezas a lo largo. | Joint for connecting pieces lengthwise.

tsuigasane ついがさね ↯ 衝重ね ▸ (mo) /la/ Bandeja con patas donde se sirve la comida. | Tray with legs for serving food on.

tsuihō ついほう ↯ 追放 ▸ (hi) /el/ En el Japón premoderno, destierro [exilio]. | In premodern Japan, banishment [exile].

tsūjin つうじん ↯ 通人 ▸ (es) /el, la/ Persona con ***tsū***, una persona sofisticada. | A person with tsū, a connoisseur.

tsukaisute bunka つかいすて ぶんか ᠰ 使い捨て文化 ▸ (so) /la/ «Cultura de usar y tirar». | «Use and throw away culture».

tsuke つけ ᠰ 附け ▸ (te) /las/ En el **kabuki**, las dos tablillas que se golpean sobre una base también de madera durante la ejecución de una pose [***mie***]. | The two small wooden boards struck on a wooden base during the performance of a pose [mie] in kabuki.

tsukebito つけびと ᠰ 付け人 ▸ (de) /los/ Asistentes de los luchadores de ***sumō*** (**sumo**, DLE) de rango superior | Assistants to high ranking sumō wrestlers.

tsukeita つけいた ᠰ ツケ板 ▸ (te) /la/ En el **kabuki**, base sobre la que se golpean las ***tsuke***. | The base on which the tsuke are struck in kabuki.

tsukeku つけく ᠰ 付け句 ▸ (li) /la/ En la poesía ***renga***, estrofa añadida a una ***maeku*** por otro poeta. | A stanza added to a maeku by another poet in renga poetry.

tsukemono

tsukemono つけもの ᠰ 漬物 ▸ (co) /los/ Encurtidos, generalmente de verduras. | Pickles usually made with vegetables. // Los *tsukemono* son una parte integral de cualquier comida japonesa y su variedad es casi infinita.

tsukesage つけさげ ᠰ 付下げ ▸ (in) /el/ **Kimono** con un dibujo en la hombrera y en el dobladillo. | Kimono with a drawing on the shoulder pad and the hem.

tsukeshoin つけしょいん ᠰ 付書院 ▸ (arq) /el/ Cuarto para escribir, escritorio. | A writing alcove, desk.

tsukeuchi つけうち ᠰ 附け打ち ▸ (te) /el/ En el **kabuki**, el ayudante que golpea las ***tsuke***. | The assistant who strikes the tsuke in kabuki.

tsuki okure つき おくれ ᠰ 月遅れ ▸ (ca) /el/ Retraso de un mes adoptado para ajustar diferentes fechas del año a los festivales marcados por el antiguo calendario lunisolar. | A one-month delay adapted to adjust the yearly dates of festivals that were marked by the ancient lunisolar calendar.

tsukimi つきみ ᠰ 月見 ▸ (es) /la/ Contemplación gozosa de la luna. | Joyful contemplation of the moon. // Tradicionalmente, era en septiembre cuando se solía hacer *tsukimi*.

tsukimono つきもの ᠰ 憑き物 ▸ (fo) /el/ Entidad invisible, generalmente un animal, capaz de poseer a un ser humano y causarle diferentes tormentos físicos y mentales. | Invisible entity, usually an animal, which is believed to possess a human being, causing a variety of bodily and mental torments.

tsukisoi つきそい ᠰ 付き添い ▸ (so) /la/ La acción de asistir o la persona que asiste a un paciente hospitalizado; ayudante en un acto social. | The act of helping the person attending a hospitalized patient; helper at a social act.

tsukiyama つきやま ᠰ 築山 ▸ (ja) /la/ Colina artificial como parte del paisaje de un jardín. | Artificial hill as a part of the landscape in a garden.

tsukubai つくばい ᠰ 蹲踞 ▸ (et / ja) /el/ Lavabo de piedra; pileta de abluciones en un jardín. | A stone washbasin; washbasin used for purification rites in a garden.

tsukudani つくだに ᠰ 佃煮 ▸ (co) /la/ Comida cocida en salsa espesa de **soja**. | Food boiled in thick soy sauce.

tsukumo gami つくも がみ ᔐ 付喪神 ▸ (fo) /los/ Objetos cotidianos que, a partir de los cien años, supuestamente cobran vida y hacen travesuras en las casas; espíritus de las cosas que nos rodean. | Everyday objects that supposedly come to life after a hundred years and cause mischief in houses; spirits in the objects surrounding us.

tsukune つくね ᔐ 捏ね ▸ (co) /la/ Albóndiga de pollo. | A chicken meatball.

tsukuri monogatari つくり ものがたり ᔐ 作り物語 ▸ (li) /el/ Relato clásico de ficción, por ejemplo, el ***Genji monogatari***. | A classical fictional narrative such as *Genji Monogatari*.

tsukuri warai つくり わらい ᔐ 作り笑い ▸ (so) /la/ Sonrisa forzada o de compromiso. | Smile that is forced or made by obligation.

Tsukushi goto つくし ごと ᔐ 筑紫箏 ▸ (mu) /el/ ***Koto*** o cítara japonesa de la región de Tsukushi (nombre antiguo de Kiushu). | A koto or Japanese zither originally from Tsukushi (ancient name for Kyushu).

tsumadoikon つまどいこん ᔐ 妻問い婚 ▸ (hi / so) /el, la/ Costumbre marital frecuente entre las clases altas de la Era Heian (794-1185) según la cual el esposo visitaba a la esposa en el domicilio paterno de esta {*contrastar con* ***yometori kon***}. | Marital custom frequently practiced by the upper classes in the Heian period (794-1185) in which the husband visited his wife at her parents' home {*contrast with* yometori kon}.

tsumami mono つまみ もの ᔐ 摘み物 ▸ (co) /la/ Tapas o comida ligera para acompañar la bebida. | A Light snack to accompany drinks. // De *tsumami mono* para acompañar la cerveza nos sacaron unas *edamame.*

tsumaranai mono desu ga つまらない もの です が ᔐ つまらない物ですが ▸ (le) /la/ «Es una cosa de escaso interés, pero…»: fórmula rutinaria de cortesía pronunciada frecuentemente al entregar un regalo. | «This is not of any interest, but…»: a routine formula spoken with the giving of a present.

tsume ningyō つめ にんぎょう ᔐ 詰め人形 ▸ (te) /el/ En el teatro ***bunraku***, muñeco secundario manipulado por un solo operario. | A secondary puppet manipulated by only one operator in bunraku theater.

tsumi つみ ᔐ 罪 ▸ (re) /el/ En el ***shintō*** (**sintoísmo**, DLE), impureza ritual; ofensa, delito; pecado. | Ritual impurity in Shintō; offense, crime; sin.

tsumire つみれ ᔐ 摘入 ▸ (co) /la/ Sopa con empanadillas de pescado. | Soup with fish dumplings in it.

tsumugi つむぎ ᔐ 紬 ▸ (tex) /la/ Seda cruda. | Raw silk.

tsuna つな ᔐ 綱 ▸ (de) /el, la/ Cinturón de lino blanco trenzado que llevan los ***yokozuna*** cuando entran en el *ring* [***dohyō***] de ***sumō*** (**sumo**, DLE). | Braided white linen belt worn by the yokozuna when they enter the sumō ring [dohyō].

tsunahiki つなひき ᔐ 綱引き ▸ (ju) /el/ El juego de competir tirando de la cuerda. | A rope pulling contest.

tsunami (tsunami, DLE) つなみ ᔐ 津波 ▸ (ge) /el/ Tsunami, ola gigante. | A tsunami, a tidal wave.

tsundoku つんどく ᔐ 積ん読 ▸ (et / so) /el/ Acto de acumular libros sin leerlos. | The act of piling up books without reading them.

tsuno kakushi つの かくし ᔐ 角隠し ▸ (in) /el, la/ En una boda tradicional japonesa, tocado blanco de la novia. | A bride's white head covering at a traditional Japanese wedding.

tsure つれ ᔐ ツレ ▸ (te) /el/ Acompañante del protagonista en una escena de teatro ***noh*** o ***kyōgen***. | The protagonist's companion in a noh or kyōgen theater scene.

tsure jamisen つれ　じゃみせん ⺁ 連れ三味線 ▸ (mu) /el/ El acto de tocar el ***shamisen*** con alguien. | The action of playing the shamisen with someone else.

tsuribori つりぼり ⺁ 釣堀 ▸ (et) /la/ Pesca en estanques artificiales provistos de peces para este efecto. | Fishing in man-made, artificially stocked fishing ponds.

tsuridono つりどの ⺁ 釣殿 ▸ (arq) /el/ En una villa de estilo ***shinden tsukuri***, pabellón abierto utilizado como plataforma de pesca. | Open annex at a shinden tsukuri style villa used as a platform for fishing.

tsuru bashiri つる　ばしり ⺁ 弦走り ▸ (arm) /el/ Peto de una armadura. | Breastplate on a suit of armor.

tsurube otoshi つるべ おとし ⺁ 釣瓶落し ▸ (fo) /el/ Ser fantástico {*ver* ***yōkai***} que vive en las copas de los árboles grandes y viejos, desde donde desciende velozmente para atacar a los humanos. | Fantastic being {*see* yōkai} that lives in the tops of big old trees from where it can rapidly come down and attack humans.

tsurugi つるぎ ⺁ 剣 ▸ (arm) /la/ Espada de doble filo. | Double-edged sword.

tsurushima つるしま ⺁ 鶴島 ▸ (ja) /la/ Agrupación o isleta de rocas y arbustos que representan una grulla. | Grouping or island of rocks and bushes in the shape of a crane.

tsutsuji (*Rhododendron japonicum*) つつじ ⺁ 躑躅 ▸ (bo) /la/ Azalea. | Azalea.

tsuya つや ⺁ 通夜 ▸ (re) /la/ La tarde y noche de la primera jornada de un funeral; velatorio. | The evening and night of the first day of a funeral; wake or vigil.

Tsuyamono つやもの ⺁ 艶物 ▸ (mu / te) /la/ Narración cantada de una historia de amor en la escuela **Gidayū bushi** del teatro ***jōruri***. | A chanted narration of a love story in the Gidayū bushi school of jōruri puppet drama.

tsuyu つゆ ⺁ 梅雨 ▸ (cl) /la/ Estación de las lluvias a principio de verano. También llamada *baiu*. | The long spell of rainy weather in early summer. Also referred to as baiu.

tsuzumi つづみ ⺁ 鼓 ▸ (mu) /el/ Tambor en forma de reloj de arena tocado con la mano. | An hourglass-shaped drum beaten with the hand. // Los redobles misteriosos del *tsuzumi* ayudan a envolver al espectador en la magia del teatro *noh*.

U

uba うば ∿ 乳母 ▸ (et) /la/ Nodriza. | Nursemaid, wet nurse.

ubai うばい ∿ 烏梅 ▸ (me / tex) /la/ Ciruela verde secada y ahumada que se usa en la medicina china y como tinte. | A green plum that has been dried and smoked and is used in Chinese medicine and as a dye. 優婆夷 ▸ (re) /la/ Una budista seglar. | A Buddhist laywoman.

ubasoku うばそく ∿ 優婆塞 ▸ (re) /el/ Un budista seglar. | A Buddhist layman.

ubume うぶめ ∿ 姑獲鳥 ▸ (fo) /la/ Ser fabuloso con forma de mujer {*ver* ***yōkai***} que muere al dar a luz y que vuelve al mundo humano con el cuerpo cubierto de sangre y un niño en los brazos. | Fabulous being {*see* yōkai} in the form of a woman who dies while giving birth and returns to the living world with her body covered in blood and a baby in her arms.

ubume dori うぶめ どり ∿ 姑獲鳥 ▸ (fo) /la/ Versión de ***ubume*** en forma de ave, pero que recobra su forma humana cuando le son arrancadas las plumas. | A version of ubume in which the woman returns in the form of a bird but recovers human form when the feathers are pulled out.

ubusuna gami うぶすな がみ ∿ 産土神 ▸ (re) /el, la/ Deidad protectora del lugar natal. | The protective deity of one's birthplace.

uchi うち ∿ 内 ▸ (so) /el/ Dentro {*en oposición a* ***soto***}, lo interno; el propio grupo; casa, familia. | Inside {*as opposed to* soto}, the internal; one's own group; home, family.

uchi benkei うち べんけい ∿ 内弁慶 ▸ (ps) /el, la/ Persona que en casa tiene mucho genio, pero que en sociedad demuestra poco carácter. | A person who is bossy at home but is timid outside.

uchi iwai うち いわい ∿ 内祝い ▸ (so / et) /la/ Celebración familiar. | A family celebration.

uchi kowashi うち こわし ∿ 打ち壊し ▸ (hi) /los/ Disturbios urbanos en la segunda mitad de la Era Edo (1600-1868) en protesta por los precios desorbitados del arroz. | Urban riots in the second half of the Edo period (1600-1868) in protest against exorbitant rice prices.

uchidachi うちだち ∿ 打太刀 ▸ (ar mar) /el, la/ El practicante cuando ocupa la función de instructor o veterano durante las sesiones de práctica de movimientos [***kata***]. | The practitioner when occupying the position of instructor or senior during kata practice.

uchidashi nomi うちだし のみ ∿ 打ち出し鑿 ▸ (et) /el/ Formón de perforar. | Chisel for boring and drilling.

uchide no kozuchi うちで の こづち ∿ 打出の小槌 ▸ (fo) /el/ Mazo que en las fábulas transforma los sueños en realidad. | A mallet that turns wishes into reality in fables.

uchigashi うちがし ∿ 打菓子 ▸ (co) /el/ Dulce de molde. | A moulded sweet.

uchigi, uchiki うちぎ、うちき ∿ 打衣 ▸ (in) /el/ Prenda utilizada por las damas de la corte imperial en las eras Heian, Kamakura y Muromachi (ss. IX-XVI). | Garment worn by ladies of the imperial court during the Heian, Kamakura and Muromachi periods (9th-16th centuries).

uchikake うちかけ ∿ 打掛 ▸ (in) /el/ Sobretodo que se pone encima del **kimono**

udon

femenino. | Overcoat worn over a woman's kimono.

uchikomi うちこみ ∿ 打ち込み ▸ (armar) /la/ Repetición de las técnicas básicas en el entrenamiento de ***kendō*** (**kendo**, DLE) y otras artes marciales. | Repetition of basic techniques when training in kendō and other martial arts.

uchimaru ganna うちまる がんな ∿ 内丸鉋 ▸ (et) /el/ Cepillo de carpintero para moldurar acanaladuras convexas. | Hand plane used by carpenters for molding convex grooves.

uchippanashi うちっぱなし ∿ 打ちっ放し ▸ (de) /el/ Recinto dentro de una ciudad donde se puede practicar el golpeo de la pelota de golf. | Driving range within a city where golf can be practiced.

uchiroji うちろじ ∿ 内露地 ▸ (ja) /el/ Espacio o zona interior de un jardín de té [***roji***] {*contrastar con* ***sotoroji***}. | Indoor space or area in a tea garden [roji] {*contrast with* sotoroji}.

uchiwa うちわ ∿ 団扇 ▸ (in) /el/ Abanico redondo y rígido. | A round, rigid fan.

udaijin うだいじん ∿ 右大臣 ▸ (hi) /el/ El ministro de la Derecha en el Japón premoderno cuyo rango era inferior al ministro de la Izquierda o ***sadaijin***. | The Minister of the Right in premodern Japan, inferior in rank to the Minister of the Left [sadaijin].

udatsu うだつ ∿ 梲 ▸ (arq) /el/ Cortafuegos urbano consistente en un muro adosado a las casas. | An urban firewall made by adjoining or attaching a wall to houses.

udon うどん ∿ 饂飩 ▸ (co) /el/ Fideos gruesos de trigo. | Thick wheat noodles.

ueki うえき ∿ 植木 ▸ (ja) /la/ Vegetación de un jardín. | Vegetation in a garden.

uguisu (*Cettia diphone*) うぐいす ∿ 鶯 ▸ (zo) /el/ Ruiseñor japonés. | Japanese nightingale.

uguisu mame うぐいす まめ ∿ 鶯豆 ▸ (co) /el/ Guisante dulce cocido. | A boiled sweet pea.

uji うじ ∿ 氏 ▸ (hi) /el/ Grupo político en las clases dirigentes de la sociedad antes de la Era Nara (710-794). | Political group in the ruling stratum of society before the Nara period (710-794).

uji kabane うじ かばね ∿ 氏姓 ▸ (hi) /el/ Sistema de organización predominante en la élite gobernante japonesa durante el siglo y medio anterior a la Reforma Taika de 645. | The predominant mode of organization among the Japanese political elite during the century and a half preceding the Taika Reform of 645.

ujigami うじがみ ∿ 氏神 ▸ (re) /el, la/ Deidad tutelar de un clan. | Tutelary deity of a clan.

ujiko うじこ ∿ 氏子 ▸ (re) /el, la/ Persona bajo la protección de una deidad local; fiel de un santuario **sintoísta**. | A person under the protection of the local tutelary deity; a parishioner of a Shintō shrine.

ukai うかい ∿ 鵜飼 ▸ (et) /la/ Pesca con cormoranes. | Fishing with cormorants.

uke-e うけえ ∿ 有卦絵 ▸ (et / ar) /el, la/ Estampa o pintura de buena suerte. | Picture or painting that brings good luck.

ukikusa うきくさ ∿ 浮き草 ▸ (bo) /la/ Planta acuática flotante. | Floating aquatic plant.

ukiyo うきよ ∿ 浮世 ▸ (re) /el/ «Mundo de sufrimiento»; (so) «mundo flotante»; (hi) mundo contemporáneo, especialmente aplicado a la Era Edo (1600-1868); mundo de los barrios de placer. | «World of sorrow»; «floating world»; contemporary world especially during the Edo period (1600-1868); the world of pleasure quarters.

ukiyo zōshi うきよ ぞうし ∿ 浮世草子 ▸ (li) /los/ «Libros del mundo flotante»: historias populares sobre la vida cotidiana escritas en Kioto y Osaka entre las décadas de 1680 y 1770. | «Books of the floating world»: popular stories of everyday life written between the 1680s and 1770s in Kyoto and Osaka.

ukiyo-e, ukiyoe うきよえ ∿ 浮世絵 ▸ (ar) /el, la/ «Escena del mundo flotante»: estampación xilográfica especialmente popular entre las clases urbanas de la Era Edo (1600-1868). | «Pictures of the floating world»: woodblock prints especially popular among the urban classes during the Edo period (1600-1868). // Tanto los temas como las técnicas del *ukiyo-e* influyeron en la pintura occidental, particularmente la francesa, en la segunda mitad del s. XIX.

uma うま ∿ 馬 ▸ (ca) /el/ El Caballo, uno de los doce animales en el Zodiaco oriental. | The Horse, one of the twelve animals of the Chinese zodiac.

uma jirushi うま じるし ∿ 馬印 ▸ (hi) /el/ Estandarte de batalla de un general. | A general's battle banner.

umaki うまき ∿ 鰻巻き ▸ (co) /la/ Anguila enrollada en una tortilla de huevo. | Eel rolled in an omelette.

umami うまみ ∿ 旨味 ▸ (co) /la/ Cualidad de sabroso; /el/ sabor metálico [astringente]. | Tastiness; a metallic [astringent] taste. // El sabor *umami* es uno de los cinco sabores básicos en Japón junto con el dulce, ácido, salado y amargo.

ume (*Prunus mume*) うめ ∿ 梅 ▸ (bo) /el/ Albaricoque japonés, ciruelo chino; ciruela japonesa. | Japanese apricot tree, Chinese plum tree; Japanese plum tree. // La flor del *ume*, de cinco pétalos blancos de delicada fragancia, es heraldo de la primavera.

umeboshi うめぼし ∿ 梅干し ▸ (co) /la/ Ciruela desecada al sol y encurtida varios días generalmente con hojas de ***shiso***, de donde saca su color rojo. | A plum sun-dried and usually pickled for several days with shiso leaves to add red color. // Dicen que el sabor ácido de la *umeboshi* favorece la digestión y alivia la fatiga.

umeshu うめしゅ ∿ 梅酒 ▸ (be) /el/ Licor hecho por maceración de ***ume*** en alcohol con azúcar. | Liqueur made by macerating ume in alcohol with rock sugar.

Umi no hi うみのひ ∿ 海の日 ▸ (ca) /el/ «Día del Mar»: día festivo celebrado el tercer lunes del mes de julio. | «Sea Day»: holiday held in homage to the sea on the third Monday in July.

umibōzu うみぼうず ∿ 海坊主 ▸ (fo) /el/ Monstruo marino de cabeza redonda y ojos saltones cuya aparición presagiaba infortunio en una travesía oceánica. | A round headed sea goblin with bulging eyes whose appearance boded ill for an ocean voyage.

umisen yamasen うみせん やません ∿ 海千山千 ▸ (et) /el, la/ «Mil mares y mil montañas»: aplicado a alguien con amplia experiencia. | «A thousand seas and mountains»: applied to someone with a wide experience.

unadon うなどん ∿ 鰻丼 ▸ (co) /el/ Cuenco de arroz cocido caliente recubierto con anguila asada. | A bowl of hot boiled rice topped with a broiled eel. {*Ver imagen en pág. sig.*}

unagi (*Anguilla japonica*) うなぎ ∿ 鰻 ▸ (zo) /la/ Anguila japonesa. | A Japanese eel. // *Unagi* a la parrilla es un plato muy popular en verano.

unajū うなじゅう ∿ 鰻重 ▸ (co) /la/ Anguila asada con arroz y servida en una caja

unadon

lacada. | A broiled eel on rice served in a lacquered meal box.

Undōkai うんどうかい ∿ 運動会 ▸ (so) /el, la/ Festival deportivo celebrado por lo general la segunda semana de octubre {*ver* **Taiiku no hi**, **Supōtsu no hi**} y al que suelen asistir los padres de los alumnos. | Sports festival generally held during the second week in October {*see* Taiiku no hi, Supōtsu no hi} which is usually attended by students' parents.

uneme うねめ ∿ 采女 ▸ (hi) /la/ Dama de compañía que en los tiempos antiguos vivía en la corte y atendía a las necesidades cotidianas del gobernante. | A lady-in-waiting at court in ancient times who served the ruler's daily needs.

uni うに ∿ 海胆 ▸ (zo / co) /el/ Erizo de mar cuyas huevas anaranjadas son muy apreciadas. | A sea urchin whose orange-yellow eggs are highly valued.

unsui うんすい ∿ 雲水 ▸ (re) /el/ Monje **zen** itinerante; monje mendicante. | An itinerant Zen monk; a mendicant monk.

unza うんざ ∿ 運座 ▸ (li) /el/ Encuentro de poetas de **haiku**. | A meeting of haiku poets.

uogashi うおがし ∿ 魚河岸 ▸ (co) /la/ Lonja de pescado. | A waterside area where a fish market is located.

uosuki うおすき ∿ 魚鋤 ▸ (co) /el/ Especie de caldereta de pescado. | Type of fish sukiyaki.

ura うら ∿ 裏 ▸ (ps) /el/ Lo que está oculto, el lado de atrás, el reverso; (ar mar) cuando se está frente al adversario, el lado izquierdo {*contrastar con* ***omote***}; (arm) el lado exterior de la hoja de un ***tachi***; el lado interior de la hoja de una ***katana*** (**catana**, DLE). | What is hidden, the space behind, the reverse; what's on the left hand side or the corresponding right hand side {*contrast with* omote} when facing one's opponent; the outside of a tachi blade; the inside of a katana blade.

urabon うらぼん ∿ 盂蘭盆 ▸ (re) /el/ Rito budista en el cual se hacen ofrendas a los tres tesoros del budismo en beneficio de los difuntos. | A Buddhist service in which offerings are made to the Three Treasures of Buddhism for the benefit of the deceased.

uranai うらない ∿ 占い ▸ (fo) /el, la/ Práctica adivinatoria {*ver* ***futomani***, ***Ekikyō***, ***kiboku*** *y* ***takusen matsuri***}. | Fortune telling practice {*see* futomani, Ekikyō, kiboku *and* takusen matsuri}.

Urashima Tarō うらしま たろう ∿ 浦島太郎 ▸ (fo) Personaje de un popular cuento que, después de haber pasado tres años felices en el palacio del Rey del Mar al lado de una princesa, vuelve a su pueblo y se siente un extraño porque en realidad han pasado 700 años. | A character in a popular tale, who, after spending three happy years next to a princess in the palace of the Sea King, returns to his village where he feels a stranger because 700 years have actually gone by.

urei (uree) ウレイ (うれえ) ∿ 憂え ▸ (em) /la/ Tercera y última fase de la táctica negociadora ***naniwa-bushi*** consistente en la revelación de los efectos previstos con énfasis emocional en las consecuencias adversas y en una súplica {*ver* ***kikkake*** *y* ***seme***}. | Third and last phase of the naniwa-bushi negotiating strategy, which consists of revealing the outcome foreseen with an emotional emphasis {*see* kikkake *and* seme} on just how bad the adverse consequences will be and a plea or entreaty to prevent them.

urekko うれっこ ⇃ 売れっ子 ▸ (so) /el, la/ Popular, con éxito, especialmente aplicado a las ***geishas*** y artistas. | Popular or successful, specially applied to geishas and artists.

urimomi うりもみ ⇃ 瓜揉み ▸ (co) /las/ Rodajas finas de pepino encurtidas. | Thinly sliced pickles rubbed with salt and dressed in vinegar.

ūroncha ウーロンちゃ ⇃ ウーロン茶 ▸ (be) /el/ Té *oolong*, variedad entre el té negro y el verde. | Oolong [oulong] tea, a variety between black and green tea.

uruka うるか ⇃ 鱁鮧、潤香 ▸ (co) /el/ Plato a base de vísceras y huevas saladas del ***ayu***. | Dish made up of salted ayu roe and entrails.

urushi (*Rhus verniciflua*) うるし ⇃ 漆 ▸ (ar) /el, la/ Laca (*Toxicodendron vernicifluum*); (bo) /el/ árbol de la laca [del cielo]. | Lacquer; lacquer tree. // Los colores más habituales de la *urushi* son el rojo y el negro.

urushi nuri うるし ぬり ⇃ 漆塗 ▸ (ar) /el/ Revestimiento de laca. | Lacquer coating.

urushi-e, urushie うるしえ ⇃ 漆絵 ▸ (ar) /el, la/ Pintura realizada en un compuesto de ***urushi*** y pigmentos de color; pintura lacada o de laca. | A painting designed in a compound of lacquer and color pigments; a lacquer painting.

ushi うし ⇃ 牛、丑 ▸ (ca) /el/ El Buey, uno de los doce animales del Zodiaco oriental; vaca; toro. | The Ox, one of the twelve animals of the Chinese zodiac; cow; bull. // La hora del Buey corresponde a las primeras horas de la madrugada: de la una a las tres de la mañana.

ushi no toki mairi うし の とき まいり ⇃ 丑の時参り ▸ (re) /la/ Visita de madrugada (a la hora del ***ushi*** o Buey) a un santuario con objeto de echar una maldición a alguien. | A visit to a shrine in the wee hours (the hour of the ushi or Ox) of the morning to cast a spell on somebody.

ushin うしん ⇃ 有心 ▸ (es) /la/ «Con corazón»: elegancia y seriedad aplicadas especialmente a la poesía, en oposición a los poemas ligeros o cómicos; gusto refinado; sensibilidad estética. | «Having heart»: elegance and seriousness especially referring to poetry, in opposition to light or comic poems; refined taste; aesthetic sensitivity.

ushiojiru うしおじる ⇃ 潮汁 ▸ (co) /la/ Sopa ligera hecha de pescado o marisco hervido en agua salada. | A thin soup made from boiling fish or shellfish in salted water.

ushioni うしおに ⇃ 牛鬼 ▸ (fo) /el, la/ Ser fantástico {*ver* ***yōkai***} representado con cuerpo de buey, cabeza de diablo {*ver* ***oni***} y larga cola que suele mostrarse en remansos y cataratas de ríos, siendo sus presas favoritas animales domésticos y personas. | Fantastic being {*see* yōkai} represented with an ox-like body, the head of a demon {*see* oni} and a long tail that is usually seen in river pools and backwaters. It preys on people and domestic animals.

ushiro buri うしろ ぶり ⇃ 後振り ▸ (te) /el/ Movimiento de un muñeco de ***bunraku*** cuando en posición de rodillas inclina el tronco hacia atrás hasta casi tocar el suelo con la cabeza. | Movement of a bunraku puppet that while kneeling arches its back until almost touching the floor with its head.

ushiro migoro うしろ みごろ ⇃ 後ろ身頃 ▸ (in) /la/ Parte trasera principal del **kimono** {*contrastar con* ***maemigoro***}. | The main back part of a kimono {*contrast with* maemigoro}.

ushiro yubi うしろ ゆび ⇃ 後ろ指 ▸ (so) /la/ «Un dedo detrás»: murmuración a la espalda; el acto de señalar con el dedo a la espalda de alguien; maledicencia. | «A finger at the back»: whispering behind one's back; the action of pointing a finger at someone's back; slander.

ushizumō, *ver* **tōgyū.** | *See* tōgyū.

usu うす ⌇ 臼 ▸ (et) /el/ Mortero de piedra o madera usado para triturar el arroz cocido y glutinoso [***mochi***]. | A mortar and pestle made of wood or stone used in pounding cooked glutinous rice.

usu chaki うす ちゃき ⌇ 薄茶器 ▸ (et) /la/ Cajita donde se guarda el té verde ***usucha***. | Small box for storing usucha green tea.

usucha うすちゃ ⌇ 薄茶 ▸ (be) /el/ Té verde suave preparado en la ceremonia de té. | Mild green tea prepared at a formal tea ceremony.

usukawa manjū うすかわ まんじゅう ⌇ 薄皮饅頭 ▸ (co) /la/ Pasta dulce de alubias envuelta en una lámina fina de masa. | Sweet bean paste in a thin wafer of dough.

usuyō うすよう ⌇ 薄葉 ▸ (et) /el/ Papel fino y transparente usado para escribir cartas. | Thin transparent paper used for writing letters.

uta うた ⌇ 歌 ▸ (mu / li) /el, la/ Canción; poema. | A song; a poem.

uta awase うた あわせ ⌇ 歌合わせ ▸ (li) /el/ Certamen poético de **tanka**. | A tanka poetry contest.

uta garuta うた がるた ⌇ 歌加留多 ▸ (ju) /el/ Juego de cartas cuyo objeto es completar famosos poemas de cinco versos o **tankas**. | A card game whose aim is to complete famous five-line-poems (tanka).

uta kotoba うた ことば ⌇ 歌詞 ▸ (li) /la/ Palabra o expresión poética. | Poetic word or phrase.

uta makura うた まくら ⌇ 歌枕 ▸ (li) /el, la/ En la poesía clásica japonesa, topónimos alusivos a asociaciones léxicas tradicionales y a juegos de palabras; palabras y expresiones codificadas por el uso poético. | Place names appearing in classical Japanese poetry in connection with traditional associations and wordplay; words and phrases codified for poetic use. // Los *uta makura* solían constar de cinco o siete sílabas, de manera que ocupaban un verso entero.

uta monogatari うた ものがたり ⌇ 歌物語 ▸ (li) /el/ Relato clásico, especialmente de la Era Heian (794-1185), centrado en poemas. | A classical tale, written especially during the Heian period (794-1185) and concentrating on poems.

uta-e, utae うたえ ⌇ 歌絵 ▸ (ar) /el/ Arte decorativo florecido al final de la Era Heian (794-1185) en el cual se aludía a un poema empleando las letras ilustradas del silabario japonés [***kana***] junto con imágenes de la naturaleza. | A decorative art form in which illustrated letters of the Japanese syllabary [kana] are employed along with natural imagery to allude to a poem. This art flourished during the latter part of the Heian period (794-1185).

utagaki うたがき ⌇ 歌垣 ▸ (hi) /el/ Festival celebrado antes y durante la Era Nara (710-794) en el cual se congregaban hombres y mujeres en lo alto de las montañas y en las orillas del mar para cantar, bailar, comer e intercambiar poemas. También llamado *kagai*. | A festival of ancient origin practiced before and during the Nara period (710-794), in which men and women gathered on mountaintops or at the seashore to sing, dance, eat and exchange poems. Also called kagai.

utai うたい ⌇ 謡 ▸ (mu) /el/ Cántico, especialmente de un texto del teatro ***noh***. | Chanting, especially of noh texts. // En su tiempo libre mi madre practica *utai*.

utaibon うたいぼん ⌇ 謡本 ▸ (te) /el/ Libro con cánticos y recitaciones del teatro ***noh***. | A book for noh recitation.

utakai うたかい ∿ 歌会 ▸ (li) /el/ Encuentro para componer **tankas**. | A gathering to compose tanka.

uttae no rieki うったえ の りえき ∿ 訴えの利益 ▸ (jr) /el, la/ «Necesidad de la demanda»: principio jurídico que exige acreditar la necesidad de acudir al sistema judicial para resolver un conflicto so pena de inadmisión de la demanda. | «Lawsuit necessity»: legal principle that requires an authorization for the need to recur to the justice system to solve a conflict in order to prevent it from being barred or rejected.

uwa obi うわ おび ∿ 上帯 ▸ (in) /el/ Fajín [***obi***] exterior del **kimono**. | An outer sash [obi] for a kimono.

uzuchi うづち ∿ 卯槌 ▸ (fo) /el/ «Martillo de la liebre»: talismán con un nudo y largas tiras de cinco colores que se colgaba en las habitaciones. | «Rabbit hammer»: talisman with a knot and long five-colored strips that was hung up in rooms for good luck.

uzura mame うずら まめ ∿ 鶉豆 ▸ (co) /la/ Alubia pinta [moteada]. | A mottled kidney bean.

W

wa, Wa わ ∿ 和 ▸ (ps) /el, la/ Armonía, paz, consenso social; (hi) en la antigüedad, Japón; los japoneses; (le) /el/ prefijo para significar origen o estilo japonés, especialmente en oposición a China {*ver* ***kan** y **kara***} y Occidente {*ver* ***yō***}. | Harmony, peace, social consensus; Japan in ancient times; the Japanese; prefix that indicates to be of Japanese style or origin in opposition to China {*see* kan *and* kara} and the West {*see* yō}. // La primera referencia importante al país de Wa en la historiografía china es de finales del s. III.

Wa no goō わ の ごおう ∿ 倭の五王 ▸ (hi) /los/ Los cinco reyes de Wa durante el s. V mencionados en las antiguas crónicas chinas. | The five kings of Wa during the 5th century mentioned in the ancient Chinese chronicles.

wabi わび ∿ 侘び ▸ (es) /el/ Principio estético y moral que subraya el disfrute de la vida tranquila libre de preocupaciones mundanas; apreciación estética y activa de la pobreza; insinuación de belleza a través de la ausencia; estado que no está de moda; contentamiento con la vulgaridad aparente. | An aesthetic and moral principle advocating the enjoyment of a quiet, leisurely life free from worldly concerns; an active aesthetical appreciation of poverty; insinuation of beauty through absence; state that is out of fashion; contentment with apparent vulgarity. // *Wabi* es un concepto central en la ceremonia de té.

wabicha わびちゃ ∿ 侘茶 ▸ (es) /la/ Ceremonia de té con énfasis en los aspectos espirituales y artísticos de esta y que usa una sala de cuatro **tatamis** (DLE) y medio. | Tea ceremony that enhances its artistic and spiritual aspects and uses a room with four and a half mats (tatamis).

wabisabi, *ver* **wabi** *y* **sabi.** | *See* wabi *and* sabi.

wabizumai わびずまい ∿ 侘び住い ▸ (es) /la/ Forma de vivir con ***wabi***. | The wabi way of life.

wabun わぶん ∿ 和文 ▸ (le) /la/ Composición escrita predominantemente en la lectura y dicción japonesas de los sinogramas, en contraste con ***kanbun*** y ***wakan konkōbun***. | Composition of Chinese characters written and read more or less exclusively in Japanese diction as opposed to kanbun and wakan konkōbun.

wafuku わふく ∿ 和服 ▸ (in) /la/ Indumentaria tradicional japonesa. | Japanese-style clothes. // En la boda, mis tías se presentaron en *wafuku*.

wagasa わがさ ∿ 和傘 ▸ (et) /el/ Paraguas tradicional hecho de bambú y papel impermeable. | Traditional umbrella made of bamboo and water-proof paper.

wagashi わがし ∿ 和菓子 ▸ (co) /los/ Dulces japoneses. | Japanese confectionary.

wagon わごん ∿ 和琴 ▸ (mu) /el/ ***Koto*** de seis cuerdas utilizado en la música de la corte [***gagaku***]. | Koto with six strings and used in the music of the court [gagaku].

wagoto わごと ∿ 和事 ▸ (te) /la/ En el **kabuki**, escena de amor; /el/ personaje de **kabuki** que representa a un joven de carácter débil. | A love scene in kabuki; a kabuki character who represents a weak willed young man.

Wajima nuri わじま ぬり ∿ 輪島塗 ▸ (ar) /el, la/ Laca de Wajima (Ishikawa). | Wajima lacquerware (Ishikawa Prefecture).

wajū わじゅう ∿ 輪中 ▸ (ge) /el, la/ «Dentro de un círculo»: comunidad circundada por diques de contención para prevenir inundaciones frecuentes en los deltas de los ríos. | «Within a circle»: river delta community surrounded by levees to prevent frequent flooding.

waka わか ∿ 和歌 ▸ (li) /la/ Poesía tradicional en lengua vernácula japonesa y en formas estróficas clásicas {*en contraste con* ***kanshi***}; **tanka** clásico de 31 sílabas. | Traditional poetry in classical forms in vernacular Japanese {*contrast with* kanshi}; classical tanka in 31 syllables. // El *waka* tiene una historia de más de 1400 años.

wāka horikku <ing. *work alcoholic*> ワーカホリック ▸ (em / so) /la/ Adicción al trabajo {*relacionar con* ***karōshi***}. | A workaholic, a person addicted to work {*relate with* karōshi}.

wakame (*Undaria pinnatifida*) ワカメ ▸ (bo) /la/ Alga comestible de múltiples aplicaciones. | An edible laver of multiple uses.

wakan わかん ∿ 和漢 ▸ (li) /el, la/ Lengua literaria en la que se combinan o alternan palabras en chino y en japonés. | Literary language with combinations or alternations of words in Japanese and Chinese.

wakan konkōbun わかん こんこうぶん ∿ 和漢混淆文 ▸ (li) /el/ Estilo literario que mezcla lecturas chinas y japonesas de sinogramas {*en oposición a* ***wabun***}. | Literary style mixing Japanese and Chinese readings of characters {*as opposed to* wabun}. // El *Heike monogatari* está escrito en *wakan konkōbun*.

wakashu わかしゅ ∿ 若衆 ▸ (so / hi) /el/ En la Era Edo, adolescente entre 13 y 19 años, esencialmente identificado por su **kimono** de mangas largas y peinado con guedejas y copete, que estaba disponible para el ejercicio homosexual con adultos. | During the Edo period it referred to a young man between 13 and 19 years old, essentially identified thanks to his long-sleeved kimono and his hairstyle, who was available to engage in homosexual acts with adults.

wakashu kabuki わかしゅ かぶき ∿ 若衆歌舞伎 ▸ (te) /el/ Teatro **kabuki**, llamado así desde que en 1629 los adolescentes sustituyeron a las mujeres en la interpretación de los papeles femeninos. | Kabuki theater, which got this name in 1629 when adolescent males substituted women and began to play the female roles.

wake わけ ▸ (so) /la/ Situación laboral de una ***geisha*** según la cual esta trabaja con la licencia de una agencia con la que reparte sus ganancias a partes iguales. | Employment condition of a geisha who works under licence with an agency and shares the earnings equally.

waki わき ∿ 脇 ▸ (te) /el/ En una obra de teatro ***noh***, el segundo protagonista {*ver* ***shite***} o actor de apoyo; (li) el pareado final, con dos versos de siete sílabas cada uno, de una poesía **haikai** de cinco versos o de una secuencia ***renga***; (de) en el ***sumō*** (**sumo**, DLE), el costado del luchador. | In noh theater, the second protagonist {*see* shite} or a supporting player; in poetry, the final couplet with two seven syllable lines of a five verse renga or haiku poetical sequence; in sumō, the wrestler's side.

wakiganna わきがんな ∿ 脇鉋 ▸ (et) /el/ Cepillo de carpintero usado para rebajar laterales. | Carpenter's plane used to smooth the sides of a groove.

wakiku わきく ∿ 脇句 ▸ (li) /la/ Segunda estrofa de una secuencia poética. | Second stanza in a poetic sequence.

wakishō わきしょう ∿ 脇正 ▸ (te) /la/ Zona central derecha del escenario ***noh***. | Central right-hand area of the noh stage.

wakiza わきざ ∿ 脇座 ▸ (te) /la/ En el teatro ***noh***, zona de la galería lateral de la escena donde se sitúa el ***waki***. | In noh theater, lateral gallery area of the stage where the waki is located.

wakizashi わきざし 〻 脇差 ▸ (arm) /el, la/ Sable corto cuya hoja es de 30 a 60 cm y que forma pareja con la ***katana*** (**catana**, DLE). | Short sword with a 2-4 ft long blade and paired with the katana.

wakō わこう 〻 倭寇 ▸ (hi) /el/ Pirata japonés que saqueaba las costas de Asia oriental del s. XIII al XVI. | Japanese pirates who pillaged the coasts of East Asia from the 13th to the 16th centuries.

wakon kansai わこん かんさい 〻 和魂漢才 ▸ (hi) /el/ «Espíritu japonés, saber chino»: lema con el cual se alentaba a la población japonesa a adoptar los conocimientos de la civilización china percibidos como superiores sin abandonar los valores y tradiciones locales. En la Era Meiji (1868-1912) fue modificado a ***wakon yōsai***. | «Japanese spirit, Chinese knowledge»: slogan or motto used to encourage the people to adopt the knowledge of Chinese civilization without abandoning local values and traditions. In the Meiji period (1868-1912) it was modified to wakon yōsai.

wakon yōsai わこん ようさい 〻 和魂洋才 ▸ (hi) /el/ «Espíritu japonés, saber occidental»: lema, popular sobre todo al comienzo de la Era Meiji (1868-1912), con el cual se aspiraba a adoptar los conocimientos de Occidente preservando las tradiciones culturales y los valores nacionales. | «Japanese spirit, Western technique»: the ideal, especially popular at the beginning of the Meiji period (1868-1912), of adopting Western knowledge and techniques while maintaining native Japanese cultural traditions.

wan わん 〻 椀 ▸ (co) /el/ Recipiente para servir comida. | Bowl for serving food.

wan rūmu manshon, *ver* **one-room mansion.** | *See* one-room mansion.

wanko soba わんこ そば 〻 椀子蕎麦 ▸ (co) /la/ ***Soba*** servida en cuencos pequeños. | Noodles (soba) served in small bowls.

wantan ワンタン 〻 雲呑 ▸ (co) /la/ Empanadilla china de carne de cerdo servida en una sopa. | Chinese flour dumplings with pork inside served in a soup.

wara ningyō わら にんぎょう 〻 藁人形 ▸ (et) /el/ Muñeco de paja. | A straw man; a jackstraw.

warabe uta わらべ うた 〻 童歌 ▸ (et) /la/ Canción infantil tradicional {*comparar con* ***shōka***}. | Traditional children's song {*compare with* shōka}.

warabi (*Pteridium aquilinum* var. *latiusculum*) わらび 〻 蕨 ▸ (bo) /el/ Una clase de helecho comestible cuando está tierno. | A bracken or fern that is edible when young.

waragutsu わらぐつ 〻 藁履 ▸ (in) /el/ Calzado de paja usado en zonas rurales, especialmente en las regiones de abundante nieve. También llamado *yukigutsu*. | Straw footwear used in rural areas especially where there is an abundant amount of snow. Also called yukigutsu.

warai わらい 〻 笑い ▸ (te) /el/ Estallido de risa emitida por el narrador en el ***bunraku***. | Burst of laughter made by the narrator in bunraku.

waraji

waraji わらじ 〻 草鞋 ▸ (in) /las/ Sandalias de paja áspera sujetas con una cuerda entre el dedo gordo del pie y el segundo dedo. | Rough straw sandals kept together with a thong passing between the big toe and second toe.

wari kebiki わり けびき 〻 割り罫引 ▸ (et) /el/ Gramil de cortar. | Japanese splitting gage.

waribashi わりばし ∿ 割り箸 ▸ (co) /los/ Palillos desechables de madera servidos junto al plato que se pide. | Disposable wooden chopsticks served with a dish that has been ordered.

warigo わりご ∿ 破子 ▸ (et) /la/ Caja para guardar comida hecha de láminas de ciprés japonés [***hinoki***]. | A lunch box made of thin sheets of Japanese cypress [hinoki].

warikan わりかん ∿ 割り勘 ▸ (et) /el/ Reparto a partes iguales del importe de una factura. | Splitting a bill equally.

wasabi (*Wasabia japonica*) わさび ∿ 山葵 ▸ (bo) /el/ Rábano japonés, muy picante y de color verde, usado sobre todo con el ***sushi*** y el ***sashimi***. | A very hot, pungent green Japanese horseradish mainly used with sushi and sashimi.

wasan わさん ∿ 和讃 ▸ (re) /el/ Poema o himno budista escrito en japonés y compuesto en honor a los budas, ***bosatsu*** y fundadores de escuelas. | Buddhist poems or hymns composed in Japanese praising Buddha, bodhisattvas and founders of schools. 和算 ▸ (et) /la/ Matemáticas japonesas tradicionales {*en contraste con* ***yōsan***}. | Traditional Japanese mathematics {*contrast with* yōsan}.

washi わし ∿ 和紙 ▸ (art) /el/ Papel japonés elaborado artesanalmente a partir de fibras vegetales, como la morera de papel {***kōzo***} y otras especies {*ver* ***ganpi, mitsumata*** *y* ***asa***}. | Japanese hand-moulded paper made from plant material like mulberry paper {kōzo} and other types {*see* ganpi, mitsumata *and* asa}.

washoku わしょく ∿ 和食 ▸ (co) /la/ Comida tradicional japonesa. | Traditional Japanese meal.

washū わしゅう ∿ 和臭 ▸ (li) /la/ Influencia estilística del japonés en la prosa china [***kanbun***]. | Stylistic influence of Japanese on Chinese prose [kanbun].

wasshoi wasshoi わっしょい わっしょい ▸ (le) /el, la/ Exclamación común proferida por los participantes en los festivales o ***matsuri***. | Common exclamation shouted out by the participants in festivals or matsuri.

watadono わたどの ∿ 渡殿 ▸ (arq) /el, la/ En las mansiones de estilo ***shinden tsukuri***, pasarela o pasillo corto que conectaba el edificio principal con los laterales. | Short narrow hall that connected the main building with the wings in a shinden tsukuri style mansion.

watakushi shōsetsu わたくし しょうせつ ∿ 私小説 ▸ (li) /la/ «Novela del yo»: subgénero de la novela, de tono confesional y autobiográfico, vigente sobre todo en la primera mitad del s. XX. | «I-novel»: an autobiographical novelistic subgenre written in a confessional style and popular during the first half of the 20th century.

watari yagura わたり やぐら ∿ 渡り櫓 ▸ (arq) /el/ Pasillo o galería que recorre la muralla de un castillo comunicando sus torretas de vigilancia [***yagura***]. | Hallway or gallery running along the walls of a castle that connected its watchtowers [yagura].

wayō わよう ∿ 和様 ▸ (arq) /el/ Estilo rectilíneo de diseño de templos {*comparar con* ***zenshūyō***}; término acuñado en la Era Kamakura (1186-1333) para referirse al estilo arquitectónico japonés en contraste con el estilo indio o chino {*ver* ***tenjikuyō*** *y* ***karayō***}. | Rectilinear style of temple design {*compare with* zenshūyō}; term coined in the Kamakura period (1186-1333) to refer to Japanese architectural style in contrast to Indian or Chinese {*see* tenjikuyō *and* karayō}.

waza わざ ∿ 技 ▸ (ar mar) /la/ Técnica o movimiento basado en una forma estándar. | Technique or movement based on a standard form.

Y

yabo やぼ ◊ 野暮 ▸ (es) /el, la/ Vulgaridad, tosquedad {*opuesto a 2.ª acepción de* ***tsū***}. | Vulgarity, uncouthness {*as opposed to second meaning of* tsū}.

yabusame やぶさめ ◊ 流鏑馬 ▸ (re / de) /el/ Tiro con arco en caballo realizado en los terrenos del santuario por arqueros que a galope disparan a tres blancos estáticos. | Horseback archery performed in the precincts of the shrine compound by mounted archers who shoot at three stationary targets while riding at full gallop. // El 16 de septiembre en Kamakura y el 3 de noviembre en el santuario Meiji de Tokio se puede presenciar el espectacular *yabusame*.

yagasuri やがすり ◊ 矢絣 ▸ (tex) /la/ Tela estampada con diseño de plumas en forma de flechas. | Cloth with a splashed pattern of feathers that look like arrows.

yagō やごう ◊ 屋号 ▸ (so) /el/ Nombre identificativo distinto del apellido que se aplica a una mansión familiar o a un linaje; nombre artístico de un actor de **kabuki**. | Identifying name other than the family name, which is applied to a family residence or family line; a kabuki actor's stage name. // Naritaya es el *yagō* del famoso linaje de actores de kabuki llamados Ichikawa Danjurō.

yagura やぐら ◊ 櫓 ▸ (et / re) /la/ En el baile de la Fiesta de **Bon**, torre donde hay un tambor y alrededor de la cual se baila; (arq) torreta de vigilancia de un castillo. | The tower at the Bon Festival around which people dance to the rhythm of a drum; a castle watchtower.

yaidō, *ver* **iaidō.** | *See* iaidō.

yakata bune やかた ぶね ◊ 屋形船 ▸ (et) /el/ Barco de recreo con tejadillo bajo de madera, suelos interiores de **tatami** y farolillos de papel rojos. | Japanese pleasure boat with a low wooden covering, a tatami-matted floor and red paper lanterns.

yakazu haikai やかず はいかい ◊ 矢数俳諧 ▸ (li) /el, la/ Secuencia generalmente larga de poemas **haikai** improvisados y enunciados uno tras otro por un solo poeta. | Long sequence of improvised haikai poems and recited one after another by one poet. // Ihara Saikaku fue el más famoso artista del *yakazu haikai*.

yaki imo やき いも ◊ 焼き芋 ▸ (co) /el/ Boniato asado. | A baked sweet potato.

yakiniku やきにく ◊ 焼肉 ▸ (co) /el, la/ Carne a la parrilla al estilo coreano. | Korean-style grilled meat.

yakisoba やきそば ◊ 焼蕎麦 ▸ (co) /la, los/ Fideos fritos. | Deep-fried noodles.

yakitori やきとり ◊ 焼き鳥 ▸ (co) /el, la/ Comida a base de pinchos asados de carne y de casquería de pollo. | Bite-sized pieces of chicken grilled on a skewer.

yakitoriya やきとりや ◊ 焼き鳥屋 ▸ (co) /el, la/ Restaurante de ***yakitori***. | A yakitori restaurant.

yakko やっこ ◊ 奴 ▸ (hi) /los/ Antes de la Era Nara (710-794), esclavos; en la Era Edo (1600-1868), criados que servían en las casas de los señores feudales, y también mujeres reducidas a la esclavitud como forma de castigo. | Before the Nara period (710-794), slaves, particularly male slaves; during the Edo period (1600-1868), servants attached to feudal lords and also women forced into slavery as a form of punishment.

Yakubyō gami やくびょう がみ ◊ 疫病神 ▸ (re) /el, la/ Deidad a la que se atribuía el poder de causar pestes y epidemias. También llamada Ekibyō gami, **Ekijin** y Eyami no kami {*ver* ***goryō***}. | Deity believed to cause plagues and epidemics. Also called Ekibyō gami, Ekijin and Eyami no kami {*see* goryō}.

yakudoshi やくどし ∿ 厄年 ▸ (fo) /el/ Año infausto de edad. | An unlucky or ill-fated age year. // Para las mujeres, los años en que cumplen 19, 33, 37 y 70, y para los hombres, 25, 42 y 61 son *yakudoshi*.

yakuharai やくはらい ∿ 厄払い ▸ (et / fo) /el, la/ Ceremonia de purificación realizada para contrarrestar un año de edad considerado aciago para hombres o mujeres {*ver* ***yakudoshi***}. | Purification ceremony held to counteract an age considered to be ill-fated or unlucky for men or women {*see* yakudoshi}.

yakukata やくかた ∿ 役方 ▸ (hi) /la/ En la Era Edo (1600-1868), unidad administrativa del estamento ***samurai*** (**samurái**, DLE) {*en contraste con* ***bankata***}. | Administrative unit of the samurai ruling class during the Edo period (1600-1868) {*contrast with* bankata}.

yakuseki やくせき ∿ 薬石 ▸ (co) /la/ «Piedra medicinal»: comida adicional. | «Medicinal stone»: additional food.

yakusha-e, yakushae やくしゃえ ∿ 役者絵 ▸ (ar) /la/ Xilografía [***ukiyo-e***] que representa a un actor de **kabuki**. | Woodcut [ukiyo-e] portraying a kabuki actor.

yakuza やくざ ▸ (so) /la/ Mafia japonesa; /el/ miembro de la mafia, gánster. | Japanese mafia; member of the mafia, gangster.

yakuza eiga やくざ えいが ∿ やくざ映画 ▸ (ci) /la/ Película cuyo protagonista es un ***yakuza***. | Film or movie with a yakuza as its protagonist. // Las *yakuza eiga* son, en cierto sentido, las versiones modernas de las *chanbara eiga*.

yama biraki やま びらき ∿ 山開き ▸ (fo) /el, la/ Ceremonia celebrada en la cumbre de una montaña el primer día de la temporada de montañismo. | Ceremony held on the summit of a mountain on the first day of the mountaineering season.

Yama no hi やま の ひ ∿ 山の日 ▸ (ca) /el/ «Día de la Montaña»: fiesta nacional celebrada el 11 de agosto. | «Mountain Day»: national holiday held on August 11th.

yama no imo

yama no imo, yamaimo (*Dioscorea japonica*) やま の いも、やまいも ∿ 山芋 ▸ (co) /el/ Ñame de montaña. | Mountain yam.

yama no kami やま の かみ ∿ 山の神 ▸ (re) /los/ «Dioses de la montaña»: en el ***shintō*** (**sintoísmo**, DLE), divinidades del arroz y los campos que se cree que moran en las montañas cercanas. | «Mountain gods»: Shintō deities of rice and the fields thought to dwell in the nearby mountains.

yamabuki (*Kerria japonica*) やまぶき ∿ 山吹 ▸ (bo) /la/ Rosa japonesa de color amarillo; kerria dorada. | A yellow Japanese rose; golden kerria.

yamabushi やまぶし ∿ 山伏 ▸ (re) /el/ Asceta, generalmente hombre, que vive en la montaña a fin de adquirir santidad o poderes mágicos; miembro del grupo ***shugendō***. | Ascetic, usually male, who practices austerity in the mountains in order to

yamabushi

attain sanctity or magic powers; member of the Shugendō order. // Las principales funciones del *yamabushi* son la curación y el exorcismo.

yamachawan やまちゃわん ∿ 山茶碗 ▸ (ce) /la/ Vasija sencilla no vidriada fabricada de mediados del s. XII al fin del XIII. | Simple unglazed stoneware food bowls produced during the mid-12th through the 13th centuries.

yamaguchi sai やまぐち さい ∿ 山口祭 ▸ (re / et) /el, la/ Plegaria expiatoria ofrecida a los dioses de la montaña [***yama no kami***], donde se talan árboles para la construcción del santuario de Ise. | Prayer of atonement offered to the gods of the mountain [yama no kami] where trees are cut for the building of the Ise shrine.

yamahoko やまほこ ∿ 山鉾 ▸ (tr) /la/ Carroza de rica decoración con textiles empleada en el festival [***matsuri***] **Gion**, en Kioto, que se celebra la noche del 17 de julio. | Float lavishly decorated with tapestries used in the Gion festival [matsuri] in Kyoto, which is held on the night of July 17th.

yamaimo, *ver* **yama no imo.** | *See* yama no imo.

yamajijii やまじじい ∿ 山爺 ▸ (fo) /el/ Contraparte masculina de la ***yamauba***, ser fantástico con cuerpo de niño, pero con rostro de anciano, y que mora en las montañas. | Masculine counterpart to the yamauba, a fantastic being with the body of a child and the face of an old man, who dwells in the mountains.

yamajiro やまじろ ∿ 山城 ▸ (arq) /el/ Castillo situado en una montaña. | Castle built on a mountain.

yamakake やまかけ ∿ 山掛け ▸ (co) /el/ ***Yama no imo*** rallado sobre marisco en rodajas y sazonado con diversos condimentos. | Grated yama no imo placed on top of sliced seafood and eaten with various seasonings.

yamanba, *ver* **yamauba.** | *See* yamauba.

yamashiro やましろ ∿ 山城 ▸ (arq) /el/ Castillo construido en zonas montañosas. | Castle built in mountainous regions.

Yamato やまと ∿ 大和 ▸ (hi / ge) La región en torno a la actual ciudad de Nara; el antiguo Japón; Japón. | The region around present day Nara; ancient Japan; Japan.

yamato damashii やまと だましい ∿ 大和魂 ▸ (hi) /la, el/ «Espíritu japonés»: expresión usada hasta el final de la Segunda Guerra Mundial para describir las cualidades espirituales supuestamente únicas del pueblo japonés. | «Japanese spirit»: an expression used until the end of World War II to describe spiritual qualities supposedly unique to the Japanese people. // El gobierno militarista que llevó a Japón a la Segunda Guerra Mundial hizo de la noción de *yamato damashii* la piedra angular ideológica de la educación pública.

yamato gura やまと ぐら ∿ 大和鞍 ▸ (et) /la/ Silla de montar de estilo japonés {*en contraste con* ***karakura***}. | Japanese-style riding saddle {*contrast with* karakura].

yamato kotoba やまと ことば ∿ 大和言葉 ▸ (li) /la/ La lengua japonesa; dicción puramente japonesa en oposición a la dicción de un texto con lecturas chinas de los sinogramas. | The Japanese language; pure Japanese diction in contrast to Chinese readings of Chinese characters.

yamato nadeshiko やまと なでしこ ∿ 大和撫子 ▸ (so) /la/ Mujer que muestra el encanto del ideal japonés de belleza femenina. | A woman who displays the charm and the ideal of Japanese feminine beauty.

yamato uta やまと うた ∿ 大和歌 ▸ (li) /la/ Poesía [canción] japonesa. | Japanese poetry [song].

yamato-e, yamatoe やまとえ ∿ 大和絵 ▸ (ar) /la/ Pintura tradicional de finales de la Era Heian (792-1185) y toda la de Kamakura (1185-1333) que trata de temas japoneses {*en contraste con* ***kara-e*** *sobre temas chinos*}. | A traditional painting of the late Heian (792-1186) and Kamakura (1185-1333) periods dealing with Japanese themes {*contrast with* kara-e *paintings dealing with Chinese themes*}.

yamauba やまうば ∿ 山姥 ▸ (fo) /la/ Ser fantástico en forma de anciana que vive en los bosques de las montañas, lleva un **kimono** rojo hecho jirones y es capaz de cambiar de aspecto y devorar a quienes se cruzan con ella. | Supernatural being in the shape of an elderly woman who lives in the mountain forests, wears a torn and frayed red kimono, and can change her appearance and devour whoever crosses her path.

yamawaro やまわろ ∿ 山童 ▸ (fo) /el, la/ Ser fantástico {*ver* ***yōkai***} que mora en las montañas, a veces representado con un solo ojo en la frente, y frecuentemente con cuerpo peludo y de niño. | Fantastic being {*see* yōkai} that dwells in the mountains. Sometimes it is represented with one eye on its forehead and frequently as a child with a hairy body.

yanagi やなぎ ∿ 柳 ▸ (bo) /el/ Sauce; símbolo del mundo de las ***geishas***. | Willow; symbol of the geisha world.

Yanaizu hadaka mairi やないず はだか まいり ∿ 柳津裸詣り ▸ (ca) /el, la/ Festival celebrado el 7 de enero en Yanaizu (Fukushima) en el cual grupos de hombres vestidos solo con un taparrabo pugnan por ser los primeros en trepar por una gruesa cuerda colgada del techo del templo. | Festival held January 7th in Yanaizu (Fukushima Prefecture), where throngs of men dressed only in loincloths vie with each other to be the first to climb a thick rope suspended from the temple ceiling.

yaoi やおい ▸ (ma) /el/ **Manga** de temática homosexual masculina. | Manga about male homosexuals.

yaoya やおや ∿ 八百屋 ▸ (em) /la/ Verdulería y frutería. | A greengrocery.

yaoyorozu-no-kami やおよろず の かみ ∿ 八百万の神 ▸ (re) /los, las/ Los ocho millones de divinidades o ***kami*** según la mitología del ***shintō*** (**sintoísmo**, DLE). | The eight million divinities or kami according to Shintō mythology.

yari やり ∿ 槍 ▸ (arm) /la/ Lanza; jabalina {*comparar con* ***naginata*** *y* ***sōjutsu***}. | Lance; javelin {*compare with* naginata *and* sojutsu}.

yarido やりど ∿ 遣り戸 ▸ (vi) /la/ Puerta corredera. | Sliding door.

yariganna やりがんな ∿ 槍鉋 ▸ (et) /el/ Cepillo de carpintero de forma lanceolada. | A lance-like carpenter's plane for paring wood.

yarijutsu, *ver* **sōjutsu.** | *See* sōjutsu.

yarō kabuki やろう かぶき ∿ 野郎歌舞伎 ▸ (te) /el/ **Kabuki** interpretado por hombres adultos desde que en 1651 se prohibió que actuaran adolescentes {*ver* ***wakashu kabuki***}. | Kabuki theater performed by older men when adolescents were banned from acting in 1651 {*see* wakashu kabuki}.

yasai itame やさい いため ∿ 野菜炒め ▸ (co) /el/ Plato a base de tiras finas de col, cebolla, zanahoria, brotes de judías verdes y otras verduras que se fríen en fuego vivo y se sazonan con sal y pimienta. | A dish consisting of sliced cabbage, onion, carrot, bean sprouts, and other vegetables fried over a hot fire, with salt and pepper for seasoning.

yasha <sáns. *yakṣa*> やしゃ ⟅ 夜叉 ▸ (re) /el/ Uno de los ocho tipos de seres no humanos mencionados en las escrituras budistas; (fo) ser sobrenatural de alma dual capaz de manifestarse como inofensivo o demoniaco. | One of the eight kinds of nonhuman beings mentioned in Buddhist literature; supernatural being with a dual soul capable of being harmless or diabolical.

yashi やし ⟅ 野師、弥四、香具師 ▸ (so) /el/ Puesto callejero en un festival. | A street stall at a festival.

yashiki やしき ⟅ 屋敷 ▸ (vi) /la/ Mansión de un ***daimyō*** (**daimio**, DLE) en la capital **Edo**. | A daimyō's mansion in the Edo capital.

yashiki gami やしき がみ ⟅ 屋敷神 ▸ (re) /los/ Dioses tutelares de la propiedad familiar venerados en una pequeña capilla en la misma propiedad. | Guardian gods of the family estate that are worshipped in a small shrine on the family property.

yata no kagami やた の かがみ ⟅ 八咫鏡 ▸ (mi) /el/ El espejo sagrado, una de las Tres Insignias Imperiales. | The sacred mirror, an item of the Three Imperial Regalia. // Las Tres Insignias Imperiales son el joyel, el espejo y la espada.

yatagarasu やたがらす ⟅ 八咫烏 ▸ (mi) /la/ Ave fantástica de color negro y tres patas que se cree que habita en el Sol. | A black three-legged bird of fantasy and believed to live on the sun.

yatai やたい ⟅ 屋台 ▸ (so) /el/ Puesto de venta callejero, quiosco. | A street stall, kiosk.

屋体 ▸ (te) /el/ Decorado del teatro que representa el interior de un edificio. | Theater set that represents the inside of a building.

yatate やたて ⟅ 矢立 ▸ (et) /el, la/ Escribanía o conjunto portátil para escribir usado en el Japón premoderno. | Writing set in the shape of a pipe or quiver with ink and a brush used for writing in premodern Japan.

yatona やとな ⟅ 雇女 ▸ (so) /la/ Camarera contratada temporalmente en Kioto y Osaka. | Waitress hired temporarily in Kyoto and Osaka.

yatsuhashi やつはし ⟅ 八つ橋 ▸ (ja) /el/ Puente formado por ocho tablas cuya forma en zigzag evoca un capítulo de la obra ***Ise monogatari***. | Bridge made of eight planks in zigzag form that evokes a chapter from the *Ise Monogatari*.

Yayoi jidai やよい じだい ⟅ 弥生時代 ▸ (hi) /la/ Era de la prehistoria japonesa comprendida aproximadamente entre el 800 a. C. y el 300 d. C. que se distingue de la Era **Jōmon** (12 000 a. C.-800 a. C.) precedente por la divulgación del cultivo del arroz y el uso de los artefactos de bronce y hierro. | A period of Japanese prehistory between 800 BCE and 300 AD distinguished from the preceding Jōmon period (12,000 BCE-800 BCE) thanks to the spread of rice cultivation and the use of bronze and iron artefacts.

yazama やざま ⟅ 矢狭間 ▸ (arq) /la/ Aspillera alta y estrecha en un castillo o en un muro de fortificación. | A high wide porthole in the wall of a castle or fort to allow it to be defended with arrows.

yen (yen, pl. yenes, DLE) えん ⟅ 円 ▸ (nu) /el/ Actual unidad monetaria introducida en 1871. Término pronunciado en japonés como «en». | Current monetary unit introduced in 1871. In Japanese pronounced as «en».

yin-yang, *ver* **onmyōdō.** | *See* onmyōdō.

yō- よう ⟅ 洋 ▸ (le) Prefijo para designar estilo u origen occidental, especialmente en oposición a ***wa-*** o japonés. | Prefix that designates a Western style or origin especially in opposition to wa- or Japanese.

yobai よばい ⺄ 夜這い ▸ (hi) /la/ Visita nocturna con fines sexuales, generalmente del hombre a la mujer, antes e incluso después del matrimonio formal, como parte de los usos maritales dominantes en el antiguo Japón. | Nocturnal tryst, usually a man visiting a woman for sexual purposes before or even after their formal marriage, part of the dominant marital customs in ancient Japan. // La *yobai* era consecuencia de que la esposa frecuentemente seguía viviendo en casa de sus padres.

yobidashi よびだし ⺄ 呼出し ▸ (de) /los/ Asistentes que barren el *ring* [***dohyō***] de ***sumō*** (**sumo**, DLE) y vocean melódicamente los nombres de los luchadores [***rikishi***] antes de cada combate. | Assistants who sweep the sumō ring [dohyō] and melodically call out the names of the wrestlers.

yobikō よびこう ⺄ 予備校 ▸ (so) /la/ Academia, escuela preparatoria para la universidad. | Academy, college preparatory school.

yōenbi ようえんび ⺄ 妖艶美 ▸ (es) /la/ Belleza con matices etéreos y sutiles. | Ethereal, subtle beauty.

yōfuku ようふく ⺄ 洋服 ▸ (in) /la/ Indumentaria occidental {*en oposición a* ***wafuku***}. | Western style clothes {*as opposite to* wafuku}.

yōga ようが ⺄ 洋画 ▸ (ar) /la/ Pintura de estilo occidental. | Western-style painting.

yohaku よはく ⺄ 余白 ▸ 白 (es / ar) /el/ Espacios en blanco. | Blank spaces.

yōjinbō ようじんぼう ⺄ 用心棒 ▸ (hi) /el/ ***Samurai*** (**samurái**, DLE) empleado como escolta de un señor. | Samurai employed as the escort for a lord.

yojō よじょう ⺄ 余情 ▸ (es) /el/ Ideal estético propuesto por los poetas de ***waka*** consistente en las connotaciones y significados que oblicuamente implica un poema además del mensaje abiertamente enunciado en sus versos; regusto, significado que queda, resonancia. | An aesthetic ideal fostered by waka poets consisting of the meanings and connotations that a poem obliquely implies in addition to its overtly stated message; remaining feeling, after-meaning, resonances.

yōjo ようじょ ⺄ 養女 ▸ (so / ja) /la/ Niña o joven adoptada legalmente en una familia {*comparar con* ***yōshi***}. | Young girl legally adopted by a family {*compare with* yōshi}.

yōjutsu ようじゅつ ⺄ 妖術 ▸ (ar mar) /la/ Estrategia del ***ninjutsu*** consistente en infiltrarse en el territorio o casa del enemigo usando disfraces o una identidad falsa {*comparar con* ***injutsu***}. | Strategy of infiltrating an enemy's territory or home using disguises or a false identity {*compare with* injutsu}.

yokagura よかぐら ⺄ 夜神楽 ▸ (et / mu) /el, la/ Danza teatral **sintoísta** [*ver* ***kagura***] que tiene lugar de noche. | Theatrical Shintō dance [*see* kagura] that takes place at night.

yōkai ようかい ⺄ 妖怪 ▸ (fo) /el/ Término general para designar cualquier ser, ya sea monstruo, demonio o fantasma, que conserva su forma original al traspasar la barrera del mundo sobrenatural. | General expression used to describe any being that keeps its original form when crossing the barrier of the supernatural world, whether it be monster, demon or ghost.

yōkan ようかん ⺄ 羊羹 ▸ (co) /el/ Dulce de alubias rojas con la consistencia de la carne de membrillo. | A thick sweet jelly made from kidney beans.

yoki hito よき ひと ⺄ 良き人 ▸ (hi) /los/ «Buenas personas»: la élite aristocrática de la Era Heian (794-1185). | «Good people»: the aristocratic elite in the Heian period (794-1185).

yokobiki noko よこびき　のこ ∿ 横挽鋸 ▸ (et) /la/ Sierra de corte a contrahílo. | Two-edged cutting saw.

yokoza よこざ ∿ 横座 ▸ (et) /el/ Asiento del cabeza de familia según la disposición tradicional para comer en grupo y que se halla situado a la izquierda del invitado de honor o hijo mayor y a la derecha de la esposa. | According to the traditional seating arrangement for group dining in Japan, it refers to the seat where the head of the family sits, to the right of his wife and to the left of the guest of honor or eldest son.

yokozuna よこづな ∿ 横綱 ▸ (de) /el/ Luchador de ***sumō*** (**sumo**, DLE) del más alto rango, gran campeón. | A sumō wrestler of the highest rank, a great champion.

yōkyoku ようきょく ∿ 謡曲 ▸ (te / mu) /el/ Cántico de ***noh***. | A noh chant.

yōma ようま ∿ 洋間 ▸ (arq) /la/ Sala de estilo occidental en una vivienda típicamente japonesa, en especial del s. XX. | A Western-style room used especially in typical 20th century Japanese homes.

yometori kon よめとり　こん ∿ 嫁取り婚 ▸ (hi / so) /el, la/ Costumbre marital dominante a partir de los ss. XIII-XIV según la cual el esposo llevaba a su domicilio familiar a la nueva esposa {*contrastar con* ***tsumadoikon***}. | Marital custom dominant from the 13th and 14th centuries in which the husband carried his new wife to the family home {*contrast with* tsumadoikon}.

yomi よみ ∿ 読み ▸ (ar mar) /la/ Lectura de la mente y de los movimientos del adversario en el ***aikidō*** (**aikido**, DLE) y otras artes marciales. | Reading the opponent's mind and movements in aikidō and other martial arts.

黄泉 ▸ (re) /el, la/ «Fuentes amarillas»: en la mitología japonesa, el inframundo donde habitan los muertos. | «Yellow springs»: the land of the dead in Japanese mythology.

yomifuda よみふだ ∿ 読み札 ▸ (ju) /la/ En el juego del ***hyakunin isshu***, la carta que contiene versos de un poema leído en voz alta por uno [***yomite***] de los jugadores {*contrastar con* ***torifuda***}. | In the game of hyakunin isshu, the card containing the first lines of a poem read out by one [yomite] of the players {*in contrast to* torifuda}.

yomihon よみほん ∿ 読本 ▸ (li) /el/ «Libro de leer»: prosa de ficción que floreció a finales del s. XVIII y primeras décadas del XIX caracterizada por los ambientes históricos, tono didáctico mezclado con lo sobrenatural y por el fuerte influjo de modelos chinos {*en contraste con* ***ehon***}. | «Reading book»: a genre of late-18th and early 19th century narrative prose fiction characterized by historical settings, a didactic story line blended with the supernatural and a heavy reliance on Chinese prose models {*as opposed to* ehon}.

yomise よみせ ∿ 夜店 ▸ (so) /la/ Un puesto nocturno. | A night stall.

yomite よみて ∿ 読み手 ▸ (ju) /el, la/ En el juego de ***hyakunin isshu***, el jugador que lee en la carta ***yomifuda*** los versos sugeridos por otra carta [***torifuda***] que va a escoger otro jugador [***torite***]. | In the game of hyakunin isshu, the reader of the poem written on a card [torifuda] to be picked up by another player [torite].

yomogi (*Artemisa moxa*) よもぎ ∿ 蓬 ▸ (bo / me) /la/ **Moxa**, hierba de la quema de cuyas hojas secas se realiza la moxibustión [***kyū***] {*ver* **moxa** *y* ***keiketsu***}. | Moxa, the herb whose dried leaves are burned to make moxibustion [kyū] {*see* keiketsu *and* moxa}.

yonaki soba よなき　そば ∿ 夜鳴蕎麦 ▸ (co) /la/ ***Soba*** que se compra por la noche en un carrito. | Soba sold from a cart at night.

yōnin kokushi ようにん　こくし ∿ 遙任国司 ▸ (hi) /el/ Gobernador titular de una provincia con residencia habitual en la capital durante la Era Heian (794-1185) {*ver* ***kokushi*** *y* ***zuryō***}. | Chief governor of a province residing in the capital during the Heian period (794-1185) {*see* kokushi *and* zuryō}.

yonkoma, yon koma よんこま ∿ 四コマ ▸ (ma) /el/ «Cuatro viñetas»: historieta de **manga** tradicionalmente en cuatro viñetas con carácter por lo general humorístico. | «Four strips»: a manga story traditionally in four strips that generally tells a humorous story. // *Sazaesan* es un popular personaje de *yonkoma*.

yorishiro よりしろ ∿ 依代 ▸ (re / fo) /la/ Morada de la divinidad de las plantas [***ta no kami***] {*ver* ***nōkō girei***}. | Dwelling of the divinity of plants [ta no kami] {*see* nōkō girei}.

yoroi よろい ∿ 鎧 ▸ (arm) /el, la/ Armadura. | Armour.

yoroi hitatare よろい ひたたれ ∿ 鎧直垂 ▸ (in) /el, la/ Prenda cruzada de amplias mangas que suele vestirse con la ***hakama***. | Double-breasted garment with wide sleeves usually worn with a hakama.

yoroshiku よろしく ∿ 宜しく ▸ (le) /el/ Fórmula de cortesía empleada en una variedad de usos, como reforzar un ruego o presentar a alguien, la cual tiene un sentido próximo a «encantado de conocerlo». | Polite way to address a person in different situations such as reinforcing a request or when being introduced to someone, similar to «a pleasure to meet you».

yōsan ようさん ∿ 洋算 ▸ (et) /la/ Matemáticas introducidas desde Europa en el s. XIX {*en contraste con* ***wasan***}. | Mathematics introduced from Europe in the 19th century {*contrast with* wasan}.

yose よせ ∿ 寄席 ▸ (te) /el/ Vodevil a la japonesa. | A Japanese form of vaudeville. // El *yose* sigue vivo en la radio y la televisión niponas.

yosemune よせむね ∿ 寄棟 ▸ (arq) /la/ En un edificio, cubierta con pendiente a cuatro aguas con cumbrera. | A roof on a building that descends from the ridge on four sides.

yōshi ようし ∿ 養子 ▸ (so / ja) /la/ Adopción legal históricamente realizada con el fin de preservar la continuidad de la familia tradicional [***ie***]; adopción de un varón {*ver* ***muko yōshi*** *y* ***yōjo***}. | Legal adoption historically done with the aim of preserving the continuity of the traditional family [ie]; the adoption of a male {*see* muko yōshi *and* yōjo}.

yoshizu よしず ∿ 葦簀 ▸ (mo) /la/ Persiana de junquillo. | A reed blind.

yozakura よざくら ∿ 夜桜 ▸ (es) /la/ Contemplación nocturna de ***sakura*** o flores de cerezo. | Night contemplation of cherry blossoms.

yū, yūki ゆう、ゆうき ∿ 勇、勇気 ▸ (ps) /el, la/ Valor, coraje, valentía: una de las cualidades esenciales del ***samurai*** (**samurái**, DLE) y la Vía del guerrero o ***bushidō*** (***bushido***, DLE) {*ver* ***chū*** *y* ***makoto***}. | Valor, courage, bravery: one of the essential qualities of the samurai and the way of the warrior or bushidō {*see* chū *and* makoto}.

yuba ゆば ∿ 湯葉 ▸ (co) /la/ Cuajada desnatada de **soja**. | Skimmed soy-milk curd. // La *yuba* es una especialidad de Kioto.

yubeshi ゆべし ∿ 柚餅子 ▸ (co) /la/ Empanadilla al vapor con sabor a limón. | A sweet lemon-flavored steamed dumpling.

yubikiri ゆびきり ∿ 指切り ▸ (et) /el, la/ «Corte del dedo»: costumbre, especialmente entre niños, de enlazar el dedo meñique de la mano derecha de cada uno para expresar una promesa. | «Pinky promise or cut-finger»: children's custom of sealing a promise by linking each other's right-hand baby fingers together.

yubitsume ゆびつめ ⥊ 指詰め ▸ (so) /el, la/ Ritual del mundo de los ***yakuza*** mediante el cual, para redimir una ofensa, el *yakuza* se amputa la segunda falange del dedo meñique. | Rite in the yakuza world of cutting off the second phalanx of the baby finger in redemption for committing an offense.

yubizumō, yubi zumō ゆびずもう ⥊ 指相撲 ▸ (ju) /el/ Juego de luchar al ***sumō*** (**sumo**, DLE) con los dedos. | Finger sumō wrestling.

yūdansha ゆうだんしゃ ⥊ 有段者 ▸ (ar mar) /el, la/ Practicante de artes marciales en posesión de algún **dan**, del 1 al 10. | Martial arts practitioners who hold dan ranks from 1 to 10.

yudo (DLE), *ver* **jūdō.** | *See* jūdō.

yudoca (DLE), *ver* **jūdōka.** | *See* jūdōka.

yudōfu ゆどうふ ⥊ 湯豆腐 ▸ (co) /el/ ***Tōfu*** (**tofu**, DLE) [cuajada de **soja**] caliente. | Boiled tōfu.

yūgen ゆうげん ⥊ 幽玄 ▸ (es) /el, la/ Sensación de una belleza profunda y misteriosa; atmósfera de oscuridad, elegancia, serenidad y tristeza. | Sense of mysterious, deep beauty; an ambiance of darkness, elegance, serenity and sadness. // La noción de *yūgen* es central en el teatro *noh* y la poesía haikai.

yuigon (zeppitsu) ゆいごん (ぜっぴつ) ⥊ 遺言 (絶筆) ▸ (so / li) /el, la/ El último poema que se escribe antes de morir. | The last poem written before dying.

yūjo ゆうじょ ⥊ 遊女 ▸ (so) /la/ «Mujer del placer»: prostituta. | «Woman of pleasure»: a prostitute.

yuka ゆか ⥊ 床 ▸ (te) /el, la/ Lugar de la escena donde se sitúan el narrador y el músico de una representación de ***bunraku***. | Place on the bunraku stage where the narrator and musician stand.

yūkaku ゆうかく ⥊ 遊郭 ▸ (hi / li) /el/ Barrio de placer frecuentemente descrito en las obras literarias de la Era Edo (1600-1868). | The pleasure quarters frequently described in literary works from the Edo period (1600-1868).

yukata ゆかた ⥊ 浴衣 ▸ (in) /la/ **Kimono** informal de algodón ligero para ser usado en verano o después del baño. | Informal light cotton kimono for summer or after a bath. // Ichirō se puso la *yukata* y las *geta* y salió a la calle a celebrar el baile de Bon.

yuki ゆき ⥊ 裄 ▸ (in) /el, la/ El largo de la manga [***sode***] de un **kimono**. | The length of a kimono's sleeve [sode].

yuki daruma ゆき だるま ⥊ 雪達磨 ▸ (et) /el/ Muñeco de nieve. | A snowman, a snow figure.

yuki onna ゆき おんな ⥊ 雪女 ▸ (fo) /la/ Mujer fantasmal y bella vestida de blanco que se aparece en las noches de nieve y es capaz de congelar con su aliento. | An apparition of a beautiful woman dressed in white, believed to appear on snowy nights and to be able to freeze one to death with her breath.

yuki tsuri ゆき つり ⥊ 雪吊 ▸ (ja) /el, la/ Técnica de jardinería para evitar que las ramas de los árboles se dobleguen por el peso de la nieve. | Gardening technique of preventing tree branches from buckling under the weight of the snow.

yukigutsu, *ver* **waragutsu.** | *See* waragutsu.

yukimi ゆきみ ⥊ 雪見 ▸ (so) /la/ Contemplación estética de la nieve. | Aesthetic contemplation of the snow.

yukimi dōrō ゆきみ どうろう ⥊ 雪見灯籠 ▸ (ja) /la/ Linterna de piedra con un amplio cabezal {*ver* ***tōrō***}. | A stone lantern with a broad headpiece {*see* tōrō}.

yumi ゆみ ⥊ 弓 ▸ (arm) /el/ Arco japonés largo y característicamente asimétrico. | Japanese bow, long and characteristically asymmetrical. {*Ver imagen en pág. sig.*}

yumitori shiki ゆみとり しき ⥊ 弓取式 ▸ (de) /la/ Ceremonia de giro de un arco realizada por un luchador de ***sumō***

yumi

(**sumo**, DLE) al final de una jornada de competición. | A bow twirling ceremony performed by a sumō wrestler at the end of a day of competition.

yūrei ゆうれい ∿ 幽霊 ▸ (fo) /el, la/ Fantasma o alma en pena de quien ha muerto violentamente o no ha recibido adecuados ritos funerarios. Viste de blanco, tiene las manos y brazos inertes, el cabello largo y suelto, y los pies invisibles. | Ghost or lost soul of someone who died a violent death without receiving funeral rites and dressed in white with hands and arms inert, long loose hair and invisible feet.

yuri ゆり ∿ 百合 ▸ (bo) /el/ Lirio; (ma) **manga** de temática homosexual femenina. | A lily; a manga with lesbian subject matter.

yūshō ゆうしょう ∿ 優勝 ▸ (de) /el/ Título o campeonato de un torneo de ***sumō*** (**sumo**, DLE). | Title or championship of a sumō tournament.

yuya, oyuya ゆや、おゆや ∿ 湯屋 ▸ (arq) /el, la/ Edificio destinado al baño en un monasterio budista. | Building where the baths are located at a Buddhist monastery.

yūzen, Yūzen ゆうぜん ∿ 友禅 ▸ (tex) /el/ Método de teñido textil inventado por Miyazaki Yūzen, un pintor de finales del s. XVII de Kioto. | A textile dyeing method invented by Miyazaki Yūzen, a late 17th century painter from Kyoto.

yuzu (*Citrus junos*) ゆず ∿ 柚子 ▸ (bo) /la/ Cidra japonesa. | A citron; a small citrus fruit.

yūrei

Z

zabuton

zabuton ざぶとん ≀ 座布団 ▸ (mo) /el/ Cojín cuadrado para el suelo de **tatami** o de madera sobre el cual arrodillarse o sentarse. | Square cushion for the tatami or wooden floor on which to kneel or sit. // Para saludar, Mieko apartó el *zabuton* y, desde el suelo, hizo *ojigi* con las manos en el tatami.

zae (sai) ざえ、さい ≀ 才 ▸ (ar) /el/ Talento en algún arte o estudio. | Talent in a certain art or study.

zafu ざふ ≀ 坐蒲 ▸ (re) /el/ Cojín redondo usado para practicar ***zazen***. | A round cushion used for practicing zazen.

zagashira ざがしら ≀ 座頭 ▸ (te) /el/ Líder de una compañía teatral. | Leader of a theatrical group.

zaibatsu ざいばつ ≀ 財閥 ▸ (em / hi) /el/ Conglomerado industrial y financiero que alcanzó una posición dominante en la economía entre la Era Meiji (1868-1912) y el final de la Segunda Guerra Mundial (1945). | Industrial and financial conglomerate that attained a dominant position in the economy between the Meiji period (1868-1912) and the end of World War II.

zaigō shōnin ざいごう しょうにん ≀ 在郷商人 ▸ (hi) /los/ Comerciantes que trabajaban en las zonas rurales próximas a las grandes ciudades a finales de la Era Edo (1600-1868). | Merchants who were based in the rural hinterlands of large cities in the late Edo period (1600-1868).

zaikai ざいかい ≀ 財界 ▸ (em) /el/ El mundo de las finanzas. | The world of finance.

zaike ざいけ ≀ 在家 ▸ (re) /el, la/ Laico budista que vive en su casa. | A Buddhist layman or laywoman who lives at home.

zainichi ざいにち ≀ 在日 ▸ (so) /el, la/ Ciudadano japonés de origen coreano, chino o taiwanés. | Japanese citizen of Korean, Chinese or Taiwanese origin.

zainichi bungaku ざいにち ぶんがく ≀ 在日文学 ▸ (li) /la/ Literatura escrita por japoneses ***zainichi***. | Literature written by Japanese zainichi.

zange ざんげ ≀ 懺悔 ▸ (re) /el, la/ En el contexto budista, arrepentimiento, confesión, penitencia. | Remorse, confession or penitence in the Buddhist context.

zanmai ざんまい ≀ 三昧 ▸ (re) /el, la/ En el **zen**, éxtasis, beatitud; unificación de pensamiento y acción (de sujeto y objeto). | Ecstasy or beatitude in Zen; unification of thought and action (subject and object).

zanshin ざんしん ≀ 残心 ▸ (ar mar) /el/ «Corazón que queda»: estado físico y mental de preparación que queda después de hacer un ataque o de soltar una flecha. | «Remaining heart»: the state of keeping physically and mentally prepared after making an attack or having released an arrow.

zappai ざっぱい ∿ 雑俳 ▸ (li) /la/ Poesía cómica, irregular o vulgar surgida a partir del **haikai** en la Era Edo (1600-1868) con la misma estructura métrica que el **haiku** de 5-7-5 sílabas en cada verso. | Comic, irregular or low poetry developed from haikai verse during the Edo period (1600-1868) and based on the 5-7-5 syllabic structure of the haiku.

zarei ざれい ∿ 座礼 ▸ (ar mar) /el/ Saludo desde la posición de sentado sobre las rodillas. | A bow performed while sitting on one's knees.

zarusoba ざるそば ∿ 笊蕎麦 ▸ (co) /la/ ***Soba*** [fideos] recubierta con rodajas de alga desecada y servida en una bandeja de bambú trenzado. | Buckwheat noodles [soba] topped with sliced dried seaweed, served on a latticed bamboo tray.

zashiki ざしき ∿ 座敷 ▸ (vi) /la/ Sala de estilo japonés con suelo de **tatami**; (so) cita profesional de una ***geisha***. | A Japanese-style tatami room; a professional engagement with a geisha.

zashiki (Zashiki) warashi ざしき わらし ∿ 座敷童 ▸ (re / fo) /el, la/ Deidad tutelar del hogar en la región de Tōhoku. | The protective deity of a home in the Tōhoku region.

zashikigei ざしきげい ∿ 座敷芸 ▸ (so) /la/ Actuación musical y de danza realizada por ***geishas*** en una ***zashiki***. | Music and dance performed by geishas at a zashiki.

zassetsu ざっせつ ∿ 雑節 ▸ (ca) /el/ Nombre del día utilizado como referencia para el cambio de estaciones según el antiguo calendario [***kyūreki***]. | Name for the day that marked the change of seasons according to the ancient calendar [kyūreki].

zazen ざぜん ∿ 坐禅 ▸ (re) /el/ Meditación **zen**; meditación **zen** en postura de sentado. | Zen meditation; seated Zen meditation.

zen (zen, DLE) ぜん ∿ 禅 ▸ (re) /el/ Escuela budista que enseña que la iluminación se consigue por la percepción directa de la propia mente {*ver* ***tongo***} a través de la práctica de la meditación. | A Buddhist school that teaches that enlightenment is to be gained through direct perception of one's mind {*see* tongo} through the practice of meditation. // La filosofía del zen ha impregnado profundamente la cultura japonesa, y viceversa.

zen

膳 ▸ (mo) /la/ Mesa de comedor baja e individual. | Low, individual dining room table.

zendō ぜんどう ∿ 禅堂 ▸ (arq / re) /la/ Sala de meditación ***zazen***. | A zazen meditation room.

zen'ei shodō ぜんえい しょどう ∿ 前衛書道 ▸ (ar) /la/ Caligrafía de vanguardia. | Avant-garde calligraphy.

zenga ぜんが ∿ 禅画 ▸ (ar) /la/ Pintura o caligrafía de destacados monjes **zen** de la Era Edo (1600-1868). | Painting or calligraphy by the great Zen monks of the Edo period (1600-1868).

zeniza, *ver* **kinza** *o* **ginza.** | *See* kinza *or* ginza.

zenjō ぜんじょう ∿ 禅杖 ▸ (re) /el/ Vara para advertir a quienes se duermen durante ***zazen***. | A stick used to warn dozing zazen meditators.

zensai ぜんさい ∿ 前菜 ▸ (co) /los/ Pequeños aperitivos servidos al principio de una comida. | Small appetizers served at the beginning of a meal.

zenshitsu, *ver* **zendō.** | *See* zendō.

zenshō yūshō ぜんしょう ゆうしょう ∿ 全勝優勝 ▸ (de) /la/ Finalización de un torneo de ***sumō*** (**sumo**, DLE) sin haber conocido la derrota. | End of a sumō tournament without a defeat.

zenshū ぜんしゅう 禅宗 ▸ (re) /el, la/ Escuela budista **zen**. | Zen Buddhism; the Zen school.

全集 ▸ (li / ma) /el, la/ Obra(s) completa(s) {*contrastar con* ***tankōbon***}. | Complete work(s) {*contrast with* tankōbon}.

zenshūyō ぜんしゅうよう 禅宗様 ▸ (arq) /el/ Estilo del diseño de los templos asociado a las comunidades **zen**; estilo arquitectónico curvilíneo en el diseño de los templos. | Style of design of Zen community temples; curvilinear architectural technique of temple design.

zenza ぜんざ 前座 ▸ (te) /el, la/ Intérprete bisoño de la narración ***rakugo*** que suele actuar en primer lugar en los programas de teatros ***yose***. | Inexperienced rakugo performer who usually goes on first in yose theater productions.

zenzai ぜんざい 善哉 ▸ (co) /la/ Sopa dulce y espesa hecha de pasta de alubias molida (en el oeste de Japón) o escurrida (en el este). | A thick, sweet soup made of crushed-bean paste in western Japan or strained-bean paste in eastern Japan.

zeppitsu, *ver* **yuigon.** | *See* yuigon.

zettai mu ぜったい む 絶対無 ▸ (re) /el, la/ La nada absoluta {*ver* ***mu***}. | Absolute nothing {*see* mu}.

zōgan ぞうがん 象嵌 ▸ (art) /la/ Engastado de metal, especialmente oro, plata o cobre. | Metal setting, especially gold, silver, or copper.

zōka ぞうか 雑歌 ▸ (li) /los, las/ Poemas misceláneos de la antología ***Man'yōshū***. | Generic name for miscellaneous poems in the *Man'yōshū*.

zoku ぞく 俗 ▸ (es) /el, la/ Ordinario, vulgar, no artístico {*opuesto a* ***ga***}. | Common, low, not truly artistic {*opposed to* ga}.

zōni ぞうに 雑煮 ▸ (co) /la/ Sopa con pastel de arroz [***mochi***] que se suele tomar en Año Nuevo. | Soup with rice-cake or mochi usually eaten at New Year's.

zōri

zōri ぞうり 草履 ▸ (in) /las/ Sandalias planas con una correa de tela o cuero entre el dedo gordo y el segundo dedo. | Flat thonged sandals. // Las *zōri* hoy día las suelen llevar las mujeres.

zuihitsu ずいひつ 随筆 ▸ (li) /el/ «Siguiendo el pincel»: género literario a modo de ensayo misceláneo o colección de apuntes sueltos sin otra estructura definida que no sea la asociación de ideas sobre una amplia variedad de temas. | «Following the brush»: a random essay or loose collection of jottings with no clear structure other than as an association of ideas on a wide range of themes.

zuijin ずいじん 随身 ▸ (hi / so) /el/ En la Era Heian (794-1185), guardia de escolta armado de espada, arco y flechas; acompañante de un señor. | Guard-escort armed with a sword, bow and arrows in the Heian period (794-1185); a lord's escort.

zuisokukan ずいそくかん 髄息観 ▸ (re) /el/ En el **zen**, seguir con atención las inspiraciones y expiraciones. | Closely keeping track of exhalations and inhalations in Zen.

zukin ずきん 頭巾 ▸ (in) /la/ Capucha. | A hood.

zuryō ずりょう ∿ 受領 ▸ (hi / so) /el/ Funcionariado medio-bajo durante la Era Heian (794-1185), a menudo con el cargo de administrador provincial o representante de la autoridad central en provincias {*ver* ***kokushi*** *y* ***yōnin kokushi***}. | Lower ranking civil servant during the Heian period (794-1185), often a provincial administrator or a representative of central authority in the provinces {*see* kokushi *and* yōnin kokushi}. // Muchas de las famosas escritoras de la Era Heian (794-1185) provenían de familias pertenecientes al estamento de los *zuryō*.

zuzu, *ver* **juzu.** | *See* juzu.

ÍNDICE LÉXICO POR TEMAS

art (Artesanías)

be (Bebidas)

bo (Botánica)

ca (Calendario, cronología, festividades)

de (Deportes, sumo)

em (Empresas, economía)

es (Estética)

et (Etnografía)

fi (Filosofía)

fo (Folclore)

ge (Geografía)

hi (Historia)

ma (Manga)

me (Medicina)

mi (Mitología)

mo (Mobiliario)

mu (Música)

nu (Numismática)

pe (Peinado)

pe y me (Pesos y medidas)

po (Política, administración)

ps (Psicología)

re (Religión)

ro (Robótica)

so (Sociedad)

te (Teatro)

tex (Textiles)

tr (Transportes)

vi (Vivienda)

zo (Zoología)

La presente edición de
SAKURA. Diccionario de la cultura japonesa
se terminó de imprimir en Asturias
el 15 de febrero de 2024